21 世纪经济与管理规划教材·经济学系列

法经济学

（第三版）

史晋川　主　编
吴晓露　朱　慧　叶　斌　副主编

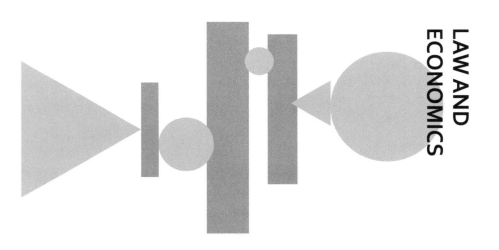

北京大学出版社
PEKING UNIVERSITY PRESS

图书在版编目(CIP)数据

法经济学/史晋川主编;吴晓露,朱慧,叶斌副主编. -- 3 版. -- 北京:北京大学出版社,2024.9.(21 世纪经济与管理规划教材).--ISBN 978-7-301-35440-7

I.D90-059

中国国家版本馆 CIP 数据核字第 2024FS8620 号

书　　　名	法经济学(第三版)
	FAJINGJIXUE(DI-SAN BAN)
著作责任者	史晋川　主编
	吴晓露　朱　慧　叶　斌　副主编
责 任 编 辑	李沁珂　李　娟
标 准 书 号	ISBN 978-7-301-35440-7
出 版 发 行	北京大学出版社
地　　　址	北京市海淀区成府路 205 号　100871
网　　　址	http://www.pup.cn
微信公众号	北京大学经管书苑(pupembook)
电 子 邮 箱	编辑部 em@pup.cn　　总编室 zpup@pup.cn
电　　　话	邮购部 010-62752015　发行部 010-62750672　编辑部 010-62752926
印 刷 者	河北文福旺印刷有限公司
经 销 者	新华书店
	787 毫米×1092 毫米　16 开本　29.5 印张　669 千字
	2007 年 10 月第 1 版　2014 年 10 月第 2 版
	2024 年 9 月第 3 版　2024 年 9 月第 1 次印刷
定　　　价	79.00 元

未经许可,不得以任何方式复制或抄袭本书之部分或全部内容。
版权所有,侵权必究
举报电话:010-62752024　电子邮箱:fd@pup.cn
图书如有印装质量问题,请与出版部联系,电话:010-62756370

丛书出版说明

教材作为人才培养重要的一环，一直都是高等院校与大学出版社工作的重中之重。"21世纪经济与管理规划教材"是我社组织在经济与管理各领域颇具影响力的专家学者编写而成的，面向在校学生或有自学需求的社会读者；不仅涵盖经济与管理领域传统课程，还涵盖学科发展衍生的新兴课程；在吸收国内外同类最新教材优点的基础上，注重思想性、科学性、系统性，以及学生综合素质的培养，以帮助学生打下扎实的专业基础和掌握最新的学科前沿知识，满足高等院校培养高质量人才的需要。自出版以来，本系列教材被众多高等院校选用，得到了授课教师的广泛好评。

随着信息技术的飞速进步，在线学习、翻转课堂等新的教学/学习模式不断涌现并日渐流行，终身学习的理念深入人心；而在教材以外，学生们还能从各种渠道获取纷繁复杂的信息。如何引导他们树立正确的世界观、人生观、价值观，是新时代给高等教育带来的一个重大挑战。为了适应这些变化，我们特对"21世纪经济与管理规划教材"进行了改版升级。

首先，为深入贯彻落实习近平总书记关于教育的重要论述、全国教育大会精神以及中共中央办公厅、国务院办公厅《关于深化新时代学校思想政治理论课改革创新的若干意见》，我们按照国家教材委员会《全国大中小学教材建设规划（2019—2022年）》《习近平新时代中国特色社会主义思想进课程教材指南》《关于做好党的二十大精神进教材工作的通知》和教育部《普通高等学校教材管理办法》《高等学校课程思政建设指导纲要》等文件精神，将课程思政内容尤其是党的二十大精神融入教材，以坚持正确导向，强化价值引领，落实立德树人根本任务，立足中国实践，形成具有中国特色的教材体系。

其次，响应国家积极组织构建信息技术与教育教学深度融合、多种介质综合运用、表现力丰富的高质量数字化教材体系的要求，本系列教材在形式上将不再局限于传统纸质教材，而是会根据学科特点，添加讲解重点难点的视频音频、检测学习效果的在线测评、扩展学习内容的延伸阅读、展示运算过程及结果的软件应用等数字资源，以增强教材的表现力和吸引力，有效服务线上教学、混合式教学等新型教学模式。

为了使本系列教材具有持续的生命力，我们将积极与作者沟通，争取按学制周期对教材进行修订。您在使用本系列教材的过程中,如果发现任何问题或者有任何意见或建议,欢迎随时与我们联系(请发邮件至 em@pup.cn)。我们会将您的宝贵意见或建议及时反馈给作者,以便修订再版时进一步完善教材内容,更好地满足教师教学和学生学习的需要。

最后,感谢所有参与编写和为我们出谋划策提供帮助的专家学者,以及广大使用本系列教材的师生。希望本系列教材能够为我国高等院校经管专业教育贡献绵薄之力!

北京大学出版社

经济与管理图书事业部

序　言

　　法经济学是一门20世纪60年代在美国兴起的经济学和法学交叉的学科,其最主要的学科特征是将经济学的基本原理和分析工具运用到法学的研究领域,研究法律的制定、法律的结构以及法律制度对经济社会的影响等。20世纪80年代初,法经济学被引入中国后,愈来愈多地引起了社会科学工作者的研究兴趣,并且开始进入大学的课程体系。本书可以帮助大学生更好地学习和掌握法经济学的基础理论,拓宽其经济学和法学的研究视野,增强其从事社会科学跨学科交叉研究的意识,努力推动中国特色法经济学的学科发展。

　　党的二十大报告为我国的文化发展道路作出了科学指引,即要加快构建中国特色哲学社会科学学科体系、学术体系、话语体系,培育壮大哲学社会科学人才队伍。为了深入贯彻党的二十大精神,本书的编写秉持四位一体的原则,即以马克思主义政治经济学为指导,以中国市场经济和法治体系的现实问题为导向,借鉴现代法经济学中的科学理论以及传承弘扬中华传统优秀法律文化。(一)本书的知识体系以马克思主义政治经济学为指导,把经济结构对法律具有决定性影响以及法律对经济结构具有重要影响作为法律和经济关系的基本观点。在人类社会历史中,由生产力和生产关系共同构成的社会经济结构,决定了法律的形成和演化。经济结构的决定性影响,不仅涉及调节经济关系的法律,也涉及有关行政管理、刑事犯罪等的所有其他各类法律。经济结构对法律的决定性影响主要包括三层含义:法律的目的是经济活动所决定的,法律的形态是物质生产方式所塑造的,立法者不可能脱离经济结构而随意制定法律。法律对于经济结构具有重要影响主要包括两层含义:在社会化大生产的条件下人们必须在法律组织的社会中开展经济活动,运用符合经济规律的法律来调节经济关系具有促进经济发展的效应。(二)本书各章所分析的法律经济专题是以中国市场经济和法治体系建设的现实问题为导向的。在中国式现代化的实践中,法律和经济是相辅相成的关系,法律体系的完善是经济高质量发展的必然要求,法律体系则通过把经济活动纳入法治轨道,推动生产力的发展并保障人民的经济利益。以《中华人民共和国民法典》(以下简称《民法典》)为例,统一的民事法典是坚持和完善基本经济制度的必然要求,而《民法典》也通过契约自由、公平竞争、交易安全、市场有序等方面的规定,构筑起市场经济的法治基础。法律和经济的中国实践为中国法经济学分析专题的编写提供了丰富的素材,诸如虚拟财产保护、代孕合同、数字金融与犯罪、庭审实质化改革等新兴且重要的议题在经济分析专题的各章中得到了探讨。(三)本书对各类法律的经济学分析立足于学术前沿,不仅充分借鉴了现代法经济学中的科学理论,而且吸收了对国外理论梳理甄别后的本土化研究成果。现代法经济学的特征在于科学的分析框架,即以个人为分析的基本单位,以成本—收益分析为基本的行为假设,以交易成本与制度安排的关系为基本概念框架。现代法经济学在中国的发展历程可分为引进消化和借鉴创新两个阶段:在前一个阶段,大量法经济学的经典文献被译介到中国,既拓宽了国内学术界的理论视角,又增添了分析工具;在后一个阶段,国内法经济学研究不仅在理论视角、分析框架、研究方法上全面接轨现代法经济学,而且对国外理论中不切合中国实际的前提假设进行分析甄别,逐步构建起具有中国特色的法经济学自主知识体系。(四)本书注重传承中华优秀传统法律文化,基于法经济学理论的科学论证实现传统文化的创造性转化,为传统文化在当代中国法治的落实提供理论基础,为实现良法善治持续发挥功效。例如,中国传统法律文化具有追求息讼的观念,息讼观念在史例上表现为系统的调解制度,包括宗族调解、乡邻调解、保甲长调解、州县官调解等形式。本书通过对"诉讼社会问题"的探讨,从法经济学的角度分析了是否存在过度诉讼、诉讼供需平衡的实现方法、调解的功能等问题,为当代法治的息讼提供了理论基础。又如,慎刑恤罚是中国传统法律文化的智慧结晶,表现为历代刑事政策中的复奏复核程序。本书通过分析刑事证据制度中的非法证据排除规则,从法经济学的角度论证了刑事诉讼应当采用更严格的证据制度,为在刑事审判中创新发展慎刑恤罚提供了理论支持。综上所述,本书的编写通过秉持四位一体的原则,把法经济学研究得出的理论观点置于历史与逻辑相统一的框架之中,努力构建中国特色法经济学的学科体系。

除了四位一体的编写原则,本书的编写还具有如下特点:

第一,由于世界各国的法律基本上分属两大法律体系——英美法(普通法)和大陆法,同时由于法经济学主要发源于英美法体系中的美国,所以大部分法经济学的教材是基于英美法来介绍和研究法经济学的。此外,尽管中国的法律体系属于大陆法,但由于中国是一个处于制度变迁进程中的转型国家,法律体系自身带有许多转型期的特征。考虑到上述两个原因,本书在介绍法经济学理论时,一方面在对法律制度的理论分析中,继续保持了以英美法为主的法学理论分析与经济理论分析的阐述和比较,另一方面在相应的法律专题研究中,则尽量增加了一些大陆法的法律内容及比较分析,同时也尽可能将与大陆法有关的法学理论分析与中国转型时期的法律制度特征结合起来进行阐述。

第二,由于法经济学的研究内容十分广泛,同时在法经济学的学科发展过程中又出现了一些新的研究领域(例如法与金融学),因此在教学内容的选择上,本书一方面从学科的理论角度力求内容全面系统,另一方面也必须兼顾在中国转型时期背景下内容的针对性和实用性。基于上述考虑,本书在第一章和第二章介绍了法经济学的思想渊源、学科发展、学科的性质与研究范围以及学科的研究方法后,选择了财产法、合同法、侵权法、公司法、管制法、刑法和程序法等主要法律领域重点进行介绍。事实上,本书所介绍的公司法的核心内容是基于法与金融学理论框架展开的,不过主要是法与金融学理论中与法律体系、投资者保护及公司治理有关的理论,而较少涉及法与金融学中法律体系、金融发展和经济增长方面的内容。这样的内容安排正是考虑到中国转型时期背景下教材内容的实用性。

第三,由于本书的使用者主要是中国的大学生,同时这些大学生又具有不同的专业背景,因此本书不仅十分注重比较分析方法的运用,对于同一个法律领域的问题从经济学与法学及不同的法学理论视角展开阐述,而且还设置了一些"专栏",主要介绍经济学和法学理论中的基础知识,以及著名经济学家和法学家的生平和学术观点。此外,在每一个法律领域的专题分析中,编写者都基本采用中国的案例来研究相关的法律问题,希望帮助学生通过案例的学习更好地掌握将法经济学理论与中国法律实践相结合进行研究的方法。

本书的编写者清楚地知道,我们所做的仍然是一项相当初级的研究和编写工作,同时,由于编写者自身的学术水平所限,书中也一定会存在种种不足之处,甚至是缺点和错误,我们真诚地希望学术界的同仁和各位同学予以批评指正。

史晋川

二〇二四年七月

于浙江大学紫金港校区

目录

第一篇 法经济学导论

第一章 法经济学的学科演变 …………3
- 第一节 法经济学的思想渊源 …… 4
- 第二节 法经济学的产生 …… 14
- 第三节 法经济学的发展 …… 22
- 第四节 法经济学的演变趋势 … 30
- 本章总结 …… 34
- 思考题 …… 35
- 阅读文献 …… 35

第二章 法经济学的学科特征 …… 37
- 第一节 法经济学的学科性质 … 37
- 第二节 法经济学的研究范围 … 40
- 第三节 法经济学的研究方法 … 44
- 本章总结 …… 61
- 思考题 …… 62
- 阅读文献 …… 62

第二篇 民法

第三章 财产法的经济学分析 ……… 67
- 第一节 财产法的法学分析 …… 68
- 第二节 有形财产权制度的经济学分析 …… 72
- 第三节 无形财产权制度的经济学分析 …… 89
- 第四节 财产法的经济学分析理论评析 …… 99
- 本章总结 …… 101
- 思考题 …… 102
- 阅读文献 …… 102

第四章 财产法经济分析专题 …… 104
- 第一节 我国经济发展历程中的财产法研究 …… 105
- 第二节 大数据时代网络数据财产权保护 …… 108
- 第三节 人工智能生成物知识产权保护 …… 112
- 第四节 虚拟货币财产权保护 … 116
- 本章总结 …… 119
- 思考题 …… 119
- 阅读文献 …… 120

第五章 合同法的经济学分析 …… 121
- 第一节 合同法的法学分析 …… 121
- 第二节 合同理论的经济学分析 …… 128
- 第三节 合同过程的经济学分析 …… 138
- 第四节 合同法的经济学分析评析 …… 147
- 本章总结 …… 149
- 思考题 …… 149
- 阅读文献 …… 150

第六章 合同法经济分析专题 …… 151
- 第一节 合同法律制度的演变 … 152
- 第二节 《民法典》实施后的合同保证方式 …… 156
- 第三节 代孕合同的效力问题研究 …… 158

本章总结 …………………… 162
思考题 ……………………… 162
阅读文献 …………………… 162

第七章　侵权法的经济学分析 …… 163
第一节　侵权法概述 …………… 164
第二节　侵权法的法学分析 …… 173
第三节　经济学视野中的
　　　　侵权法 …………………… 182
第四节　侵权法的经济学分析 … 185
第五节　侵权法的法经济学
　　　　分析评析 ………………… 194
本章总结 …………………… 196
思考题 ……………………… 197
阅读文献 …………………… 197

第八章　侵权法经济分析专题 …… 199
第一节　转型经济中的侵权法 … 200
第二节　侵权法经济学分析
　　　　在中国的发展 …………… 215
第三节　一般侵权问题 ………… 220
第四节　受特别规制的侵权
　　　　问题 ……………………… 223
本章总结 …………………… 232
思考题 ……………………… 233
阅读文献 …………………… 233

第三篇　企业组织与市场管制的法律

第九章　公司法的经济学分析 …… 239
第一节　公司法的功能和规范：
　　　　法学视角 ………………… 239
第二节　公司法的结构与内容
　　　　设计：经济学视角 …… 243

第三节　公司法的经济学分析
　　　　评析 ……………………… 261
本章总结 …………………… 266
思考题 ……………………… 266
阅读文献 …………………… 267

第十章　公司法经济分析专题 …… 268
第一节　转型经济中的中国
　　　　公司法 …………………… 268
第二节　中小股东权益保护
　　　　问题 ……………………… 274
第三节　公司法人人格否认
　　　　问题 ……………………… 282
第四节　公司合并、分立中的
　　　　债权人保护 ……………… 287
本章总结 …………………… 293
思考题 ……………………… 294
阅读文献 …………………… 294

第十一章　管制法的经济学分析 …… 295
第一节　管制的法律体系 ……… 296
第二节　管制法的法学分析 …… 302
第三节　管制法的经济学分析 … 305
第四节　管制的法学与经济学
　　　　分析评析 ………………… 317
本章总结 …………………… 319
思考题 ……………………… 319
阅读文献 …………………… 320

第十二章　管制法经济分析专题 …… 321
第一节　中国转型时期的管制
　　　　立法 ……………………… 321
第二节　经济性管制分析 ……… 325
第三节　社会性管制分析 ……… 333
第四节　反垄断法的经济学
　　　　分析 ……………………… 342
本章总结 …………………… 349

思考题 ……………………… 349
阅读文献 …………………… 350

第四篇　刑法

第十三章　刑法的经济学分析 …… 353
　　第一节　刑法的法学分析 …… 354
　　第二节　犯罪的经济学分析 …… 358
　　第三节　犯罪与惩罚的经验
　　　　　　研究 ………………… 365
　　第四节　刑法的经济学分析
　　　　　　评析 ………………… 368
　　本章总结 …………………… 370
　　思考题 ……………………… 370
　　阅读文献 …………………… 370

第十四章　刑法经济分析专题 …… 372
　　第一节　正当防卫的分析 …… 373
　　第二节　下调刑事责任年龄的
　　　　　　分析 ………………… 383
　　第三节　中国的精准扶贫和
　　　　　　贫困县犯罪率问题 … 392
　　第四节　数字经济时代的
　　　　　　犯罪治理 …………… 396
　　本章总结 …………………… 399
　　思考题 ……………………… 399
　　阅读文献 …………………… 400

第五篇　法律程序

第十五章　程序法的经济学分析 …… 403
　　第一节　法律程序的法学分析 … 404
　　第二节　法律程序的经济学
　　　　　　分析 ………………… 408
　　第三节　证据法的经济学分析 … 416
　　第四节　程序法的经济分析
　　　　　　评价 ………………… 419
　　本章总结 …………………… 423
　　思考题 ……………………… 424
　　阅读文献 …………………… 424

第十六章　程序法经济分析专题 …… 425
　　第一节　转型时期的程序法 … 426
　　第二节　诉讼社会问题 ……… 429
　　第三节　审前程序问题 ……… 433
　　第四节　庭审程序问题 ……… 436
　　第五节　证据规则的经济学
　　　　　　分析 ………………… 441
　　第六节　刑事附带民事诉讼的
　　　　　　问题 ………………… 450
　　本章总结 …………………… 453
　　思考题 ……………………… 454
　　阅读文献 …………………… 454

后　记 ………………………………… 457

第一篇

法经济学导论

第一章　法经济学的学科演变
第二章　法经济学的学科特征

第一章
法经济学的学科演变

> 法经济学就是建立在某些法律领域具体知识基础上的一系列经济研究。
>
> ——〔美〕理查德·A. 波斯纳①

◆ **本章概要**

法经济学是现代经济学的一个重要分支。1960年,罗纳德·H. 科斯(Ronald H. Coase)《社会成本问题》一文的发表标志着现代法经济学范式开始形成。在此之前,古典自然法哲学、古典经济学、古典功利主义、德国历史学派、美国制度学派以及法律现实主义和形式主义等都对法学与经济学的"跨学科式"交流做了大量有益的探索。以研究"反垄断"著称的芝加哥大学的"旧法经济学",是这场学术运动的直接思想来源。科斯之后,现代法经济学的成长与繁荣呈现出多元化、国际化、本土化等特征;其中,最具代表性的流派包括法经济学的芝加哥学派、纽黑文学派、公共选择学派以及批判法学派。

◆ **学习目标**

1. 了解现代法经济学的主要思想来源。
2. 了解现代法经济学的不同理论流派及主要观点。
3. 了解现代法经济学在不同发展时期的特征。

1991年,美国经济学会下属的《经济文献杂志》(Journal of Economic Literature, JEL)在新修订的权威经济学文献分类(JEL Classification)中,专门为法经济学新增加了一个分类"K",标志着西方经济学界对法经济学作为经济学的一个独立分支的广泛认可。现今,尽管经济学界在法经济学(Law and Economics)的"冠名"和研究范围等问题上仍存在较大分歧,但核心研究内容已几乎不存在太大分歧。② 根据尼古拉斯·麦考罗(Nicholas Mercuro)

---

① 〔美〕理查德·A. 波斯纳:《法律的经济分析》(下)[M],蒋兆康译,北京:中国大百科全书出版社,1997:906。
② 英文里,法经济学的常见表述有Law and Economics, Economics of Law, Economic Analysis of Law等,国内"法经济学"一词最早出现在种明钊教授与顾培东研究员1983年发表于《法学季刊》第2期的《马克思主义法学的理论基础与法经济学的建立》一文中。目前,国内常见的中文翻译有以下几种:法律的经济分析、法经济学、法律与经济学、经济分析法理学。本书采用较中性的法经济学说法。

和斯蒂文·G. 曼德姆（Steven G. Medema）的定义，"法经济学是一门运用经济学理论（主要是微观经济学及福利经济学的基本概念）来分析法律的形成、法律的框架和法律的运作，以及法律与法律制度所产生的经济影响的学科"[①]。现代法经济学最重要的代表人物之一——斯蒂文·萨维尔（Steven Shavell）也曾指出，法经济学的研究主要解决以下两大问题：一是法律规则对个体行为的影响，二是这种影响从社会层面上看是否合适。本章将从阐述法经济学的思想渊源出发，介绍法经济学的产生与发展。

第一节 法经济学的思想渊源

一般认为，现代法经济学或法律的经济分析，肇始于20世纪60年代的一系列开创性文章，其中，科斯于1960年发表的《社会成本问题》一文标志着现代法经济学范式开始形成，理查德·A. 波斯纳（Richard A. Posner）于1973年出版的《法律的经济分析》（*Economic Analysis of Law*）是法经济学范式全面确立的标志。然而，法律经济分析的思想，或更广泛意义上的法学与经济学的"跨学科式"交流却有更为悠久的历史，至少可以追溯到15—16世纪意大利的尼可罗·马基雅维利（Niccolò Machiavelli）。如果将法经济学简单等同于用经济分析工具勾勒法律的内在结构，那么这种理性化阐释法律的努力显然可以在早期的自然法哲学、古典经济学、德国历史学派、美国制度学派、法律形式主义及法律现实主义等的作品中找到踪迹，尤其是在20世纪上半叶，芝加哥学派有关反垄断法的研究是这场学术运动最直接的思想渊源。

一、从自然法哲学到边沁

从思想渊源角度去追溯法经济学范式的演进，波斯纳曾深刻地指出，"法经济学这种分析法学的研究进路，本质上延续了中世纪以来法律法规的权威解释败亡后的理性化重构努力"。根据约瑟夫·熊彼特（Joseph Schumpeter）在《经济分析史》中的概括，自然法哲学家的代表人物，例如格劳秀斯、霍布斯、洛克和普芬道夫等，在讨论法律原则和政治原则时，就已经有意识地"认为这类原则具有普遍的适用性，因为它们是自然的，即它们是从人类本性的一般性质推导出来的"[②]。自然法哲学家们主张立足于人类的本性去推演与阐释法律体系，"这种与人类同时产生的并由上帝亲自支配的自然法，其效力远高于任何其他法。它在整个地球上，在所有国家，在任何时候，都具有约束力。任何人类法如果同它相抵触，都是无效的，而人类法中那些被认为是有效的法律，则是从这个原始法中直接或间

[①] 〔美〕尼古拉斯·麦考罗、斯蒂文·G. 曼德姆：《经济学与法律——从波斯纳到后现代主义》[M]，吴晓露等译，北京：法律出版社，2005：1。

[②] 〔美〕约瑟夫·熊彼特：《经济分析史》（第一卷）[M]，朱泱等译，北京：商务印书馆，2001：153。

接地汲取力量和全部权威的①"。这大概是历史上最早的理性诠释法律的系统性尝试。这种提倡追求最高社会价值的自然法思想不仅直接或间接地影响了亚当·斯密（Adam Smith）、大卫·休谟（David Hume）、切萨雷·贝卡里亚（Cesare Beccaria）和杰里米·边沁（Jeremy Bentham）等几位古典法经济学先驱，也对后来的法经济学挑战概念法学、求得"满意"之良法的研究目标有一定指导作用。

亚当·斯密（1723—1790年）是公认的现代经济学鼻祖，他曾在格拉斯哥大学担任逻辑学和道德哲学教授。当时的道德哲学大概是与"自然哲学"相对的社会科学，主要由自然神学、自然伦理学、自然法学以及政策学构成；其中，政策学又分为经济学和财政学。因此，不难理解为什么斯密的著作大量涉及对法律法规的讨论。除了后人编辑的对法律进行专门探讨的《法理学讲义》②，斯密的代表作《国富论》和《道德情操论》中也包含不少探讨有关法律与经济关系的内容。斯密在《法理学讲义》中对公法、家庭关系和私法领域提出了一系列真知灼见，系统论述了经济制度对法律制度的影响及法律和政府的发展过程。区别于当时的主流观点——主张财产权利是一种自然权利，独立于时空存在——斯密认为有关财产的法律会随着社会发展程度的变化而发生相应变革。从狩猎时期、畜牧时期再到后来的农业社会，私人财产权是随着社会剩余品的富足逐渐从习俗惯例中演化而来的。

如果说《法理学讲义》侧重于分析经济因素对法律法规演进的影响，那么斯密首次出版于1776年的《国富论》则重点阐述了法律规则对市场秩序的激励效应。例如，《国富论》第一篇第十章分析了《学徒法》对劳动力市场的影响：分析表明，对某些行业的进入进行限制，会过度提升其他行业的竞争，阻挠行业间和地区间的劳动力流动，《学徒法》的出台使劳动与资本的收益进一步偏离行业平均利润。第四篇"论政治经济学体系"的几个章节直接讨论了当时的贸易保护法规，比如，《谷物法》的出台不利于自由贸易和国民财富的增长。此外，《国富论》中有关法律对经济运行影响的讨论还集中在第五篇"论君主或国家收入"，斯密在这部分集中讨论了国防费用、司法费用、公共支出以及教育费用应如何有效率地筹集与使用才能促进经济效率提高。③

斯密的《道德情操论》也对法律有精湛的分析，试图论证基于同情共感的普遍社会正义秩序如何形成，也就是说，由于合宜感和同情心的调适，不同的社会交往模式如何呈现

---

① 布莱克斯通语，转引自《法学译丛》，1985年，第3期：第1页。

② 亚当·斯密于1752—1764年在格拉斯哥大学担任道德哲学教授，《法理学讲义》是其在两个不同年份的随堂讲稿记录的汇编。其间，斯密的授课内容涵盖了哲学、神学、法学、政治学和经济学等广泛的领域。在这部巨著中，斯密将抽象的人性问题置于具体的历史发展进程中进行研究，系统总结和评述了经由格劳秀斯、普芬道夫、洛克及休谟等学者不断发展的自然权利学说，并由此创立了一种理解国家与社会的崭新范式。而且，该书还补充并夯实了《国富论》的有关论证，可以清晰地看到，斯密始终将其关于国民财富的性质和原因的研究置于社会和政治发展这一更为宽泛的理论框架之中。（冯玉军：《亚当·斯密法律思想述评：以〈法理学讲义〉为中心》[J]，《中外法学》，2016年，第5期：第1314—1324页。）

③ ［美］约瑟夫·熊彼特：《经济分析史》（第一卷）[M]，朱泱等译，北京：商务印书馆，2001：第五篇。

出基本的正义特征。① 例如,就某个具体法律惩罚体系的设计而言,斯密认为:"杀害人命是一个人所能使另一个人遭受的最大不幸,它会在那些与死者有直接关系的人中间激起极为强烈的愤怒,因此,在一般民众的心中,谋杀是一种侵犯个人最残忍的罪行;而剥夺我们已占有的东西,比使我们只对希望得到的东西感到失望更恶劣,因而,偷窃抢夺比撕毁契约的罪恶更大。"② 所以,"最正义的法律的第一个层次应该是旨在保护我们和邻人生命和身体的那些法律;第二个层次是保护个人所有权和所有物的法律;最后一个层次是保护所谓个人权利要求或允诺的那些法则"。③

在英格兰启蒙运动中,另一个不容忽略的重要人物是大卫·休谟(1711—1776年)。早在他的第一部作品《人性论》中,休谟就对法律与经济的相互关系充满兴趣,"惯例"是休谟用以分析两者关系的关键词。在休谟看来,财产权利或私人财产应受保护等法律规则,先表现为某种习俗和惯例行为,后才上升为正式的法律规则。早期人类社会虽然没有法律,但已经存在对私人财产的尊重,即种种社会习俗保护了私人产权。所以在这个意义上,休谟认为惯例先于个人之间的承诺,而后者又先于国家与政府而存在。休谟进一步指出,稳定的私人财产保障、基于自愿的产权交易以及遵守契约承诺是任何社会和平与进步的基础。故休谟对市场交换契约的主要观点包括:(一)契约的启动、执行形式等都是传统习惯做法的延续;(二)随着习俗惯例调节下的市场秩序逐渐扩展,这种基于小社会群体的惯例性行为会慢慢被侵蚀,于是人类天性中的短视及对远近福利的不同权衡就开始鼓动交易个体背离习惯约束,从而有必要由独立的、受公众委托的司法第三方来充当契约执行的监督者;(三)司法第三方的行为必须符合内在交往的习惯性做法,也只有这样,交易契约的正式法律补充才能发挥作用。因而,休谟强调了在法律与惯例两者关系中经验惯例的重要性。从法律创生及变迁角度看,休谟的观点很接近现代从惯例演化视角理解法律制度的研究进路。所以,弗里德里希·哈耶克(Friedrich Hayek)和彼得·斯坦(Peter Stein)认为,休谟的思想对现代法经济学,尤其对法律演化和法律契约的分析有重要的借鉴意义。

贝卡里亚(1738—1794年)被誉为意大利古典刑法之父。他的著作《论犯罪与刑罚》很早就被翻译为多国语言,对许多国家刑法体系的演进都有举足轻重的影响。④ 熊彼特在《经济分析史》(第二卷)中对贝卡里亚推崇备至,他认为贝卡里亚在米兰宫廷学校的讲义《公共经济学要义》几乎可以与斯密的《国富论》相媲美。从经济分析角度,排除作者在时间投入、语言润色等方面的差异,熊彼特甚至认为贝卡里亚的贡献超过了斯密。姑且不论熊彼特的评价是否客观、科学,但就古典法经济学思想的贡献而言,贝卡里亚确有过人之

---

① 由于篇幅所限,这里的概括忽略了《道德情操论》中的许多丰富细节。不同于早期对《国富论》的重点关注,近三四十年来,经济学界越来越重视对斯密《道德情操论》的重新发掘。目前,比较一致的看法是,《道德情操论》是理解斯密《国富论》及其他相关著作的基础。
② Adam Smith: *The Theory of Moral Sentiments*, Edited by A. L. Macfie and D. D. Raphael, Indianapolis: Oxford University Press, 1976:84.
③ 同上。
④ 有关《论犯罪与刑罚》一书的影响,可以参考黄风在该书中译本后所附一个的贝卡里亚传略。

处——先于边沁正式主张以"最大多数人的最大幸福"为原则来研究法律立法。①

首次出版于 1764 年的《论犯罪与刑罚》现在已成为法学,尤其是刑法经济分析的经典。在该书的引言中,贝卡里亚明确提出了对于这些犯罪应适用什么样的刑罚、什么是预防犯罪的最好方法等问题,并且认为应当用几何学的精确度加以解释。② 这本包含 42 个专题的小册子从惩罚的合法性来源开始,展开对犯罪惩罚的法律依据、惩罚强度、构成要件、惩罚形式(如死刑的威慑作用)以及社会福利影响的讨论。另外,贝卡里亚还结合犯罪惩罚讨论了刑罚证据、程序及证人等处理一般问题的基本原则,提出了刑罚的有益性和必要性概念,论证了"刑罚与犯罪的均衡性"原理,并试图以社会福利最大化为基本判据,推演出犯罪惩罚的合理体系。因而,贝卡里亚的研究对刑法学而言有类似百科全书式的参考价值。例如,贝卡里亚认为"最大多数人的最大幸福"应作为法律评价的唯一准则,并主张"只要刑罚的恶果大于犯罪所带来的好处,刑罚就可以收到它的效果""如果刑罚超过了保护既存的公共利益这一需要,它本质上就是不公正的"③。再如,为了预防犯罪,贝卡里亚在讨论刑罚程度时,认为刑罚的目的仅仅在于威慑,从惩罚的确定性和坚定性考虑,酷刑的威力要小得多,所以酷刑、刑讯逼供并不可取;应当建立"一个恰当的、由最强到最弱的刑罚阶梯",做到重罪重罚、轻罪轻罚,实现"刑罚与犯罪的均衡"。④

对于现代法经济学的庞大理论体系来说,贝卡里亚《论犯罪与刑罚》的重要意义在于提出了刑罚经济分析的概念性框架,"刑罚与犯罪的均衡"理论更闪现了法学与经济学相结合的光辉。但遗憾的是,贝卡里亚并没有对这些专题进一步展开分析,这本小册子也只局限于对刑罚和刑法问题的讨论,并未涉及民法及立法的基本原则。受到贝卡里亚"最大多数人的最大幸福"原则启发,英国著名法学家边沁创立了功利主义法学,从研究范围和研究方法两方面深度延拓了贝卡里亚的研究。边沁在《道德与立法原理导论》(首次出版于 1789 年)中比较自觉地运用经济学方法探讨了法律问题,对功利原则指引下的立法法律规定做了详细剖析,成就了自身现代法经济学或古典功利主义之父的美名。

边沁(1748—1832 年)有关立法方面的研究,始于对布莱克斯通诠释英国普通法的批判。在边沁看来,"自然"这个概念没法确切理解,从中很难推理出公众可以参考、接受的一般标准,以此作为英国普通法的基础并不恰当。因而,在《道德与立法原理导论》的开篇,边沁提出应该以一些简单确定的规则作为法律体系推理的基础,并认为"快乐和痛苦是人类自然的两个至高无上的主人"⑤,所以立法者的任务应是计算苦乐,以增进"最大多数人的最大幸福"为目的。他进一步分析指出,法律之所以能够支配人们的行为,就是由于法律中的功利在发挥作用,人们之所以守法,是为了避免因违法而带来的痛苦,如果法

---

① 〔意〕贝卡里亚:《论犯罪与刑罚》[M],黄风译,北京:中国大百科全书出版社,1993:5。
② 〔意〕贝卡里亚:《论犯罪与刑罚》[M],黄风译,北京:中国大百科全书出版社,1993:7。
③ 同上书,第 6、9 页。
④ 同上书,第 42—44 页。
⑤ 〔美〕皮特·纽曼主编:《新帕尔格雷夫法经济学大辞典》(第一卷)[M],许明月等译,北京:法律出版社,2003:"杰里米·边沁"词条。

律给予违法者的痛苦小于他因此获得的利益,那么法律就无效力可言。因而,法律决定了人们的权利和义务,必须以全体国民的快乐为基准,立法者的职责是在公共利益和私人利益之间进行调和。① 正是在痛苦与快乐计算的功利原则指引下,边沁主张对法律法规进行重新诠释和变革,以使公众对法律规定有确定性的预期。

因而,以边沁为代表的分析实证法学立足于在法学内部构建一整套概念与逻辑的体系,由此构成了法学学科与其他学科对话的本体基础,尤其是理论基础——"主体理性"原则,即从主体理性、意思自治、主体的权利与义务、主体的行为与责任等预设概念出发构建法律体系,这些预设概念同经济学之"经济人"(理性主体)假设之间必然存在某种逻辑联系。② 之后,约翰·穆勒(John Mill)吸收与发展了边沁的功利主义思想,创建了将财富最大化和非财富最大化、利己主义和利他主义等法学与经济学研究紧密结合的复杂理论体系,成为法经济学的重要思想渊源之一。

二、从边际革命到法律现实主义

19世纪70年代初是经济分析演进过程中的重要时期,通常被称为"边际革命"。这个时期的重要意义是:奥地利的卡尔·门格尔(Carl Menger)、法国的里昂·瓦尔拉斯(Léon Walras)和英国的威廉·斯坦利·杰文斯(William Stanley Jevons)分别独立提出了边际分析原理,这是古典经济学继大卫·李嘉图(David Ricardo)"形式化"努力后,全面推进经济学精密化研究的开始。此后,资源配置问题就成为经济学研究的核心,法律制度和经济环境被当作不为研究者所深究的稳定外设③,尤其经过阿尔弗雷德·马歇尔(Alfred Marshall)的新古典综合后,社会制度等研究线索进一步慢慢淡出主流经济学研究的视野,经济学研究漠视法律制度的状况大概一直持续到20世纪30年代后期,直到60年代后才开始渐渐改观。尽管总体而言,这一时期经济学的主基调在于分析工具的精密化,但是古典经济学对法律制度的关注仍旧在"非主流"的经济学分支上顽强地延续着,包括马克思主义经济学④、德国历史学派及美国制度学派⑤。另外,就法经济学范式的成长而言,这个

---

① 〔英〕边沁:《道德与立法原理导论》[M],时殷弘译,北京:商务印书馆,2002:2—3。
② 冯玉军主编:《新编法经济学:原理·图解·案例》[M],北京:法律出版社,2018:24。
③ 这部分思想史内容可以参考〔美〕亨利·威廉·斯皮格尔:《经济思想的成长》[M],晏智杰等译,北京:中国社会科学出版社,1999。
④ 马克思本人对财产权利有很精辟的分析,比如,对财产的法权与经济权利的分立等阐述,可以参考黄少安的《产权经济学导论》。当然,马克思主义经济学对财产权利也有持续关注的传统,比如,〔法〕蒲鲁东的《什么是所有权》。熊彼特对马克思的制度分析范式给予了很高评价,相关内容可以参考〔美〕熊彼特的《资本主义、社会主义与民主》(吴良健译,商务印书馆1999年版),或者《从马克思到凯恩斯》(韩宏等译,江苏人民出版社2003年版)。〔日〕繁人都重的《制度经济学回顾与反思》(张敬惠译,西南财经大学出版社2004年版)等对马克思的制度思想也有过概括和比较。
⑤ 制度主义学派的代表人物包括约翰·康芒斯(John Commons)、沃伦·J.塞缪尔斯(Warren J. Samuels)与A.艾伦·施密德(A. Allan Schmid)等。该学派研究关注的重点是法律和经济过程之间的相互影响关系,而非微观经济学理论在法律上的分析应用;他们认为:一方面,经济影响法律,例如,经济系统将给政治和司法系统带来压力,以促进它们向同一个特定方向变革;另一方面,法律也反过来影响经济,即司法的变化将推进经济行为向一个特定的方向发展。

时期传统法学领域内部的"理性化"动向,比如法律形式主义、现实主义的相关研究进路也十分值得关注。

在经济学发展史上,德国历史学派是一个较为独特的"分支"。如果说边际革命代表经济分析中的演绎推理,那么德国历史学派倡导的方法则更接近归纳理性。① 尽管涉猎的问题"五花八门",但德国历史学派代表人物,如早期的布鲁诺·希尔德布兰德、威廉·罗雪尔、克尼斯,中期的重要人物施穆勒,及后起之秀马克斯·韦伯(Max Weber)、维尔纳·桑巴特等都倾向于认为,社会科学研究的出发点应该是对历史细节及现实的考察。该学派极其重视社会制度对经济行为的影响,甚至在一定意义上认为,个人的经济行为是特定社会制度环境的产物,因而这些学者将主要精力集中于收集许许多多的法律法规,并作一些简单分类与整理上。因而,刚好与新古典边际革命相反,德国历史学派继承了古典学者的问题意识,倾向于采用归纳描述的统计方法,处理问题的进路和现代法经济学有本质区别。故而,波斯纳在评论韦伯的贡献时说道:"尽管韦伯在司法人员应独立于官僚体系,以及法律的功能性等观念方面,对后来的法律现实主义有很大影响,但其研究本质上与现代法经济学无关。"②

德国历史学派的做法,在同时期的英国与美国的经济学发展过程中也有相应体现;其中,美国的经济学思想演变尤其值得细述。事实上,新古典经济学分析范式的主导地位直到 20 世纪 30 年代后才在美国开始慢慢确立;在此之前,美国流行强调政府干预管制、有进步主义色彩的制度分析演化理论。就法经济学思想发展而言,赫伯特·霍温坎普(Herbert Hovenkamp)曾认为,如果承认经济学自身是一个历史发展过程,那么美国第一次大规模的法经济学运动应该可以追溯至始于 1870—1890 年的铁路管制研究,以及福利经济学、美国制度学派有关政府干预收入分配方面的探索性努力。③ 20 世纪初,美国占主流的制度学派,在批评新古典经济学的日益形式化、空洞化,以及主张研究社会习俗制度对经济运行的影响两方面都延续了德国历史学派的风格。④ 美国制度学派中对法律制度的经济研究做出贡献的学者包括索尔斯坦·凡勃伦(Thorstein Veblen)、伊恩·艾尔斯(Ian Ayres)、理查德·T. 埃利(Richard T. Ely)、康芒斯等。

凡勃伦对新古典经济人假定的尖锐批评影响了一大批经济学者,他对制度变迁动力及过程的描绘颇具特色。凡勃伦和他的学生艾尔斯认为,制度变迁的动力在于工具价值与礼仪价值之间的紧张。工具价值相对礼仪价值而言变动活跃,当礼仪价值不能包容工

---

① 熊彼特的《经济分析史》(第三卷)对历史学派有一个较好的评析。对历史学派及 20 世纪初的方法论之争感兴趣的读者不妨一读。
② 〔美〕皮特·纽曼主编:《新帕尔格雷夫法经济学大辞典》(第三卷)[M],许明月等译,北京:法律出版社,2003:"马克斯·韦伯"词条。
③ 有关第一次法经济学运动的思想史考证参见 Herbert Hovenkamp: The First Great Law & Economics Movement, Vol. 42, *Stanford Law Review*, 1990: 993-1059.
④ 这两者间的明显传承也与 19 世纪末许多美国经济学者曾留学德国的经历有关。

具价值时,制度变迁就会发生;反之,当礼仪价值的包容指数较大时,制度则相对稳定。①埃利与其学生康芒斯是美国制度学派威斯康星传统的重要代表,他们深受德国历史学派影响,极力主张将德国历史学派的研究方法纳入法律制度的分析中。在埃利看来,私有财产制度是经济增长的重要保障,但不受限制的私有财产发展必将引起两极分化,因而保持私有产权激励职能的同时兼顾收入分配公平是法律制度设计的核心问题。康芒斯对现代法经济学成长的贡献主要体现在对交易与合同的分析上。康芒斯在《制度经济学》中明确提出,交易是制度分析的根本单位,并将交易分为三类:市场交易、管理交易和政治交易;同时还指出,不同交易所需匹配的具体治理规则不同。对于资本主义中普遍存在的市场交易治理,康芒斯认为,普通法是社会运行的一套基本规则,是社会习俗演进发展的自发结果,因而是有效率的。② 康芒斯在《制度经济学》和《资本主义的法律基础》的论述中将法律和经济学联系在一起,更辨析了"交易"概念与划分了财产和财产权利的研究,对新制度经济学交易契约治理有显著的启发,其思想也被科斯、塞缪尔斯、施密德等法经济学家继承和发扬。

19世纪后半叶到20世纪30年代,除了历史学派和制度学派延续着经济学视角下的法律制度研究,法学内部的形式化努力及现实主义思潮对法经济学的成长也有十分明显的影响。法律形式主义的核心问题是,内在自治或逻辑一致的法学或法律体系是否可能。法律形式主义者主张"法学主要就是对法律术语的一种分析,以及对法律命题合乎逻辑的相互关系的一种研究"③。在美国,这股思潮的杰出代表人物是前哈佛大学法学院院长克里斯托弗·兰德尔(Christopher Langdell)。兰德尔不仅在美国法学教育中首创了案例教学法,还将法律视为"一组隐藏在法律案件背后的原则,这些原则可以通过案例研究揭示出来"④。所以,司法判决或普通法前例在法律中有着重要地位,而法律推理的任务就是从司法判决和案例研究中洞悉法理。进而,"法律,在这个意义上,是自我反省的,并由一系列客观上能推理的规则和能被合乎逻辑地应用的程序所组成","法学仅仅是一个由合法教义建立的主体所组成,这些原则存在于简化的司法判决中"⑤。客观地说,法学能成为一个独立学科,兰德尔的方法论意义重大,之后通过法律专业化与律师在司法实践中专门化的相互促进,法学的独立自治得到了进一步强化。但是,法律形式主义所主张的法学内部

---

① 有关制度学派的制度变迁理论,可以参考贾根良:《制度变迁理论:凡勃仑传统与诺思》[J],《经济学家》,1999年,第5期:第62—67页。霍温坎普对凡勃伦在法律制度研究方面的贡献也有述及(Herbert Hovenkamp: The First Great Law & Economics Movement, Vol. 42, *Stanford Law Review*, 1990: 993-1059)。

② 康芒斯从习俗视角论述普通法的效率性观点,可以参考他的 *Law and Economics* 一文。这篇文章对法学与经济学的异同分析很有见地。另外,康芒斯的法经济学思想也可以参考 Hovenkamp(1990)。康芒斯对法经济学发展的贡献还有一点可以提及的是,他曾经具有律师和经济学家双重身份。因而,虽然一般认为制度学派的理论乏善可陈,但是他们的著作中却又到处充满对现代研究颇具启发性的火花。这方面的论述可以参考《新帕尔格雷夫法经济学大辞典》中"美国制度学派与法经济学"词条。

③ 〔美〕尼古拉斯·麦考罗、斯蒂文·G.曼德姆:《经济学与法律——从波斯纳到后现代主义》[M],吴晓露等译,北京:法律出版社,2005:7。

④ 同上。

⑤ 同上书,第9页。

理性独立,无疑切断了维系法学研究与其他学科尤其是社会经济学科之间"跨学科式"交流本已脆弱的链条。

对法律形式主义的早期挑战来自"社会学法学"(Sociological Jurisprudence)的研究。社会学法学是在法律研究中更注重法的作用而不是其形式或内容的法学学派的总称,其主要特征包括以下两方面:第一,以社会学观点和方法研究法,认为法是一种社会现象,强调法在社会生活中的作用和效果,以及各种因素对法的影响;第二,认为法和法学不应像19世纪那样仅强调个人权利和自由,而应强调社会利益和"法的社会化"。法国孟德斯鸠是该学派的先驱,他探索了社会环境对法律所产生的影响;德国耶林迈出了开创性的步伐,他的《法律:实现目的的手段》一书发展了分析实证主义,并将其与功利主义者的观点联系起来,认为法律的目的是保护利益,由此在德国产生了利益法学派;在美国,该学派的代表人物有著名法学家奥利弗·霍姆斯(Oliver Holmes)、罗斯科·庞德(Roscoe Pound)和本杰明·卡多佐(Benjamin Cardozo)等。这些学者宣称,法律必须参考社会环境才能理解,反对法律自治。他们认为,对其他社会科学的洞察力也应被整合进法学,法官应该了解影响法律演进路径和做出司法判决过程中的社会经济环境。卡多佐指出,司法判决和法律演进路径都必然受本能的主观基本要素、信仰、信念及社会需求的影响①;并认为,虽然先例在法律推理中很重要,但当其与正义或社会福利产生重大冲突时,应优先考虑后者。霍姆斯一方面更强调法律的实践性和经验性,提出了"法律的生命不在于逻辑,而在于经验"的著名论断;另一方面更深刻地指出法律的工具性,在他看来,法律所表达的是在社会中占优势群体的意志,因而,应当对法律及判例的社会环境作详细考察。② 同时,霍姆斯也是最早向法学界和法律人倡言经济学重要性的代表人物之一,他曾在其著名的《法律的道路》一文中预言:"理性地研究法律,当前的主宰者或许还是'白纸黑字'的研究者,但未来属于统计学和经济学的研究者。"③因而,霍姆斯的实用主义法学理论对波斯纳等法经济学家的影响是有目共睹的。社会学法学家们对法律形式主义的批评,在20世纪30年代的法律现实主义运动④中得以延续。最杰出的法律现实主义者卡尔·卢埃林(Karl Llewellyn)曾指出:"在立法程序中的司法规则远没有通常假设的重要。"⑤因而,法律现实主义者认为,应该将法学视为基于科学原则逻辑推演的产物。比如,就具体合同法的研究而言,卢埃林主张合同订立执行应当满足交易成本最小化原则。⑥ 也正是在这个意义上,波斯纳认

---

① 〔美〕尼古拉斯·麦考罗、斯蒂文·G.曼德姆:《经济学与法律——从波斯纳到后现代主义》[M],吴晓露等译,北京:法律出版社,2005:10。
② 同上书,第11页。
③ O. W. Holmes: The Path of the Law, Vol. 10, *Harvard Law Review*, 1897:457-478.
④ 杰罗姆·弗兰克和卡尔·卢埃林等法学家在20世纪20—30年代发起了法律现实主义运动(Legal Realism Movement),主张在法学研究中逐步运用社会统计学和经济学的理论和方法,揭示法律制度和社会经济结构运行之间的制约关系和影响。
⑤ 〔美〕尼古拉斯·麦考罗、斯蒂文·G.曼德姆:《经济学与法律——从波斯纳到后现代主义》[M],吴晓露等译,北京:法律出版社,2005:12。
⑥ 有关卡尔·卢埃林在合同方面的论述,可以参考《新帕尔格雷夫法经济学大辞典》(第二卷)中"卡尔·卢埃林与合同理论"词条。

为法律现实主义与法律形式主义的分野,实际上是边沁与布莱克斯通的分歧在当代的延续。同时,卢埃林还指出,"法律思想的发展趋势是逐步将法律当作一种工具"①"法律是实现目的的手段,仅仅只是实现目的的手段,只有是实现目的的手段才有意义"②。类似地,波斯纳在鼓吹经济分析方法的妙用时,也曾多次谈到法律是实现财富最大化和非财富最大化的工具这样的观点。

此外,以格雷顿·舒伯特(Glendon Schubert)和唐纳德·布莱克(Donald Black)等为代表的行为法学对后来法经济学的实证研究提供了有益的经验,例如,布莱克全面将社会学方法引入了法学领域,并认为法的行为(控告、逮捕、检察、诉讼、上诉、判决等)是可变量,可以用许多方式测量。③ 第二次世界大战以后出现的法律政策学的代表人物哈罗德·拉斯韦尔(Harold Lasswell)和迈尔斯·麦克道格尔(Myres McDougal)提出,广泛运用现代自然科学和社会科学的新成果,如系统论、控制论、结构功能理论、博弈理论、精神分析、数学模型、统计学等,才能在法律政策学研究中取得正确结论。这种多学科的"合作攻关"模式对后来法经济学的产生与发展亦有一定借鉴作用。

三、芝加哥学派的"旧法经济学"

科斯于1960年发表的《社会成本问题》一文一般被视为现代法经济学范式出现的标志。但事实上,在科斯之前,芝加哥大学的法经济学研究已很成气候,对反垄断法的研究直接影响了美国反垄断法律的制定与实施。这一时期芝加哥大学法学院以反垄断法为代表的法经济学研究通常被称为"旧法经济学"。总体上看,现代法经济学范式之所以能在芝加哥大学兴起,一方面是因为有着深刻的思想累积基础——芝加哥大学法学院早在20世纪40年代就开始引入一系列经济分析;另一方面,也与芝加哥大学经济学者的努力有莫大关联。

值得一提的是,20世纪30年代前,芝加哥大学经济系的主流并非新古典经济学理论,而是以凡勃伦为代表的制度学派。被誉为"价格理论之父"的弗兰克·奈特(Frank Knight),当时在芝加哥大学经济系开设的课程之一就是"制度视角的经济学"(Economics from an Institutional Standpoint)。虽然奈特非常强调制度因素对经济分析的影响,但他与制度学派的区别在于始终主张制度分析应以新古典价格理论作为基本工具。奈特与同时期的雅各布·维纳(Jacob Viner)对价格理论的坚持,不仅影响了米尔顿·弗里德曼(Milton Friedman)、乔治·斯蒂格勒(George Stigler)等后来芝加哥经济学派的中坚人物,还直接影响了法经济学的现代先驱亨利·西蒙斯(Henry Simons)和亚伦·迪雷克特(Aaron Director)。

---

① K. N. Llewellyn: A Realistic Jurisprudence-The Next Step, Vol. 30, *Columbia Law Review*, 1930: 431-465.
② K. N. Llewellyn: Some Realism about Realism-Responding to Dean Pound, Vol. 44, *Harvard Law Review*, 1931: 1222-1264.
③ 〔美〕唐纳德·J. 布莱克:《法律的运作行为》[M],唐越、苏力译,北京:中国政法大学出版社,1994:2—3.

价格理论的流行为法经济学的兴起准备了必要的知识滋养,但经济学分析工具进入法学领域,一定程度上却直接归功于芝加哥大学法学院的"开放战略"。如前所述,20世纪三四十年代,法律现实主义逐渐在法学界占得上风,这时的芝加哥大学法学院在罗伯特·哈钦斯(Robert Hutchins)和卢埃林的影响下,对本科生的课程设计做了大量调整,引入许多其他专业的课程。另外,法学院一直有邀请外系,比如社会学、人类学的老师,到课堂上共同讲授某门课程或作专题演讲的传统。① 此外,美国联邦预算法案修订中广泛涉及成本收益等内容,也促使法学院院长维尔伯·卡茨(Wilber Katz)意识到,有必要在法学院开设财务经济方面的课程。这些大概就是西蒙斯被法学院聘用的重要原因。当然,西蒙斯作为芝加哥大学法学院第一位长期聘任的经济学教授,从经济系转到法学院任教也有供给方面的"巧合"和"无奈"。② 虽然西蒙斯在经济系不如意,但他在法学院开设的价格理论课程——"公共政策的经济分析"却广受好评。许多学生,比如鼎鼎大名的戈登·塔洛克(Gordon Tullock),都认为西蒙斯的经济分析方法直接改变了他们对法律的看法。因此,尽管就学术著作而言,西蒙斯对早期法经济学的贡献较为有限③,但是作为法学院引进的第一位经济学家,西蒙斯在教学上的成功开创了法学院持续聘用经济学家的优秀先例,其开设的价格理论课程更为法经济学的专门化和职业化奠定了基础。

继西蒙斯之后,进入芝加哥大学法学院的经济学家是亚伦·迪雷克特,他的成功受聘是哈耶克和西蒙斯共同努力的结果。从1946年开始,迪雷克特先是接替西蒙斯讲授"公共政策的经济分析"课程,后又和爱德华·列维(Edward Levi)合作讲授"反托拉斯法"课程。在讲课过程中,列维从法学角度阐释反托拉斯法,而迪雷克特则告诉学生列维讲得不对,引导学生从经济分析角度重新审视反托拉斯法。④ 迪雷克特对反垄断法的研究,尤其是对捆绑销售等的分析直接改变了当时学界对反垄断福利的影响分析。他的"口述传统"对后续的包括波斯纳在内的年轻法经济学者都有重要启发。另外,迪雷克特还积极帮助柏克、麦吉等年轻人申请法经济学资助项目,研究与反垄断相关的掠夺定价等问题。⑤ 所以,在这个意义上,认为芝加哥大学的法经济学源于反垄断项目也不无道理。此外,迪雷克特对现代法经济学范式做出的贡献还包括,1958年和列维合作创办了《法与经济学杂志》(*The Journal of Law and Economics*),为早期致力于研究法经济学的学者们提供了一个

---

① 参见 Kitch 整理的回忆性文章:The Fire of Truth:A Remembrance of Law and Economics at Chicago, 1932-1970, Vol. 26, *Journal of Law and Economics*, 1983:163-234。

② 据科斯描述,西蒙斯在经济系任职期间发表的著作甚少,授课也不受学生欢迎。1934年,当经济系在考虑是否继续聘用西蒙斯时,许多成员都表示反对,但是奈特却是西蒙斯的忠实支持者。最后,经济系还是继续聘用了西蒙斯。此后,西蒙斯在法学院一些朋友的支持下,在法学院获得了兼职。这部分思想史细节可以参考 Kitch(1983)、Coase(1993)。

③ 在 Coase(1993)看来,西蒙斯最著名的小册子 *A Positive Program for Laissez-Faire* 的论证逻辑和内容理念极为粗糙,称不上学术著作。有关西蒙斯对法经济学的贡献,可以参考卡茨写的一篇纪念文章:Economics and the Study of Law the Contribution of Henry C. Simons, Vol. 14, *University of Chicago Law Review*, 1946:1-4。

④ 参见 Kitch(1983)或 Coase(1993)。

⑤ 参见 Kitch(1983)或《新帕尔格雷夫法经济学大辞典》(第一卷)中"法经济学的芝加哥学派"词条。

良好的发表和交流平台。① 同时，也正是由于迪雷克特出色的判断力和优秀的编辑才能，科斯1959年的《联邦通讯委员会》一文才得以在该杂志上发表，而该文在审稿过程中引发的争论正是1960年的名篇《社会成本问题》的直接源起。

从学术思想传承看，古典法经济学在思想上承袭了自然法哲学的"衣钵"，试图给神秘、神圣的普通法寻找一个合适的理性诠释，这一点和苏格兰启蒙运动的主旨总体一致。但是，古典学者的努力基本停留在方法论层面，还未能有一个统一有效的工具来处理丰富的法律现象。边际革命后，古典的理性阐释法律的努力在分析工具提炼和问题意识上朝着两个方向出现了分野：一方面，新古典分析工具的深化是以制度线索的逐渐缺失为代价的；另一方面，德国历史学派和美国制度学派掌握了许多制度现象，但缺乏严密的分析推理工具。所以，从学说史的演进上看，芝加哥大学的"旧法经济学"乃至科斯以后的"现代法经济学"，本质上都是20世纪30年代奈特与维纳倡导的"价格理论"应用于传统制度学派问题领域的结果，也可以视为是这两种业已分化的学术思想传统整合的尝试。

第二节　法经济学的产生

斯蒂格勒、威廉·兰德斯（William Landes）和波斯纳曾经分别选取在《法与经济学杂志》上发表的文章为样本进行统计分析，研究表明：法学与经济学的"跨学科式"交流在20世纪70年代前一直处于完全相互隔离的状态，直到70年代中后期，法经济学范式对传统法学研究的冲击才开始慢慢显现。然而，这种滞后的影响并不意味着法经济学范式在70年代才成长起来。事实上，现代法经济学的诞生，应归功于20世纪60年代的一系列开创性文章，具体包括科斯于1960年发表的《社会成本问题》、圭多·卡拉布雷西（Guido Calabresi）于1961年发表的《对于风险分配与侵权法的若干思考》、阿门·阿尔钦（Armen Alchian）于1961年发表的《产权经济学》以及加里·贝克尔（Gary Becker）于1968年发表的《犯罪与惩罚：经济分析法》。这些经典文献无论在方法论和分析工具上，还是在涉及法学问题的研究广度和深度上，都大大超出了芝加哥"旧法经济学"对反垄断法的研究。

一、科斯的产权与交易成本理论

科斯是法经济学初创时期最重要的代表人物，也是法经济学学科的创始人之一，其经

---

① 也有人认为1958年《法与经济学杂志》创刊才是现代法经济学范式开始的标志，因为其极大地推动了法经济学的发展，带动了对公司法、破产法、证券法、劳动法、收入与税收、公共利益管理、民事侵权、婚姻家庭等法律制度的全面经济学分析。

典之作《社会成本问题》是法经济学学科创立的里程碑。这篇文章与其1937年发表的《企业的性质》，共同成就科斯在1991年荣获诺贝尔经济学奖。《企业的性质》一文首次提出了"交易成本"概念，这一概念对现代法经济学的重要意义在于：科斯指出，利用价格机制是有成本的（即交易成本），不同制度安排将导致不同的交易成本，从而对经济运行产生不同的影响；因而，如果从交易成本出发讨论企业的本质，资源配置的制度维度与资源配置本身同样重要。

法经济学的开山之作——《社会成本问题》肇始于科斯1959年发表的《联邦通讯委员会》一文。科斯在这篇文章的末尾结论处提到，如果价格机制运行平滑，则初始法律规定对资源的最优配置没有影响。当时芝加哥大学负责审稿的弗里德曼和斯蒂格勒等人一致认为，科斯误解了庇古的意思，文章结论有问题，建议删除后发表。但是科斯坚持己见，拒绝修改。最终双方达成一致，《联邦通讯委员会》一字不改地发表，但条件是科斯必须亲自到芝加哥大学做一个说明。在迪雷克特家的聚会上，当时芝加哥大学经济系的精英，如弗里德曼、斯蒂格勒、哈伯格等人，一开始无一不坚决反对科斯的观点。但经过一个下午的激烈讨论后，大家最后都接受了科斯的观点。受芝加哥大学经济学家们的邀请，科斯要对1959年的这篇文章的结论重新进行表述和阐释，于是就有了1960年发表在《法与经济学杂志》上的《社会成本问题》。

在《社会成本问题》一文开头，科斯就指出外部性损害问题本质上是相互的，对资源最优配置而言，关键在于明确权利的归属。文章通过对"牛和稻谷"例子的分析，表明"如果定价制度运行成本为零，则产值最大化不受法律状况的影响"[1]，即不论权利界定给牛主人还是稻田主人，最终篱笆墙的位置和牛的数量均相同；外部性的存在并不是政府对经济进行干预的适当基础，交易成本的高低才应该成为（法律）制度选择的标准。接着，科斯在相继分析了"斯特奇斯诉布里奇曼""库克诉福布斯""布赖恩特诉勒菲弗""巴斯诉雷戈里"等四个普通法侵权案例后指出，"在市场交易成本为零时，法院关于损害责任的判决对资源的配置没有影响"，法院面临的迫切问题不是谁做什么，而是谁有权做什么。这样，通过市场交易改变最初的合法界定通常是可能的。[2] 众所周知，科斯的这个观点后来被斯蒂格勒命名为"科斯定理"，开始在经济学和法学研究中广为传播。

通过引入"交易成本"这一核心概念，科斯定理将法律制度安排与资源配置效率有机地结合在一起，为运用经济学理论研究法律问题奠定了基础。[3]《社会成本问题》一文探讨了产权制度原理以及法律规定对经济体系运作的影响，扩展了法律经济分析领域，使之不再局限于反托拉斯政策。从此，交易成本和财产权利约束成为法律制度经济分析的两个至关重要的维度。另外，科斯利用资源配置效率标准讨论财产权利和侵权原则的研究也

---

[1] Ronald H. Coase：The Problem of Social Cost，Vol. 3，*Journal of Law and Economics*，1960：1-44.
[2] 同上。
[3] 史晋川：《法律经济学评述》[J]，《经济社会体制比较》，2003年，第2期：第95—103页。

引起了美国众多法学学者与经济学学者的兴趣,他们贡献了大量的研究文献,直接导致"法经济学"这门新兴学科的兴起。

专栏1-1

罗纳德·H. 科斯小传

罗纳德·H. 科斯(1910—2013年),新制度经济学的鼻祖,法经济学的开创者,1991年获得诺贝尔经济学奖。1910年12月29日,科斯出生于英国伦敦近郊。1929年10月,科斯进入伦敦政治经济学院学习商科。1930年,恰逢普兰特到伦敦政治经济学院执教,科斯开始跟随他学习经济学,并在普兰特的影响下,科斯对经济学尤其是产业组织理论产生了兴趣。1931—1932年,科斯获得伦敦大学的卡塞尔爵士游学奖学金,到美国游学一年,年轻的科斯将在美国的大部分时间都用于到工厂进行实地调查,只在芝加哥大学旁听了一两节弗兰克·奈特的课。最后,基于这次美国的调查经历,科斯形成了有关企业性质的初步想法,并于1932年左右写成文章《企业的性质》,1937年发表于英国的《经济学》(*Economica*)杂志。1935年以后,科斯任职于伦敦政治经济学院,负责讲授公用事业经济学,并开始对英国公用事业展开一系列历史研究。1940年,科斯进入政府做统计工作,先后在森林委员会、中央统计局、战时内阁办公室任职。1946年,科斯回到伦敦政治经济学院,负责讲授经济学原理,并且继续进行公用事业特别是邮局和广播事业的研究。1951年,科斯获得伦敦大学理学博士学位,同年移居美国。1959年,科斯加入弗吉尼亚大学经济学系,其间对联邦通信委员会做了大量研究。1960年,科斯在《法与经济学杂志》发表《社会成本问题》一文,首次创造性地提出用"交易成本"来解释企业存在的原因以及企业扩展的边界问题;并认为一旦交易成本为零,而且产权界定是清晰的,那么法律不会影响合约的结果。1964年后,科斯一直担任芝加哥大学经济系教授和《法与经济学杂志》主编。退休后,科斯任该校荣誉经济学教授和高级法学与经济学研究员。2013年9月2日,科斯在美国去世。《企业的性质》和《社会成本问题》两篇文章共同开创了交易成本与产权分析进路,被视为新制度经济学与法经济学的里程碑式作品;也正是基于这两篇论文的突出贡献,科斯于1991年荣获诺贝尔经济学奖。科斯的代表作还包括《英国广播业:垄断状况的研究》《企业、市场与法律》《论经济学与经济学家》等。

资料来源:作者根据公开资料整理。

二、卡拉布雷西有关侵权法的研究

圭多·卡拉布雷西对现代法经济学范式的开创性贡献主要集中在侵权法的经济分析领域。卡拉布雷西1961年发表于《耶鲁法学杂志》(*The Yale Law Journal*)的《对于风险分配与侵权法的若干思考》与上文提到的科斯的《社会成本问题》一起被视为现代法经济学的经典文献。卡拉布雷西在该文开篇就指出:"许多人都以风险或损失分配为由,赞成或反对某种侵权法归责原则,但是就风险分配或损失分配具体指什么……是最有能力的人应该承担赔偿,还是最大限度分散风险,或者那些造成损害的工厂应该承担责任……已有的侵权法律规定及讨论在这一点上模糊不清。"①因而,卡拉布雷西试图"为这些不同的侵权归责原则寻找一个坚实统一的分析框架"。

卡拉布雷西颠覆了夹杂着大量道德判断的传统侵权法理论,首先利用资源配置理论,即价格理论分析严格责任规则,认为损失最优分配应该满足以下两个条件:第一,物品价格正好反映物品对社会的总成本;第二,损失应当配置给最能将损失转嫁为企业产品价格上升的责任方。卡拉布雷西进一步论证,如果责任划归私人,那么私人通常有低估风险的倾向,保险额度将低于社会最优规模;相反,如果侵权责任让企业承担,即遵循企业责任规则(Enterprise Liability),则对社会最优的偏离较小。值得注意的是,卡拉布雷西讨论了不同行业市场结构下的侵权归责问题,并认为尽管按照资源配置的逻辑,应该对竞争性行业征税,对垄断行业尽量少征,但这种归责原则显然违背了普遍公平的政治信念。② 于是,歧视垄断行业的企业归责原则最终被采纳,从而有利于中小企业的成长,削弱了行业的垄断力量。当然,对这种有违经济逻辑的侵权归责原则,卡拉布雷西用风险分配做了补充论证:小企业类似于个人,倾向于低估风险,投保规模将偏离社会最优规模,其投机行为将导致"事故的二级成本"较高,因此从事故总成本,即一级成本和二级成本之和最小化的角度,严格的企业责任归责优于个人自愿投保和广泛的强制性社会保险。

卡拉布雷西于1970年发表的《事故的成本:法律与经济的分析》对事故法做了开创性的研究,通过运用科斯的社会成本理论,明确提出了侵权事故的三大成本③,并且比较研究了事故法的两种实现方式;该书现已成为侵权法经济学分析的经典之作。另外,卡拉布雷西在1972年与道格拉斯·梅拉米德(Douglas Melamed)合著的《财产规则、责任规则和不可让与性:一个权威的视角》一文中,通过比较交易成本的高低,对侵权领域的财产规则与责任规则做了综合分析,从而把科斯提出法院在审理侵害纠纷时面临的"权利应赋予谁"

---

① Guido Calabresi: Some Thoughts on Risk Distributions and the Law of Torts, Vol. 70, *Yale Law Journal*, 1961: 499-505.
② 参见〔美〕埃弗里·卡茨:《法律的经济分析基础》[M],北京:法律出版社,2005:48。
③ 卡拉布雷西指出事故法能降低三种类型的成本:第一类事故成本是受害者的损失,(通过增加注意水平和降低危险行为水平)避免损害发生而花费的成本应当与受害者遭受的损失相协调,实现成本总和最小化。如果承担第一种事故成本的人是风险厌恶的,那么,潜在受害人就会因为承担过多的注意义务(过度谨慎)而产生第二类事故成本。在这种情况下,把第一类事故的损失施加给最有能力补偿损失的一方或者边际收益递减较小的一方,会带来社会收益的增加。第三类事故成本包括因使用法律制度解决侵权案件而产生的管理成本。很明显,需要在降低第一类事故成本、综合保险范围和法律制度成本等各因素之间进行权衡。任何一部事故法都是在综合权衡这些因素的过程中制定的,且因所处历史时期及所需法律秩序不同,对于这些因素的选择也不同,其制定还取决于私人保险市场的发达程度和法院公正处理信息的能力。

的问题,转化为法官根据双方交易成本的高低在财产规则与责任规则间的选择问题①,并由此引发了外部性责任与产权界定孰优孰劣的一系列讨论,进一步丰富了法经济学有关侵权领域的研究。

最后,特别需要指出的是,卡拉布雷西对侵权归责的剖析,与以科斯和波斯纳为代表的芝加哥法经济学的进路略有差别:一方面,卡拉布雷西是以市场失灵为分析出发点,沿袭了庇古税的思路,主张"有效率的"政府干预;另一方面,他明确指出,法律的首要原则应该是公平公正,其次才是效率,效率分析无法解决更高层次的公平问题,所以卡拉布雷西对侵权责任的分析更偏向规范经济学的分析。②

专栏 1-2

圭多·卡拉布雷西

圭多·卡拉布雷西(1932 年—),1932 年 10 月 18 日出生于意大利米兰一望族。1938 年,仅 6 岁的卡拉布雷西随父母迁往美国。1949 年卡拉布雷西进入耶鲁大学耶鲁学院,最初学习数学,然后学习历史,最后确定学习经济学。1953 年,卡拉布雷西以优异的成绩获得经济学学士学位后,获得罗德(Rhodes)奖学金进入牛津大学,师从约翰·希克斯,学习价格理论。1955 年同样以优异的成绩毕业后返回耶鲁大学,1958 年从耶鲁大学法学院毕业。在耶鲁大学法学院求学期间,卡拉布雷西曾担任《耶鲁法学杂志》的编辑。1959 年卡拉布雷西进入耶鲁大学法学院工作,29 岁的他成为耶鲁大学历史上最年轻的正教授之一,并曾在 1985—1995 年间担任耶鲁大学法学院院长。1994 年被克林顿总统任命为美国联邦第二巡回上诉法院法官。

卡拉布雷西著述甚丰,与以科斯为代表的新制度经济学(及法经济学)不同,卡拉布雷西被视为法经济学耶鲁学派的代表性人物:主张用进化的方法研究社会制度,反对新古典经济学中静止的、机械的均衡分析方法;亦主张用文化整体的观点来理解经济,反对使用方法论上的个人主义观点。卡拉布雷西对法经济学的开创性贡献主要集中在侵权的法经

---

① 卡拉布雷西和梅拉米德在一篇文章中指出,法律权利可以采取两种不同方式加以保护:一种是"财产规则",用来防止非自愿转让财产;另一种是"责任规则",要求享有权利或侵犯权利的人支付法官判定的价款。如果双方当事人发生纠纷,就可能出现以下四种结果:(1)传统上被认为是受害人的一方享有权利,另一方将被责令禁止侵犯该项权利,即当地居民可以要求法院判定造成污染的工厂关闭或搬走。(2)受害人享有权利,另一方将支付损害赔偿金;在此情况下,工厂可以继续产生污染,但必须对当地居民所遭受的损失给予赔偿。(3)施害人享有权利,受害人必须承担损失;工厂可以继续生产经营,当地居民无任何求偿权。(4)施害人享有权利,但如果受害人同意支付补偿金,法院将依其职权行事,禁止这项权利;当地居民可以要求工厂搬走或改进技术,但他们必须支付该工厂因此行事而发生的一切费用。概括来看,财产规则下的博弈结果是第一种或第三种,即未经权利持有人同意不得发生任何权利转让;责任规则下的博弈结果则是第二种或第四种,即未经权利持有人同意可以转让权利,但应同时承担法官的判罚(参见 Guido Calabresi, A. D. Melamed: Property Rules, Liability Rules and Inalienability: One view of the Cathedral, Vol. 85, *Harvard Law Review*, 1972: 1089—1128)。

② 这方面的论述可以参考詹姆斯·哈克尼对新古典经济学与法经济学关系的探析,或是波斯纳对卡拉布雷西的侵权法研究与他自己的侵权研究所做的比较分析。

济学领域,代表性著作包括《对于风险分配与侵权法的若干思考》(1961年)、《事故的成本:法律与经济的分析》(1970年)、《财产规则、责任规则和不可让与性:一个权威的视角》(1972年)、《制定法时代的普通法》(1982年)、《理想、信仰、态度与法律》(1985年)。卡拉布雷西对当代法律发展影响重大,被世界各地的高等学府授予了35种荣誉学位。

资料来源:作者根据公开资料整理。

三、阿尔钦的财产权利理论

对财产、合同和侵权的研究是法经济学的三大理论板块。法经济学有关财产的经济理论主要是针对财产法的经济分析,基础是新制度经济学的产权理论。除了科斯等人的贡献,这一研究领域最早的一篇重要经典文献是阿门·阿尔钦发表于1961年的《产权经济学》。在介绍这篇经典文献的贡献前,有必要先提及阿尔钦于1950年对理性选择方法论的阐述,因为该阐述对法经济学范式的成长也颇具积极意义。

《不确定性、演化与经济理论》一文的发表使阿尔钦名噪一时。众所周知,该研究在一定意义上也是始于1870年的美国制度学派历史方法与英国边际革命抽象方法之争的延续①,20世纪40年代,美国学术界又重新讨论经济理论假设的真实性问题。以弗里德里希·李斯特(Friedrich List)等为代表的反边际主义者认为,问卷调查发现企业经理普遍没有使用边际方法进行决策,那么用边际概念作为分析起点就不恰当,经济研究应该放弃边际分析而代之以历史现实的详细考察。阿尔钦发表于1950年的方法论文章独辟蹊径地指出,研究者可以认为这些企业"仿佛"(As-If)知道边际分析方法。根据"仿佛论",如果企业不是"恰巧"符合理论预测的行为模式,最终将被市场淘汰。企业不可能也没有必要使用理论研究发明的工具,市场竞争作为一种自然选择,将合格的企业挑选出来,接下来这些合格企业的市场份额将增加,行为模式将被模仿而变得稳定且可观察,边际分析是这些合格企业行为模式的理论解释和抽象。"仿佛论"对新古典边际分析的强有力辩护,为该范式进一步扩展应用于非市场领域奠定了坚实的方法论基础。

除了方法论,阿尔钦在《产权经济学》中运用效用理论和最大化方法研究产权制度问题而提出的产权可分割观点对现代法经济学范式的贡献也值得称道。众所周知,边际革命以来,新古典价格理论只关心既定价格和禀赋约束下的资源配置问题。而阿尔钦在文章开头就指出,竞争和约束是两个不可分割的概念,私有财产的形态则是资源约束的最普遍形式。② 这种产权约束通常意味着"所有者对于财物的占有、使用、收益和处置等权能具

---

① 有关1870年左右美国经济学说史上的方法论之争,比如,理查德·伊利(Richard Ely)与西蒙·纽科姆(Simon Newcomb)之争。

② 译自Armen Alchian的 *Some Economics of Property Rights* 一文,载于盛洪:《现代制度经济学》(上卷)[M],北京:北京大学出版社,2003:68—80。

有最终的决定权,而且这种产权不会影响到所有其他人私有财产的性能和用途;这是效力及于一切其他人的对世权,个人的产权设置还要为他人权利的自由行使预留充分的空间。"① 而且,在文章第四至七部分,阿尔钦还利用新古典微观经济理论,分别分析了财产权利的不同状态,比如私有制和公有制对生产激励与风险承担的不同影响等。

科斯和阿尔钦有关产权的文章促使后续研究者开始重视资源约束的产权方面,并带动了一系列相关研究,如哈罗德·德姆塞茨(Harold Demsetz)、张五常、加里·D. 利贝卡普(Gary D. Libecap)、埃瑞克·菲吕博顿(Eirik Furubotn)等对财产权利的进一步讨论,最终形成新制度经济学的一个重要分支——产权经济学。正如 Landes(1997)所说,20 世纪 60 年代法经济学的文章很少有真正法律方面的内容,科斯、阿尔钦等对财产权利讨论的立足点都是产权的经济学内涵。这些产权经济学的早期文献,一方面成功将经济学研究者的注意力吸引到法律制度领域,使更多经济学家开始关注资源配置的制度层面;另一方面也为后续财产法的经济学分析准备了恰当的处理工具。当然,对现代法经济学范式的成长而言,这两个方面的贡献都不容忽视。

四、贝克尔的犯罪经济学研究

虽然较少有学者会把加里·贝克尔作为法经济学的开创性人物,但基于以下两方面原因,无法否认贝克尔对法经济学成长做出的重要贡献:一是现代法经济学分析,尤其是以波斯纳为代表的法经济学研究,所体现的理性选择方法论,最出色的总结和推广工作源于贝克尔的贡献;二是贝克尔创造性地将理性选择理论扩展到许多非市场领域,比如歧视、犯罪、家庭经济以及法律实施方面的分析,而这些方向现已成为法经济学最活跃的一部分研究领域。

传统经济学的研究对象主要集中在市场交换领域,或是可用货币化计量成本收益的经济活动。然而,大概从 20 世纪 50 年代中后期开始,经济学家们尝试从多个方向努力推广经典经济学的理性选择模型,以解释许多非市场或缺乏显性货币价格的现象,其中,公共选择学派有关政治领域决策过程的讨论、新制度经济学对产权与合同的研究,以及贝克尔对歧视和犯罪问题的分析,都是这方面的杰出代表。值得注意的是,在理性选择范式扩展过程中,贝克尔始终认为,基于偏好稳定,个人追求效用最大化和市场出清假定的理性选择模型,是理解许多无明确市场与价格现象的有力武器。② 在他看来,即使现实中非市场的参与者不可能具有模型中刻画的理性行为方式,但是通过理性选择模型,研究者仍然可以把握非市场参与者决策中的理性层面。③ 对法经济学而言,贝克尔将理性选择模

---

① 于盛洪:《现代制度经济学》(上卷)[M],北京:北京大学出版社,2003,第 74—75 页。
② 这方面的论述可以参考《新帕尔格雷夫法经济学大辞典》(第一卷)中的"加里·贝克尔"词条。
③ 有关贝克尔对法经济学的贡献,亦可参见 Richard A. Posner: Gary Becker's Contributions to Law and Economics, Vol. 22, *The Journal of Legal Studies*, 1993: 211-215。

型扩展到非市场领域更是意义非凡,因为法律规制涉及的许多行为都不具备明显的市场与价格。因此,在 1997 年《芝加哥大学法律评论》(University of Chicago Law Review)编辑部召开的一场圆桌研讨会上,贝克尔曾明确地指出,迄今法经济学之所以能取得辉煌成就,关键在于贯彻了理性选择的三个基本分析原则。[①]

贝克尔将理性选择模型运用于形形色色的非市场行为研究,[②]其中,1968 年发表的《犯罪的经济分析》对法经济学最具直接影响。贝克尔的这篇文章建立在边沁"功利主义"思想的基础之上,将犯罪定义为一种追求自身利益最大化的理性行为,只有违法行为的预期效用超过时间及资源的机会成本时,当事人才会实施犯罪。他还设计了犯罪供给函数来进一步解释理性犯罪——人们总会事先比较由被惩罚概率和惩罚强度决定的犯罪成本和犯罪收益的大小,再决定是否实施犯罪。同时,他也指出,从社会福利最大化角度看,犯罪行为是一种产生负外部性的活动,犯罪规模下降有利于社会福利改善,但也必须消耗稀缺的社会资源,比如警察、监狱、人力配备等支出的增加;社会福利最大化的犯罪规模大于零,它是权衡犯罪规制边际社会收益和边际社会成本的结果;稀缺资源约束下实现最有效率的法律规制,就意味着资源必须在犯罪规制方式之间作适当分配。因而,贝克尔用惩罚概率和惩罚强度清晰定义了原本模糊不清的"严刑有助于威慑"的传统威慑理论,并从社会福利最大化角度,在违法、定罪和惩罚所造成的社会成本最小的目标函数下,运用数理模型详细分析了最优惩罚概率和最优惩罚强度,从而成功地把犯罪问题纳入了主流经济学的分析框架。最后,贝克尔还提到,罚金惩罚很大程度上是替代刑,而将罪犯关入监狱会带来额外的扭曲效应,所以可以通过提高罚金来替代监禁,以改进社会福利。

现在,人们对贝克尔提出的观点已经基本没有异议,即非法行为的诱因取决于成本—收益分析,同时犯罪的成本收益又部分取决于犯罪概率和惩罚强度。而且,这篇有关犯罪与刑罚的论文还引发了大规模的、更为深入的理论与实证讨论,例如,斯蒂文·萨维尔等人对贝克尔的理论模型做了进一步扩展,考虑了更多惩罚威慑设计中的结构问题。贝克尔最早指导的两位博士生之一——伊萨克·埃里奇(Isaac Ehrlich)则从劳动力市场和犯罪市场时间配置角度,对贝克尔的理性威慑模型做了拓展,将收入差距、劳动力市场状况等因素纳入理性犯罪决策模型,并开创性地应用经验研究工具,对刑罚威慑、死刑判罚及收入差距对犯罪的供给弹性做了尝试估计。后续的一系列研究有力推进了犯罪经济学的理论建模和实证研究的发展。总之,贝克尔的研究大大深化了人们对许多非市场过程的理解,他本人也因将微观经济分析的研究领域扩展至人类行为和相互关系中的非市场行为等更广泛领域而获得 1992 年诺贝尔经济学奖,更被誉

---

① Douglas G. Baird: The Future of Law and Economics: Looking Forward, Vol. 64, *University of Chicago Law Review*, 1997: 1129–1165.

② 贝克尔在 1957 年发表的博士论文《歧视经济学》中,首次用经济分析方法考察"种族歧视"这一人类学和社会学问题,并展示出很好的研究视角和分析思路;后来他又将这种分析方法扩展到婚姻、家庭、犯罪等各类问题中。正是这项工作使贝克尔成为经济学分析方法进入社会和法律领域的先驱。

为20世纪最杰出的经济学家和社会学家之一。此外,贝克尔对现代法经济学的影响还体现在对众多研究者的帮助上。例如,兰德斯有关歧视的经验研究以及埃里奇对死刑威慑经验估计的博士论文,都是直接在贝克尔的指导下完成的。

因而,这个时期的法经济学虽然受到不少质疑和批评,但并未如Horwitz(1980)所预言的那样成为美国法律的历史①,而是发展得生机勃勃,并逐渐成为新的主流法学研究范式和世界性的学术思潮。

第三节 法经济学的发展

20世纪60年代科斯和卡拉布雷西等人的开创性工作,直接和间接引发了一系列对法经济分析范式的讨论,并在一定程度上让传统法学家意识到了经济分析在理解法律结构中的重要作用。此后,越来越多的法学院开始雇用或长期聘用经济学家,微观经济学课程也开始进入法官和律师的专业培养计划。② 然而,这个时期法学与经济学的"跨学科式"交流在很大程度上仍然停留在经济学家"单方面"的主动出击上。事实上,直到波斯纳于1973年出版了内容广泛、兼具专著和教科书性质的大部头著作——《法律的经济分析》后,这种状况才开始有所改变。该著作的出版不仅为传统的法学研究和法律制度探讨带来了前所未有的革命,创立了法经济学的研究范式,标志着"效率"主题在普通法领域的巨大成功;同时也正式宣告了法经济学学科的全面建立。③ 因此,也有不少学者把《法律的经济分析》一书的出版作为分界点,将1958—1973年视为法经济学范式的孕育期,1973年之后的一段时间是法经济学范式的接受期。之后,一方面,经济学以前所未有的速度进入几乎所有的法学研究领域,出现了法经济学在传统法学领域中的"经济学帝国主义";另一方面,随着法经济学和微观经济学等进入法学院的课程表,以及受波斯纳的影响,大量法官、律师及法学研究者开始对法经济学运动做出回应;法学和经济学的"跨学科式"交流真正走向水乳交融,法经济学也终于成为一门独立成熟的交叉学科登上学术舞台。

---

① Morton J. Horwitz: Law and Economics: Science or Politics? Vol. 8, *Hofstra Law Review*, 1980: 905-912.

② 例如,亨利·梅因从1971年开始对律师、法官以及法经济学工作者等提供短期集中的经济学培训。正是由于梅因在人才培养等方面的出色贡献,其被推举为与科斯、卡拉布雷西并列的法经济学奠基人之一。具体内容可参见麦考罗和曼德姆(2005)。

③ 波斯纳之前的研究者从经济学的立场和需要出发去分析具体法律问题,尽管颇具启发性,但结论难免支离破碎,也难以同作为一整套行之有效的规则体系的法律世界(主要依靠逻辑推理)相融合。因此必须立足法学的基本框架,运用经济学理论和方法,对整体的法律制度做出客观的解释。波斯纳曾指出:"撰写法经济学教科书最基本的选择是结构上的:是用经济学原则还是法律原则来组织本书?如果用经济学原则,那么法律原则将被作为例证而依附其上。无论这种研究方法有多少优点,它还是不足以传播法律原则和制度完整结构的适当观念。法律是一个系统,它有一个经济分析能启发的整体,但要明了这个整体,就必须研究这种系统制度。本书试图使经济原则在系统的(虽然肯定是不完全的)法律原则研究中得到体现……经济学的应用使法律制度原则可以更清晰地显现出来,而不是改变法律制度。"([美]理查德·A.波斯纳:《法律的经济分析》(上)[M](第3版),蒋兆康译,北京:中国大百科全书出版社,1997:序言。)

一、法经济学的扩张发展

法经济学自 20 世纪 60 年代初由科斯、卡拉布雷西等经济学家开创后,发展迅速;尤其是 70 年代后,进入了蓬勃发展、快速扩张、广泛传播的时期。①

首先,在学术研究领域,法经济学人才辈出、大量高质量研究成果相继问世。一方面,经典论著与教材纷纷问世。例如,布鲁斯·阿克曼(Bruce Ackerman)编的《财产法的经济学基础》(1975 年)、波斯纳的《正义与司法的经济学》(1981 年)、米切尔·波林斯基(Mitchell Polinsky)的《法和经济学导论》(1983 年)、萨维尔的《事故法的经济分析》(1987 年)、兰德斯和波斯纳合著的《侵权法的经济结构》(1987 年),以及罗伯特·考特(Robert Cooter)和托马斯·尤伦(Thomas Ulen)主编的《法经济学》(1988 年)。另一方面,相关学术论文佳作迭出。比较重要的有:艾伦·莱夫的《法律的经济分析:规范问题的现实思考》(1974 年)、卡拉布雷西的《关于法经济学:致罗纳德·德沃金的一封信》(1980 年)、霍维茨的《法和经济学:科学还是政治学?》(1980 年)、考特的《侵权、合同和财产的一致性:预防的模型》(1985 年)、波斯纳的《法和经济学运动》(1987 年)、罗伯特·埃里克的《理性参与者的拿来文化与人的脆弱:古典法经济学批判》(1989 年)等。

其次,在学术教育和研究领域,一方面,哈佛大学、芝加哥大学、斯坦福大学、哥伦比亚大学、耶鲁大学、牛津大学、多伦多大学等越来越多欧美国家著名大学的法学院和经济学院开始启动法学和经济学的双学科教学,开设法经济学以及与商法、财产法、侵权法、合同法和公法相关的经济分析课程,为经济学学生和法学学生提供了宽口径的社科教育。另一方面,在专业杂志领域,除了原来经济学领域的刊物(如《美国经济评论》等)和《法与经济学杂志》,又涌现出一批新的法经济学专业刊物,例如安施菲尔特和波斯纳主编的《美国法经济学评论》、马肖和威廉姆森主编的《法、经济学和组织杂志》、阿兰森主编的《最高法院经济评论》、牛津大学出版的《工业法杂志》、华盛顿大学主办的《法经济学研究》、迈阿密大学主办的《法与政治经济学杂志》等,为法经济学在世界范围内的传播做出了重要贡献。当然,一些老牌的法学学术杂志,例如《哈佛法学评论》《耶鲁法学杂志》《哥伦比亚法学评论》《多伦多大学法律杂志》等,也经常刊登法经济学领域的研究成果。

最后,法经济学对立法和司法实践的影响也不断增强。随着越来越多的律师和法官了解经济学以及越来越多的经济学家开始关注法律相关工作,法经济学研究在法律实务中也得到广泛的应用。例如,美国联邦最高法院的判决理由书中很早就确立了经济成本分析原则。② 1981 年,里根总统任命博克、温特等法经济学家担任联邦上诉法院法官。之后,波斯纳、伊斯特布鲁克、卡拉布雷西三名最富创造性的法经济学家先后也被任命为联

---

① 冯玉军主编:《新编法经济学:原理·图解·案例》[M],北京:法律出版社,2018:14—15。
② 美国联邦最高法院大法官在多数判决意见中明确指出,在评价程序时,我们应当权衡私人利益、错误发生率与政府收益。如果错误经常有利于政府,则私人成本将高于政府收益;相反,则政府成本将高于私人收益。因此,权衡各因素就是实现成本最小化。

邦上诉法院法官;卡拉布雷西更于1994年被克林顿总统任命为联邦第二巡回上诉法院法官。在美国联邦最高法院里,大法官斯蒂芬·布雷耶和安东尼·斯卡利亚也都精通经济学和法经济学。同时,也有越来越多的法经济学者被聘任为司法部法律顾问,或应邀在国会委员会上做证,从而为法经济学研究成果进入法律实务领域打开了大门。例如,美国对政府管制的经济分析就基本上采用了与经济学相同的术语、准则和方法,在政府管制分析报告里经常可见市场失灵、外部性、自然垄断、信息不对称、影子价格、沉没成本、机会成本、寻租及市场取向方法、选择方案评估等经济学的术语和方法。①

二、法经济学的徘徊发展

1973年后,虽然法经济学范式进入接受期,得到学术理论界与司法实践的广泛认可,但也受到了众多质疑,尤其在波斯纳将法经济学分析全部归集于"效率"主题之下后,来自外部的批评和内部的反思逐渐升温。② 于是,与20世纪60年代相对一致地在法学研究中推进经济分析不同,这一时期,法经济学运动中的学者们在一些重要假设和理论主张上出现了明显的分歧与争论。从大的方面看,这个阶段法经济学的反思和调整大致是法经济学的芝加哥学派、纽黑文学派、公共选择学派以及批判法学派等共同努力的结果。

1. 法经济学的芝加哥学派③

不论是霍温坎普所指的第一次大规模的美国法经济学运动,还是1960年开始的新法经济学运动,芝加哥大学经济学院和法学院一直都是最重要的法经济学活动场所。芝加哥大学的法经济学研究至少可以追溯到20世纪60年代出现的新法经济学之前。④ 但这里所指的法经济学的芝加哥学派主要是指20世纪60年代后,尤其是1973年波斯纳的《法律的经济分析》出版后出现的"新"法经济学。⑤ 具体来说,围绕科斯、波斯纳、兰德斯等成长起来的一批学者,以及他们在芝加哥大学的两份杂志——《法与经济学杂志》和《法学研究杂志》(*The Journal of Legal Studies*)上发表的一系列文章,共同构成了法经济学的芝加哥学派,有些学者甚至将其称为法经济学的主流学派。

芝加哥学派所用研究方法的第一个显著特征是把微观经济学理论(或价格理论)直接应用于法律研究,即其研究建立在以下三个核心假设基础之上:①个人在非市场行为方面

---

① 冯玉军主编:《新编法经济学:原理·图解·案例》[M],北京:法律出版社,2018:14—15。
② 史晋川、吴晓露:《法经济学:法学和经济学半个世纪的学科交叉和融合发展》[J],《财经研究》,2016年,第10期:第50—79页。
③ 有关法经济学的芝加哥学派的类似于纲领性的声明可以在波斯纳的一系列著作中找到,比如《法律的经济分析》以及1987年其在《美国经济评论》上发表的《法经济学运动》等。另外,Kitch(1983)、Coase(1993)及麦考罗和曼德姆(2005)等的研究工作也可以作为这方面的参考。
④ 〔美〕尼古拉斯·麦考罗、斯蒂文·G.曼德姆:《经济学与法律——从波斯纳到后现代主义》[M],吴晓露等译,北京:法律出版社,2005:65。
⑤ 《新帕尔格雷夫法经济学大辞典》(第一卷)"法经济学的芝加哥学派"词条中,Kitch将法经济学的芝加哥学派定义为"1939—1975年间,在研究和教学上对法律思考有独特方式,与芝加哥大学法学院相关联的一群学者的集合"。本书之所以选择1960年作为分界线,主要参考了麦考罗和曼德姆(2005)的观点。

与在市场行为方面一样,是理性的效用最大化者;②个人在非市场行为方面与市场行为方面都会对价格刺激做出反应;③法律规则和后果都可以在效率特征上进行评价。因而,这就意味着存在标准原则——法律决策应该提高效率。不难看出,第一条和第二条核心假设是普通的个人理性最大化假设:个人会对价格刺激做出反应。在法律领域或非市场行为方面,法律规则规定了参与各类非法活动的"价格"。据此,理性效用最大化者将权衡每一额外单位非法活动的收益与成本,确定最优的非法活动供给规模。必须注意,芝加哥学派的理性最大化并不等于所有个体都是理性的,相反,其只是认定理性最大化是合适好用的人类行为近似。Posner(1987)辩解道,法经济学分析之所以有必要引入个人理性效用最大化方法,关键在于应用这种方法可以理解个人决策的理性层面,进而得出富有启发的结论和预测。

法经济学的芝加哥学派所用研究方法的第二个显著特征是对效率的推崇。这一学派的主要代表人物认为,自发市场交易可以实现最优社会福利,进而坚持法律决策形成以及法律评价都应从经济效率角度进行分析。而且,经济效率在该学派的研究语境中,并不是帕累托效率,而是卡尔多—希克斯效率或财富最大化。后者意味着,如果赢家的潜在获益超过输家损失,或者社会财富增加了,那么该法律变革是增进效率的。波斯纳进一步主张,普通法是一个能进行有效资源配置的定价机制,并明确指出,通过先例判决创造法律的法官们,都在试图提高资源的配置效率,从这个视角可以更好地理解普通法。换言之,波斯纳认为,普通法保障和增进经济效率假设的传导机制有二:一是普通法的制定旨在通过契约培育和鼓励市场交易,达到提高效率的目的;二是普通法的判决将会模拟自由市场的有效率结果,在法庭上,无效率的法规很可能比有效率的法规更频繁和更集中地遭到挑战与质疑,因而随着时间的流逝,有效率的法规将取代无效率的法规,同时,法官们也会直接或间接地选择一些能产生效率结果的法规。[①]

由于专注于勾勒普通法的内在经济逻辑,坚持从效率或财富最大化标准出发评价法律体系,以波斯纳为代表的芝加哥大学法经济学或法律的经济分析进路在主张法律的首要价值是公正的世界里,显得异常突兀。波斯纳的财富最大化标准和普通法的效率假设,曾多次激起其他法律学者和法经济学研究者的反对。再者,根据Calabresi(1961)的理解,理性选择或资源配置方法只能解决效率层面的问题,而公平则属于更高层次的内容。这样,如何妥当处置理性选择内核成为芝加哥学派法经济学进一步发展中有待思考的问题。最后,必须强调,以上粗线条勾画的法经济学的芝加哥学派,最多只代表具体时段内芝加哥大学法学院,尤其是以波斯纳为代表的法经济学的研究进路,芝加哥学派中的许多重要人物,比如科斯以及现在的后芝加哥学派,在具体问题的细节上一直存在许多不同于波斯纳的观点。

---

① 参见波斯纳(1997),同样也可参见麦考罗和曼德姆(2005),第81—83页。有关财富最大化和卡尔多—希克斯效率在波斯纳法律的经济分析中的作用及引发的相关讨论,参见林立:《波斯纳与法律经济分析》[M],上海:上海三联书店,2005。

专栏 1-3

理查德·A. 波斯纳小传

理查德·A. 波斯纳（1939 年—）是 20 世纪 70 年代以来最杰出的法经济学家之一。他将人们从互相自愿交易中各自获得利益的简明经济理论以及与经济效率有关的市场经济原理应用于法律制度和法学理论的研究，不仅为法经济学研究奠定了理论基础，也对法学一般理论的发展做出了卓越贡献。

1972 年，波斯纳创办了《法学研究杂志》并担任主编。该杂志现今已和《法与经济学杂志》并列成为法经济学研究领域最重要的两份杂志。在近半个世纪的学术生涯中，波斯纳非常高产，早在 2005 年年底，波斯纳就已出版著作 40 多部（包括合作），发表论文 300 多篇，提出司法意见 1 680 多篇。由于在法经济学理论与实践方面的突出贡献，2004 年，波斯纳被《法律事务杂志》（Legal Affair）评为 20 世纪美国最有影响力的 20 名法律思想家之一。波斯纳的主要代表作包括《法律的经济分析》（1973 年）、《法理学》（1994 年）及《超越法律》（1996 年）。《法律的经济分析》是一部类似于法经济学"百科全书"的经典作品，其出版不仅标志着法经济学完整理论体系的建立，而且在学术界和司法界中引起了极大反响。其著作成为后世每一位法经济学工作者的必读书目。科斯曾评价："波斯纳法官为运用经济学分析法律，即法律的经济分析领域做出了重大的贡献。"

波斯纳的个人生平如下：

1939 年 1 月 11 日，波斯纳出生于美国纽约。

1959 年，获得耶鲁大学文学学士学位。

1962 年，获得哈佛大学法学硕士学位，在读期间（1961—1962 年）曾担任著名的《哈佛法学评论》的编辑。

1962—1963 年，任美国联邦最高法院大法官小威廉·J. 布伦南的法律秘书。

1963—1965 年，任美国联邦贸易委员会（FTC）委员助理。

1965—1967 年，任美国联邦司法部副部长助理。

1967—1968 年，任美国总统交通政策特别工作小组首席法律顾问。

1969—1978 年，任斯坦福大学法学院和芝加哥大学法学院教授。

1978—1981 年，任斯坦福大学法学院和芝加哥大学法学院李·布雷纳·弗里曼讲座法学教授。

1971—1981 年间，波斯纳还担任美国国家经济研究局（NBER）研究员；1972—1981 年，主持芝加哥大学法学院的《法学研究杂志》的编辑工作。

1981 年至今，任美国联邦第七巡回上诉法院审判庭法官（1981 年受里根总统任命）、首席法官（1993 年升任）。同时，担任芝加哥大学法学院、斯坦福大学法学院法经济学高级讲座主持人。此外，还是美国科学促进会（AAAS）和美国法律学会（ALI）会员。

资料来源：作者根据公开资料整理。

2. 法经济学的纽黑文学派

法经济学的纽黑文学派也被称为"耶鲁学派",有时候又被称为"法学改革派",主要是指和耶鲁大学法学院有关的、以卡拉布雷西为代表的一批经济学者和法学家及其研究工作。① 上文介绍 20 世纪 60 年代现代法经济学起源时,曾简单提及科斯开创的分析传统与卡拉布雷西的研究进路存在差异。事实上,卡茨(2005)在编辑《法律的经济分析基础》时也曾明确指出,科斯的文章强调了私人合作在解决外部性问题上的效率特征,而卡拉布雷西则延续了庇古的分析思路,认为私人解决问题的过程中不可避免地存在外部性问题,需要引入合理的政府规制。另外,和芝加哥学派首推效率标准不同,卡拉布雷西在其代表作《对于风险分配和侵权法的一些思考》(1961 年)、《事故的成本:法律与经济的分析》(1970 年)及后续的研究工作中始终坚持认为,法律的首要价值是公正,其次才是效率,所以经济分析在理解法律结构中的作用有限。卡拉布雷西对待法律的经济分析的态度,影响了一批后续研究者,出现了有别于法经济学芝加哥传统的耶鲁传统。

纽黑文学派将现代法治的福利国家作为研究对象,并把公共政策分析和社会选择理论作为研究方法的基础,认为法经济学的目标是:①从经济学角度解释公共行为的正当性;②现实地分析政治制度和官僚制度;③说明法庭在现代政策制度体系中所起的重要作用。② 因而,类似于前辈庇古和卡拉布雷西,纽黑文学派的分析出发点是:第一,自由市场交换过程中出现的外部性问题;第二,作为交换结果的公平、正义等分配问题。纽黑文学派认为,一方面市场失灵使某种形式的政府干预变得十分必要;另一方面政府必须介入收入再分配过程。所以,该学派主张改革行政法,使之包含更多既有经验又有理论的东西,能够对公共官员、政治家和市民的需求做出更有效的回应。不过,纽黑文学派对政府干预市场失灵的强调,不同于庇古假定理想政府干预的思路,他们明确意识到"矫正市场失灵的公共政策都应建立在成本—收益分析基础上,并且这个过程的成本不应该只包括能用美元衡量的成本收益,而应该涵盖所有的成本和收益"。③

纽黑文学派正是在支持个人选择、赞成使用市场和民主过程等能够促进个人选择机制的制度背景下,确立了自己的研究重心——效率和公正。因为该学派强调有效率政府的干预,因而其政策主张更偏好类似税收、补贴这样的政策机制,反而不太重视芝加哥学派十分相信的普通法救济方案。因而,纽黑文学派使用法令和规章的范围更广,也更依赖一些结构严密的政府制度来帮助解决众多的市场失灵问题。另外,也不同于芝加哥学派认定普通法有效率的观点,纽黑文学派认为,应该详细分析政府行为的决策过程,主张处理市场失灵时,政策分析家应该努力确定各种备选政策方案,但绝不能像公共选择学派那样优先考虑分配现状,也不能像芝加哥学派那样简单赞成普通法就是最优的解决办法。

总之,相比于芝加哥学派对普通法效率的强调,纽黑文学派强调从有更广泛基础的公

---

① 有关耶鲁大学法学院早期法经济学方面的研究,可以参考 Kitch(1983)。
② 〔美〕尼古拉斯·麦考罗、斯蒂文·G. 曼德姆:《经济学与法律——从波斯纳到后现代主义》[M],吴晓露等译,北京:法律出版社,2005:104。
③ 同上书,第 105 页。

共政策制定视角来研究法经济学,并认为法学与经济学的"跨学科式"交流应更多以法学为主导,将合适的经济分析工具纳入法学问题的研究中。"耶鲁精神"的内在实质实际上更接近传统法学。同时,也正因为该学派在分析中对公平、公正的重视,纽黑文学派一般被归为法经济学的规范分析进路。

3. 法经济学的公共选择学派

法经济学的公共选择学派又称"弗吉尼亚学派",主要指运用公共选择理论研究法律产生与实施的政治过程的法经济学研究思路,该学派的代表人物是美国乔治·梅森大学经济系的詹姆斯·布坎南(James Buchanan)、塔洛克等一大批学者。上文介绍的法经济学的芝加哥学派和纽黑文学派的研究主要着眼于既定法律规则的激励和福利分析,本质上都将法律制定和实施过程抽象地视为一个"技术黑箱",缺乏对法律规则的制定与实施过程的进一步讨论。在这个意义上,法经济学的公共选择学派的兴起可以视为是对以上两个研究思路的补充。

现代公共选择理论起源于20世纪50年代中期的公共财政研究。[①] 该理论可以简单定义为非市场决策的经济分析,或经济分析在政治决策中的应用,涉及的研究领域包括国家理论、投票规则和投票者行为、政治冷漠、党派政治、互投赞成票、官僚选择、政策分析和管制等。法经济学的公共选择学派的研究思路主要借鉴公共选择理论的研究成果,研究立法机关、政府行政管理机构和法院"生产"法律的问题。他们的研究将政府和立法机关视为法律的供给"企业",一方面分析这类"企业"的内部治理结构对法律供给的影响,另一方面研究官僚、利益集团之间的交易如何影响法律的制定。因而,法经济学的公共选择学派的研究主要考察以下四个方面的内容:①立法机关的政治过程;②官僚决策的原则和官僚决策;③管制过程和已颁布的法规及规章;④立案的基本原则。

在公共选择学派的研究视野里,立法、行政甚至习惯法都是政治法律市场博弈的结果。以对利益集团的分析为例,在政治法律市场中,利益集团可以通过影响政府决策来达到自身的目的。一个利益集团为了得到自己期望的法律而愿意花费的金钱数目不仅取决于该法律对该集团的价值,同时也取决于该集团在解决公共品问题上自愿捐赠方面的能力,因此,政治市场中的开支不能准确代表法律对相关各方的价值。这就导致无效的法律——对输者造成的损害大于给赢者带来的收益——就有可能被通过,有效率的法律规则很可能被否决。[②] 类似地,公共选择学派的官僚理论讲述的是,在法律实施过程中,法官的职权越大,立法目的与法律实施之间出现分歧的可能性也越大,因此,法官的效用函数形式和激励结构对法律的社会福利影响将很难被简单评价,寻租等问题很难避免。总之,公共选择层面的法经济学分析意味着,法律通常是政治决策领域中的利益集团和官僚利用资源向国会议员游说的结果。

---

① 丹尼斯·C. 缪勒的《公共选择理论》(杨春学等译,中国社会科学出版社1999年版)提供了一个出色的关于公共选择理论的文献综述。

② 〔美〕皮特·纽曼主编:《新帕尔格雷夫法经济学大辞典》(第二卷)[M],许明月等译,北京:法律出版社,2003:157。

根据弗里德曼的归纳,法律的经济分析涉及三项彼此不同但又相互关联的工作:首先,运用经济学预测法律规则的效果;其次,运用经济学分析法律规则的福利效应,并建议应当采取什么样的法律规则;最后,运用经济学预测未来法律规则的发展方向。法经济学的芝加哥学派和纽黑文学派分别大致对应了弗里德曼意义上的第一项和第二项工作,而法经济学的公共选择学派的研究则是第三项工作的典型代表。

4. 法经济学的批判法学派

批判法学派是现代法经济学发展史上一个较独特的流派。不像前面介绍的三大学派都有大致统一的分析内核,批判法学派内部并不具备一致的方法论,也缺乏标准的分析范式,他们之所以能被统一到批判法学派标签之下,主要是因为对法经济学和法学主流学派的持续批判态度这一共同点。虽然现在看来批判法学派对主流法经济学的批评许多已经过时,或有些内容随着分析技术的进步已经被整合到主流分析中,但从思想传承角度,有必要简单介绍一下批判法学派的工作。

批判法学派源于 1977 年在美国威斯康星州麦迪逊市的批判法学学者会议以及由此兴起的批判法学研究运动。该学派的代表人物包括美国哈佛大学法学院的昂格尔、肯尼迪、霍维茨、楚贝克等一大批知名学者,他们主要致力于法学法律实践和法律教育的批判理论发展的研究。[①] 批判法学部分被认为是对自由主义的折中反应,他们反对形式主义和教条主义的法律推理,但这却是传统法学学派的重要内容,也是芝加哥学派的基本原则。所以,批判法学派既反对形式主义、教条主义的传统法律推理和学说,又反对芝加哥法经济学派不关心政治的价值中立观点。现代批判法学的思想渊源主要包括法律现实主义、美国史学以及新马克思主义有关法律、法学及方法论方面的研究。

延续法律现实主义对兰德尔形式主义的批评,批判法学派拒绝将法律规定视为基于少数几条原则推理的结果。相反,批判法学派的两个分支都将法律视为社会结构的一个方面,认为法律研究应该集中关注作为社会制度的法律,尤其要注意:①法律在社会中所起的作用;②法律是如何实现这些作用的;③法律与其他主要社会制度是如何相互影响的。[②] 而且,批判法学派的支持者们都很强调政治力量、意识形态在法律构造中的作用。意识形态作为一个核心解释要素,在该学派的研究文献中占据核心地位。批判法学派同时还断言,每个社会历史阶段都是以意识形态特征为标志,每个社会历史阶段中的法官和律师所从事的工作都是根据一定程序、借助意识形态让民众认同阶级的秩序结构,并相信这就是这个时代的逻辑。最后,批判法学派也否认在法律推理中存在理性的确定性,认为

---

① 〔美〕尼古拉斯·麦考罗、斯蒂文·G. 曼德姆:《经济学与法律——从波斯纳到后现代主义》[M],吴晓露等译,北京:法律出版社,2005:208。本节对批判法学派的介绍主要参考了麦考罗和曼德姆(2005)、邓肯·肯尼迪为《新帕尔格雷夫法经济学大辞典》(第二卷)撰写的词条"法经济学:批判法学派观点",以及斯蒂芬·M. 菲尔德曼:《从前现代主义到后现代主义的美国法律思想:一次思想航行》[M],李国庆译,北京:中国政法大学出版社,2005:第四章、第五章。

② 〔美〕尼古拉斯·麦考罗、斯蒂文·C. 曼德姆:《经济学与法律——从波斯纳到后现代主义》[M],吴晓露等译,北京:法律出版社,2005:217。

法律就是政治,本身就具有欺骗性:"法律给权力和利益披上了合法权威的精致外衣",①法律关系也没有内在的本质含义,只有在共同的现实建构中才变得可理解和重要。

总之,批判法学派一直试图揭示植根于现代法律概念中的矛盾、不连贯和肆意掩饰的意识形态因素,以及在自由主义和资本主义社会里,社会等级等支配性要素对法律的潜在影响。毋庸置疑,每个社会观察者都无法回避这些问题,但出于各种原因,主流法经济学分析框架有意忽略了它们。所以,在这个意义上,批判法学派的"提醒"可能是相当必要的,但也不应对他们的工作给予过高的评价,因为正如哈钦森和莫纳汉所说,"批判法学派不是一个同质或统一的运动。它的支持者在反对主流法律思想方面是团结的,但没有一个统一的治疗方法"。②

针对法经济学的研究现状,著名学者尼尔·杜克斯伯里(Neil Duxbury)曾风趣地评价:"法经济学是一门以争论和混乱为主的学科,定义这门学科就如同用调羹吃意大利面。"法经济学的芝加哥学派、纽黑文学派、公共选择学派及批判法学派之间的争论正好印证了上述评价。芝加哥学派强调普通法内在的经济效率逻辑;纽黑文学派更看重有效率的政府干预;公共选择学派试图打开法律供给的黑箱;批判法学派的工作基本上维持与主流相对的批判立场,其虽然揭示了主流分析在理解法律现象中的诸多不足,但没有提供一个可供替代的分析框架。然而,必须指出,和思想史上的众多学术争论类似,这些学派之间的争论并不意味着法经济学内部的分崩离析,反而是不同学派的争鸣共处凸显出以下基本事实:法律体系本身很复杂,不可能用几条简单的分类法则统括所有法律规定,选择恰当的观察视角才是理解法律世界的关键。

第四节 法经济学的演变趋势

如前所述,法经济学的兴起和发展从来都不是一场学术界的统一运动,在其发展过程中一直都存在着不同的观点和争议,而且不仅存在于经济学家和法学家之间,同样也出现在经济学家与法学家的内部。从古典法经济学思想到现代法经济学范式的孕育、成长和发展,这个领域内各个流派观点的纷争都一再凸显了法律现象的复杂性及恒久魅力。从现代实践看,参加1997年芝加哥大学《法与经济学杂志》举办的圆桌研讨会的各位知名学者一致认为,理性选择在法律分析应用中已经取得了巨大的成功,成就了芝加哥法经济学派在20世纪七八十年代的辉煌;但与会者也指出,进入20世纪80年代,尤其是90年代,随着法经济学的发展逐渐成熟,法经济学研究似乎进入了一个比较沉闷的时期,不仅芝加

---

① 〔美〕布赖恩·比克斯:《法理学:理论与语境》(第四版)[M],邱昭继译,北京:法律出版社,2008:261—262。
② Allan Hutchinson, Patrick Monahan: Law, Politics, and Critical Legal Scholars: The Unfolding Drama of American Legal Thought, Vol. 36, *Stanford Law Review*, 1984: 199-245.

哥法经济学派的发展相对平缓,也没有出现新一代的领军人物和具有突破性的观点。① 于是,在主流法经济学流派相对平寂而"非主流学派"开始活跃的背景下,下一个阶段的法经济学将向哪个方向发展,成为一个非常值得思考和关注的问题。

因而,20世纪90年代以来,法经济学研究虽然发展较为平缓,但还是出现了一些新趋势:一方面,整体上日益成熟,研究领域进一步扩展,结出了累累硕果,时有颇具影响力的研究成果问世;另一方面,因学科内部的反思与自我批判,学术进路渐趋分化,研究方法也更加多元,并在不断多元化、国际化的同时,亦出现了日益本土化的趋势。

一、"经济学帝国主义"特征进一步凸显

虽然法经济学经历了20世纪70年代的反思期和80年代的沉寂期,但这不足以阻挡法经济学向外扩张的坚定步伐,经济分析的方法已经渗透到法律的各个具体领域。就如波斯纳自豪地宣称:"最能解说司法决定,又能将之置于客观的基础之上,近来追求系统阐述这样一个首要的司法正义概念的努力中,最为雄心勃勃并可能最有影响的就是'法经济学'交叉学科领域,通常人们又称其为法律的经济分析。"②因而,即使是那些不喜欢法经济学或认为法律的经济分析有各种各样问题的人,或者那些对法经济学发展持悲观看法的学者们,也不得不接受这些经验事实。法律对经济学方法的使用已经使法律的许多领域产生了显著变化。几乎所有的美国法学教材都使用法经济学视角去分析和解决问题,而且运用经济学分析方法做出的经典判决和裁判规则是启发式教学中的重点。甚至在波斯纳看来,法律的经济分析不仅改变了美国的法律理论,更改变了美国法律的实际面貌。③

二、多元化与精细化特征日益增强

20世纪70年代,法经济学受到的众多质疑确实引发了学科内部反思和批判的逐渐升温,具体包括施密德、德沃金、弗莱德等法哲学家和霍维茨、肯尼迪等批判法思想家对"效率"主题的批评;贝克尔对法经济学过于理论化、脱离现实世界、缺乏可操作性的批评;德里森则提出要加强政策实施与法律执行中的动态风险研究的建议等。这些意见引起了法经济学者的高度重视,他们开始了严肃的反思。例如,一些学者试图将经济学、法学、哲学

---

① 1997年,《芝加哥大学法律评论》杂志编辑部召开了一场由美国经济学家理查德·A.爱波斯坦(Richard A. Epstein)主持的主旨为"法经济学的过去与未来"的圆桌研讨会,参加者有科斯、贝克尔、米勒和波斯纳等多位法学院、经济学系和商学院学者。大家一致认为,法经济学在过去二三十年中取得了巨大的成功和辉煌的成就,但对该学科的未来发展却持有不同意见。比如,波斯纳认为,法经济学未来仍然可以取得巨大的发展、创造出新的辉煌;而爱波斯坦却持相反意见,对法经济学的未来不是非常乐观,甚至认为其是"自身成功的牺牲品"。可参见:D. G. Barid: The Future of Law and Economics: Looking Forward, Vol. 64, *University of Chicago Law Review*, 1997: 1129-1165; R. A. Epstein: Law and Economics: Its Glorious Past and Cloudy Future, Vol. 64, *University of Chicago Law Review*, 1997: 1167-1174.
② 〔美〕理查德·A.波斯纳:《法理学问题》[M],苏力译,北京:中国政法大学出版社,2002:441.
③ 冯玉军主编:《新编法经济学:原理·图解·案例》[M],北京:法律出版社,2018:16.

三者结合起来研究,使法经济学的研究领域扩展到更具根本意义的法律制度框架方面,从而推进了法经济学研究中的"经济法理学"(Economic Jurisprudence)运动;也有不少研究者尝试从跨学科视角利用演化博弈论等分析工具,讨论发生学层面的法律制度或规则如何出现,进一步回答更根本的社会合作契约起源以及社会正义之类的问题。因而,从现有文献来看,法经济学的发展存在以下三种学术倾向:

首先,研究进路的多元化。通过对法经济学研究全过程比较系统的反思和综合性的研究,法经济学学科内部在一些重要假设和理论主张上出现了明显的分歧后,在法经济学主流学派放慢脚步的同时,非主流学派也获得了发展空间,共同推进了法经济学的成长与多元化。就如麦考罗和曼德姆在《经济学与法律——从波斯纳到后现代主义》一书中明确指出,法经济学研究并非一个一致性的运动,而是不同学术传统并存的研究过程,其中有些研究具有互补性,有些研究则具有竞争性,或者说,是具有冲突对立性质的。因此,很有必要对法和经济学运动中发展起来的主要学术流派(包括法经济学的芝加哥学派、公共选择学派、制度主义与新制度主义的法经济学学派、批判法学研究等学派)进行比较与综合研究,重新反思法经济学的学科性质及定位问题。

其次,研究范围的深化与细化。学者们一方面试图将经济学、法学、哲学结合研究,将法经济学的研究领域扩展到更具根本意义的法律制度框架上,掀起了"经济法理学"运动。① 例如,麦乐怡认为,应该突破法经济学研究中"法律的经济分析"这种狭窄的研究框架,将更多具有意识形态内容的研究纳入法经济学的研究领域,发展出一种"新的思考法学和经济学的方法"。② 另一方面,将法经济学的研究范围扩展到市场之外。如耶鲁大学以埃里克森为代表的学者提出,澄清"法律与社会规范的关系",将法经济学的研究范围扩大到非市场的社会规范,并认为当事人并不总是以清晰界定的产权为基础实现最优解,而只是简单地遵循那些便于获得有效解的社会规范;尤其在法律不健全的社会中,社会规范十分重要。③ 此外,卢瑞兹、萨维尔、德瑞森等提出,通过引入时间变量的动态分析来增加假说的现实性与预测性,从而突破新古典法经济学的静态和比较静态分析,拓展法律的动态分析,强调对法律的精确度和反激励研究。④

最后,研究方法的多元化和定量化。一方面,随着博弈论、信息经济学、行为经济学等新兴理论的相继引入,学者们在批判主流法经济学的基础上对缺陷假设进行了修补。例如,博弈论承认个人理性与集体理性之间的冲突,突破了信息完全和市场充分竞争的假设,将信息成本和对策成本纳入了当事人理性选择的影响因素中,扩大了原法律经济分析理论(特别是理性选择)的适用范围,为法经济学研究的深入提供了一个实证理论基础,使研究者可以清晰地描述人们在某种制度(博弈规则)下如何做出决策及其后果如何。再

---

① 史晋川:《法律经济学评述》[J],《经济社会体制比较》,2003 年,第 2 期:第 95—103 页。
② 〔美〕罗宾·保罗·麦乐怡:《法与经济学》[M],孙潮译,杭州:浙江人民出版社,1999。
③ Robert C. Ellickson: *Order without Law: How Neighbors Settle Disputes*. Cambridge: Harvard University Press, 1991.
④ 史晋川、吴晓露:《法经济学:法学和经济学半个世纪的学科交叉和融合发展》[J],《财经研究》,2016 年,第 10 期:第 50—79 页。

如,桑斯坦、泰勒等通过引入行为经济学的理论与方法开启了法经济学领域的"行为革命",运用有限理性、有限意志、有限自利等"三大有限"理论修正了主流学派对理性、偏好、效用及效用函数、信息处理能力等过于严格和脱离现实的假设,提高了法经济学研究的可行性和操作性。① 另一方面,强调和突出经济数理模型的运用,加快推进研究方法的定量化。尽管法经济学提供的系统化分析方法能在一定程度上对现实世界的制度和案例予以解释和分析,但理论与实际的脱节使其一直无法胜任定量分析。但贝克尔曾强调,法经济学的一大动力在于有一套系统的分析方法,能在定性研究基础上进行数量化、定量化研究。因而,有不少学者致力于这方面的努力,例如,斯蒂格勒是将计量分析引入法经济学并做出杰出贡献的先驱;贝克尔开创性地利用实证方法对犯罪和刑罚进行了经典研究;波林斯基、萨维尔、兰德斯等致力于法经济学数理模型,尤其是责任模型、责任与规则竞合模型的构建;拜尔、格纳特和皮克等引入博弈论对法律及制度进行研究等。②

三、国际化持续推进下的本土化逐渐呈现

这场源于美国的"法经济学运动"不仅在美国蓬勃发展、影响巨大,更形成一股汹涌澎湃的学术潮流传播到世界多数国家和地区。在美国,目前所有研究型大学的法学院都设有法经济学研究中心或者拥有法经济学专职教授,每个学期都会开设和举办各种法经济学课程以及研讨班。成立于1991年的美国法经济学会(American Law and Economics Association,ALEA)成员已达数千人,从事的研究也已遍及法学的各个不同领域。在欧洲,英国、德国、比利时、匈牙利等许多国家的主要大学也都开设了法经济学课程,并聘任法经济学者或经济学教授授课,此外还出版了多套重要的法经济学专题丛书和召开了多次国际性学术会议。欧洲法经济学协会(European Association of Law and Economics)、斯堪的纳维亚法经济学协会(Scandinavian Association of Law and Economics)分别于1984年和2003年成立。在拉丁美洲的墨西哥,大洋洲的澳大利亚和新西兰,东亚的韩国、日本、中国的主要法学院或经济学院也都有相应的法经济学研究机构和人员以及国际性学术组织,出现了大批翻译和介绍美国法经济学的学术著作及本土研究成果③,呈现出国际学术交流良性发展的态势。

另外,从研究范围看,法经济学从最初单纯研究美国国内的反托拉斯法、公司法、责任事故归责、财产权和诉讼程序等问题,扩展到对成文法的相关领域及国际专利权转让、跨国企业融资规则、巴塞尔协议、农产品关税问题乃至世界贸易组织(WTO)规则谈判等众多全球性法律事务的研究。法经济学超越了不同法系传统和国家意识形态的差异,成为全球化时代法学国际化的重要标志之一。尤其值得称道的是,各国后起的法经济学者们并

---

① 魏建:《法经济学:分析基础与分析范式》[M],北京:人民出版社,2007。
② 史晋川、吴晓露:《法经济学:法学和经济学半个世纪的学科交叉和融合发展》[J],《财经研究》,2016年,第10期:第50—79页。
③ 冯玉军主编:《中国法经济学应用研究》[M],北京:法律出版社,2006:3。

没有被美国学者的研究思路所束缚,而是自觉对本土法律问题进行思考与经济分析,并在结果检验基础上推进了本国的法律制度改革和法治创新,呈现出某种"全球化思考,本地化行动"的特征。①

总之,从法经济学范式诞生之日起,该学科的演进过程中就一直充斥着各式各样的意见,反对和赞同并存,从未间断。但这些年的理论和实践早已让人无法否认法经济学分析方法已经成为理解法律现象最重要的视角之一,它不仅从根本上改变了传统法学的研究格局,也日益成为理解微观经济理论的重要工具。尽管法律世界的复杂性决定了在可预见的将来,这个学科将仍旧呈现一个意见纷纭的格局,但这无法从根本上动摇法经济学或法律的经济学分析正被世界各地越来越多的法学者和经济学者所熟悉,也正被越来越多地运用于各个国家司法实践的发展趋势。② 而且,随着法经济学研究领域的不断拓展以及研究方法与分析工具的不断更新,即使正受到越来越多的挑战,甚至面临主流范式的反思与重构,法经济学的未来依然值得期待,并大体沿着扩张化、多元化、深刻化、国际化、本土化等方向发展。

本章总结

1. 法经济学是一门运用经济学理论(主要是微观经济学及福利经济学的基本概念)来分析法律的形成、法律的框架和法律的运作,以及法律与法律制度所产生的经济影响的学科。

2. 早期自然法哲学、古典经济学、德国历史学派、美国制度学派、法律形式主义及法律现实主义等领域的学者都对于法律的经济学分析做出了有益的探索,20世纪上半叶芝加哥大学有关反垄断法的研究是现代法经济学最为直接的思想来源。

3. 科斯、卡拉布雷西、阿尔钦和贝克尔在现代法经济学范式的形成中做出了开创性的贡献。

4. 法经济学的芝加哥学派主要是指20世纪60年代后,尤其是1973年波斯纳的《法律的经济分析》出版后出现的"新"法经济学。具体来说,围绕科斯、波斯纳、兰德斯等成长起来的一批学者,以及他们在芝加哥大学的两份杂志——《法与经济学杂志》和《法学研究杂志》上发表的一系列文章,共同构成了法经济学的芝加哥学派,有些学者甚至将其称为法经济学的主流学派。

5. 法经济学的其他重要流派包括纽黑文学派、公共选择学派和批判法学派。

---

① 冯玉军主编:《新编法经济学:原理·图解·案例》[M],北京:法律出版社,2018:17。
② 20世纪50年代末开始的现代法经济学运动,前期工作主要由美国学者完成。但从1980年开始,法经济学开始为越来越多国家的学者所熟悉,并应用于本国法学理论研究和司法实践。受篇幅所限,有关各国法经济学的发展状况此处不再赘述。有兴趣的读者可以参见:Boudewijn Bouckaert, Gerrit De Geest(eds.): The History and Methodology of Law and Economics, Vol. I, Encyclopedia of Law and Economics, 2000。

思 考 题

1. 法经济学有哪些主要的思想渊源?
2. 现代法经济学演进的不同阶段有哪些特点?
3. 比较法经济学不同流派有关法律与经济分析关系的不同观点。
4. 法经济学的芝加哥学派的观点对我国法经济学研究的启示何在?
5. 20 世纪 90 年代以来法经济学的演进呈现出哪些主要特点?

阅 读 文 献

1. Douglas G. Baird: The Future of Law and Economics: Looking Forward, Vol. 64, *University of Chicago Law Review*, 1997: 1129-1165.
2. Edmund W. Kitch: The Fire of Truth: A Remembrance of Law and Economics at Chicago, 1932-1970, Vol. 26, *Journal of Law and Economics*, 1983: 163-234.
3. Ejan Mackaay: History of Law and Economics, Edited by Boudewijn Bouckaert and Gerrit De Geest, Vol. I, *Encyclopedia of Law and Economics*, 2000: 65-117.
4. George J. Stigler: Law or Economics? Vol. 35, *The Journal of Law and Economics*, 1992: 455-468.
5. Guido Calabresi: Some Thoughts on Risk Distributions and the Law of Torts, Vol. 70, *Yale Law Journal*, 1961: 499-505.
6. Herbert Hovenkamp: The First Great Law & Economics Movement, Vol. 42, *Stanford Law Review*, 1990: 993-1059.
7. Herbert Hovenkamp: Law and Economics in the United States: A Brief Historical Survey, Vol. 19, *Cambridge Journal of Economics*, 1995: 331-352.
8. Morton J. Horwitz: Law and Economics: Science or Politics? Vol. 8, *Hofstra Law Review*, 1980: 905-912.
9. Richard A. Posner: The Law and Economics Movement, Vol. 77, *American Economics Review*, 1987: 1-13.
10. Ronald H. Coase: Law and Economics at Chicago, Vol. 36, *Journal of Law and Economics*, 1993: 239-254.
11. William M. Landes: The Art of Law and Economics: An Autobiographical Essay, Vol. 41, *The American Economist*, 1997: 31-42.
12. 〔美〕埃弗里·卡茨:《法律的经济分析基础》[M],北京:法律出版社,2005。
13. 冯玉军主编:《新编法经济学:原理·图解·案例》[M],北京:法律出版社,2018。
14. 〔美〕理查德·A.波斯纳:《法律的经济分析》(上、下)[M],蒋兆康译,北京:中国大百科全书出版社,1997。

15.〔美〕尼古拉斯·麦考罗、斯蒂文·G.曼德姆:《经济学与法律——从波斯纳到后现代主义》[M],吴晓露等译,北京:法律出版社,2005。

16.史晋川:《法律经济学评述》[J],《经济社会体制比较》,2003年,第2期:第95—103页。

17.〔美〕斯蒂芬·M.菲尔德曼:《从前现代主义到后现代主义的美国法律思想:一次思想航行》[M],李国庆译,北京:中国政法大学出版社,2005。

18.魏建:《法经济学:分析基础与分析范式》[M],北京:人民出版社,2007。

第二章
法经济学的学科特征

> 在关于方法论的讨论中,经济学家再清楚不过了;然而不幸的是,在这一方法的应用中,他们是再糊涂不过了。
>
> ——〔美〕弗兰克·奈特①

◆ **本章概要**

历经半个多世纪的发展,法经济学业已成为现代经济学的一个重要分支,研究范围已延伸至社会生活中与法律相关的各个领域。但法经济学界对学科本身的一些基本问题,例如学科性质、研究范围和研究方法等并没有形成完整统一的认识。本章分三个部分,主要从法经济学不同学派——主流学派与非主流学派——对比的视角来阐述该学科的学科性质、研究范围和研究方法。

◆ **学习目标**

1. 厘清主流学派与非主流学派对法经济学学科性质的不同观点。
2. 了解法经济学各个研究领域中的几位主要代表人物。
3. 了解个人主义方法论、最大化原则与均衡分析、激励分析、规范分析与实证分析、成本—收益分析、博弈分析在法经济学研究中的应用。
4. 了解公共选择学派和制度学派与法经济学主流学派之间的研究方法差异。

正如波斯纳所言,法经济学的发展从来不是一场学术界的统一运动,在发展过程中一直都存在不同的理论观点,其中就包括对于法经济学的学科性质、研究范围和研究方法的各种意见分歧。

第一节 法经济学的学科性质

从前一章梳理的法经济学发展历程可知,学者们凭借着经济学独特的方法论和技

---

① 〔美〕弗兰克·H.奈特:《风险、不确定性和利润》[M],王宇、王文玉译,北京:中国人民大学出版社,2005。

优势来研究法律问题,对法学研究造成了深远持久的影响,形成的法经济学研究文献汗牛充栋。然而,在法经济学学科迅速发展的同时,研究者们却一直未能对其学科性质给出一个比较明确和一致的阐述。

一、法经济学主流学派的视角

法经济学的主流学派主要指以芝加哥大学为代表的主张用新古典经济学分析方法研究法律问题的法经济学学派,芝加哥大学的科斯教授和波斯纳教授是该学派最重要的两位代表人物。

在波斯纳的视野中,法经济学是一个非常宽泛的研究领域,是伴随着经济学向法学领域的扩张而成长起来的一个交叉性学科,并且与经济学对非市场交易领域的拓展相重叠。波斯纳不主张对"法经济学"下一个固定的定义,并且认为,词汇可以分成三类:第一类是纯概念性的,如"边际成本",现实中没有对应的事物;第二类是参照系性的,必须借助参照物才能描述,如"一只如同人一样大的兔子";第三类词汇既不是纯概念性的也不是参照系性的,如宗教、法学、经济学等,这类词汇没有固定的定义,即便有定义,也经常只是循环论证,法经济学也属于第三类。波斯纳认为,法经济学是非市场经济学中的一个特殊领域,因为法律体系所管制的行为领域非常庞大,所以人们对法经济学的定义也可以同经济学、法学一样宽泛。波斯纳进而提出"法经济学主要运用经济学理论和分析方法,研究特定社会的法律制度和运行情况,描述各类法律问题,其研究的主要目的在于'使法律制度原则更清楚地显现出来,而不是改变法律制度'"。[①]由此可见,在波斯纳的视野中,法经济学是"法律的经济分析"的同义词。

另一位法经济学的领军人物罗伯特·考特在阐述"什么是法经济学"这一问题时指出:"当我们主要集中于讨论经济学能够给法律带来什么的时候,我们发现法律也给经济学带来了一些东西。经济分析常把财产和合同法律制度看作是与生俱来的,而这些制度对经济却有着重大影响。……除了内容,经济学家还能够从法学家那里学到很多法律分析的技术,比如对文字差异的敏感性。"[②]此外,考特在《表释性的法与经济学》一文中指出:"一方面,经济学家应该懂一些法学,不满足于理论上的自圆其说,更应该强调对现实世界的理解;另一方面,法学也不要仅仅集中于法律的强制性理论,应该学习经济学的理性选择方法,思考人类行为的效用最大化问题。"[③]

美国著名法经济学家戴维·弗里德曼(David Friedman)提出:"对法律的经济分析,包括三种彼此不同但紧密相关的论题:(一)运用经济学预测特定法律规则产生的效果;(二)判定何种法律规则在经济上是有效率的,以便建议应当采用何种法律规则;(三)预测

---

① Richard A. Posner: The Law and Economics Movement, Vol. 77, *American Economic Review*, 1987:1-13.
② 〔美〕罗伯特·考特、托马斯·尤伦:《法和经济学》[M],张军等译,上海:上海三联书店,1991:16。
③ Robert Cooter: Expressive Law and Economics, Vol. 27, *The Journal of Legal Studies*, 1998:585-608.

法律规则的演化和发展。"①弗里德曼认为,第一项论题主要是价格理论的运用,第二项论题是福利经济学的应用,第三项论题是公共选择理论的应用。因而,他强调的法经济学是经济学在法律研究中的应用。

耶鲁大学的卡拉布雷西也曾给法经济学下过定义:"法经济学研究整个社会在一个良好的框架下,即在立法框架下运行可能产生的成本和收益,以及维护社会持续运行所需要的一整套装置,而这套装置需要识别,这就是法经济学。"②很明显,卡拉布雷西所主张的法经济学既注重研究法律的效率,也追求实现社会公平正义等价值。

乔治·梅森大学的查尔斯·K.罗利(Charles K. Rowley)提出:"法经济学是运用经济理论和计量经济学方法检验法律和立法制度的形成、结构、演化和影响(的一门学科)。"③罗利认为,立法制度不是独立于经济体系之外的固定因子,而是经济体系中的一个变量,必须依赖经济体系的其他构成因子才能审视它们的变迁效应,即在研究中必须将两者联系起来。

法经济学的开拓者科斯指出:"法经济学分为两个部分,第一部分是运用经济学分析法律;第二部分是法律系统运行对经济系统运行的影响……其中第一部分的著述已经汗牛充栋,而第二部分关于法律系统运行对经济系统运行的影响的研究至今仍很欠缺,理论尚不成熟。"④无独有偶,尼古拉斯·麦考罗和斯蒂文·G.曼德姆也认为,法经济学可以被定义为"运用经济学理论(主要是微观经济学及福利经济学的基本概念)来分析法律的形成、法律的框架和法律的运作以及经济影响的学科"。⑤麦考罗和曼德姆的这一表述详略得当地囊括了法经济学研究两方面的重要问题。

用波斯纳的话来说,对法经济学定义的"唯一可能准则是它的实用性(Utility)而不是准确性(Accuracy)",其目的是"开辟一个使大量的法学知识在其学说和制度方面与经济学研究相关的领域"。

二、法经济学非主流学派和法学界的视角

除了上文提到的主流学者对法经济学的定义,其他学派的法经济学学者和法学家们也从不同角度给出了法经济学的定义。例如,纽约大学的罗纳德·M.德沃金(Ronald M.

---

① [美]大卫·弗里德曼:《经济学语境下的法律规则》[M],杨欣欣译,北京:法律出版社,2004:3—10。
② Guido Calabresi: *Nonsense of Stilts? The New Law and Economics Twenty Years Later*, Cooley Lectures, University of Michigan, October, 1979.
③ Charles K. Rowley: Public Choice and the Economic Analysis of Law, Edited by Nicholas Mercuro, *Law and Economics*, 1989: 123-173.
④ Douglas G. Baird: The Future of Law and Economics: Looking Forward, Vol. 64, *University of Chicago Law Review*, 1997: 1129-1165.
⑤ Nicholas Mercuro, Steven G. Medema: *Economics and the Law: From Posner to Postmodernism*, NJ: Princeton University Press, 1997: 3.

Dworkin)认为:法经济学研究的是正义和分配的问题。因为如果承认一个社会整体运行的规则是建立在价格基础上的,那么需要处理的最核心问题就是分配。如果从终极关怀角度来看,关怀的应该是正义问题。因此,可以认为,法经济学是一门研究财富分配和社会公正问题的学科。①

法学界传统的法学家对分析法律的经济学家的研究工作往往持保留态度,认为经济学分析过于强调效率而忽略了公平和正义,分析方法太过于抽象,而且与审判无关,也与司法实践关系不大。经济学家也常常对法学家的这种态度表示不满,认为法学家经常还没弄懂经济学家的研究工作就试图反驳经济学方法。但随着法经济学这一法学和经济学的交叉学科的日益发展,这一误解正在逐渐消除。

美国法学家罗宾·保罗·麦乐怡(Robin Paul Malloy)教授从比较研究视角阐释了法经济学的学科性质,并对法经济学这一学科分别给出了"法与经济学"和"法律的经济分析"两种不同提法。麦乐怡认为,相对于法与经济学对意识形态倾向和比较方法的强调,法律的经济分析只是采用经济学的方法和术语分析特定社会法律制度和法律关系的理论体系。法与经济学可以评估多种社会模式,并探索这种选择对法律与经济关系的后果,还能提供将法律制度视为一种特定政治理念的研究机会,各种意识形态观可以不加修饰地置于现行法律制度中加以比较研究。麦乐怡说:"我所理解的法与经济学是关于政治权力和稀缺性经济资源分配的学科;其任务是揭示那些可供选择的,不同意识形态框架所倡导的法律制度和法律关系。……所以,法与经济学基本上是一个比较的过程,它将经济的和法律的手段与不特定的政治或者经济意识形态相联系,而非限定于某种特殊的政治或者经济意识形态来考虑法和经济学。正是这种关于法经济学正当关系的不同意识形态观之间的竞争与斗争推动了法律以及法律文化的进展。"②因而,麦乐怡强调,法与经济学研究应当集中考察经济哲学、政治哲学和法哲学在涉及社会制度安排及法律框架选择时三者间的关系,即法与经济学是一门在研究中可以包容一切不同政治意识形态互相作用的开放性学科。

第二节 法经济学的研究范围

从研究范围看,法经济学对法律制度问题的研究基本覆盖了整个法律领域,包括民事、刑事和行政程序,惩罚理论与实践,立法和管制的理论与实践,法律的实施和司法管理实践,以及宪法、海事法、法理学等各个方面。

---

① Ronald M. Dworkin: Is Wealth a Value? Vol. 9, *The Journal of Legal Studies*, 1980:191-226.
② 〔美〕罗宾·保罗·麦乐怡:《法与经济学》[M],孙潮译,杭州:浙江人民出版社,1999:1—11。

一、法经济学主流学派的视角

法经济学的研究重点是"普通法的中心内容——财产、合同和侵权"①。按照波斯纳的说法,经济学家以前对法律的研究基本局限在反托拉斯法和政府对经济实行公开管制的领域,而法经济学的研究重点却是"并不公开管制的法律领域"②,主要包括但不限于以下七个领域。

（一）财产法。从法律观点来看,财产是"一组权力",这些权力描述了一个人对其所有的资源可以做些什么,不可以做些什么,或者说,"财产的法律概念就是一组所有者自由行使,并且其行使不受他人干涉的关于资源的权力"③。法经济学有关财产的经济理论主要关注财产法中的四个基本问题:第一,私人可以拥有什么财产？第二,所有权是怎样建立起来的？第三,所有者如何合法地处置其财产？第四,如何保护财产？如何赔偿对财产的侵犯？④

（二）合同法。法经济学中有关合同的经济理论是利用经济学理论及研究方法,尤其是交易成本分析方法考察法学经典的合同理论（交易的合同理论）,并在此基础上试图回答以下三个问题:第一,合同法的目的是什么？第二,应该履行什么样的合同？第三,如何对合同执行过程中的违约给予补救？

（三）侵权行为。法经济学的侵权行为理论在传统法学侵权理论基础上进一步表明,侵权是一种给他人造成损害的失职行为,且无法通过求助事先的合同来解决赔偿问题,如交通肇事侵权。法经济学在运用经济学理论与方法分析侵权行为时,主要研究以下三个问题:第一,侵权行为；第二,侵权责任；第三,侵权赔偿。

（四）公司法。公司化企业是现代社会中最重要的经济组织形式。美国权威的公司法教授罗伯特·W.汉密尔顿（Robert W. Hamilton）曾对"公司"作如下定义:"公司是一种规定人们之间关系的法律制度。"⑤公司法的经济学分析主要包括:第一,科斯1937年发表的《企业的性质》一文引发的关于"企业的性质"问题的研究；⑥第二,关于公司所有权和控制权分离问题的研究,最早可以追溯到20世纪30年代阿道夫·A.伯利和卡迪纳·C.米恩斯的著作《现代公司与私人财产》⑦；第三,关于公司治理的理论,较新的进展是以拉·波

---

① 〔美〕罗伯特·考特、托马斯·尤伦:《法和经济学》[M],张军等译,上海:上海三联书店,1991:前言。
② 〔美〕理查德·A.波斯纳:《法律的经济分析》（上）[M],蒋兆康译,北京:中国大百科全书出版社,1997:序言。
③ 〔美〕罗伯特·考特、托马斯·尤伦:《法和经济学》[M],张军等译,上海:上海三联书店,1991:125。
④ 有关"财产法的经济分析""合同法的经济分析"和"侵权法的经济分析"的详细内容请参考史晋川:《财产、合同和侵权行为的经济分析》[J],《浙江树人大学学报》,2001年,第2期:第36—39页（收录于中国人民大学复印报刊资料,《民商法学》,2001年,第11期）。
⑤ Robert W. Hamilton: *The Law of Corporations*, St. Paul: West Publishing Co., 1956: 1.
⑥ Robert H. Coase: The nature of the firm, Vol. 16, *Economica*, 1937: 386-405.
⑦ Adolf A. Berle, Gardiner C. Means: *The Modern Corporation and Private Property*, NJ: Transaction Publishers, 1991.

塔、洛佩兹—西拉尼斯、施莱弗和维什尼（简称 LLSV）为代表的第二代公司治理研究，他们提出了有关公司治理的法律研究方法，即投资者法律保护问题的研究①。

（五）反垄断法。经济学认为，只有打破垄断，形成充分的自由竞争，才能产生最优的经济效率。波斯纳在对反垄断法的经济学分析中指出：第一，生产的垄断会使这种产品的数量下降，迫使消费者去购买替代品，进而又使一些企业越来越多地生产这种替代品。但使用替代品是一种浪费，是缺乏效率的；第二，垄断还会使垄断者失去技术进步的动力，使得厂商不愿意采取更先进的技术，这又是一层效率的缺乏。②

（六）刑法。法经济学对犯罪和刑法的研究主要围绕以下两个问题展开：第一，何种行为应受到惩罚；第二，惩罚的程度如何。对第一个问题的回答是确定"什么是犯罪"，波斯纳认为，犯罪是一种在特定程序中将受到特殊惩罚的行为。在对第二个问题的回答中，犯罪经济学家认为，犯罪率取决于风险和收益的比较，即犯罪将随着"预期刑罚"（刑罚概率和刑罚严厉程度的乘积）的上升而下降；并认为犯罪对预期刑罚是有弹性的，即可以通过调节刑罚的威慑水平来控制犯罪。③

（七）程序法。法律程序的目标是通过资源的一定配置达到社会效率的最大化。因此，在经济学的意义上，法律可以视为谈判等以私人交易方式解决权力配置问题的替代模式，选择私人交易解决还是法律手段解决的决定因素是制度的实施成本。关于程序法的经典法经济学分析主要考察：第一，当纠纷发生时到底是采用和解还是诉讼方式解决；第二，民事诉讼和刑事诉讼所采取的不同证据标准的研究；第三，关于普通法效率问题的研究等。程序法的经济分析是通过对纠纷解决方式的考察、证据标准的研究等来保证法律执行的正确性和科学性。对于社会和政治的现代化来说，合理的程序制度具有非同寻常的积极意义。

二、法经济学非主流学派的视角

正如在法经济学学科性质的阐述中提到的，麦乐怡主张法经济学的研究在本性上应该是比较的，并认为法经济学是一个包容一切不同政治意识形态互相作用的开放性的创造过程。

麦乐怡认为，对比他所倡导的法经济学研究，波斯纳的法律的经济分析会使经济分析法学失去作为一个丰富的比较研究应该包括的许多分支学派，例如批判法学、保守主义、自由意志论、自由主义、古典自由主义等，而这些学派的观点都应是法经济学的重要组成

---

① LLSV 的相关研究可参见 R. La Porta, F. Lopez-de-Silanes, A. Shleifer et al.: Legal Determinants of External Finance, Vol. 52, *Journal of Finance*, 1997: 1131—1150。
② 有关反垄断的分析，可进一步参见理查德·A. 波斯纳的《法律的经济分析》第三篇"市场的公共管制"。
③ 对这一问题，法经济学界一直存在争议。威慑假说认为，人们对刑事审判制度创设的威慑激励反应灵敏；但另一派却认为，潜在的犯罪行为人不会因为刑事审判制度在确定性和严厉性方面的变化而产生激励调整。但实证研究表明，支持威慑假说的论据明显多于无威慑论。

部分。他还进一步指出,法经济学应该是一个包容各种不同意识形态之间互相竞争的理论体系,通过对比、评价和选择意识形态来界定法与经济学的对话过程,从而使法的结构和内容方面产生真正的变化。麦乐怡有关法经济学研究范围的基本观点可以用图2-1加以概括。

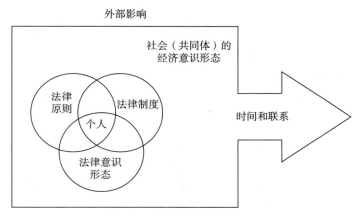

图2-1　法经济学的研究框架

根据麦乐怡的研究框架,一个人对法和法律制度的理解来源于他对经济关系的基本观念。正是这种观念使法经济学有一个可以认识的界限。在界限范围内,互相竞争的观点都被视为是劝导性的,因而无论法经济学的结构如何,它都始终是关于权力和资源分配的对话。

(一)社会(共同体)的经济意识形态。这是占统治地位的经济意识形态,但它总是暂时的,始终受到来自别的竞争性意识形态的压力和挑战。一段时间后,这种主导性的社会意识形态可能会发生变化,社会中关于法和法律制度的理论与实践也会发生变化,同样根植于法学理论和法律制度中的法律意识形态也随之变化。

(二)时间和联系。这是指被社会(共同体)的经济意识形态界定的法和经济学的整个概念框架必须结合历史的、政治的、经济的、社会的和文化的联系加以考察。社会价值是存在于特定时间的价值,在时间联系中,法和经济学是动态的、创造性的、不断变化的。联系之所以重要,是因为它不仅可以用来确定问题的性质,还能得出解决问题的办法和措施。

(三)法律原则。法律原则是特定时期所认可的有效力的正式法律。当基本经济意识形态发生变化时,它为法律原则的进展铺设了道路。例如"货物出门概不退换"原则,最先是保护卖方的规则,后来被抛弃,取而代之的是更倾向于保护买方的规则。这种变化是由于这一规则在市场交易中已经不能再发挥适当作用了。因此,原先的法律规则必须让位于一个新的社会观念认同的措施。

(四)法律制度。法律制度指经过认可的用来解释和处理所有被认为是法律事务的正式制度。制度结构在制衡体系中起着极为重要的作用。法律制度范围和结构的演化经历了相当长的时期,并且与变化着的社会观念相联系。

（五）法律意识形态。法律意识形态是指那些说明一个社会中法的角色、目的或作用的意识形态,正式的法律意识形态体现在法律结果的根据中。正是这种意识形态说明法和法律行为是什么。不同的法律意识形态会对法律原则和法律制度提出不同的要求,且不同的法律意识形态也会通过各自相应的法律原则和法律制度体现出来。

（六）个人。个人(Individual)是法经济学理论分析法律现象乃至社会现象的基本单位,这也意味着,法经济学把个人视为价值的起点和终点。研究者以个人为分析的基本单位来构建理论并解释社会现象,可以设身处地揣摩社会现象的原因,并由个人经验来判断理论的解释力。这在理论上的专有名词是方法论上的个人主义(Methodological Individualism)。

从非主流的视角看,麦乐怡的有关法经济学研究范围的界定给法经济学带来了一种新视野,这一研究框架是包含许多不同法经济学观点的动态体系,既包括波斯纳的法律的经济分析,但又不局限于法律的经济分析。通过不同学派间的相互竞争和作用,法经济学正沿着自己特有的轨迹不断前进。

第三节　法经济学的研究方法

过去半个多世纪经济学的发展表明,经济学已经挣脱了仅仅依靠案例描述和概念解释的束缚,转而主要依靠微积分、线性代数、数理统计及计量经济学等高级数理工具的综合运用展开研究,由此取得了其他社会学科无法比拟的研究工具和技术优势,被誉为"社会科学皇冠上的一颗明珠"。而主流法学理论一直是法律的哲学,它的技术基础是对语言的分析。"法学不可能发展出数量方法,就好像澳大利亚不可能独立地产出兔子一样",这虽说是一句调侃的玩笑话,却在一定程度上反映了法学研究方法一直缺乏一种严密的数理逻辑推理及数量分析工具。然而,随着法经济学的产生和发展,法学研究领域的这一空白很快被经济学家发现并迅速占领。正如罗伯特·考特所言:"这种侵入被称为经济学的帝国主义,而最近的一个受益者或者受害者是法学。"[1]

一、法经济学主流学派的方法

从法经济学是将理性选择方法运用于法律研究的角度看,法经济学是以"个人理性"及相应的个人主义方法论作为研究方法的基础,以经济学的"效率"作为核心衡量标准,以"成本—收益分析"及最大化方法等作为基本分析工具来进行法律问题的研究。[2] 加

---

[1] 〔美〕罗伯特·考特、托马斯·尤伦:《法和经济学》[M],张军等译,上海:上海三联书店,1991:125。
[2] 史晋川:《法律经济学评述》[J],《经济社会体制比较》,2003年,第2期:第95—103页。

里·贝克尔在 1997 年《芝加哥大学法律评论》编辑部召开的法经济学圆桌研讨会上谈到法经济学成功的原因时指出,法经济学获得成功的原因之一在于很好地运用了三个重要的经济学原则:一是个人效用最大化原则,二是市场出清(供求均衡)原则,三是效率原则。① 沃纳·赫希(Werner Hirsch)也曾指出:"尽管并非所有研究者对法和经济学的研究视角和研究方法都持一致的看法,但绝大多数研究者都认为,新古典主义经济学的分析方法——包括经济理论与计量分析工具——构成了法律和法律制度经济分析的基本特征。"② 法经济学非主流学派的学者也同样认可上述观点,例如,麦乐怡就曾一针见血地指出:"法律的经济分析通过对法律规则进行成本和收益分析及经济效率分析,使我们可以就法律实施的结果得出结论,并对特定法律安排的社会价值做出评价。"③ 因而,法经济学是在资源稀缺、经济人、有限理性及机会主义等理论假设基础上,主要运用以下方法解决法律问题,促进社会效率的提高,维护社会公平和有序。

1. 个人主义方法论

文献考证表明,"个人主义方法论"一词最早是由经济学家熊彼特在 1908 年提出的,但其思想渊源可以追溯到 17、18 世纪思想家们的学说中。④

法经济学以个人主义方法论假定作为研究基础。德国洪堡大学法学教授汉斯-彼得·舒维托斯基(Hans-Peter Schwintowski)在阐述法律的经济分析问题时曾十分明确地指出,个人主义方法论是现代制度经济学最重要的假设之一,基本内涵是社会所有决策都必须建立在个人基础之上。⑤ 个人主义方法论的核心思想是:社会理论研究必须建立在对个人意向和行为研究、考察的基础之上,分析研究对象的基本单元是有理性的个人,并由此假定集体行为是其中个人选择的结果。因此,从法理学角度看,法经济学实质上是研究理性选择行为模式的个人主义方法论法学,或者说,是一种以人的理性全面发展为前提的法学思潮。

构成个人主义方法论的内容有三方面:第一,任何行为都是由个人做出来的。集体(或社会)的作为或行动总是由单个人的作为或行动表现出来,一个行为的性质取决于行为人和受该行为影响的其他人对这一行为所赋予的意义。第二,人是社会的动物,但社会过程是单个人相互作用的过程。离开了个人,就没有这个过程,离开了个人行为也就没有社会基础。第三,集体或社会是无法被具体化的,集体或社会之所以可以被认识,是由于那些行为的个人赋予了它意义。

这种个人主义方法论往往与自由主义关于社会的观念相联系。著名的自由主义者哈

---

① 关于贝克尔对这一问题的详细论述请参见 Douglas G. Baird: The Future of Law and Economics: Looking Forward, Vol. 64, *University of Chicago Law Review*, 1997: 1129-1165.
② Werner Z. Hirsch: *Law and Economics: An Introductory Analysis* (3rd ed.), NY: Academic Press, 1999: 1.
③ [美]罗宾·保罗·麦乐怡:《法与经济学》[M],孙潮译,杭州:浙江人民出版社,1999:2。
④ 方福前:《公共选择理论——政治的经济学》[M],北京:中国人民大学出版社,2000:17。
⑤ Hans-Peter Schwintowski: An Ecomomic Theory of Law, Vol. 12, *Journal of Interdisciplinary Economics*, 2000: 1-6.

耶克于1945年出版的《个人主义与经济秩序》文集就阐述了个人主义与自由主义的密切关系。个人主义是关于自由的个人主义;自由主义是关于个人的自由主义。自由主义的基础是承认个人的自由权和不可侵犯性,个人主义强调个人之间的普遍人格平等,较少过问个人的具体特征。

法经济学将个人主义方法论假定作为研究基础,就不可避免地借用了与这一方法论相一致的经济学基本概念和分析方法,例如"效用""效率""机会成本"等概念,及"成本—收益分析""均衡分析""边际分析"等分析方法。考特和尤伦在阐述法经济学之所以能利用这些微观经济理论与方法来研究法律问题的理由时指出:"法律所创造的规则对不同种类的行为产生隐含费用,而这些规则的后果可被视为对这些隐含费用的反映加以分析,"据此,"我们认为诸如最大化、均衡和效率之类的经济概念是解释社会,尤其是解释理性的人们对法律规则反应行为的基本范畴。"①

2. 最大化原则与均衡分析

贝克尔认为理性选择方法是法经济学的重要方法之一,并进一步将该方法总结为"个人的最大化,市场的出清"②。

"个人最大化"实质上是指个人效用最大化,"效用"是一个与个人偏好有关的概念:一件物品越是被偏好,对个人来说效用就越大。效用可以用来衡量闲暇、爱情、利他心、对规则的忠诚度等个人价值。但效用理论也并非完美无缺,其中一个重要缺陷是,作为主观尺度很难进行人与人之间的比较。正因为效用理论的诸多缺陷,部分主流法经济学家更倾向于选择第二个标准——财富。波斯纳指出:"财富最大化是一项相对不会引起争议的标准。"③

在其他条件不变的情况下,人们总是偏好更多的货币。虽然有些人可能是例外,但由于货币可以在表述上避免个体效用最大化的循环论证,所以的确显得最为真实有效。使用货币也使得个人之间的比较成为可能。在规范的法经济学中,这种比较的可能性显得尤其重要。因为帕累托标准只允许没有人的状况会变得更差这种结果的财富变化,为了避免这种约束,波斯纳为财富最大化原理的应用进行了辩护。他认为,所谓的货币测量就是支付的意愿:如果产品或其他资源掌握在那些有意愿且有能力做出最高支付的人手中,那么财富就算被最大化了。支付的意愿并非纯粹的偏好表达,比如A比B有着更为强烈的偏好,但B却能比A支付更多,理由很简单,因为B有更多钱。然而,财富最大化原理也并非完美无缺,例如德沃金就曾对波斯纳的财富最大化原理进行过猛烈抨击。④

与最大化原则相关的分析工具是均衡。经济学理论中的均衡是指,经济事物变化中

---

① [美]罗伯特·考特、托马斯·尤伦:《法和经济学》[M],张军等译,上海:上海三联书店,1991:13。
② Douglas G. Baird: The Future of Law and Economics: Looking Forward, Vol. 64, *The University of Chicago Law Review*, 1997: 1129–1165.
③ Richard A. Posner: *The Problem of Jurisprudence*, MA: Harvard University Press, 1990: 359.
④ Ronald M. Dworkin: Is Wealth a Value? Vol. 9, *The Journal of Legal Studies*, 1980: 191–226.

有关变量在一定条件下相互作用所达到的一种相对静止的状态,各市场参与者不再有动力去改变这种既定状态。例如,若价格下降则需求上升,价格上升则供给提高,那么在这种规则下,市场将会趋于供求在均衡价格上相等的状态。均衡分析不仅适用于一般经济学意义上的市场活动,同样也适用于许多非市场行为。例如,在法律领域,法律规则用罚款、监禁等条文规定了参与各类非法活动的"价格"。正如波斯纳所言:"从经济或财富最大化视角看,法律的一个基本功能在于改变人们参与非法活动的激励。"① 例如,只要预知的损害赔偿(边际收益)超出消除污染的成本(边际成本),就能促使排污企业降低污染水平。又如,通过侵权法对过失施加更高的损害赔偿(如惩罚性赔偿),将会激励潜在侵权行为者采取预防措施来防止侵权行为的发生。再如,高额的罚款和较长的刑期会减少犯罪等。

3. 激励分析

激励分析是对经济主体的预期行为进行分析的一种方法,注重分析随政策、法律及其他可变因素所产生的预期行为刺激。② 因为根据微观经济学的激励原理——"当一项行动的收益上升时,人们(企业、社会)更可能采取这一行动,如果该行动的成本上升,则采取它的可能性变小",因而,为了达成特定的目标,可以通过政策、法律或其他可变因素去影响人们的内在需要或动机,从而达到强化、引导或维持其行为的目的。而且,波斯纳特别指出,传统英美法学主要关注已经发生的事件或案例,是一种"事后研究"(Ex-post Approach);与前者不同,法经济学更注重"事前研究"(Ex-ante Approach),并强调分析随着法律制度及相关因素变化而产生的预期行为刺激。因而,史晋川(2003)认为,只要法律仍被法经济学视为一种影响未来行为的激励系统,那么,适用于研究和分析经济主体预期行为的激励分析自然成为法经济学的一种主要研究方法。③

4. 规范分析与实证分析④

规范分析与实证分析是经济学的理论分析方法。规范分析研究的主要问题是"为什么",而实证分析研究的主要问题是"是什么"。既然法经济学被认为是一门运用经济学方法来研究法律问题的学科,自然也包括经济学的规范研究与实证研究。前者是指,确立和突出利用经济学的"效率"标准来研究法律的制定和实施,着重为立法提供理论支持,分析的最终目的是要得出法律政策建议,上文提及的激励分析、最优化分析是规范研究使用的基本方法。⑤ 后者则指,引入经济学的实证分析对法律的效能做定性研究和定量分析,着重于分析法律制度的实施效果,分析法律规则约束下法律要追求的目标有没有达成。⑥ 通

---

① 〔美〕理查德·A. 波斯纳:《法律的经济分析》(上)[M],蒋兆康译,北京:中国大百科全书出版社,1997:75。
② Richard A. Posner: *Economic Analysis of Law*, NY: Little Brown & Company, 1992.
③ 史晋川:《法律经济学评述》[J],《经济社会体制比较》,2003 年,第 2 期:第 95—103 页。
④ 有关实证学派和规范学派的分析可参见弗朗切斯科·帕里西:《法与经济学的实证学派、规范学派和实用学派》,载吴敬琏主编:《比较》[M],第 20 辑,北京:中信出版社,2006。
⑤ 周林彬、董淳锷:《法律经济学》[M],长沙:湖南人民出版社,2008:106。
⑥ Herbert Hovenkamp: Law and Economics in the United States: A Brief History Survey, Vol. 19, *Cambridge Journal of Economics*, 1995: 331−352.

常,耶鲁学派的研究更多被认为是规范研究,而芝加哥学派的研究则多被称为实证研究。规范分析与实证分析尽管在理论上可以明确划分,但实际上二者在运用时常常是紧密联系在一起的:实证分析基本上被用来服务规范分析——研究和判断法律实施结果的进一步目的就是为改革那些无法有效达成其追求目标的法律提供理论支持,因而,几乎所有的实证研究最后都会得出改革法律的政策建议。

确立和突出法律的经济分析中的"效率"标准是法经济学规范研究的最大特点——用"经济效率"标准取代传统法学的"公平""正义"标准来研究一个社会中的法律制定和实施问题。波斯纳曾指出"公正的另一种解释就是效率",这种对效率的追求是贯穿波斯纳《法律的经济分析》全书的一条准则。从效率标准的具体运用上看,法经济学更倾向于运用"卡尔多—希克斯"效率(Kaldor-Hicks Efficiency)而非"帕累托"效率(Pareto Efficiency),即在社会资源配置过程中,只要那些从资源重新配置中获利的人所增加的利益足以补偿受损人减少的利益(并不要求实际补偿),那么这种资源配置就是有效率的。法经济学的规范分析之所以明确了这种经济效率标准,主要原因在于"帕累托最优"往往只适用于市场中的自愿交易,而在许多社会活动中,法律规定的权利无法在市场上交易,或无法通过市场自愿交易来转换。

法经济学的实证分析则主要致力于法律的"效果评估",包括对法律效能的定性研究和定量分析;通过对各种可供选择的法律制度安排效果的分析预测,来判断法律的实际效果与人们的预期效果是否一致、在多大程度上一致等。实证分析在法经济学中的运用,不仅促进了法经济学研究的"模型化"和"精确化",更使得法律效果这个在法学中处于十分重要地位的法律问题的研究取得了极大进展。[①] 因而,实证分析的第一要义是强调预测、分析论断的经验证据。弗里德曼在经典论文《实证经济学方法论》中明确指出:"实证研究的核心在于理论的预测能力,即事实证据(Factual Evidence)是检验理论或论断正确与否及其有效性的唯一标准。"[②]以取消证券欺诈诉讼中的行政前置程序这一立法建议为例:可以利用数据、案例、实证模型等实证分析对比在取消行政前置程序的前后,原告的诉讼成本、此类案件的诉讼率及诉讼效率的变化,还可以对证券投资者的保护水平、对上市公司行为的约束力的影响等进行实证分析,从而来阐释这一立法建议的合理性。实证分析的第二要义是以定量分析、案例研究为主要分析工具,检验理论预测能力、有效性的事实证据或经验证据的获得,依赖于对特定法律现象进行量化分析、对相关案例的收集与剖析。例如,科斯在《社会成本问题》一文中,就通过量化分析不同责任规定下铁路企业的成本与收益以及农民的农作物产出的变化,来判断何种责任规定能实现更大的社会福利,并结合对"博尔斯顿案"等法律判例的分析来支持文章的核心结论:在交易成本不为零的世界中,

---

① 本部分详细内容请参见史晋川:《法律经济学评述》[J],《经济社会体制比较》,2003 年,第 2 期:第 95—103 页。
② [美]米尔顿·弗里德曼:《实证经济学论文集》[M],柏克译,北京:商务印书馆,2014。

权利初始界定将影响资源配置效率,因而权利应界定给最珍视它的人。① 再如,2003 年第 28 届克拉克奖的获得者史蒂文·莱维特教授在对犯罪行为的研究中就极为重视实证检验,并为犯罪的成因、犯罪率变化的原因、刑罚的作用等犯罪经济学的实证研究领域贡献了大量富有影响力的学术成果,尤其在解决所研究变量间的共变关系的工具变量的寻找和检验上做出了开创性的贡献。

5. 成本—收益分析

成本—收益分析方法是贯穿整个法经济学的分析方法,是法律的经济分析的主要工具。法经济学家们从科斯的《社会成本问题》出发,运用社会成本理论,从外部性入手来考察社会资源的最优配置。侵权防范标准中著名的"汉德公式"就是典型的成本—收益分析方法在法经济学中的运用。②

法经济学家普遍接受以下观点:侵权责任原则的构成应该能使预防费用、事故费用(损失)和行政费用降至最低。据此,法定预防标准的确立原则是:法定预防标准应确定在使社会成本最小化的标准上。从社会成本最小化的标准出发,行为人的成本应包括两部分,即自身的预防成本 $w(x)$ 和强加给他人的成本 $p(x)A$,其中,p 是侵权事件发生的概率,A 是一旦发生侵权事件所造成的实际损失,这两部分的加总就是侵权行为的社会总成本 $SC=w(x)+p(x)A$。最佳的法定预防标准是使社会总成本 SC 最小化,即将上式对 x 求一阶导数并令 $SC'=0$,可得 $w'(x)=-p'(x)A$,根据这个一阶条件,可求得最佳预防标准 x^*,即法定预防标准。这个一阶条件的含义是,预防侵权行为所投入的边际成本等于预防侵权所获得的边际收益,其实质就是经济学中的成本—收益分析。

6. 博弈分析

博弈论③是近几十年来微观经济学基础理论工具中的最大转变,是用来描绘和预测策略行为的一套语言和工具,主要研究相互发生作用的理性个体间如何进行策略选择和达成相应的决策均衡等问题;其重要特点是研究行为人在互动状态下,如何做出理性选择,

---

① 1597 年英国的"博尔斯顿案"是指相邻地主之间关于兔子毁坏庄稼的纠纷。更多详细分析可参见科斯在《社会成本问题》一文中对实证分析和规范分析方法的运用。

② "汉德公式",即 $B=PL$,其中,B 代表责任,P 代表概率,L 代表损失。有关"汉德公式"的详细内容,请参见考特和尤伦在《法和经济学》第八章与第九章中的相关论述。

③ 博弈论是指"两个或两个以上的比赛者或参与者选择能够共同影响每一参与者的行动或战略的方式",其指导思想在于,"假设你的对手在研究你的策略并追求使自己利益最大化的行动,你如何选择最有效的策略"。(〔美〕保罗·萨缪尔森、威廉·诺德豪斯:《经济学》(第十六版)[M],萧琛等译,北京:华夏出版社,1999:160—161。)博弈论最早起源于 20 世纪初,匈牙利的数学家约翰·冯·纽曼被视为现代博弈论的奠基者。此后,1950 年和 1951 年,约翰·纳什证明了非合作博弈均衡解的存在,提出了著名的纳什均衡,从而揭示了博弈均衡与经济均衡的内在联系,开创了博弈论研究的新时代。正因纳什均衡理论奠定了现代主流博弈理论和经济理论的根本基础,约翰·纳什获得了 1994 年的诺贝尔经济学奖。进入 20 世纪 60 年代后,泽尔腾将纳什均衡概念引入动态分析,提出了"精炼纳什均衡"概念;海萨尼则把不完全信息引入博弈论的研究。之后,博弈论研究的主要代表人物包括罗伯特·奥曼、肯·宾摩尔、戴维·克瑞普斯,以及阿里尔·鲁宾斯坦。继 1994 年诺贝尔经济学奖授给了纳什、泽尔腾和海萨尼后,2005 年的诺贝尔经济学奖再次颁给从事博弈论研究的罗伯特·奥曼和托马斯·谢林,这无疑证明了博弈论作为社会科学重要研究工具的影响力具有深远性和广泛性。

以及这种理性选择所导致的最终均衡状态。① 区别于传统微观经济理论通常只考虑主体所面临的一些不变约束,博弈论讨论的决策是建立在对方决策基础之上的,即 A 的选择是建立在 A 的博弈对手的选择之上,换言之,A 的选择不仅是 A 个人追求的函数,还是 A 的博弈对手的函数。因而,博弈论在法学研究中有着广泛的应用空间,为了解法律作用下人的行为的互动机制提供了重要的分析平台;尤其是机制设计理论中的参与约束、激励相容对思考法律如何改善人们的行为选择,使法律规则的实行达到一种可自我实施的均衡状态有着极为重要的参考价值。而且,博弈论作为一种分析方法和数学工具,在对法律问题的分析上具备新古典分析所没有的优势:突破了新古典范式中信息完全和充分竞争的假设,将许多后者忽略的或不能分析的社会现象包容进来,结论上也不再完全坚持"市场至上"的观念。因而,博弈论的解释更加贴近现实,具有更强的预测力,尤其对非价格制度,如法律制度等更具有解释力。具体而言,博弈分析的主要优势体现在以下三方面②:

第一,博弈论更符合法律规则作用下行为人的行为模式。因为博弈分析的对象就是在一定的规则约束下行为人之间的行为互动路径,对策行为是博弈论对参与者之间互动模式的基本判断。法律不仅关注个体对法律规则的反应,更关注在法律规则下行为人之间的相互作用;更确切地说,通过对行为人相互作用的判断来寻求符合目标要求的法律规则、协调不同主体之间的利益冲突是法律的重要功能之一。冲突的利益在不同的法律规则下会产生不同的行为及结果,要使行为及结果符合效率和效益标准,就要在既定规则下,对不同利益主体之间的行为互动模式做出准确判断,以选择规则及其适用的范围。因而,法律关系中的当事人之间存在大量对策行为,这些对策行为制约着法律的调整效果,博弈论的研究提供了认识与分析这些对策行为的有力工具。

第二,博弈论更适合分析法律等非市场制度。一方面,博弈论虽然承袭了个人理性最大化的新古典经济学的哲学基础,但能在一定程度上弥补新古典经济学在处理个人理性与集体理性冲突时的缺陷。这是因为博弈论坚持的个人理性最大化假设是将其他参与者的决策考虑在内的最大化,而参与者之间的相互制约是人们选择不利制度及不利制度长期存在的重要原因。另一方面,虽然博弈论也将均衡分析作为基本思路,但博弈论的均衡是行为均衡、多头最大化,因而均衡具有多重性,比新古典经济学的单头最大化、单一价格均衡分析的应用更广泛,也更稳定。因而,博弈论的研究框架更适合研究信息不完全、非充分竞争下的市场和非市场制度。

第三,博弈论比交易成本方法更具优势。首先,博弈论使交易成本更确定。交易成本是法经济学的核心概念,但科斯的交易成本概念的外延并不确定——任何现象(特别是那些难以解释的现象)都可以笼统地归结为交易成本所致,这种不确定性令交易成本在使用

---

① 张维迎:《博弈论与信息经济学》[M],上海:上海三联书店、上海人民出版社,1996年。
② 博弈分析在法经济学研究上的优势可参见 Baird、Gertner 和 Picker(1994)、周林彬和董淳锷(2008)、冯玉军(2018)等的研究与总结。

时存在随意性的弊端。而博弈论改变了这种状况,因为博弈论所研究的对象——对策行为是交易成本的来源,博弈分析也成功地将导致交易成本的信息等因素包含进来,也就是说,信息不完全和对策行为是迄今所揭示的交易成本的主要来源①,博弈分析将这两种交易成本的产生源泉结合在一起,通过数学工具的运用使对它们的分析更加严密和具有可操作性。其次,博弈论突破了市场本位。尽管科斯等强调,决定制度选择的标准是该制度所产生的交易成本的大小,但在基本观念上,他们依然坚持"市场本位",认为市场中进行的资源交易是实现效率的最佳途径,即使在"市场失灵"的环境下,也不能就此认为政府干预是比市场更好的选择。② 博弈论虽然坚持了理性最大化的行为假设,但着重强调行为的理性,强调行为对追求目的的适应性,这是一种形式理性,分析中不再存在未经检验的价值判断。博弈均衡的达成可以依赖于参与者的价值判断,在存在多重均衡的状态下,价值判断的不同会导致不同的均衡。因此,判断制度是否有效的标准不一定限于效率和效益,也可以是效率和效益之外的其他价值追求,例如公平等。只要制度能使参与者的行为在追求价值目标的过程中保持内在一致的效用(或预期效用)最大化,该制度就是有效的。这避免了以适用于一种制度的评价标准来评判所有制度的削足适履的做法。③ 最后,在坚持个人主义方法论的基础上,博弈论包含了整体主义因素。个人主义方法论和整体主义方法论一直是主流经济学和以制度学派为代表的非主流经济学的重大分歧之一。制度学派认为主流经济学的分析是形而上学,不切合实际,即使正确也只是分析了影响经济行为的一个方面,是单因素分析。他们认为影响经济行为人行为决策的因素是多元的,应当用整体主义的分析方法来研究人类的行为模式。制度学派的批评以及主流经济学在非市场制度分析上遇到的困难,证明了整体分析的合理性,但二者始终无法协调。博弈论在坚持个人主义的基础上成功引入了整体分析因素,因为博弈论中参与者的最大化行为是所有参与者最大化行为的函数,个人的函数中包含了整体的影响,最终均衡结果的生成也是全体参与者共同博弈的结果,实现了个人主义方法论与整体主义方法论的初步融合。

正如法律博弈分析学派的代表人道格拉斯·贝尔德(Douglas Baird)等人所指出的,"在许多情况下,一个法律规则具有巨大的影响,尽管它可能是将后果与某行为人无论该法律规则存在与否都不会采取的行动相联系。通过将后果与这一行动组合相联系,法律规则引导个体从一个行动组合转到另一个行动组合;通过将后果与法律规则实施之前与之后都不会被采取的行动相联系,我们已得到的模型说明了决定当事人策略性相互作用结局的力量是如何常常内在地发挥作用的"。因而,法律的博弈分析很快取得突破性进

---

① 人们对交易成本最初的理解来源于科斯对它的初步界定,即利用价格机制的成本。科斯列举说明的交易成本主要包括缔约的搜寻成本、谈判成本和履约成本及监督成本;而这些成本通常都可以认为是由信息不完全产生的。

② 这也是整个芝加哥学派的核心观念。波斯纳的分析更加突出"市场本位",认为"效益最大化"是法律及其活动的主要价值追求,是评判法律规则的核心标准。

③ 魏建:《博弈、合作与法律》[J],《山东社会科学》,2001年,第2期:第25—29页。

展,已被学者们较成功地运用于法经济学的几乎所有领域①,逐渐成为法经济学的主流研究范式。②

二、法经济学非主流学派的观点

1. 公共选择分析

公共选择理论就是把经济分析工具运用于政治、法律研究领域,运用经济学的方法和理论去考察政治、法律领域中的集体决策和其他非市场决策。因而,公共选择理论的创始人布坎南认为:"公共选择实际上是经济理论在政治活动或政府选择领域中的应用和扩展。"③

公共选择理论和传统政治学虽然研究的都是传统政治问题,但研究方法不同:传统政治学用的是公共利益分析方法,认为在群体中存在着公共利益,个人只不过是群体这个有机整体中的一个不可缺少的组成部分,只存在群体目的、群体选择和群体行为,把群体行为看成公共利益中的基本行为。而公共选择理论用的是私人利益分析方法,认为不存在抽象的"公共利益",只有实实在在的私人利益,并建议从政治家和官僚们追求的公共利益的虚构中摆脱出来。公共选择理论是微观经济学理论向政治领域的一次有力渗透,主要包括公共物品理论、政府失灵理论、利益集团理论、寻租理论和宪法经济学等。

公共选择理论之所以能够整合政治学和经济学的研究,关键在于方法论的移植和创新。正如布坎南所言:"公共选择是政治上的观点,它由经济学家的工具和方法大量应用于集体或者非市场决策而产生。"④在核心方法论上,公共选择理论沿用了经济人范式,以自利作为选民、政治家、官僚等进行公共选择时的出发点,将政治舞台作为经济学意义上的市场,并以此分析个人在政治市场上对不同决策规则和集体制度的反应,"以期阐明并构造一种真正能把个人的自利行为导向公共利益的政治秩序"。⑤ 因此,公共选择学派的研究方法有以下三个基本特征⑥:

第一,理性经济人假设。公共选择理论的最基本理念是,政治活动中的人与市场中的人本质上没有区别,"都是追求效用最大化的人——政治活动表现为一种特殊形式的交换,而且就像在市场关系中那样,理想上还期望这种政治关系使所有各方都互有收获"⑦。个人在参与政治活动时同样追求个人利益的最大化,同样以成本—收益分析为根据。"政

---

① [美]道格拉斯·G. 拜尔、罗伯特·H. 格特纳、兰德尔·C. 皮克:《法律的博弈分析》[M],严旭阳译,北京:法律出版社,1999。
② 周林彬、董淳锷,《法律经济学》[M],长沙:湖南人民出版社,2008:163。
③ James M. Buchanan: From Private Preferences to Public Philosophy: The Development of Public Choice, Edited by James M. Buchanan et al., *The Economics of Politics*, London: Institute of Economic Affairs, 1978: 1—20.
④ 俞可平主编:《西方政治学名著提要》[M],南昌:江西人民出版社,2000:221。
⑤ 钱弘道:《法律经济学的理论基础》[J],《法学研究》,2002 年,第 4 期:第 3—17 页。
⑥ 冯玉军主编:《新编法经济学:原理·图解·案例》[M],北京:法律出版社,2018:160—163。
⑦ James M. Buchanan, Gordon Tullock: *The Calculus of Consent*, MI: University of Michigan Press, 1962: 26.

治人"与"经济人"一样,都是利己的、理性的、依据个人偏好的,以最有利于自己的方式进行活动,即"当个人由市场中的买者或卖者转为政治过程中的投票者、纳税人、受益者、政治家或官员时,他们的品性不会发生变化"。①

政治人的主要角色是政治家和选民。选民的主要政治活动是投票,其在投票箱前的行为与消费者在市场上的行为没有本质区别,都把自利作为行动原则:第一,选民只愿意投票支持能够给自己带来最大好处的候选人;第二,选民的政治冷漠是合理的,当参与投票的成本过高时,选民就会放弃参选;甚至当选民认为得不到直接收益时,也会放弃参选;第三,选民"合乎理性地无知",一个人的选票对有众多选民参加的选举的结果无足轻重,而了解候选人需要耗费时间、精力,一个利益最大化的"理性选民"就合乎理性地保持无知状态来降低自己的成本。政治家同样优先考虑个人利益的得失,政治家的利益在于获得权力、地位、威望等,这些追求未必符合公共利益。尽管政治家可能有促进公共利益的愿望,但促进公共利益只是他们个人众多意愿中的一种,且这种愿望很容易被其他更有诱惑力的愿望所取代。因此,公共利益不能成为政治家的最高道德标准。在西方代议制国家,政治家的目的首先是追求最多的选票,成为"选票最大化者——正像厂商被看成利润最大化者一样"。②

第二,个人主义的方法论。公共选择理论认为,无论在集体活动还是私人活动中,也无论在市场过程还是政治过程中,个人都是最终的决策者、选择者和行动者。正如布坎南所言:"我们的模型把个人行为作为其重要特征来体现,因此,把我们的理论归入个人主义的方法论这一类也许是最恰当不过的。"③因而,公共选择理论将个人作为私人行动和集体行为决策的唯一最终决策者。布坎南反对从集体角度出发来考察政治、法律等,因为这种方法不仅很容易导致国家被看成一个人的单位,也容易将国家利益或公共利益看成完全独立于个人利益而存在的东西,进而"将国家看成是代表整个社会的唯一决策单位"。④

布坎南还对公共选择理论中的个人主义方法做了进一步解释:第一,个人在选择与决策时不是孤立的,其选择行为会随着制度环境的不同而变化;第二,方法论上的个人主义并不限定个人选择所追求的目标是什么,既可以是利己主义,也可以是利他主义,个人参与集体选择时的方法与选择的集体结果是两回事;第三,个人选择方案与选择结果是有区别的,个人可以做出自己的选择,但不能选择总体结果,总体结果是个人选择不经意的结果。⑤

第三,作为交易的政治。交易政治学把经济学家的效用最大化扩展到不同的公共选择行为上,把政治看成复杂交换的理想化概念。布坎南将经济学的交易范式视为公共选

---

① 〔澳〕布伦南、〔美〕布坎南:《宪政经济学》[M],冯克利等译,北京:中国社会科学出版社,2004。
② 〔美〕保罗·萨缪尔森、威廉·诺德豪斯:《经济学》(第 16 版)[M],萧琛译,北京:华夏出版社,2002:232。
③ James M. Buchanan, Gordon Tullock: *The Calculus of Consent*, MI: University of Michigan Press, 1962: 3.
④ James M. Buchanan: The Pure Theory of Government Finance: A Suggested Approach, Vol. 57, *Journal of Political Economy*, 1949: 496-505.
⑤ James M. Buchanan, Gordon Tullock: *The Calculus of Consent*, MI: University of Michigan Press, 1962: 12-16.

择理论的主要方法论因素;并接受哈耶克的观点,认为经济学是"交换的学科",主要研究交换的过程及交换过程中次序的产生,研究独立个体在自由交换中自发产生的秩序。经济学是关于契约的学科,基本命题是不同个体之间的交换。政治领域中的基本活动也是交换,政治是个体、团体之间基于自利动机而进行的一系列交易过程。政治过程与市场过程一样,基础是交易行为,是利益的互换。

但政治市场中的交易与经济市场中的交换存在以下区别:第一,在市场中交换的是商品的归属,而政治通过交易形成的是协定、契约、规章、条例等公共物品。这些公共物品必须通过集体协议才能产生,因而需要借助一系列的特殊中介(代议制、议会、政府等)。第二,市场交换发生在个体之间,政治是集团之间的交换。政治领域中人们追求个人利益的方式与在市场中不同,政治是人们相互之间一种复杂的交易结构,人们通过这个结构达成各自的个人目标。这些个人目标在市场交易中是无法达成的,只能借助团体,通过政治过程(比如利益集团在立法机构中的讨价还价)来达成。在这个意义上,政治是全体参加者之间的交换。第三,经济基本上是一种商品交换,政治则是"服从与统治的交换"。当个人单独保护自己的利益成本过高时,选民与政府之间就会以服从换取安全。统治依靠权力,权力的行使意味着强制,因此政治交换中有非自愿的成分。

用交换的方法观察政治,使人们在权力政治学之外,对政治过程的理解有了一个新视角。首先,改变了对政治活动目的的传统看法,政治学家一直认为集体活动没有收益,把国家的任务局限于维护市场秩序的最低限度上。这无法解释为什么政府有时能做一些有利于社会的事情,具有积极的职能,也无法说明那些在市场经济中自利的经济人为何一到政治领域就对个人利益无动于衷。实际上,政治人也追求利益,只不过方法不同而已。其次,可以说明政治活动中的合作性的来源。传统上一直把国家看成公正无私的,而公共选择理论把国家当作个人进行政治交易的场所。与经济市场一样,政治交易也以交易者之间的自愿合作为基础,政治交易的结果同样是交易双方相互获利。尽管政治市场中存在一定程度的强制性,比如使用多数决定规则时的集体决策对少数的强制,但只要参与者都有选择参与或不参与、合作或不合作的自由,这时的强制性就不会影响交易各方相互获益。再次,提出对公正性的一种新解释。有效率的决策结果并不产生于政治家的品德或头脑,而是产生于集团之间或组成集团的个体之间的相互讨价还价、相互妥协和调整的政治过程。最后,把政治看成一种交易可以为政治分权化提供合理性。从市场中对自愿交换的肯定和对强制的反对出发,以政治与经济统一于交换的假设为依据,"这种含义推动公共选择经济学家趋向于主张看起来行得通的市场那样的安排,主张在适宜形势下政治权力的分散"[①]。

以布坎南为代表的公共选择学派研究了西方现行的民主制度。正如布坎南所言:"公共选择理论以一套悲观色彩较重的观念取代了关于政府那套浪漫、虚幻的观念。公共选择理论开辟了一条全新的思路,有关政府及统治者行为的浪漫的、虚幻的观点已经被有关

---

① 〔美〕道格拉斯·C.诺斯:《制度、制度变迁与经济绩效》[M],刘守英译,上海:上海三联书店、上海人民出版社,1994:21。

政府能做什么、应该做什么的充满怀疑的观点所替代。"①这样,"公共选择也就构成了研究法经济学的一种方法"。②

专栏 2-1

詹姆斯·布坎南

詹姆斯·布坎南,1986年诺贝尔经济学奖获得者。1919年10月出生于美国田纳西州。1940年,毕业于中田纳西州师范学院,获理学学士学位。1941年,获田纳西大学硕士学位。1948年,获芝加哥大学哲学博士学位。先后执教于田纳西大学、加州大学洛杉矶分校、加州大学圣巴巴拉分校、剑桥大学、伦敦政治经济学院、乔治·梅森大学等。1971年,担任美国经济学会副会长。1976年,成为美国企业研究所(AEI)的名誉学者和美国艺术院与科学(AAAS)院士。布坎南在经济学领域的成就是创立了公共选择理论,将政治决策的分析与经济学理论相结合,使经济分析扩大和应用到社会—政治法规的选择领域。布坎南代表作有:《同意的计算》《成本与选择》《自由的限度》《自由、市场与国家》《赤字的民主》等。

资料来源:作者根据公开资料整理。

2. 制度主义的分析方法

经济学中的制度学派分为老制度学派和新制度学派。这种新旧之分,虽含有产生时间先后之意,但更主要是因为它们基于两种不同的思想传统。老制度学派产生于19世纪末20世纪初,并延续至今,思想是美国的制度主义传统。这一思想传统与凡勃伦、米切尔、康芒斯以及现代的塞缪尔斯等有关。新制度主义始于20世纪60年代,虽然不过半个世纪,但对现当代经济学影响甚大,其理论主要源于古典主义、新古典主义以及奥地利经济学中的制度主义因素,是这些传统的再现与扩展。通常,前者被称为老制度经济学(The Old Institutions in Economics),简称OIE,后者被称为新制度经济学(The New Institutions in Economics),简称NIE。

法律的经济分析中所言及的制度经济学是指新制度经济学,又称现代制度经济学。更确切地说,法律的经济分析学派是新制度学派的一个分支,法经济学直接根源于美国的新制度经济学派。③

制度的定义。新制度经济学关于制度概念的定义非常广泛,既包括规则和秩序,也包括组织本身;既有政治、经济、文化、技术等方面的制度,也把道德、意识形态等纳入制度范畴。新制度经济学家通常认为,制度是对人和组织行为的规范,是人和组织为适应环境、

---

① 〔美〕布坎南:《自由、市场与国家》[M],平新乔、莫扶民译,上海:上海三联书店,1989:282。
② Nicholas Mercuro, Steven G. Medema: *Economics and the Law: From Posner to Postmodernism*, NJ: Princeton University Press, 1997: 110.
③ 本部分内容可以参见钱弘道:《法律经济学的理论基础》[J],《法学研究》,2002年,第4期:第3—17页。

合理配置资源、实现目标最大化的必要手段;制度是组织构造的结构模式,人类的文化习俗和传统习惯是最早的制度形式。新制度经济学的主要代表人物道格拉斯·诺斯(Douglas North)对制度的定义较为细致,认为"制度是一个社会的游戏规则,或形式上是人为设计的构造人类行为互动的约束""制度是一系列被制定出来的规则、守法程序和行为的道德伦理规范,旨在约束追求主体福利或效用最大化的个人行为"①"制度的存在是为了降低人们相互作用时的不确定性"②。除诺斯外,其他新制度经济学学者也对"制度"的概念进行了多种的阐释,比如舒尔茨认为:"我将一种制度定义为一种行为规则,这些规则涉及社会、政治及经济行为。"③再如,青木昌彦认为:"制度是关于博弈如何进行的共有信念的一个自我维系系统。制度的本质是对均衡博弈路径显著和固定特征的一种浓缩性表征,该表征被相关领域几乎所有参与者所感知,认为是与他们的策略决策相关的。这样,制度就以一种自我事实的方式制约着参与者的策略互动,并反过来又被他们在连续变化的环境下的实际决策不断再生产出来。"④由此可见,新制度经济学家们虽然极力倡导重视制度的经济功能,但对于该理论的核心概念——制度——本身却一直存在不同见解,这些见解可能带有新古典经济学色彩,也可能借助于博弈论思想,还可能与法学理论有关。

交易成本。继老制度学派后,出现了两个不同的制度学派:一是以加尔布雷斯、缪尔达尔等为代表的新制度学派,该学派继承了老制度学派的传统,以现代资本主义的反对派和批判者身份对现存制度进行抨击,但他们因结构松散而遭到弗里德曼等主流经济学家的嘲讽和攻击,不为正统经济学家所推崇;二是以科斯、诺斯等人为代表的新制度经济学派,他们利用西方经济学中居主流地位的新古典经济学的一般静态均衡和比较静态均衡方法进行制度分析,使新古典经济学获得了对现实问题的新解释,大大拓展了新古典经济学的应用领域,在学术界造成重大影响——以科斯、诺斯等人为代表的交易成本分析为人们观察政治法律过程和政府行为提供了一种新方法,揭示了法律、制度对于经济体系运行的重大影响。

新制度经济学认为,现实世界并非拥有完备信息的世界,当事人为完成一笔交易必须不断出入交易市场,了解产品的质量和相对价值,并就交易细节进行谈判、协商、检验、签约,甚至要承担违约损失等,即市场交易是要付出代价的。这种使用市场价格机制的成本或代价就是交易成本。信息充分与否是衡量交易成本大小的一个重要尺度。通常,信息越充分,交易成本越低;信息越不充分,交易成本越高。因而,在交易成本不为零的现实世界中,产权的界定以及制度(法律)直接对经济行为和经济效率产生影响。换言之,在解决同一经济问题时,采取哪种制度又取决于哪种制度的交易成本最低。虽然这种作用不是

---

① 〔美〕道格拉斯·C.诺思:《经济史中的结构与变迁》[M],陈郁等译,上海:上海三联书店、上海人民出版社,1994:225。
② 〔美〕道格拉斯·C.诺斯:《制度、制度变迁与经济绩效》[M],刘守英译,上海:上海三联书店、上海人民出版社,1994:34。
③ 盛洪:《新制度经济学在中国的应用》[J],《天津社会科学》,1993年,第2期:第27—28页。
④ 〔日〕青木昌彦:《比较制度分析》[M],周黎安译,上海:上海远东出版社,2001:28。

没有被人发现过,但很少有人这样清晰而巧妙地证明和论述过这种作用。正是借助交易成本这一媒介,新制度经济学将科斯之前的经济体系研究所忽视的交易成本、制度因素(包括法律)等纳入分析框架,并在对传统新古典经济学的假定前提进行重新修正的基础上,提出了制度变迁理论。①

专栏 2-2

道格拉斯·诺斯

  道格拉斯·诺斯,1993 年诺贝尔经济学奖获得者。1952 年在美国加州大学伯克利分校获博士学位,华盛顿大学经济学教授。诺斯创立了包括产权理论、国家理论和意识形态理论在内的"制度变迁理论",主要代表作品包括《美国过去的经济增长与福利:新经济史》《制度变迁与美国经济增长》《西方世界的兴起:新经济史》《经济史中的结构与变迁》《制度、制度变迁与经济绩效》等。

  资料来源:作者根据公开资料整理。

  制度变迁是指一种效率更高的制度取代原有制度或一种更有效的制度的产生过程,是制度主体解决制度短缺、扩大制度供给以获得潜在收益的行为。诺斯认为,制度决定了社会的演进方式,制度变迁是理解历史变迁和国家兴衰的一把钥匙,制度是"理解历史的关键"②。在经济发展、国家兴衰方面,制度起着至关重要的作用。"制度建立的基本规则支配着所有公共的和私人的行动,即从个人财产权到社会处理公共物品的方式,以及影响着收入的分配、资源分配的效率和人力资源的发展。"③

  根据充当第一行动集团经济主体角色的不同,制度变迁可分为诱致性制度变迁与强制性制度变迁。诱致性制度变迁是指,新制度的创新是由社会个体为响应获利机会而自发倡导、组织和施行的制度变迁(即现行制度结构中出现了制度的不均衡以及失效的或欠妥的制度安排,通过制度创新,可获得原有制度结构中无法得到的利益)。诱致性制度变迁的改革主体来自基层,程序自下而上,具有边际革命和增量调整的性质以及自发性、局部性、不规范性、制度化水平不高等特点。强制性制度变迁是指,由政府行政命令或法律强行推进和实施的制度变迁,是国家为追求租金最大化和产出最大化目标而依照自上而下的程序进行的激进性质的存量革命。强制性制度变迁并非简单由获利机会促使,而是通过国家强制力在短期内快速完成,可以降低变迁的成本,具有强制性、规范性、制度化水

---

  ① 新制度经济学理论认为,制度具有界定产权、规范交易、约束成本、激励效率等经济功能。换言之,每一种制度从规范意义上都必须能够为人们带来潜在的经济利益,否则就失去存在的价值。制度变迁正是在这一意义上被推动。
  ② 〔美〕道格拉斯·C.诺斯:《制度、制度变迁与经济绩效》[M],刘守英译,上海:上海三联书店、上海人民出版社,1994:39。
  ③ 〔美〕V.奥斯特罗姆等编:《制度分析与发展的反思:问题与抉择》[M],王诚等译,北京:商务印书馆,1992:前言。

平高等特点。在现实的经济世界中,制度变迁的模式更多表现为两者的相互融合和补充。而且诺斯还进一步提出"制度变迁存在自我强化机制""我们今天的各种决定、各种选择实际上受到历史因素的影响"①。正因为存在着报酬递增和自我强化的机制,在制度变迁的过程中会产生路径依赖问题,使得制度变迁一旦走上某一路径,就会在既定方向上不断强化,除非借助强有力的外力推进,否则人们想选择新的制度就会变得十分困难。

科斯定理。科斯是新制度经济学的杰出代表,他所引领的新制度经济学是以制度为研究对象,以交易成本为核心范畴,分析和论证制度的性质、制度存在的必要性以及合理制度的标志的经济学派。② 由于以交易成本作为最基本的分析工具和范畴,新制度经济学也被称为交易成本经济学。③ 科斯等人将交易成本这一概念一般化,用于解释诸如市场交换的风险、信息、垄断以及政府管制等各类经济及相关因素,使交易成本概念在市场经济学中完全可以与价格、成本等基本经济范畴等量齐观。

科斯在《社会成本问题》一文中进一步讨论了交易成本与产权配置的关系。④ 科斯的这一思想后来被斯蒂格勒称为"科斯定理",即斯蒂格勒在《价格理论》中写道:"科斯定理表明……在完全竞争条件下,私人成本和社会成本是相等的。"⑤黄少安将科斯定理表述为一个扩展的定理组⑥:

第一定理:如果交易成本为零,不管权利的初始安排如何,当事人之间的谈判都会促成使财富最大化的安排。

第二定理:在交易成本大于零的世界中,不同的权利界定会带来不同效率的资源配置。

第三定理:产权制度的供给是人们进行交易、优化资源配置的前提,不同的产权制度将产生不同的经济效率。

科斯定理说明,能使交易成本最小化的法律就是最好的法律。因而,科斯定理构成了法经济学理论基础的主要框架。波斯纳曾言明,科斯定理是他的《法律的经济分析》的"主旋律";是根据效率原理理解法律制度的一把钥匙,为朝着实现最大效率方向改革法律制度提供了理论依据。⑦

---

① 〔美〕道格拉斯·C.诺斯:《制度变迁的理论:概念和原因》,收录于〔美〕罗纳德·H.科斯等:《财产权利与制度变迁:产权学派与新制度学派译文集》[M],刘守英等译,上海:上海人民出版社、上海三联书店,2004。

② 交易成本概念在科斯的相关理论中尤为重要。从《企业的性质》(1937年)提出交易成本概念,到《联邦通讯委员会》(1959年)初步形成科斯定理的基本思想,最后到《社会成本问题》(1960年)清晰地形成了科斯定理的思想,交易成本万变不离其宗。科斯本人在1991年诺贝尔经济学奖颁奖典礼上的题为《论生产的制度结构》的演讲中,就强调了他最大的贡献在于将交易成本明确地引入经济分析中。

③ 〔美〕道格拉斯·C.诺斯:《制度、制度变迁与经济绩效》[M],刘守英译,上海:上海三联书店、上海人民出版社,1994:7。

④ Ronald H. Coase: The Problem of Social Cost, Vol. 3, *Journal of Law and Economics*, 1960: 1-44.

⑤ George J. Stigler: *The Theory of Price*(3rd ed.), NY: The Macmillan Company, 1996: 113.

⑥ 黄少安:《产权经济学导论》[M],济南:山东人民出版社,1995。

⑦ 〔美〕理查德·A.波斯纳:《法律的经济分析》(上)[M],蒋兆康译,北京:中国大百科全书出版社,1997:17。

三、方法论的进一步讨论

1. 再论财富最大化

传统的法律方法主张法律是独立存在的规则体系,如果人们能够对它进行正确的理解和运用,便可以找到解决复杂问题的正确办法。麦乐怡称这种方法为"法的实践中的神话"①。这种方法的组成部分可由以下公式表示:

法律事实 + 法律问题 + 法规和正确的形式 + 判例 + 根据 = 正确答案 ± 人为过失

麦乐怡认为,传统的法律工作者是运用上述公式寻求一个独立的过程,并由此得到"正义"或"正当"的结果。其司法过程为:首先,法律工作者从一堆事实中筛选出法律事实;其次,从这些法律事实中发现问题或争议所在;再次,确定适当的法律规则及程序形式,在事实、问题、规则及程序确定后,进一步检验其是否与判例一致;最后,通过联系传统和自己接受的文化观念得出结论。当然不排除法律工作者本身的不完善行为导致的对事实或法律的误解或误用。

作为比较,麦乐怡将波斯纳的经济分析方法称为"两面镜子的神话"②,在经济分析过程中,法学和经济学这两门独立学科好像是两面互相映照的镜子,法学反映经济学,经济学又反映法学。正如波斯纳所言,在传统的普通法裁判中,即使法官没有明确使用经济学语言表达,但经济推理一直起着作用;普通法基本上是一部经济效率的史话——按照经济学术语讲,普通法是有效率的。

经济分析法学是以植根于个人、社会、国家关系的特定意识形态中的新古典经济学为基础的,经济分析过程可以用以下公式表示:

经济事实 + 经济问题 + 经济规则 + 事先的经济分配 + 效益根据 = 正确答案 ± 人为过失

在波斯纳看来,经济效率也许是数百年来推动法律发展的隐性力量。虽然法学家总认为法律是自给自足的,与市场无关或至少在市场之上,但强大的市场力量会在不知不觉中重塑法官的观念。法官在寻找一个合理、公正的标准过程中,无疑会考虑损失是不是由于浪费或不经济使用资源而引起的。波斯纳认为,现在许多法官就像经济学家那样思考问题——他们可以把自己置于原告/被告的位置,去思考特定当事人所面临的问题。③

有关波斯纳的法经济学分析方法,斯坦福大学法学院的莱西格教授做了一个很好的总结,他认为波斯纳高举着财富最大化的大旗,把关于法律规则与社会结果之间关系的实用主义见解(规则如何影响行为,行为如何更能适应相关的法律规则)……运用于无穷无尽的法律题目中,从合同和反托拉斯到宪法的条款以及法官行为。④ 甚至有学者根据波斯纳的理论阐述归纳出"波斯纳定理":如果市场交易成本过高而抑制交易,那么权利应赋予

---

① Robin P. Malloy: Toward A New Discourse of Law and Economics, Vol. 27, *Syracuse Law Review*, 1991: 1.
② 同上。
③ 〔美〕理查德·A. 波斯纳:《法理学问题》[M],苏力译,北京:中国政法大学出版社,1994:453。
④ 苏力,《也许还需要距离》(译序),引自莱西格:《多产的偶像破坏者》[J],《元照法律评论》,2003。

那些最珍视它们的人。①② 这一定理与科斯定理一起构成了法经济学进一步深化的理论基础。

2. 理性选择范式的反思与后续展望

倘若从更广泛的视角去看待法学与经济学的"跨学科式"交流,20世纪60年代兴起的新法经济学与之前这两个学科间的有限交流相比,最重要的差别在于引入了强大的个人理性选择框架,将法学与经济学间的"跨学科式"交流纳入一个统一框架进行研究。确实,不论从《法与经济学杂志》上发表的法经济学文章还是美国的立法实践,理性选择范式在法律规则的解释与设计中,都已经发挥着越来越大的作用。然而,这些年随着法经济学范式的蓬勃发展,理性选择范式的局限性也逐渐凸显。同时,值得注意的是,作为"硬核"的主流经济学的理性选择范式,在这个过程中也正经受变革的冲击。20世纪80年代以来,法经济学的研究方法也发生了重大变化,大量的新兴研究思路和方法在法经济学研究中得到了广泛应用:

第一,在以"法律的经济分析"为代表的法经济学运动的主流思想中,尽管新古典主义经济学的"形式化"或"模型化"研究方法在法经济学教科书中仍占据十分重要的地位,但在实际运用中却存在两大问题,一是"形式化"或"模型化"的深入进展比较缓慢;二是许多法经济学的研究仍然是以描述和案例分析的研究方法为主。对于研究方法中存在的问题,即使在主流学派内部也没能达成一致意见。一些学者担心"形式化"会提高法经济学研究的"门槛";另一些学者则十分重视和强调法经济学研究的"形式化",并认为经济学之所以能扩展到包括法学在内的其他社会科学领域,凭借的就是其研究方法上的"技术优势"。

第二,新兴方法,比如博弈论、实验经济学和行为经济学在经济研究领域的广泛运用,已对法经济学研究产生明显影响。霍夫曼等在1985年的文章中就已经指出,实验经济学方法可以用来检验法经济学命题,校正法经济学分析的基本假设。目前,有关科斯定理、公共品自愿捐赠以及污染管制方面的实验已经在现实的管制法案中得到了直接应用。另外,乔尔斯、桑斯坦和舍勒1998年在《斯坦福法律评论》(*Standford Law Review*)上发表的纲领性长文《法经济学的行为方法》中主张,行为经济学视角对实证法经济学、规范法经济学或诊断性法经济学的研究都将有所启发,他们认为,现有行为经济学的研究成果,比如人的有限理性、有限意志力、有限自利倾向以及过于乐观、厌恶损失等心理特征,均可以用

---

① 〔美〕理查德·A. 波斯纳:《法律的经济分析》(上)[M],蒋兆康译,北京:中国大百科全书出版社,1997:中文译者序。

② 波斯纳提出的法律的经济分析思路(即用经济学理论与方法研究法律问题)建立在以下三个假设条件的基础之上:一是行为人的行为是他们在特定法律条件下进行成本—收益分析的结果,当事人对一定权利的不同估价是其交易得以进行的原动力;二是法律制度在运行中会给当事人带来收益和成本,故可用最大化、均衡和效率来评价法律行为;三是财产权利界定清晰可以降低交易成本。通过制定使权利让渡成本比较低的法律,可以促使资源流向使用率高的人手中,从而能提高经济运行的效率。

来补充解释正统法经济学很难理解的"反常"现象,并设计出更加有效的行为激励方案。①当然,到目前为止,这几种法经济学的新研究方法与其说是对传统微观价格理论的替代,还不如说是对其补充与完善,它们使主流分析框架能够容纳和解释更多的法律现象。

第三,大样本实证检验方法在法经济学研究中的运用,同样是未来值得关注的研究动向。事实上,法经济学范式在成长之初就有大量实证方面的研究,比如贝克尔指导兰德斯用美国劳工部的数据检验歧视问题,埃里奇在刑罚犯罪方面的研究也属于这方面的早期尝试。正如学者们在1997年"圆桌研讨会"上所指出的,到目前为止法经济学研究仍主要集中在理论层面,对各种假说的实证检验还缺乏足够重视。20世纪80年代末90年代初复兴的刑罚实证研究、90年代以来以LLSV为代表的法律金融研究进路,以及对产权制度效率的众多实证研究,都可以视为从大样本实证检验角度对传统理论研究做出的重要探索和补充。

第四,在法经济学运动的非主流学派中,对应重新反思法经济学的研究领域和学科性质定位的观点,一些学者提出了以比较分析为主的研究方法。按照这一观点,法经济学应该围绕各种"公平"社会模式的政治和经济谱系来对比和分析不同社会制度中的法律安排。麦乐怡曾明确指出:"作为一种比较意义上的研究,法经济学提供了将法律制度视为一种特定政治理念的反映的研究机会,各种各样的意识形态价值观可以不加修饰地置于现行法律制度中加以比较。"强调比较分析研究方法的学者并不完全否定新古典主义经济学理论与分析方法在法经济学研究中的运用,只不过他们强调,在法经济学研究中,应该用有限度的经济方法分析法律,使法经济学的研究更具哲理和人性。

本章总结

1. 在学科性质上,以芝加哥学派为代表的主流学派主张用新古典经济学的理论与分析方法研究法律问题。用波斯纳的话来说,对法经济学定义的"唯一可能准则是它的实用性而不是准确性",其目的是"开辟一个使大量的法学知识在其学说和制度方面与经济学研究相关的领域"。而非主流学派则认为,法经济学就是一门研究财富分配和社会公正问题的学科,并强调法经济学是一门在研究中可以包容一切不同政治意识形态互相作用的开放性的学科。

2. 在研究范围上,法经济学的主流学派一致认为普通法的中心内容——财产、合同和侵权是法经济学研究的重点,并逐渐将研究拓宽到了公司法、刑法和程序法等领域。

3. 在研究方法上,法经济学的主流学派认为,法经济学是以"个人理性"及相应的个人主义方法论作为研究方法的基础,以经济学的"效率"作为核心衡量标准,以"成本—收益分析"及最大化方法等作为基本分析工具来进行法律问题的研究,并希望能兼顾规范分析

---

① Christine Jolls, Cass R. Sunstein and Richard Thaler: A Behavioral Approach to Law and Economics, Vol. 50, *Stanford Law Review*, 1998: 1471-1550.

和实证分析。同时,法经济学也吸收了公共选择理论和制度主义的分析方法,这些方法也相继发展为法经济学研究中的非主流学派。

思 考 题

1. 主流学派和非主流学派在对法经济学学科性质的界定上有何不同?
2. 个人主义方法论的核心内容由哪些基本观点构成?
3. 博弈论在法经济学研究中的优势表现在哪些方面?
4. 在法经济学的演进过程中,其研究范围还可能取得哪些突破?

阅读文献

1. Douglas G. Baird, Robert H. Gertner and Randal C. Picker: *Game Theory and the Law* Cambridge: Harvard University Press, 1994.

2. Douglas G. Baird: The Future of Law and Economics: Looking Forward, Vol. 64, *University of Chicago Law Review*, 1997: 1129-1165.

3. Guido Calabresi: Some Thoughts on Risk Distributions and the Law of Torts, Vol. 70, *Yale Law Journal*, 1961: 499-505.

4. Richard A. Posner: *Economic Analysis of Law*, NY: Little Brown & Company, 1992.

5. Richard A. Posner: The Law and Economics Movement, Vol. 77, *American Economic Review*, 1987: 1-13.

6. Robert Cooter: Expressive Law and Economics, Vol. 27, *The Journal of Legal Studies*, 1998: 585-608.

7. Ronald H. Coase: Law and Economics at Chicago, Vol. 36, *Journal of Law and Economics*, 1993: 239-254.

8. 冯玉军主编:《新编法经济学:原理·图解·案例》[M],北京:法律出版社,2018。

9. 弗朗切斯科·帕里西:《法与经济学的实证学派、规范学派和实用学派》,载吴敬琏主编《比较》[M],第 20 辑,北京:中信出版社,2006。

10. 〔美〕理查德·A. 波斯纳:《法律的经济分析》(上、下)[M],蒋兆康译,北京:中国大百科全书出版社,1997。

11. 〔美〕尼古拉斯·麦考罗、斯蒂文·G. 曼德姆:《经济学与法律——从波斯纳到后现代主义》[M],吴晓露等译,北京:法律出版社,2005。

12. 〔美〕罗宾·保罗·麦乐怡:《法与经济学》[M],孙潮译,杭州:浙江人民出版社,1999。

13. 〔美〕罗伯特·考特、托马斯·尤伦:《法和经济学》[M],张军等译,上海:上海三联书店,1991。

14. 史晋川:《法律经济学评述》[J],《经济社会体制比较》,2003年,第2期:第95—103页。

15. 史晋川、吴晓露:《法经济学:法学和经济学半个世纪的学科交叉和融合发展》[J],《财经研究》,2016年,第10期:第50—79页。

16. 魏建:《博弈、合作与法律》[J],《山东社会科学》,2001年,第2期:第25—29页。

17. 张维迎:《博弈论与信息经济学》[M],上海:上海三联书店、上海人民出版社,1996。

18. 周林彬、董淳锷:《法律经济学》[M],长沙:湖南人民出版社,2008。

第二篇

民 法

第三章　财产法的经济学分析
第四章　财产法经济分析专题
第五章　合同法的经济学分析
第六章　合同法经济分析专题
第七章　侵权法的经济学分析
第八章　侵权法经济分析专题

第三章
财产法的经济学分析

> 私有财产的真正基础即占有,是一个事实,一个不可解释的事实,而不是权利。只是由于社会赋予实际占有以法律的规定,实际占有才具有合法占有的性质,才具有私有财产的性质。
>
> ——马克思

◆ 本章概要

用经济学来分析法律的方法源于对财产权利制度的研究,直至现在,财产权利制度仍然是其主要的研究内容。财产法的经济学分析不仅注重对财产制度起源和变迁的总体分析,同时也注重对具体财产权利的界定过程及其性质的研究。本章首先回顾法学研究视角下的财产法,之后的两节从法经济学的视角分别对有形财产权制度和无形财产权制度进行分析,最后一节对财产的法学和经济学研究进行比较。

◆ 学习目标

1. 了解财产和财产法的概念。
2. 了解财产权的定义及财产权利的分类。
3. 理解科斯定理、规范的科斯定理和规范的霍布斯定理。
4. 掌握空间上和时间上的产权限制问题。
5. 了解无形财产权制度的经济学分析。

财产法是人类最早建立的法律之一,它一方面赋予财产的所有者以控制资源的权利,对所有者个人而言是权利的守护者;另一方面调整人们之间的财产关系,对整个社会而言则是提供了一个法律框架。财产法的基本目标就是界定有限的资源,保护产权,激励人们为了扩大物质资料而进行生产,同时,在人们利用有限资源进行的合作与竞争中,调整人们之间的物质关系和财产关系。

第一节　财产法的法学分析

美国法学家霍姆斯曾说过:"财产是法律的一个创造,财产并不来源于价值,虽然价值是可以交换的,但是许多可交换价值被有意损害后却得不到补偿。财产其实就是法律所赋予的对他人干预的排除。"①简而言之,财产是由法律直接规定的。由于不同的法律,如英美法系和大陆法系对"财产法"的理解和规定都存在较大的差异,因此本节从论述两大法系的财产和财产法的概念入手,探讨财产权利的性质和分类,最后从演进的视角分析财产法的起源和历史变迁。

一、财产和财产法的含义

一般认为,英美法系和大陆法系的起源不同,并且沿着不同的路径进行发展,对财产的定义也不尽相同。大陆法系深受罗马法的影响,其概念体系和罗马法一脉相承。早期在罗马法中出现的"Mancipium""Potestas"等词均有财产权的含义,但主要是指家长对物的支配权利。到了罗马共和国后期出现了"Dominium"一词,它除了指家长对财产的支配,还包括家长的一般权利或对于任何主体权利的拥有。显然这些词并不代表私法上的财产权。罗马法中与近代财产权最为接近的词是"Properietas",这是在罗马帝国晚期出现的表示对物的最高权力的技术性术语,即相对完整的个人所有权。中世纪的注释法学家在解释罗马法的时候,在对物之诉的基础上建立了物权学说。1811 年的《奥地利民法典》明确使用了"物权"一词。后来的《德国民法典》正式提出了"债权"的概念,并且把债权置于物权之前予以专章规定。物权和债权制度系统的建立使得大陆法系的财产权体系得以最终确立。由于英格兰在盎格鲁—撒克逊人的统治下成为早期的封建国家,因此英美法仍然保持了纯粹的日耳曼法的传统。英美法早期是用"Ownership"一词来表示土地所有权的,在此基础上英国的普通法中出现了"Property"一词,并在含义上逐步转化为表示个人对任何事物使用、享有和处置的权利,而各种事物本身是无限的、不受限制的。上述的事物不仅指有形物,也指无形物,即各种权利。这里的财产概念已经几乎与现代英美法的财产概念一致。《法学大辞典》对财产的定义是:"1.有货币价值的物权客体,即有体物。2.对物的所有权。某物归属某人所有即被视为某财产。3.具有货币价值的有体物和对财物的权利的总和。这些权利包括所有权、他物权、知识产权等。"②

"财产"不仅可以从法学的角度来理解,也可以从经济学的角度来理解。经济学中具

---

① 〔美〕肯尼斯·万德威尔德:《十九世纪的新财产:现代财产概念的发展》[J],《社会经济体制比较》,1995 年,第 1 期:第 35-40 页。
② 参见《法学大辞典》[M],北京:中国政法大学出版社,1991:763。

有权威性的《新帕尔格雷夫经济学大辞典》对"财产"(Property)的定义为:"财产权,与稀缺性和理性一样,是经济学的基础。假若不是某种人类机构对所讨论的什么资源的使用都进行控制的话,那么就无人确定价格,任何人也就没有计算生产成本的动机了。经济学家在大量著作中可以,也的确是,认为下面这点是理所当然的,即一切有价值的东西(包括有形的物品和技能那样的无形物)都有所有主,而且所有主的控制与传统经济理论中的激励假定相一致。"① 可见,无论是法学还是经济学,都不严格区分"财产"和"财产权"这两个概念,在解释财产的同时也兼指财产权。法经济学中的《新帕尔格雷夫法经济学大辞典》则认为"这里使用的财产权是一种社会上可接受的使用,这种权利的持有者可以利用属于该权利的稀缺资源。"② 财产从狭义上可以理解为资产或财物,但是在多数情况下可以从广义的角度将其理解为既包括财物又包括财产权的集合体。我国的《民法典》第二百六十六条规定私人对其合法的收入、房屋、生活用品、生产工具、原材料等不动产和动产享有所有权。

一切以财产(包括有形物、无形物、有价证券)为客体的法,或调整财产关系的法都可以被称为财产法。从此角度看,财政法、税法、金融法、证券法、物权法、债权法、知识产权法、继承法等都可以归属于财产法,这是最广义的财产法范畴。英美法系中关于"财产法"是有明确的指定的。具体而言,财产法在英美法系中是指规定对物的直接的和排他的权利的法律。大陆法系中没有具体的"财产法"的概念,一般是指调整财产关系的所有法律。显然,大陆法系中关于财产法的概念要远远广于英美法系。英美法系中的财产法近似于大陆法系中的物权法以及部分的债权法,主要涉及赠予和信托。在我国使用财产法概念的时候,往往并不给予严格区分。有时候沿用大陆法系的概念比较宽泛,有时候采用英美法系的定义比较狭隘。

二、财产权利的性质与分类

财产权利是所有者拥有的不受他人干涉的、可以自由行使的一束权利,是对所有者权利的一种规定。这些权利描述了一个人对其所有的资源可以做些什么,不可以做些什么的规定:在多大的程度上他可以占有、使用、开发、改善、改变、消费、消耗、摧毁、出售、馈赠、遗赠、转让、抵押、贷款,或阻止他人侵犯其财产。③

法学中的财产权利是一种狭义的产权概念,主要是指物权;而经济学中的财产权利是广义上的产权概念,不仅包括物权,还包括债权以及无形的知识产权等,并且可以扩大到交易中所涉及的权利。法学家将财产权利看作是依附于人身权并产生一系列其他权利的

---

① 〔英〕约翰·伊特韦尔、默里·米尔盖特和彼得·纽曼主编:《新帕尔格雷夫经济学大辞典》[M],北京:经济科学出版社,1996。
② 〔英〕皮特·纽曼主编:《新帕尔格雷夫法经济学大辞典》[M],许明月等译,北京:法律出版社,2003。
③ 〔美〕罗伯特·D.考特、托马斯·S.尤伦:《法和经济学》(第三版)[M],上海:上海财经大学出版社,2002:66。

核心;经济学家将财产权利看作是经济主体从事经济活动的根本条件。马克思认为财产权利具有经济和法律两层意义,其中生产关系属于经济基础,法律关系属于上层建筑。美国法学家哈罗德·伯尔曼(Harold Berman)则认为经济和法律是完全重叠的。财产权通常具有经济和法律的两个方面,这两个方面水乳交融地相互联系在一起。制度经济学家康芒斯也从经济和法律的角度分析过财产概念。在他看来,财产具有双重意义,既指物质的东西也指非物质的所有权,并且所有权包括法律上的占有和物质上的占有。关于财产和财产权,康芒斯认为"财产是有权控制稀少的或者预期会变得稀少的自然物质,归自己使用的或是给别人使用,且别人付出代价的。可是财产的权利是政府或其他机构的集体活动,给予一个人一种专享的权利,可以不让别人使用那种预期稀少、对于专用会造成冲突的东西。这样,财产不仅是一种权利,而且是权利的冲突,可是财产的权利是管理冲突的集体行动。"[①]罗马法传统和日耳曼法传统不同,导致了两者对财产权利的理解有不同的特点。罗马法是以"个人主义"为立法思想的,所以是以"所有"为中心,在财产权利的概念上特别强调所有权,承认个人对所有权的绝对性、排他性和永续性。同时罗马法的产权概念还以物权为中心,强调的是物的所有而不是物的利用。日耳曼法则以"团体主义"为立法原则,所有权具有相对性,并以物的利用关系为中心,即不强调物的归属和全面的支配,而是强调物的实际占有和利用。罗马法和日耳曼法的传统,对财产权利的概念产生了重要的影响,《法国民法典》基本承袭了罗马法的传统;英美法则继承了日耳曼法的传统;《德国民法典》既有罗马法传统也有日耳曼法的特点。

　　财产权利从其本质上看,包含着以下几点性质:第一,财产权利是权利主体对客体的一种权利,但并不是单一的权利,而是一个权利束。在这一束权利中,包括占有、使用、开发、改善、改变、消费、消耗、摧毁、出售、馈赠、遗赠、转让、抵押、贷款,或阻止他人侵犯其财产等。第二,财产权利与排他性有关,基本可以分为排他性产权和非排他性产权。第三,法律上的财产权利由于其具有经济上的价值,往往是具有可交易性的。第四,财产权利具有全面性,即所有有价值的资源都应该是有主的资源,因为无主的资源容易被无节制地使用。所有有用的资源都应该通过法律进行界定,使得有用的资源能够得到有效利用。

　　财产权利的基本特征是排他性,根据排他程度的不同可以分为私有产权、共有产权和国有产权等。共有产权是指,在共同体内的每一位成员都拥有分享共同体财产的权利,既排除了共同体外的任何成员分享共同体财产的权利,也排除了国家分享该财产的权利。国有产权是指,国家选定代理人来行使权利,排除部分人使用国有财产。私有产权是将资源的使用与转让以及收入的享用权界定给特定的人,此人既可以交换物品也可以让渡权利,在权利的使用上一般不受限制。三种财产权利制度的不同特征比较可参见表3-1。

[①] 〔美〕康芒斯:《制度经济学》(上册)[M],北京:商务印书馆,1962:356。

表 3-1　三种财产权利制度的特征比较

	所有者人数	排他性	权利的行使人
私有产权	1 人	完全排他性	私有财产所有人
共有产权	有限数量	部分排他性	共同体内的每一位成员
国有产权	无限数量	非排他性	国家授权的单位或个人

也有文献将国有产权称为公有产权,而将共有产权称为俱乐部产权。尽管名称不同,但人们都普遍认为私有产权可以将共有产权和国有产权制度下的许多外部性内部化,从而达到最有效率的资源配置和利用,所以私有产权比其他财产权利安排更有效率。

三、财产法的起源和历史

对财产法的历史和起源等问题进行研究,将有助于人们加深对财产权利的理解。追溯历史,随着财产关系和财富观念的发展,关于占有和继承的法律也开始随之发展。最早的有关财产的法律就是继承法。最初的财产由氏族成员继承,到后续逐步由同宗亲属继承,至今发展为主要由子女继承。当占有关系变成所有关系之后,就产生了权利,权利必然要求法律保护。在法律产生之后,就有了受到法律保护的财产权利。原始社会的生产力低下决定了共同劳动所得的产品自然归集体所有,相互之间没有权利和义务的区别,也就没有法律关系。奴隶社会在私有制产生之后,需要用财产法来确认私有财产权、确立私有制,所以产生了代表奴隶社会最高水平的法律——罗马法,其中就存在物权制度。罗马法最早将物权分为自物权和他物权,并规定了占有和保护制度。封建社会的农奴制度对生产资源和劳动起到了优化配置的作用,当时,西欧最具有代表性的财产法是日耳曼法。日耳曼法尤其是英国法,适应了封建社会自给自足的自然经济的要求,对经济发展起到了重要的促进作用。资产阶级国家建立后,确立了保护资产阶级的私有财产权、追求资本增殖的财产法律制度。在自由资本主义时期,法律以保护个人私有财产的罗马法为基础,将财产所有权认为是一种天赋人权,神圣不可侵犯;在垄断资本主义时期,资产阶级的法律从个人本位主义开始向社会本位主义转变,出现了社会化的倾向,强调"社会本位"和"社会效益"。

要探究财产法的起源和私有财产制度的形成就必须分析原始财产权利产生的原因。对于原始财产权利起源的考察,学者们主要是从以下几个角度进行的:第一是稀缺问题,因为稀缺是人类面临的永恒问题,正因为资源是稀缺的,所以才需要排他性占有。如果资源无限,其获得无须成本,就不会出现排他性的财产权利。康芒斯指出:"所有权的基础是稀缺性。若是一种东西预期会非常丰裕,人人可以取得,不必请求任何人或者政府的同意,它就不会成为任何人的财产。若是供给有限,它就会成为私有的或公有的财产。"诺斯也曾在其著作中探讨了稀缺与财产权利的关系。在原始的采集和狩猎时代,由于人口少、生产力水平低,资源相对丰富。此后随着人口的增加和生产力的提高,资源开始变得稀缺起来。为了保证资源也为了保证人类自身的存续,必须建立排他性财产权利。从历史来看,产权的演变过程包括,首先是不准外来者享用资源,然后是制定规则限制内部人员开发资源的程度。第二是控制问题,因为一种资源即使是自然稀缺的资源,如果缺乏能够被运用的控制技术,也不能导致财产权的创立。在美国的土地财产权形成的历史上,曾经出现了明显的东西部差异,主要原因就在于对资源的控制能力的差异。当时,随着欧洲皮毛贸易的发展,野兽的皮毛变得越来越稀缺,日益增长的需求导致猎取和捕获野兽的规模也不断扩大。通过形成土地的原始财产产权来对野兽皮毛的获取进行控制是有利可图的。并且在美国东部地区,对被森林覆盖的土地进行界定和执行财产权几乎等同于对森林动物进行界定和形成财产权,所以目前已经基本证实了美国印第安人私有财产权安排出现的时间和范围与欧洲人在美国东部开展皮毛贸易的时间和范围一致。但在美国西部却没有出现私有财产权。原因在于在此地区对动物的权利进行控制和界定是非常困难的,与东部的森林动物相比,该地区的动物是在大面积的土地上进行迁徙的。总之,财产权的产生必须建立在稀缺性和对稀缺资源的控制能力之上。

第二节　有形财产权制度的经济学分析

财产法的法律制度所涉及的基本问题可以归结为如何对产权进行界定、如何保护产权,以及如何实施(包括限制和救济)产权等几大问题,其中最为重要的就是产权的界定和保护问题。下面将分别从这几个方面对有形财产权制度进行分析。

一、产权定义

对产权理论探讨得最为广泛的学者主要集中在新制度经济学里的"产权学派"。尽管产权学派的学者们对于产权的相关问题探讨得相当深入和透彻,但他们对产权却没有一个统一的定义。就连在新制度经济学领域享有极高声誉的美国经济学教授约拉姆·巴泽尔(Yoram Barzel)也认为:"'产权'这一概念常令经济学家感到高深莫测,甚至时而不知所云,似乎对这一概念的解释非法学家莫属。但'天下英雄,舍我其谁'的习气又使经济学家们欲罢不能,从而提出自己的理解。"[1]因此,不同的产权学派学者在各自的著作中给予产权这个极其重要的概念以不同的定义。阿尔钦认为:产权是一个社会所强制实施的选择一种经济品使用的权利。哈罗德·德姆塞兹(Harold Demsetz)认为:产权是一种社会工具,其重要性就在于事实上它们能帮助一个人形成他与其他人进行交易时的合理预期。菲吕博顿和平乔维奇认为,"产权是一系列用来确定每个人相对于稀缺资源使用时的地位的经

---

[1] 〔美〕Y. 巴泽尔:《产权的经济分析》[M],费方域、段毅才译,上海:上海三联书店、上海人民出版社,1997:前言。

济和社会关系"。① 巴泽尔认为:"个人对资产的产权由消费这些资产、从这些资产中取得收入和让渡这些资产的权利或权力构成。"② 诺斯认为:"产权是个人对他们所拥有的劳动、物品和服务的占有权利;占有是法律规则、组织形式、实施及行为规范的函数。"③ 利贝卡普认为:"产权是一些社会制度。这些制度界定或划定了个人对于某些特定财产,如土地或水,所拥有的特权的范围。这些财产的私人所有权可以包括很多种不同的权利,其中包括阻止非所有者进入的权利,挪用因为使用资源和对资源投资所得的租金流的权利,将资源卖给或转让给其他人的权利。"④ 绝大多数产权学派的学者都承认产权是一个权利束的概念,包括一组权利或是一系列权利,所以产权在英文中总是以复数"Property Rights"的形式出现。由于英文中"产权"和"财产权利"在绝大多数场合都是用同一组词来表述,因此英美法系学者对于产权和财产权利的定义一般不特别加以区分,英美法系比大陆法系对于财产权的定义更接近于经济学家对产权的定义。

我国在十六届三中全会审议通过的《中共中央关于完善社会主义市场经济体制若干问题的决定》中,第一次提出"产权是所有制的核心和主要内容",并指出要"建立归属清晰、权责明确、保护严格、流转顺畅的现代产权制度"。这使得国内对于产权理论的研究也达到了一定的高潮。国内不少学者对产权的概念都提出了自己的观点。张军认为:"完备的产权,即使用权、用益权、决策权和让渡权。"⑤ 林岗指出:"产权首先是一个法权概念,它是由凌驾于社会之上的立法者创造的,法权关系决定经济关系。"⑥ 吴宣恭等认为:"产权就是所有制权制的另一种译法,它指财产关系或者所有制关系在法律上的反映,也可以说是以法权的形式表现的所有制关系,它包括狭义的所有权、占有权、支配权、使用权以及运用这几个权获取相应经济利益的权利(即收益权和用益权)。"⑦ 唐丰义认为:"所谓'产权',简言之,即以财产的所有权为核心的财产权利的总称。"⑧

学者们普遍认为产权是与所有权存在密切关系的一个概念。产权和所有权的关系问题,一直是经济学界研究的热点,特别是当前西方学者关于产权的争论使得产权和所有权的关系难成定论。在国内主要存在两种观点:一种观点是把产权等同于所有权。这种观点主要得到于光远和高鸿业等学者的支持。⑨ 他们在把产权等同于所有权的前提下,进一步把所有权权能结构化,指出所有权包括多方面的权利,并区分出"广义所有权"和"狭义所有权",其中广义所有权不仅包括狭义所有权,还包括收益、转让、使用等具体权利。因

---

① 〔美〕菲吕博顿、平乔维奇:《产权与经济理论:近期文献的一个综述》,载科斯等:《财产权利与制度变迁》[M],上海:上海三联书店,1994:204。
② 〔美〕Y. 巴泽尔:《产权的经济分析》[M],费方域、段毅才译,上海:上海三联书店、上海人民出版社,1997:2。
③ 〔美〕道格拉斯·C. 诺斯:《制度、制度变迁与经济绩效》[M],刘守英译,上海三联书店、上海人民出版社,1994:45。
④ 〔美〕加里·D. 利贝卡普:《产权的缔约分析》[M],陈宇东等译,北京:中国社会科学出版社,2001:1。
⑤ 张军:《现代产权经济学》[M],上海:上海三联书店、上海人民出版社,1994:26。
⑥ 林岗、张宇:《产权分析的两种范式》[J],《中国社会科学》,2000年,第1期:第134—145、207页。
⑦ 吴宣恭等:《产权理论比较——马克思主义与西方现代产权学派》[M],北京:经济科学出版社,2000。
⑧ 唐丰义:《产权概念的发展与产权制度的变革》[J],《学术界》,1991年,第6期:第68—73页。
⑨ 于光远:《我国社会主义体制改革和政治经济学社会主义部分》[J],《经济研究》,1986年,第8期:第3—8页。

此产权实际上等同于广义的所有权。另一种观点是,产权包括所有权,但比所有权内涵更广泛。这种观点是把所有权作为产权的一个组成部分和其他财产性权利一起纳入产权范畴。如刘诗白认为:"产权是指经济主体拥有的财产权利,它以财产所有权为基础,包括与所有权相关联的由非所有者实施的实际支配权。具体地说,产权表现为所有者和实际支配者的财产权。"[①]丁建中认为:"产权是指对特定的财产的占有权、使用权、收益权和转让权,而所有权是指剩余请求权和剩余控制权,只是一种特定形态的产权。同时,所有权只是一种静态的财产权,而不能包含中介性的动态财产,而产权同时包括静态财产和动态财产。因而产权包括所有权、经济权、管理权、使用权、支配权和分配权。"[②]

产权的概念本身也不是一成不变的,就如德姆塞兹所言,产权是个不断变化着的概念,随着社会技术的发展,组织结构制度的创新,社会就会赋予产权以新的内涵。

专栏 3-1

产权与所有权的区别

产权与所有权是两个既相互联系,又有不同含义的相关概念。产权以所有权为核心,所有权性质决定着产权性质,甚至可以决定产权的存在与否,但产权并不等于所有权。它们之间的区别主要表现在以下几方面:

1. 分析方法上的差异

所有权建立在静态分析的基础上,假定经济活动的当事人是完全理性的,并具有高超的计算能力和预测能力。这实际上意味着交易成本为零,不用考虑与所有权获取、转让和保护相关的成本。产权则建立在动态分析的基础上,认为人们不可能了解经济活动过程的一切信息,必须为产权交易支付成本。

2. 行为关系上的差异

所有权主要反映由财产引起的人与物的关系,它一般仅分析财产所有者怎样支配自己的财产,不考虑财产使用过程对他人产生的后果。产权则主要反映财产所引起的人与人之间的行为关系,它不仅要考虑所有者如何对自己的财产行使权利,还要分析这会给他人带来什么影响,是否有损于其他社会成员的利益,要不要为此付出代价。

3. 权利界定上的差异

所有权是对财产归属做出的权利规定,集中体现在财产的终极归属上,比较容易确立排他性的权利关系。与所有权不同,产权做出的权利规定集中反映在财产的收益权或剩余索取权上。它不仅涉及财产所有权及其内含的各项权利,而且还包括由这一财产派生的有形物和无形物的权利。它除了确定财产本身的权利边界,还要确定其派生物品的权利边界。因此产权形成排他性的权利关系比所有权困难得多,必须考虑界定过程的技术

---

① 刘诗白:《主体产权论》[M],北京:经济科学出版社,1998:31。
② 丁建中:《产权理论及产权改革目标模式探索》[M],上海:上海社会科学院出版社,1994:2—4。

成本和交易成本。

4. 权利内容上的差异

所有权以财产关系为核心设置权利,反映由人拥有物而产生的各种现象的本质属性。就所有权来说,财产所有者处理本身的权利和义务,可以仅从人与物的角度,着手寻找解决办法。相邻所有者行使各自的权利,也可以仅从人与物的角度,考虑相互之间是否给予方便,是否接受限制。与此同时,产权内含各项权利的设置,除了必须考虑财产关系,还要更多地考虑人际关系。

资料来源:张明龙:《论产权与所有权的关系》[J],《浙江学刊》,2001年,第2期:第80—83页。

二、产权界定

托马斯·霍布斯(Thomas Hobbes)指出:财产是法律的一种创造,并不来源于价值……,是法律所赋予的对他人干预的排除。财产权是法律体系的核心,产权的界定一方面赋予财产所有者控制资源的权利,另一方面也提供了调整人们之间财产关系的法律秩序。科斯的《社会成本问题》就探讨了特定条件下的产权配置。Lueck 和 Miceli 认为:财产法是一个旨在最大限度地发挥社会财富、推进资源的最佳利用的社会规则系统;魏建认为:核心问题是财产权的界定和保护。[1] 产权安排是否有效取决于财产法的有效性和合理性。财产法的制定必须以产权明晰为首要前提,不仅要明确产权的主体对产权能做什么,还应明确其不能做什么,相应的权利和义务各是什么。只有通过明确界定产权,财产法才能为资源的配置和财产的分配提供一个法律的框架。

1. 产权界定的原则

产权是一种行为权,其初始界定的方式主要是通过"第三方"的界定来完成的,基本的界定原则包括以下四个:第一,一物一权原则。即一个标的物只能存在一个所有权,不允许有互不相容的两个以上的物权同时存在于同一标的物上。该原则的目的是保障物的所有人能够按照自己的意思,独立、全面地支配和处分自有物,并充分享受其收益。从经济学角度看,一物一权原则能避免因物的所有关系不确定而造成混乱,还能降低交易成本,提高经济效率。第二,公示和公信原则。公示是以公开方式使大众知晓物权变动的事实;公信是指物权变动符合法定公示的方法,即具有可信赖的法律效力。该原则有利于减少搜寻物权主体的费用,减少监督、履行费用,维护公开交易的可靠性和正常秩序。第三,物权法定原则。即物权的种类、效力、变动要件、保护方法等只能由法律规定,不允许当事人自己创设。从经济学角度讲,此原则是通过法律来界定主体的利益,以形成一种稳定的激励,给人以稳定的预期。第四,物权取得的先占原则。先占原则是"时间上领先,权利上优

---

[1] 史晋川、吴晓露:《法经济学:法学和经济学半个世纪的学科交叉和融合发展》[J],《财经研究》,2016年,第10期:第50—79页。

先"这一重要法律准则的运用。先占原则的最大优点在于它将注意力集中在一些简单的事实上,所以操作起来相对容易而且费用较低。尽管先占原则具有明显的成本优势,但是大多数学者对其没有较好的评价,并认为它不公平且不能体现效率。表 3-2 对几种重要资源的先占情况进行了概括。[①]

表 3-2 先占原则的各种情况

原物类型	占有方式	原物与收益及其权利持续期间
动产(被抛弃、丢弃或无主财产)	占有无主物且具有占有该物的意愿	原物(永久性的)
共有(牧场、森林、草地)	放牧、木材及草皮的采集	原物的份额(内部的捕获规则)
地下水——绝对的所有权	把水抽出地面	收益(目前提取的水量)
地下水——相互联系的权利	把水抽出地面	原物的份额(内部的捕获规则)
知识产权	最先发明、创作	原物(期间不等)
土地	占有、耕作	原物(永久性的)
矿物(固体)	确定矿物矿床	原物(永久性的)
海洋渔区	捕鱼	收益(目前的生产量)
无线电频道	传播信号	原物(永久性的)
地表水——占用优先理论	实施导水计划	原物(永久性的)
地表水——邻水土地权学说	抽水或分流	收益(目前使用)
野生动物	猎杀或捕获	收益(目前猎杀的部分)

2. 产权界定的目的

法经济学在研究产权界定目的问题时,提出了非常重要的财产法原则"科斯定理"。1960 年产权理论的奠基人和重要代表科斯发表了《社会成本问题》,提出了著名的"科斯定理"的基本思想,将产权引入了经济学分析,并构筑了以科斯定理为核心的产权理论的基本框架。此后,斯蒂格勒在其 1966 年的《价格理论》一书中将此基本思想概括为科斯定理(也称科斯第一定理),认为倘若交易成本为零,则无论初始的产权如何界定,都不会影响资源配置的结果。也即在交易成本为零的时候,法律的初始安排只对收益的分配产生影响,而不会对效率的实现产生影响。但是这并不意味着现实中的产权界定和法律安排对效率毫无意义。因为现实中谈判交易面临各种各样的成本,当交易成本为正的时候,产权的界定就会对资源配置产生影响,就有了科斯定理的推论,也被称为"科斯第二定理"。科斯第二定理认为,倘若交易成本不为零,则不同的产权界定将导致不同的资源配置结果。也即,在交易成本为正的情况下,不同的法律安排不仅会影响收益的分配,更会影响效率的水平。

---

① 〔英〕皮特·纽曼主编:《新帕尔格雷夫法经济学大辞典》[M],许明月等译,北京:法律出版社,2003:151。

为了加深对科斯第一定理和第二定理的理解,可以以经典的"农夫与养牛人"案例来进行说明。在案例中,农夫的隔壁住着养牛的牧场主,农夫在农地上种植谷物,牧场主在牧地上养牛,农地与牧地边界清晰,但之间没有栅栏。于是牧场主的牛不时地会到农夫的农地上饱餐一顿,给农夫造成经济损失。这显然是两种财产权的冲突问题,如果要通过法律来干预解决,那么法律该如何进行初始的产权界定以实现资源配置的最优化呢?具体而言,存在两种界定方式:一是,农夫有权利让农地免受侵害,牧场主有义务阻止所养的牛侵入他人农地,这表明农夫具有"农地权",牧场主必须限制放牧;二是,牧场主有权自由放牧,农夫有义务防止他人所养之牛进入农地,这表明牧场主具有"放牧权",农夫有"围地之义务"。这说明若农夫不承担围地义务则要承担相应的受侵害后的维权成本和得不到实际赔偿的风险,所以对农夫来说无论是围地还是受到牛侵害后维权,均有维权成本和风险的存在,且事前预防的损失往往最小的,故分配农夫围地的义务,也不算没有合理的经济依据。在第一种产权界定情况下,牧场主必须建造栅栏把牛限制在自己的财产范围内,如果牛破坏他人农地上的谷物,则牧场主要为此支付损失;在第二种产权界定情况下,农夫为了降低他人之牛入侵带来的损失,会减少谷物的种植或是在自己的农地周围安置栅栏。究竟何种产权界定更优?对于这个问题,科斯给出了自己的解释。

假设在没有栅栏的情况下,牛入侵农地造成的谷物损失为300元,给农地围栅栏的成本为100元,给牧场围栅栏的成本为150元。在交易成本为0的条件下,农地权界定方式下牧场主围栅栏成本为150元,也为了避免可能的300元损失赔偿,牧场主只能选择和农夫通过交易实现放牧权,最终成本是100元。在放牧权界定方式下,义务分配给农夫,农夫围栅栏的最终成本也是100元。两种法律安排的产权界定方式的最终结果都是围农地而不是围牧场,都是以100元围农地的成本实现了牧场主的放牧权和农夫种植的共赢。在交易成本为0的条件下,社会边际成本相等,无论产权最初如何安排,效率都一样。

但是如果将上例放在交易成本为正的情况下,交易成本为30元,则两种产权界定会出现差异。在农地权界定方式下,牧场主仍然会与农夫进行交易,但是现在的交易总成本为130元,牧场主收益减少了30元。此时,牧场主要向农夫支付130元补偿金达成交易才能实现放牧权,而放牧权界定方式下,农夫仅需支付围地成本100元,就实现了放牧权。当存在交易成本的情况下,两种产权界定的成本和收益结果是不同的,不同的权利分配会带来不同的资源配置效果。

产权界定的最大意义在于有效地配置资源和减少资源的浪费。自愿合作和交易是促进效率提高的最优方式。因此,要克服自愿合作交易的障碍,就必须降低交易成本。科斯就曾认为能够使得交易成本最小的产权界定制度是最优的产权界定制度,并且进一步认为,如果产权界定出现偏差,没能正确赋予产权,则应该允许当事人就产权的转让进行谈判,通过产权让渡改变不合理的界定状态。

3. 产权界定的规范分析

根据前述分析,我们已经知道法律的产权界定会对效率产生影响,那么从规范分析的角度来看,怎样的产权界定和法律安排才是真正符合效率标准的呢?对于此问题的回答,又可以得到两大定理:规范的科斯定理和规范的霍布斯定理。而这两大定理分别从不同的角度揭示了当交易成本为正时,法律制度安排可以提高效率的两种途径:第一,润滑交易,降低交易成本;第二,纠正产权分配错误,将权利配置给对其评价最高的一方或是将责任配置给成本最低的承担者。这两个引申的原则之所以被称为是"规范的",原因在于它们为法律制定者应该建立怎样的法律制度提供了明确的指引方向。

交易成本并不是外生于法律制度,而是部分内生于法律制度的。通过法律制度的安排可以降低交易成本从而有助于谈判的进行,这就是所谓的"润滑"作用。法律的一个重要作用就是界定一个简单且清晰的产权,使得交易比产权不确定的时候更为容易。交易成本是在谈判、签约、执行过程中产生的有关成本,主要涉及信息传递成本、监督成本、对策成本等。在现实生活中,同一个谈判过程在不同的法律制度框架中进行,所涉及的交易成本可能是完全不同的,由此所构成的障碍对私人谈判及其结果的影响也会不同。有效的法律制度安排会比相对缺乏效率的法律制度安排更节省交易成本,从而减少达成私人谈判协定的障碍,有利于资源配置结果的改善。法律通过润滑交易来增进效率,这一原则为法律配置权利提供了基本的方向,同时由于此原则源于科斯定理的启发,因此它被称为"规范的科斯定理",具体可以表述为:所构建的合理的法律制度,应该是能消除或减少私人协议的障碍,从而能使得交易成本最小化。

法律除了有润滑交易这一功能,还能纠正错误配置、减少合作上的分歧和失败。在不受法律框架约束的谈判中,出现威胁的可能性及威胁的严重程度远远超过了受法律框架约束的谈判。而威胁的经常出现,尤其是严重威胁的出现,使谈判成功的可能性降低,或者说,使谈判濒临失败的可能性提高。

17世纪的哲学家霍布斯指出,由于人们之间存在分歧,从而可能导致合作的失败,这时就需要一个强有力的第三方,即"利维坦"(霍布斯以此比喻君主专制政体的国家)来对权利进行配置,迫使他们达成协议,从而使得合作失败造成的损失最小。法律通过纠正错误配置来增进效率,这一原则也为法律的安排提供了另一个方向,它被称为"规范的霍布斯定理",具体可以表述为:在法律上应该构建一种权利安排,以使私人合作失败造成的损失最小。

规范的霍布斯定理虽然已经指出需要建立能使得私人合作失败造成的损失最小的法律制度,但究竟怎样的法律制度才能使损失最小呢?对此问题,霍布斯定理没能给出更多的解释。在此之后,波斯纳于1973年发展了规范的霍布斯定理,总结出了有效率的法律安排的一般规律。该原则也因此被称为"波斯纳定理",即如果市场存在交易成本,那么权利应该赋予那些对权利净值评价最高并且最珍视它们的人;事故责任应该归咎于能以最低成本避免事故而没有这么做的当事人。①

这两个规范的财产法原则,对产权的配置和法律的制定提供了不同的指导方向,使得法律分别沿着润滑交易和纠正错误配置两个方向对市场效率进行改进。

三、产权保护

当产权相邻且权利边界重叠时,权利主体行使自己的权利就会产生冲突(即产权主体实现自我利益最大化的权利行使行为存在外部性)。科斯的研究改变了通过矫正税来控制外部性的传统方式。Calabresi 和 Melamed 进一步提出可以通过财产规则、责任规则和不可让与规则来保护产权。Famsworth 以及 Ian Ayre 和 Goldbart 认为,该研究的主要贡献是:第一,提出财产规则与责任规则的理论框架;第二,提出交易成本的大小是决定适用财产规则还是责任规则的关键因素。但缺陷却是:第一,完全赔偿信息假设,法院对如何赔偿和赔偿多少具有完全信息;第二,交易成本仅限于事前交易成本,即交易开始之前为寻找交易对手进行交易而花费的成本,而不包括交易已经开始以后,由于交易双方的策略行为、态度等多种原因导致已经开始的交易没有最终达成的成本。Kahneman,Knetsch 和 Thaler 以及 Rachlinski 和 Jourden 则致力于放松第二个假设条件的研究。Kaplow 和 Shavell(1996)兼顾了两个不合理假设的修正,并指出,当交易成本很低时,财产规则和责任规则一样有效;当交易成本很高时,无法确定财产规则与责任规则哪种保护方式更优。而 Ian Ayre 和 Goldbart 却指出,在外部性条件下和私有产权条件下都应优先采用责任规则。Bebchuk 则沿用了 Calabresi 和 Melamed 的分析框架,从事前角度分析了产权保护的效率问题,得出了与 Kaplow 和 Shavell 相反的结论。②

在产权被清晰界定、法律安排被合理制定之后,又会出现一些新的有关产权保护的问题。因为在现实中,既定的产权经常会受到他人的侵犯,这时候就需要法律继续发挥作用,承担起以效率的方式来维护产权的责任。那么法律究竟应该以何种方式来保护产权、防止他人的侵犯以及如何赔偿对产权的侵犯呢?对于这些问题的回答,法经济学主要是根据经济学的外部性概念来加以分析的。首先,所有者在利用其财产时,不能因为利用财产的行为而导致强加给别人一种非自愿成本的结果,或者说损害别人的利益。如果说出现了这种损害,那就意味着侵犯了他人的财产。其次,当产权受到侵犯时,法律对侵权行为的制裁必须根据对产权侵犯的不同性质而采取不同措施。具体地说,当对产权的侵犯是一种"私害",即只对极少数人造成损害,应该选择禁令这种衡平赔偿;当对产权的侵犯是一种"公害",即会对许多人造成损害,则应该选择损失赔偿或货币赔偿这种法律赔偿。

---

① 〔美〕理查德·A. 波斯纳:《法律的经济分析》(上)[M],蒋兆康译,北京:中国大百科全书出版社,1997:序言,第 20、26 页。

② 史晋川、吴晓露:《法经济学:法学和经济学半个世纪的学科交叉和融合发展》[J],《财经研究》,2016 年,第 10 期:第 70—79 页。

衡平赔偿是指由法院颁布的用于指导被告的行动或以一个具体的方式限制其行动的法令，目的在于阻止被告将来对原告的损害，即所谓的"向前看"；法律赔偿是指由被告向原告支付损失赔偿费，目的在于对已受到伤害的原告进行补偿，即所谓的"向后看"。法律经济学有关"私害"适用于衡平赔偿和"公害"适用于法律赔偿的研究结论，其实也是以"科斯定理"为分析基础的，核心思想就是对产权的保护也必须考虑交易成本，法律的实施必须以改善资源配置效率为目标。在具体的赔偿过程中，卡拉布雷西给出了赔偿的原则：当合作存在阻碍也即存在较高的交易成本时，更为有效的赔偿方式是判定一个补偿性质的货币赔偿金，即法律赔偿，也可以被认为是一种责任规则，旨在提供事后的补偿；当合作存在较小阻碍也即较低的交易成本时，更为有效的赔偿方式是对被告干扰原告财产的行为判定禁令，即衡平赔偿，也可以被认为是一种财产规则，旨在防患于未然。① 在法律实践中，常常是将两种赔偿规则结合起来使用，即对已经造成的损害进行经济补偿的同时也对未来可能造成的损害予以禁止。下面分别根据交易成本的高低运用"上游工厂污染下游居民"案例来分析考察两种赔偿规则的效率性。

1. 交易成本为零时的赔偿情况比较

假定上游工厂将污水排入河流，对下游居民供水产生污染，导致居民损失 900 元。但是，水的污染可以通过两种治理方式来消除：一是在工厂安装污水处理设备，成本为 1 200 元；二是为居民安装净水设备，成本为 600 元。当暂无法律给出规则且不考虑工厂和居民的交易成本时，他们各自的成本情况如表 3-3 所示。

表 3-3　暂无法律给出规则且不考虑交易成本时的成本情况

		下游居民	
		不安装净水设备	安装净水设备
上游工厂	不安装污水处理设备	(0,900)	(0,600)
	安装污水处理设备	(1 200,0)	(1 200,600)

在分析的过程中，假定最有效率的结果是两者的"联合利润"最大化或是"联合成本"最小化。根据联合成本最小化的原则，上述结果中上游工厂不安装污水处理设备、下游居民安装净水设备的成本 600 + 0 = 600 元的情况是最有效率的。

现在考虑法律给出不同规则但仍无交易成本的情况下，两种赔偿规则是如何对双方的交易产生影响的。在财产规则下，法律可以颁布禁令，并可能做出分别对各方有利的界定情况。

情况 1：法律倾向于保护工厂，赋予上游工厂可以自由污染的权利；

情况 2：法律倾向于保护居民，赋予下游居民禁止工厂污染的权利。

---

① 具体表述可参考 Guido Calabresi, A. D. Melamed：Property Rules, Liability Rules, and Inalienability：One View of the Cathedral, Vol. 85, *Harvard Law Review*, 1972：1089-1128。

在情况 1 中，工厂可以自由地污染，因此工厂自然不会安装污水处理设备，居民在此情况下相应地只能选择安装净水设备，并为此支付 600 元成本。这是一个有效率的配置结果，但是不存在合作，因此合作剩余为零。在情况 2 中，居民有禁止工厂污染的权利，这时工厂不得不处理污水，但如果选择在自己这里安装污水处理设备，成本是 1 200 元；而在居民那里安装净水设备只要 600 元。因此，这里存在 600 元的合作剩余。

在责任规则下，法律可以判定其中的某一方获得另一方损害赔偿金的权利，同样可以产生对各方不同的影响。

情况 3：法律倾向于保护居民，居民可以获得工厂因造成污染而支付的赔偿金；

情况 4：法律倾向于保护工厂，居民需要补偿工厂因安装污水处理设备而产生的成本。

在情况 3 中，工厂赔偿给居民的金额为 900 元，工厂也不再安装污水处理设备，双方合作剩余为 300 元。在情况 4 中，工厂可以获得居民的补偿 1 200 元，双方合作剩余为 600 元。

在这四种情况中，除了情况 1 没有合作的必要，其他的情况下，合作可以给双方带来利益，并且经过交易后，结果都是由居民安装净水设备，以 600 元的成本解决问题。在情况 1 中，法律给出的规则直接实现了效率，而其他的三种情况还需要通过交易这种市场机制来纠正法律的配置从而实现效率的提高。总之，在交易成本为零的情况下，两种规则的结果最终都是一样有效率的。

2. 交易成本为正但较小时的赔偿情况比较

上述的案例如果放置在交易成本为正但较小的情境下，情况就会有所不同。在四种情况中，情况 1 不产生交易，所以无交易成本，并且法律安排直接实现了最有效率的配置。后三种情况都需要通过交易来纠正错误的配置情况，虽然存在交易成本但其数额较小，只要不超过双方的合作剩余，交易仍然会产生。经过交易以后，同样实现了资源配置的效率。但此时必须注意的是，由于交易成本的存在，后三种情况下双方的联合成本明显要大于情况 1 的 600 元。所以可以知道，在交易成本为正但较小的时候，财产规则，即禁令，是较为有效的赔偿原则。

3. 交易成本为正且较大时的赔偿情况比较

同样也可以将上述案例放置在交易成本为正且较大的情境之下。这时候选择有代表性的情况 2 和情况 3 进行比较。情况 2 和情况 3 都是倾向于保护居民的，而情况 2 采用的是财产规则，情况 3 采用的是责任规则。

现在假定交易成本很高，高到致使交易跟合作都不可能，也即不可能通过市场交易的方式来纠正法律的错误配置。那么情况 2 和情况 3 中所谓的合作剩余肯定是无法实现的。在这种前提下进行比较，可以发现情况 2 需要工厂支付 1 200 元安装污水处理设备才可以解决污染问题；而情况 3 只需要工厂支付给居民 900 元赔偿金就可以解决问题；显然此时情况 3 更有效率。所以，可以认为如果合作存在剩余但是交易成本过高阻止了谈判和协商的发生，那么采用责任规则将比财产规则更优，因为不仅不会使受害者境况变坏，还能使得侵害者的境况变好。

本案例表明了一个简单的结论:在通过市场交易来分配权利的成本很低的情况下,财产规则是有吸引力的;当通过诉讼来分配权利的成本很低的情况下,责任规则是有吸引力的。①

四、产权限制

在资本主义的初期,财产权利是以意志理论为基础的,所以特别强调个人对财产的绝对支配权。布莱克斯通的《英国法注释》对财产的定义就是"独有的和专断的支配权"。对财产权利进行限制和约束就是对自由意志的限制。在此种思想的影响下,财产权逐渐演化为一种滥用权。美国法律界在当时就财产权利滥用问题进行了争论,典型的案例就是所谓的"刁难人的栅栏"。一块土地的所有者在自己的土地上建立一道栅栏,目的不是方便自己,而是为了遮住光源或是阻挡邻居的视线而损害其邻居。② 就现在的理论来看,当财产权以伤害别人为目的的时候,法律可以进行限制和干预。但在19世纪的美国,法官对此案的补救采取否定态度。大法官霍姆斯就说:"一个人拥有在自己土地上建造栅栏的权利,愿意造多高就造多高,不管它可能把他的邻居的光线和空气挡住多少。"当然这种权力的滥用引来了学者们的批判。法律对私有财产的限制思想也陆续体现在各国的法律中,到了20世纪中期,对私有财产的限制才逐步被强调,倾向于禁止滥用权利的原则,并认为财产权的滥用就是财产权的终止。如今人们都已然能够理解没有任何的产权是不受限制的道理。正如孟德斯鸠所说:"自由是做法律所许可的一切事情的权利;如果一个公民能够做法律所禁止的事情,他就不再有自由了;因为其他的人也同样会有这个权利。"随着现代社会生活的社会化和经济发展的规模化,法律中关于产权的限制性文字越来越多,对产权进行限制的理论也日益得到发展,有关各国法律以及各类著作关于产权限制问题的论述可参考专栏3-2。

专栏 3-2

各国法律以及各类著作关于产权限制问题的论述

《简明不列颠百科全书》在"财产法"条目中对财产所有权的限制有如下规定:"……对财产所有权的限制在于(1)对财产所有权客体的限制。第一,人本身不能成为财产权的客体,但是允许对本人身体的一部分或器官作适当处理(如献血或遗赠眼球等)。第二,大气、水流、公海等也不能成为财产权的客体,因为它们在物质形态上不能为人们所拥有,或者法律规定不得为人们所拥有。第三,国家可以而且常常将许多财产宣布为国有,不准许个人私有。例如,海岸、大陆架、内河航道以及河床属于公共财产,归国家掌

---

① 类似表述可参见大卫·D. 弗里德曼:《经济学语境下的法律规则》[M],杨欣欣译,北京:法律出版社,2004:65。
② 转引自高德步:《产权与增长:论法律制度的效率》[M],北京:中国人民大学出版社,1999:126。

管。……(2)对财产使用权的限制。主要是为了公用事业和公共利益而对个人的土地使用权做了很多限制。例如,根据公法规定,为了举办公用事业或根据城市规划的需要而征用个人所有的土地;为了保护毗邻所有人的利益或为了防止污染损害,根据司法规定禁止排放过量的烟雾、臭气和产生噪声和震动。……"

《新帕尔格雷夫法经济学大辞典》在"财产权"条目中对产权的限制做了如下规定:"……下面我们讨论这样一种情况,在这种情况中,排他权利存在,但存在对其转让性的限制。这种限制通常是由国家对经济行为的管制造成的。……(1)价格的上限和下限。租金的控制,例如,对一个公寓所有人能够对租赁权收取的租金数量规定一个上限。在一般的情况下,租金控制允许公寓的所有人排除其他人的占有而不必经过他们同意,是一种排他性的权利,但是不允许租金支付超过法律规定的上限。这种禁止是对公寓所有人让渡权的限制,因为空间的出租就等于在一定时期对公寓空间的出卖。……(2)权利的恒久性。财产权也能够在时间上受到限制。……(3)竞争。所有的社会都通过禁止某些形式的竞争来限制财产权。一个人用突出竞争者产品的缺欠,欺诈行为,以及肉体伤害威胁其他人等方法利用自己的资源竞争是非法的。在这些情况中,一般的立场是用这些方法竞争对社会是有害的。禁止这些竞争形式的一个结果是将这些努力引导到竞争的定价和产品的提高上。……"

《德国民法典》第九百零三条规定:"物之所有人,在不违反法律或第三人权利之范围内,得自由处分其物,并得排除他人对物之一切干涉。"《瑞士民法典》第六百四十一条规定:"物的所有人,在法令的限度内,对该物得自由处分。"《日本民法典》第二百零六条规定:"所有人于法令限制的范围内,有自由使用、收益及处分所有物的权利""任何人不得被强制出让其所有权。"《法国民法典》第五百四十四条规定:"法律及规定所禁止的使用不在此限。"

《中华人民共和国宪法》第十三条第三款规定:国家为了公共利益的需要,可以依照法律规定对公民的私有财产实行征收或者征用并给予补偿。《中华人民共和国民法典》第三百一十一条规定:无处分权人将不动产或者动产转让给受让人的,所有权人有权追回;除法律另有规定外,符合下列情形的,受让人取得该不动产或者动产的所有权:(一)受让人受让该不动产或者动产时是善意;(二)以合理的价格转让;(三)转让的不动产或者动产依照法律规定应当登记的已经登记,不需要登记的已经交付给受让人。受让人依据前款规定取得不动产或者动产的所有权的,原所有权人有权向无处分权人请求损害赔偿。当事人善意取得其他物权的,参照适用前两款规定。第三百一十三条规定:善意受让人取得动产后,该动产上的原有权利消灭。但是,善意受让人在受让时知道或者应当知道该权利的除外。

资料来源:作者根据公开资料整理。

在现代法律社会中,完全不受限制和约束的产权是不存在的。个人在行使权利的时候,可能会对他人产生外部性影响,这种外部性既可能产生于空间之上,也可能产生于时间之上,此外也有源于道德层面的外部性。在这一系列的限制中,我们重点讨论在空间中产生的产权妨害问题和政府征用问题,以及在时间中产生的代际继承问题和紧急避险问题。

1. 空间上的法律限制

双方当事人在行使各自的财产权时,可能会对另一方的权利在空间上产生影响,从而导致外部性的产生。法律因此规定"行使所有权不得妨碍其他公民的合法权益"以及"根据公共利益的需要,国家可以依法对土地或其他财产实行征用或收归国有",对私人的财产权进行空间上的法律限制。部分学者将因为私人目的而引起的权利限制称为"私益限制",因为公共目的而引起的权利限制称为"公益限制"。私益限制主要表现在产权妨害问题上,公益限制主要表现在政府征用问题上。

随着现代科学技术的进步,人类对资源的利用越来越充分,形式也趋向于多样化,有些原来法律能够清楚界定的财产权开始变得模糊起来。例如,随着石油和天然气的开采应用,有关地下石油和天然气的归属纠纷日益增加;无线电频道在早期不存在产权之争,但是到了20世纪20年代以后随着广播业的兴起,电台数量的激增,无线电频道的相互干扰事件日渐增多。如今,有关产权妨害和产权拥挤的问题已经不仅仅出现在相邻关系之间,同样也出现在不相邻的财产权的使用过程中。

经济学家对此问题的研究主要通过对外部性的分析来实现。考特和尤伦将外部性定义为,当不同人的效用函数和生产函数相互关联的时候,他们就相互施加了成本和收益,这种成本和收益的非意愿转移就被称为外部性,因为这种成本和收益的传递是发生在市场之外的。[①] 外部性可以分为正外部性和负外部性,对他人施加收益的时候为正外部性;对他人施加成本的时候为负外部性。经济学家普遍认为外部性是导致"市场失灵"的一个重要原因,外部性的出现使得市场机制不能实现帕累托最优。图3-1中,PMC表示个人边际成本,SMC表示社会边际成本,SMB表示社会边际效益。社会边际成本等于个人边际成本+外部边际成本。根据图3-1可知,实现帕累托最优配置的产量为社会边际收益SMB(图中也即私人边际收益PMB)与社会边际成本SMC的交点X_0,但由于存在外部成本X_e(PMC),厂商私人产量移到X_1,这时SMC>PMC,$X_1>X_0$,市场失灵,供给与需求不匹配,生产过剩。也即从私人角度选择的最优产量与社会选择的最优产量是不同的。

在科斯之前的福利经济学家如庇古认为,当出现外部性问题时,国家应当进行干预,以弥补市场机制的缺陷,办法是对负外部性进行征税,对正外部性进行补贴。但是科斯和波斯纳都反对这一观点。科斯认为税收也是一种损害,是对引起侵害效应的那方的损害;而且由于税收的收益并不一定是支付给那些受到侵害的人,所以税收的补偿效应不理想。因此,采用税收来解决外部性问题不如后来科斯等人所提出的损害赔偿等方法有效。从图3-1中也可以发现,企业自身没有对其所造成的外部成本承担责任。如果法律所采取

---

① 罗伯特·考特、托马斯·尤伦:《法和经济学》(第三版)[M],施少华、姜建强等译,上海:上海财经大学出版社,2002:130。

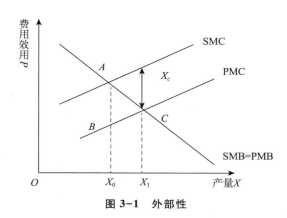

图 3-1　外部性

的措施是规定企业必须对其所造成的损失进行赔偿,也即根据企业的产出水平高低给定相应的赔偿额,使得 PMC 上移到 SMC 的位置,两线重合,那么就可以实现外部性的完全内部化,企业利润最大化产量也就是社会最优的产量。当然企业也有其他的选择,它可以在支付损害赔偿和采用新技术消除污染这两者之间进行比较,如果企业觉得采用新的无污染技术成本更低,就会选择后者。这种变化在图上体现为 SMC 向 PMC 的移动,同样可以实现厂商最优产量与社会最优产量的一致。

由于这些外部成本和收益是在市场外传递的,因此没有得到定价,如果外部性得到定价,那么产品的供给就可以由市场来完成,也就实现了外部性的内部化,从而解决了外部性问题。解决外部性问题的有效方法取决于受影响的人数。如果相互关联的只是一小部分人,则外部性是私人性质的,就是所谓的"私害";如果相互关联的是多数人,则外部性是公共性质的,也即所谓的"公害"。假定一个经济体内存在两个人,分别可记作 a 和 b,有三种私人产品,分别记作 x_1、x_2、x_3,前两种产品消费时没有外部性,但最后一种产品的消费存在外部性。a 的效用就是此人消费三种产品的函数:$u^a = u^a(x_1^a, x_2^a, x_3^a)$。假定 b 只消费前两种产品而不消费最后一种产品,并且当 a 消费 x_3 的时候,会对 b 产生负面影响也即形成成本,那么 b 的效用函数为:$u^b = u^b(x_1^b, x_2^b, x_3^a)$。显然,$a$ 和 b 的效用函数是相互关联的,b 的效用函数中有一个变量的上标是 a,这表明外部性的存在。这三种产品在市场上的价格分别为 (p_1, p_2, p_3),但是 a 购买 x_3 支付的价格并不包含 a 消费 x_3 时施加在 b 身上的损害和成本。因此在 b 的效用函数中没有与 x_3^a 相关的价格。为了将此价格考虑进去,a 和 b 需要通过协商和交易将此外部性内部化。所以当这种外部性是一种私害的时候,交易成本较低,双方可以通过交易的方式来解决外部性问题,适合用财产规则也即禁令的方式来解决。如果现在有着跟 b 一样的 n 个人,将 n 个人中的任一个人记作 j,则 j 的效用函数为:$u^j = u^j(x_1^j, x_2^j, x_3^a)$,其中 $j = 1, 2, 3, \cdots, n$。现在 a 消费 x_3 对 n 个人产生影响,成为一种公害。但是 a 与 n 个人谈判协商的交易成本太高,所以此时外部性不可能通过私人谈判来进行内部化,因此就需要为外部性进行定价。而法律规定的赔偿金额就是外部性的一种定价方式,所以当外部性是一种公害的时候,适合用责任规则也即赔偿金的方式来解决。

禁令和损害赔偿都是普通法中的概念,在我国还没有类似的概念和相似的法律规定。

但是我们仍然可以考虑借鉴这种分析方法,结合交易成本来决定对于一家污染环境的企业,究竟是应当关闭它,还是允许其生产但需要向受污染者支付赔偿费用。

公益限制导致从私人产权向公共产权的转换过程中,出现了两种类型的私产公用问题:一个是占用,另一个则是管制。两者都是政府对私人财产权利的限制,目的是解决有冲突的资源使用场合由于交易成本过高所导致的市场失灵,避免出现资源配置的低效率结局。不同之处在于,占用是一种补偿限制,而管制是一种非补偿限制。

在一些国家中,宪法限制国家占用私人财产的权利,如《美国宪法第五修正案》中有关占用的条款是"在没有得到公正的赔偿之情形下,私人财产不得被占用以作公共使用。"在其他的国家中,也有将占用称为"政府征用"的,并将这种征用权看作是一种以补偿为前提的通过强制手段获取财产的法律权利。政府占用私人财产,必须符合以下条件:第一,私人财产被占用是用作公共目的(Public Use)。是否被用作公共目的被看成占用的重要构成条件,但是对公共目的的解释却十分宽泛,例如修建法院、医院、学校、火车站、机场、高速公路、地下水道等。这个规定的目的在于防止政府对占用权的滥用,也即阻止政府将一个人的私人财产在征用之后转卖给其他的个人或单位。第二,私人财产所有者得到充分合理的补偿(Just Compensation)。一般而言,政府征用私人财产应当予以补偿。正如贝勒斯所说:"实际上,确切地说,补偿之主旨就在于避免为社会之善而牺牲某个人。"[①]但关键的问题是,支付公平合理的补偿是一个模糊的概念。究竟补偿多少才公平合理呢?是按照占用前财产的合理市场价格计算还是按照占用后财产的价值计算呢?对此,贝勒斯认为,为了防止人们拒不出让其财产以使其价值在政府的计划宣布后增加,对征用财产的补偿须以政府计划宣布前被征用财产的合理市场价格作为依据。[②] 但是,值得注意的一个问题是,这里所谓的"公平的市场价值",可能会忽略财产所有者的主观价值,因此有时候也可能会通过附加计价来予以补偿。

在现代社会中,政府占用变得日益频繁。政府可以凭借行政权力直接征用私人财产,这不仅是因为政府的力量相对强大,私人无法与其抗衡,更主要的原因在于占用本身也具有一定的经济合理性。正如波斯纳所说:"一个已在法律的经济分析中被提及的重要问题是,非自愿交换是否以及在什么情况下才可以说是能提高效率的。"[③]总体来看,占用权的使用一是减少了占有者的使用以及公共项目的总建设成本;二是通过成本的再分配,实现了社会福利的再分配。按照经济学的原理,自愿交易能使资源从较低评价者手中转移到较高评价者的手中,而政府占用是强制财产所有者或使用者转移财产,这就存在使财产从价值高的使用转向价值低的使用的可能,从而会造成无效率。但是如果规定政府要跟每个财产所有者进行交易,支付私人所要求的价格,那么每个财产所有者都会倾向于把价格抬得很高,就会产生所谓的要挟问题,这样政府进行一项工程的交易成本就过高,以至于最终政府在权衡成本和收益之后只能放弃预定的目标,这样反而不能实现社会公共福利

---

① 〔美〕迈克尔·D.贝勒斯:《法律的原则——一个规范的分析》[M],北京:中国大百科全书出版社,1996:141。
② 同上书,第137页。
③ 〔美〕理查德·A.波斯纳:《法律的经济分析》(上)[M],蒋兆康译,北京:中国大百科全书出版社,1997:17。

的提高。

占用是需要赔偿的,而政府的管制则是不需要赔偿的。政府管制实际上是政府对财产所有者的财产使用权进行限制,并没有改变财产的所有权。管制一般会导致财产价值的下降,这将会引起赔偿诉讼。这时候就需要法院对诉讼进行判定,究竟其属于"占用"还是属于"管制"。法院区分占用还是管制将对所有者和政府产生不同的激励。如果法院判定为补偿限制也即占用,政府需要为限制进行完全补偿,则财产所有者对于政府是限制他们还是不限制他们之间无差异。无差异的结果将导致财产所有者过度地增加投入改进其财产,从而产生了浪费的改进。如果法院判定为非补偿限制也即管制,政府不需要为限制进行补偿,则政府可能施加更多的限制。过多的限制会使资源无法流向评价最高的地方,因此管制也导致了资源的无效率使用。在这个问题上就出现了所谓的"补偿悖论",即如果政府为占用补偿所有者,则对财产所有者有进行过度改进的激励;而如果政府不进行补偿,则政府有对私人财产进行过度管制的激励。

在政府的管制中,最常见的是运用分区制(Zoning)对城市土地实现功能的用途管制,如划分住宅区和工业区。其原因在于,空间外部性的存在会导致非凸性的生产可能性曲线的出现,从而发生市场失灵,政府就需要进行干预。下面以某城市的住宅区和工业区的分区为例来分析分区制度的合理性,参见图3-2。

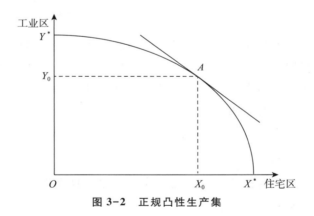

图 3-2 正规凸性生产集

图 3-2 表示的是某城市工业区和住宅区在利用给定资源方面存在一定的替代性,具体表现在凸性的生产可能性曲线上。横轴表示在一定时期内住宅区的数量,如果所有的资源都被用于建造住宅区,则可能达到的最大数量为 X^*。纵轴表示在一定时期内工业区的数量,如果所有的资源都被用于建造工业区,则可能达到的最大数量为 Y^*。凸性的生产可能性曲线表示的是,当给定的资源在两种用途上进行分配的时候,两类区域的可行性组合。生产可能性曲线从 Y^* 沿着曲线向下,每一点的切线的斜率表示在不同规模下产品的相对价格,其斜率越来越陡峭,表明工业区减少后随着稀缺程度的提高,相对价格升高的情况。并且,此时可以得到的最优解为内点解,如图中点 $A(X_0, Y_0)$。图 3-2 中所描绘的具有正规凸性的生产可能性曲线,其实暗含着工业区和住宅区相距较远(假定为 10 公里以外)、相互之间影响较小的情况。当两个区域迁到较近的距离之内,如小于 3 公里的

位置,则工业区的污染会对住宅区的居民产生较大的空间负外部性,导致生产可能性曲线发生变化,也即如图3-3所示朝原点向内弯曲成为非凸性的生产可能性曲线。当出现了非凸性的生产可能性曲线时,情况发生变化。此时,沿着朝原点向内弯曲的生产可能性曲线从 Y^* 向下移动到 X^* 的过程中,相应的切线的斜率开始逐渐变小,这表明由于工业区的减少,其相对价格反而开始降低了。所以,在这种情况下是无法得到内点解的,最优解将是角点解,也即只有将所有的资源仅仅用于一种用途的时候,如全部用于工业区(在 Y^* 点)或是全部用于住宅区(在 X^* 点)才是最优的。

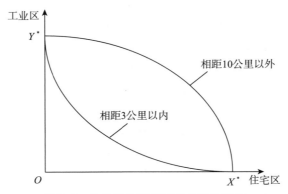

图 3-3　从凸性生产集到非凸性生产集

要解决资源在工业区和住宅区配置过程中的冲突问题,需要政府运用分区制进行用途上的管制。可以采取隔离分区制(Separation-of-Uses Zoning)将城市划分为若干的区域并相应地规定每一块区域的用途,也可以使用排斥性分区制(Exclusionary Zoning)在特定的区域内排斥某一种用途的使用。总之,分区制是对规定区域内的居民财产权所施加的一种较为严格的产权限制。

2. 时间上的法律限制

财产的所有者有时候会在某些时间段上受到法律对自身产权的限制和规定,主要体现在代际转移和紧急避险的问题上。

财产权是一种"对世权",权利的所有者可以排斥其他人对其占有物的使用。但是,当这种权利面对继承也即代际转移的问题时,存在着被削弱的可能性。由于财产所有者的自然寿命是有限的,他们所拥有的财产需要在代与代之间进行转移,从上一代的所有者转移到下一代的时候,法律会对财产做出用途上的限制,这实际上是对财产权利的一种限制。尤其在奴隶社会和封建社会里,是由法律规定的继承人进行继承,而不是所有者指定的继承人继承。如在中世纪,父辈的财产将由长房继承,这意味着只有长子长孙才有继承的权利。在一些母系氏族里面,还会出现侄女继承姑妈财产的规定。进入资本主义社会后,西方国家的法律开始趋向自由,所有者可以根据意愿设立遗嘱,指定某位后辈继承财产。那么,此时财产所有者就会面临决定将财产转移给谁以及何时转移的问题,就能够通过寻找法律的漏洞来钻空子从而逃避法律对产权在时间上的限制和干预,此时就会招致钻空子成本的出现。即使所有者在转移财产的时候难以找到法律的空子,他还是能通过在有生之年耗尽财产的方式来避免限制。因此,法律对转移财产的限制一般只可能导致两种成本的出现:一个是钻空子成本,另一个是耗尽成本。

为了避免这些成本损失,英国普通法在执行财产转移过程时采用了一个"代际跳跃规则",即在对产权进行限制的时候附加一个时间规定,当法定时间限制到期的时候,限制条款自动作废。这样使得法律对产权的限制不是永恒的,而是"寿命外加21年"。该规则允许所有者通过限制后代对其财产的使用跳跃过这一代,但是对于未出生的孩子,当他们长大到21岁的时候,他们所继承的财产将不受限制。

此外,即使不考虑跨际的问题,也可能出现法律对产权的限制。一般而言,在没有得到所有者允许的情况下,没有人可以使用其他人的财产。但有一种特殊情况,即便没有得到所有者允许,法律规定也可以使用其他人的财产,这就是所谓的紧急避险。当处于紧急状态时,一个人可以无须征得所有者同意而使用他人的财产,但是事后必须为使用中所造成的损失向所有者进行赔偿。法律允许的私人性紧急避险是有效率的,因为自由谈判和交易通常需要较长的时间,但是在紧急的情况下,紧迫的时间阻碍了交易的产生。由于在紧急状态下,给予救助的一方处于垄断地位,而希望被救助的一方处于被垄断的地位。双方的交易成本极高,使得正常的交易不可能产生。当交易成本极高的时候,原有的财产规则也就不再适用,所以法律考虑运用责任规则,也即只要侵入行为给侵入者带来的收益大于给所有者造成的成本,就应该允许事后赔偿的紧急避险时的侵入存在。

可见,在代际转移和紧急避险两种情况下,法律允许财产所有者的财产权受到一定的限制。

第三节　无形财产权制度的经济学分析

当代财产法研究的核心早已超越了"有形物"的时代,对"无形财产"的界定成为当代财产权制度的主要功能。但是目前来看,无形财产还是民法体系尚未深入研究的一个问题。在传统大陆法系财产权体系中,无形财产经常被归入物权和债权领域,但是由于其本身所具有的特殊性,无形财产引发的问题常常与传统理论相抵触。目前,多数学者都已经逐步意识到无形财产对于理解财产权制度具有重要的意义,也逐渐将其研究的范畴从有形物的财产权扩大到无形物的财产权。西班牙马德里康普顿斯大学的施瓦茨教授就认为:"我所说的产权不仅仅是人们对有形物的所有权,同时还包括人们有权决定行使市场投票方式的权利、行使特许权、履行契约的权利以及专利和著作权。"[①]

在现代的民事权利制度体系中,知识产权和无形财产权是与传统意义上的有形财产权相区别的。知识产权(Intellectual Property Right)是人们对基于自己的智力活动创造的

---

① 转引自岳福斌:《现代产权制度研究》[M],北京:中央编译出版社,2007:30。

知识成果或对在经营管理活动中形成的标记、信誉享有的财产权利。17世纪中期的法国学者卡普佐夫最早将一切来自知识活动领域的权利概括为"知识产权",后来比利时著名法学家皮卡第也发展了这一概念,自此知识产权学说在国际上得到广泛认可。我国大陆法学界长期采用的是一个对应的概念,称为"智力成果权",直到1986年《民法通则》颁布后开始正式通行知识产权的称谓,而我国的台湾地区则长期使用"智慧财产权"概念。知识产权可以分为广义知识产权和狭义知识产权。广义知识产权包括版权、商标权、商号权、商业秘密权、专利权、产地标记权、集成电路布图设计权、植物新品种权等各种权利。而狭义知识产权指传统意义上的知识产权,包括版权(含邻接权)、专利权、商标权三个组成部分,也可以包括文学产权(版权)和工业产权(专利权和商标权)。

无形财产权是与知识产权相关的一个概念,但二者在概念上所涵盖的范围并不是完全一致的。日本学者小岛庸和在《无形财产权》一书中,指出知识产权一词来自英美法系,在日本法系中尚不太成熟,因此以无形财产权代替知识产权来表述精神领域的权利。他在书中列举的无形财产权权项,要大于传统知识产权所涉及的类别,如商品的形态、经营上的信用。①《法国民法典》关于无形财产权的界定范围则更宽泛,习惯上将该权利分为两类:一类是经营垄断范畴;另一类是顾客权利,即以顾客为标记的权利,或者说是关于营业资产的权利。② 郑成思认为这种权利是一种关于人及动物形象被付诸商业性使用所产生的权利。③

基于以上出现的许多具有无形财产权属性特征但又不能归类于知识产权领域的一些权利,可以认为无形财产权和知识产权作为精神领域的民事权利范畴是具有同等内涵的,但是在外延上却有明显区别,无形财产权比知识产权具有更大的包容性。④ 本部分主要选取两者都涵盖的基本的专利制度、版权制度和商标制度作为研究分析的对象。

一、专利制度的经济学分析

专利制度是根据专利法的规定对申请专利的发明创造进行科学审查,对符合规定的发明创造授予专利权,同时将其公之于众,以利于技术交流和转让的一项制度。如今专利制度是保护发明创造的重要制度,也是国际通行的一种法律制度,更是无形财产权制度的一个重要组成部分。专利制度历史悠久,在封建君主时期为了鼓励发明创造需要授予发明人垄断的权利,在授予垄断权利之时常采用一份公开的文件,拉丁文称其为"Literae Patents",此后"Patent"一词就逐步与独占经营权相联系,最后发展成为专利权的意思。专利制度发展过程中第一个真正意义上的发明专利产生于15世纪的意大利。1421年,意大利城市佛罗伦萨对建筑师布鲁内莱斯基发明的"装有吊机的驳船"授予了3年的垄断权。

---

① 〔日〕小岛庸和:《无形财产权》[M],东京:日本创成社,1998:47—49。
② 尹田:《法国物权法》[M],北京:法律出版社,1998:69—65。
③ 郑成思:《世界贸易组织与贸易相关的知识产权》[M],北京:中国人民大学出版社,1996:44—45。
④ 吴汉东、胡开忠:《无形财产权制度研究》[M],北京:法律出版社,2001:44。

1. 专利制度的合理性解释

专利制度是用市场垄断权来激励创新、公开信息的一种制度安排。专利权的英文为"Patent",实际上它包括两层意思:一是"垄断",二是"公开"。因此,垄断和公开是专利的两大基本特征。从这两个方面可以看出专利制度所具有的社会效用,也能解释专利制度存在的经济学原因。

第一,通过赋予垄断权利来激励创新。作为私有财产权的专利制度具有明显的激励功能,绝大多数的经济学家和政府的政策制定者都相信,如果没有专利制度,创新的数量和质量将会明显下降。主要原因在于,创新成果是一种新信息的提供,而信息是一种公共物品。如果人们可以无偿地获得新的知识产品,那么就不会有人愿意承担开发的成本。目前的厂商进行开发和研究的目的在于获得报酬,因此如果他们不能从研发中获利,就没有厂商愿意从事研究。专利制度通过使后续的免费搭车的模仿者承担成本并适当延长模仿者的仿造时间,给予专利持有者垄断的市场力量。专利制度通过将专利垄断与竞争分隔,允许开发者获取与专利垄断生产有关的绝大部分利润,从而将外部收益内部化,解决了典型的开发技术外溢的外部性问题。

第二,通过产权限制来加速信息披露。因为专利权的内容包含解决新问题的知识,能够刺激和引发更多的创新和发明,所以加速专利信息的披露和公开,利用已有的专利信息,可以大大缩短后续研发的时间和成本。根据专利法的规定,专利说明书必须让熟悉该技术者了解其内容,并可据以实施,因此要求披露的内容必须翔实。对创新成果进行专利制度保护,必然提高了对创新产品的新颖性要求,这对厂商的预期利润和信息的披露都会产生较大的影响。对创新在原有基础上的差异性要求提高,新产品的专利越是难以获得,现有专利权持有者可能获得的垄断利润就越多,独占时间就越长。结果会导致新颖性要求越严格,从事研究开发的动机越强。但是另一方面,如果专利保护过于严格,创新成果不容易获得专利保护,也可能导致从事研究开发的动机变弱。同时,还会导致信息公开和披露的数量变少,延缓后续的研究和创新。因此,在专利权保护问题上,必须注意对保护严格程度的权衡。

专利制度通过信息披露机制扩大了人类技术知识和信息的公共领域。专利制度要求将发明中的技术秘密公开,从而换取对该产品或方法使用的短期市场垄断权。在信息披露和授予垄断权之间完成了一种基于交换的契约思想。专利信息的公开使得思想的公共领域得以扩大,知识存量得以增加,这些都有利于社会福利水平的提高。同时,专利信息的公开可以加速技术的扩散,使得后续的研究者或是竞争者能够借鉴新的专利思想,从中得到信息和灵感,促进技术的进一步发展。从这个意义上看,专利制度在静态上是垄断的,但在动态上是竞争的;短期来看是垄断的,长期来看则是竞争的。专利制度就是一种在静态目标和动态目标之间达到均衡的制度。

专利权的获得必须通过严格的"三性"审查,即所谓的"实用性""新颖性"(Novelty)和"非显而易见性"(Nonobviousness)。从经济学的角度看,此三性具有不同的意义:实用性条件具有三方面的经济意义。其一,是为了把专利从基础研究中排除出去;其二,是为了在一个新产品或者新方法的开发过程中,延迟可能获得某一专利的时间;其三,是为了减少专利检索的成本,其手段是筛选出非实用的发明,它们或是由一些怪人或是由业余爱好者所创作,或是由那些想通过专利来覆盖某一研究领域的发明人所提出,企图迫使那些在该领域做出有用发明的研究者向他们寻求许可,也即可以限制策略性专利行为。新颖性条件旨在阻止对那些已经被人知道或发明的东西授予专利。一些国家将专利权授予最先提出专利申请的人,而另一些国家则把专利权授予最先发明的人,这样做的目的在于节约广义上的搜寻成本。非显而易见性条件成功地阻止了对那些无须付出太大成本即可发现并且完善的发明授予专利,具体而言,就是可以限制专利竞赛。

2. 专利期限问题

专利保护实际上面临着社会成本与社会收益、私人成本与私人收益的平衡问题,也即以垄断方式排斥公众自由使用创新产品,在激励技术发明和创新的同时也会人为地限制知识和技术的广泛传播和使用,并带来相应的社会成本。所以要在实践中合理限制专利的保护性垄断,而限制保护性垄断以使社会成本最小化的主要方式就是设置合理的专利保护期限。

关于专利期限最早可参见诺德豪斯的相关研究,他解释了为什么专利或者其他知识产权应该是一个有限的期限,其原因在于存在创新和福利损失的两难问题。随着诺德豪斯的理论研究以及谢勒对诺德豪斯论文的几何阐释,专利制度的最优期限研究越来越受到重视。诺德豪斯首先研究了专利制度下企业的最优研发支出。在既定保护期内,当企业从事技术创新的边际收益等于边际成本时,研发成本便是企业的最优研发支出。对政府而言,在确定最优专利保护期时,应该使得延长专利保护期带来的边际社会成本等于边际社会收益。同时,他也指出专利期限的延长或缩短,会导致发明数量相应地减少或增加。当专利期限延长时,两种相反的效应将影响经济福利的水平。一种效应是,一个长的专利期限带来的正效应是增加发明的数量,即在给定的投入水平条件下会增加产出;另一种效应是,一个长的专利期限意味着垄断期限的增加,即会扭曲资源配置,导致社会福利的损失。因此最优专利期限就是这两种效应在边际上的平衡点,也就是最优专利期限的条件是社会福利(消费者剩余与生产者剩余之和减去成本)的最大化。基于此分析,诺德豪斯构建了社会福利最大化的最优专利期限模型,其约束条件是企业从事研发活动时的利润最大化原则。同时诺德豪斯认为社会最优的专利保护期不会是无限长的。因为随着保护期的延长,虽然研发投入会增加,但取得的技术创新在降低生产成本方面却呈现出边际报酬递减的趋势,并且损失的消费者福利越来越多,社会总福利越来越少。但是另一方面专利保护期过短,专利制度对企业的激励就会失效。因此诺德豪斯模型得出一个重要结论:差别性的专利保护期更能增进社会福利,相应得到的政策建议是需要建立起强制实施的弹性制度。

一般认为,授予专利权利独占使用的期限应当能使厂商得到足够的回报,然后进入公共领域,这样才能达到个人收益和社会收益的平衡。如果授予发明者独占的期限过长,则由垄断和独占造成的损失会超过授予发明者专利权所能实现的社会收益,从而构成了社会成本。其中包括:第一,其他研究者投入的成本;第二,其他使用者购买使用权所支付的成本;第三,产品的垄断价格给消费者带来的成本。下面结合图3-4分析专利期限的决定问题。

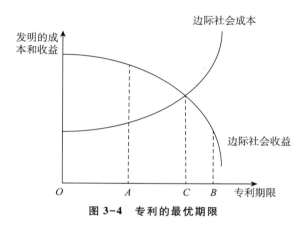

图 3-4 专利的最优期限

如图3-4所示,横轴表示专利期限,纵轴表示发明的成本和收益。发明者享有独占权的边际社会成本可以用向上倾斜的曲线表示,因为独占或垄断的时间越长,导致的损失越大,所以专利权的社会成本是随着专利有效期限的延长而增加的。发明者享有专利权的社会收益可以用向下方倾斜的曲线来表示。当边际社会收益高于边际社会成本时,如 A 点,专利的有效期应该趋于延长;当边际社会收益低于边际社会成本时,如 B 点,专利的有效期应该趋于缩短;最优的有效期应该是当边际社会收益和边际社会成本相等时,即 C 点。

以上是关于专利期限的最基本的模型分析。在专利经济学的研究中,有众多的学者对专利期限问题进行了探讨,如吉尔伯特和夏皮罗等经济学家就结合专利宽度来探究专利保护期限问题,此后也有不少学者将研究置于累积创新的框架下进行,也有学者结合不同的产业进行研究,都得出了有借鉴意义的结论。

二、版权制度的经济学分析

"版权"一词的英文"Copyright"来源于拉丁文"Copia",意为内容很丰富或为了形成丰富的内容,其现在的定义为由国家立法机关授予的一系列法律特权,其中包括复制权、筹备衍生作品权、发行被保护作品权以及展示或表演被保护作品权等。[①] 有些国家称其为著作权或作者权,《中华人民共和国著作权法》将"著作权"和"版权"规定为同义语。英美法系的版权制度始于1710年英国议会通过并颁布的世界上第一部版权法——《安娜女王

---

① 〔美〕皮特·纽曼主编:《新帕尔格雷夫法经济学大辞典》(第一卷)[M],许明月等译,北京:法律出版社,2003:"版权"词条。

法》①,该法律对文学作品的作者授予了一种所有权利益,"以鼓励……有学识者创作和写作有用的作品"。颁布该法的主要目的是防止印刷者不经作者同意就擅自印刷、翻印或出版作者的作品,以鼓励有学问、有知识的人编辑或创作有益的作品。此后,复制技术经历了印刷技术、广播电视(又称模拟技术)和数字技术的三次重大飞跃,版权保护也扩展到以其他各种形式所呈现的创造性作品和行为中,将舞蹈、绘画、建筑、制陶、摄影、动画、唱片、磁盘等文化作品和活动,以及卫星广播、电视、电脑程序软件、集成电路布图设计等数字作品和行为都纳入了版权保护的范畴中。

从经济学的角度看,版权实际上是一种较弱的财产权利保护边界。而此种较弱的权利保护边界恰好给予了创作作品以适宜的保护,有效地防止了过度垄断保护带来的效率损失和不保护时盗版带来的损失。创作作品版权保护的效率性就在于版权制度能够找到经济学意义上的均衡,解决两难困境的问题。版权制度除保护创作人的商业利益外,还可以鼓励优秀的文化成果公众化,满足公众的精神生活和文化需求,促进人类的心智进步,在作者和作品使用者的利益之间实现精妙的平衡,即在垄断和分享之间创设并维持一种均衡。版权法的利益平衡可以分为"制度内的利益平衡"和"制度外的利益平衡"。制度内的利益平衡主要包括版权法中权利和义务的总体平衡、版权人利益和社会公共利益的平衡、不同版权人之间的权利义务平衡以及版权法本身效率与公平的平衡等;制度外的利益平衡则包括版权法与其他知识产权法的平衡、版权法与竞争法的平衡以及国家层面的版权法与国际公约的平衡等。

1. 合理使用问题

合理使用,是指在某些特定的情况下,根据法律的规定,他人可以不经版权人的同意,也不必向版权人支付报酬而自由使用其作品的一项制度。各国对此规定也有差异,在英国,合理使用是"Fair Dealing",在美国则是"Fair Use","Fair"有着"合理"和"公平"双重含义。还有个别国家的版权法规定,合理使用而不需支付费用被称为自由使用(Free Use)。《伯尔尼保护文学和艺术作品公约》(以下简称《伯尔尼公约》)以及各国的版权法,都对版权做出了一种普遍限制,就是规定"合理使用"的范围。这是因为从版权是私权的角度出发,法律对其保护就应当是完整的,但从版权的产生具有继承性出发,同时为了促进整个社会的文化进步与繁荣,法律对版权的侵权行为给予一定的例外和限制,即在某些情况下使用他人作品可以不经版权人许可,也可以不付报酬。这是对版权权利最严格的限制。所以《伯尔尼公约》和《与贸易有关的知识产权协定》均在版权权利限制条款中重点从"合理使用"的角度对各国版权法做了原则性的规定。《中华人民共和国著作权法》第二章第四节专门规定为"权利的限制",其内容也主要是对版权合理使用的具体规定。

合理使用制度的经济合理性在于,它允许使用者获得确定性的收益,但又没有对版权人构成损害。如果在事前按照财产规则阻止著作使用权的交易,则成本太高。如果在事后按照责任规则对版权人给予损害赔偿来解决版权纠纷,在使用者人数众多、每次赔偿的

---

① 也有的文献译为《安妮女王法》。

金额很小的时候,运用法律手段要求损害赔偿的成本就显得过高,因此在实践中这种方法也是不可行的。所以,只有在使用著作获得的收益超过版权保护的成本时,才适用于合理使用制度。此外,合理使用制度同时也是解决不相容使用(Incompatible Use)问题的重要途径。对于同一作品,创作者、传播者和使用者所享有的著作权、邻接权与使用者权,往往存在着权利的分配和利用的冲突。创作者要得到创作投入的回报需要凭借出版者、表演者、音像制作者和广播组织的广泛传播,需要依赖社会公众对作品的广泛使用。由此,版权法关于权利的一般配置方式是,创作者享有复制、公演、播放、展览、发行、摄制、演绎等独占使用作品并由此获得报酬的权利;传播者通过自愿交易与法定许可,在付酬的条件下以各种传播方式再现原创作品,并对自己的传播成果享有利益;社会公众作为消费者,可以通过各种途径,有偿或是无偿地获得作品,供个人学习、研究和使用,或是满足文化教育、司法义务、慈善事业等公共利益的需要。合理使用制度存在的价值就是在版权作品中,划分出各个有限的范围,供非版权人无偿地使用,在获益的同时并不损害创作者的利益。

然而在合理使用制度中存有最大争议的问题就是合理使用的限度。那么,如何判定使用者对作者作品的引用是属于合理使用而非剽窃或是侵权使用呢?1841年美国法官约瑟夫·斯托里提出合理使用三要素,此后美国1976年《版权法》形成国际学者研究时经常引用的判断合理使用的四条标准:①使用作品的目的,即要求使用他人作品的目的必须正当;②被使用作品的性质;③使用作品的程度,即同整个有著作权的作品相比所使用的部分的数量和内容的实质性;④对被使用作品的影响,即对有著作权的潜在市场或价值所产生的影响。① 数字化传播技术的发展,使得建立在传统印刷技术基础上的合理使用制度不断受到挑战。人们复制的成本越来越低,质量和效果越来越好,速度也越来越快,而合理使用的既定规则却越来越模糊。版权人无法清楚地知道何人在何时、何地对其作品进行了出于何种目的的复制,他们要主张自己的权利也越来越困难。总之,如今的合理使用与其说是一种法律问题,不如将其看作是一种技术问题,或许现代的版权法需要一种更为合理的制度来解决版权人和社会公众之间的均衡问题。

2. 复制技术变迁与版权制度演进

版权制度是随着复制技术的多次变迁和发展而逐步产生和完善起来的。复制技术的变化导致了版权市场的原有均衡发生改变,版权制度的相关利益人的均衡关系受到影响,因此必然要求变革现有的版权制度,对版权制度的利益均衡进行重新调整,并达到新的均衡。本部分从版权制度利益均衡调整的角度,探讨复制技术变迁对版权制度的产生和变革的影响作用。

1710年《安娜女王法》颁布之前的时期都属于前版权时期。在此阶段的初期,作品大多数是以吟唱诗人和演奏艺人即兴创作的口头作品为主,因此没有版权保护的理念,也不存在控制口头文化传播的法律。在这样的传统下,所谓的"复制"就是一种文化繁衍的模

---

① 吴汉东:《著作权合理使用制度研究》[M],北京:中国政法大学出版社,1996:194—221。

式,形成了特殊文化的再生产。到了该阶段后期,随着印刷术的出现,复制技术得到了前所未有的发展,发明使得复制变得更为容易。东西方的知识产权法学者都无一例外地认为版权是随着印刷术的采用而出现的。[①] 出版商们由此得到了政府颁发的特许令,这实质上是一种政府审查的方式,也是一种封建特许权,并不是法律意义上的财产权,但这毕竟是版权制度的萌芽。通过审查,一方面政府可以对作品所体现的思想和言论进行控制,另一方面出版商通过许可证制度得到了出版特权。从1710年的《安娜女王法》到1886年的《伯尔尼公约》,属于传统版权制度时期,复制和传播技术在该阶段得到长足发展,复制导致的不再是个别赝品的出现,而是大规模、大批量的可以以假乱真的复制品的发行和销售,此阶段的盗版者有了很多的获利空间。盗版现象的产生也促使人们认识到法律对于保护无形财产权的必要性,由此版权法才有了形成的必要。传统的版权制度没有了前版权制度时期的审查功能,但承认作者对于智力作品的私人权利,同时阻止盗版。第一次技术变迁的发生,使得技术作为一种重要的生产要素进入流通市场,而技术成为商品的前提条件就是要有特定的产权主体和明晰界定的产权边界。由此可见,版权制度的出现实质上是对复制技术变迁所提出的"制度需求"的一种回应。

从19世纪末期到20世纪70年代,也即《伯尔尼公约》从缔结到历次修订完善再到最后一次修订的时期,被称为全球化版权制度时期。平版印刷术、摄影术、胶片和声录技术以及平版胶印等复制技术都对传统的"复制"提出了挑战。文化商品的大量传播形成了全新的文化产业,同时也使作者的公众名声得到了大幅度提升。因此,作者们纷纷要求对自己的经济权利和人身权利进行主张。版权也不得不在新媒体中得到不断扩张,先后将电影、广播和录像等新的传播方式纳入保护的内容中。而大规模的跨国界和跨洲界的盗版侵权行为使得人们开始考虑版权全球化保护的问题。总之,在这个阶段,版权保护体现的国际化程度越来越高。第二次复制技术变迁不是发生在一个国家之内的某一单方面突破,而是在发达资本主义国家的各个技术领域内同时实现突破。由于技术创新活动本身实现了国界上的突破,必然要求技术的传播和应用也要在全球范围内发生。因此,各国经济竞争所引发的对技术创新的需求,客观上促进了版权制度的国际化趋势。

从20世纪70年代到现在的现代版权制度,主要受到数字技术(包括通信技术、微电子技术和计算机技术)革新的冲击。版权人深感传统的版权法无法保护他们的权利,因此强烈要求修改版权法,同时各国和世界贸易组织以及欧盟都行动起来,纷纷调整相关法律以适应新技术的发展,保护版权人利益,更重要的是保持各国在技术方面的领先优势。可见,版权制度尽管处于不断修订当中,但仍然落后于技术进步的步伐,因此版权法的适应能力正在受到越来越频繁的挑战。

从印刷技术到模拟技术和数字技术,在版权制度历史中出现的所有技术进步都经历了从低级到高级的发展过程,都促进了人们对复制品的获得,也影响到相关版权利益人的

---

① 郑成思:《版权法》[M],北京:中国人民大学出版社,1990:2。

权利的效力范围以及各方利益人的利益均衡,因此一国就会修订其版权法来适应现实的需要。所以,面对不断进步的技术,我们所要做的是修改制度来适应技术,而不是一味地阻止和抵制技术的变迁。

三、商标制度的经济学分析

商标,英文为"Trademark"或"Brand",通常也称为"牌子",是用以将某一企业所生产的某一商品或提供的服务与其他企业的商品或服务区别开来的一种文字、符号或者是其他标记,如"百事可乐""康佳""张小泉"等。商标是区别于专利和版权的一种知识产权形式,从某种角度看,它是反不正当竞争法的组成部分,因此更接近于侵权法的范畴。

商标的起源可以追溯到原始社会时期。据考证,在公元前三千多年的古埃及,人们就已经在斧头、标枪和匕首等物品上使用标记。此后,随着商品经济的发展,标记和符号开始广泛地应用在商业用途上。尤其是 13 世纪欧洲的行会盛行,每个行业的同行业协会组织要求该行业的从业人员必须在商品上标明自己的标记,一方面便于对产品质量进行监督,另一方面也为了保持行会对外的垄断。到了 16 世纪,商标已经在经济生活中被大量地使用,但是早期的商标都是通过侵权法和刑法来保护的。商标权作为一种私有财产权受到法律的承认和保护,进而发展成为专门的法律保护制度,始于资本主义时期。资本主义国家从私有财产神圣不可侵犯的原则出发,在 19 世纪 50 年代先后制定了一系列专门法律,将商标权纳入工业产权的保护范畴。自此,现代意义上的商标制度开始出现,一般认为法国于 1857 年制定的《关于以使用原则和不审查原则为内容的制造标记和商标的法律》是世界上第一部具有现代意义的商标法。

1. 商标权的经济效用

商标对于以其作为品牌的企业而言,价值在于通过商标所传达或体现的有关该企业产品品质的信息,节约了消费者的搜寻成本。当消费者对某品牌的商品有过消费体验并想再次购买或是经人推荐想要购买时,消费者就不需要通过阅读产品包装上的印刷物来确定他对产品的理解,而只需要通过确认相关的商标来购买相应的品牌,这样能够以较低的成本找到该商品,这就是所谓的降低搜寻成本的效用。

但是,商标降低搜寻成本效用的发挥需要几个条件。其一,要求使用商标的厂商必须在长期内维持产品的稳定性。商标之所以有价值,是因为它们象征着持续稳定的品质,并且只有在企业有能力维持持续稳定的品质时,企业才会投入资源以开发强势的商标。当一个品牌的品质不能继续维持稳定时,消费者就不能够将该商标所代表的商品与以往的消费经验相关联,则商标就不能降低消费者的搜寻成本。其二,商标需要一种自我执行的过程,也即一家企业在开发和维持一个强势商标方面必须不断进行投资。因为该商标的品质声誉以及商标价值,都依赖于企业在产品质量、服务和广告等方面的投入。其三,商标要想降低消费者的搜寻成本,必须以法律保护为前提,因为仿制他人商标的成本是很小的,在没有法律保障的情况下,越是著名的商标越容易招致他人的搭便车行为。如果法律不能有效地对这种行为进行制止,则该行为可能损害一个商标所体现出来的信息资本,而且发生这种行为的可能性将会消除厂商开发有价值商标的激励。

此外,商标不仅在商品市场上体现出降低搜寻成本的效用,而且在语言市场上对语言文学的繁荣也起到一定的作用。当法律能够对商标赋予所需的保护时,厂商就有动力去发明新单词、新用语,设计新图案、新形象。首先,商标能够增加物品名称的词汇量,根据需要制造出新的词汇来满足科技进步的要求。如"柯达"(Kodak)和"埃克森"(Exxon)都属于经过臆造而出现的新单词。其次,激励厂商创造一些从商标转换过来的普通名词。有些名词在出现之时只代表特定商品的商标和品牌,但在语言运用过程中逐步演化成为能够指代一类商品的专有名词。如"阿司匹林"(Aspirin)、"电梯"(Escalator)、"热水瓶"(Thermos)以及"干冰"(Dry Ice)曾经都是作为商标出现的,如今都已经成为共同产品的名称了。最后,商标能够丰富语言的内涵。在商标的开发过程中,一些被创造出来的单词和短语被赋予了一些全新的内涵,成为人们约定俗成的表达方式。如"劳斯莱斯"(Rolls Royce)尽管是一个商标,但除表示商标之外,还具有语言学上的价值,可以用来表示同类商品中最为豪华的一类。

2. 商标的续展与保护期限问题

商标权与前面提到的专利权和版权在期限方面存在较大的差别,主要体现在商标实际上并不存在一个固定的存续期间。因为多数国家都规定,商标在有效期届满之后,可以通过无限的续展来延长商标的保护期限。有关我国内地及香港地区、美国的商标权、专利权、版权的保护期限对比可以参见表3-4。

表3-4 中国内地及香港地区、美国各类知识产权保护期限对照表

	商标权保护期限	专利权保护期限	版权保护期限
中国内地	注册商标的有效期为10年,自核准注册之日起计算;注册商标有效期满,可以申请续展,每次续展注册的有效期为10年	发明专利权的保护期限为20年,实用新型专利权的保护期限为10年,外观设计专利权的保护期限为15年,均自申请日起计算	公民作品的发表权和发行权等的保护期为作者终生及其死亡后50年,截至作者死亡后第50年的12月31日;法人或非法人组织的作品、著作权(署名权除外)由法人或非法人组织享有的职务作品,其发表权的保护期为50年,截至作品创作完成后第50年的12月31日;视听作品,其发表权的保护期为50年,截至作品创作完成后第50年的12月31日
中国香港地区	2003年4月生效,和内地相似	标准专利20年,短期专利8年,外观设计5年,可续展4次至25年	作者终生及其死亡后50年;由电脑产生的作品,则为该作品制作后50年

(续表)

	商标权保护期限	专利权保护期限	版权保护期限
美国	和中国相似	发明专利保护期限为自专利申请提交之日起20年。2015年5月13日前提交的美国外观专利申请，授权后保护期为授权日起14年。2015年5月13日后提交的美国外观专利申请，授权后保护期为授权日起15年。美国的药品、食品、色素添加剂、医疗器械、动物药品、兽用生物制品等专利的专利期可以延长，一个专利最多可以延长保护5年。在1995年6月8日或之后提交的部分续展、分割或续展申请中授予的专利，其有效期自最早申请的提交日起20年届满	一般情况下为作者终生及其死亡后70年；对于匿名作品、假名作品或职务作品，保护期为首次发行后95年或创作完成后120年，取两者中较早者

给商标权先设置一定的保护期限，在保护期限到期后又允许其通过续展来延长保护，这种制度的安排具有经济学上的意义。先设定一个有效的期限，目的在于向商标权人征收保护费用以弥补保护制度的成本，而不在于限制商标使用的期限。此后商标在到期之后通过续展实现永久性的保护，不受时效限制也同样有其原因。第一，因为一个给定的名称作为商标不具有稀缺价值，从而用来推进和维持该名称的资源只会导致一种竞争性回报的产生，而不会像永久性专利导致垄断带来的社会福利损失，也不会像永久性版权导致寻租带来的社会福利损失。第二，商品生产者在停止生产商品之前被禁止使用到期的商标名称，将会给消费者带来额外的搜寻成本，因为体现在该商标上的信息已经消失了。如果规定了商标的有限时效，那么到期后商标无效但商品仍存在，商品不得不面临改名换姓的境地，或是可能被其他商品生产者随意使用了原有的商标，这样无论对商标权人还是消费者都会造成损失。

第四节　财产法的经济学分析理论评析

回顾以上分析，不难发现财产法的法学分析和经济学分析两种视角本身存在十分明显的差异。在法经济学家们运用产权理论对民法中的财产权利制度进行了分析之后，相关理论对世界各国当代市场经济条件下的财产权利法律体系都产生了深远的影响。本节将分别探讨财产法的经济学分析与传统财产法理论的比较以及财产法的经济学分析存在的问题。

一、财产法的经济学分析与传统财产法理论的比较分析

财产法的经济学分析与传统财产法理论的基本差异可以从以下五个方面进行概括。

第一,财产法的经济学分析以产权理论为起点,是一种普遍性的分析,适用于各种形式的财产权利,这对传统的财产法理论存在的封闭性产生了显著的冲击。产权理论是从外部性角度来理解私人的实质,只要能够消除外部性并确实成为私人利益的财产性权利均可以成为产权。从这个意义上讲,产权是一种普遍性的财产权,产权理论对于有形物、债权和无形财产等都具有相同的理解。这使得财产权贯穿于发达的市场经济之中,成为普遍的法权关系。然而,传统的民法体系主要建立在有形物之上,是围绕着"物"和"所有权"形成的一套抽象的财产权理论体系。传统的民法体系中的基本权利无法涵盖市场经济中重新界定的新型权利形式,尤其是无形财产权更是无法在传统民法理论体系中找到合适的衔接点。但当代产权界定的核心已经超出"有形物"的时代,对"无形财产"的界定成为当代财产权制度的主要功能。因此,从此角度看,财产法的经济学分析比传统的财产法理论更为开放,能够适应新时代财产权理论不断扩展的现实要求。

第二,财产法的经济学分析更注重探讨财产法问题产生过程中经济因素的作用。法经济学家们认为,法律是人们在进行成本—收益分析之后理性选择的结果,是实现财富最大化的工具。无论是波斯纳、考特和尤伦还是科斯都认为,人们的经济动机决定了法律的产生和财产法律制度的建立,财产法的内容渗透了"理性人"的经济考虑。法经济学研究的理论基础实际上是经济理性主义,即认为人们在经济生活中总是受到个人利益动机的驱动,人们在做出一项经济决策的时候总是会考虑各种可能的收益和成本,进行抉择权衡和比较,以便为自己带来最大的利益。

第三,财产法的经济学分析较为注重经济学中的产权和交易理论的运用,强调契约和交换的思想。在运用法经济学理论分析财产法的研究中较多地使用了新制度经济学派的产权理论和交易成本理论。虽然法经济学中也出现了契约的思想,但与古典自然法学家的社会契约思想仍然存在较大差异。古典自然法学家认为法律应当是公正的和合理的,其研究旨在证明旧的封建时期的法律是不合理的;而法经济学家认为法律应该是有效率的,研究目的在于验证现存法律的经济逻辑,并对不符合效率原则的法律进行改进和修正。

第四,财产法的经济学分析注重具体的和理性的分析,反对抽象的、超经济和超历史的分析。财产法的经济学分析认为财产权是若干具体权利的组合,财产权的性质体现于有血有肉的财产权的具体形式和结构中,离开了对财产权具体结构的分析,财产权的性质也就难以得到切实的说明。因此财产法的经济学分析是把财产权的具体结构作为其重要的研究对象,从中揭示出主体的各种财产权利结构在市场经济中分化和重组的过程以及财产权形态的转变。而大陆法系民法体系则倾向于对某一财产权进行性质上的归类,或是将不同财产权进行比较,从而在一定程度上忽视了对财产权自身的具体特征的分析。例如,法学界在研究法律起源问题上有多种学说,如奥古斯丁、阿奎纳等人的神意论,认为

神意是支配一切的法源；自然法学派的思想家们所谓的理性和正义说认为法出于理性,同公道、正义、公平不可分。

第五,财产法的经济学分析特别注重从经济生活中的问题和现象入手进行分析。法经济学家的理论贴近具体的经济生活现实,所列举的例子虽然多为假想案例,但是能被普遍接受,具有浅显易懂的特点。从科斯所列举的"医生和糖果商"案例、"农夫与养牛人"故事到考特和尤伦所讲述的"污染"问题,都能够深入浅出地引发读者思考,并且能够加深人们对财产法中各类财产权利和财产原则的理解。

二、财产法的经济学分析存在的问题

当然,财产法的经济学分析作为一种分析范式也存在一定的问题。第一,财产法的经济学分析主要是以市场经济为历史背景,并以市场为主要的资源配置手段。财产法的经济学分析是以产权理论为基础的,而产权理论的提出必须满足一个前提条件,即产权必须是单纯的经济性质的权利,不能是超越经济性质的特权,只有市场经济才能满足这一要求。产权的这一特点也与民法中的财产制度有一定差别,民法中的财产权制度可以在不同历史阶段有不同的表现形式,而产权则是彻底的市场经济的衍生物。在市场经济出现之前,行政权是与土地所有权结合为一体的,相应地,行政地位的高低也与拥有财富的多少相联系,尽管可能已经出现了分工和私有制,但是市场还没有形成配置资源的方式,自然在超经济性的制度运行前提下也无法运用产权去界定每一项权利。即使是通过行政方式界定出的权利,也都有特殊的运行规则,是不能够进入市场进行交易的。第二,财产法的经济学分析受到现有制度的限制而不能完全发挥其理论分析优势。财产法的经济学分析所运用的产权理论,有可能在一定的制度条件下无法进行。以土地制度为例,某些国家的法律规定土地为国家或集体所有,排除了私人对土地的所有权；同时又规定土地不得买卖,排除了土地自由交易的可能。但是按照科斯的观点,无论财产权最初的分配如何,只要存在法定权利的自由交易,市场机制就会发生作用,并使资源达到有效率的均衡分配,这也是法经济学推理分析的起点。在没有制度保障私人土地交易的前提下,财产法所认为能够达到的帕累托效率状态也是不能实现的。而且产权问题的涉及面很广,从国有企业改革到股权分置,再到农业、农村和农民问题及贫富分化、地区发展不平衡等都与它有关。法经济学本可以在相关政策和法规制定方面发挥优势,但碍于一些现有制度的规定,其作用深度和范围都将受到较大的制约。

本章总结

1. 财产从狭义上可以理解为资产或是财物,但是在多数情况下可以从广义的角度将其理解为既包括财物又包括财产权的集合体。一切以财产(包括有形物、无形物、有价证券)为客体的法,或调整财产关系的法都可以被称为财产法。

2. 科斯定理认为倘若交易成本为零,则无论初始的产权如何界定,都不会影响资源配置的结果。科斯第二定理认为倘若交易成本不为零,则不同的产权界定将导致不同的资源配置结果。

3. 规范的科斯定理可以表述为:所构建的合理的法律制度,应该能消除或减少私人协议的障碍,从而能使得交易成本最小化。规范的霍布斯定理可以表述为:在法律上应该构建一种权利安排,以使私人合作失败造成的损失最小。

4. 当对产权的侵犯是一种"私害",即只对极少数人造成损害,应该选择禁令这种衡平赔偿;当对产权的侵犯是一种"公害",即会对许多人造成损害,则应该选择损失赔偿或货币赔偿这种法律赔偿。

5. 垄断和公开是专利的两大基本特征。从这两个方面可以看出专利制度所具有的社会效用,也能解释专利制度存在的经济学原因。要在实践中合理限制专利的保护性垄断,而限制保护性垄断以使社会成本最小化的主要方式就是设置合理的专利保护期限。

6. 商标对于以其作为品牌的企业而言,价值在于通过商标所传达或体现的有关该企业产品品质的信息,节约了消费者的搜寻成本。

思 考 题

1. 试比较财产法增进效率的两种途径。
2. 试论述财产规则和责任规则的含义以及使用规范和原则。
3. 政府占用私人财产必须符合哪些条件?
4. 试比较无形财产权与知识产权的异同点。
5. 合理使用的判断标准是什么?
6. 请解释商标权的有效期限为何与专利权和版权的有效期限有所不同。

阅读文献

1. Benjamin Hermalin, Avery W. Katz and Richard Craswell: The Law and Economics of Contracts, Columbia Law and Economics Working Papers, No. 296, 2006.

2. Jeffrey L. Harrison, Jules Theeuwes: *Law and Economics(Illustrated Edition)*, NY: W. W. Norton & Company, 2008.

3. Werner Z. Hirsch: *Law and Economics: An Introductory Analysis (3rd ed.)*, NY: Academic Press, 1999.

4. 〔美〕大卫·D. 弗里德曼:《经济学语境下的法律规则》[M],杨欣欣译,北京:法律出版社,2004。

5. 高德步:《产权与增长:论法律制度的效率》[M],北京:中国人民大学出版社,1999。

6. 〔美〕理查德·A. 爱波斯坦:《简约法律的力量》[M],刘星译,北京:中国政法大学出版社,2004。

7. 〔美〕理查德·A. 波斯纳:《法律的经济分析》(上、下)[M],蒋兆康译,北京:中国大百科全书出版社,1997。

8. 〔美〕莫顿·J. 霍维茨:《美国法的变迁 1780—1860》[M],谢鸿飞译,北京:中国政法大学出版社,2005。

9. 彭汉英:《财产法的经济分析》[M],北京:中国人民大学出版社,2000。

10. 〔美〕皮特·纽曼主编:《新帕尔格雷夫法经济学大辞典》[M],许明月等译,北京:法律出版社,2003。

11. 钱弘道:《经济分析法学》[M],北京:法律出版社,2005。

12. 〔美〕唐纳德·A. 威特曼编:《法律经济学文献精选》[M],苏力等译,北京:法律出版社,2006。

13. 魏建、黄立君、李振宇:《法经济学:基础与比较》[M],北京:人民出版社,2004。

14. 吴汉东、胡开忠:《无形财产权制度研究》,北京:法律出版社,2001。

15. 〔英〕约翰·伊特韦尔、默里·米尔盖特和彼得·纽曼主编:《新帕尔格雷夫经济学大辞典》[M],北京:经济科学出版社,1996。

第四章
财产法经济分析专题

> 国家的收入是每个公民所付出的自己财产的一部分,以确保他所余财产的安全或快乐地享用这些财产。
>
> ——〔法〕孟德斯鸠

◆ 本章概要

随着技术的不断进步,市场经济的内容和形式也在不断扩展和变化。当前,以技术和数据等为基础的新型经济形态层出不穷,新经济发展成果日益丰富,财产表达形式也更多样化。本章内容主要基于司法实践活动对我国新时代经济发展中出现的以人工智能、大数据为代表的新经济业态及其成果进行法经济学分析,以求理解推动新经济发展壮大背后的财产法律制度化的机制,并尝试为提高我国财产法经济理论水平做出努力。第一,本章介绍在我国市场经济不断改革的进程中,我国财产法律制度及体系的基础理论研究现状,并分析我国财产法律制度与英美法系国家财产法律制度的区别。第二,通过选取若干司法案例来观察我国对经济发展中新生事物的法律评价,进而分析法律评价背后的经济学因素考量。本章所选的案例涉及"大数据时代网络数据财产权保护"问题、"人工智能生成物知识产权保护"问题和"虚拟货币财产权保护"问题。通过以上三个典型案例的专题研究,希望能在微观层面上引导读者对财产法中的具体问题进行深入思考,理解经济制度与法律制度互动产生的不同效应背后的理由与深层逻辑关系。

◆ 学习目标

1. 理解我国关于保护财产权利的法律法规的逻辑模式。
2. 了解我国数字经济背景下数据财产化的组成要素及权利保护必要性的法经济学研究。
3. 了解我国人工智能生成物是否构成知识产权及监管保护的相关分析。
4. 了解我国虚拟货币财产权的法律定位及相关法律规定。

中国经济是世界经济圈的重要组成部分,高质量经济发展离不开先进的财产法律制度保障。市场经济也是法治经济,社会经济关系的不断变化必然导致相对稳定的法律制度需要主动变革自身以适应与调整、规制新生经济现象。我国当前的财产法律制度建设相对缓慢与落后,无法满足社会经济高速发展的要求。发展新经济必然需要建立更加完善、完备、合理、与时俱进同时与欧美高水平的财产法律制度和规则相当的基本制度,为壮大新经济发展保驾护航。做好新经济的财产法经济分析基础理论研究也是当前极为重要的任务。在此特殊形势之下,中国的财产法经济学研究需要小步快跑,提高基础研究水平。因此本章通过对三个具体案例的专题研究,从现实个案层面引导读者对财产法的具体问题产生兴趣从而进行深入思考。我们期望读者能以点带面、管中窥豹,在积极了解和学习国外理论前沿成果和新经济产业问题及解决方案的基础上,直面中国新经济背后的制度、理论问题——财产法经济问题,探求规范与实践相结合,用理论指导司法纠纷问题解决,指导新经济发展下的经济政策制定,推进新经济成果的财产化、法治化,进而提高财产法经济理论水平。

第一节　我国经济发展历程中的财产法研究

财产在法治的语境下包含如下含义:一是财产为有价值之物,得到法律的认可和保护,为合法物。禁止流通物,如非法代孕、毒品、人身器官等因为得不到法律认可,无法交易,并不能成为财产。二是财产的交换价值、交易关系、交易行为得到法律积极保护。如在买卖合同中,出卖人不交付财产,买受人可以诉请法院要求其交付财产。财产取得方式包括原始取得和继受取得两种。我国是采用大陆法系成文法制度的国家,凡是规范和调整财产关系的法律规范皆为财产法。财产权设立、变更、转让和消灭的原因大致可以分为法律行为引起的财产权利变动和非法律行为引起的财产权利变动,其中非法律行为引起的变动在经济活动中占比较小,如通过建造房屋行为获得的财产权益,一般各国都通过特殊规定予以安排。财产法调整的生产经营和市场交易行为是引起财产权利设立和变动的主要原因。目前大陆法系国家财产权利变动的法律调整模式大致可以分为债权意思主义、债权形式主义、物权形式主义三个类型。

债权意思主义的物权变动模式强调自由意思范畴,在该理论下财产变动只需当事人达成债权合意即完成,无须以物权合意和公示形式作为财产权利变动的生效要件,债权合意为财产权利转移的唯一要素。该财产权利变动立法模式为法国、日本所采纳。其中《法国民法典》第七百一十一条规定,财产所有权,因继承、身前赠予、遗赠及债的效果而取得或转移;第一千五百八十三条规定,当事人双方就标的物及其价金相互同意时,即使标的物尚未交付,价金尚未支付,买卖合同亦即告成立,而标的物所有权也于此时在法律上由出卖人转移与买受人。《日本民法典》第一百七十五条规定,物权的设定及转移,只因当事人的意思表示而发生效力。

债权形式主义的财产权利变动模式被称为"意思主义+公示主义",是指财产权利的变动除当事人之间有债权合意外还需登记(不动产)或交付行为(动产)作为物权变动生效的要素,该财产权利变动模式主要以奥地利、瑞典的立法模式为代表。《奥地利普通民法典》第四百二十六条规定,原则上动产仅能以实物交付而转让与他人;第四百三十一条规定,不动产所有权仅于取得行为登记于为此项目的而设定公共簿册中时,始生转让之效力。①

物权形式主义的财产权利变动模式以德国为代表,该物权变动模式被称为"债的行为+物权行为",其中物权行为需要有物权的意思表示与外部变动的象征(登记或交付)相结合始得成立。该物权变动以债权合意+物权变动合意+交付行为作为构成的三要素。物权行为理论由德国历史学派法学家萨维尼最早提出,物权行为理论强调物权变动的无因性和独立性,物权变动不受原因行为(即债权行为)效力的影响,物权行为独立于债权行为,债权行为是否成立或是否被撤销不影响物权行为的效力,将债的行为和物权行为作为两个独立的法律行为来对待。

依据相关法律条款规定,肖立梅教授认为我国的财产权利变动模式以物权形式主义为原则,以债权意思主义为例外。② 有的学者主张我国的财产权利变动模式自成新体系,有别于传统的债权形式主义的物权变动模式,但笔者认为我国的财产权利变动模式从民法典立法现状来看采取的是债权形式主义的权利变动理论,即"债的合意+公示主义"。《中华人民共和国民法典》第二百零八条规定:"不动产物权的设立、变更、转让和消灭,应当依照法律规定登记。动产物权的设立和转让,应当依照法律规定交付。"第二百一十五条规定:"当事人之间订立有关设立、变更、转让和消灭不动产物权的合同,除法律另有规定或者当事人另有约定外,自合同成立时生效;未办理物权登记的,不影响合同效力。"从以上条文可以看出我国财产权利变动制度采用了债权、物权二元分离的模式,确立债权物权区分原则,区分负担行为和处分行为,同时该条文间接承认了物权行为的独立性和无因性。最高人民法院《关于审理买卖合同纠纷案件适用法律问题的解释》第三条也承认了物权变动的区分原则,该原则为如何在一物二卖、多重买卖中向受损当事人进行救济提供了法理依据和法律规范支撑。

英美民事法律制度以法定所有权与衡平所有权并存的双重所有权制度为特征,以该双重所有权制度来安排和平衡其民事经济交易活动。债、物分离的二元模式,不存在于英美财产法律制度中,是大陆法系民事法律制度独有的属性。

改革开放前,因为公有制经济关系和体制的原因,我国不存在私有财产制度,也无须制定调整财产关系的法律法规,更没有财产法经济学研究的基础条件。经过40多年的发展,市场经济不断成熟,我国对于规范、调整传统客体的财产关系已经制定相对完善的财

---

① 《奥地利普通民法典》[M],戴永盛译,北京:中国政法大学出版社,2016:98—99。
② 韩世远:《无权处分与合同效力》,载王利明主编:《民商法理论争议问题——无权处分》[M],北京:中国人民大学出版社,2003。

产权法律规则。2004年的《中华人民共和国宪法修正案》规定了居民的私有合法财产不受任何人侵犯,这是我国第一次以最高效力的宪法规范明确肯定了对公民财产权利进行保护。按照调整财产关系规范的效力等级,我国的财产法律制度效力从大到小为宪法、基本法律规范、行政法规、地方性法规、部门规章、地方政府规章、政府规范性文件等。按照调整财产关系的不同对象,过去可以分为《合同法》《物权法》《继承法》《民法通则》《婚姻法》《著作权法》《商标法》《专利法》等法律法规。现在以上部分调整财产关系的各类规范因《民法典》的归纳适用而被废止。

从2021年开始我国进入了由《民法典》调整财产关系的时代,《民法典》规定的财产权利客体主要包括以下几类:(一)物权。《民法典》第一百一十四条规定:"民事主体依法享有物权。物权是权利人依法对特定的物享有直接支配和排他的权利,包括所有权、用益物权和担保物权。"权利在符合相关法定条件时也可以作为物权的客体,例如居住权。对于《民法典》规定的居住权,笔者更倾向于认为该权利为物质帮助权利或社会福利权益,而非严格意义上的财产权利。之所以得出以上结论是因为居住权利并无智慧价值或使用价值,其无法通过交易行为实现价值的让渡;此外,《民法典》的"物权编"还明确规定了以特殊承包方式取得的土地承包经营权人有权流转土地经营权,即第三百四十二条规定:"通过招标、拍卖、公开协商等方式承包农村土地,经依法登记取得权属证书的,可以依法采取出租、入股、抵押或者其他方式流转土地经营权。"这使得承包人在保留自己的土地承包经营权的同时,可以通过流转土地经营权而获得利益和实现权利。(二)债权。《民法典》第一百一十八条规定,债权是因合同行为、侵权行为、无因管理、不当得利以及法律的其他规定,权利人请求特定义务人为或者不为一定行为的权利。其中《民法典》也规定因自愿实施紧急救助行为造成受助人损害的,救助人不承担民事责任。(三)知识产权。《民法典》第一百二十三条规定,民事主体依法享有知识产权。主要分为商标、专利、著作权。(四)继承权。自然人的合法财产可以被继承人或第三人依法或依约定继受。有学者称继承权具有人身属性和财产属性双重权利属性,《民法典》也明文规定胎儿享有继承权。(五)民事主体依法享有股权等投资性权利。投资权利主要由《公司法》《合伙企业法》、证券、期货、基金等相关金融法律法规调整。(六)《民法典》明确规定了小区共有部分所得的收入归全体业主所有,避免了因电梯广告、车位出租、外墙广告等业主共有权利的出租而导致的不明纠纷。

当前人工智能、算法模式及成品、区块链技术、大数据等智能经济、数字经济正在快速发展,但《民法典》没有对新业态经济产生的财产权利或财产关系进行明文确权和规制,未进行积极回应,较为遗憾。在发生纠纷时,由相关法院适用已有的规范对新类型经济产业的财产权利关系进行零星个案裁判。期待国家在不久的将来能出台专项法律调整上述新经济模式下的财产关系并支持绿色经济和数字经济的快速发展。

第二节　大数据时代网络数据财产权保护

随着互联网经济的快速发展,数据已然成为当前生产经营中的新型生产要素,数据所蕴含的潜在巨大财产价值业已得到广泛认可。数据产品是商事主体通过云计算、大数据分析等手段对粗放、价值有限的碎片化原始数据进行提炼整合生产出具有强大商业价值的财富资源。以数据为生产要素的经济活动,可以成倍提升数据的价值,创造人类生产生活的新需求,极大提高社会各方面活动的效能。但是目前大数据领域的法律规则依然缺乏,个人信息保护与数据商业化使用之间的冲突,以及各类数据产品权属争议频频发生,数据领域新型法律问题不断出现。大数据产品何以成为受保护的财产,此种财产权益的权属应如何确认,应对数据财产权益保护到何种程度才能在促进其利用的同时兼顾个人信息保护,如何依法制止侵害数据产品的不正当行为,如何营造健康、有序的数据市场竞争秩序,这些都是理论与实务界亟待回答的问题。[1]

案例 4-1

网络数据产品财产权益确权——淘宝诉美景公司数据产品不正当竞争案

案情简介:淘宝是"生意参谋"零售电商数据产品的开发者和运营者,其通过"生意参谋",为商家的店铺经营、行业发展、品牌竞争等提供相关的数据分析与服务并收取费用,已形成特定且稳定的商业模式,给其带来较大的商业利益。"生意参谋"数据产品市场行情标准版的订购价格为每年900元,其专业版的订购价格为每年3 600元。该产品累计服务商家已超过2 000万,月服务商家超500万。"生意参谋"数据内容体现了淘宝的竞争优势,已成为其核心竞争利益所在。淘宝在经营过程中发现,被告美景公司运营的"咕咕互助平台"及"咕咕生意参谋众筹"网站,以提供远程登录服务的方式,招揽、组织、帮助他人获取"生意参谋"数据产品中的数据内容,并从中获取利益。淘宝认为,美景公司的行为构成不正当竞争,严重侵害了淘宝的经济权益。淘宝于2017年12月份将美景公司起诉至杭州互联网法院,要求美景公司:1.立即停止针对"生意参谋"数据内容的侵权行为,包括但不限于(1)立即停止收集淘宝用户子账号,非法获取数据的侵权行为;(2)立即停止组织淘宝用户出租其子账号,变相售卖数据的侵权行为;(3)立即停止引诱、教唆淘宝用户出租其子账号并泄露数据的侵权行为。2.赔偿淘宝经济损失及合理维权费用500万元。

法院经审理后认为,首先,涉案"生意参谋"数据产品所提供数据是在巨量原始网络数据基础上通过一定的算法,经过深度分析过滤、提炼整合以及匿名化脱敏处理后而形成的预测型、指数型、统计型的衍生数据。其次,该产品呈现数据内容的方式是趋势图、排行

---

[1] 董磊:《大数据产品财产权益究竟归谁》[N],《经济日报》,2019-03-20。

榜、占比图等图形,提供的是可视化的数据内容,已成为网络大数据产品。网络大数据产品不同于原始网络数据,其提供的数据内容虽然同样源于网络用户信息,但是经过网络运营者大量的智力劳动成果投入,经过深度开发与系统整合,最终呈现给消费者的数据内容,已独立于网络用户信息、原始网络数据,是与网络用户信息、原始网络数据无直接对应关系的衍生数据。网络运营者对于其开发的大数据产品,应当享有自己独立的财产性权益。

2018年8月16日,杭州互联网法院对淘宝与美景公司涉"生意参谋"零售电商数据平台不正当竞争纠纷案进行公开宣判,认定美景公司的被诉行为构成不正当竞争,判令美景公司停止侵权行为并根据被告的获利金额情况酌情决定赔偿淘宝经济损失及合理费用。

资料来源:王琦:《淘宝诉美景不正当竞争获赔两百万入选"人民法院十大民事行政案"》[N],《南方都市报》,2019-01-15;张建文:《网络大数据产品的法律本质及其法律保护——兼评美景公司与淘宝公司不正当竞争纠纷案》[J],《苏州大学学报(哲学社会科学版)》,2020年,第1期:第35—46页。

在该案的判决中,法院一方面认可了淘宝对"生意参谋"数据产品带来的竞争性数据权益,创造性地保护数据产品开发者和运营者的合法权益,这是积极的一面,即该司法判决可以引导、鼓励、支持市场经营者积极利用、深挖数据资源要素的价值潜力,对开发新型商业模式、提高经济活力具有推动作用。另一方面,作为一种新形式的财产,数据要素产品被侵权时虽然得到司法判决的支持,但在司法判决及在法律规范层面对数据产品的所有权归属、处分、收益及保护仍存在很多难点和复杂性。法院认为财产所有权作为一项绝对权利,如果赋予网络运营者享有网络大数据产品的财产所有权,则意味着提供数据源的大众变成没有权利而只单纯承担义务的一方。因此,数据产品的所有权确定涉及不同主体的利益,不得随意定性,应由民事法律制度确定。鉴于我国法律目前对于数据产品的权利保护尚未做出具体规定的情况,基于"物权法定"原则,法院否认了淘宝主张的数据产品财产所有权。在该案例中,法院也并没有直接回答这种数据产品的财产属性和法律属性到底具体指向什么。

在技术上,数据产品是为满足特定商业目的对无数零散数据信息进行深加工使其得以资源化重组,以适用于通信、解释或处理的产品。在法律上,数据产品是一种财产性权益,具体体现为对数据的控制、处理、使用、收益的权利,是一种权益。但这种权益与所有权不同,它不是一种物权,也不是一种知识产权。随着数据价值的日渐体现,因数据产品权利定性问题、权属不清问题引发的数据纠纷也必然日益增加。在大数据背景下,界定数据产品的权利定位和归属,将因产权不清造成的外部性问题内部化,从而转化为正向经济性,对于投资、开发数据产业以及推动数据要素的商业化利用,具有现实意义。这就与德姆塞茨的理论,即当把因产权不清所造成的外部性内部化的收益高于其成本时产权将会产生的观点不谋而合。目前数据财产权的问题在法学界仍旧处于模糊的地带。现有的法律法规对于大数据的财产权没有明确的规定,因而对大数据财产权问题进行法经济学分析就具有极强的理论价值和现实意义。

在经济学视角下,大数据财产权的界定应当以效率为出发点,以社会财富最大化为目标,在探讨大数据财产权的产权安排时,应运用成本—收益分析法,并结合科斯定理进行探索式研究。阿尔钦认为,产权指的是"一种通过社会强制而实现的对某种经济物品的多种用途进行选择的权利。"与法律上的物权不同,产权并不是绝对的、普遍的,而是一种资源配置效率的权利安排,是不同主体在交易中形成的权利关系,核心是使用资源、享有资源成果的权利。一种合理的产权安排应该产生最优的激励效果,进而让资源得到最有效的配置和使用。在数字经济时代,数据是一种重要的资源和要素,其持有权、使用权、收益享有权等各种权利在个人、企业、政府等主体之间的不同配置将会对其使用效率产生极大的影响。基于数据资源供给、开发、运营等多方参与主体和多重利益分配的复杂关系,当下合理的数据产权界定应注重数据资源的有效开发和利用,暂时搁置数据权属的法律定位难题,在经济参与主体之间对数据合法占有权、使用经营权、收益权等权利进行恰当的配置,从而让数据产品的生产、使用和保护最有效率,并实现社会财富的最大化。著名法学家波斯纳在其著作《法律的经济分析》一书中也曾提出了"事实上的财产权利"这一观点,认为市场上只要存在对某物的支付意愿,就应当认为该物具备了事实上的财产权利。平台企业在数据产品的生产过程中,投入大量人力、物力和技术成本,因而数据产品是企业投资后得到的工作成果,该工作成果具有市场价值兑现性,具有财产属性。[①]

在平台企业和数据来源者之间,该如何确定大数据产品的衍生权利安排呢?由平台企业拥有数据产权可以实现数据资源配置最优化,对企业会产生经济收益。零散、孤立分布的个人信息原始数据并没有价值属性,"躺平"的信息无法创造经济效益。数据只有在满足一定生产或消费需求、商品化并能交易后才能产生价值,自然人手中的自身信息数据并无效率可言。当来自不同人、不同渠道的数据组成了"大数据"后,其作用才会发生质的改变,成为帮助企业进行商业决策分析的重要工具或成为可以为企业创收的无形商品,数据的"规模经济"和"范围经济"变大。当然,由平台拥有数据产权也可能会产生潜在风险:第一重风险来自侵权的风险。当数据保护合规制度较弱或者没有相关制度的平台拥有用户大量的个人信息数据后,基于利益驱动平台就容易忽略人们的隐私权利,有可能导致侵害自然人人身权、财产权风险的出现。目前我国已经制定较为完善的保护个人信息的民事、刑事法律规范,司法打击违法行为的力度也在不断强化,同时企业对于数据安全、数据合规也越来越重视,实践中发生的侵犯个人信息的行为也越来越少了。第二重风险来自数据垄断的风险。数据垄断可以是平台对数据资源的垄断,也可以是平台依靠掌握的数据,增加其在产品市场上的垄断力,从而更好地实施垄断行为。但是,平台企业是否真的能够垄断数据资源又要取决于数据的可替代性。有研究表明,数据的可替代性程度实际上是比较强的,在大数据环境下,很多数据其实可以通过其他维度的数据推测出来,因此真正形成数据资源垄断的可能性也不大。同时由于平台并不是数据产品及原始数据的所

---

① 徐海燕、袁泉:《论数据产品的财产权保护——评淘宝诉美景公司案》[J],《法律适用(司法案例)》,2018年,第20期:第83—89页。

有者,其垄断数据和利用数据实施垄断行为在法理上也无法立足。如果企业通过数据强化了自身的垄断行为能力,也可以通过反垄断法进行规制。另外,微软前首席经济学家苏珊·阿西曾进行过实验经济学的研究,实验发现,尽管实验的被试者声称自己对本人的隐私非常重视,但实际上他们愿意以很小的代价出售自己的大量非敏感信息和数据。在实验室中,交易成本接近于零,也说明日常的消费数据信息对个人来说并不十分重要。基于以上原因,本着谁投资创造价值、谁享有价值的原则,将数据产权分配给数据产品经营者符合市场运行规律,反映了最有效率的配置状况。由此可见,对数据进行产权界定,并将产权界定给平台企业而非消费者,总体而言是收益大于成本的,是一种有效率的安排。

对于大数据的财产权应该通过何种方式进行保护这一问题,法经济学大师卡拉布雷西曾提出过产权保护的三个原则,即财产规则、责任规则和不可让与规则。所谓财产规则是指在真实意思表达和自愿的基础上通过市场环节自由进行产权流转,不受任何第三方干涉和胁迫,转让的价格由交易双方协商决定。所谓责任规则是指,当产权持有者的合法权益受到违约行为或侵权行为侵害时,由第三方(一般是司法机关)确定一个公允的价格来补偿持有者产权损失的对价。不可让与规则指产权交易行为产生的效益不足以弥补因该行为损害的社会综合利益。国家对含有有害因素的财产产权,进行限制或禁止转让。这三个原则也适用于大数据财产权保护问题。责任规则的适用在于当数据产品经营者的产权受到侵害时,违法行为主体未经同意非法使用数据产权需向原权利人支付合理的对价,如赔偿款。责任规则与财产规则相比,既可以通过补偿一方来保护产权,又降低了大数据产权流转所产生的交易成本,能够提高数据保护和利用效率。允许侵权使用者先行使用数据,然后再根据第三方的估价让数据违法使用者向平台支付价格,这会使得交易的效率得以提升。就如同美国第九巡回上诉法院于2017年8月发出初步指令,要求拥有超过6亿成员的微软旗下领英(LinkedIn)公司允许数据分析公司HiQ访问公开的成员档案。巡回法官玛莎·贝松说,HiQ开发帮助雇主决定雇员是留下还是辞职的软件,该公司在没有许可的情况下面临着不可弥补的伤害,因为它可能会在无法获取相关信息的情况下停业。领英或其他用户公共数据的正当权益若因为访问受到损害,HiQ应当根据实际利益损失情况给予赔偿。所以在数据产权的保护方面,法经济学基础理论大有用武之地,具有积极的指导价值和意义。财产规则的适用,如杭州互联网法院审结的全国首例涉NFT数字产品侵权案,法院认可了以区块链技术为基础,具有一定文化价值和收藏价值的NFT数字产品属于网络虚拟财产。深圳奇策公司经原著作权人马某授权享有对NFT数字产品的独占著作财产权。该数据产品的产权许可使用受法律保护。人们对于隐私权的忧虑源于一些隐私数据的交易所产生的外部性。根据卡拉布雷西的理论,在这种情况下,应对隐私数据适用"不可让与性"规则来进行保护。尽管已加工数据产品的产权属于平台,但对涉及敏感隐私且可能造成重大负外部性的数据,在有损第三方权利的情况下,平台应通过安全技术对拟使用的原始数据进行脱敏处理,不得将该敏感数据未经处理以数据产品为载体对外公示,其也没有权利将该敏感数据转给他人。

第三节　人工智能生成物知识产权保护

人工智能是由 1971 年图灵奖获得者、被称为"人工智能之父"的计算机科学家约翰·麦卡锡（John McCarthy）和一批数学家、信息学家、心理学家、神经生理学家及其他计算机科学家于 1956 年在达特茅斯大学召开的夏季讨论会上首次提出的。美国波士顿动力公司（Boston Dynamics）从 1983 开始制造第一台机器人。40 多年后的今天，该公司的机器人 Atlas 已经可以自行"跑酷"和做家务。人工智能产品现在已经普及到人类的家庭生活与工厂、医院等场景，承担危险、精确、辅助性的工作，为人类的家务、医疗健康、生产作业、救援、国防安全等方方面面的美好生活做出了重要贡献。人工智能技术推动了经济模式的深度变革，人类经济活动已经进入智慧经济时代，人工智能技术具有的巨大竞争优势和潜在高效的经济价值使其成为各国产业布局的重点发展方向。人工智能的发展也对现有的知识产权等财产法律制度提出了一系列的挑战。人工智能产品能否构成受著作权法保护的作品？人工智能能否成为作品的作者？人工智能生成物发生侵权行为时，责任主体该归属谁？目前的法律规范尚未对这些问题给予明确回应。本小节通过相应案例对以上问题进行深入分析。

案例 4-2

首例人工智能生成文章作品纠纷案
——腾讯诉盈讯科技侵害著作权案

案情简介：2018 年 8 月，腾讯在其网站上首次发表了标题为《午评：沪指小幅上涨 0.11% 报 2 671.93 点 通信运营、石油开采等板块领涨》的财经文章（以下简称"涉案文章"），文章末尾注明"本文由腾讯机器人 Dreamwriter 自动撰写"。同日，盈讯科技在其运营网站发布了相同文章。腾讯认为，涉案文章的著作权应归其所有，盈讯科技的行为侵犯了其信息网络传播权并构成不正当竞争。腾讯向法院起诉称，涉案文章由其工作人员使用涉案软件完成，代表原告意志创作，并由原告承担责任，原告依法应视为涉案文章的作者，涉案文章的著作权归原告。盈讯科技未经许可在涉案文章发表当日就进行了完全复制，并发表在其经营的"网贷之家"网站上向公众传播，此行为涉嫌侵犯了原告享有的著作权。据此，腾讯请求法院判令盈讯科技停止侵权并赔偿经济损失。庭审中，盈讯科技认可腾讯主张的事实。

2020 年 1 月，深圳市南山区法院审理认定，涉案文章属于《中华人民共和国著作权法》所保护的文字作品，是原告主持创作的法人作品。南山法院经审理认为，该案主要审理焦点在于涉案文章是否构成《中华人民共和国著作权法》上的文字作品。对此，南山法院认为，根据著作权法实施条例等相关规定，涉案文章是否构成文字作品的关键在于其是否具有独创性,而判断涉案文章是否具有独创性,应当从是否独立创作及外在表现上是否与已有作品存在一定程度的差异或具备最低程度的创造性上进行分析判断。第一,从外在表现形式上看,涉案文章符合文字作品的形式要求,内容体现了当日上午相关股市信息,对数据进行了选择、分析、判断,文章结构合理,表达逻辑清晰,具有一定的独创性。第二,从涉案文章的生成过程来分析,该文章的表现形式是由腾讯主创团队相关人员个性化的安排与选择决定的,具有一定的独创性。因此,涉案软件技术上"生成"的创作过程均满足《中华人民共和国著作权法》对文字作品的保护条件,属于《中华人民共和国著作权法》所保护的文字作品。据此,南山法院一审判决盈讯科技未经授权转载涉案文章的行为侵犯了腾讯享有的信息网络传播权,应承担相应的民事责任。鉴于被告已经删除侵权作品,酌情判定被告赔偿原告经济损失及合理维权开支1 500元。

本案被列入2020年度人民法院十大案件,也被称为首例人工智能生成文章作品纠纷案。

资料来源:《2020年度人民法院十大案件》[EB/OL], http://peixun.court.gov.cn/index.php?m=content&c=index&a=show&catid=6&id=2001,2023年11月3日访问。

该案涉及的是人工智能自动生成的文章是否构成作品的法律问题。根据《中华人民共和国著作权法》第三条规定:"本法所称的作品,是指文学、艺术和科学领域内具有独创性并能以一定形式表现的智力成果。"上述案件从法院裁判的观点来看,认定人工智能生成物构成作品的核心条件之一是具备独创性。若人工智能生成物在内容上不具备独创性,则肯定无法达到《中华人民共和国著作权法》意义上的作品标准。

另一个例子是北京菲林律师事务所诉北京百度网讯科技有限公司侵害署名权、保护作品完整权、信息网络传播权纠纷一案[(2018)京0491民初239号]。该案针对人工智能生成物做出了截然不同的法律认定。法院经审理认定计算机软件智能生成的涉案文章内容不构成作品,判定的理由为:涉案文章具备一定的独创性,但在利用计算机智能软件生成文章的创作过程中并未体现、加入使用者和开发者自己的独特思想、观点。该文章内容无法体现出自然人的智力成果。根据现行法律规定,人类所创造的智力成果才是《中华人民共和国著作权法》应当保护的对象。

从上述两案可以看出人工智能生成物要构成作品,一是生成物的内容要具备独创性;二是生成物要体现使用者的智力成果,若无自然人的思想或表达,则无法构成作品。以上两个要素如果缺一,则人工智能生成物无法成为《中华人民共和国著作权法》保护的作品。因此,在当下人工智能越来越"聪明"的背景下,若无自然人脑力劳动的付出和投入,仅仅靠简单指令由人工智能自行生成的生成物,很难达到成为受保护作品的标准。如国际知识产权保护协会发布的《关于人工智能生成物的版权问题决议》明确规定人工智能生成物只有在其生成过程有人工干预且符合受保护作品情况下,才能获得版权保护。用户利用人工智能系统ChatGPT生成的名人风格诗歌或绘画在申请版权登记时会被美国版权局拒绝登记,理由就是在创作过程中无自然人独立的干涉、控制。

2023年4月杭州互联网法院公布的魔珐公司诉杭州某网络公司虚拟数字人侵权一案①对人工智能能否成为作者或著作权人进行了司法实践确认。魔珐公司运用多项人工智能技术打造了超写实虚拟数字人Ada,其后在某社交平台上公开发布了虚拟数字人Ada的视频。杭州某网络公司通过抖音账号发布魔珐公司的虚拟数字人Ada的视频,并替换有关标识,还添加了被告注册商标和被告营销信息。魔珐公司认为杭州某网络公司侵犯其著作权益和不正当竞争,遂成诉。法院审理认为虚拟数字人作为一种人工智能技术的集合产物,其本身运行的既定算法、规则以及所获得的运算能力和学习能力,均体现了开发设计者的干预和选择,在某种程度上仅是作者进行创作的工具,不具有作者身份。在现有法律制度下,虚拟数字人不享有著作权利,魔珐公司享有Ada表演视频的相关版权。后法院判决认定杭州某网络公司涉嫌侵犯原告的著作权利及不正当竞争。

人工智能生成物侵犯他人知识产权权利,涉及受害主体问题。关于侵权主体是谁、责任承担方式等问题尚无明确的法律规定,也无相关判例予以阐释。美国人工智能公司Stability AI 已经坐在被告席上,因其在人工智能产品生成过程往往会抓取大量基础数据、图片、视频等内容,这个环节容易发生侵权行为,根据现有的知识产权相关法律法规调整人工智能生成物财产领域的侵权行为或违约行为的法律关系,责任承担原则一般是过错方或受益方。

从"菲林案"到"腾讯诉盈讯案"再到"虚拟数字人案"的转变,可以看出在我国的司法实践中,对于人工智能生成物是否具有著作权的判断标准着眼于两点:一是人工智能生成物是否具有独创性;二是其是否包含人的智力等劳动因素。人工智能生成物是否满足独创性和人的智力劳动因素的标准,应当从以下几个方面考察:第一,人工智能生成物不是对现有作品的抄袭,具有原创性,可以独特地表现。技术的发展赋予人工智能强大的学习能力,其能够模拟人的思维对材料进行加工整理,从而创作出新作品。第二,人工智能创作时,不是机械地执行指令,而是在人提供"基础材料"的基础上进行二次再造,自主独立地生成新作品。第三,人工智能生成物可以体现开发者和营运者个性化的判断、选择、安排和需求。第四,人工智能生成物凝结了人的脑力、资本等综合要素投入。《中华人民共和国著作权法》主要借鉴了大陆法系的立法体系,立法目的更偏向于对作品价值的保护。在立法理念中,作品是凝结了人的创造心血的,所以给予保护,将人工智能生成物视为作品予以保护,实际上是对《中华人民共和国著作权法》保护客体的一种扩大。如果从法经济学的角度判断一个作品是否具有独创性,应当满足四个要件:第一,该作品市场价值较高,有人愿意为此付费;第二,创作这些作品有一定的投入成本,包括时间、脑力和财力;第三,作品的耦合概率小,著作权交易成本和执法成本低;第四,与现有表达相比,该作品具有显著的差异。由此观之,《中华人民共和国著作权法》之所以只保护具有独创性的作品,原因并不在于作品的审美价值或作者的心理意图,而是为了平衡作品竞争市场的成本和

---

① 《虚拟数字技术知识产权如何保障？杭州判决首例涉虚拟数字人侵权案》[EB/OL],https://hznews.hangzhou.com.cn/jingji/content/2023-05/06/content_8527676.htm,2023年11月3日访问。

收益,抑制抄袭、鼓励创新,实现社会福利的最大化。经济学的分析路径恰能最好地回归和实现《中华人民共和国著作权法》的这一宗旨。①

从1710年的《安娜女王法》到现在各国的版权法或著作权法,都可以看出版权法的改革经历了一个逐步扩张的历程,包括保护客体和权利内容的增加、版权保护期限的延长、保护范围向不同创造主体推进等。在新的社会经济环境下,特别是技术进步所引发的财产权利扩张使得著作权人的利益失去平衡,著作权法所体现的利益平衡精神需要进行调整,因此就会对著作权人一方的权利进行适当扩张。所以,版权制度的历史演进过程实际上就是一种动态的均衡过程。美国法学家保罗·戈尔茨坦在其1994年所著的《著作权》一书中写道:"版权从诞生之日起就是技术的孩子。科技的发展使得技术日益创新,推动了文化和科学事业的发展与繁荣。静电复印技术使文学作品广泛出现,摄像和录像技术的进步使电影、表演、音乐、戏剧、曲艺等艺术作品繁荣。"网络技术使得信息资源得以共享,推动了人工智能、数据产品不断涌现。面对历史上的几次技术革新,著作权法都逐步调整和修改,扩展了保护范围并增加了保护力度,达到法律对非法复制的遏制效果。著作权法经历了印刷技术、广播电视技术和数字技术等数次重大飞跃。版权保护也扩展到各种形式所表现的创造性作品和行为中,将舞蹈、绘画、建筑、摄影、动画、唱片等文化作品和活动,以及广播、电视、程序软件、集成电路布图设计等数字作品和行为都纳入了保障的范畴,增强了版权在规范市场秩序方面激励创新、保护财产价值的功能。

如果技术保持不变,强化法律就会增加版权保护的力度;如果法律保持不变,而技术在发展,版权保护就会脱节、落后,无法满足作品及时寻求权利保护的要求。从这个意义上讲,版权和科学技术之间并不是完全同步的,二者大多情况下相互促进发展,但也有不协调的时候。著作权法也因此长期处于一种需要与技术与时俱进、被动调整和改革的状态中。技术与法律是推动社会物质文明和精神文明繁荣的两种外部力量,但这两种力量并非同步增长。技术是个人价值追求的结果,变化迅速;法律是协调不同主体之间利益均衡的产物,往往滞后;而这种不协调状态在版权领域表现得尤为明显。版权市场是整个经济市场的一个组成部分,它也存在着局部均衡和一般均衡,受内生因素和外生因素变化的影响。当内生因素发生变化时,版权市场可能出现局部不均衡,因而就需要根据变化来修改著作权法,完善版权法律制度。当外生因素发生变化时,版权市场与其他市场之间的均衡关系被破坏,也会导致其变化,同样需要完善版权法律制度,使版权市场与其他市场之间的关系重新达到平衡。由此可见,版权相关人之间的经济利益均衡引导着版权法律制度的完善,使版权市场的各种利益从均衡到失衡后又回到再平衡状态。②

法律视角下皆为权利,经济视角下皆为创造财富活动,人工智能生成物具备相应的价值属性已经被市场证明和接受,法律对人工智能生成物的财产关系应当给予恰当的权利

---

① 熊文聪:《作品"独创性"概念的法经济分析》[J],《交大法学》,2015年,第4期:第130—139页;吕克宁:《人工智能创作物的著作权法律保护研究》[D],长春理工大学硕士学位论文,2021;刘亚东:《公共领域保留视野下作品独创性认定研究》[D],中国政法大学硕士学位论文,2020。

② 朱慧:《激励与接入:版权制度的经济学研究》[M],杭州:浙江大学出版社,2009。

保护安排。从人工智能生成物被认定到被纳入版权保护的范畴,亦是人工智能技术带来的市场利益从社会泛均衡走向失衡的一个过程,因此需要通过版权制度的拓展使得人工智能市场达到新的均衡状态。对于传统作品的创作者而言,其关注的是创作作品给自己带来的利益。而对于当前的人工智能产业发展,需要鼓励的不是进行创作的人工智能,而是使人工智能本身不断得到创新的投资者。法律只有给予人工智能生成物以著作权保护,市场才会将创新利益分配给投资者,才能在维持现有投资热情的基础上进一步吸引、激发其他投资者的投资兴趣和欲望。同时,这样的法律安排有利于投资人保护现有的技术创新成果,鼓励更多市场从业者从事技术经济投资活动,扩大整个社会的总财富。没有财产性法律制度的支持,任何人都可以窃取、免费使用他人的技术成果,侵权行为不断发生。在投资人和开发者付出的劳动、技术、资本等生产要素无法得到回报的情况下,商业创新和人工智能创作极有可能因缺乏资金支持而被迫停止,整个社会的经济活力就会降低,社会财富就会缩水。著作权法乃至整个法律体系的创建都是为了回应人类社会的需求,赋予作品以法律保护是为了鼓励作者更好地投身于文学艺术创作中,进而使我们生活的社会更加多元化。不同于人类作者在没有经济因素的鼓励下依然会在兴趣、荣誉等因素的作用下继续创作,人工智能由经济利益驱动创作欲望,如果缺乏经济基础性激励,那么将最终导致创作的停滞和创造数量的下降。只有通过确立人工智能生成物的著作权保护机制,让广大投资者的创新成果得到安全的制度保障,让投资者看到丰厚的市场利益,让投资者的创新行为在被侵权时得到法律支持,才能鼓励和吸引更多资本进入人工智能市场,这对于整个人工智能产业的发展有着极其重要的意义。在雄厚的资本资源支持下,人工智能版本会不断升级,技术将不断创新,产业运营能力不断优化,越来越多高质量的作品才会源源不断地输入市场,进而营造一个文化繁荣、技术进步而又多元的社会。从法经济学的视角来解读人工智能生成物缘何会被纳入著作权保护的范围之内,人工智能生成物的保护为何会从主体认定逐步转向最为重要的客体独创性的判断等问题,有利于经济领域利用效率原则对现行法律进行积极调整,给自由经济匹配一个有效的经济学解释。[①]

第四节 虚拟货币财产权保护

虚拟货币是由私人部门发行、局部可以自有的记账单位,主要包括加密代币和积分代币。前者包括不存在信用发行主体而是采用区块链等特定加密技术发行的虚拟商品,例如比特币(Bitcoin)、莱特币等,或者是通过首次代币融资(Initial Coin Offering,ICO)形成的中心化数字货币及其代币等。后者是由特定私人信用主体发行的在特定场景下使用的

---

① 费方域等:《数字经济时代数据性质、产权和竞争》[J],《财经问题研究》,2018年,第2期:第3—21页;刘强、胡姝娴:《人工智能背景下知识产权制度的困境及变革路径》[J],《重庆工商大学学报(社会科学版)》,2019年,第4期:第128—136页。

电子支付手段,产生方式包括商家返利积分、折扣券、代金券等多种形态,例如淘宝积分、Q币、论坛币等。

案例 4-3

首例涉"比特币"网络财产侵权纠纷
——吴某诉上海耀志网络科技有限公司、浙江淘宝网络有限公司

案情简介:2013 年 5 月 7 日,吴某在黄某经营的淘宝网店铺购买商品"FXBTC 充值码 497.5 元",支付价款 500 元,上述店铺标注其为比特币交易平台(www.FXBTC.com)官方店铺。后吴某又于 2013 年 11 月 30 日向上述店铺的支付宝账号付款共计 19 920 元。2014 年 5 月 2 日,"FXBTC"网站发布"停运公告"。原告根据支付上述 19 920 元当日的比特币价格推算,主张上述款项系用于向被告上海耀志网络科技有限公司购买 2.69 个比特币,该公司在网站关停时未向原告进行任何提示的不作为行为导致原告产生巨大经济损失;而淘宝未履行审核义务,导致原告在其经营的网络购物平台上购买到了禁止交易的商品;故两被告应承担连带责任。

杭州互联网法院经审理后认为,虽然比特币作为虚拟财产的法律地位应当予以肯定,但原告主张本案侵权行为的实际实施主体被告为上海耀志网络科技公司,依据不足。原告称其为购买比特币向被告上海耀志网络科技公司支付了 19 920 元,但该款项的直接收取方为案外人黄某经营店铺的支付宝账号,仅凭店铺单方描述并不足以认定其为被告上海耀志网络科技公司"官方"充值店铺,更不足以推定店铺经营主体与网站经营主体的同一性;而原告对于涉案 19 920 元支付后有无获得涉案网站的充值码、有无对应的网站账号、上述款项是否已实际在网站充值、是否实际获得相应比特币份额等情况均未提供任何证据予以证明。根据谁主张谁举证的原则,原告应承担举证不能的法律后果。

关于原告主张淘宝承担连带责任的问题,杭州互联网法院认为,本案中涉案商品信息不存在明显违法或侵权的情形,原告亦未提交任何证据证明其曾就本案情况向被告淘宝进行过任何通知,被告淘宝并非涉案交易的相对方或涉案侵权行为的行为人,不存在明知或应知侵权行为存在而不及时采取措施的情形,经原告要求之后也已及时披露涉案交易相对方的认证信息,因此并不构成侵权。但平台应进一步加强商品信息发布的审核责任。后法院判决驳回了原告的诉讼请求。

资料来源:《杭州首例比特币纠纷案宣判》[EB/OL],http://legal.people.com.cn/n1/2019/0719/c42510-31244270.html,2023 年 11 月 3 日访问;《比特币虚拟财产属性首次被法院认定》[EB/OL],http://paper.people.com.cn/zgjjzk/html/2019-07/30/content_1939754.htm,2023 年 11 月 3 日访问。

在上述案件中,法院认为比特币具有价值性、稀缺性、可支配、可转让性,通过"挖矿"行为凝结了劳动力,认可了比特币作为虚拟财产的法律地位,这样的肯定具有积极意义。

另一个相关案例是,2020 年 10 月 10 日原告程某向上海市宝山区人民法院提起诉讼,要求被告施某某向其返还一个比特币。法院于 2021 年 2 月 23 日做出民事判决:被告施某

某于本判决生效之日起十日内返还原告程某一个比特币。后经强制执行双方达成以下和解协议:第一,程某不再要求施某某返还一个比特币;第二,被执行人施某某以程某出借比特币时的购入价人民币 84 000 元折价赔偿程某。①

通过以上案件可以认为,在司法实务领域,法院基本统一裁判认可比特币作为虚拟财产的法律地位。《中华人民共和国民法典》第一百二十七条规定:"法律对数据、网络虚拟财产的保护有规定的,依照其规定。"最高人民法院联合国家发展和改革委员会共同发布的《关于为新时代加快完善社会主义市场经济体制提供司法服务和保障的意见》第二条中明确提出了加强对数字货币、网络虚拟财产、数据等新型权益的保护。中国人民银行等五部委发布《关于防范比特币风险的通知》(2013 年)、中国人民银行等七部门发布《关于防范代币发行融资风险的公告》(2017 年)等文件,虽然否定了此类"虚拟货币"作为货币的法律地位,但上述规定并未对其作为商品的财产属性予以否认。我国法律、行政法规亦并未禁止比特币的持有和合法流转。

比特币是通过计算机特定算法、程序、算力计算出来的虚拟货币,在性质上是虚拟商品或虚拟财产。比特币具有总量有限、匿名性、唯一性、去中心化、可交易、流动性等特征。以区块链技术为基础的比特币,因其数据上的唯一性、不可篡改性、特定性等特点,具备事实上的排他性占有条件。比特币具有物权特征,持有人对其享有占有、使用、获得收益、处分的权利。比特币的买卖交易本质上是追求虚拟商品收益的风险投资活动。投资人可以通过"开采"或购买行为获得比特币。买方通过买卖合同取得比特币等投资型虚拟货币时,已然取得了其所有权。投资型虚拟货币的财产权可以视为归属于持有此货币的投资人,而由于其固有的安全性较低、交易平台脆弱、价格波动等缺陷,以及缺乏政府信用背书即没有货币价值与传统金融理念抵触,投资型虚拟货币的财产性具有极大的不稳定性,我国法律尚未对比特币等虚拟财产或商品做出明确规定。②

如果能在任何稀缺而有价值的资源之上设定排除他人使用该资源和自己使用该资源的排他性权利,并且这种排他权是可以让渡的,那么资源价值就能得到最大化。简言之,对产权的法律保护创设了鼓励交易的环境、创造了有效率使用资源的激励。在互联网飞速发展的背景下,对虚拟商品的法律保护构建起一套产权制度,既有利于虚拟货币相关产业的发展,也有利于虚拟财产现实交易的安全,促进虚拟经济的规模化发展,更能体现法律追求效率的原则。虚拟财产权的制度设计中对虚拟财产权概念的界定就是权利人对虚拟商品的占有、使用、获得收益和处分的权利。但是科斯曾在《企业、市场与法律》中提到法律上的财产权概念与经济学上的"产权"概念是存在差异的:法律上的所有权是一种归

---

① 《程红与施玉莲其他所有权纠纷一审民事判决书》[EB/OL],https://wenshu.court.gov.cn/website/wenshu/181107ANFZ0BXSK4/index.html?docId=U2i3wuBZ89Ox9FX//yIfL9Ts9hetJoR1uAlFbnPOwks06oFmFRwyJ/UKq3u + IEo4x0gSvD4wNmZ96SkfFRQOVRwia9wShLANykSnRc3PcWdJCzIcPfs6o4CRqlcccG97,2023 年 11 月 3 日访问。

② 齐爱民、张哲,《论数字货币的概念与法律性质》[J],《法律科学(西北政法大学学报)》,2021 年,第 2 期:第 80—92 页。

属概念,经济学要决定的是资源要素如何实现效用最大化的安排,而不是所有者拥有的合法权利。司法对比特币作为虚拟财产或商品的属性及对应产生的财产权益予以肯定,实际上是借鉴了经济学对产权概念的理解。作为一种新型的财产权利,虚拟财产权是保护、享有、处分虚拟财产并实现价值最优化的必由制度路径。但同时,由于投资型虚拟货币的财产性具有极大的不稳定性,我国法律也没有给予其明确的定性,即对它的法律设计不能完全等同于传统的法律上的"财产权"概念,更要将其放置于整个经济社会的发展之中,充分考虑到它与现实财产的联系和差异。总之,法律对比特币等虚拟商品新型财产关系的调整,应当在经济学产权制度的基础上进行财产法立法创新,通过赋权、赋能使其具有超越传统现实财产权利的承载力。[①]

本章总结

1. 物权是民事主体依法享有的重要财产权,是权利人对合法拥有物享有的直接支配和排他的权利,包括所有权、用益物权和担保物权。

2. 在数字经济时代,数据是一种重要的资源和要素,其持有权、使用权、收益享有权等各种权利在个人、企业、政府等主体之间的不同配置将会对其使用效率产生极大的影响。合理的数据产权界定应当在经济参与主体之间对相关权利进行恰当的配置,从而让数据产品的生产、使用和保护最有效率,并实现社会财富的最大化。

3. 从人工智能生成物被认定到被纳入版权保护的范畴,亦是人工智能技术带来的市场利益从社会泛均衡走向失衡的一个过程,因此需要通过版权制度的拓展使得人工智能市场达到新的均衡状态。当前的人工智能产业发展,需要鼓励的不是进行创作的人工智能,而是使人工智能本身不断得到创新的投资者。法律只有给予人工智能生成物以著作权保护,市场才会将创新利益分配给投资者,才能在维持现有投资热情的基础上进一步吸引、激发其他投资者的投资兴趣和欲望。

4. 司法对比特币作为虚拟财产或商品的属性及对应产生的财产权益予以肯定,实际上是借鉴了经济学对产权概念的理解,强调了虚拟财产权作为一种新型的财产权利,是保护、享有、处分虚拟财产并实现价值最优化的必由制度路径。

思 考 题

1. 我国关于财产法的法律法规有哪些?
2. 数据作为一种重要的要素和资源,应该如何进行保护?

---

① 李祖全:《虚拟财产权的经济分析》[J],《时代法学》,2007 年,第 1 期:第 63—67 页;陈兵:《网络虚拟财产的法律属性及保护进路》[J],《人民论坛》,2020 年,第 27 期:第 90—93 页。

3. 人工智能生成物的可版权性的经济学解释是什么?
4. 为何需要赋予虚拟货币作为虚拟商品或财产的合法属性?
5. 开采比特币的民事行为有效吗?

阅读文献

1. 《奥地利普通民法典》[M],戴永盛译,北京:中国政法大学出版社,2016。
2. 孙宪忠:《德国当代物权法》[M],北京:法律出版社,1997。
3. 韩世远:《无权处分与合同效力》,载王利明主编:《民商法理论争议问题——无权处分》[M],北京:中国人民大学出版社,2003。
4. 〔英〕边沁:《道德与立法原理导论》[M],时殷弘译,北京:商务印书馆,2000。
5. 〔英〕约翰·穆勒:《功利主义》[M],徐大建译,上海:上海人民出版社,2008。
6. 陈国富:《法经济学》[M],北京:经济科学出版社,2006。
7. 彭汉英:《财产法的经济分析》[M],北京:中国人民大学出版社,2000。
8. 高德步:《产权与增长:论法律制度的效率》[M],北京:中国人民大学出版社,1999。
9. 梅夏英:《财产权构造的基础分析》[M],北京:人民法院出版社,2002。
10. 钱弘道:《经济分析法学》[M],北京:法律出版社,2005。
11. 魏建、黄立君、李振宇:《法经济学:基础与比较》[M],北京:人民出版社,2004。
12. 谢哲胜:《财产法专题研究(三)》[M],北京:中国人民大学出版社,2004。
13. 赵廉慧:《财产权的概念——从契约的视角分析》[M],北京:知识产权出版社,2005。
14. 朱慧:《激励与接入:版权制度的经济学研究》[M],杭州:浙江大学出版社,2009。
15. 威廉·M.兰德斯、理查德·A.波斯纳:《知识产权法的经济结构》[M],金海军译,北京:北京大学出版社,2005。

第五章
合同法的经济学分析

> 所有进步社会的运动,到此处为止,是一个"从身份到契约"的运动。
>
> ——〔英〕亨利·梅因

◆ **本章概要**

现代社会是契约社会,尤其是在现代市场经济社会中,人们的许多经济活动都是通过契约或合同来安排的。本章首先回顾法学研究视角下的合同法问题,之后的两节则从法经济学的角度对合同理论和合同过程的相关问题进行分析,最后一节将对合同法的法学和经济学研究进行多方面的比较。

◆ **学习目标**

1. 了解合同的概念、特征和分类,以及合同法的发展历史和进程。
2. 了解从"合同的交易理论"到"合同的经济理论"的变迁。
3. 掌握合同法的五个目的。
4. 掌握立法抗辩和履约抗辩。
5. 掌握合同违约的救济方式及其选择。

当今世界,无论各国在社会制度、法系、种族、语言和文化上存在多大的差异,都毫无例外地使用着合同。从生产、分配、流通到消费领域的各个环节,是一个又一个紧密相连的合同使社会生活长期处于相对稳定的状态。由此可见,合同法是市场经济的基本法,合同法的发展是随着社会经济发展而不断变迁的过程。本章首先回顾法学研究视角下的合同法问题,之后的两节则侧重从法经济学的角度对合同理论与合同过程的相关问题进行分析,最后一节将对合同法的法学和经济学研究进行多方面的比较。

第一节 合同法的法学分析

合同法是有关合同的法律规范的总称,是调整平等主体之间转让财产或劳务交易关系,并在适当的时候提供民事救济的法律。在现代各国的民事法律制度中,合同法居于重要的地位。一般而言,合同法的主要目的在于调整财产流转关系,规范交易行为。本节将从法学的角度分别对合同的概念、特征和分类,以及合同法的发展历史和进程进行研究。

一、合同的概念

合同(Contract)通常被解释为协议(Agreement)或允诺(Promise)。罗马法中的合同(Contractus)一词是由"Con"和"Tractus"组合而成的,前者源于"Cum",有"共"的意思;后者意为交易,合起来就是"共相交易"。显然,由于历史的原因和司法制度的不同,英美法系和大陆法系以及我国法律规定关于合同概念的界定是有显著差别的。因此,通过对合同概念进行历史的和比较的分析,可以加深对"合同"一词在学理上的研究。

1. 英美法系中的合同

在英美法系中,一般认为合同是一种"允诺"。使用最为广泛的是《美国合同法重述》(American Restatement of Contracts,又称《美国合同法注释汇编》)中的定义:合同是一个或一系列被违反时法律给予救济或者被履行时法律以某种方式认定为义务的允诺。[①]英国的《不列颠百科全书》对合同所下的定义为:合同是依法可以执行的诺言。这个诺言可以是作为,也可以是不作为。英国法学家安森给合同所下的定义是:一种法律上能够强制执行的协议,依据它,一方之一人或数人有权要求他方之一人或数人行为或不行为。[②]美国法学家科宾认为,对通行用法的研究表明,"合同"一词一向被用于指代有多种组合方式的三种不同事务:第一,当事人各方表示同意的一系列有效行为,或者这些行为的某一部分;第二,当事人制作的有形文件,其本身构成一种发生效力的事实,并且构成他们实施了其他表意行为的最后证据;第三,由当事人的有效行为所产生的法律关系,它们总是包含着一方的权利与他方的义务。每个人可以随意从中选择一种用法,只有在满足我们的需要并在方便的范围内时,一种用法才优于另一种用法而被采用。[③]

目前英美法系国家的学理和司法判例中关于合同的概念与大陆法系呈现融合的趋势。1979年版的美国《布莱克法律辞典》对合同下了这样的定义:合同是"两个或两个以上的人创立为或不为某一特定事情的义务的协议"。这个定义与大陆法系的定义比较接近,意味着合同不再是一方当事人的行为,而必须是两个或两个以上的当事人达成了合意[④]。

---

① [英]P. S. 阿狄亚:《合同法导论》(第五版)[M],赵旭东等译,北京:法律出版社,2002。
② [美]A. L. 科宾:《科宾论合同(一卷版)》[M],王卫国等译,北京:中国大百科全书出版社,1998。
③ 同上。
④ 合意即"意思表示一致"。只有全体当事人的意思一致,即合意,才能缔结合同,之后才能产生新的法律关系。参见[德]汉斯·哈滕保尔:《法律行为的概念——产生以及发展》,载杨立新主编《民商法前沿:第1·2辑》[M],长春:吉林人民出版社,2002。

英国《牛津法律大辞典》对合同下的定义是：合同是二人或多人之间为在相互间设定合法义务而达成的具有法律强制力的协议（Legally Enforceable Agreement）。此定义一是强调协议，二是强调法律强制力，比较全面。

作为美国重要的成文法组成部分的《统一商法典》（the Uniform Commercial Code，UCC），在第一至二百零一条第十二款对合同也下了一个类似的现代定义，合同指当事方受本法以及任何其他适用的法律规则影响而产生的协议的全部法律义务。

从英美法系以上三个现代定义来分析，它们比强调诺言的传统定义更准确、更全面，而且它们都不约而同地强调协议，与大陆法系的定义比较接近。因为诺言仅仅是一方的意思表示，仅仅强调了单方当事人的义务，未能抓住合同最为本质的特征——双方当事人之间的合意。从另一角度来看，上述现代定义比较强调合法性，英国《牛津法律大辞典》的定义直接用了"合法"的字眼，而美国《统一商法典》的定义则用了迂回的表述方式——受本法以及任何其他适用的法律规则影响而产生的，也隐含了合法的意思。

2. 大陆法系中的合同

在大陆法系中，合同的概念始于罗马法，被认为是一种"合意"或者"协议"，其基本观点是：合同是债（Debt）的一个种类。债是一个总概念，在此之下，合同、侵权行为（Tort）、代理权的授予（Delegation of Power of Attorney）、无因管理（Spontaneous Agency）、不当得利（Unjust Enrichment）均是产生债的原因，这些都是特定的民事主体之间的权利义务关系。

法国法学家波蒂埃在其1761年的《合同之债》一书中对合同下了这样的定义：合同是由双方当事人互相承诺或由双方之一的一方当事人自行允诺给予对方某物品或允诺做或不做某事的一种协议。该定义强调的重点是，合同义务必须在当事方自由订立合同时才产生，就是说，合同不是由法律直接强加给当事人的，而是在受约束的当事人之间的协议中产生的，或更慎重地说，是法律上视为签订"协议"的行为产生的。

《法国民法典》第一千一百零一条基本上采用了波蒂埃的上述定义，它规定"契约是一种协议，依此协议，一人或数人对另一人或另数人负担给付、作为或不作为之债务"。由于《法国民法典》在世界民法史上的特殊地位，这一定义逐渐成为大陆法系民事立法关于合同的最传统的经典性定义，对许多国家的民事立法和民法理论产生了深刻的影响。这一定义中包括了两个要素：其一为双方的合意，其二为发生债权债务关系的依据和原因。"合同"一词强调的是相互之间在某种事情上协调一致，合同的内容就是两个以上当事人的"意思表示一致"，即"合意"。《法国民法典》特别强调合意，把"合意"作为合同成立的基础和产生效力的根本要素，实际上"合意"在古日耳曼法、古罗马法和教会法中都曾经被广泛使用过。同时，此定义也表现出将合同视为债的一个种类的另一层意思。

《德国民法典》未正面就合同下定义，它把合同纳入法律行为、债务关系的范畴，其第三百零五条规定，以法律行为发生债的关系或改变债的关系的内容者，除法律另有规定外，必须有当事人双方之间的契约。

3. 中国法律中的合同

我国民事法律及理论采用的是大陆法系的合同概念。于1999年3月15日颁布的《中华人民共和国合同法》第二条规定:"本法所称合同是平等主体的自然人、法人、其他组织之间设立、变更、终止民事权利义务关系的协议。婚姻、收养、监护等有关身份关系的协议,适用其他法律的规定。"此规定采用狭义式与排除式相结合的方法,将合同定位为市场交易的法律形式,从而排除了有其特性和规律的身份关系的协议。

可以看出,我国对合同的认定在于双方当事人是否以共同的意思(合意)追求某种具有民法意义的后果(权利义务)。合意反映了行为人处置自己所有的资源,协调彼此之间的行为的一种理性选择;合同中的权利义务是国家公权力根据民法的基本原则,对民事法律主体之间合意的有效性予以判定并赋予其约束力的结果。我国在合同法的相关研究中,也运用了"契约"这个概念,有关契约与合同概念上的一些基本问题可参见专栏5-1。

专栏 5-1

契约与合同概念之辨析

我国今天使用的合同,在中国古代原本称为"契约"。《说文》注:契,约也。《礼记》注:契,券要也。书契是民事关系的记载方式,中国早已有之。据现有史料记载,我国西周后期及春秋时期便已有过相当发达的契约制度,成书于战国末的《周易·系辞传下》有言:"上古结绳而治,后世圣人易之以书契,百官以治,万民以察。"这一时期的契约又可分为"傅别""书契""质剂"三种形式。"傅别"用以"听称责",是解决"贷而生子"过程中的债权关系的,即有息借贷契约。"书契"用以"听取予"。郑玄注:"书契,谓出予受人之凡要。"贾公彦疏:"取予谓于官直贷不出子者。""质剂"用以"听买卖",即货物买卖契约。《周礼》中有时用"质剂"作为契约的通称。而"合同仅是契约形式之一种,严格地说,它是验证契约的一种标记,犹如今天的押缝标记,它本身不是当事人之间的协议"。[1]

1949年之后,"契约"一语逐渐由"合同"所替代,在中国,从国家立法到日常用语,已普遍接受了"合同"这一概念。但随着国际交往和译著的增多,"契约"一词又被广泛用于许多场合。两者的内涵是否一致?有民法学者对此问题做了回答,他们认为:为谋共同利益而合意者,则应为合同,例如合伙合同,合伙者的利益是一致的。[2] 但是,目前我国学理和立法上通常对契约和合同不作严格区别而同义地交互使用。因为有时契约可能更符合习惯,如"契约自由"要比"合同自由"在语感上更顺畅;而在法学理论研究或实际经济交易中使用"合同"更有利于达到理论研究目的或交易目的。

资料来源:作者根据公开资料整理。

---

[1] 贺卫方:《"契约"与"合同"的辨析》[J],《法学研究》,1992年,第2期:第36—40页。
[2] 张俊浩主编:《民法学原理》(修订第三版)[M],北京:中国政法大学出版社,2000。

二、合同的特征与分类

合同的法律特征主要包括以下四个方面：

（一）合同是平等的民事主体之间的协议。合同是当事人意思表示一致的协议，这是合同最本质的特征。不管双方（或多方）当事人在磋商协议的过程中有过什么意见分歧，但是到最后，在受要约人表示承诺时，他们就有关的主要问题已经达成了合意，这样才建立了合同关系，否则就谈不上合同以及赖之而存的权利义务关系。[①]

（二）合同是双方（或多方）当事人的民事法律行为。这是合同区别于单方法律行为的重要标志。单方法律行为成立的基础是当事人的单方意志，如被代理人的事后追认行为，而合同是基于双方（或多方）当事人的合意得以成立的。

（三）订立合同的目的是产生某种民事权利义务方面的效果，以设立、变更或终止民事权利义务关系。

（四）合同须具有合法性、确定性和可履行性。合同的合法性是合同以实现法律效果为目的的必然要求。合同的确定性是指合同内容必须确定，即约定明确，一为履行合同提供依据，二为当事人意思表示的解释确立标准。可履行性与合法性有联系，是指合同标的具有履行的可能，使得合同有效，否则不能履行的合同会导致合同的解除或无效等。

合同的分类是指基于一定的标准（即给付义务），将合同划分成不同的类型。无论是大陆法系国家还是英美法系国家，都按照不同标准对合同进行了分类。大陆法系国家对合同的分类既有学理上的，也有法典上的；而英美法系国家对合同的分类多为学理上的。

大陆法系国家对合同的分类包括：第一，双务合同与单务合同。根据当事人双方权利义务的分担方式，可以把合同分为双务合同与单务合同。第二，有偿合同与无偿合同。根据当事人取得权利是否以偿付为代价，可以将合同分为有偿合同与无偿合同。第三，诺成合同与实践合同。根据合同的成立是否以交付标的物为要件，可将合同分为诺成合同与实践合同。第四，要式合同与不要式合同。根据合同的成立是否需要特定的形式，可将合同分为要式合同与不要式合同。第五，当事人利益的合同与第三人利益的合同。根据订立的合同是为谁的利益，可将合同分为当事人利益的合同与第三人利益的合同。第六，主合同与从合同。根据合同间是否有主从关系，可将合同分为主合同与从合同。第七，本合同与预约合同。根据订立合同是否有事先约定的关系，可将合同分为本合同与预约合同。第八，有名合同与无名合同。根据合同类型是否在合同法中有规定并赋予一定的名称，可以将合同分为有名合同与无名合同。有名合同又称典型合同，是指法律对这类合同的类型有规定并赋予一定的名称；而无名合同又称非典型合同，是指法律未对其类型特别加以规定，也未赋予其特定名称，而是由当事人自主创设的合同。第九，即时清洁的合同和不即时清洁的合同。根据给付是否具有连续性，可将合同分为即时清洁的合同和不即时清

[①] 吴兴光主编：《国际商法》[M]，广州：中山大学出版社，2014。

洁的合同,即可以一次性履行完毕的合同叫即时清洁合同,多次履行的叫不即时清洁合同。

英美法系国家对合同的分类包括:第一,正式合同和简单合同。正式合同包括登记合同、盖印合同,简单合同包括前述的英美法系中普遍定义的合同。第二,根据合同是否具有法律的约束力,可以将合同分为有效合同、无效合同、可撤销合同和没有强制力的合同四种类型。第三,双边合同和单边合同,这与大陆法系中的双务合同与单务合同几乎一致。单边合同是指合同一方把接受对方做某件事情或不做某件事情作为他自己允诺的要约,双边合同是指合同双方互相把对方的允诺作为要约而接受。第四,根据当事人在创立合同时的意思表示方式不同,可分为明示合同、默示合同和准合同。第五,非法合同和不可强制履行的合同。非法合同是指违反法律或公共秩序的合同,往往是无效合同;不可强制履行的合同虽产生法律权利和义务关系,但不能通过法律程序强迫履行。第六,一次性交易合同和关系型合同。一次性交易合同是指以一次性交易为目的、合同所有条款针对一次性交易的合同;关系型合同是事关长期交易合作关系的合同。

从上述分析可以看出,英美法系国家对合同的分类在精确性、逻辑性和内在统一性方面不如大陆法系国家,同时也反映出英美法系国家的合同法作为判例法的特点。

三、合同法的历史与进程

合同法的历史可以追溯到中世纪,但其大多数基本原则却是在18世纪前后发展和完善起来的,主要是受到当时的自然法理论和自由主义哲学的深刻影响。从合同法的发展进程看,基本经历了古典合同法和现代合同法两个阶段,本部分将分别论述这两个阶段的合同法历史,并探讨合同法历史背后的经济根源。

1. 古典合同法

古典合同法的基本框架在1804年《法国民法典》中得到初步奠定,并于近一个世纪后的《德国民法典》中获得最终完善,其核心和精髓为合同自由。古典的合同自由主要有三层意义:①缔约自由,即当事人双方有权决定是否订立合同,法律不应限制当事人订约或不订约;②选择缔约相对方的自由,即当事人有权自主决定与谁缔约;③决定契约内容的自由,即当事人有权订立任何种类的合同和合同的任何条款,法律不得随意干预。在这种认识下,契约即自由,法律即契约,法律的唯一崇高使命就是捍卫当事人之间的自由意志,"立法者不得为当事人订立契约""法官不得为当事人订立契约"是大陆法系国家曾经风行一时的格言。

但是古典合同法存在两个明显的不足:第一是其不关注合同当事人之间的不平等。合同自由意思是你能选择你想要缔约的对方当事人,同时通过协议满足你提出的要求;但这里假设所有合同当事人的谈判能力是平等的。然而,也存在大量谈判能力不平等的例子,比如未成年人、精神病人在法律上无法保护自己,无法承担相应的责任;弱势群体无法对抗一个强大的对手等。第二是其很少考虑在很多情况下可能强迫一个人缔约的社会和经济压力。特别是当垄断和限制性的实践变得更加广泛时,古典合同法和社会经济的发展也变得更加不协调。

2. 现代合同法

但是,当资本主义踏进20世纪,伴随垄断的恣意横行和标准契约的广泛普及,古典合同法陷入全面危机。它的至高无上原则在新经济环境里暴露出充分的弊端,这时合同自由给予人们的只是形式上的平等,而其无限制的发展却带来结果的极不公平,从而导致贫富的急剧分化和社会的动荡不安。出现古典合同法向现代合同法变迁现象的三个主要相互关联的因素是:第一,格式标准合同的出现和广泛使用;第二,作为法律义务基础的自由选择和合意重要性的削弱;第三,消费者作为合同一方当事人的出现。

现代合同法在合同自由与合同平等或正义追求之间保持平衡。不放任绝对的合同自由主义,注重保护弱者。为追求社会公平和正义,现代合同法一方面要求合同当事人缔约和履约时,既要考虑双方利益均衡,又要协调好社会和国家的利益;另一方面还给予法官充分的自由裁量权,使他们能够根据合同关系的具体情况,平衡合同当事人双方交易的利益,从而实现对弱势方的保护。

3. 合同法变迁的经济根源

合同法经历从古典合同法到现代合同法的变迁历史,其背后的根源主要是经济因素。随着市场交易从自由竞争迈向不完全竞争,合同法也相应地从古典合同法时期进入现代合同法时期。

合同自由成为古典合同法时期至高无上的原则绝不是偶然的,而是有着极其深刻的历史背景和理论根基,是生产力发展的内在需求和必然选择。马克斯·韦伯认为:资本主义企业的特征和先决条件是企业家占有生产手段、自由的市场、合理的法律、自由劳动和经济生活的商业化。但在中世纪的欧洲,森严的特权和等级制度、林立的关卡、繁重的赋税、劳动力被土地完全束缚以及随意性的法律,都是资本主义自由市场建立的根本障碍。所以一旦资产阶级夺取政权,他们首先要做的是力求为资本主义商品经济的发展建立一个自由、平等、竞争的良好市场环境,以方便他们自由自在、最大限度地追逐利润。这时在经济学领域,亚当·斯密的自由放任经济思想引领潮流,并受各国顶礼膜拜。亚当·斯密坚决反对国家对经济进行任何形式的干预,认为市场的"无形之手"自会安排一切,政府充其量是充当"守夜人"的角色,其在《国富论》一书中写道:在一个自由放任的制度里,利己的润滑油会使经济的齿轮奇迹般地正常旋转。不需要计划者,不需要政府颁布法令控制价格或管理生产,市场会解决一切。

这种经济思想对19世纪的合同立法产生了决定性影响,此时国家立法的任务主要在于保护自由竞争,而非干预自由竞争,而合同自由很自然地被奉为至尊无上的原则,并得到市场主体的广泛认同。特别是在18世纪和19世纪,工业革命刚刚开始,经济垄断尚未形成,科学技术有待发展,法律对专利、商业秘密的保护远远不够,对市场信息公开尚不足以构成威胁;资产阶级革命摧毁封建采邑制度,广大农奴加入自由劳动者行列;而革命时期所崇尚的自由、平等精神在经济学领域基本得以贯彻。所以,资本主义自由竞争时期的市场是世界经济史上唯一与完全竞争市场模型比较接近的形态,换句话说,合同自由导向公平或正义的功能这时基本上有用武之地。

但是从 1870 年以来,世界社会经济条件开始发生持续性的变化,古典合同法在很多方面不再符合经济发展的要求。19 世纪后半期西方各国相继完成工业革命,开始进入不完全竞争市场,并向垄断时期过渡,这时的市场特征就是有能力影响价格的大企业广泛存在,并控制经济运行。

大企业的出现打破了合同自由的基本前提:格式合同的产生腐蚀了合同自由的基本精神。一旦市场主体的力量均衡被打破,经济交往中的不公平现象就会应运而生。一方面由于大企业在资金及营业范围上的优势或依仗市场上的垄断地位,小企业往往丧失谈判中的平等地位,很多时候迫于压力,只能接受一些显失公平的条款;另一方面在格式合同中几乎没有一般合同订立的谈判过程,对于广大消费者或相对人(即合同订约一方)来说,格式合同中既没有他们的独立人格体现,也没有当事人之间的信任基础存在,利益的决定和分配皆由单方意志决定。在这种条件下,小企业或消费者的"合同自由"实质上被剥离得一干二净,无限制的合同自由这时不仅与法之正义目标背道而驰,而且有沦为助纣为虐的工具之危险。同时,流行一个多世纪的自由放任经济思想日趋衰微,凯恩斯国家干预理论逐渐登场。映射到合同立法上就是国家开始对合同自由做出种种限制,从而为古典合同正义的转型和现代合同正义的成长提供契机。

第二节 合同理论的经济学分析

在新古典经济学家眼里,资源的自愿交易是实现资源最优配置的重要途径,而私人合同首先可以理解为交易当事人保障自愿交易的一种内在"自我救济"机制;然而,在一个交易成本为正的社会里,仅依赖自我救济是不够的,还需要有一种外在于私人合同的、公共的救济机制;因而,合同又可以表现为自愿交易的外在法律体现。换言之,如果说财产法的目的是最大化促进资源和最佳使用者之间的结合,那么合同法则是直接构建交易制度的法律保障,其目的是最大化提高交换效率,直接降低自愿交易中的交易成本(Posner,1989;Cooter 和 Ulen,2008;魏建,2007)。[①]

从根本上看,合同法涉及两个最为主要的问题:一是什么样的合同在法律上应该予以履行;二是违背可履行的合同应如何救济。第一个问题涉及的是合同的效率问题,第二个问题涉及的是缺失违约责任问题。这两个问题是合同理论的基础,是所有关于合同法的研究都必须面对的问题。不同的理论对这两个问题的解答也是有差异的,在对这两个问

[①] 史晋川、吴晓露:《法经济学:法学和经济学半个世纪的学科交叉和融合发展》[J],《财经研究》,2016 年,第 10 期:第 50—79 页。

题的解答中,合同理论也得到了不断发展和变迁,有关合同的经济学理论流派可参见专栏 5-2。总体而言,合同理论呈现出从"合同的交易理论"向"合同的经济理论"的转变,分析问题的原则也表现为从"交易原则"到"效率原则"的过渡。合同的交易理论起源于 19 世纪末 20 世纪初的英国法学界提出的议价理论——法律应该赋予具有对价的承诺以强制履行的法律效力(Cooter 和 Ulen,2008);但该理论被认为是一种同义反复而广受批评(Gilmore,1974),并逐渐被 20 世纪 60 至 70 年代兴起于美国的效率理论所替代,即合同的强制执行能够明显改善合同当事人的境况,或能使一方当事人的境况改善而没有使其他当事人的境况恶化,这样的合同应被赋予法律上的效力。合同法的首要目标是促使人们把无效率均衡解的博弈转化为有效率均衡解的博弈(Hermalin、Katz 和 Craswell,2006;Cooter 和 Ulen,2008)。①

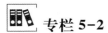 专栏 5-2

契约的经济学理论

现代经济学中的契约概念比法律中的契约概念要宽泛得多,不仅包括具有法律效力的契约,也包括一些默认契约和行为契约。现代契约理论由科斯首开先河,随着之后众多经济学家的参与,已逐步确立起契约经济学的理论框架,总体可以分为以下四个主要流派:

第一个流派基于传统的一般均衡框架或者说瓦尔拉斯-阿罗-德布鲁(Walras-Arrow-Debreu)模型。他们的研究省略了契约在现实世界所具有的大多数特征。当然,契约特征的主要轮廓和形成契约的方式,依赖于瓦尔拉斯-阿罗-德布鲁模型的推动力。这种简化使研究各种经济制度的基本性质成为可能。这个模型的扩展式所包含的不确定性开辟了获得更好结果的道路。通过一些特殊规定,这个模型对于直接分析现实世界中各种类型的契约,特别是金融领域的契约,变得越来越实用。

第二个流派是产权—交易成本学派,或者叫新制度经济学派。他们的一个基本观点是,一般而言,在交易成本(或者通常称为制度成本)中,似乎信息成本占主要部分,它是经济中存在的契约安排和一般组织结构的主要决定因素。我们所观察到的契约形式能被解释为个人在受约束集合下(包括受所发生的交易成本约束下)的最大化结果。

第三个流派是关于契约结构的不对称信息的含义和高昂的信息获得成本的代价的研究。因此,尽管它与第二个流派非常接近,但两个流派所选择的研究方法是不同的。第三个流派强调需要新的分析方法,而第二个流派则更直接倾向于应用和实证领域。

第四个流派被称为法律经济学流派。其研究领域包括契约义务的性质,依据契约经

---

① 史晋川、吴晓露:《法经济学:法学和经济学半个世纪的学科交叉和融合发展》[J],《财经研究》,2016 年,第 10 期:第 50—79 页。

济学理论的合同法实践,基于经济学的合同法演化路径分析以及合同法原则和合同法实践的经济学解释。它强调的是契约安排应该遵守效率法则,并揭示出法律背后的经济逻辑。这一理论流派已获得丰硕的研究成果并显示出良好的发展前景。

资料来源:作者根据公开资料整理。

一、合同的交易理论

合同的交易理论发源于19世纪末20世纪初的英美法系。当时英美法庭的辩论围绕合同法的两大基本问题发展出此理论。合同的交易理论所采用的方法是在一个典型的交易中筛选并抽象出交易的实质性要素。这些从典型交易中分离出的实质性要素具有普适性的效力,对任何一个有约束力的合同都是必不可少的。在此基础上抽象出一个典型交易的模型并将其升华为现实生活中每一个交易的范式,以此来构建合同的交易理论的基础。

对于"什么样的合同在法律上应该予以履行"这个问题,经典的交易理论给出了明确的答案。如果一项允诺是作为交易的一部分做出的,那么它在法律上就是应该予以履行的,这就是所谓的"交易原则"。交易原则将允诺划分为"交易的允诺"和"非交易的允诺",以此来作为判定合同是否应该予以履行的标准。按照经典的交易理论,合同是作为现实交易关系的一种形式而存在的,允诺是现实交易过程的有机组成部分,所以要认定允诺的法律效力,只有将其重新放回交易中,只有承载了交易使命的彼此允诺才可能获得法律的保护。由此,任何不是作为交易的一部分所订立的允诺,都将被排斥在法律的保护之外。交易原则将法律上可以强制履行的承诺与根据道德、宗教或者是社会义务来履行的承诺区分开来。显然,纯粹单方面的赠予允诺,如某位亲戚允诺你在考上大学之后赠送你一台平板电脑之类的承诺,是属于交易之外不能受到法律保护的,即使允诺没有被履行,也只能通过法律之外的救济方式来实现。但同时必须注意的是,只要是作为交易的一部分所做出的承诺,都是可以在法律上得到强制执行的,即使这个交易合同是与道德、宗教或社会义务的标准不相符合的。假如有人与你订立了用其全部财产换取你做的一碗汤的承诺,按照交易原则,这样的承诺是可以在法律上得到强制履行的。

对于合同法的第二个问题"违背可履行的合同应如何救济",交易理论也给出了相应的答案。依照交易理论,受约人有权从交易中收益,即能够通过允诺的履行得到好处。根据这种思路,违约损害赔偿的计算将不得不回答这样的假设性问题:如果允诺得到履行,受约人将能从中得到多少利益?这个假设性问题关注的是受约人从允诺中可以得到的适当的预期收益(Expected Interest)。一旦食言,就应根据交易的预期收益进行赔偿。因此,依据交易理论计算的违约损害赔偿金通常被称为"预期损失赔偿"(Expectation Damage)。

合同的交易理论实际上是从现实的交易中抽象出了合同的三个基本要素:报价、接受和对价(Consideration)。"报价"和"接受"对应于大陆法系中的"要约"和"承诺",是合同形成的要件。在交易中,一方当事人提出报价并为另一方所接受,在合同中就是立约人向受约人提出了承诺。这个承诺能否得到履行,就要看这个承诺中是否包含着"对价",在大陆法系中与之相对应的是"约因",关于"对价"与"约因"的说明可参见专栏5-3。

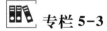 专栏 5-3

对价与约因

正如英国法学家阿蒂亚所言:"在最近一百年左右,或者说在法官们和法学家们企图对有关约因的法律下定义和进行解释的百年中,似乎已将它压缩成一套可以适用于案件的前后一致的规则。这部分说明了为什么这些规则被人们认为是一种学说。但与此同时,也发生了一些变化,这些变化表明,为什么我们能说这些法律是混乱和处处自相矛盾的。"①包括霍姆斯、威灵斯顿和科宾等人的理论论战也都主要集中在对价或约因问题上。英美国家合同法的发展变化无一不与约因相关,英美国家关于约因的说明资料也可谓汗牛充栋。

1574年的卡尔托普一案(Calthorpe's Case)的判决书中提到:对价是一种原因或可资报答的事情,据此要求双方在事实上或法律上相互(负担)补偿(的义务)。在这里,对价的本来意义"补偿"得到保留,但附加了一个条件,即"事实上或法律上"。"事实上的补偿"是指按照常理应给予的补偿;"法律上的补偿"是指法律上予以确定的补偿。二者合一,就是指基于事实而由法官认定应当给予的补偿。这样,对价就取得了法律专业术语的地位。

在1599年的魏克尔诉约翰斯案(Wichals v. Johns)中,法官帕法姆确认了双方允诺可以相互构成对价,并使这些允诺具有同样的约束力:(在本案中)有一对允诺是双方相互做出的,因而,如果原告不履行他的允诺,则被告可以对他提起诉讼,反之亦然;同时,一方的允诺对另一方来讲,就是对价。

使对价成为合同法实体内容的经典判例出现在17世纪,包括1602年的斯雷德案(Slade's Case)和皮内尔案(Pinnel's Case)。在斯雷德案中,原告斯雷德在诉状引言中声称,他应被告汉弗雷的请求已经将其拉克帕克农场上的谷物和小麦卖给了被告,请求被告履行其支付价款的允诺,而被告则否认自己曾做出过这样的承诺。法官对事实进行分析后确定,既然被告从原告那里得到了有价值的东西,而原告显然不是白送的,则被告必然已经做出支付价款的允诺,因此,被告支付价款的允诺就有足够的对价,法院支持了原告的请求。在皮内尔案中,由于被告提不出原告放弃债权的原因即对价,法官判决:在清偿期届满之时仅以较小的数额来清偿较大的债务,对整体债务来说不能算是履行义务。

资料来源:作者根据公开资料整理。

对价学说是交易理论的核心概念。对价就是指立约人和受约人在交易中各自得到的

---

① [英]P. S. 阿蒂亚:《合同法概论》[M],程正康等译,北京:法律出版社,1982。

东西。作为交易理论核心的对价原理在英美合同法中占据着极其重要的地位。中世纪的英国法特别注重形式,每一个实际纠纷都有一种对应的诉讼程序,但当时的合同法规定只有包含具有法定书面形式并加盖印鉴的合同才能进行诉讼,大量非书面合同不能采取诉讼保护。因此,为了提高司法效率,英国法院的法官提出了对价原理,从而使得各类合同都能以一个统一的度量标准进行诉讼。对价具有不同的表现形式,它可以是货币,也可以是商品或者服务,甚至是另一个允诺。17世纪初期,对价在违约诉讼中的地位得到了基本确定,此后的理论家开始自觉地将对价与合同法相联系,并试图进一步揭示对价的本质。布莱克斯通在对价出现在违约诉讼中数百年后指出了对价的实质,他认为:历来的民法学者都指出,在所有的契约当中,不论它们是明示的还是默示的,都必须有一个作为交换的东西,或称作对等或互惠的东西。这就是作为(缔结)合同的代价或动机的东西,我们称之为对价——它必须是合法的,否则合同就归于无效。受其影响,后来的英美法学家都以此为依据建立了以对价为基础的合同的交易理论。[①]

应该承认,合同的交易理论在合同法的发展历史上是具有重要理论贡献的,它为合同法理论研究提供了一个思路。但同时也应该注意到,该理论抛弃了交换的实体内容,使得合同法以形式上的平等取代了实际上的平等。合同法的根本目的在于促进人们协商合作,从而有助于达到各自的目的。然而在现实中,如果坚守合同的交易理论,可能会出现一种情况:立约人和受约人都希望承诺被法律强制执行,但承诺由于没有对价的支撑且不是源于交易的而被拒绝强制执行。例如在商业拍卖的过程中,对商家而言,他们自然希望商品的标价是可以强制执行的,那样可以增加报价的公信力;对潜在的消费者而言,他们也希望商品的报价是可以强制执行的,这样他们就可以做出购买或者不购买的正确选择。但是根据交易理论和对价原理,商家做出了承诺而潜在的消费者却没有可以交换的东西,所以公开标价在法律上就成为不可以强制执行的了。这些来自现实的疑问和挑战迫使人们对传统的交易理论做出反思。尽管该理论对典型的交易有很强的解释力,但是对于随着社会发展必然出现的一些非典型交易却束手无策。对价原理在一定程度上限制了合同法对社会生活的调整能力,因此导致了理论学家们开始寻求其他新的理论和新的原则来分析并解释合同法领域中发生的变化,合同理论逐步从对价原则开始向效率原则变迁。

二、合同的经济理论

在交易原则遭到的批评日益严厉并且表现得越来越不适用于合同法的时候,20世纪60年代至70年代,美国出现了关于合同的经济理论。当合同理论从交易理论走向经济理论后,效率原则开始取代教条化的对价原则。合同的经济理论认为,如果一个承诺在订立的时候,立约人和受约人都希望它能够被强制履行,那么就应该要求它被强制执行。所谓

---

① Wayne Morrison: *Blackstone's Commentaries on the Laws of England*, Vol. 2, London: Cavendish Publishing Limited, 2001.

的效率原则,其基本思想是:如果一份合同经过修改有可能在双方不受损的条件下至少使一方受益,那么原来的合同就是无效率的;反之,如果这样的修订是不可能的,那么该合同就是有效率的。这里提到的效率实际上就是经济学意义上的"帕累托效率",是指合同的强制执行能够明显改善合同双方当事人的境况,或是能使一方当事人的境况改善而同时没有使任何一个人的境况恶化,这样的合同就应该在法律上予以履行。具体而言,符合以下五个经济目标的合同是需要强制执行的。

1. 促进交易合作

瞬时完成的交易是不需要承诺或者允诺的,但是在延期的交易中,从给出承诺到履行承诺之间有很长的一段时间。在这段时间内,不确定性和风险随时都可能会发生并阻碍交易和合作。在一方交付商品而另一方承诺数日后交款的情况下,如果这种合同不给予法律上的强制履行会招致很高的风险,一个谨慎的商品卖方是不会愿意先交货后拿钱的,这样就会导致合同无法达成,合作不能实现。此时,对于这类符合效率原则的合同给予强制执行,为付款允诺提供履行的法律保证,则可以促成对双方都有利的合作。这实际上就是合同法的第一个目标,即将不合作结果的博弈转变成合作结果的博弈,促进人们采取合作。下面通过一个博弈模型来看合同法的第一个目标。

假定在代理博弈中,立约人是投资企业,受约人是出资人,出资人的策略为投资该企业或者不投资,而投资企业在出资人投资的情况下其策略为合作或者私吞出资人的资金。当出资人选择投资时,如果投资企业选择的是合作,双方均可获利0.5;如果选择的是私吞资金,则利益在两者之间进行了重新分配,出资人损失1,投资企业取得收益1。当出资人选择不投资时,博弈双方没有任何收益,具体收益矩阵可以参见表5-1。根据对表5-1的观察,投资企业私吞资金要比合作获得的收益高很多,因此对投资企业而言,最优的选择自然是私吞。而出资人可能会预期到投资企业将要采取的私吞行为,因而出资人只能选择不投资来避免风险,于是在合同法介入之前的代理博弈均衡解为(不投资,私吞)。

表 5-1 合同法介入前的代理博弈

出资人	投资企业	
	合作	私吞
投资	(0.5,0.5)	(-1,1)
不投资	(0,0)	(0,0)

在无合同约束的情况下,双方不可能订立可强制执行的契约,如果投资企业私吞资金,法律将不能提供相应的救济,所以即使合作对双方有利,也不会发生。现在假定合同法介入其中,投资企业则承诺合作来换取出资人的投资,出资人进行投资作为相应的对价。如果投资企业违约,合同法就可以进行救济,防止投资企业对出资人的损害。在此情况下,代理博弈收益矩阵发生改变,具体见表5-2。

表 5-2　合同法介入后的代理博弈

出资人	投资企业	
	合作	私吞
投资(有合同)	(0.5,0.5)	(1,-1)
不投资(无合同)	(0,0)	(0,0)

如果出资人与投资企业签订合同,出资人进行投资,投资企业履约,双方各自得到收益 0.5。如果出资人投资,投资企业违约,则法律进行救济,假定出资人可以获得赔偿金额 1。无论投资企业是否履约,出资人都可以获得收益,但是如果不投资收益就为 0,于是对出资人来说,最优策略为投资。在出资人选择投资的前提下,投资企业若履约则有收益,若违约反而会造成损失,因此投资企业的最优选择也是履约。可见,当合同法介入之后,双方的代理博弈均衡为(投资,合作)。如果一个承诺在做出之时是可以强制执行的,从而立约人的履约承诺是可信的,则这样一个可信的履约承诺可以促进双方进行有效的合作,因此符合效率原则的合同就应该允许其获得法律上的强制执行。

2. 获得履约承诺

当不考虑交易的延期性时,立约人是否履约就取决于履约成本和违约责任之间的对比。如果立约人的履约成本低于违约责任,他会选择履约;当履约成本高于违约责任的时候,就会选择违约。对关注违约责任的立约人来说,其所受约束条件为:

履约成本 < 违约责任 → 履约
履约成本 > 违约责任 → 违约

但效率原则要求的是合同需要使立约人和受约人双方的收益总额最大化。简而言之,如果立约人执行允诺的成本低于受约人因此获得的收益,则履约是有效率的;反之,如果立约人执行的成本高于受约人因此获得的收益,则违约是有效率的。可以将效率原则的最优履约的约束条件归结为:

立约人的履行成本 < 受约人从履约中获得的收益 → 履约是有效率的
立约人的履行成本 > 受约人从履约中获得的收益 → 违约是有效率的

综上所述,当立约人的违约责任等于受约人从履约中获得的收益时,对社会最优效率的履约的约束条件也是对立约人最优效率的履约条件。此时的合同最具有效率性,必须予以强制执行,因为它能够促使立约人产生有效履约的动机,使受约人获得最优的履约承诺。

3. 获得最优信任

合同形成之后,双方进行合作。实际上,双方进行合作的基础是不同的:立约人要为了履约而进行合作,而受约人是基于信任进行合作的。信任是由承诺激励而形成的受约人境况的改变。对受约人而言,这种改变提高了履约的价值。但必须注意的是,这种履约价值的提高往往是有代价的。所以信任具有两方面的作用:当合同履行的时候,会提高收益;当合同不履行的时候,则增加了成本。而合同法的目标之一就是要在两者之间找到平衡,建立起最优的信任。

额外信任的预期收益等于受约人履约价值的提高乘以立约人履约的概率;额外信任的预期损失等于受约人违约损失的增加乘以立约人违约的概率。

预期收益 = 立约人履约的概率 × 受约人履约价值的提高

预期损失 = 立约人违约的概率 × 受约人违约损失的增加

如果预期收益大于预期损失,则效率原则要求增加信任;反之,如果预期损失大于预期收益,则效率原则要求减少信任。当预期损失与预期收益相等的时候,则达到最优的信任。

预期收益 > 预期损失 → 增加信任

预期收益 < 预期损失 → 减少信任

预期收益 = 预期损失 → 最优信任

4. 最小化交易成本

合同中往往包含着各种各样的风险,因此在签订合同之初就需要在合同中明确分配双方当事人的风险。但是不可能在签订合同的时候,就全部预料到各种风险并一一列出和进行分配。当一个合同对某一风险未做出说明的时候,这个合同就存在着一个"缺口"。所谓合同的缺口就是指合同中没有明确说明但会影响合同责任的事件。缺口的出现并不完全是当事人有意所为,也可能是当事人无心引起的。在合同中明确列出风险的条款是明示条款;还有一类条款是没有在合同订立之初明确列出的,法院可以通过解释双方当事人的意思,认为在某些情况下,他们的履约义务不是绝对的,而是有条件的,即使他们在合同中对此没有明确规定,但也可以默示地适用于他们的合同,当这种默示条件成立时,当事人就可以免除履约义务,这被称为默示条款。默示条款按照不同的判断标准可以分为事实上的默示条款、法律上的默示条款和习惯上的默示条款。事实上的默示条款是指合同中未明确规定,但根据当事人的意图必须包括在内的条款;法律上的默示条款是指虽然当事人并无此意,但法律规定应该包括的条款;习惯上的默示条款是指根据习惯和惯例应该包括在合同中的条款。在一些特定情况下,法院可以通过提供默示条款来填补合同的缺口,默示条款是以违约条款的形式来填补合同缺口的。因此,合同法实际上是通过提供有效的违约条款使商议合同的交易成本最小化。

如果在合同订立的时候就商讨如何分配意外事件带来的风险,那么必然会增加双方的交易成本;但是如果在合同订立的时候留下缺口,那么发生意外时的实际损失就要在双方之间进行合理分配。合同订立双方可以在分配事前风险和分配事后损失之间进行选择。如果决定要在合同中以明确的条款分配风险,则需要承担较高的交易成本;如果决定留下合同缺口,则要承担因为合同缺口而导致的预期损失。因此,当事人是否在合同中留下缺口以及留下多大的缺口就取决于他们对于交易成本和预期损失的比较。当事前分配风险的成本大于事后分配损失的成本乘以损失发生的概率时,他们会选择留下缺口;当事前分配风险的成本小于事后分配损失的成本乘以损失发生的概率时,他们会选择填补缺口。

5. 增强合同的完备性

随着事件的发展,有些在合同订立之初是适宜的并被明确写入合同中的条款有可能变得不合时宜。于是法院就可以通过宣布合同中的某些条款无效或是提供一些条款取代原有合同中的明示条款,利用合同法来调整合同条款并纠正市场失灵现象,以增强合同的完备性。完备的合同与完全竞争的市场相对应,只有在完全竞争的市场中形成的合同才是完备的。所谓完备的合同是指具有完整性和效率性的合同。这里的完整性可以理解为每一种偶然性的情况都被预料到了,而且相关风险也在双方当事人之间进行了有效分配,所有有关的信息都是对称的,不会发生任何超出合同之外的情况。这里的效率性是指,每一种资源都配置给了对其评价最高的一方,每一种风险都配置给了能以最低成本承担该风险的一方,而且合同的条款对双方通过合作能够得到的合作剩余的种种可能性都进行了详尽的描述。根据以上对完备合同的描述可知,只有理性的经济人在交易成本为零的情况下才可能达成一份完备的合同。

如果合同双方所达成的合同是一个完备的合同,那么这个合同是没有缺口的,双方当事人也不需要法院提供违约条款,该合同也就不存在市场失灵的可能性,合同双方也不需要法院介入对合同条款进行调整。完备合同的双方当事人需要法院为其所做的事情,仅仅是根据他们双方已经订立的合同条款强制他们履行达成的各项条款。然而,在现实经济活动中,交易成本总是为正,当事人也不可能是完全理性的经济人,因此他们所达成的合同也不可能是完备的。这时候就需要合同法对非理性的当事人在交易成本为正的情况下订立的不完备合同进行调整。下面分别探讨个人理性和交易成本两个因素对合同法调整合同关系的影响过程,基本观点可参考表5-3。

表5-3 完备合同的条件与合同法的调整原因

影响因素	完备合同的条件	合同法的调整原因
个人理性	稳定有序的偏好	缔约能力瑕疵(无资格和无能力)
	不受约束的选择	胁迫
	不存在必要性	显失公平
交易成本	不存在外部性	违反公序良俗
	不存在信息不对称	欺诈、重大误解、违反告知义务
	完全竞争的市场	格式条款、乘人之危

微观经济学对有理性的个人决策定义了三个假设条件:第一,有理性的决策者能够按照偏好的次序排列结果——从非优先选取的到最优先选取的。为了排列结果,决策者必须有固定的偏好,如果偏好不稳定或者次序没有排列好,那么当事人在法律上就是无资格或无能力的,就不能订立可强制执行的合同。第二,决策者的机会受到适度约束,以至于他们只能达到其部分目的,而非全部。极端的约束破坏了行动自由,以立约人面临极端约束为理由,存在容忍违约的两个规则是胁迫和必要性。如果合同是在胁迫的状态下订立

的,那么以胁迫为由的违约是法律所允许的。第三,如果承诺是在立约人面临灾难性的困难时订立的,那么法院可以根据必要性的理由而允许其违约。

通常订立一份合同的过程包括寻找合作伙伴、商议条款、草拟合同、订立合同以及履行合同等多个步骤。在这个过程中会产生较高的交易成本。较高的交易成本的存在会使得订立之时原本合宜的条款变得需要法律进行调整。尤其在存在外部性、信息不对称和垄断这三种情况下,需要合同法对合同条款进行相应的调整。首先是外部性的存在会导致对第三方的损害,所产生的成本溢出使得个人的决策偏离社会效率,从个人角度实现的最优情况对社会却可能是有害的。此时,合同法就可能通过拒绝强制履行合同来保护第三方当事人的利益。其次,有可能存在一种情况,即合同双方对特定的有关合同事项的信息是不对称的。如果受约人是通过不告知有关信息或是欺诈的方式诱使立约人做出承诺并订立合同的,则法律可以以信息不对称为由拒绝对合同予以强制履行。最后,如果合同交易所处的市场是垄断市场,具有垄断地位的一方可以控制交易的价格和合同的各项条款,那么由此签订的合同往往是不具有经济效率的,从而成为合同法规制的对象。日常提到的格式合同以及格式合同中的"霸王条款"都能被视为是基于垄断的合同,我们将在下一章的案例研究中进行详细的讨论。

三、合同中的长期关系

很多合同并不是一次性完成的,而是需要重复交易和合作。基于合同中长期关系的特殊性和重要性,本节将阐述长期关系的经济学分析。在长期关系中,为了稳固合作关系,合同当事人通常依赖非正式的手段,而不是强制执行的法律。经济学家们研究了长期关系会如何影响人们的行为,我们将以代理博弈为例来解释一些主要的结论。[1]

在代理博弈中,出资人提供资金,投资企业进行投资。为了描述长期关系中的合作,假设表 5-4 所表示的代理关系可以无限次重复。在这个无限次重复博弈的任何一个子博弈中,出资人提供资金,投资企业投资,当然投资企业也可以私吞对方的投资直接获利,但出资人可以在下一回合的子博弈中进行报复,惩罚投资企业。

如前所述,表 5-2 的可强制执行的承诺可以解决这一问题。但是假设承诺由于某些原因不具有强制执行的法律效力,例如违约无法被证实、审判过于昂贵或腐败的法院等,那么在没有法律约束下,为了解决这些问题,出资人将会在之后回合的博弈中采取报复行为。

表 5-4 举例说明了出资人可以通过对投资企业的私吞行为采取有效的报复行动来打消投资企业私吞的念头。假设投资企业在第 N 回合子博弈中,选择私吞出资人的投资,即投资企业在第 N 回合可以获得 1 单位的报酬。然后,出资人会在接下来的第 N+1 和 N+2

---

[1] 〔美〕罗伯特·考特、托马斯·尤伦:《法和经济学》(第六版)[M],史晋川等译,上海:上海人民出版社,2012。

回合子博弈中采取不再投资的报复行为,那么投资企业在第 N+1 和 N+2 回合子博弈中所能获得的收益为 0。因此,投资企业在采取私吞策略后,从第 N 至 N+2 回合子博弈中所能获得的总收益为 1。

表 5-4　出资人"针锋相对"时,投资企业的收益举证

投资企业的策略	轮次	N-1	N	N+1	N+2	N+3	N+4	N+5	N+6
	私吞	…	1	0	0	1	0	0	…
	合作	…	0.5	0.5	0.5	0.5	0.5	0.5	…

相反,如果投资企业在第 N 回至第 N+2 回合子博弈中均采取合作策略,那么,当投资企业选择合作策略时,出资人的反应是投资。投资企业从第 N 回至第 N+2 回合子博弈中所能获得的总收益为 1.5,要高于选择私吞时的收益。[①] 假设出资人继续采用相同的策略,那么这三个回合子博弈的结论就能成立。例如,假设投资企业在第 N+3 回合子博弈中选择私吞,那么其从第N+3回至第 N+5 回合子博弈中所能获得的总收益为 1,而选择合作的总收益是 1.5。

长期来看,投资企业从合作策略中所能获得的收益要高于从私吞策略中所能获得的收益。出资人的报复策略能让投资企业了解到这个教训。奖励合作、惩罚私吞的策略,被称为"针锋相对"策略。研究表明,针锋相对策略是重复代理博弈中一个有效率的均衡。

长期关系源于约束机制并能形成制度,从而确保即使在没有法律保护时也能促进经济合作。但是合作关系的时间长度并不是无限的,在合作关系即将结束之时,就会面临终局博弈的问题。在表 5-4 中,当出资人不能采取下几个回合不投资的报复策略时,投资企业将选择私吞投资。而在博弈的最后一个回合,出资人不具备报复能力,因而代理博弈的最后一个回合与一次博弈的逻辑结构完全相同。这将导致在终局博弈中,如果缺乏强制履行的合同约束,博弈参与人就不能达成合作,甚至双方可能在每一个回合的子博弈中都不能达成合作。

第三节　合同过程的经济学分析

《新帕尔格雷夫法经济学大辞典》中对合同的定义是:合同作为一种其成立后所获条件的功能,是对特定当事人在不同时期期望采取之行动的具体描述。这些行为包括货物运输、服务及货币支付等,而这些条件则包括不确定的偶然事件、当事人的过去行为及其传递的信息等。法经济学家把合同看作是当事人为了达成交易、达到自己的私人目的的一种合意。而合同法的作用就在于总结人们的交易习惯,规定统一的交易规范和术语,以免当事人每次签订合约都不得不就每个细节问题订立烦琐的合同条款,从而达到降低交

[①] 表 5-4 假设不存在对时间的贴现。严格来说收益应该按照获得的时间进行贴现。

易成本、促成交易的目的。本节将对合同的整个过程包括从缔约、履约、违约到解约等各个环节所产生的问题进行相应的分析。

一、缔约过程

合同是当事人之间意思表示一致的结果。各国合同法都认为,意思表示一致必须由双方当事人就同一标的交换各自的意见,从而达成一致的协议。这种订立合同的意思就是要约与承诺,即一方当事人向对方提出一项要约,而对方对该项要约表示承诺的过程。当然,一个有效的合同还应该包括对价,这里不再对对价展开论述。在民法中,合同的成立必须经历两个不可缺少的阶段——要约(Offer)和承诺(Acceptance)。所谓要约,就是订立合同的当事人一方向另一方发出缔结合同的提议,发出要约的一方为要约人,另一方为受要约人。要约也称报价、发价或是报盘、发盘。所谓承诺,就是受要约人同意接受要约的全部条件缔结合同的意思表示,也称接受。承诺必须是明确的、不含糊的和无条件的,不能带有附加条件或条款(即"镜像原则",Mirror Image);承诺亦必须经传达才生效(即"邮筒原则",Mail-box Rule)。要约若是被受要约人拒绝,则称拒绝要约,要约一经拒绝即终止;如果要约被接受,但接受是附有条件的,包含了新的条款或改变了原要约中的条款,则构成反要约(Counter Offer)。

要约与承诺作为合同的基本要件,是以意思表示一致为依据的。波斯纳曾指出:合同法的作用在于通过自愿交换,促进各种资源流向更有价值的使用方向,如果某许诺完全是单方面的,它就不可能成为交换的一部分。① 所以,意思表示一致也即合意,从经济学角度来看,必须建立在自愿交换双方都可以获利的假定基础之上,可以通过埃奇沃斯盒状图(Edgeworth Box)来进行说明,说明过程如图5-1所示。

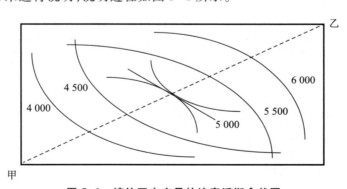

图 5-1 缔约双方交易的埃奇沃斯盒状图

假定有甲乙两个人,甲想将自己的一台液晶电视卖给乙,这台液晶电视对甲来说效用为4 500元,而乙认为其值5 500元,双方都不知道对方的心理价位。于是甲不会以低于4 500元的价格出售,而乙也不会以高于5 500元的价格购入,但潜在购入者的心理评价是

---

① Richard A. Posner: *Economic Analysis of Law*, NY: Little Brown & Company, 1986: 185.

高于潜在出售者的,交易可能发生。假定他们订立合同以5 000元的价格成交,这个合同的履行与缔约之前相比,两者各得到500元的福利增加。合同履行所创造的价值为1 000元。图5-1中,左下方是甲的无差异曲线,右上方是乙的无差异曲线,对角线被称为契约线。只有当自愿交换对双方都有益时,也即存在合作剩余时,双方才可能就某一标的订立合同。

二、履约过程

合同的履行(Perform)是指合同当事人按照合同的约定行使权利和承担义务的行为。前面已经提及,如果合同是一个完备合同,则应该履行。因为完备合同符合效率原则,能够使当事人之间的效用最大化,不履行合同将会导致效率的损失。但是当合同是不完备的时候,合同是可以不履行或是不完全履行的。这里要探讨的问题是,在什么情况下合同是可以不履行或不完全履行的,是可以由被告方提出立约与履约上的抗辩的。

当原告对被告的违约提起诉讼时,被告可以提出两类辩解:第一类是立约抗辩,订立的合同是不完备的,所以合同是不可履行的;第二类是履约抗辩,合同是通过正当手续订立的,并产生了法律责任,但在履行过程中出现了意外,因而应免除其合同义务。被告抗辩的目的是要求法院免除其合同义务。在这种情况下,法院根据效率原则,将依据合同是否完备的有关标准,来判定违约方所提出的抗辩理由是否能够成立,并以此来做出是否应该免除违约方合同义务的判决。考特和尤伦指出:根据经济学理论,完备合同应予以严格履行,而反对履行的辩解应以所谓的合同不完备为依据。履约抗辩是以合同中没有考虑到意外事故发生为依据的。所以法律承认的抗辩借口是合同形成过程中不完备或未预期到的意外事故,这些最好通过不履行承诺而得到补救。考特和尤伦所论述的立约抗辩和履约抗辩的各种可能情况可以归纳在表5-5中。

表5-5 立约抗辩和履约抗辩

法律理论	引致法律理论的事实情况	激励问题	法律解决方式
无资格	无资格行为人进行承诺	以最低成本保护无资格行为人	从无资格行为人最大利益角度解释合同
胁迫	受约人进行破坏性威胁	阻止威胁	不予强制履行合同
必要性	受约人威胁不进行救援	回报救援	受约人支付救援成本及回报
不可能性	突发事件阻碍履约	鼓励预防措施和风险分散	由最小成本风险承担者承担责任
标的毁损	突发事件使履约标的毁损	鼓励预防措施和风险分散	由最小成本风险承担者承担责任
对事实的共同误解	买主和卖主对事实都存在误解	鼓励预防措施和风险分散	由最小成本风险承担者承担责任

(续表)

法律理论	引致法律理论的事实情况	激励问题	法律解决方式
对同一性的共误	买主和卖主所想的不是同一物	阻止非自愿交易	解除合同
单方失误	买主或卖主对事实有误解	结合信息与控制权、鼓励发现	强制履行合同
透露责任	受约人因信息保留而受损	鼓励真实信息供给	为损失承担责任
欺诈	受约人有意提供虚假信息	防止虚假信息供给	对合同不予履行并承担损失赔偿责任
追随式合同	卡特尔用标准合同来促进共谋	分化卡特尔组织	对卡特尔合同不予履行
程序性显失公平	消费者对零售商合同中的重要条款无知	为交流合同条款含义提供激励	除非议价过程中包括交流信息，否则对合同不予履行

一般认为，自愿订立的合同应当得到履行，合同的履行也能够使得双方当事人和社会都从中获利。但是，也有特殊的情况，如因为情况发生变化，履约已经根本不可能或实际履行并不经济，违约反而是有效率的。前者是履约免除，后者是有效违约。履约免除是合同成立以后，由于特定情况的发生，因此免除当事人履约的义务。履约免除的事由包括：不可抗力（Force Majeure）、情势变更（Changed Circumstances）和合同免责条款（Exclusion Clause 或 Exemption Clause）。所谓不可抗力是指不能预见、不能避免且不能克服的客观情况[1]，包括自然灾害，如台风、地震、洪水、火山爆发等，还有某些社会现象，如战争、罢工等。情势变更与英美法系中的合同落空概念接近，是指在合同不能履行或者如果履行会显失公平的情况下，根据诚实信用原则，当事人可以请求变更或解除合同。合同免责条款是双方当事人在合同中事先约定的，旨在限制或是免除其未来责任的条款，包括限制责任条款和免除责任条款。这些事前没有明确或是根本不可能预见的风险所造成的合同不能履行从而产生的风险成本将由哪一方来承担呢？对此，法院必须先确定该种风险在合同中是否明确地分配给当事人中的一方。如果已有明确分配，就应该根据合同条款履行并承担相应风险；如果没有明确分配，法院必须确定该种意外风险是否在合同条款中有隐含的分配，如果可以合理推断有这种隐含的分配，则根据该推断予以履行。如果既没有明确的分配，也没有隐含的分配，则应由预防或承担该意外风险成本较低的一方当事人承担。这一原则可以刺激当事人积极采取预防措施，从而减少合同的风险，同时也降低由于这种风险所产生的社会总成本。此外，关于有效违约的思想，已经在合同的经济理论中论述过，也即从效率的角度出发，认为当实际履行有助于当事人达成其目标而不是相反的时候，则承诺就应该履行；反之，如果实际履行的成本大于履行所能带来的收益，就不应当履行。这

---

[1] 参见《中华人民共和国民法典》第一百八十条。

就是法经济学中著名的"有效违约"(Efficient Breach)或"效率违约"的基本观点。考特和尤伦认为,这个观点是法经济学"最有见地的观点之一"。

三、违约过程

法律术语"违约"(Breach of Contract)是典型的英美法系用语,与之相近的大陆法系用语应为"债务不履行"[①]。违约责任,在英美法系中一般被称为违约救济,在大陆法系中被包含在债务不履行的责任之中,在我国立法中则被称为违反合同的民事责任或是合同责任。当合同双方当事人缔约之后,契约债务未获履行或未获完全履行时,为保障契约债权人的期待利益,法律设立了一系列的救济措施以构成救济体系。纵观各国的合同法救济体系,主要的救济措施包括:要求债务人按照合同实际履行,称为实际履行措施[②];或者要求债务人依照合同所要实现的预期利益折算为相当货币进行赔偿,称为损害赔偿。法经济学和法学理论界都非常关注的问题是,在实际履行和损害赔偿之间如何进行选择、具体的损害赔偿额又应该是多少等,这都是关系到一国法律政策的重大问题。

1. 实际履行

实际履行(Specific Performance)也称继续履行、强制实际履行或是依约履行,是指一方在不履行合同时另一方有权要求法院强制违约方按照合同规定的标的履行义务,而不得以支付违约金和赔偿金的办法代替履行。作为救济措施的实际履行包括两层含义:一是在一方违约时,非违约方必须借助于国家的强制力才能使违约方继续履行合同;二是要求违约方按合同约定的标的做出履行,而不是以支付违约金和赔偿金的办法代替。实际履行最为适用的是没有替代品的交易,如古董、字画和艺术品等标的物的交易。实际履行这种救济方式的实质就是将标的物本身,而不是标的物的金钱价值让渡给受约人。作为允诺的补救方式,法院通过实际交付不能替代履行的标的物给予受约人,可以解决其主观上对标的物认定价值多少的问题。另外实际交付可以保护受约人期待利益,减少二次交易成本,促进财产增值与流动,实际履行对双方当事人而言成本最少。法院判断实际履行,实质上赋予了受约人受财产规则保护的权利。只有当情况的变化使得立约人的履约成本变得很高,或者存在一种比履约更能增加其价值的交易时,违约才是有效率的。这时,立约人可能愿意向受约人支付金钱,要求受约人放弃实际履行的权利,也即受约人可以在实际履行和获得赔偿之间进行选择。

实际履行会导致较高的成本,这种成本可以分为私人成本和社会成本。实际履行是公权力介入私人纠纷的一种解决途径,因而不可避免地需要支付给第三方介入履行所需的成本。如当事人实际履行时,必须聘用律师,支付诉讼费用和执行费用,而且还要承担

---

① 债务不履行比违约的范围更为宽泛,除合同的不履行之外,还包括因侵权所生债务的不履行、因不当得利所生债务的不履行以及因无因管理所生债务的不履行等。

② 在我国学术界,部分学者将实际履行称为强制履行,部分学者则认为两者之间存在差异,需要加以区分。

相应的机会成本。此外,实际履行是借用公权力实现缔约当事人之间资源的重新配置,就其后果而言,会给社会造成成本,具体表现在:一方面,直接造成司法资源的损耗;另一方面,虽然借用公权力达到了债权人履行合同的目的,但其实现过程不仅违背了债务人的意愿,可能也影响了其他社会公众的既得利益。当实际履行成本过高的时候,也会出现不能适用实际履行的情况。第一,实际履行已属不能。例如,无替代品的标的物被盗或是毁损等情况。第二,实际履行已无必要。例如,季节性很强的合同标的在超过期限后仍实际履行则已无意义。第三,违反基于人身依赖关系的合同和提供服务的合同。这种合同不适用实际履行的惯例,因为强制违约当事人提供劳动或服务,会侵犯他人的人身自由。第四,实际履行违反法律规定和契约约定。第五,实际履行在经济上不合理。

2. 损害赔偿

损害赔偿(Damage)也称损失赔偿,在合同法中是指债务人不履行或者不完全履行债务时,依据法律规定或约定赔偿债权人所受损失的一种责任形式。从性质上讲,损害赔偿实际上是法律强制违约方给付受害人一定数额的金钱,目的在于弥补受害人所受到的损失,因此,产生损失是赔偿的前提条件。与实际履行这种财产规则相比,损害赔偿实际上是法律通过责任规则保护受约人的利益。违约的损害赔偿原则是:若一方当事人的约定义务未予履行,则该方当事人须使对方达到相当于合同已经完全履行的地位,只要非违约方不能处于那样的地位是违约义务不履行的可预见性的结果[①],赔偿就应包括因违约给受害方造成的全部损失,这就是完全赔偿原则。具体而言,就是通过赔偿使得受害方在经济上达到正常履行合同时的状态,或者恢复到合同订立前的状态,另外还要赔偿违约方已知和可预见的违约行为给受害方造成的可得到利益的损失,即预期损失、信赖损失和可得利益。

预期收益,是指当事人在订立合同时期望得到的利益。预期收益是用预期损失赔偿来保护的,目的是使受害方获得假如原合同能够完全履行时所能得到的利益,即得到该得的,包括履行利益、利润损失和一些附带损失。在大陆法系中,这种赔偿被称为"积极赔偿"。信赖利益(Reliance Interest),是指当事人基于对相对方的合理信赖而对订立合同做的必要准备而支出的费用,这些准备工作的成本因相对方未履行或未适当履行而构成损失。信赖利益是用信赖损失赔偿(Reliance Damage)来保护的,目的是使受害方恢复到合同订立前的状态,即补偿不该失去的。在大陆法系中,这种赔偿被称为"消极赔偿"。可得利益是假如合同适当履行,受害方可以得到的利益,或称为可取得的财产利益。可得利益可用机会成本赔偿来保护。因为订立一个合同意味着失去订立另一个合同的机会,以失去的机会作为计算损害赔偿的底限。

预期损失赔偿、信赖损失赔偿和机会成本赔偿之间的区别在于计算赔偿款的底限。所谓底限,就是指未受损失的状态。对预期损失赔偿而言,未受损失的状态是受约人在合同得到履行后所处的状态;对信赖损失赔偿而言,未受损失的状态是受约人在没有订立合

---

① 〔美〕迈克尔·D. 贝勒斯:《法律的原则——一个规范的分析》[M],北京:中国大百科全书出版社,1996。

同之时所处的状态;对机会成本赔偿而言,未受损失的状态是受约人在履行时可供选择的最优合同所处的状态。一般而言,履行实际的原合同应该至少使受约人的情况好于履行另一个可供选择的合同,所以完全预期赔偿至少应该和完全机会成本损失赔偿数额相对。履行另外一个可供选择的合同应该使受约人的情况好于没有订立合同的状态,所以机会成本损失赔偿至少应该等于完全信赖损害赔偿数额。由此,可以得到三种赔偿的数量关系:

$$完全预期损失赔偿 \geq 完全机会成本损失赔偿 \geq 完全信赖损失赔偿$$

下面通过对一个医疗合同纠纷案例的分析来比较这三种损失赔偿额的大小关系,案例情况类似于考特和尤伦所述的"豪金斯诉麦琪案"①。2005 年 8 月,四十岁出头的吴女士到郑州市一家医疗美容门诊部咨询有关手术的事宜,负责接待的医生向她介绍了许多整形美容手术的好处,并保证术后能使她更加美丽。于是,吴女士在该门诊部接受了其负责人为她做的面部整形,包括做双眼皮、去除眼袋手术和面部提升手术三项。手术一年后,吴女士发现自己的眼部一直处于红肿状态,而且下眼睫毛也因为手术的原因掉光了,上眼睫毛则只剩不规则的几根。在经过多次的上门协商后,2008 年 10 月,该门诊部的另外一名医生又为吴女士的双眼皮做了修复手术,可是修复后的效果与第一次手术后的效果并没有什么区别,吴女士仍需带着深色眼镜出门。2009 年 10 月,吴女士再次来到该门诊部,该机构在检查了吴女士的眼部状况后,承认第一次的手术和修复手术均失败,遂答应给吴女士再次进行修复。不过吴女士在经过两次手术后已经对该门诊部的医生丧失了信心,而且通过咨询其他相关专家,吴女士知道自己的眼睛已经受到了严重损坏,即使再次修复也要花费巨额的费用,同时要承担巨大的手术风险,痛苦之中的吴女士将该医院告上法庭。②

一般而言,法院的损害赔偿额度将根据不同的伤残程度和级别酌情判定。在图 5-2 中,横轴表示的是吴女士眼部整容可能出现的状况,0 代表完全伤残,100% 代表完好无损,中间的程度用百分数表示。纵轴表示的是对应的损失赔偿额。图中曲线表示的是伤残程度与赔偿金额的关系。假定手术前眼部的完好程度为 50%,手术后变差到 25% 的程度。在本案中,预期损失赔偿额是被告承诺的 100% 完好的眼部和实际结果只有 25% 完好的眼部之间的差额。图中,如果眼部整形成功,赔偿额为 0;如果眼部完好程度只有 25%,赔偿额为 100 000 元,也就是原告的预期损失赔偿额为 100 000 元,即最右上方的一条曲线(预期曲线)。信赖损失额是手术前 50% 完好的眼部状况和手术后 25% 完好的眼部状况之间的差额,即通过赔偿达到使得原告的眼部状况恢复到相当于手术前的水平,所以损失赔偿额是 50 000 元,即最左下方的曲线(信赖曲线)。剩下的中间一条曲线是机会成本标准下的损失赔偿额度线(机会曲线)。该医院的手术使得吴女士失去了寻找另一家更正规的医院进行手术的机会。这个机会的价值取决于由另一家医院动手术后眼部状况能够达到的

---

① 具体内容可参见〔美〕罗伯特·考特、托马斯·尤伦:《法和经济学》(第六版)[M],史晋川等译,上海:上海人民出版社,2012。

② 案例来源:《女子整容不成反毁容 美容机构遭起诉》[EB/OL],https://www.chinacourt.org/article/detail/2010/09/id/426631.shtml,2023 年 11 月 3 日访问。

完好程度。假定另一家医院的手术能够使眼部状况恢复到75%的完好水平,则被告医院的机会成本损失额就是另一家医院提供的75%的完好水平和被告医院达到的25%的完好水平之间的差额。机会曲线应该在75%的点上与横轴相交,对应于另一家医院能够提供的整形程度。与信赖曲线和预期曲线一样,机会曲线上的每一个点都代表同样的收益水平。所以,该机会曲线与信赖曲线和预期曲线相平行,其对应于25%的点的位置所指的80 000元就是机会成本损失赔偿额,在本案例中,正好介于信赖损失赔偿额和预期损失赔偿额之间。

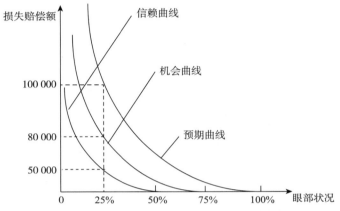

图5-2　预期损失赔偿、机会成本赔偿和信赖损失赔偿

此外,还有其他的一些损失赔偿计算方式,如返还和清偿性损失赔偿。返还(Restitution)是指在延期交易中,一方当事人通常想要对方当事人预付一笔款项以换取在以后行动中的承诺。在此情况下,违约赔偿只需违约方归还之前交付的款项即可。清偿性损失赔偿(Liquidated Damage)是指,在订立合同之时,双方已经预先约定了一方违约时应该采取的赔偿方式。如果所规定的赔偿额度超过违约实际损失,则是一种惩罚性赔偿;如果所规定的赔偿额度没有超过违约实际损失,则被称为清偿性损失赔偿。

3. 实际履行与损害赔偿的比较

一般而言,大陆法系国家多以实际履行行为作为首选,而英美法系国家传统上则以损害赔偿为原则居多。在大陆法系中,实际履行是一种重要的违约补救方式,如1990年的《德国民法典》甚至认为,实际履行是一种最为重要的违约补救方式,在其第二十五条中规定,只有在"不能恢复原状或恢复原状已不足以赔偿债权人的损失"和"恢复原状需要支付不相当的费用"时,才可以通过金钱赔偿弥补债权人的损失。在英美法系中,普通法的违约补救措施主要是损害赔偿。实际履行只是作为衡平法的辅助手段,"只有在损害赔偿不足以提供有效救济,且对于契约履行法院易于监督的场合,方可判定实际履行"。两者差异如此之大,究其原因主要是两大法系的传统法律结构不同所致。在英美法系历史中形成的特有的法律结构下,按照英国普通法,当事人违约时,原则上受害的一方仅有权请求损害赔偿;当损害赔偿的方式不适当的时候,法院基于公平正义原则,可给予衡平法救济,也即实际履行。因此,实际履行的准许与否是法院的职权,当事人并无请求的权利。这一制度的传统来源于英美法系中衡平法和普通法的二元法律调整体系。

两种违约的救济方式都有其应用的具体环境和特殊情况,但是如果履行的利益是能够被确定和计算的,并且履行是具有可替代性的,那么两种方式就存在替代的可能性。此时,就涉及一个问题,即在两种方式都可行的情况下,应该优先考虑哪一种。法经济学的回答其实很明确,当某种事件的发生使不履行比履行更有利可图,或是履约比不履约损失更大的时候,就应当不履行,因为这对于当事人和社会都是有效率的。这里又再一次提到了"效率违约"的思想。在各种成本中,对违约救济方式产生最为重要影响的成本就是交易成本,可以通过图 5-3 来看交易成本对违约救济方式的影响。

图 5-3　交易成本对违约救济方式的影响

如果当事人之间的交易成本较低,假定处在交易成本临界点的左侧区域,法院应该赋予违约受害一方实际履行的权利,允许该方向违约一方主张按照合同约定做出实际的履行。因为合同履行的情况发生改变使得双方对实际履行的利益发生改观,并且由于此时的交易成本较低,双方可以再次进行谈判,这样由市场交易得到的结果也应该是具有效率的。如果当事人之间的交易成本较高,假定处在交易成本临界点的右侧区域,实际上已经剥夺了双方以交易和协商为手段来解决纠纷的机会,这时候应该由法院从中代为判定适当的赔偿金额,以免造成不必要的交易成本的浪费。

四、解约过程

在某些情况下,一些合同按照双方当事人的"真实"意思均不希望履行或者合同并未成立,这时法律还要对这些合同给予解除或是废止的救济。合同的解除或废止从其原因和理由上看,与立法抗辩和履约抗辩的理由非常类似,但是具体而言略有区别。

合同的解除主要是基于双方"事前"的意愿(即双方在合同订立时就已经提前在合同内容中约定了合同解除的条件),而立法抗辩和履约抗辩主要是基于被告"事后"单方面的意愿。所谓合同的解除是指合同有效成立后,因法律规定或当事人约定的事由发生,以一方或双方当事人的意思表示为根据使合同消灭的法律制度。从各国合同法的规定来看,合同解除有两种形式:一是意定解除,二是法定解除。意定解除又可分为依协议的解除与依约定解除权的解除。依协议的解除是指双方通过订立一个新的合同以解除原来的合同,这种新的合同被称为反对合同;依约定解除权的解除是指合同当事人在订立之时或之后约定一方或双方的解除合同权发生的情况,即约定:当发生某种情况时,一方或双方享有解除合同的权利。法定解除是指当事人行使法定解除权而使合同效力消灭的行为,其中法定解除权主要是依据法律规定而产生的解除权。其与约定解除权的区别在于,解除权产生的原因是由法律直接规定而非当事人的约定。

合同的解除是一项严厉的救济措施,因此各国的法律都必须对其实施的条件予以限制。英国的相关商事法律认为,只有当"实质性地违反合同"时,才能导致合同的解除。为了正确地界定何为"实质性地违反合同",可以将合同条款分为"条件条款"和"担保条款"。前者是在合同中陈述事实、双方做出许诺的条款,构成合同的根基;后者是依属于条件条款的内容的陈述,它不是合同的必要条款或实质性条款,而仅仅是合同的某种附则。当违反前者时,将构成实质性违约,可以解除合同;当违反后者时,仅仅给予无过错的一方以请求损害赔偿的权利,而无权解除合同。因此,只有在一方不履行条件条款,或是条件条款所指的对象不存在时,合同才会被解除。

合同的废止是对各种缔约未果的情形进行救济的一种方式。合同当事人达成并履约的目的在于使当事人完成一项相互获利的正值交易。如果这个最优目的不能达到,则理性的经济人会追求次优的零值交易,即不赚也不赔。但有时缔约未果不仅没有正值收益,还会使交易双方的收益为负值,在这种情况下,法律必须决定如何分摊已经产生的损失。合理的合同废止原则是:在合同无效的情形下,法律应该促使当事人恢复到缔约前的状态;如果损失已经发生而又没有其他正当的依据来分配损失,那么平均分摊损失就是合理的。

第四节　合同法的经济学分析评析

通过对合同法的法学分析和经济学分析,可以看出这两种研究视角存在着明显的差异,因此本节一方面要对合同法的经济学分析和传统的合同法理论进行比较;另一方面,合同法的经济学分析作为一种理论分析方法,必然会存在一些问题,所以本节还将对这些问题进行深入探讨。

一、合同法的经济学分析与传统合同法理论的比较分析

研究法经济学并不在于解释法律法规的历史,而是要预测它们的经济后果。合同法领域是法经济学最熟悉的法律范畴,因为合同法的基本目标在于使人们能够达到其私人目的,为单个公民提供一个达成彼此之间自愿关系条款的制度,通过强制履行承诺帮助人们达成其私人目标。所以,合同法理论主要应该围绕着研究如何通过自愿的协议促进个人对目标的追求,而经济学是分析以协商交易为基础的合同法的有效工具。在合同法的经济学分析中,运用了成本、收益、效用等概念来设置合同制度,同时利用帕累托效率、最大化等方法来分析合同法的制度,用消费者选择和市场失灵等理论来调整合同当事人的行为关系。这些新的思考方式给法学研究和法律法规找到了出发点和根本目标:以社会

和个人为出发点,研究理性人在面对各种选择时所做出的判断;以效率为根本目标,由此来衡量法律政策的正确性。

(一)传统的合同法理论注重的是对语言的分析,是一种法律的哲学,所研究的中心在于有关合同的权利和义务等抽象的概念,而合同法的经济学分析运用了成本、收益、效用等概念来设置合同制度,使得合同的交易本质得到了体现。

(二)传统的合同法理论往往被认为是使社会达成公平和正义等目标的手段,而合同法的经济学分析却利用了帕累托效率、最大化等方法来分析合同法的制度,使得效率作为一个可衡量的目标超越了公平原则,并由此产生了一系列全新的合同法理论概念,如效率违约。

(三)传统的合同法理论以合同的自由、诚信原则来调整合同的关系,而合同法的经济学分析利用消费者选择和市场失灵等理论来调整合同当事人的行为关系,体现了以人的行为为出发点和归宿的思考方式,强调了人在面对各种情况时所做出的判断和选择。

(四)传统的合同法理论主要是以规范分析为主,立足于法律的秩序、自由、安全等价值目标来评判法律规范的优劣。合同法的经济学分析既有规范分析,又有实证分析,以经济学常用的方法对法律进行定量分析,具有显著的技术性和具体性。

简而言之,合同法的经济学分析解释和剖析了合同的内在机理和运作机制,这与传统的合同法理论相比,无疑是一种飞跃和进步。

二、合同法的经济学分析存在的问题

从经济学的角度来研究合同法还存在许多不完善的地方,主要体现在以下几个方面:

第一,不完备合同是现实中普遍存在的一种合同状态,因此我们必须充分地了解不完备合同的产生原因和表现形式,并从经济学的角度进行研究和处理。目前,经济学中不完备理论也处于不断的发展之中,很多内容没有用到合同法的分析中来。通过对不完备理论的阐述来深入分析合同的效力问题将是合同法的经济学分析发展的一个方向。

第二,实际履行作为一项原则是符合当事人意愿的,能够产生履行的激励作用,从而使当事人利益最大化。尤其是当实际履行作为一项补救措施,与损害赔偿相结合,由当事人根据情况进行选择的时候,它是有效率的。因此,在今后的研究中不能只是强调和主导对损害赔偿的分析,也要关注实际履行原则的内涵,并对其重要性进行重新界定。这样才能以成本和效率为基础,以维护合同的效力为中心,以维护当事人的私权为目标,构建完善的合同救济体系。

第三,就最优损失赔偿数额的选择而言,从经济学的激励角度出发,合同法的经济学分析所给出的信赖损失赔偿额、预期损失赔偿额和机会成本损失赔偿额使得法律对损失赔偿额的不同政策有了更多的选择余地和空间,但是也给判案的过程增加了许多的标准和添加了过细的原则。针对每个案件要确定最合适的赔偿政策,以达到既阻止当事人违约又防止过度信赖而产生的成本增加的目的,这仍然是一项很艰巨的任务。特别是,当遇到非财产性的赔偿问题如精神损害时,最优的损失赔偿数额如何确定又是一个值得探讨的问题。

法学和经济学在研究主题和价值观上还是存在相当多的共通性。面对涉及面广、对象复杂、经济性强的合同法,把传统法学抽象推理的逻辑思维方法和经济学具体使用的计算分析方法相结合,将对合同法理论的发展产生深远的影响。

本章总结

1. 合同法是有关合同的法律规范的总称,是调整平等主体之间转让财产或劳务交易关系,并在适当的时候提供民事救济的法律。合同通常被解释为协议或允诺,其最为本质的特征是当事人意思表示一致的协议。

2. 如果一项允诺是作为交易的一部分做出的,那么它在法律上就是应该予以履行的,这就是所谓的"交易原则"。交易原则将允诺划分为"交易的允诺"和"非交易的允诺",以此来作为判定合同是否应该予以履行的标准。

3. 合同的交易理论实际上是从现实的交易中抽象出了合同的三个基本要素:报价、接受和对价。

4. 效率原则的基本思想是:如果一份合同经过修改有可能在双方不受损的条件下至少使一方受益,那么原来的合同就是无效率的;反之,如果这样的修订是不可能的,那么该合同就是有效率的。具体而言,符合以下五个经济目标的合同是需要强制执行的:促成交易合作、获得履约承诺、获得最优信任、最小化交易成本和增强合同的完备性。

5. 要约与承诺作为合同的基本要件,是以意思表示一致为依据的。意思表示一致也即合意,从经济学角度来看,必须建立在自愿交换双方都可以获利的假定基础之上。

6. 当原告对被告的违约提起诉讼时,被告可以提出两类辩解:第一类是立约抗辩,订立的合同是不完备的,所以合同是不可履行的;第二类是履约抗辩,合同是通过正当手续订立的,并产生了法律责任,但在履行过程中出现了意外,因而应免除其合同义务。

7. 纵观各国的合同法救济体系,主要的救济措施包括:要求债务人按照合同实际履行,称为实际履行措施;或者要求债务人依照合同所要实现的预期利益折算为相当货币进行赔偿,称为损害赔偿。在各种成本中,对违约救济方式产生最为重要影响的成本就是交易成本。

思 考 题

1. 简述合同的交易理论与合同的经济理论的差异。
2. 符合哪些经济目标的合同是需要强制执行的?
3. 简述合同成立的基本条件。
4. 在什么情况下,合同是可以不履行或不完全履行的?
5. 简述主要的违约救济措施。

6. 试比较完全预期损失赔偿、完全机会成本损失赔偿和完全信赖损失赔偿的差异,并举例说明。

阅读文献

1. Benjamin Hermalin, Avery W. Katz and Richard Craswell: The Law and Economics of Contracts, Columbia Law and Economics Working Papers, No. 296, 2006.

2. Grant Gilmore: *The Death of Contract*, Columbus: Ohio State University Press, 1974.

3. Richard A. Posner: The Ethics and Economics of Enforcing Contracts of Surrogate Motherhood, Vol. 5, *Journal of Contemporary Health Law and Policy*, 1989: 21-31.

4. Robert Cooter, Thomas Ulen: *Law and Economics*, Boston: Pearson/Addison Wesley, 2008.

5. 柴振国:《契约法律制度的经济学考察》[M],北京:中国检察出版社,2006。

6. 陈国富:《法经济学》[M],北京:经济科学出版社,2008。

7. 〔美〕大卫·D. 弗里德曼:《经济学语境下的法律规则》[M],杨欣欣译,北京:法律出版社,2004。

8. 冯玉军主编:《中国法经济学应用研究》[M],北京:法律出版社,2006。

9. 高德步:《产权与增长:论法律制度的效率》[M],北京:中国人民大学出版社,1999。

10. 〔美〕理查德·A. 爱波斯坦:《简约法律的力量》[M],刘星译,北京:中国政法大学出版社,2004。

11. 〔美〕理查德·A. 波斯纳:《法律的经济分析》(上、下)[M],蒋兆康译,北京:法律出版社,2012。

12. 〔美〕罗宾·保罗·马洛伊:《法律和市场经济:法律经济学价值的重新诠释》[M],钱弘道、朱素梅译,北京:法律出版社,2006。

13. 〔美〕罗伯特·考特、托马斯·尤伦:《法和经济学》(第六版)[M],史晋川等译,上海:上海人民出版社,2012。

14. 〔美〕莫顿·J. 霍维茨:《美国法的变迁》[M],谢鸿飞译,北京:中国政法大学出版社,2004。

15. 钱弘道:《经济分析法学》[M],北京:法律出版社,2005。

16. 〔美〕唐纳德·A. 威特曼编:《法律经济学文献精选》[M],苏力等译,北京:法律出版社,2006。

17. 魏建:《法经济学:分析基础与分析范式》[M],北京:人民出版社,2007。

18. 〔英〕约翰·伊特韦尔等主编:《新帕尔格雷夫经济学大辞典》[M],北京:经济科学出版社,1996。

19. 周林彬等:《法律经济学:中国的理论与实践》,北京:北京大学出版社,2008。

第六章
合同法经济分析专题

> 我们今日的社会与以前历代社会之间所存在的主要不同之处,乃在于契约在社会中所占范围的大小。
>
> ——〔英〕亨利·梅因

◆ **本章概要**

本章首先对我国合同法律规范的变迁进行梳理和回顾,具体是指从第一部合同法实施到民法典时代这段时间。之后,我们借助司法实践中的具体案例来考察和分析我国当前法律环境和社会背景下两个特殊的合同法专题,一是《中华人民共和国民法典》实施后保证合同制度下保证人责任的变化;二是代孕民事法律行为效力及相应的合同效力问题。

◆ **学习目标**

1. 了解我国合同法的历史发展以及合同法理念的发展。
2. 了解《中华人民共和国民法典》合同编与《合同法》的异同。
3. 掌握《中华人民共和国民法典》实施后合同保证方式的重要转变。
4. 了解违反公序良俗的代孕合同的效力问题。

合同是调整市场经济秩序、规定市场参与者权利和义务的协议,也是民事主体设立、变更、终止民事财产法律关系的协议。合同制度的存在有利于维护交易安全、降低交易成本,促进经济活动更顺利和公平的实现。合同制度具有相对保守、滞后的性质,同时容易受到国内经济状况变化、国际经济环境调整以及国际经济合同制度变化的多重影响。我国的合同制度必须主动进行变革以适应不断变化的经济关系,"好鞍配好马"才能激发经济活力,创造更多社会财富。若因合同制度的缺位,导致经济生活中的现实问题无法得到合理、及时的回应,即便可以通过司法诉讼进行个案救济,但对于快速变化且繁忙的整个社会而言,只会导致交易安全无法保证、经济活动成本增加、交易效率降低和经济活力不足的不良结果。期待读者通过学习本章内容了解中国合同制度的历史发展脉络,了解合同制度变化的内在动因和合同基本精神,了解有效合同行为和无效合同行为的法理边界,学以致用。

第一节　合同法律制度的演变

社会的变迁会促进法律的发展。美国学者霍贝尔指出:"法是一个动态的发展过程,在这个过程中,解决问题的方法很少是永远不变的。"[①]合同法作为调整交易关系、维护交易秩序的法律,是市场经济最基本的法律规则。为了与经济发展的进程相适应,合同法的发展表现出了明显的阶段性。[②]

一、中国合同法的历史发展

中国合同法律制度是随着经济制度改革和市场经济的发展需要而建立起来的,即在20世纪80年代初开始了合同法立法工作。中国合同法的发展历史大致可以分为两个时期:第一个时期从1981年到1999年,历时17年,该时期体现了分散、单一专项立法特点;第二个时期是从1999年《合同法》问世到2021年《民法典》生效期间的合同法律制度变更。1982年,我国颁布实施了第一部规范财产流转关系的法律制度——《中华人民共和国经济合同法》,由此我国正式将商品经济和交易行为、交易秩序纳入法制的调整轨道,进入了从事商业活动有法可依、有法保障的法治经济建设道路。但该项基本合同法制度也有其不足之处:第一,将国家指令计划作为经济合同法的基本指导原则,若违反以上原则,经济合同按照无效处理;第二,合同主体的适用范围过小,仅仅调整法人单位之间的经济关系;第三,行政干预色彩浓厚,经济合同的内容、履行情况受到工商部门、中国人民银行等行政机关的监管;第四,权益转让受限,不得转让、转包、倒卖经济合同。为了顺利利用外资开展经济合作,1985年我国制定《中华人民共和国涉外经济合同法》,调整我国企业与外国不同经济主体之间的商业交易关系。1987年我国制定了《中华人民共和国技术合同法》用于规范我国法人、自然人及其他组织之间就技术开发、技术转让、技术咨询、服务等技术相关活动引起的民事权利与义务关系。随着我国市场经济不断成熟和因加入WTO(世界贸易组织)需要完善经济法律规则的要求,1999年我国制定了更加完善的《合同法》来调整加入WTO后的经济活动,同时《经济合同法》《涉外经济合同法》《技术合同法》完成各自使命,退出了现行财产法律制度的舞台。1999年《合同法》体现了我国合同制度取得的巨大进步:第一,明确规定了倡导自由交易的自愿、平等基本合同价值理念;第二,缩小了无效合同的范围——违反国家政策、计划的合同,采取欺诈、胁迫等手段所签订的合同,超越代理权限签订的合同属于无效合同;第三,从1982年《经济合同法》的四十七条到1999年《合同法》的四百二十八条,我国合同制度调整的经济关系范围不断扩

---

① [美]E. A. 霍贝尔:《初民的法律》[M],北京:中国社会科学出版社,2008:314。
② 王泽普:《合同法在我国经贸发展中的应用及作用》[J],《法制与社会》,2011年,第10期:第85—86页。

大,有名合同从零发展到十九条,详细规定了典型合同,在经济发展中发挥保障自由交易的作用也越来越大。1999 年的《合同法》是我国第一个真正符合保护私有财产、鼓励交易市场经济精神的财产法律制度。《合同法》实施后到《民法典》生效前,最高人民法院以多次颁布司法解释的方式对《合同法》适用过程中的不足之处进行了积极补充,以回应市场需求。例如,1999 年 12 月发布的第一份《合同法》司法解释,对合同的法律适用范围、诉讼时效、合同效力等问题进行了明确阐释,其中规定合同效力只能由法律和行政法规规定,超越经营范围实施的合同行为不认定为无效,扩大了有效民事行为的范围。2009 年最高人民法院颁布了第二份《合同法》司法解释,其中对事实合同、格式条款、效力性、强制性规定进行了明确细化的规定,为精准调整交易行为、规范交易秩序提供了便利。《合同法》司法解释三对买卖合同制度进行了细致规定,认可了预约合同、电子合同、保留所有权合同、一物二卖合同的效力。《合同法》司法解释四对融资租赁类金融业务给予了法律肯定。最高人民法院后续对房屋租赁、建设工程合同等典型交易行为也进行了司法解释细化规定。以上司法解释补强了《合同法》的适用效力,促进《合同法》在调整经济生活中创造更大的价值。进入《民法典》时期后,我国的合同制度根据经济发展的新特点又进行了适时调整。

二、中国合同法理念的发展

合同法理念又被称为合同的基本原则,是民事主体在经济交往中应遵守的最高行为准则。民事活动领域最为重要的规范便是意思自由之意志、自由之行为、平等、公平、权利等价值观念。市场经济的发展也离不开以上内在价值体系的指引。亚当·斯密曾说,如果给予人们若干自由:生产的自由、买卖的自由、破产的自由、保护财产的自由,社会就会繁荣。作为调整动态经济关系的合同法律制度应当纳入以上价值观念作为合同法的灵魂基石并使自由、平等、公平、权利等价值目标得以达成。英美法系的合同原则不是立法机关制定的,而是通过实践中大量判例归纳总结出来的指导商业活动的一般规则,具体包括自主原则、灵活原则、对价原则、效率原则、公平和诚信原则。

1981 年我国制定的《经济合同法》第五条体现了平等、自愿的合同价值理念,但同时也强调了国家对经济进行计划管理的原则。该部合同法追求的价值理念具有一定局限性,对民事主体从事经济活动的自由度具有一定程度的限制和过度干预的色彩,不利于激发经济活力,扩大市场经济规模。彼时我国经济改革刚刚起步,由于整体上经济制度及国家治理理念的陈旧、落后,我国第一部合同法律制度制定时追求的价值目标较为落后和不足。

1987 年我国实施了《民法通则》,作为调整民事活动的基本规范,其规定的民事行为基本指导原则更加符合现代文明的价值内涵,与《经济合同法》相比也取得了很大进步。《民法通则》确立了民事主体在民事活动中地位平等,从事商事行为应当遵循自愿、公平、等价、有偿、诚实信用等基本原则,但仍旧保留了国家政策作为民事行为的依据之一,尚有不合理之处。

随着1993年社会主义市场经济体制基本框架的确立,国家在对《经济合同法》进行修改时,取消了保证国家计划执行的合同制度指导原则,让合同法律制度回归到调整市场经济关系的正常定位。1999年《合同法》明确规定了当事人主体法律地位平等、自愿、公平三大基本法律原则。以上合同法治理念的确立有利于推动自由立约、自由交易目标最大限度的顺利达成。合同法的基本原则不仅彰显了合同制度设立的最初目的,也体现了合同制度在不同主体间的利益衡量和价值取舍。我国合同制度理念的变化体现了由管到放、由紧到松、由权力干涉权利到法无禁止皆可为——契约自由的基本路线,以上结果也是在我国建设大市场、小政府的不断深化改革的路径中实现的。让经济自由在市场秩序中实现,让法律规范权力。合同基本原则的合理设置可以激发市场活力,让市场机制在资源流转效率最大化中发挥最强功能。[①]

三、民法典时期合同制度的新变化

2021年我国正式进入由民法典调整社会经济生活的时期。一部民法典贯穿人的一生,而其一半内容为合同编。新的合同法律制度在市场经济生活中扮演了越来越重要的角色,也发展成为我国财产法律规范体系中的重要组成部分。《民法典》合同编共三个分编,分别为通则分编、典型合同分编、准合同分编,共计五百二十六条。《民法典》合同编在充分考虑社会经济生产生活新变化的基础上应时而变,进行了适当修改和扩容。《民法典》合同编与《合同法》相比增加了九十八条新内容,新变化具体体现在以下方面。

首先是合同理念的变化:《民法典》第九条规定了"民事主体从事民事活动,应当有利于节约资源、保护生态环境",简称"绿色原则"。绿色原则的确立有利于推动我国经济转型和升级,发展绿色经济,助力我国早日达成碳中和、碳达标的目标,目前在司法实践中已经有交易行为因违反绿色原则而被法院认定合同无效的司法判决了。第十条增加了公序良俗原则,一般指公共秩序和公共价值观。民事主体从事民事活动不得违反公序良俗原则,否则民事行为被认定为无效行为,得不到法律的保护。以上原则也是指导商事合同行为的新增基本理念,合同内容不得违反绿色原则和公序良俗原则。从以上新增的两项原则可以看出立法机关在鼓励自由交易的同时,也增加了对公共利益和公共价值秩序的维护。

其次是合同内容的变化:(1) 1999年《合同法》规定的典型合同为十五个,《民法典》合同编规定的典型合同扩展到十九个,新增加的四个典型合同分别为保证合同、保理合同、物业服务合同、合伙合同。将现实生活中新出现的交易模式和商业业务、担保关系纳入了法律调整的范畴。同时将无因管理和不当得利的债的行为纳入准合同制度进行管

---

① 丁璇:《我国合同法及其理念的发展》[D],华东政法学院硕士学位论文,2004。

理,基本统一了对日常生活中常见债的行为法典化编纂。

（2）保证方式的变化。特别值得注意的是,与《担保法》对保证方式的规定相比,《民法典》合同编中保证人承担保证方式规定发生了180度转变。《民法典》第六百八十六条规定在没有约定或者约定不明确的情况下,保证人应当承担一般保证责任,而不再是连带责任。《民法典》出台前,如果保证人未明确约定保证方式,就要按照连带保证责任承担法律责任。现在正好做出了相反的规定,必须在明确约定时保证人才承担更为严格的担保责任。

（3）规范民间借贷行为。近年来不断出现的套路贷、暴力催收、高利贷等侵害公民合法权益的非法现象,不仅扰乱了正常的金融秩序,也给经济社会稳定带来严重隐患,基于此,《民法典》合同编也对借款合同中完全放任的高利贷行为进行了适当的法律限制,克服市场的缺陷,体现了合同正义的原则。

（4）配套出台的《民法典》担保制度司法解释第六十四至六十七条也赋予了保留所有权买卖合同、融资租赁合同、保理合同、让与担保合同的担保功能,规定了出卖人可以直接参照实现担保物权的有关规定拍卖、变卖标的物实现债权权利。保理合同规定同一应收账款同时存在保理、质押、转让行为的按照《民法典》相应规定确定优先顺序。

（5）完善财产保全制度。财产保全,是指为了防止债务人实施转移、不当减少、放弃债务人享有的债权和财产等合同行为而给债权人的债权造成损害,致使债权人的债权无法实现的后果。法律赋予债权人对债务人不当行为行使撤销权或代位权,以保护债权人合法权益的法律制度。与1999年《合同法》相比,《民法典》第五百三十五至五百四十二条对当事人享有的合同保全权利做出了更为进步和明确的规定,如规定在债务人的债权或从权利即将消灭,即使债权人的债权未到期,债权人也有权利行使代位权保障债务人的债权得以兑现,达到对债务人财产保全的目的。债务人对其债权恶意延期的情况下,债权人也有权利提起撤销权,以维护债权人自身权利的实现。

（6）确立利益第三人合同的规则。合同主体一般为双方,但随着商业交易的复杂化,不同主体拥有的资源不同,多方主体参与往往有利于交易的达成,因此多主体合同也屡见不鲜。若各方在合同中明确约定债人需向第三方为一定行为或不为一定行为,但债务人不履行上述义务,则第三人有权要求债务人承担违约法律责任,第三人也有权基于自身的合法权益代替债务人向债权人履行债务。《民法典》第五百二十二条、第五百二十四条的规定实际上肯定了第三人的法律地位,给予了第三人更多的商事自由。上述规定有利于创新合同内容,促进不同交易关系缔结,推动交易方式的多样化。

（7）对于格式条款适用的限制。《民法典》第四百九十六条规定了对于经营主体未经与交易相对方协商、单方事先制定的排除己方义务或排除相对方权利、侵害消费者等主体利益的不平等霸王条款,交易相对方有权主张不合理的格式条款不构成合同的组成部分,不受不合理条款的约束。在《民法典》合同编实施前,对于格式条款,当事人只能通过诉讼途径向法院申请撤销,新规定更有利于保护当事人的合法权利,降低当事人的维权成本。

（8）情势变更制度的设立。《民法典》第五百三十三条规定了情势变更制度,即在订立合同后,合同履行完毕前,当事人遇到了不可预见、不可克服且不属于商业风险的重大变化,合同履约基础已经丧失,继续履行合同对当事人明显不公平,基于以上情势当事人可以协商变更或解除合同。情势变更制度在基本法律中的设立体现了合同法的公正原则,有助于遭受宏观环境重大变化处于弱势地位的市场主体恢复经营能力,再生经济活力。

最后是合同形式及立约方式的变更:传统中,合同依据当事人的签字、按印或盖章成立且生效。一般情况下当事人为自然人的则签字生效,当事人为法人或其他组织的则盖章生效。随着我国电子商务经济的快速发展和技术安全性不断提高,电子合同在日常生活中已经普及应用,如日常及节日期间在大型电子商务平台上的购买行为往往涉及电子合同。电子签约方式目前也经常在企业的经营中使用,如交易双方在第三方数据平台上注册、认证并借助第三方的通道通过人脸识别等方式完成线上签约。当然该第三方平台必须是经过当地公安部门认证并备案的。电子合同及电子签约方式的存在有利于缩短立约时间,降低交易成本,提高交易效率。审判实践中法院已经认可电子合同及电子签约方式的效力,法律也应当认可电子合同及电子签约方式的价值及其效力,《民法典》第四百九十一条、第五百一十二条也做出了肯定的规定。

第二节 《民法典》实施后的合同保证方式

在经济生活中为了促成交易,达到各种商业目的,经常需要附带签订保证合同提供担保。我国保证人的保证方式分为承担一般保证责任和承担连带责任保证两种。《民法典》对我国担保法律关系中的保证方式进行了重大革新,对担保关系中保证人和债权人的权利义务关系进行了重构。《民法典》第六百八十六条规定,在双方当事人没有明确约定保证方式为连带责任保证的情况下,按照一般保证承担保证责任。基于保证制度的新变化,债权人应当根据交易情况选择适当的保证方式,保证人也应当根据自身经济担保能力选择承担的保证责任,以便各方更好地在经济活动中维护好自身权利,保障交易目的达到。

案例 6-1

保证合同担保责任方式转变案件

案情介绍:甲企业常年向乙企业购买金属制品,后经双方结算,截至 2021 年 10 月底,甲企业共欠乙企业货款 50 万元。2021 年 11 月,甲企业出具了一份《还款承诺书》,约定自承诺书签订之日起,每月 10 日前归还乙企业本金 5 万元,如果不按期归还,乙企业可以要求甲企业一次性归还全部货款。

该笔债务由小葛承担连带保证责任。《还款承诺书》的末尾处加盖了甲企业的公章,法定代表人小王在担保人处签字,小葛在内容同样的另一份《还款承诺书》上签字确认。

虽然签订了《还款承诺书》，但甲企业并没有按约履行，仅在 2021 年 12 月归还了 27 000 元便没了下文。

多次催讨未果后，2022 年 2 月，乙企业将甲企业、小王、小葛起诉至宁波市宁海法院，要求甲企业支付剩余货款，主张小王和小葛对该笔货款承担连带保证责任。小王和小葛答辩表示，钱是甲企业欠的，应该向甲企业讨要，如果企业破产了，二人才承担还款责任。乙企业则认为，自己是债权人，既可以向甲企业催讨欠款，也可以向小王和小葛催讨，三者需要同时履行还款义务。

法院经审理认为，《还款承诺书》约定小葛承担连带保证责任，小葛应按连带保证方式承担保证责任；而小王在担保人处签字，但未约定保证方式，因此应当按照一般保证承担保证责任。法院判决，甲企业归还乙企业货款 47.3 万元，小葛对上述款项承担连带清偿责任，小王对上述款项中甲企业经依法强制执行后仍不能履行的部分承担清偿责任。

资料来源：《同为担保人，为何承担的保证责任不同？〈民法典〉里有答案》[EB/OL]，http://zj.people.com.cn/n2/2022/0330/c186327-35200088，2023 年 11 月 3 日访问。

保证方式是保证合同制度的核心条款，规定着保证人与债权人之间的主要权利义务关系。保证方式分为一般保证与连带责任保证。不同的保证方式对保证人而言承担的轻重责任不同。两者存在以下四个方面的区别：第一，适用的情况不同。一般保证适用只有在债务人履行不能的情况下，才能向保证人主张权利。债务人履行在先，保证人履行在后。债权人不能先行向一般保证人主张债权。连带责任保证中，债权人可以在债务人和保证人中任意选择向其中一方或向双方行使债权，对债务人和连带保证人主张权利没有任何前置条件和先后顺序要求。第二，享有的权利不同。一般保证人享有先诉抗辩权，先诉抗辩权是法律赋予一般保证人对抗债权人的抗辩权，在债权人未起诉债务人并执行债务人全部财产的情况下，不得单独起诉一般保证人要求履行担保责任。一般保证人可以债权人未起诉债务人且没有穷尽手段执行债务人财产为由，拒绝承担保证责任。一般保证人对债务人的债务只承担补充责任，连带保证人对债务人的全部债务承担清偿责任。连带保证人不享有先诉抗辩权。第三，诉讼主体地位不同。一般保证人在基础债务关系案件中只能以共同被告的地位出现，或在诉讼债务人未获清偿情况下另行起诉一般保证人，债权人不得先行起诉一般保证人。在连带保证责任方式中，债权人可以选择单独起诉债务人或连带责任保证人，也可以对债务人、连带责任保证人共同提起诉讼。第四，诉讼时效不同。一般保证从债权人对债务人起诉、债权人的债权得到法院生效判决确认之时计算，连带责任的诉讼时效则是自债权人请求连带保证人履行担保责任清偿债务之日起算。在以上案例中，当事人签订《还款承诺书》的担保行为发生在《民法典》实施后，故应当适用《民法典》新规范来调整以上担保法律行为。《还款承诺书》中明确约定了小葛承担连带保证责任，所以法院支持了上述约定，要求小葛承担连带清偿责任。《还款承诺书》未明确约定小王承担连带保证责任，所以法院依据《民法典》第六百八十六条规定判决小王仅承担一般保证责任。按照《民法典》对保证方式的新规定，小王承担的是一般保证，在法院对甲企业财产强制执行后仍无法履行的债务部分由小王承担补充还款责任。小葛承担的是连带责任保证,无须经执行甲企业,在未曾执行甲企业的情况下,就可以直接要求小葛清偿甲企业对乙企业的全部债务。

此前的《担保法》对保证方式的规定虽然加大了对债权人的保护,保障了债权人利益,但在法律适用中发现上述规定导致了债权人、保证人、债务人之间权利义务和利益分配失衡,加重了保证人的经济责任义务,便利了债务人转嫁债务责任,变相减轻了债务人的负担。

在市场经济发展过程中,签字、按指纹做保证人是最常见的民事行为。实践中有的当事人因文化水平低下、法治意识淡薄并不十分理解其签字行为的法律效力和法律后果,往往基于人情关系或较小利益诱惑,在没有意识和区分保证责任的不同,也没有约定或未明确约定保证方式的情况下就轻易地在保证合同上签字作保。根据《担保法》的相关规定,保证人此时需要承担连带担保责任。当债务人不能履行债务时,则引发保证人承担保证责任。或有的经营者保证人在为其他企业提供担保后因经营不善而陷入泥潭。另外我国现行法律体系中并未规定自然人个人破产制度。保证人一旦被诉讼,或出现夫妻共保被诉的情况,不仅是个人财产,甚至家庭财富也会被法院执行,一人保证连带累及全家破产,严重影响保证人的婚姻关系和家庭安宁,保证人未成年子女教育和老人的赡养也直接受到较大冲击。《担保法》规定下的约定不明确、没有约定保证方式的法律效果虽然维护了债权人利益,但对保证人及其家庭来说承担的间接、隐性义务过重,增加了整个社会的负荷,也不利于国家经济社会健康稳定发展和共同富裕的建设。也就是说,边际成本太大,边际收益太小,不符合法律制度社会效益最大化原则。根据帕累托最优原则,同时结合法律的实施情况,《民法典》规定将没有约定保证方式或者保证方式约定不明确的法律后果从连带责任转变到一般保证责任,有利于减轻保证人潜在过重的经济负担,为在商事交易中鼓励保证人敢于担保及减少负担创造了更多制度保护。保证方式的更新也有助于防止债务风险的扩散,促进经济交易,优化债权人、担保人、社会面的各主体利益均衡关系,维护经济社会稳定。立法者在保证责任没有约定或者约定不明造成的规范困境情况下对合同制度的立法创新;司法机关在保证责任没有约定或者约定不明的保证合同案件中进行的司法实务推定以及在保证期间确立的主动严谨的审查机制,都是动态法治创新对于动态社会经济现象的法律支撑。

第三节　代孕合同的效力问题研究

生儿育女是每个家庭天然的期待,但在我国有许多夫妻或因身体原因无法生育或因男方一心求子的心态或因通过辅助生殖技术繁育后代成功率不高等因素,选择通过代孕方式实现自己做父母的梦想。近年来代孕在国内、国外都具有一定的市场,已经形成了一定规模的代孕产业链。2001年,在原卫生部出台的《人类辅助生殖技术管理办法》中就明确规定:医疗机构和医务人员不得实施任何形式的代孕技术,这也是我国目前唯一明确禁止代孕的部门规章,除此之外,其他法律、行政法规并没有对代孕行为进行明文规定,也没有对代孕行为做出效力性评价。对公民行使基本生育权利来说,代孕仍处于法律的真空地带。目前,各国对于代孕的态度各不相同。法国、瑞士、德国等国家禁止代孕;在英国和澳大利亚,非商业性质的代孕属于合法行为,商业性质的代孕属于非法行为;美国则有26个州对代孕有不同程度的法律认可。近年来,由代孕问题引发的合同纠纷案件不断增加。在中国裁判文书网以"代孕"为关键词,在2012年至2020年的时间跨度中,能检索到共计415份法律文书。415份法律文书中,以财产纠纷和抚养纠纷居多,其次是经济合同类纠纷。对于涉及"代孕服务合同"的纠纷案件,司法界目前倾向对代孕持行为无效的观点,法院判决合同无效的依据均为"违背公序良俗的民事法律行为无效"。某明星"代孕弃养"事件更是引发公众对代孕行为及背后产业的广泛关注和讨论。当前国家打击代孕产业,对代孕行为做出否定性法律评价必有深层的社会经济学考量。

案例 6-2

代孕合同有违公序良俗被认定无效
——汪某与刘某合同纠纷案

案例简介:原告汪某和妻子张某系四川人,2018年经人介绍认识了办理代孕业务的被告刘某。2018年9月21日,双方签订了"助孕包成功服务协议",协议签订后,汪某多次给刘某汇款用于代孕工作,共计32万余元。2021年4月,双方当事人因代孕而产生纠纷,汪某将刘某起诉至湖南省湘口县人民法院。

法院审理后认为,原、被告签订的"助孕包成功服务协议"明确是代孕合同,违背法律规定,不具有法律效力。代孕合同,即为代孕方与求孕方约定在代孕中双方权利义务的有偿合同。目前,我国法律没有对代孕合同做出明确规定,但原卫生部于2001年颁布实施的《人类辅助生殖技术管理办法》中禁止实行代孕技术,只允许采用人类辅助生殖技术通过妻子的子宫怀孕。从代孕合同的本质来看,是将代孕方的子宫作为"物"来出租使用,将孩子作为商品交易的对象。以上两方面均反映出代孕合同有违公序良俗、社会公德,与《中华人民共和国民法典》的基本原则相违背,应属无效。

法院最终判决:被告根据该合同所收取的费用应返还给原告。原、被告双方签订的"助孕包成功服务协议"不具有法律效力,履行无效合同双方都有过错,双方由此产生的其他费用开支应由各自承担,原告要求被告赔偿损失,法院不予支持。

资料来源:李果、唐梅妍、雷佳:《代孕合同有违公序良俗被认定无效》[N],《人民法院报》,2021-05-11。

上述案件中双方争议的焦点可以归纳为:第一,双方签订的"助孕包成功服务协议"是否合法有效;第二,被告是否对原告造成了经济损失,被告是否应该赔偿原告的经济损失。

关于"助孕包成功服务协议"是否合法有效的问题，原告认为，合同内容违背了公序良俗，违反了原卫生部颁发的《人类辅助生殖技术管理办法》第三条的强制性规定，是无效合同。被告认为，合同是双方当事人的真实意思表示，双方已经实际履行，应认定合同效力。法院认为，涉案合同签订于2018年，履行在2019年。涉案合同虽然违反了原卫生部的部门规章，但合同无效的情形只能由法律、行政法规规定。《合同法》规定的无效情形也并未包括违反公序良俗原则，仅违反《人类辅助生殖技术管理办法》并不能就此认定合同无效。但我国2017年实施的《民法总则》第八条、第一百五十三条第二款都明确规定了民事行为不得违反公序良俗原则，违反公序良俗的民事法律行为无效。代孕行为及签订"助孕包成功服务协议"的行为都是民事行为，《合同法》未明文规定调整的合同行为，应当依据民事基本法律规范来调整。代孕行为违背了我国公序良俗，所以法院认定原、被告签订的涉案合同"助孕包成功服务协议"属无效协议。

因法院已经认定合同无效，根据《合同法》的相关规定，无效合同自始不发生法律效力，双方的权利义务关系应恢复到合同订立前的状态，因合同行为取得的财产应当返还。无效合同自始不受法律保护，也就没有违约行为成立的法律基础和事实依据。该案中因双方都有过错，由各方承担相应的法律后果。无效合同不具有履行的可期待性，法院不支持当事人通过非法行为获得利益和任何权益，故法院判决被告仅返还其所收取的原告费用。

现行实施的《民法典》第一百五十三条对类似行为的法律效力做出了明确规定：违反法律、行政法规的强制性规定的民事法律行为无效。但是，该强制性规定不导致该民事法律行为无效的除外。违背公序良俗的民事法律行为无效。第一千零七条规定：禁止以任何形式买卖人体细胞、人体组织、人体器官、遗体。违反前款规定的买卖行为无效。第一千零九条规定：从事与人体基因、人体胚胎等有关的医学和科研活动，应当遵守法律、行政法规和国家有关规定，不得危害人体健康，不得违背伦理道德，不得损害公共利益。

目前学术界对是否给予代孕合同法律认可，使其合法化展开了激烈的争论。部分学者认为代孕合同不应当赋予法律效力，例如梁慧星教授在《市场经济与公序良俗原则》一文中认为：公共秩序和善良风俗，合称公序良俗，是现代民法的重要法律概念和法律原则，在现代市场经济社会中，有维护社会一般利益及一般道德观念的重要功能，被称为现代民法至高无上的基本原则。代孕是违反公共秩序和良好习俗的，属于危害家庭关系的类型，应该基于公序良俗原则的强行法性质予以禁止。葛飞健认为代孕合同有损人格尊严，将人视为物，故代孕合同自始无效。而另有一些学者认为代孕合同应当赋予一定的法律效力：吴国平认为代孕合同有效，但亲子关系认定不能依据代孕合同；杨彪认为亲子关系可以依据代孕合同执行；肖林华认为代孕合同效力应视不同情况认定。认为代孕合同有效的学者还认为，代孕合同实际上是承揽合同，承揽人是为他人生育子女的代理母亲，标的物是婴儿，或者标的是代孕行为，代理母亲的主要义务是孕育婴儿以及婴儿出生后将其交由求孕夫妇抚养,或代孕合同属于委托合同或者租赁合同。①

中山大学的杨彪教授在《代孕协议的可执行性问题:市场、道德与法律》一文中提出,关于代孕现象的立法政策,传统观点认为其与公序良俗相抵触,应加以严格禁止。但基于福利经济学的研究表明,市场机制与人身伦理的关系并非不可调和。在我国现有的约束条件下,代孕合法化的正面效应远大于其负面效应。他还认为,禁止代孕反而使得"代孕黑市"泛滥,这些黑市明显不如正规的代孕机构安全,对代母及婴儿产生了极大伤害。长期以来,禁止代孕符合社会道德这一判断掩盖了许多问题,"常识"立法的实际效果远未达到预期,其负面的外部性被大大低估了。虽然国家三令五申严禁代孕,但结果却是需求剧增、黑市泛滥。大量的经验研究表明,以黑市为典型的非正式市场远不如正式市场有效率,存在着供需失衡、价格畸高、履约风险、安全无保障等诸多问题。管制引发了黑市交易,这一让人始料未及的结果说明,代孕立法的执行情况不容乐观。②

截至当前,代孕行为市场化在大多数国家都是不被法律认可的,有的国家认可的合法化非交易类的代孕行为限定在严格的适用条件下:仅限存在身体缺陷没有生育能力的女性才能委托亲属或朋友从事相关行为。代孕行为涉及委托人和代孕者之间的利益问题、委托人和代孕者及代孕子女间的人身关系问题。现实中的代孕现象已经带来了抚养、监护、继承、经济纠纷、刑事犯罪等诸多社会问题,冲击着现有的社会经济生活制度和家庭婚姻关系、生育秩序。一旦代孕行为商业化会致使整个社会人身关系和财产关系处于不稳定状态,也会给整个社会法律制度和伦理制度带来较大挑战。当一个人可以从市场上自由购买孩子,则婚姻关系制度就会被弱化。因为相对传统的结婚生育制度,通过代孕行为达到生育目的的成本更低也更加便利。基于人性的逐利性弱点,可能会有更多人选择后者。代孕行为产业化实质上是代孕主体出租身体进行生育行为的营利性交易活动,是身体、器官财产化的表现。不论是从伦理道德还是人类文明价值观角度,自然人的身体和子宫器官等不应成为商业交易的标的物,也有违国家尊重和保障人权的宪法精神。

任何违反社会公众利益、不符合公共福祉的行为都应当被禁止。如毒品、赌博等违法犯罪行为被禁止一样,虽然还有黑市的存在,但已经将社会危害性降到最低,对整个社会而言利大于弊。代孕亦是如此,代孕行为经济化突破了人类文明的底线,将人类自己都物化了。另外,从法经济学的视角来看,代孕行为商业化是存在负外部性的。负外部性的存在会导致对不特定第三方的损害,特别是对女性、胎儿及婚姻关系的损害。负外部性所产生的成本溢出使得个人的决策偏离社会的最优效率,从个人角度实现的最优情况对整体社会秩序和稳定性却是有害的。因此,合同法就可能通过拒绝履行违反公序良俗的合同来保护整个社会的整体价值和福利。

---

① 刘密:《对代孕合同法律效力的探析——以边沁功利主义为楔子》[J],《法制博览》,2019年,第15期:第20—22页。
② 杨彪:《代孕协议的可执行性问题:市场、道德与法律》[J],《政法论坛》,2015年,第4期,第34—47页。

本章总结

1. 中国的合同法律制度是随着经济制度改革和市场经济的发展需要而建立起来的,最新的合同法律制度是2021年生效的《民法典》合同编。

2. 合同法理念又被称为合同的基本原则,是民事主体在经济交往中应遵守的最高行为准则。民事活动领域最为重要的规范便是意思自由之意志、自由之行为、平等、公平、权利等价值观念。

3. 与《合同法》相比,《民法典》合同编充分考虑了社会经济中生产生活的新变化,在《合同法》基础上作了部分修改和调整。

4. 《民法典》规定,在双方当事人没有明确约定保证方式为连带责任保证的情况下,按照一般保证承担保证责任。

5. 代孕行为违背了我国公序良俗原则,违反公序良俗的民事法律行为无效,而代孕行为及协议都是民事法律行为,因此约定代孕行为内容的协议是无效协议。

思考题

1. 简述中国合同法的历史发展过程。
2. 试说明与《合同法》相比,《民法典》合同编做了哪些修改和调整?
3. 简述《民法典》实施后合同保证方式的重要转变。
4. 试解释代孕合同的效力问题。

阅读文献

1. Werner Z. Hirsch: *Law and Economics: An Introductory Analysis* (3rd, ed.), NY: Academic Press, 1999.
2. 〔加〕Peter Benson:《合同法理论》[M],北京:北京大学出版社,2004。
3. 〔美〕杰弗里·L. 哈里森:《法与经济学》(第2版)[M],北京:法律出版社,2004。
4. 崔建远主编:《合同法》(第五版)[M],北京:法律出版社,2010。
5. 李永军:《合同法》(第三版)[M],北京:法律出版社,2010。
6. 丁璇:《我国合同法及其理念的发展》[D],华东政法学院硕士学位论文,2004。
7. 冯玉军:《法经济学范式》[M],北京:清华大学出版社,2009。
8. 孙秋枫:《合同法的经济学分析》[D],吉林大学博士学位论文,2008。
9. 钟奇江:《合同法责任问题研究》[M],北京:经济管理出版社,2006。

第七章
侵权法的经济学分析

> 早期的法律提出的问题很简单,被告是否做了伤害原告身体的行为?而今天的法律除了一些基于公共政策的特定案例,会问及更深入的问题,该行为应该受到谴责吗?
>
> ——〔美〕詹姆斯·巴尔·埃姆斯[①]

◆ 本章概要

本章在对侵权法的基本概念和发展历程进行简要回顾的基础上,分别介绍了侵权法的法学与法经济学相关理论;同时也对这两种源于不同学科,但都对侵权法理论的发展与完善做出重要贡献的理论体系进行比较分析,指出当前侵权法法经济学理论的不足之处。

◆ 学习目标

1. 掌握侵权法的概念、特征与机能。
2. 了解侵权法的发展历程。
3. 掌握有关侵权法的法学理论。
4. 掌握侵权法的经济学理论。
5. 比较两种分析方法及理论的异同点。

现实社会中危害事故层出不穷,如何尽可能地防止或减少危害事故,以及合理赔偿受害人至关重要。然而,传统财产法中通过明确定义财产权来促进人与人之间的合作及提供相关的救济措施并不适用于类似交通事故这样的案例;同样地,合同法中通过要求当事人做出可信承诺而使人们之间的合作变得便利的相应约束也不适用于如废气、废水、伤害人畜这样的案例。也就是说,现实中存在一个财产法与合同法都无法调节的领域——存在对合同的违背或对财产的损害,或对禁令的持续违反,受害人无法依据这些法律提起诉讼来获得救济。因而,私法的第三个主体部分——侵权法应运而生。作为私法最早的组成部分之一,侵权法不仅有源远流长的发展历程,在对其广博深邃的理论研究中到处闪耀

---

① James Barr Ames: Law and Morals, Vol. 22, *Harvard Law Review*, 1908: 97-113.

着法学家与经济学家的智慧火花;而且拥有相对成熟与全面的法学理论基础,更被经典的经济理论分析所青睐。本章首先在第一节对侵权法的概念、特征、发展史做简要介绍的基础上,提供比较法意义上的观察;第二、三、四节分别从法学、经济学和法经济学角度对侵权学说的基本理论进行阐述与分析;第五节是对两个不同学科下的侵权学说进行的比较与批判。

第一节 侵权法概述

"侵权"一词源于拉丁语"Tortus",原意为"扭曲的或弯曲的"。[①] 侵权法的创设既早于刑法的产生,也早于国家的建立。早在原始社会,如果 A 打了 B 并对 B 造成了伤害,A 对 B 就存在一个过错行为,B 也就相应地拥有从 A 处获得赔偿的权利。事实上,现代侵权法的许多先例都能在上古时期和原始社会的法律体系中找到。作为规范行为人故意或过失地不法侵害公共财产、公民个人和法人财产权或人身权的法律工具,以及保护民事主体合法权利或利益的重要法律形式,侵权法在当今世界各国的民事法律中都具有重要地位,无论在理论上还是现实中都备受瞩目。

一、侵权法的概念、特征与机能

在展开阐述侵权法的法学分析和经济学分析之前,有必要先了解侵权法的概念、特征与机能等基本知识。

1. 侵权法的传统学说

传统法学对有关侵权法的基本学说的阐述一直存在不同主张,未有统一见解(代表性观点可参见表 7-1),仍是一个待进一步研究的问题。

表 7-1　侵权法的传统学说

观点	提出人	内容
风险转移说	彼得·H. 舒克[②]	侵权法是调整关于某人受到损害时而可能将损失转移给他人的关系的一组法律规范的总和
过错说	克拉伦斯·莫里斯[③]	侵权法可以被称为有关私人过错的法律

[①] 王利明:《侵权行为概念之研究》[J],《法学家》,2003 年,第 3 期:第 62—71 页。
[②] Peter H. Schuck: *Tort Law and the Public Interest: Competition, Innovation, and Consumer Welfare*, NY: Norton, 1991.
[③] Clarence Morris, *Morris On Torts*, Brooklyn: Foundation Press, 1953: 1.

(续表)

观点	提出人	内容
利益协调说	约翰·福莱明①	侵权法的历史集中在寻求两种基本利益的协调,即安全的利益和自由行动的利益之间的协调问题
	威廉·L.普罗瑟②	侵权法是保持人们在自由、义务、权利之间的关系达到平衡的工具
赔偿说	克雷斯蒂安·冯·巴尔③	侵权法是私法的一部分,它决定某人受到侵害后是否有权得到赔偿(或者说在出现此等侵害情形时,是否有权得到法律上的救济),尽管受到侵害只构成双方当事人之间的法定之债
	戴维·M.沃克④	侵权法是各种有关情形法律的集合,在这些情形中,一个人在法律上不正当地加害或伤害另一个人,法院通常以判以损害赔偿的形式予以救济;并不适用其他许多案件的关于赔偿责任的一般原则
	安德烈·图恩克⑤	侵权法的目的是使公民有义务赔偿因不法行为给其他公民造成的合同关系外的赔偿
	王利明⑥	侵权法是有关侵权行为的定义和种类、对侵权行为如何制裁、对侵权损害后如何补救的民事法律规范的总称

2. 侵权法的概念

根据侵权法的传统学说,成文法与判例法分别给出了侵权法的相关定义;法经济学兴起后,从经济学视角给出了对侵权法的定义(参见表7-2)。

表7-2 侵权法的概念

	定义形式		内容
法学对侵权法的定义	成文法	学者们通常在侵权法法典或相关法律规定的基础上,围绕相关法律条文加以定义	法国	《法国民法典》第一千三百八十二条和第一千三百八十四条在分别规定:人的任何行为使他人受损害时,因自己的过错而致损害发生之人对他人负赔偿的责任;任何人不仅对因其行为或懈怠所造成的损害,负赔偿的责任基础上,提出侵权行为责任的三个要件:损害、过错和过错与损害之间的因果关系⑦

---

① John G. Fleming: *An Introduction to the Law of Torts*, Oxford: Clarendon Press, 1967:16.
② Andre Tunc: *International Encyclopedia of Comparative Law*, NY: Ocean Press, 1974:15.
③ 〔德〕克雷斯蒂安·冯·巴尔:《欧洲比较侵权行为法》(上卷)[M],焦美华译,北京:法律出版社,2001:1。
④ 〔英〕戴维·M.沃克:《牛津法律大辞典》[M],社会与科技发展研究所译,北京:光明日报出版社,1988:547。
⑤ *International Encyclopedia of Comparative Law*, NY: Ocean Press, 1974:196.
⑥ 王利明主编:《民法·侵权行为法》[M],北京:中国人民大学出版社,1993:32。
⑦ 法国侵权法的侵权行为一般条款,是成文法国家侵权法中出现的首个侵权行为一般条款,是大陆法系侵权法中具有划时代意义的条文;尤其是第一千三百八十二条对侵权行为一般条款的经典表述,对后世影响极大(杨立新,2021)。

（续表）

	定义形式		内容
		德国	《德国民法典》第八百二十三条（第一款和第二款）及第八百二十六条对侵权的三种情况做了较为概括性的规定：第一，因故意或过失不法侵害他人的生命、身体、健康、自由、所有权及其他权利；第二，违反以保护他人为目的的法律；第三，以悖于善良风俗的方法故意加害于他人
		日本	《日本民法典》第七百零九条规定：因故意或过失侵害他人权利或受法律保护的利益的人，对于因此发生的损害负赔偿责任 虽然这个关于"侵害他人权利"的一般条款并没有明确规定违法性，但在日本的侵权法学说和司法实践中都要求构成侵权行为必须具有违法性要件 第七百零九条只调整一般侵权行为，并不调整全部侵权行为
		埃塞俄比亚	《埃塞俄比亚民法典》第二千零二十七条规定：(1)任何人应对因过犯给他人造成的损害承担责任，而不论他为自己设定的责任如何；(2)在法律有规定的情形，一个人应对因其从事的活动或所占有的物给他人造成的损害承担责任；(3)如果某人根据法律应对第三人负责，他应对该第三人因过犯或依法律规定发生的责任负责
		中国	《中华人民共和国民法典》第一千一百六十四条规定侵权责任的保护范围：因侵害民事权益产生的民事关系，及第一千一百六十五条规定：行为人因过错侵害他人民事权益造成损害的，应当承担侵权责任 第一千一百六十五条和第一千一百六十六条明确侵权损害赔偿的归责原则体系为：过错责任原则、过错推定原则和无过错责任原则
判例法	学者们从审判实践中归纳而得①		侵权法实践中强调对注意义务，以及对注意义务违反的认定。例如，Winfield(1931)指出，侵权责任基于违反法律预先确定的义务而产生；这种义务对人们普遍适用，对它的违反是可以通过追索待定损害赔偿的诉讼而得到矫正的
法经济学对侵权法的定义	从经济学视角看，侵权实质上是一种负的外部性，即一个人的行动给周围其他人带来了不合理的影响，而他对这种影响并没有给出补偿。因而，Coase(1960)及Calabresi(1961,1970)指出，侵权法通过制裁产生负外部性的个人或者单位来补偿受害者，从而达到预防和减少负外部性活动的目的		

---

① 判例法的学者们倾向于信仰法律的规则和精神存在于具体生动的审判实践之中，而不在抽象僵化的概念文字之中；因而，他们认为既然各种侵权行为的构成要件已经由具体的判例进行了规定，那么也就没有必要对侵权法再进行统一定义了。

3. 侵权法的特征

侵权法是一门具有完整内在逻辑体系的法律，兼具相对独立性和完整性；与其他民事法律相比，有以下六大特征：

第一，在民法中具有相对独立的地位。大陆法系各国在制定民法典时，既有将侵权法作为债法的一个组成部分加以编制的，也有把侵权法单独列编的①；而在英美法系的判例法中，因既没有成文的民法典，也没有相应的债法概念，侵权法自然是相对独立的，是与财产法、合同法地位平等的民法部门。

第二，表现上的概括性。虽然侵权法的内容极为丰富，涉及的范围也很广，但从世界各国的民事立法来看，并没有就侵权行为以详尽列举的方式加以规定，而通常只作原则性、概括性的规定。如《法国民法典》的起草人泰尔内伯（Tarrible）曾指出："第一千三百八十二条条款广泛地包括了所有类型的损害，并要求对损害做出赔偿，赔偿数额要与受损害程度相一致。从杀人到轻微伤人，从烧毁大厦到拆除一间价值甚微的板棚……对任何损害都适用同一标准。"②

第三，内容上的复杂性。侵权法不仅涉猎面很广，而且法律渊源也极为复杂，法律规范的内容、层次和等级各不相同。

第四，内容和体系的完备性和系统性。尽管侵权法的表现十分概括，内容又极为复杂，但它悠久的历史发展历程决定了其必然具有完备的立法体系和完善的理论系统。产生于上古原始社会的侵权法，发展到罗马法时期，就已有较为完备的立法体系和理论框架；到如今又经历了一千多年的不断发展与完善，业已成为一个千锤百炼的成熟的法律体系。侵权法在立法上条文虽少，但逻辑严谨、内容完备，数个条款就概括了侵权行为的一般概念、种类、归责原则、制裁手段和救济方法等所有内容；不仅是一部立法最精炼、内容最广泛、体系最完整的法律，而且在理论上也具备完整的法学理论体系。

第五，成文法与判例法相结合。虽然在英美法系国家，侵权法的主要渊源是判例法，但 21 世纪以来，这些国家在侵权法领域越来越重视成文法，一些单行性侵权条款不断出台。与此同时，大陆法系国家在侵权法领域却不断加强对判例法的重视，通过大量判例，不仅建立了一系列规则，而且也不断修改和完善成文法所确立的归责原则、举证方式、赔偿范围、对责任竞合的处理等内容。正是成文法与判例法的相互补充使侵权法得以不断发展与完善。

第六，强制性。这是侵权法区别于其他民事法律的一个重要特征，其主要功能并不在于对权利的确认，而是对权利的保护或对侵权行为的制裁，因此，主要表现为强制性规范而非任意性规范。

---

① 2021 年 1 月 1 日起施行的《中华人民共和国民法典》就将侵权责任直接列为第七编，纳入债法范围。
② Albert A. Ehrenzweig：Volume Ⅲ：Private International Law in Chapter 13：Torts-Introduction，*International Encyclopedia of Comparative Law*，NY：Ocean Press，1974.

4. 侵权法的机能

侵权法是为了防止或减少意外事故,合理补偿因意外事故导致的损害而生,故这两者构成了侵权法的目的与机能。由于法律通常是功能性的,因而,"侵权法的机能也在历史发展过程中迭经变迁,如赎罪、惩罚、威吓、教育、填补损害及预防损害等,因时而异,因国不同,反映了当时的社会经济状态和伦理道德观念"。① 世界各国现行侵权法主要有以下三大机能:

其一,补偿功能。侵权人在实施侵权行为并造成受害人的实际损害后,侵权法主要采用损害赔偿的手段,责令前者向后者支付赔偿金,以填补后者因侵权行为所受损害的功能。补偿主要包括对财产损失的赔偿、对人身伤害和死亡所花费用的补偿、对精神损害的赔偿。侵权法的补偿基于公平正义的理念,主要目的在于使受害人的权利获得实质的、完整的、迅速的补救或恢复。

其二,惩罚功能,也被称为制裁功能。侵权行为是侵害他人财产权和人身权的行为,具有一定社会危害性,应受到法律制裁。制裁不法行为人是法律对漠视社会利益和他人利益、违背义务和公共行为准则行为的谴责和惩戒,是法律依据社会公认的价值准则和行为准则对某种侵权行为做出的否定性评价,也是矫正不法行为的重要措施。但对侵权行为的制裁并不是为了实现报复性惩罚,而是为了保护民事主体的合法权利、矫正不法行为,从而起到对某种行为的导向性作用。

其三,教育和预防功能。侵权法通过规定侵权人应负的民事责任,以及在行为人实施侵权行为后责令其承担损害赔偿等民事责任,来教育不法行为人;以此来引导人们的正确行为,预防各种损害发生,保持社会秩序的稳定和社会生活的和谐。

二、侵权法的历史发展

侵权法,曾经是"法律程序的原始形态",具有久远的历史。虽然侵权法源于罗马法,但考古学早已发现,早在罗马法之前就有关于侵权的法律规定。例如,四千多年前,在两河流域的乌尔第三王朝(约公元前 2113—前 2006 年)统治时期制定的《乌尔纳姆法典》中就有采用罚金赔偿因侵权行为造成的损害的规定。由此可见,侵权法成文法历史至少可追溯至四千多年前,而习惯法的历史则更为久远。下面将通过追溯大陆法系和英美法系中的侵权法的发展轨迹,来探究其主要渊源,剖析其主要特征。正如梅因所言:"如果我们能够通过一些方法判定法律概念的早期形式,那么这将对我们有无限价值。这些基本观念对于法学家而言,就像原始地壳对地质学家一样可贵。这些观念中可能含有法律在后来表现其自己的一切形式。"②

---

① 王泽鉴:《侵权行为法》[M],北京:中国政法大学出版社,2001:7。
② 〔英〕亨利·梅因:《古代法》[M],沈景一译,北京:商务印书馆,1959:2;转引自施玮、叶成:《大陆法权行为法之古代状态》[J],《淮北煤炭师范学院学报(哲学社会科学版)》,2002 年,第 1 期:第 50、51、57 页。

1. 古代习惯法时期

在人类社会迈进文明的门槛时,原始的侵权法可追溯到原始社会的复仇习惯。美国法学家庞德指出:"以复仇或报复形式的惩罚是一种最古老的保护利益和维护权利的方式。"① 也就是说,侵权行为所引起的损害是以受害人及血亲对施害人进行同态复仇的方式来解决的,习惯法上主要表现为私人复仇制,其使命是解决部族成员之间的矛盾与冲突;即使在国家和法律产生后,"在一个相当长的时期内法律还是允许私人复仇的存在"②。

然而,复仇行为会破坏公共秩序,不符合团体利益,且农业社会需要和平,因而,理智逐渐控制了感情。而且在原始社会末期,随着私有财产制的出现,物质补偿比心理快感更具实际意义,这使得对等血亲复仇方式逐渐被财物赔偿所取代,私力救济逐渐转为公力救济。最初的公力救济主要表现为损害赔偿、罚金等形式。③

2. 古代成文法时期

侵权损害赔偿作为一项法律制度,是人类社会进入成文法时期后才逐渐得以确立的。

从大陆法系看,人类社会进入成文法时期后,作为野蛮标志之一的私人复仇制逐渐被废止,取而代之的是侵权之债的设立。④ 这个时期,法律禁止私人复仇,赋予受害人及家属要求损害赔偿的请求权,规定了一些重要的侵权行为及损害赔偿的金额和计算标准。因而,侵权行为的私力救济被公力救济所代替;国家对侵权行为实行强制干预——废止私人复仇制,确立了损害赔偿制度。据史料记载,西亚两河流域的《乌尔纳姆法典》《苏美尔法典》《汉穆拉比法典》、古希腊的《格尔蒂法典》、古罗马的《十二铜表法》及《阿奎利亚法》都有对侵权损害赔偿的典型规定(参见专栏7-1)。

罗马法在大陆法系的私法发展进程中,具有举足轻重的地位。为了适应自然经济条件下简单商品经济发展的需要,罗马法确立了私权本位主义和较完备的私权体系,并规定了各类侵权行为责任。尤其是罗马法创立了过错责任原则,实现了理性主义和权利主义的和谐结合。然而,由于其采取的是所谓"程序式诉讼制度",即具体案件适用于具体程序,因而,过错责任原则尚未成为抽象性的一般原则。

从英美法系看,侵权法是英格兰在诺曼底人军事征服时期的习惯法或不成文法的一部分,但最早被认为是普通法中侵权法渊源的案例是由征服者威廉(诺曼底公爵)的继承人建立的皇家法庭所判决的,主要采取令状制度⑤。早在12世纪,就有法庭借助令状,在以暴力和直接对人身、财产的侵害予以刑罚时,对受害人给予附带的损害赔偿,即"直接侵

---

① 〔美〕罗斯科·庞德:《通过法律的社会控制》[M],沈宗灵、董世忠译,北京:商务印书馆,1984:114。
② 瞿同祖:《中国法律与中国社会》[M],北京:商务印书馆,1947:66;转引自王利明:《民法·侵权行为法》[M],北京:中国人民大学出版社,1993:69。
③ 但在严格意义上,最初的损害赔偿只是一种可以用财物赔偿代替私人复仇的变通做法,仍属于一种习惯,尚不具有法律意义。
④ 但在这个时期,侵权法并没有以单独的成文法加以规定,而是散见于各国的成文法典中(杨立新,2004)。
⑤ 令状是指,为了在法庭上进行诉讼,原告个人必须首先从(英国上议院的)大法官处获得一份称为令状的文件,用来指示当地行政司法长官将被告带到法庭上应对原告的指控。最初适用暴力非法侵入之诉的令状成为皇家法庭处理侵权案件时的主要传讯手段。

害诉讼"形式。到了 13 世纪后期,令状被用于威胁恐吓案(即仅有威胁动作而未真正接触到原告的人身);"间接侵害之诉"的令状则被设计用来允许起诉各种形式的间接伤害行为,成为直接侵害诉讼的补充。① 到了 18 世纪后半期,当布莱克斯通撰写关于英国普通法的论著时②,侵权法的几种现代原则已成为英格兰普通法的一部分,而且在美国独立战争后,被美国各州和联邦法院先后采纳。

不过在铁路诞生前,侵权法并不是一个重要领域,意外事故的案例很少;其不同于诸如威胁、殴打等故意过错行为,基本上没有被提起诉讼;意外事故案件应归何种原则支配仍存在不确定性。但这些法律和案例却对后世各国的侵权法产生重大影响,为现代侵权法的诞生奠定了坚实基础。

专栏 7-1

古代成文法时期有关侵权法的记载

《乌尔纳姆法典》是迄今已知、人类历史上第一部成文法典。第十五至一七条、第十九条等记载了有关伤害他人的肢体、器官等要处以罚款的规定。③

《苏美尔法典》是约在公元前 20 世纪拉尔萨王国法律的一部分,是楔形文字大泥板的一部分。泥板共有五行文字,在最后两行中(原文为草书体的后期苏美尔文,属于公元前 19 世纪,大概出自乌鲁克城),不仅规定了财产损失以财产方法补偿,还规定动物致人损害应由动物主人赔偿。④

《汉穆拉比法典》是迄今发现的保存最为完整、内容最为充实的楔形文字法典。第十二条、第二十三条及二十四条记载了有关损害赔偿的规定。⑤

《格尔蒂法典》是在古希腊克里特岛的格尔幕城发现的,法典全文刻在墙上,至今仍屹立在格尔蒂古城的废墟上。该法典是古希腊留存下来的唯一一部完整的法典,也是欧洲的第一部法典,制定于公元前 5 世纪前期。这部法典汇集了较早的习惯法和以前的各类成文法,大部分内容就是为今天所称的民法规范。其基本上摆脱了初民社会法律的残酷性,较早将侵权行为纳入私法调整的轨道,表现出一种"法律文明"(或称"民法文明");在对强暴、通奸、遗弃、妨碍、诉讼等行为的处罚中,没有任何人身性刑罚,仅有关于罚金的规定。⑥

---

① 关于英国侵权法的历史请参见 John Baker: *Introduction to English Legal History* (2nd ed.), London: Butterworths, 1979: ch. 4; M. J. Prichard: Trespass, Case and the Rule in Williams v. Holland, Vol. 22, *Cambridge Law Journal*, 1964: 234。
② Wlliam Blackstone: *Commentaries on the Law of England*, Chicago: University of Chicago Press, 1979.
③ 朱承思、董为奋:《〈乌尔纳姆法典〉和乌尔第三王朝早期社会》[J],《历史研究》,1984 年,第 5 期:第 179—192 页。
④ 由嵘等:《外国法制史参考资料汇编》[M],北京:北京大学出版社,2004。
⑤ 江平主编、《世界著名法典汉译丛书》编委会编:《汉穆拉比法典》[M],北京:法律出版社,2000:16、20。
⑥ 《格尔蒂法典》[M],郝际陶译,北京:高等教育出版社,1992:12。

《十二铜表法》是古罗马在约公元前450年制定的法律,据说因刻在12块铜牌(也有说是着色的木牌)上而得名。① 该法确立了侵权责任成立的基本要件,推动了侵权行为责任方式的文明进程,首次确立了侵权法的过失责任原则,为现代侵权法的归责原则奠定了基础。

《阿奎利亚法》大约于公元前287年提出,其也是古罗马的成文法之一,首次确立了过错责任原则。② 该法规定:"因偶然事故杀害者,不适用阿奎利亚法,但以施害人自身无任何过错为限,因为阿奎利亚法不但处罚故意,同时也处罚过错。"

资料来源:作者根据公开资料整理。

---

3. 现代法时期

铁路的发展引起意外事故激增,导致处理相关问题的侵权法得到扩充与精炼。这个时期的侵权法可分为两个阶段。

第一个阶段:19世纪中叶到20世纪前期,侵权法的飞速发展与扩张。

由于社会经济的发展、机器时代的来临、科技的进步及自然法理的洗礼,大陆法系各个国家的民法典均创设了概括性的侵权原则,采用了过错责任;不久之后,过失侵权原则也在英美法系国家登场,侵权法快速发展到顶峰,成为民法体系中最重要的法律部门。

首先,从大陆法系看,现代大陆法系国家为维护社会经济秩序,保护社会成员的人身和财产权利,均规定了较为系统的侵权法。例如,《法国民法典》承袭了罗马法的体系,将侵权行为作为"非合意而生之债",并用"侵权行为"和"准侵权行为"代替了罗马法中的"私犯"和"准私犯"概念,规定了侵权行为一般条款和替代责任的准侵权行为;制定了一个适用于一般侵权行为的原则性条文——第一千三百八十二条;同时,又在第一千三百八十三条进一步规定了推定过错责任和准侵权行为责任。《德国民法典》详细规定了一般侵权行为原则、特殊侵权行为责任、监护人责任、共同侵权行为责任、损害赔偿范围、请求权时效等一整套完善的侵权法制度。不仅采纳了过错责任原则,还区分了"过错"和"不法行为"这两个不同的概念。另外,德国没有效仿法国采取单一过错责任原则,而是采取"有限多重原则",还用"以保护他人为目的的法律"(第八百二十三条第二款)和"以悖于善良风俗的方法故意加害于他人"(第八百二十六条)来补充过错责任的不足。日本也模仿和参考法国与德国,制定了民法典③,有关侵权行为的规定分为一般不法行为和特殊不法行为。

其次,从英美法系看,侵权法是在非法典化道路上快速向前发展的,借助一系列典型案例推动英美法系国家相继确立了过错责任原则和严格责任原则。

1852年,英国颁布《普通法诉讼程序条例》(Common Law Procedure Ordinance),废除

---

① 江平主编,《世界著名法典汉译丛书》编委会编:《十二铜表法》[M],北京:法律出版社,2000:35—40。
② 〔意〕桑德罗·斯奇巴尼选编:《债·私犯之债·阿奎利亚法》[M],米健译,北京:中国政法大学出版社,1992。
③ 日本的1890年《日本民法典》是模仿1804年的《法国民法典》制定的,而现行的制定于1898年的《日本民法典》却是参考《德国民法典(草案)》(1988年版和1989年版)修订的,因而兼具法国法和德国法因素。

诉讼形式,在直接侵害和间接侵害基础上,规定了一系列新的侵权行为,并采取"无限多重原则",使英国的侵权法成为由各种具体侵权行为责任规定和大量具体侵权诉讼的法院判例所组成的法律汇编。① 英国的侵权法原则上采取过错责任原则,各种侵权行为以不同的主观归责事由为构成要件;但在代理责任、动物致害责任及产品责任中适用严格责任原则。

美国独立后继承和接受了包括侵权法在内的英国法。纽约州在1848年废止了令状制度,其他州亦跟从之。侵权法随着过错责任原则在美国建立并逐渐发展成为一个最具活力和创造性的法律领域,且逐渐超越英国法,创设了若干有关侵权行为的重要制度,成为世界上最先进的侵权制度。②

最后,20世纪60年代《埃塞俄比亚民法典》的诞生为侵权法的现代化提出了一种新思路——将大陆法系的侵权行为一般化的立法方法与英美法系侵权行为类型化的立法方法相结合的新模式。③ 之后,欧洲统一侵权法的起草就延续了这一模式。④

第二个阶段:20世纪以来,尤其是50年代后,侵权法危机使以过错责任为基础的侵权法颇受争议,进而发生了重大变迁。

以过错责任为核心的侵权法在20世纪遭遇了前所未有的挑战。第一,若干原本由过错责任调节的领域引进了无过错责任,促进了侵权法的内部变革。第二,保险的分散风险机制日益受到人们重视,并逐渐渗透到社会生活的各个角落,而这种机制恰恰稀释了过错责任原本的激励功能。第三,对现代侵权法构成最大冲击和影响的是第二次世界大战后发展起来的社会保障制度——通过全社会统一的保障性补救政策来弥补受害人的损害。因而,随着所有这些变化的趋势由小而大,由弱而强,到了20世纪七八十年代,一批法学者发出了侵权法面临危机的呼声。

不论以上三方面能否导致侵权法的危机,现实却是,侵权法从近代到现代的变化过程并非仅限于上面的描述,20世纪也是侵权法急剧扩张的时期。第一,过错推定和无过错责任的引入,本身就丰富和扩张了传统侵权法的调整范围,使侵权法的结构更加合理。第二,侵权法的扩张还表现为:团体责任的进一步发展;所保护权利的范围越来越大;对合法利益的保护范围不断拓宽,将保护对象推进到各种法律尚未确定为单独类型化权利的利益,从而将一些期待利益也纳入了侵权法的保护范围。因而,这个时期的侵权制度似乎仍

---

① Epstein Gregory Kalven: *Cases and Materials on Torts*, NY: Little Brown and Company, 1984.
② 当然,这不仅归功于美国社会的迅速发展,以及侵权理论与实务的有力结合,也得益于19纪末开始在法学研究领域引入的个案研究方法、20世纪初法律实证主义的冲击,尤其是60年代后法经济学发展的影响。
③ 从表7-2可见,与之前各国或地区已有的侵权行为一般条款的写法不同,《埃塞俄比亚民法典》第两千零二十七条的侵权行为一般条款分以下三段对侵权行为加以规定:"过错责任+无过错责任+替代责任=全部侵权行为"(杨立新,2021)。
④ 《欧洲侵权法基本原则》的侵权行为一般条款(第1:101条)规定的基本规范为:"(1)给他人造成的损害由法律上被归责者负赔偿该损害之责任。(2)损害特别是可以被归责于以下人:(a)其构成过错的行为引起损害者;(b)或者从事异常危险活动的行为引起损害者;(c)或者其附属者在其职权范围内引起损害者。"这一规定的基本结构与《埃塞俄比亚民法典》第两千零二十七的结构基本相同(杨立新,2021)。

是充满活力的。① 同时,这个时期还受到工业事故的影响。工人的请求赔偿运动推动了侵权责任的更替;侵权行为各种豁免的废止——许多抗辩事由尤其是产品责任中相互关系的辩护以及许多促成过失和自担风险的废止,都直接推动了责任的膨胀,从而导致如今侵权法所调整的领域比以往任何时候都要大。当然,这种扩张是否有效率可能正是目前需要思考的问题。

第二节　侵权法的法学分析

对法学家而言,关于侵权法的法学分析是一个存在了数千年的理论与现实问题,无数的法学研究者与实践工作者在该领域留下了深浅不一的足迹,使当代有关侵权法的法学理论成为逻辑较为严谨、内容也相对完备的庞杂的法学理论体系。

一、侵权行为

1. 概念

侵权行为是指,行为人由于过错侵害他人财产和人身,依法应承担民事责任的行为,及依法律特别规定应当承担民事责任的其他损害行为。② 侵权行为有以下四大特征:①侵害他人合法权益的违法行为;②侵权对象是财产权和人身权等绝对权;③行为人基于过错实施的行为;④承担侵权民事责任的根据。因而侵权行为与其他违法行为(犯罪行为与违约行为)的区别如表7-3和表7-4所示:

表7-3　侵权行为与犯罪行为的区别

区别依据	侵权行为	犯罪行为
法律依据不同	违反民事法律,承担民事责任	触犯刑事法律,承担刑事责任
侵害客体不同	只包括人身权和财产权	既包括主体的人身权和财产权,也包括法律保护的一切社会关系
社会危害程度不同	只要具备损害他人权利的违法性就可构成	必须具有社会危害性方能构成
行为人的主观恶性不同	绝大多数是过失行为,即使故意也无较严重的社会危害性	绝大多数是主观恶性较大、危害社会的故意行为,只有少数是过失犯罪
法律对其行为形态的要求不同	只能是既遂行为,造成损害方能构成	无论既遂、未遂还是预备都可能构成

---

① 程宗璋:《侵权法的危机初探》[J],《中国矿业大学学报(社会科学版)》,1999年,第1期:第32—37页。
② 王利明:《民法·侵权行为法》[M],北京:中国人民大学出版社,1993:12。

表 7-4 侵权行为与违约行为的区别

区别依据	侵权行为	违约行为
产生前提不同	施害人和受害人之间没有特定法律关系,只存在不特定的人身权和财产权法律关系,是对世权、绝对权	当事人之间必须存在特定权利义务关系,而且这种关系的性质是有效的合同法律关系,是对人权、相对权
违反义务的性质不同	违反法定义务,是不作为义务	违反约定义务,其产生不是基于法律规定,而是当事人之间的一致意思表示而成立的义务
主体不同	主体不特定,不要求侵权行为人必须具备何种条件,任何民事主体都可能成为侵权行为人	主体必须是特定的,必须是合同关系中的当事人,必须是具有完全民事行为能力的行为人
侵害对象不同	绝对权,即人身权和财产权	相对权,即合同债权
承担法律责任的形式不同	①可以承担精神损害赔偿责任; ②可以适用赔礼道歉、恢复名誉、消除影响、返还财产、恢复原状的责任形式; ③损害赔偿包括财产损害,也包括人身损害和精神损害; ④损害事实的存在是侵权行为构成的必备要件	①不能承担精神损害赔偿责任; ②不能适用赔礼道歉、恢复名誉、消除影响、返还财产、恢复原状的责任形式; ③损害赔偿只包括因合同义务不履行而造成的财产损害; ④损害事实的存在与否并不影响违约责任的成立

专栏 7-2

"侵权行为"的词源探索

英语中,"侵权行为"一词称作"Tort",来源于拉丁文"Tortus",原意是"扭曲和弯曲",也可用于形容将某人的手臂或腿砍掉的情形,此种含义现在仍然能从德语(Jemanden Einen Tort Antum, Tortur)和法语(Aviordu Tort, Faire Du Tortous)中找到,之后该词逐渐演化为错误(Wrong)的意思。[①] 在法语中,"Tortum"和"Tort"都来源于拉丁语"Delictum",原意是"过错""罪过"。拉丁语名词"Delictum"派生于动词"Delinqere"(偏离正确的道路),意思是一次违法行为、一个失误或者一个错误。中文的"侵权行为"一词最早在清末编定《大清民律》草案时才开始应用。[②]

资料来源:作者根据公开资料整理。

[①] *International Encyclopedia of Comparative Law*,NY:Ocean Press,1974:7;转引自王利明:《侵权行为之概念研究》[J],《法学家》,2003 年,第 3 期:第 62—71 页。

[②] 陈涛、高在敏:《中国古代侵权行为法例论要》[J],《法学研究》,1995 年,第 2 期:第 48—54 页。

2. 分类与构成

侵权行为虽然种类繁多,但可以依据不同标准加以分类。侵权行为的类型不同,适用的归责原则、责任构成要件、举证责任、责任形式也各不相同。根据法学理论的发展及世界各国的司法实践,侵权行为主要有三种分类:

首先,一般侵权行为与特殊侵权行为。前者指,因为故意或过失造成他人财产或人身损害,应当承担民事责任的行为;必须完全具备侵权行为的四个要件方能成立;主要适用过错责任原则和对自己行为负责的原则;通常采取"谁主张、谁举证"的举证方式。后者指,当事人基于与自己有关的行为、事件或其他特别原因致人损害,根据民法的特别规定或特别法规定而应承担的民事责任;主要适用过错推定责任原则和公平责任原则;采取举证责任制的举证方式;在责任免除方面,对该种行为的责任有严格限制。

其次,作为的侵权行为和不作为的侵权行为。前者指,行为人违反对他人的不作为义务,以过错的作为致人损害的行为。后者指,行为人违反对他人负有的某种作为义务,以未实施或未正确实施所要求行为而致他人损害的行为。虽然这两种侵权行为中,行为人都要承担民事责任,但法律上对不作为侵权行为的责任有一定限制。从世界各国的司法实践看,不作为行为构成违法,必须是行为人负有某种法定义务。另外,确定不作为侵权行为责任时的过错标准与确定作为侵权行为责任所适用的过错标准也有所不同。

最后,单独侵权行为和共同侵权行为。前者指,一人单独进行和承担民事责任的侵权行为;后者指,两人或两人以上由于共同过错造成他人损害的侵权行为。共同施害人主观上具有共同过错,所产生的损害结果是同一的、不可分割的,因而共同侵权人对受害人承担连带责任,按照过错程度等因素分担责任。

二、侵权行为的归责原则

任何一个国家的侵权法都面临一个基本问题:因权益受侵害而产生的损害应由受害人,还是施害人承担损害赔偿责任?目前,世界各国法律均采用相同的原则——受害人必须自己承担所生损害,仅有特别理由时,方能向施害人请求损害赔偿。[1] 良好的政策应让损失停留于其所发生之处,除非有特别干预的理由存在。[2] 所谓"良好的政策",是指避免增加损失的政策,因为要求受害人向施害人请求损害赔偿,无论在法律规范还是在实际执行中,都势必耗费资源或产生交易成本。而"特别干预的理由"是指,损害应由施害人承担、使其负赔偿责任的事由,这在学理上被称为"损害归责事由或归责原则",其是侵权法

---

[1] 王泽鉴:《侵权行为法》[M],北京:中国政法大学出版社,2001:11。
[2] Oliver Wendell Holmes: *The Common Law*, NY: Routledge, 2004. 关于霍姆斯的生平及法学思想可参见杨日然:《法理学论文集》[M],台北:元照出版公司,1977:179。波斯纳认为, *The Common Law*(《普通法》)一书是美国人在法学领域写的最卓越的著作。

的统帅和灵魂,亦是侵权法理论的核心。①

1. 侵权责任的概述

归责(Imputation)是指,侵权行为人的行为或物件致他人损害的事实发生后,应依何种根据负责。此种根据体现了法律的价值判断,即法律应以侵权行为人的过错还是以已发生的损害结果为价值判断标准,抑或基于公平考虑等作为标准,使侵权行为人承担侵权责任。②

现代侵权法的归责原则(Criterion of Liability)是确定侵权行为人侵权赔偿责任的一般准则,是在损害已发生的情况下,为确定侵权行为人对自己行为所造成的损害是否要承担民事责任的原则。③ 归责原则是确定责任归属所必须依据的法律准则,其要解决的是依据何种事实状态来确定责任归属的问题。④

事实上,侵权法的发展史在一定意义上就是归责原则的演进史⑤,是一个从结果责任原则逐渐过渡到公平责任原则的发展历程。

2. 结果责任原则

在古代法律(包括早期的罗马法)中,侵权行为适用原因主义,即结果责任原则(或称加害责任原则):不管行为人是否有过错,只要造成损害,就应对受害人负赔偿责任。⑥ 这是一种客观归责原则,侵权行为只要具备损害事实和因果关系两个要件即可构成。

这种归责原则旨在达成权利受到侵犯时得以恢复和补救的纯粹目标;关注侵权行为相对于社会秩序的意义,通过严厉制裁来消灭这种有害于秩序维持的行为。然而,由于该原则不问行为人主观上是否有过错,只要造成损害就遭受惩罚,忽视了人的主观心理状态,也就在一定程度上失去了公平性,实质上造成了对人的束缚及对私权主体的个别性保护。⑦

3. 过错责任原则

基于结果责任原则的固有缺陷,古罗马在公元前287年通过的《阿奎利亚法》确立了过错责任原则:因"故意或过失"不法侵害他人权利时,应就所生损害负赔偿责任。在17、18世纪进一步发展的基础上,19世纪欧洲大陆的法典化进程迎来了过错责任原则的兴

---

① 王泽鉴:《民法学说与判例研究》[M],北京:中国政法大学出版社,1998:12;邱聪智:《从侵权行为归责原理之变动论危险责任之构成》[D],中国台湾大学博士学位论文,1982;〔日〕潮见佳男:《民事过失的归责构造》[M],东京:信山社,1995:23。
② 王利明:《侵权行为法归责原则研究》[M],北京:中国政法大学出版社,1992:17、18。
③ 杨立新:《侵权法论》(第三版)[M],北京:人民法院出版社,2004:111。
④ 吴祖祥:《侵权行为的归责原则——兼论我国侵权行为归责原则体系的构建》[J],《兰州学刊》,2004年,第5期:第166—168页。
⑤ 王福友:《侵权行为法归责原则演进的法理学思考》[J],《国家检察官学院学报》,2003年,第11期:第106—109页。
⑥ 魏振瀛、王小能:《论构成民事责任条件中的过错》[J],《中国法学》,1986年,第5期:第18—25页。
⑦ 吴祖祥:《侵权行为的归责原则——兼论我国侵权行为归责原则体系的构建》[J],《兰州学刊》,2004年,第5期:第166—168页。

起,《法国民法典》(第一千三百八十二条)、《德国民法典》(第八百二十三条)及《日本民法典》(第七百零九条)皆采取过错责任原则。同时,英美法系中的过错责任原则也逐渐通过法院判例得以创设。① 过错责任原则是近代侵权行为法的根基,"按照该原则,一个人只有在过失情况下才对其造成的损害负责,在不涉及过失范围之内,行为人享有充分自由。如果个人已尽其注意,即便造成对他人的损害,也可以免除责任,这样个人自由并未受束缚"。② 因而,过错责任原则旨在针对造成损害行为的原因去归结责任,符合民法主张个人权利为本位的内在要求。

首先,从过错责任的法学理论与现实基础看,法理上,19世纪的法学思潮十分重视个人自由和理性,过错责任被奉为金科玉律,视同自然法则,因为过错责任追求形式正义,不考虑主体身份差异。"个人被作为抽象掉种种实际能力的完全平等的法律人格对待",充分反映了古典自由主义的哲学思想,是自然法学派理论在侵权法中的体现。③ 实践中,过错责任扩大了侵权法的适用范围,打破了结果责任对侵权行为类型的限制,建立了一般原则,顺应了资本主义社会发展初期的客观要求。

其次,从过错责任的认定标准上看,其有主观和客观之分。前者是指,通过判定行为人的主观心理状态来确定其有无过错,如果行为人"主观上无法预见自己行为引起的结果,他对此结果不负任何责任;相反,如果他能够预见这种结果,就要承担责任"。④ 后者是指,以某种客观行为标准来衡量行为人的行为,进而认定行为人有无过错;这是对行为人外部行为的考虑,而非对其内在心理状态的检验。主观标准存在两大缺陷:一是需要对每个行为人的预见能力做出准确判断,这对法官和当事人都是十分困难的;二是该标准的适用虽不会扩大责任,却可能不适当地为行为人开脱责任,不能很好地达到填补损害、保护受害人利益的侵权法立法目的。因而,客观标准更具合理性。

以客观标准认定过错的方法源于罗马法。罗马法将"过错"定义为应加以注意而怠于注意,并进一步将其分为"疏忽之人"的注意和"良家父"的注意:未尽一个"疏忽之人"可有的注意为重过失,而未尽一个"良家父"的注意则为轻过失。"良家父"标准对现代大陆法系影响极大,在大多数大陆法系国家中,"过错"均指未能像一个"良家父",即一个细心的、谨慎的、顾及他人的人在同样的外部环境下的行为。⑤ 法国就是适用"良家父"标准最

---

① 著名的"Donoghue v. Stevenson"案(1932年)标志着过错责任原则在英国的正式确立。该案案情为:原告的朋友在咖啡馆为她买了一瓶姜汁啤酒,瓶底有腐烂的蜗牛躯体,原告饮用时才发现,之后她发生呕吐并引发肠胃炎。原告对啤酒生产者提起诉讼。上议员阿特金法官做出了英国侵权法上最著名的判决,提出了"邻人原则"(Neighbour Principle),该原则为近代英国的疏忽责任原则奠定了基础。"你应该友爱你的邻居"原则在法律上的表现是,你不应该伤害你的邻居。律师的问题是,谁是你的邻居?答案是,你必须合理注意避免那些你应当预见的可能伤害你的邻居的作为或不作为。那么在法律上,"谁是我的邻居"这一问题的答案似乎是,那些受我的行为直接、紧密影响的人。
② 王利明:《民法·侵权行为法》[M],北京:中国人民大学出版社,1993:88。
③ 吴祖祥:《侵权行为的归责原则——兼论我国侵权行为归责原则体系的构建》[J],《兰州学刊》,2004年,第5期:第166—168页。
④ [苏]马特维也夫:《苏维埃民法中的过错》[M],彭望雍等译,北京:法律出版社,1958:323。
⑤ *International Encyclopedia of Comparative Law*, NY: Ocean Press, 1974: 71.

典型的国家。德国法也采纳客观标准,但摒弃了"良家父"行为标准而采取同职业、同年龄人的行为来衡量;民事法上的判例学说则采用客观意义之过失概念,认为行为人如欠缺同职业、同社会交易团体分子一般应具有之知识能力时,应受到非难。①

英美法系则以"拟制的合理人"(Reasonable Man)作为判断标准。"合理人"标准也就是"良家父"标准。"法律标准是一般适用标准,并不考虑每个人固有的气质、能力、教育并因此使每个人实施的行为有所不同……而只考虑一个一般人、一般智力和谨慎程度而决定责任。"②英国侵权法学家温菲尔德强调,注意义务的违反构成过失,他把"合理人"的注意视为一个谨慎、勤勉的人应尽的注意,而违反注意义务并造成损害即为过失。

最后,从过错责任的举证及推定上看,过错的有无,原则上由受害人负举证责任。但基于现代社会的许多损害事故中,受害人很难提出被告有过失的证明,英国法官波洛克在1863年的"Byrne v. Boadle"案中确立了"事实自证"规则——在缺乏充分证明的情况下,事实本身就能用来证明损害的发生。③"举证责任倒置"是指,被告必须证明即使他没有过失,损害也会发生。但世界各国法律一般都将过错推定责任限制在以下两种情况:一是从人与人之间的关系上看,侵权人与受害人之间存在"势差",这种"势差"表现在专业知识背景、管理与被管理地位、攫取利润和利益、占据和控制各项社会资源与自然资源等方面的优劣势等;二是从人与物之间的管属关系上看,侵权人的侵权行为是通过所管属的某种"物"作为工具而造成的,该"物"与受害人之间存在着"物"对人的严重危险性威胁。

总之,过错客观化、纯化了传统个人主义的过错责任,不再强调行为人道德的非难性,而侧重社会活动应有的客观规范准则;举证责任的倒置在某种程度上修正了过错责任,使法院能基于社会需要,衡量当事人利益,合理分配损害。

4. 无过错责任原则

无过错责任原则诞生于19世纪中后期,也称"无过失责任",英美法称之为"严格责任"或"结果责任",德国法称之为"危险责任",具体是指,没有过错造成他人损害的,但依法律规定应由与造成损害的原因有关的人承担民事责任。执行这一原则主要不是根据责任人的过错,而是基于损害的客观存在,由法律直接加以特别规定,责令与造成损害的原因有关联的人承担民事责任。该原则的适用实际上加重了民事责任。

第一,从无过错责任的理论与现实基础看,法学理论上,如果说过错责任充分反映了古典自由主义的哲学思想,是自然法学派理论在侵权法中的体现,那么无过错责任则体现了社会连带主义法学派的法哲学思想——基于分配正义理念,追求"不幸损害"的合理分

---

① 〔德〕卡尔·拉伦茨:《德国法上损害赔偿之归责原则》,载王泽鉴:《民法学说与判例研究》(第5册)[M],北京:中国政法大学出版社,1998:286。
② Oliver Wendell Holmes: *The Common Law*, NY: Routledge, 2004.
③ 过错推定责任是17世纪法国学者让·多马创立的,该责任不仅能够减轻受害人的举证难度,而且其所奉行的受害人保护主义的伦理思想还能与民法的立法宗旨完美地结合在一起;因而,过错推定责任原则逐渐被一些国家所采纳。参见马俊驹、余延满:《民法原论》[M],北京:法律出版社,1998:10—12。

配而非对不法行为的制裁。该责任原则的一般可归责事由是：①由特定危险事务享受利益，就此危险性所生的损害赔偿责任；②基于法律特许，利用他人物品所生的损害赔偿责任；③基于法定担保义务，尤其因自己行为为创造之信赖要件而产生的损害赔偿责任。①因而，行为人潜在的对他人产生侵害的危害性及责任人与施害人间的不平等"势差"②是无过错责任的基础。换言之，过错责任所体现的社会正义，会因社会化大生产条件下"势差"的不断扩大，而仅仅成为形式上的正义，因此体现矫正正义的"无过错责任"就应运而生。

从现实看，19世纪后，商品经济和工业社会高速发展、科技飞速进步以及生产力水平迅速提高，引发了许多前所未有的问题，诸如交通事故急剧增多、环境污染日益严重、产品责任事故频繁发生等。这些问题的出现给个人和社会造成了巨大损害，社会承受的压力大大增加，单一过错责任原则已难以应对众多日益复杂化的侵权责任问题。无过错责任原则的适用在一定程度上制约了意外灾害的严重性和频发性，促使责任人尽最大努力注意他们的义务；同时也解决了受害人对施害人是否有过错难以举证的问题，使损害补偿能够落到实处。所以，无过错责任原则在保护弱势受害人利益方面的意义和作用是显而易见的。

第二，从无过错责任危机的爆发上看，无过错责任原则的施行也带来了一些副作用。"企业责任忧虑"一词就形象地说明了实行严格责任所产生的消极影响。在侵权法最发达的美国，甚至早在20世纪80年代就爆发了"严格产品责任危机"。

5. 公平责任原则

公平责任，又称衡平责任，指当事人双方对损害的发生均无过错，法律又无特别规定适用无过错责任时，由法院据公平理念，在考虑当事人财产状况及其他情况的基础上，责令施害人对受害人的财产损害给予适当补偿，由当事人公平合理地分担损失的一种归责原则。其主要特点是：适用于当事人双方均无过错的情况；以公平观念作为价值判断标准来确定责任归属；主要适用侵犯财产权案件；只有在法律没有特别规定适用无过错责任原则而按过错推定责任原则处理又显失公平的情况下才适用。公平责任作为一项归责原则，是近代民法的产物，现代社会商品经济和科学技术的发展，使民法所调整的商品经济关系及与此相联系的其他社会关系内容日益复杂化，无论是过错责任原则还是无过错责任原则，都不能很好地适应社会发展对归责原则提出的要求。因而，为了充分体现公平，以利于人们生活的安定和社会秩序的稳定，就产生了公平责任原则。

总之，随着现代社会生产力的迅猛发展，侵权法的内容日趋复杂，作为侵权法核心的侵权行为归责原则也在日益完善中。

---

① 王泽鉴：《民法学说与判例研究》[M]，北京：中国政法大学出版社，1998：347—348。

② 这种不平等并非法律地位的不平等，而是难以避免的社会分工造成的不平等。法律就是要把这种不平等通过"无过错责任原则"矫正过来，故也称之为"矫正正义"。

三、侵权责任的构成要件

侵权责任的构成要件,即侵权行为人承担民事侵权责任的条件,是判断侵权人是否应当承担侵权责任的依据;其既是侵权法理论的核心问题,也是联系侵权行为和责任的桥梁(参见图 7-1)。

虽然侵权责任的构成要件有"三要件说"和"四要件说",但并无本质区别。① 通常,"四要件说"适用更广,即认为构成侵权责任必须具备以下四个要件:

第一,违法行为的发生。这是构成民事责任的法律要件,也是最重要的条件。违法行为是指公民或法人违反法定义务、违反法律所实施的作为或不作为。

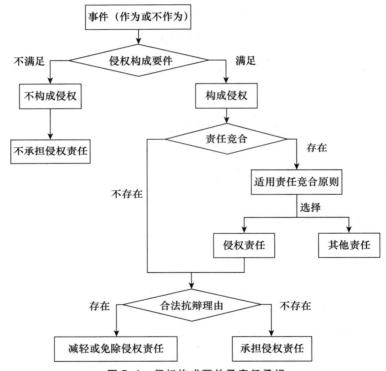

图 7-1 侵权构成要件及责任承担

第二,损害事实的存在。这是构成民事责任的客观要件,也是必要条件。损害事实指一定的行为致使权利主体的人身权利、财产权利以及其他利益受到侵害,造成财产和非财产利益的减少或灭失的客观事实。②

第三,违法行为与损害事实间具有因果关系。这是构成民事责任的又一个要件,是确定责任范围的重要依据。"因果关系"指违法行为和损害后果之间存在的一种内在的、本

---

① 黄文平、王则柯:《侵权行为的经济分析》[M],北京:中国政法大学出版社,2005:120—121。
② 杨立新编著:《侵权损害赔偿案件司法实务》[M],北京:新时代出版社,1993:38。

质的、必然的联系。

第四,行为人主观上有过错。这是构成民事责任的主观要件。过错是指违法行为人对自己的行为及因该行为产生后果的一种心理状态,包括故意和过失。故意是指行为人明知自己的行为会引发不良后果而希望或者放任结果发生的心理;过失则是指行为人应当预见自己的行为可能引发不良后果而没有预见,或者已经预见而轻信不会发生或自信可以避免的心理。

四、侵权民事责任方式

侵权民事责任方式是指侵权人依据侵权法就自己实施的侵权行为应当承担的具体民事责任形式,其有以下三个法律特征:是落实侵权责任的具体形式;是责任与义务、向法律负责和向受害人负责的结合;主要方式是赔偿损失。图7-2所示的八种侵权民事责任方式的一般适用原则是救济损害需要原则、可以并用原则、适当处分原则及必要的先予执行原则。

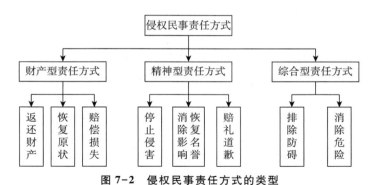

图 7-2 侵权民事责任方式的类型

五、抗辩事由

抗辩事由是指被告针对原告的诉讼请求而提出的,证明原告诉讼请求不成立或不完全成立的事实。在侵权法中,抗辩事由是针对承担民事责任的请求而提出的,又称免责或可减轻责任的事由。① 侵权行为的抗辩事由是由侵权行为的责任原则和侵权责任构成要件派生而来的,不同的归责原则有不同的责任构成要件,因而也就有与之相对应的特定抗辩事由。概括来说,抗辩事由有效成立必须具备两个条件:一是对抗性要件,必须对抗侵权民事责任构成的具体要件,破坏整个侵权民事责任构成的内在结构,使原告诉请的侵权责任无法成立;二是客观性要件,必须是客观事实,具有客观性。抗辩事由的类型如图7-3所示。

---

① 王利明、杨立新编著:《侵权行为法》[M],北京:法律出版社,1996:76。

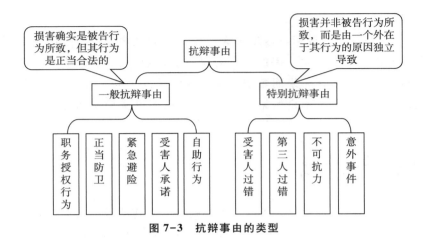

图 7-3　抗辩事由的类型

六、损害赔偿

损害赔偿是指当一方当事人因侵权行为或不履行债务而对他方造成损害时,应承担补偿对方损失的民事责任。对权利人而言,是一种重要的保护民事权利的手段;对义务人而言,却是一种重要的承担民事责任的方式。① 损害赔偿包括人身、财产和精神赔偿。具有以救济损害为目的、财产特征、相对性特征及损害赔偿义务具有转化性等四个法律特征。此外,侵权损害赔偿还应遵循全部赔偿、财产赔偿、损益相抵、过失相抵和衡平原则。

第三节　经济学视野中的侵权法

本章第一节和第二节概括性地阐述了法学对侵权法的学理和案例研究,以及其对侵权理论与实践做出的贡献,但传统的以学理式逻辑分析为核心,配合历史、实证、规范等手段对侵权行为的构成要件、归责原则、抗辩事由、侵权形态、损害赔偿等方面进行分析的法学研究也在理论研究和司法实践中逐渐表现出局限性,例如法学理论对"侵权责任危机"的解释就因不能自圆其说而陷入困境,迫切需要引入新的理论指导和研究方法。20 世纪中后期,经济学正是顺应这种需要而进入该领域,并发挥了重要作用。

一、侵权法的经济学本质

正如考特和尤伦所总结,"传统侵权行为诸要素与某些熟知的经济学概念之间存在一种对应:传统理论中的因果关系与经济学中的物质外部性相对应;损害赔偿与外部性引起

---

① 《法学词典》[M],上海:上海辞书出版社,1980:749。

的效用或利润率的下降相对应;而过错与决策者在进入边际成本带有非连续性的许可和禁止区域时所作选择的分割状态相对应"。① 因而,可以用科斯的交易成本理论来理解侵权法的经济学本质:侵权法不过是可以将外部成本内部化的几种政策工具之一,其通过侵权责任将高昂的交易谈判成本所导致的外部效应内部化。不同于合同法对已达成私人协议的人与人之间关系的处理,侵权法关注的是私人协议以外的交易成本相对高昂的那些人与人之间的关系。经济学家把由私人协议之外的关系所造成的伤害叫作外部性。侵权责任的经济学目的在于,使施害人和受害人将那些由于未能有效防范而造成伤害的成本内部化,即侵权法强制施害人补偿受害人来实现成本内部化。当潜在的犯错者内部化了他们所造成的伤害的成本时,他们就有动力在有效率的水平上进行安全投资。因而,侵权法的经济本质是通过责任的运用,将那些由于高交易成本造成的外部性内部化。②

虽然科斯理论有助于明确侵权法的经济学本质,但有关侵权法的经济学理论却并非源于交易成本理论,而是早已有之。

二、侵权法经济学理论的发展

侵权法经济学理论可以分为以下两个发展阶段:

1. 传统的侵权法经济学理论

传统的侵权法经济分析思想来源于边沁、霍姆斯、埃姆斯和特里等提出的"功利主义原则"。边沁是第一个开创性地将经济学运用于法律以规制非市场行为的学者。此外,从现存文献看,最早对侵权法进行经济学学术探讨的还包括霍姆斯在《普通法》中的相关论述③,以及由埃姆斯④和特里⑤所著的有关侵权法的文章。不过,遗憾的是,这些早期学者并没有意识到侵权法是用来提高资源配置效率的行为标准;而且虽然他们已经认识到侵权法的威慑效果,但没有将"侵权法的原则是以功利主义价值观为基础"的思想与"责任阻止了功利主义认为毫无道理的行为"的观点联系起来。⑥

---

① 〔美〕罗伯特·考特、托马斯·尤伦:《法和经济学》[M],张军等译,上海:上海三联书店、上海人民出版社,1994:514。
② 〔美〕罗伯特·考特、托马斯·尤伦:《法和经济学》(第五版)[M],史晋川等译,上海:格致出版社、上海三联书店、上海人民出版社,2010:301。
③ Oliver Wendell Holmes: *The Common Law*, MA: Little Brown and Company, 1963。在该书探讨非法侵入和过错责任的章节中已浮现出现代经济学的思路:从侵权法的标准来看,过错责任和严格责任的唯一区别在于,后者提供了一个事故保险的形式;虽然这种来自经济学观点的区别并不是全部,但它却是很重要的一部分。参见〔美〕威廉·M.兰德斯、理查德·A.波斯纳:《侵权法的经济结构》[M],王强、杨媛译,北京:北京大学出版社,2005:5。
④ 埃姆斯指出,侵权法是"功利主义的"(Utilitarian),尽管他没有解释使用这个术语的具体意义,但却使用有用性的平衡来描述过错责任标准。参见 James Barr Ames: Law and Morals, Vol. 22, *Harvard Law Review*, 1908:97–110。
⑤ Henry T. Terry: Negligence, Vol. 29, *Harvard Law Review*, 1915:40–54。
⑥ 参见〔美〕威廉·M.兰德斯、理查德·A.波斯纳:《侵权法的经济结构》[M],王强、杨媛译,北京:北京大学出版社,2005:6。

2. 现代的侵权法经济学理论

对侵权法的开创性经济学分析始于 Coase(1960)关于社会成本(交易成本理论)的重要论述以及由 Calabresi(1961)创作的关于侵权法的论文①所推动的侵权法学术运动第三次浪潮。随着这扇研究大门的正式打开,各种经济理论与方法逐渐涌入这个在传统上由法学垄断的领域,取得了举世瞩目的成就,更为法经济学学科的创立起到了重要的推动作用。

从研究文献的脉络看,有关侵权法的经济学分析最早源于边沁,他认为人们在生活的各个领域都将效用最大化。②但现代经济学关注侵权法的更直接起点是科斯交易成本理论中的"社会成本"概念,或因庇古的清楚阐述而引人注意的"外部性"概念的提出。③庇古通过一个关于火车头产生的火花损害铁路沿线农作物的例子分析了社会成本与私人成本的潜在分歧,指出强制使成本内部化的适当方法是征税,但并没有讨论侵权行为的责任问题。因而,真正奠定侵权法经济学分析框架的还是科斯和卡拉布雷西。科斯的洞见是以批判庇古的观点而著称的,他基于与庇古所提同一案例的分析而提出举世闻名的"科斯定理"。而 Calabresi(1961)的主要兴趣并不在于法院将如何(或是否)尝试使用侵权法来将意外事故成本内部化或评价现行侵权法系统的有效性,而是从原理上尝试构造一个全新的有效率的处理意外事故的侵权法系统④;Calabresi(1970)对事故成本的经济学分析正式开启了侵权法法经济学研究的大门;他指出,事故法能降低三种类型的成本:第一类事故成本是受害者的损失,(通过增加注意水平和降低危险行为水平)避免损害发生而花费的成本应当与受害者遭受的损失相协调,实现成本总和最小化。如果承担第一类事故成本的人是风险厌恶的,就会产生第二类事故成本。在这种情况下,任何一种将第一类事故成本转移给最不愿意承担风险一方的风险均会带来社会利益。第三类成本包括因使用法律制度解决侵权案件而产生的管理成本。很明显,需要在降低第一类事故成本、综合保险范围和法律制度成本等各因素之间进行权衡。任何一部侵权法都是在综合权衡这些因素的过程中制定的;且因所处历史时期及所需法律秩序不同,对于这些因素的选择也不同,同时还取决于私人保险市场的发展和法院公正处理信息的能力。⑤

继科斯和卡拉布雷西开创这个领域后的数十年来,经过诸多法学、经济学学者的共同努力,侵权法的法经济学分析理论早已不再像当年那样粗糙和浅显,而是一个相对完善和

---

① Ronald H. Coase: The Problem of Social Cost, Vol. 3, *Journal of Law and Economics*, 1960: 1-44; Guido Calabresi: Some Thoughts on Risk Distributions and the Law of Torts, Vol. 70, *Yale Law Journal*, 1961: 499-553。卡拉布雷西的文章是独立于科斯的研究所写的。
② 边沁的研究暗示,责任规则可能会影响意外事故的发生率,虽然其并未明确论述这层含义。
③ A. C. Pigou: *The Economics of Welfare*(4th ed.), London: The Macmillan Company, 1932: 34。
④ 尽管卡拉布雷西后期的一些研究也有涉及对现存侵权法体系没有遵循经济效率原则而进行的批判,但这些并非其对侵权法经济学理论做出的主要贡献。卡拉布雷西的主要贡献体现在"对侵权法的财产权利、责任原则和因果关系的联系与区别的研究上"及"为侵权法的实证经济学分析奠定了基础",参见〔美〕威廉·M. 兰德斯、理查德·A. 波斯纳:《侵权法的经济结构》[M],王强、杨媛译,北京:北京大学出版社,2005:8。
⑤ Guido Calabresi: *The Costs of Accidents: A Legal and Economic Analysis*, London: Yale University Press, 1970: 340。

系统的理论体系与研究框架,虽然有时也会出现两种相互交织的不同观点的争议,但总体上都能分别追溯至前面所提两位学者所做的杰出贡献。其中,以 Diamond 等为代表的部分学者沿卡拉布雷西的研究思路,将有效率的侵权法模型拓展得更为具体和精确[①];而 Demsetz(1969)则倾向于延续与拓展科斯关于普通法是一个内部化社会成本机制的卓见[②];兰德斯和波斯纳则提供了更全面的论证,将这种分析扩展到严格责任原则。尤其是波斯纳通过研究 1 500 多份 19 世纪后半期和 20 世纪前期的侵权法案例,论证了过错责任原则和许多侵权相关原则(包括促成过错责任原则、最后明显原则、自担风险原则等)都是实现资源安全和审慎配置的有效方法[③];并在《法律的经济分析》和《严格责任评论》两项相关研究中,分别将研究分析扩展到严格责任原则。[④] 另外,Brown 也提供了对责任规则的经济分析。[⑤] 之后,又有 Polinsky[⑥]、Hylton[⑦] 等大量学者投入这个领域的研究中,其中最有影响力的是 Shavell(1980,1984,1987)从验证责任原则是否有效率的视角将研究推进至侵权法的各个领域,成为现代侵权法法经济学研究的集大成者。[⑧]

综上所述,现代侵权法的经济分析是试图运用经济学术语和方法来解释法律,但同时也承认现存主要法律原则的有效性,而并非对法律现实主义进行全面的质疑和否定。[⑨]

第四节 侵权法的经济学分析

本节将在第三节论述侵权法经济本质及其理论体系发展脉络的基础上,对侵权法的主要法经济学理论做简单介绍。

---

① Peter A. Diamond 的相关论著包括:Peter A. Diamond: Single Activity Accidents, Vol. 3, *Journal of Legal Studies*, 1974a: 107-164; Peter A. Dismond: Accident Law and Resource Allocation, Vol. 5, *Bell Journal of Economics and Management Science*, 1974b: 366-405; Peter A. Diamond, James A. Mirrlees: On the Assignment of Liability: The Uniform Case, Vol. 6, *Bell Journal of Economics and Management Science*, 1975: 487-516。

② 参见[美]威廉·M. 兰德斯、理查德·A. 波斯纳:《侵权法的经济结构》[M],王强、杨媛译,北京:北京大学出版社,2005:8-9。

③ Richard A. Posner: A Theory of Negligence, Vol. 1, *Journal of Legal Studies*, 1972: 29, 32-33.

④ Richard A. Posner: Strict Liability: A Comment, Vol. 2, *Jonrnal of Legal Studies*, 1973: 205-221.

⑤ John Prather Brown: Toward an Economic Theory of Liability, Vol. 2, *Journal of Legal Studies*, 1973: 323-349.

⑥ A. M. Polinsky: Strict Liability vs. Negligence in a Market Setting, Vol. 70, *American Economic Review*, 1980: 363-367.

⑦ K. N. Hylton: The Influence of Litigation Costs on Deterrence Under Strict Liability and Under Negligence, Vol. 10, *International Review of Law and Economics*, 1990: 161-171.

⑧ Steven Shavell: Strict Liability Versus Negligence, Vol. 9, *The Journal of Legal Studies*, 1980: 1-25; Steven Shavell: A Model of the Optimal Use of Liability and Safety Regulation, Vol. 15, *The Rand Journal of Economics*, 1984, 271-280; Steven Shavell: *Economic Analysis of Accident Law*, MA: Harvard University Press, 1987.

⑨ [美]威廉·M. 兰德斯、理查德·A. 波斯纳:《侵权法的经济结构》[M],王强、杨媛译,北京:北京大学出版社,2005:10。

一、责任规则模型：意外事故社会成本最小化

侵权法的立法目的在于，尽可能地降低阻碍私人间达成协议的高昂交易成本，使施害人强加于他人的成本内部化，从而最小化意外事故的社会成本。因而，整个侵权法的法经济学分析都围绕这一核心问题而展开，由卡拉布雷西创设并经后继者不断完善的意外事故责任规则模型是对该问题的经典阐述。

1. 意外事故模型

意外事故模型是责任规则模型的基础。该模型假设：第一，施害人的行为可能而非肯定对受害人的人身或财产造成损害①；第二，存在两种类型的主体，施害人和受害人，所有施害人或受害人均为同质，且风险中性；第三，社会福利标准是主体预期效用之和，也等于主体将要拥有的利益预期数量之和②。

① 不确定下的选择

首先定义：

$$x = 意外事故的注意水平, x \geq 0$$

$p =$ 意外事故发生的概率，随着注意水平的提高而减速下降，即 $p'(x) < 0, p''(x) > 0$

$$A = 意外事故损失的货币价值③$$

那么，$p(x)A$ 就为事故的预期损失，是 x 的减函数。在图7-4中，横轴表示行为人的注意水平 x，纵轴表示成本 A；图中的曲线 $p(x)A$ 向下倾斜意味着随着 x 的提高，预期损失将下降。

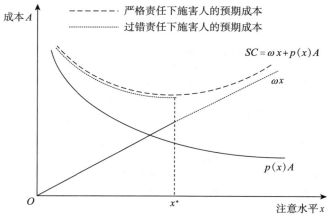

图7-4 意外事故的预期社会成本

---

① 该假设是分析意外事故是侵权法主要诉因的基础，并使得运用经济学术语通过构建责任规则模型，对包括严格责任、过错责任在内的各种责任归责原则进行比较分析成为可能，以达到对侵权法进行法经济学分析的研究目的。
② 主体的效用被认为等于他所拥有利益的数量，预期效用等于他所拥有利益的预期数量。
③ 表示当意外事故发生后，产生的诸如收入减少、财产破坏、医疗费用支出等社会成本。

进一步定义：

ω = 单位注意成本，且 ω 是一个常数。那么，ωx 就可以用来表示采取注意措施的总成本，在图 7-4 中是一条经过原点的斜率为 ω 的向上倾斜的直线。因而，意外事故的预期社会成本（用 SC 表示）为：

$$SC = \omega x + p(x)A \tag{7-1}$$

在图 7-4 中表现为由直线 ωx 和曲线 $p(x)A$ 在垂直于 x 轴方向上相加而成的 U 形曲线。

② 最优或应尽的注意

侵权法的社会目标是总事故成本最小，即达到图 7-4 中 U 形曲线的最低点，令 x^* 表示该点对应的注意水平，那么 x^* 就是使意外事故预期社会成本最小的社会最优注意水平，且 x^* 是唯一的，由式(7-1)的一阶条件决定：

$$\omega = -p'(x^*)A \tag{7-2}$$

即当边际注意成本等于预期意外事故损失减少所带来的边际收益时，就有能最小化意外事故社会成本的社会最优注意水平 x^*。

2. 责任规则模型

在以上意外事故模型基础上，考察何种责任归责原则有助于事故成本内部化，从而激励施害人投入注意水平 x^*。

首先，考虑严格责任下施害人的行为。分别定义 ω_i 和 x_i 为施害人的单位注意成本和注意水平，因而，施害人的注意成本就为 $\omega_i x_i$。意外事故发生后的损失额为 A。

在完全赔偿的严格责任下，一旦事故发生，施害人必须支付等于损失额的损害赔偿金 D，即 $D=A$。施害人的预期损失和预期总成本分别为 $p(x_i)A$ 和 $\omega_i x_i + p(x_i)A$，其要努力使预期总成本最小而选择的一个最优预防水平 x_i^*，满足：

$$\omega_i = -p'(x_i^*)A \tag{7-3}$$

因而，当 $x_i^* = x^*$ 成立时，施害人的最优注意水平就等于社会最优注意水平。

其次，考虑无责任原则。① 事故损失由受害人承担，施害人不用支付任何赔偿金，即 $D = 0$。施害人将通过使注意水平调整为 $x_i = 0$ 来最小化 $\omega_i x_i$。

最后，考虑过错责任原则。即当事人的行为符合法定注意标准 $\bar{x}$ 就可以免除责任。假定 $\bar{x}$ 由法院决定，那么，当且仅当施害人的注意水平低于法院确定的 $\bar{x}$ 时，才对其所造成的损失承担责任。故当且仅当 $\bar{x} = x^*$ 时，有 $x_i^* = x^* = \bar{x}$ 成立。此时，施害人也会选择社会最优的注意水平。

综上所述，能得到结论 1：

结论 1 在完全赔偿的严格责任下，施害人具有内部化其注意的边际成本和边际收益的动机，因而，能激励施害人采取最优注意水平；在无责任原则下，施害人不会采取任何防范措施，注意水平为零；在过错责任原则下，只要法院所确立的合理注意水平 $\bar{x}$ 等于社会最

---

① 经济学意义上的无责任其实也是一种责任形式，因为也会影响双方当事人的激励。

优注意水平 x^*，那么，施害人就同样会选择社会最优注意水平。

3. 责任规则模型的扩展

上面的模型论述了单方事故——只有施害人的行为会影响意外事故风险的情况，下面进一步探讨双方事故——受害人的行为也会影响意外事故风险的情况。

假设 x_v 为受害人的注意水平，相应地，ω_v 为受害人的单位注意成本。重新定义：$p(x_i, x_v)$ 为给定 x_i 和 x_v 条件下的意外事故发生率，并有 $p(x_i,x_v) \geq 0$，$p_{x_i}(x_i,x_v) < 0$，$p_{x_v}(x_i,x_v) < 0$。此时，意外事故的预期损失为 $p(x_i,x_v)A$。同样，社会目标是使总事故成本 $SC(x_i,x_v)$ 最小化：

$$SC(x_i,x_v) = \omega_i x_i + \omega_v x_v + p(x_i,x_v)A \tag{7-4}$$

定义 x_i^* 和 x_v^* 代表唯一能最小化 $SC(x_i,x_v)$ 的社会最优注意水平，并假设双方当事人注意的边际成本为正且非递减，则满足以下条件：

$$\omega_i = -p_{x_i}(x_i, x_v^*)A \tag{7-5}$$

$$\omega_v = -p_{x_v}(x_i^*, x_v)A \tag{7-6}$$

再假设 $x_i^*(x_v)$ 是在给定 x_v 条件下使表达式（7-4）最小化的 x_i，因此有 $x_i^*(x_v)$ 使 $\omega_i x_i + p(x_i,x_v)A$ 最小；并假设同样定义 $x_v^*(x_i)$，即可得到 $x_i^* = x_i^*(x_v^*)$，$x_v^* = x_v^*(x_i^*)$。

由于在双方事故中，双方主体的行为是相互影响的，这就意味着：受害人按某种确定方式行为时，施害人也会选择某种特定方式行为；同样地，当施害人以某种方式行为时，受害人也会选择特定方式行为，而具备这两种特征的状态就被称为均衡。即此时，无论是受害人还是施害人都没有改变其行为的动机。下面进一步分析双边情况下，各种归责原则的激励效应。

首先，无责任原则。施害人总会选择 $x_i = 0$（无论 x_v 是多少），受害人选择使 $\omega_v x_v + p(0, x_v)$ 最小的 x_v，即选择 $x_v^* = x_v^*(0)$，其中 $x_v^*(0)$ 表示，当 $x_i = 0$ 时，令 $\omega_v x_v + p(0,x_v)$ 最小的 x_v。因而，无责任原则并不会激励社会最优的结果。

其次，完全赔偿的严格责任原则。受害人总会选择 $x_v = 0$（无论 x_i 如何取值），因为他们所受的损失总能得到完全赔偿；故施害人会选择 $x_i^* = x_i^*(0)$，其中 $x_i^*(0)$ 表示，当 $x_v = 0$ 时，令 $\omega_v x_v + p(x_i, 0)$ 最小的 x_i，因而，结果也不是社会最优。

而且，在不能完全赔偿的严格责任原则下，施害人只赔偿其所造成损失的一部分 θ，即 $0 < \theta < 1$。那么，施害人是通过最小化 $\omega_i x_i + \theta p(x_i,x_v)A$ 来选择最优的 $\tilde{x}_i$，并满足一阶条件 $\omega_i + \theta p_{x_i}(x_i,x_v)A = 0$；又因为 $x_i^*(x_v)$ 满足 $\omega_i + p_{x_i}(x_i,x_v)A = 0$，再有 $0 < \theta < 1$，$p_{x_i}(x_i,x_v) < 0$，$p_{x_i x_i}(x_i,x_v) > 0$，从而有 $\tilde{x}_i < x_i^*(x_v)$。同样的道理，受害人也会选择能使 $\omega_v x_v + (1-\theta)p(x_i,x_v)A$ 最小的 $\tilde{x}_v$，同样是 $\tilde{x}_v < x_v^*(x_i)$。因而，此时的结果也不能达到社会最优。

但如果进一步考虑具有共同过失抗辩的严格责任原则，除非受害人的注意水平 x_v 低于合理注意水平 $\bar{x}_v$（这种情况下，受害人必须自己承担意外事故损失），否则，施害人就要为他所造成的损失承担责任。类似单方事故中有关过错责任的证明，同样能得到：如果

$\bar{x}_v = x_v^*$，那么在均衡状态下，施害人与受害人都会选择社会性最优的方式行为，而且这是唯一的均衡状态。

同样的道理，对于具有相对过失抗辩的严格责任原则而言，与前者的区别仅在于，如果受害人的注意水平 x_v 低于合理注意水平 $\bar{x}_v$，那么受害人将承担他所受损失的一部分 λ，$0<\lambda<1$。当 $x_v \to \bar{x}_v$ 时，有 $\lambda \to 1$ 成立，那么，同样可以证明，当 $\bar{x}_v = x_v^*$ 时，施害人和受害人都会采取社会最优的方式行为，且是唯一的均衡状态。

最后，考虑过错责任原则下双方当事人的行为。同样可以证明，当且仅当法定标准 $\bar{x}_i = x_i^*$ 时，施害人和受害人都以社会最优方式行为是唯一的均衡状态。而且，在共同过失抗辩的过错责任原则下，当且仅当以下两个条件同时满足时，施害人才对他所造成的事故损失承担责任：① $x_i < \bar{x}_i$；② $x_v \geq \bar{x}_v$；否则，受害人就要承担自己的损失。同样也能运用以上方法证明共同过失抗辩的严格责任原则下均衡存在且唯一，即当且仅当 $\bar{x}_i = x_i^*$，$\bar{x}_v = x_v^*$ 时，施害人和受害人都会按照社会最优方式行为且均衡是唯一的。而且，同样证明过程和结果也适用于相对过失的过错责任原则下双方当事人的行为特征。

因而，可以通过结论 2 总结双方事故中各种归责原则的效率特征：

结论 2 在完全赔偿的严格责任和无责任原则下，结果并不是社会最优状态，无责任原则下，施害人不会采取任何防范措施；同样地，完全赔偿的严格责任原则下，受害人也不会施加任何注意。但如果给定受害人行为，那么，在严格责任下，施害人会选择最优注意水平；同样地，如果给定施害人行为，那么，在无责任原则下，受害人也会选择最优注意水平。另外，在不完全赔偿的严格责任原则下，结果也不是社会最优的：在给定施害人行为条件下，受害人总会选择低于最优水平的注意，反之亦然。

但在其他责任原则下，无论是共同过失抗辩和相对过失抗辩的严格责任原则，还是过错责任原则——包括简单的过错责任原则、具有共同过失抗辩或相对过失抗辩的过错责任原则、共同过失或相对过失的过错责任原则，其结果都是社会最优的。换言之，如果合理注意水平等于最优注意水平，那么，在均衡状态下，施害人和受害人都会选择社会最优的注意水平，而且这一均衡结果是唯一的。

虽然以上分析只提供了侵权责任规则模型非常简单和基础的介绍，但通过这个简单模型及扩展可以证明：在考虑注意水平是意外事故风险的唯一决定因素时，无责任原则或严格责任原则只能对受害人或施害人单方，而不是双方产生有效预防激励；而各种过错责任原则及包含共同或过失抗辩的严格责任原则却能同时对施害人和受害人双边施加有效预防的激励。

不过，现实中并不能就此简单地决定各种过错责任原则及包含共同或过失抗辩的严格责任原则的优劣，而需要借助于更加复杂的责任规则模型进一步加以探讨，例如，将注意水平和行为水平同时作为风险决定因素进行研究。

二、侵权的存在基础：损害

有关损害的经济学分析包含以下三方面内容：

首先，发生损害是要求施害人承担损害赔偿责任的前提，侵权受害人要想获得赔偿的必要条件之一就是受到了实质性的损害，无损害则无责任。法经济学把损害解释成受害人效用水平的降低，这点与传统法学并无本质区别。

其次，受害人受到什么样的损害应该获得赔偿。并非所有损害都会导致施害人承担责任，区别于传统法学把应该获得赔偿的损害界定为违反法律的行为、对受害人造成不公平的损害；经济学则是从社会角度来界定损害，认为只要损害包含了社会成本就应当获得赔偿。

最后，损害是确定损害赔偿数量的主要标准。例如，Jennifer(2000)认为，损害作为确定损害赔偿金的标准，本身就包含两层含义：第一，对促使施害人尽到合理注意义务的激励机制产生影响；第二，确定了由谁来承担意外事故风险。① 侵权法的经济学分析是在同时兼顾对上述两方面含义的基础上来确定适当的损害赔偿金数额。适当的损害赔偿金数额能促使施害人从主观上对预期事故成本加以预测并合理行为。

三、侵权法的基本原则：汉德公式

什么样的损害应该获得赔偿？通常与受害人遭受损失相伴而生的是，施害人往往能从中获益，即施害人有过错。这也是上文在对过错责任原则的分析中提及的一个侵权法的核心概念——法定注意标准。有关这个标准的确立问题是侵权法法经济学理论的一个重要组成部分，在现存的各种标准中，以汉德公式最为经典。

1. 汉德公式的提出

汉德公式是美国联邦第二巡回区上诉法院首席法官汉德在"United States v. Carroll Towing Co."②的判决中提出的。该案的关键问题是，当驳船靠岸时，其所有者是否有责任注意沿岸状况，因为驳船有时会从系泊处松脱而损坏其他船只。汉德法官在判决中指出：

---

① Arien Jennifer: Tort Damages, Edited by Boudewijn Bouckaert and Gerrit De Geest, *Encyclopedia of Law and Economic*(*Volume I Civil Law and Economics*), Camberley Surrey: Edward Elgar Publishing, 2000：682-734.

② 关于"United States v. Carroll Towing Co."的详细信息可参见 United States Circuit Court of Appeals, Second Circuit, 1947, 159 F. 2d 169。该案案情为：某一驳船队满载货物停靠在纽约港，船主租用卡罗尔公司的一艘拖船，让其将一艘驳船拖去港口。拖船到达后，发现驳船上无人(船长离船)，船工便动手调整缆绳。因调整不当(有过错)，其中一艘驳船猛冲向另一艘油船，被油船的推进器凿穿而沉没。驳船船主遂起诉，要求卡罗尔公司赔偿损失。卡罗尔公司申辩，驳船上没有人也是造成事故的原因，因此不同意负赔偿责任。本案的争议在于：在原告驳船船长离船情况下，被告卡罗尔公司承担的赔偿额是否要相应地减少。有证据表明，如果当时驳船船长在船上发出警示，其船的吸水管可以一起发动而使撞向油轮的驳船不至于沉没。

在其他条件相同的情况下,船主防止损害发生的责任由以下三个变量决定:第一,驳船缆绳断掉的可能性 P;第二,缆绳断掉后可能造成的损害 L;第三,采取预防措施的费用 B。船主是否承担责任取决于他采取预防措施的费用 B 是大于还是小于缆绳断掉的可能性 P 与断掉后造成的损害 L 的乘积。如果 $PL>B$,就应该承担责任,反之,则不用承担责任。

2. 汉德公式的司法适用

汉德公式在美国法院判定过错责任问题上得到广泛应用。事实上,在汉德公式被明确提出之前,就可以在诸多侵权案件中找到其适用的痕迹,而汉德公式提出后法官们更是通过重复引用它来寻找有效率的注意水平。汉德公式被用来确定 ω_i。汉德公式也被应用于起草法则时确定有效率的法定标准,例如高速公路的管理员可以根据司机的时间价值及慢速行驶导致交通事故发生率的下降来确定某一路段上司机的法定时速限制。

总之,汉德公式为判定行为人是否应承担损害赔偿责任提供了一种客观标准,能够对采用一个法律规则而不是另一个法律规则而产生的结果进行比较分析,并做出理智评价。但汉德公式也存在一些不足,例如使用该公式时,决策者必须知道每增加一个单位注意的成本是多于还是少于相应减少的预期伤害成本,而现实中这样的计算可能是很困难的;另外,该公式没有为事故受害人的注意水平提供参考依据。

3. 影响汉德公式有效性的其他相关因素

第一,法官的不确定性与错误判断。法官或立法者有时无法获得或者无法评价与注意成本和收益相关的信息,因而在确定合理注意水平时就会产生错误。当法官高估合理的注意水平时,施害人就会倾向采取过多注意来避免承担责任。此外,法官也可能错误估算施害人投入的注意水平,或把施害人无法控制其瞬间行为所导致的意外事故发生错误地认定为其主观上不存在施加注意的心理,也会迫使施害人为避免因存在过错承担责任而采取高于合理注意水平的注意投入。

第二,施害人的个体差异。每个侵权事件的社会最优注意水平都会因施害人类型的不同而不同。通过汉德公式判断的过错作为侵权必要构成要件的法律机制,如想要达到引导不同类型的施害人采取最优方式行为的效果,合理注意水平就应随着施害人类型的不同而有所变化,即合理注意水平应能体现个体差异性。如果立法者和(或)法官总能够区分不同类型的施害人,并可以针对每一施害人的类型来设定最优的合理注意标准,从而激励所有施害人都能采取合理注意并以最优方式行为,那么这当然是最理想的结果。但现实中,立法者和(或)法官往往不能判断施害人的类型,尤其在成文法国家,通常只能设定一个统一的合理注意标准,这种统一的合理注意标准有时被称作"理性人"的合理注意水平。① 这种统一标准,一方面会使那些最优注意水平高于平均最优注意水平的施害人既能从侵权行为中获益又能逃避法律责任;另一方面,对那些最优注意水平低于平均最优注

---

① Steven Shavell: Liability for Accidents, Edited by A. Mitchell Polinsky and Steven Shavell, *Handbook of Law and Economics (Volume I)*, Amsterdam: Elsevier B. V., 2007: 159。

意水平的施害人来说,因其无法实现所获得的效用减去意外事故成本的最大化,所以不得不放弃从事某些对社会有利的行为来避免意外事故的发生。

四、责任的严厉程度:损害赔偿

上文曾提到,责任原则之所以能激励人们实行高效率预防的原因部分取决于法院实际判给受害人补偿性损害赔偿金的能力。这种赔偿金具有两种功能:第一,使受害人恢复到未受到伤害时的效用水平;第二,施害人因为伤害了受害人而必须承担的损害赔偿额。

1. 责任等于损害的程度

在整个侵权法的法经济分析中一直存在着这样一个暗示:如果责任主体必须赔偿他们所造成的实际损失,那么在任何归责原则下,责任主体都会被引导采取最佳的行为方式。

虽然补偿性损害赔偿的目的在于"使受害人不受损失",但在一些诸如人身伤害的事故中这是不可能实现的,因而在侵权法中,事实上存在两种截然不同的补偿性损害赔偿金概念。一是标准经济学中的无差异方法:当受害人对于受到伤害并得到损害赔偿与未受到伤害但得不到赔偿没有差异时,补偿是完全的。这个概念与可以在市场上买到所损失物品的替代品时所要支付的成本相对应,是对动机进行经济解释的基本概念。即当潜在施害人要对完全补偿性损害赔偿金承担责任时,他也就将意外事故所致的外在损害内部化,从而为潜在施害人采取有效注意行为创造了动力。而且,由于存在一个已有的替代品市场,这个意义上的损害赔偿金很容易被计算出来。二是以汉德公式推算出受害人对受损之物的估价的等量风险法。这主要适用于那些由于法律和道德的障碍而不存在替代品市场的损失,如人身、生命等侵权伤害的计算(表7-5)。

表7-5 补偿性损害赔偿金的两种定义

	适用范围	计算方式和标准
无差异方法	① 有市场替代品的财产损害 ② 可以恢复的人身损害	计算和赔偿受害人的所有损失,使受害人觉得"可以恢复的人身损害"与"未受到损害"没有区别
等量风险法	① 无市场替代品的财产损害 ② 不可恢复的人身损害	以汉德公式推算出受害人对受损之物的估价

只有在适用无差异方法的情况下,对损害的完全补偿才有可能。① 此时,这两种方法

---

① 无差异方法是世界各国侵权法普遍采用的方法,甚至在很多国家是唯一方法。其主要特征是,计算和赔偿受害人的所有损失,最理想的目标是实现对损害的完全赔偿,即"无差异"赔偿标准。对于那些存在市场替代品的财产损害,通过较为精确的市场估价基本可以达到。对于那些能够完全(或基本)恢复的人身损害,受害人损失主要包括医疗康复费用和机会成本(误工损失)。前者依靠算术方法就可以达到"无差异"的赔偿标准;后者的计算虽然因人而异,但同样可以通过计算得出。只有那些没有市场替代品的财产(如"具有人格象征意义的特定纪念物品")损害以及不能恢复的人身损害(如致人残疾或者死亡),无论如何赔偿,对受害人而言都不可恢复到未受损时的效用水平,因此不存在实现"无差异"赔偿标准的可能。

的应用在没有强制执行差错时,都能为潜在施害人采取有效率的注意水平提供激励。

2. 金钱性与非金钱性的损失

从上文对责任与损害的介绍中可知,侵权行为造成的损害有两类:一是能被消费也能在生产中制造的可替代的制造商品,如汽车、冰箱等;二是只能被消费而不能被制造的不可替代的商品,如痛苦、精神折磨等。而现实中,绝大多数侵权行为造成的损害往往同时涵盖以上两类。

因而,在计算过程中可以假设某人原本从每单位制造品的消费中获得的效用为 c,从第一单位不可替代的商品中获得的效用为 u。① 当其受侵权行为影响时,如果损失一单位制造商品,社会福利将减少 c,损失一单位不可替代品,社会福利将减少 u。那么,显然前面关于补偿性损害赔偿计算模型中有关归责原则的结论表明,损失既包括金钱性损失,也包括非金钱性损失。

但现实中,法院不能直接观察到非金钱损失 u。因而,当 u 较小时,出于行政成本考虑,法院的最优做法是忽略其存在,虽然这会稀释侵权责任的归责对施害人的激励,但这种影响是很小的,可以忽略不计。然而,当 u 较大时,法院确定这部分损失的数额就变得非常重要,尤其是当金钱性损失很小而非金钱性损失很大时。目前,世界各国的侵权法中非金钱性损失的给付意愿存在很大差异;其中,法国认定非金钱性损失类型的程序最宽松,英美次之(尽管在赔偿数额、支付时间等方面美国似乎更为宽松),德国则相对严格,有些国家甚至拒绝承认非金钱性损失,如匈牙利、罗马尼亚等。

3. 惩罚性损害赔偿

惩罚性损害赔偿,也称示范性赔偿或报复性赔偿,是指由法庭做出的赔偿数额超出实际损害数额的赔偿。这种赔偿制度的存在似乎违背了侵权法所确立的"补偿性""使受害人恢复原有效用水平"的立法宗旨,从表面上看似乎难以在法学或经济学中为其找到存在的理论依据和计算原则,然而,随着 20 世纪后惩罚损害赔偿的判决越来越普遍,学者们也逐渐为其找到了一些经济学上的解释。

第一,在归责原则无法实现完全赔偿的情况下,惩罚性损害赔偿可以弥补一般性损害赔偿的不足。例如,一些情况下,基于行政成本考虑而并未给受害人非金钱性赔偿或一些国家对非金钱性损害赔偿不予承认,或因为程序过于复杂而判定的这部分赔偿不足等。

第二,弥补侵权制度的缺陷。现实中,侵权制度往往是不完善的,施害人可以基于各种原因逃避诉讼。例如,受害人可能因为不愿意为获得并不是太高的赔偿金而提起诉讼,甚至可能因为担心不能证明损害的存在而面临败诉风险而不愿意提起诉讼等。可以假设施害人逃避诉讼的概率为 q,一旦施害人成功地逃避被追诉,就不用承担任何责任。那么,施害人预期责任就由 $l(x)$ 降为 $(1-q)l(x)$,从而导致因无法将施害人的成本完全内部化而无法提供社会最优激励。这种情况下,如果法院能在补偿性损害赔偿基础上施加惩罚性

---

① 注意,一般情况下,受害人只从第一单位不可替代的商品中获得的效用为 u,而之后他从更多此类商品中所能获得的效用均为 0。

损害赔偿,就能使施害人的预期责任重新恢复到 $l(x)$,进而恢复侵权法的激励功能。即:

结论3 如果责任等于造成的损失乘以被追诉概率的倒数 $\frac{1}{(1-q)}$,那么施害人仍会在各种归责原则下采取社会最优的行为方式,尽管他们仍有可能逃避诉讼。

而且,法经济学还进一步将被追诉概率的倒数 $\frac{1}{(1-q)}$ 定义为惩罚倍数,作为计算惩罚性损害赔偿的依据。

第五节　侵权法的法经济学分析评析

本章前几节详细介绍了法学与经济学对侵权法的研究与实践,但经济学在侵权领域也并非无所不能,同样存在研究中的分歧和分析上的不足,本节将在比较分析这两个学科在侵权法领域的研究的基础上,对侵权法的法经济学分析现状及未来方向作简要评述。

一、两种研究方法的比较

无论是法学还是经济学,都是或至少曾经是侵权法学术研究领域中最具影响力的研究理论与分析方法,也都取得了举世瞩目的成就。因而,这两种表面上看起来完全不同的研究范式都有其合理的理论逻辑和体系,也能解释社会现状、解决社会问题、推动社会发展,但它们之所以在不同时期、不同的社会环境及不同的侵权法领域中既各领风骚,又彼此批判、彼此抗衡,甚至携手共进。而这也许可以从各自的立足点及研究方法上寻找原因。

1. 研究出发点不同

对法学而言,"公平""对受害人进行补偿""使受害人的状态恢复到损害发生前的情形"是整个侵权法理论研究及实践的立足点。补偿功能是侵权法最重要的法律机能。

对经济学而言,目标永远只有一个——"效率","所有法律活动(立法、执法、司法、诉讼)和全部法律制度(私法制度、公法制度、审判制度)都是以有效利用自然资源、最大限度地增加社会财富为目的"。[①] 因而,侵权法在经济学家眼中不过是"激励机制的一种"。

当然,强调"公平"是法学就侵权法研究的立足点并不意味着法学在该领域的研究与实践中就排斥"效率",事实上,在侵权法的历史沿革[②]及侵权法法学的学术发展史中,"效率"总是时隐时现,甚至很多时候呼之欲出。因而,真正的问题可能在于,法学研究并没有像经济学定义"效率"那样,对"公平"给出一个精确的定义。因此,可以发现强调"公平"

---

① 张文显:《二十世纪西方方法哲学思潮研究》[M],北京:法律出版社,2006。
② 至少在侵权法第三次学术运动前,法学对侵权法的发展几乎起到了绝对的推动作用,但无论法学家是否愿意承认,在这个部门法的学术研究及司法实践中,并不能完全抹杀"效率"的重要性。

与强调"效率"的侵权法实证原理并不矛盾,因为也许在这个领域,有时候"公平就等于效率"。①

2. 研究方法不同

在法学的研究中,规范研究占绝对优势,而不像经济学更多地致力于侵权法的实证研究。但对任何一个学术领域而言,这两种研究方法究竟哪种更具优势,却与其处于何种发展阶段及面对何种社会问题密切相关。

法学在侵权法研究中的蓬勃生命力,已为侵权法第三次学术运动之前几千年的侵权法发展历史所证明;其间经历了两次影响重大的学术变革,相继创设了合同责任、过错责任、严格责任等归责原则及各种相关的概念与理论。然而,任何一种理论本身都有局限性,或者说,只有开放性的理论才具有永久的生命力;抑或是侵权法在20世纪中后期所面临的一系列问题,极大地暴露了这种规范性研究方法的不足之处。例如,法学对侵权法的研究始终不能清楚解释为何侵权法的发展中会出现合同责任、过错责任、严格责任的沿革,而这个问题终于在20世纪中期因严格责任与过错责任并存所造成的适用混乱及之后"责任保险危机"②的出现而爆发,另外,有关"过错"的界定、"损害赔偿"的计算等问题,也是法学一直忽略或不愿面对的。因而,这就给善于开展实证研究的经济学开辟了介入空隙,令其自侵权法第三次学术运动后,全面进入侵权法领域且在较短时间内获得重大成就。

二、侵权法法经济学分析的理论批判及未来的研究方向

经济学进入侵权法领域,是20世纪50年代以来法学与经济学交融发展中最具影响力的事件,不仅取得了举世瞩目的学术成就,也对侵权法的司法实践产生了重大影响。③ 与侵权法的法学研究相比,侵权法的法经济学分析将原本在侵权法的历史沿革与学术发展中若隐若现的"效率"原则坚定地托出了水面,取代了法学无法精确定义的"公平"原则,甚至认为这个领域中"公平就等于效率"。④ 同时,通过大量引入成本—收益分析、博弈论等

---

① 〔美〕威廉·M.兰德斯、理查德·A.波斯纳:《侵权法的经济结构》[M],王强、杨媛译,北京:北京大学出版社,2005:10。

② 自20世纪七八十年代以来,美国法律界开始反思严格责任,该运动因1997年通过的美国《侵权法重述(第三版):产品责任》将严格产品责任局限于制造缺陷情形达到高潮,法院大多遵从这一规则。发生这一变化的主要原因在于 严格责任被认为是以保费增加、产品价格大涨为特征的保险责任危机的主要原因,它成为侵权责任限制运动的导火线,严格责任与过错理论在警示缺陷与设计缺陷情形下举证方面的相似性,使得严格责任的存在失去了意义。
即使是根据美国《侵权法重述(第二版)》第402A节的严格责任原则,注意力也是集中于类似过错责任中的制造商的行为,而非集中于产品本身之条件。美国法院在宣布适用严格责任时,实际上是依据过错来判定产品是否有警示缺陷,侵权法被认为是经国家认可的对自由的限制。

③ 侵权法经济学分析中强调的"效率原则",对侵权法的立法和司法实践(尤其是英美法系国家)产生了重大影响,例如美国现行的《侵权法重述(第三版):产品责任》就是重要体现。

④ 〔美〕威廉·M.兰德斯、理查德·A.波斯纳:《侵权法的经济结构》[M],王强、杨媛译,北京:北京大学出版社,2005:10。

经济学分析工具和研究方法,侵权法的法经济学分析彻底改变了传统法学研究中规范研究占据绝对优势的局面,掀起了侵权法的第三次学术运动。然而,任何一种理论或研究方法都不是无懈可击的,总有其自身的局限性,经济学在侵权法领域风光无限的同时,各方面的批评也随之而来。许多批评并非针对实证研究本身[①],因而这些批评也可能预示着侵权法的法经济学分析未来的发展方向。

除了对侵权法的法经济学领域缺乏定量研究的批评,其他批评主要集中于:分析所依赖的行为假设非常不合理,以至于得出的结论与现实有很大差别,无法提供令人满意的现实证据支持;支撑实证研究的理论缺乏合理的因果关系逻辑;实证研究,尤其是计量研究有待进一步完善和加强等。此外,也有批评认为,侵权法的"效率"定义与适用范围都有待斟酌,需要进一步区分是所有侵权规则和判决都应遵循"效率"原则还是只有一部分需要遵循。

至于有关侵权法的法经济学研究的未来,除上面批评中提到的,仍然需要进行大量典型案例研究或数据检验来确保侵权法的实证经济学理论能建立在更牢固的基础之上外,一些理论性研究也同样重要。例如,某些同时存在保险制度、安全规则及责任制度的领域,它们三者的关系究竟如何,是替代还是互补?此外,是否能通过侵权事故中有关行政成本、交易成本、信息问题的研究,使侵权法的法经济学理论在实际操作中也能如同面对书本上的法律一样有效率也是一个值得研究的问题。

本章总结

1. 作为一组民事法律规范的总称,侵权法的功能是防止或减少意外事故,合理补偿因意外事故导致的损害。与其他民事法律相比,侵权法具有以下六大特征:在民法中具有相对独立的地位、表现上的概括性、内容上的复杂性、内容和体系的完备性和系统性、成文法与判例法相结合、强制性。

2. 侵权法经历了古代习惯法时期、古代成文法时期、现代法时期三个发展阶段。

3. 侵权法的法学理论是逻辑较为严谨、内容也相对完备的庞杂的理论体系,主要包括侵权行为、归责原则、侵权责任的构成要件、侵权民事责任方式、抗辩事由和损害赔偿等方面的理论。

4. 用科斯的交易成本理论来理解侵权法的经济学本质,可以将侵权法视为几种将外部成本内部化的政策工具之一,通过侵权责任将高昂的交易谈判成本所导致的外部效应内部化。

5. 侵权法的经济学理论主要包括以下内容:责任规则模型的构建、侵权损害的理解、汉德公式的应用以及损害赔偿的界定、范围与分类等。

---

① 一些类似于"法律体系用来提高效率是不道德的"的批评可能是因为当侵权法从规范分析转向实证分析时被误导。而侵权法的法经济分析真正的生命力在于其对实证理论的探索,经济学更关注解释而非批判;因而,这种道德性问题本来就不是经济学要考虑的重点。

思 考 题

1. 结合侵权法的发展历程,简要阐述结果责任原则、合同责任原则、过错责任原则及无错责任原则的更迭过程。

2. 侵权法的法学研究和经济学研究有哪些主要区别?它们各自的主要成就有哪些?

3. 请运用双边责任规则模型证明,当注意水平是意外事故风险的唯一决定因素时,过错责任原则下最优社会均衡解的存在性与唯一性。

4. 当注意水平和行为水平同时作为风险决定因素时,请运用责任规则模型分析哪种责任原则更有效率。

阅读文献

1. A. C. Pigou: *The Economics of Welfare* (4th ed.), London: The Macmillan Company, 1932.

2. Arien Jennifer: Tort Damages, Edited by Boudewijn Bouckaert and Gerrit De Geest, *Encyclopedia of Law and Economic* (*Volume I Civil Law and Economics*), Camberley Surrey: Edward Elgar Publishing, 2000: 682-734.

3. Guido Calabresi: Some Thoughts on Risk Distributions and the Law of Torts, Vol. 70, *Yale Law Journal*, 1961: 499-553.

4. Guido Calabresi: *The Costs of Accidents: A Legal and Economic Analysis*, London: Yale University Press, 1970.

5. Harold Demsetz: Information and Efficiency: Another Viewpoint, Vol. 12, *The Journal of Law and Economics*, 1969: 1-22.

6. Percy H. Winfield: *The Province of the Law of Tort*, Cambridge: Cambridge University Press, 1931.

7. R. H. Coase: The Problem of Social Cost, Vol. 3, *The Journal of Law and Economics*, 1960: 1-44.

8. Steven Shavell: *Economic Analysis of Accident Law*, MA: Harvard University Press, 1987.

9. Steven Shavell: Strict Liability versus Negligence, Vol. 9, *The Journal of Legal Studies*, 1980: 1-25.

10. Steven Shavell: A Model of the Optimal Use of Liability and Safety Regulation, Vol. 15, *The Rand Journal of Economics*, 1984.

11. 〔美〕理查德·A. 波斯纳:《法律的经济分析》(上、下)[M],蒋兆康译,北京:中国大百科全书出版社,1997。

12. 〔美〕罗伯特·考特、托马斯·尤伦,《法和经济学》(第五版)[M],史晋川等译,上海:上海三联书店、上海人民出版社,2010。

13. 〔美〕斯蒂文·沙维尔:《法律经济分析的基础理论》[M],赵海怡、史册、宁静波译,北京:中国人民大学出版社,2013。

14. 王利明:《我国〈民法典〉侵权责任编损害赔偿制度的亮点——以损害赔偿为中心的侵权责任形式》[J],《政法论丛》,2021年,第5期:第15—24页。

15. 〔美〕威廉·M. 兰德斯、理查德·A. 波斯纳:《侵权法的经济结构》[M],王强、杨媛译,北京:北京大学出版社,2005。

16. 杨立新:《侵权法论》(第5版)[M],北京:人民法院出版社,2013。

17. 杨立新:《中国侵权行为法理论体系的重新构造》[J],《法律适用》,2004年,第7期:第6—10页。

18. 杨立新:《侵权责任法》(第四版)[M],北京:法律出版社,2021。

第八章
侵权法经济分析专题

> 法律的生命向来在于经验而不是逻辑。人们当时感受到的必要性、盛行的道德理论和政治理论、公共政策的确立(无论是明言的还是无意识的),甚至法官与他们同胞的共有偏见,在决定人们应当受到的支配规则的时候,具有比逻辑推论更大的作用。法律承载着一个民族许多世纪发展变化的历史,因此,我们不能把它当成只含有公式或定理的数学书来对待。
>
> ——〔美〕奥利弗·温德尔·霍姆斯[①]

◆ 本章概要

本章在对中国侵权法的历史及现状进行简要回顾的基础上,指出了现存侵权制度的基本特征,并运用上一章阐述的侵权法的法经济学理论,对中国现代侵权制度做了简要的阐述和分析,此外还对受不同归责责任原则调节的典型侵权行为和受特别规制的特殊侵权行为的典型案例进行专题分析。

◆ 学习目标

1. 了解中国侵权制度的历史变迁。
2. 了解中国现行侵权制度的现状和不足。
3. 掌握中国目前侵权法法经济学理论的现状及未来的发展方向。
4. 基本掌握侵权法法经济学的案例分析方法。

本章尝试运用侵权法的法经济学理论对某个特定国家——中国,以及特定案例进行详细分析。第一节首先介绍中国侵权法的发展历程及现状;第二节关注国内学者对侵权法的法经济学研究,及相关理论在中国立法及司法领域中的应用,第三节和第四节则致力于典型侵权案件的案例分析。

---

① Oliver Wendell Holmes: *The Common Law*, MA: Little Brown & Company, 1963.

第一节 转型经济中的侵权法

本节主要阐述以下两方面的内容：一是对转型经济国家——中国的侵权制度的发展历程做出回顾与总结；二是对《民法典》实施后，中国侵权制度的变更与特征做简单述评。

一、中国侵权责任制度的历史变迁

虽然中国直到 2009 年 12 月 26 日才正式出台《中华人民共和国侵权责任法》，但侵权相关制度却由来已久，并经历了三个不同时期。

1. 古代侵权制度

"侵权行为"一词虽为舶来品，但根据文献记载，中国自古以来就在习惯、礼制及法律上存在与现代侵权法相近的一系列规则与做法：商代就有了侵权责任制度的萌芽，之后逐渐形成一个具有固定格局的、相对稳定的中国侵权责任制度体系。中国古代的侵权制度又可进一步分为三个发展阶段：①唐以前，以秦代的侵权制度为标志，通过吸收奴隶社会侵权行为立法的遗产和战国时期封建社会初期侵权行为立法的思想和实践，创立了比较完备的侵权制度体系。②唐代侵权行为法律制度的确立，《唐律》是中国古代法律的典范，其中的侵权行为规范是当时世界上最先进、最科学的侵权制度。③宋代至清代期间，中国古代侵权制度建设日益完善，并在清代发展至顶峰，几乎概括了中国古代侵权责任制度的全部精华。

中国古代侵权制度有如下特点：①有相对独立完整的体系，各项制度周到、严密；②侵权损害赔偿以补偿损失为主，但也强调惩罚功能；③侵权行为有人身侵害和财产侵害之分，并分别适用不同的惩罚方式；④对侵权责任构成的要求比较严格，例如坚持无损害事实或行为不违法则不发生民事责任，行为与损害之间无因果关系、无过错则不负赔偿责任等。

2. 近代侵权制度

中国近代侵权法的发展是随着近代民法的发展而发展的。清末受西方民法观念与制度的冲击与影响，以《大清民律草案》的推出为标志，中国进入了近代侵权法阶段，制定了完全意义上的侵权法；加上民国时期的《民律草案》和《"中华民国"民法》，共同完成了中国侵权法的现代化进程。

中国近代的侵权法区分了民事责任与刑事责任；将侵权行为的基本归责原则确立为过错责任原则；同时也确立了精神损害赔偿制度，规定了侵害身体、自由、名誉等非财产性损害赔偿的内容，形成了较为全面的现代侵权制度。[1]

总之，中国近代侵权法立法是卓有成效的。在正确的立法宗旨指导下实现了法律体系的变革，既能结合中国实际，又敢于借鉴国外的立法经验，成功跟上了世界侵权法发展

---

[1] 中国近代侵权法建设主要集中于 20 世纪中期的 40 年，卓有成效地完成了侵权法从封建向近现代的转变。

的潮流。但也存在若干缺陷，例如抄袭痕迹太重，所有条文几乎都抄自日本和德国，缺少自己的特点；借鉴面过窄，没有在世界范围内做普遍比较而择优借鉴；立法缺少创造性，虽然打破了原本的立法封闭体系，但又陷入了大陆法系的封闭体系等。

3. 现代侵权制度

中华人民共和国的侵权立法大致经历了以下六个发展阶段：

第一，初创时期。中华人民共和国成立初期的侵权法立法是在彻底废除国民政府伪法的废墟上开始的。当时只能借鉴苏联侵权法的立法经验：理论上，主要翻译苏联民法专家的作品，如《损害赔偿之债》，同时也结合实践编写了中国的民法教科书，如《中华人民共和国民法基本问题》；实践中，主要借鉴教科书中的内容作为判案依据。直到20世纪50年代中期后，中国才开始起草《民法（草案）》，制定了关于损害赔偿的相关内容。不过草案中的相关条文主要是按照《苏俄民法典》的损害赔偿一章内容起草，较为简单。

第二，法律虚无时期。"文化大革命"时期，法院审理的案件主要是刑事案件，即使有民事案件也以离婚案件为主，侵权行为概念基本绝迹。

第三，复兴时期。"文化大革命"后，百废待兴，侵权法立法也同样如此。一开始，最高人民法院试图通过法律解释的方法，创建包括侵权法在内的中国民法体系。1979年，最高人民法院制定的《关于贯彻执行民事政策法律的意见》几乎包含了中国侵权法的全部内容，为中华人民共和国的侵权法奠定了基础。1984年，最高人民法院审判委员会通过的《关于贯彻执行民事政策法律若干问题的意见》在对上述规定进行了较大修正的基础上，规定了侵权法的基本内容，为《民法通则》关于侵权行为民事责任条文的制定奠定了基础。1986年，《民法通则》的出台建立了中国当代的侵权法体系，系统规定了侵权行为的归责责任原则、各类侵权行为的责任、责任的形式等基本内容，构成了中国现代侵权法最基本、最权威的表述。

第四，发展时期。20世纪90年代后，中国侵权法进入了快速发展时期，受到了前所未有的重视和关注，法学理论和司法实践都有明显进步。首先，在立法上，继《民法通则》后，又陆续颁布了与侵权法相关的若干法律法规[1]和司法解释[2]，并与前者共同奠定了中国现

---

[1] 主要包括《消费者权益保护法》《产品质量法》《道路交通安全法》《医疗事故处理办法》《反不正当竞争法》《国家赔偿法》《行政诉讼法》《食品安全法》等，对产品责任、不正当竞争行为、国家赔偿责任等侵权行为做出了具体详细的规定。其中，有两部关于侵权责任的法律尤为重要：一是《道路交通安全法》。虽然道路交通事故是一类常见的侵权责任，但在2003年前，中国并没有专门规范道路交通事故的法律，只有行政法规《道路交通事故处理办法》。2003年10月28日通过、2004年5月1日生效的《道路交通安全法》，不仅对机动车与机动车之间以及机动车与非机动车驾驶人、行人之间发生交通事故时的侵权责任归责原则、减责免责事由等做出了规定，还建立了有利于保护受害人的机动车第三者责任强制保险制度。二是《食品安全法》（2009年2月28日颁布，同年6月1日生效）。该法首次在侵权责任领域中引入了惩罚性赔偿责任，第一百四十八条第二款规定："生产不符合食品安全标准的食品或者经营明知是不符合食品安全标准的食品，消费者除要求赔偿损失外，还可以向生产者或者经营者要求支付价款十倍或者损失三倍的赔偿金。"

[2] 为了适应《民法通则》颁行后的民事审判需要，最高人民法院颁布了大量的民事司法解释，除了对《民法通则》进行整体性解释的《最高人民法院关于贯彻执行〈中华人民共和国民法通则〉若干问题的意见（试行）》，在侵权领域还包括《最高人民法院关于审理名誉权案件若干问题的解答》《最高人民法院关于审理名誉权案件若干问题的解释》等。其中，最重要的是《最高人民法院关于审理人身损害赔偿案件适用法律若干问题的解释》和《最高人民法院关于确定民事侵权精神损害赔偿责任若干问题的解释》。尽管这两个司法解释仅适用于特定的领域，但它们确立和完善了中国侵权法中的许多重要规则与制度，对之后的侵权法立法、司法以及学术研究都产生了极为深远的影响。

行的侵权法体系。其次,在司法实践中,审判机关积极探索,力求更好地保护民事主体的权益。① 最后,侵权法理论研究发展迅速,不仅理论争鸣渐成气候,如在归责原则上,形成了"一元论""二元论""三元论"等不同意见;在侵权责任构成上,也存在"四要件说"和"三要件说"之争等;而且,随着理论研究的日益丰富与深入,有中国特色的侵权法学理论体系也建立起来了。

第五,整合时期。侵权法理论研究的深入及司法实践的发展,终于使得《中华人民共和国侵权责任法》在历经八年的起草与反复修订后,于 2009 年 12 月 26 日正式出台。该法不仅在总论中全盘吸收和继承了《民法通则》有关侵权责任的原有规定,而且在分论中新增了责任聚合、人身权侵权的特殊性、民事权益的明确化、共同侵权等为社会发展所需但原有侵权法没有涉及的、侵权制度新发展的相关内容,此外还与时俱进地对原有的侵权类型进行了科学合理的变更、细化、增加和删减。② 总之,《侵权责任法》有四方面积极意义:首先,明确了侵权法保护的民事权益范围,尤其对隐私权作为具体人格权的独立地位予以确认。其次,摒弃了城乡二元结构下引发的同命不同价,在生命权的问题上肯定了人人平等这一基本原则。再次,肯定了人身权受到侵害时的精神损害赔偿制度。最后,确立了缺陷产品召回制度和惩罚性损害赔偿等有利于维护消费者合法权益、保证产品安全的相关规定。之后,最高人民法院相继颁布了若干侵权方面的重要司法解释③,与《侵权责任法》一起构成了一个相对完整的、科学合理的、体系化的侵权法法律体系。

第六,成熟时期。虽然《侵权责任法》代表了当时中国侵权制度的最高水平,但也存在侵权责任性质定位错位、未将损害要件纳入侵权责任构成、侵权责任抗辩事由不足等问题;再加上社会的快速发展也导致新的侵权问题层出不穷,如网络侵权责任中,只规定了避风港规则的通知规则,却没规定反通知规则;机动车交通事故责任中,好意同乘规则没

---

① 主要表现在:第一,人身损害赔偿的法律适用中,由注意对受害人赔偿请求的限制向注意保护受害人的权利转变。第二,对名誉权保护做出司法解释。第三,在增加侵权行为保护客体范围上进行探索,如在隐私权保护上,做出了间接保护的司法解释;在一般人格权保护上,也对电话骚扰、上门广告等侵害案件做出了判决。第四,积极适用侵权法的理论研究成果,如共同危险行为理论就是 20 世纪 80 年代的理论研究成果,在《民法通则》中并没有相关规定。第五,扩大了精神损害赔偿的适用范围。第六,提高人身伤害赔偿标准等。

② 保留并细化了产品责任、高度危险责任、环境污染责任、物件损害责任、饲养动物损害责任。新增了用工责任、教育机构责任、机动车交通事故责任、医疗损害责任。新增并明确了同命同价、精神损害赔偿、网络侵权与安全保障义务等相关内容,删减了职务侵权和知识产权侵权。

③ 重要司法解释包括《最高人民法院关于适用〈中华人民共和国侵权责任法〉若干问题的通知》《最高人民法院关于审理铁路运输人身损害赔偿纠纷案件适用法律若干问题的解释》《最高人民法院关于审理道路交通事故损害赔偿案件适用法律若干问题的解释》《最高人民法院关于审理环境侵权责任纠纷案件适用法律若干问题的解释》《最高人民法院关于审理利用信息网络侵害人身权益民事纠纷案件适用法律若干问题的规定》《最高人民法院关于审理食品药品纠纷案件适用法律若干问题的规定》《最高人民法院关于审理医疗损害责任纠纷案件适用法律若干问题的解释》《最高人民法院关于审理海洋自然资源与生态环境损害赔偿纠纷案件若干问题的规定》等。上述司法解释对于《侵权责任法》的适用问题以及铁路运输人身损害赔偿纠纷、环境侵权责任、食品药品侵权责任、利用信息网络侵害人身权益的侵权责任、医疗损害责任、海洋自然资源与生态环境损害赔偿责任等特殊侵权责任中的构成要件、减免责事由、责任的承担、诉讼主体等问题做了详细规定。

有涉及等。中国于 2014 年明确提出要编纂民法典,2021 年 1 月 1 日《中华人民共和国民法典》的正式施行,标志着中国的侵权责任制度进入了一个新阶段。

二、中国现行的侵权责任制度

为了能更好地发挥侵权法的调整功能,保护好民事主体的民事利益,现行《民法典》的第七编——侵权责任,在总结《侵权责任法》经验的基础上对其全面修改与完善,保留了包括侵权责任归责原则在内的《侵权责任法》的绝大部分内容(表 8-1),并根据社会发展出现的新情况和新问题,对一些侵权责任规则和制度做了必要的补充和完善,归纳起来,主要做了以下三方面的修改与完善。

表 8-1 《民法典》出台前后中国侵权责任归责原则及相关规定

归责原则	《民法典》相关规定	《侵权责任法》相关规定	说明
过错责任	第一千一百六十五条第一款:"行为人因过错侵害他人民事权益造成损害的,应当承担侵权责任。"	第六条第一款:"行为人因过错侵害他人民事权益,应当承担侵权责任。"	不变
过错推定	第一千一百六十五条第二款:"依照法律规定推定行为人有过错,其不能证明自己没有过错的,应当承担侵权责任。"	第六条第二款:"根据法律规定推定行为人有过错,行为人不能证明自己没有过错的,应当承担侵权责任。"	不变
无过错责任	第一千一百六十六条:"行为人造成他人民事权益损害,不论行为人有无过错,法律规定应当承担侵权责任的,依照其规定。"	第七条:"行为人损害他人民事权益,不论行为人有无过错,法律规定应当承担侵权责任的,依照其规定。"	不变
公平责任	第一千一百八十六条:"受害人和行为人对损害的发生都没有过错的,依照法律的规定由双方分担损失。"	第二十四条:"受害人和行为人对损害的发生都没有过错的,可以根据实际情况,由双方分担损失。"	既是对公平分担原则的重视,也旨在解决其在实践中被滥用的现象,将法官自由裁量的空间压缩,有利于司法裁判标准化

1. 调整了结构

将《侵权责任法》"通则性规定+分则性规定"的基本结构调整为《民法典》中总则指导下的侵权责任编通则性规定和分则性规定的逻辑体系,突出了侵权责任的侵权之债的性质。

2. 调整了侵权责任的一般性规则和内容

一方面,通过概括规定侵权责任的保护范围、增加和调整免责事由等修改使中国的侵权责任一般规则体系更加完善(表 8-2);另一方面,通过对"损害赔偿""责任主体"等侵权责任制度内容的调整,令中国的侵权法能跟上时代的发展,既可以更好地回应社会需求,也更具可操作性(表 8-3 和表 8-4)。

表 8-2 《民法典》对中国侵权制度"一般规定"的发展

变革		《民法典》相关规定	《侵权责任法》相关规定
明确	调整对象	第一千一百六十四条:"本编调整因侵害民事权益产生的民事关系。"	
强调	过错责任中的"损害"要件	第一千一百六十五条第一款:"行为人因过错侵害他人民事权益造成损害的,应当承担侵权责任。"	第六条第一款:"行为人因过错侵害他人民事权益,应当承担侵权责任。"
区分	绝对权请求权和侵权责任	第一千一百六十七条:"侵权行为危及他人人身、财产安全的,被侵权人有权请求侵权人承担停止侵害、排除妨碍、消除危险等侵权责任。"	第十五条:"承担侵权责任的方式主要有:停止侵害,排除妨碍,消除危险,返还财产,恢复原状,赔偿损失,赔礼道歉,消除影响、恢复名誉。"
完善	过失相抵的规则	第一千一百七十三条:"被侵权人对同一损害的发生或者扩大有过错的,可以减轻侵权人的责任。"	第二十六条:"被侵权人对损害的发生也有过错的,可以减轻侵权人的责任。"
增设	自甘冒险的规则	第一千一百七十六条:"自愿参加具有一定风险的文体活动,因其他参加者的行为受到损害的,受害人不得请求其他参加者承担侵权责任;但是,其他参加者对损害的发生有故意或者重大过失的除外。 活动组织者的责任适用本法第一千一百九十八条至第一千二百零一条的规定。"	
	自助规则	第一千一百七十七条:"合法权益受到侵害,情况紧迫且不能及时获得国家机关保护,不立即采取措施将使其合法权益受到难以弥补的损害的,受害人可以在保护自己合法权益的必要范围内采取扣留侵权人的财物等合理措施;但是,应当立即请求有关国家机关处理。受害人采取的措施不当造成他人损害的,应当承担侵权责任。"	
删除		总则编第一百八十七条已经确立了民事责任优先性规则,其中自然也包括了侵权责任优先性	第二条对民事权益的列举 第四条关于侵权责任优先性的规则

(续表)

变革	《民法典》相关规定	《侵权责任法》相关规定
删除	总则编第一百八十条至第一百八十二条已有规定	第二十九条至第三十一条关于不可抗力、正当防卫、紧急避险免责的规定
	总则编第一百七十八条对于连带责任已经有了比较详细的规定,这一规定可以适用于所有类型的连带责任,包括侵权引起的连带责任	第十三条和第十四条关于侵权导致的连带责任的规定
	总则编第一百八十三条就同一问题做了更为完善的规定:"因保护他人民事权益使自己受到损害的,由侵权人承担民事责任,受益人可以给予适当补偿。没有侵权人、侵权人逃逸或者无力承担民事责任,受害人请求补偿的,受益人应当给予适当补偿。"	第二十三条关于因保护他人民事权益而产生的侵权责任和补偿义务的规则

表8-3 《民法典》对损害赔偿规则的发展

内容	《民法典》相关规定	与《侵权责任法》及相关《司法解释》比较
增加侵害人身时的赔偿项目	第一千一百七十九条:"侵害他人造成人身损害的,应当赔偿医疗费、护理费、交通费、营养费、住院伙食补助费等为治疗和康复支出的合理费用,以及因误工减少的收入。造成残疾的,还应当赔偿辅助器具费和残疾赔偿金;造成死亡的,还应当赔偿丧葬费和死亡赔偿金。"	与《侵权责任法》第十六条相比,增加了营养费和住院伙食补助费两个项目
侵权获利剥夺的规则	第一千一百八十二条:"侵害他人人身权益造成财产损失的,按照被侵权人因此受到的损失或者侵权人因此获得的利益赔偿……"	与《侵权责任法》第二十条相比,给予受害人选择权
明确只有自然人可以享有精神损害赔偿请求权	第一千一百八十三条第一款:"侵害自然人人身权益造成严重精神损害的,被侵权人有权请求精神损害赔偿。"	用"自然人"表述取代了《侵权责任法》第二十二条的"他人"
增设侵害人格物的精神损害赔偿	第一千一百八十三条第二款:"因故意或者重大过失侵害自然人具有人身意义的特定物造成严重精神损害的,被侵权人有权请求精神损害赔偿。"	与《精神损害赔偿司法解释》第四条相比: ① 强调请求精神损害赔偿的前提是侵权人具有故意或者重大过失,适当限制了侵害人格物的精神损害赔偿的适用范围; ② 将"具有人格象征意义的特定纪念物品"修改为"具有人身意义的特定物",有助于扩大该制度的适用范围

(续表)

内容	《民法典》相关规定	与《侵权责任法》及相关《司法解释》比较
增设侵犯知识产权的惩罚性赔偿规则	第一千一百八十五条:"故意侵害他人知识产权,情节严重的,被侵权人有权请求相应的惩罚性赔偿。"	兜底条款①
限制公平责任的适用范围	第一千一百八十六条:"受害人和行为人对损害的发生都没有过错的,依照法律的规定由双方分担损失。"	与《侵权责任法》第二十四条相比,把"可以根据实际情况,由双方分担损失"修改为"依照法律的规定由双方分担损失"

表 8-4 《民法典》对责任主体特殊规定的修改

内容	《民法典》相关规定	与《侵权责任法》及相关《司法解释》比较
增设受托监护人的责任规则	第一千一百八十九条:"无民事行为能力人、限制民事行为能力人造成他人损害,监护人将监护职责委托给他人的,监护人应当承担侵权责任;受托人有过错的,承担相应的责任。"	与《最高人民法院关于贯彻执行〈中华人民共和国民法通则〉若干问题的意见(试行)》第二十二条相比:① 在受托监护人有过错时,其仅承担相应的责任,比"连带责任"适当减轻了其责任;② 删除了"另有约定的除外"的规定
增设雇主向雇员追偿的规则	第一千一百九十一条:"用人单位的工作人员因执行工作任务造成他人损害的,由用人单位承担侵权责任。用人单位承担侵权责任后,可以向有故意或者重大过失的工作人员追偿。劳务派遣期间,被派遣的工作人员因执行工作任务造成他人损害的,由接受劳务派遣的用工单位承担侵权责任;劳务派遣单位有过错的,承担相应的责任。"	吸收了2003年《人身损害赔偿司法解释》第九条及一些特别法的立法经验

---

① 虽然在《民法典》颁布之前,在不断强化知识产权保护的大背景下,引入知识产权侵权惩罚性赔偿规则业已成为各界热议的话题以及法律制定和修改的焦点,而且早在2013年,《商标法》就首次在知识产权领域引入了惩罚性赔偿规则(第六十三条第一款),之后在2015年《种子法》侵犯植物新品种权案件(第七十三条)和2019年《反不正当竞争法》侵犯商业秘密案件(第十七条第三款)也引入了惩罚性赔偿规则,但《专利法》《著作权法》等知识产权领域还尚未及时修订并增设该原则,而且未来也可能出现新的侵害知识产权类型,因而,有必要通过《民法典》的惩罚性赔偿规则提供一个兜底性的适用依据。

(续表)

内容	《民法典》相关规定	与《侵权责任法》及相关《司法解释》比较
增加因第三人行为造成提供劳务一方损害时的责任规则	第一千一百九十一条第二款:"劳务派遣期间,被派遣的工作人员因执行工作任务造成他人损害的,由接受劳务派遣的用工单位承担侵权责任;劳务派遣单位有过错的,承担相应的责任。"	与《侵权责任法》第三十四条第二款相比,将劳务派遣单位的责任从"相应的补充责任"修改为"相应的责任"。适当强化了劳务派遣单位的责任
增设定作人责任的规则	第一千一百九十三条:"承揽人在完成工作过程中造成第三人损害或者自己损害的,定作人不承担侵权责任。但是,定作人对定作、指示或者选任有过错的,应当承担相应的责任。"	与2003年《人身损害赔偿司法解释》第十条相比,将"承担相应的赔偿责任"修改为"承担相应的责任"
完善网络侵权的规则	第一千一百九十四条:"网络用户、网络服务提供者利用网络侵害他人民事权益的,应当承担侵权责任。法律另有规定的,依照其规定。" 第一千一百九十五条:"网络用户利用网络服务实施侵权行为的,权利人有权通知网络服务提供者采取删除、屏蔽、断开链接等必要措施。通知应当包括构成侵权的初步证据及权利人的真实身份信息。 网络服务提供者接到通知后,应当及时将该通知转送相关网络用户,并根据构成侵权的初步证据和服务类型采取必要措施;未及时采取必要措施的,对损害的扩大部分与该网络用户承担连带责任。 权利人因错误通知造成网络用户或者网络服务提供者损害的,应当承担侵权责任。法律另有规定的,依照其规定。" 第一千一百九十六条:"网络用户接到转送的通知后,可以向网络服务提供者提交不存在侵权行为的声明。声明应当包括不存在侵权行为的初步证据及网络用户的真实身份信息。 网络服务提供者接到声明后,应当将该声明转送发出通知的权利人,并告知其可以向有关部门投诉或者向人民法院提起诉讼。网络服务提供者在转送声明到达权利人后的合理期限内,	与《侵权责任法》第三十六条相比, ① 强调了网络用户利用网络服务实施侵权行为的,权利人通知网络服务提供者时,"通知应当包括构成侵权的初步证据及权利人的真实身份信息"; ② 就网络服务提供者接到通知后应采取的措施,采取比较灵活的表述; ③ 明确了网络用户"反通知"的权利,这是新增的规定; ④ 增加规定了网络服务提供者"应当知道"网络用户利用其网络侵害他人民事权益,未采取必要措施的,与该网络用户承担连带责任,提高了网络服务提供者的注意义务; ⑤ 权利人在合理期限内没有投诉或者提起诉讼的,网络服务提供者应当及时终止所采取的措施,这是新增的规定; ⑥ 明确了权利人因错误通知造成网络用户或者网络服务提供者损害的,应当承担侵权责任,避免了通知制度的滥用

(续表)

内容	《民法典》相关规定	与《侵权责任法》及相关《司法解释》比较
	未收到权利人已经投诉或者提起诉讼通知的,应当及时终止所采取的措施。" 第一千一百九十七条:"网络服务提供者知道或者应当知道网络用户利用其网络服务侵害他人民事权益,未采取必要措施的,与该网络用户承担连带责任。"	
完善安全保障义务制度	第一千一百九十八条:"宾馆、商场、银行、车站、机场、体育场馆、娱乐场所等经营场所、公共场所的经营者、管理者或者群众性活动的组织者,未尽到安全保障义务,造成他人损害的,应当承担侵权责任。 因第三人的行为造成他人损害的,由第三人承担侵权责任;经营者、管理者或者组织者未尽到安全保障义务的,承担相应的补充责任。经营者、管理者或者组织者承担补充责任后,可以向第三人追偿。"①	与《侵权责任法》第三十七条相比, ① 将安全保障义务的主体,从原来的"公共场所的管理人或者群众性活动的组织者",修改为"经营场所、公共场所的经营者、管理者或者群众性活动的组织者"; ② 增加了安全保障义务人的追偿规则
增加教育机构的追偿权	第一千二百零一条第二款:"幼儿园、学校或者其他教育机构承担补充责任后,可以向第三人追偿。"	明确了非完全民事行为能力人在教育机构学习生活期间因第三人的原因遭受损害时,教育机构对第三人享有追偿权

3. 调整了部分特殊侵权责任规则

结合现代侵权责任制度的发展和经济社会发展的需要,《民法典》侵权责任编不仅增加了特殊侵权责任的类型(增加了十二种),大大提高了中国侵权责任的类型化程度,还对产品责任、机动车交通事故责任、医疗损害责任等七类常见的特殊侵权责任进行了修改(见表8—5),以便更好保护民事主体的权益,防范社会风险。而且在对这些特殊侵权责任类型的修改中,增加了很多具体的可操作性规则,例如,通过对高空抛掷物损害责任规则的全面改造,避免了有可能对造成损害的人给予补偿的不公平"连坐"后果,体现了民法的公平正义原则;在违反安全保障义务损害责任中,将经营者列为责任主体,扩大了责任主体的范围,与《消费者权益保护法》的规定相一致;在产品责任中,增加了采取召回措施时,

---

① 除第一千一百九十八条的规定以外,《民法典》还有一些特别规定的安全保障义务,例如,第一千二百零六条中的产品跟踪观察义务、第一千一百九十五条规定的网络服务提供者的义务、第一千二百五十四条第二款中建筑物管理人的安全保障义务等。

生产者、销售者应当负担被侵权人因此支出的费用的规定;在环境污染和生态破坏责任中增加了惩罚性赔偿责任规定等。

表 8-5 《民法典》对特殊侵权责任规则的发展

责任类型	变化	《民法典》相关规定	相关说明
产品责任	调整了销售者和生产者的连带责任规则	第一千二百零三条:"因产品存在缺陷造成他人损害的,被侵权人可以向产品的生产者请求赔偿,也可以向产品的销售者请求赔偿。产品缺陷由生产者造成的,销售者赔偿后,有权向生产者追偿。因销售者的过错使产品存在缺陷的,生产者赔偿后,有权向销售者追偿。"	
	增加规定停止侵害为禁令	第一千二百零五条:"因产品缺陷危及他人人身、财产安全的,被侵权人有权请求生产者、销售者承担停止侵害、排除妨碍、消除危险等侵权责任。"	完善了产品责任形式
	增加"停止销售"的义务	第一千二百零六条第一款:"产品投入流通后发现存在缺陷的,生产者、销售者应当及时采取停止销售、警示、召回等补救措施;未及时采取补救措施或者补救措施不力造成损害扩大的,对扩大的损害也应当承担侵权责任。"	完善了产品跟踪观察义务制度
	明确规定产品召回时的费用负担规则	第一千二百零六条第二款:"依据前款规定采取召回措施的,生产者、销售者应当负担被侵权人因此支出的必要费用。"	
	适当扩大了惩罚性赔偿的适用范围	第一千二百零七条:"明知产品存在缺陷仍然生产、销售,或者没有依据前条规定采取有效补救措施,造成他人死亡或者健康严重损害的,被侵权人有权请求相应的惩罚性赔偿。"	与《侵权责任法》第四十七条相比,增加了一种适用惩罚性赔偿的情形——"没有依照前条规定采取有效补救措施",即明知产品存在缺陷而没有采取警示、召回等措施,并且造成了他人死亡或者健康严重损害的,也要承担惩罚性赔偿责任

（续表）

责任类型	变化	《民法典》相关规定	相关说明
机动车交通事故责任	增加机动车管理人为机动车交通事故的责任主体	第一千二百零九条："因租赁、借用等情形机动车所有人、管理人与使用人不是同一人时，发生交通事故造成损害，属于该机动车一方责任的，由机动车使用人承担赔偿责任；机动车所有人、管理人对损害的发生有过错的，承担相应的赔偿责任。"	《侵权责任法》第四十九条仅就机动车所有人与使用人不一致的情形做出规定，没有提及管理人
	增加挂靠机动车事故交通责任事故的分担规则	第一千二百一十一条："以挂靠形式从事道路运输经营活动的机动车，发生交通事故造成损害，属于该机动车一方责任的，由挂靠人和被挂靠人承担连带责任。"	借鉴吸收了2012年《道路交通事故司法解释》第三条
	增加擅自驾驶他人机动车发生交通事故的责任分担规则	第一千二百一十二条："未经允许驾驶他人机动车，发生交通事故造成损害，属于该机动车一方责任的，由机动车使用人承担赔偿责任；机动车所有人、管理人对损害的发生有过错的，承担相应的赔偿责任，但是本章另有规定的除外。"	借鉴吸收了2012年《道路交通事故司法解释》第二条
	增设强制保险、商业保险与侵权责任的适用顺序规则	第一千二百一十三条："机动车发生交通事故造成损害，属于该机动车一方责任的，先由承保机动车强制保险的保险人在强制保险责任限额范围内予以赔偿；不足部分，由承保机动车商业保险的保险人按照保险合同的约定予以赔偿；仍然不足或者没有投保机动车商业保险的，由侵权人赔偿。"	借鉴吸收了2012年《道路交通事故司法解释》第十六条第一款
	调整盗抢机动车发生交通事故盗抢人与使用人的责任分担规则	第一千二百一十五条："盗窃、抢劫或者抢夺的机动车发生交通事故造成损害的，由盗窃人、抢劫人或者抢夺人承担赔偿责任。盗窃人、抢劫人或者抢夺人与机动车使用人不是同一人，发生交通事故造成损害，属于该机动车一方责任的，由盗窃人、抢劫人或者抢夺人与机动车使用人承担连带责任。保险人在机动车强制保险责任限额范围内垫付抢救费用的，有权向交通事故责任人追偿。"	与《侵权责任法》第五十二条相比，增加了"盗窃人、抢劫人或者抢夺人与机动车使用人不是同一人，发生交通事故造成损害，属于该机动车一方责任的，由盗窃人、抢劫人或者抢夺人与机动车使用人承担连带责任。"体现了对盗抢人的制裁，强化对受害人的救济；完善了盗抢机动车时的责任规则

（续表）

责任类型	变化	《民法典》相关规定	相关说明
	增加规定无偿搭人因交通事故造成损害的好意同乘规则	第一千二百一十七条："非营运机动车发生交通事故造成无偿搭乘人损害，属于该机动车一方责任的，应当减轻其赔偿责任，但是机动车使用人有故意或者重大过失的除外。"	
	增加了道路交通事故社会救助基金垫付的具体情形	第一千二百一十六条："机动车驾驶人发生交通事故后逃逸，该机动车参加强制保险的，由保险人在机动车强制保险责任限额范围内予以赔偿；机动车不明，该机动车未参加强制保险或者抢救费用超过机动车强制保险责任限额，需要支付被侵权人人身伤亡的抢救、丧葬等费用的，由道路交通事故社会救助基金垫付。道路交通事故社会救助基金垫付后，其管理机构有权向交通事故责任人追偿。"	与《侵权责任法》第五十三条规定相比，增加了"抢救费用超过机动车强制保险责任限额，需要支付被侵权人人身伤亡的抢救、丧葬等费用的，由道路交通事故社会救助基金垫付。"借鉴吸收了《道路交通事故社会救助基金管理试行办法》第十二条
医疗损害责任	将医疗过错分为医疗机构过错和医务人员过错	第一千二百一十八条："患者在诊疗活动中受到损害，医疗机构或者其医务人员有过错的，由医疗机构承担赔偿责任。"	完善了医疗损害责任的归责原则
	增加药品上市许可持有人作为药品责任的主体	第一千二百二十三条："因药品、消毒产品、医疗器械的缺陷，或者输入不合格的血液造成患者损害的，患者可以向药品上市许可持有人、生产者、血液提供机构请求赔偿，也可以向医疗机构请求赔偿。患者向医疗机构请求赔偿的，医疗机构赔偿后，有权向负有责任的药品上市许可持有人、生产者、血液提供机构追偿。"	
	修改了医疗机构及其医务人员履行告知义务的具体要求	第一千二百一十九条第一款："医务人员在诊疗活动中应当向患者说明病情和医疗措施。需要实施手术、特殊检查、特殊治疗的，医务人员应当及时向患者具体说明医疗风险、替代医疗方案等情况，并取得其明确同意；不能或者不宜向患者说明的，应当向患者的近亲属说明，并取得其明确同意。"	完善了患者知情同意的规则

(续表)

责任类型	变化	《民法典》相关规定	相关说明
	增加遗失病历资料时的过失推定规则	第一千二百二十二条:"患者在诊疗活动中受到损害,有下列情形之一的,推定医疗机构有过错:(一)违反法律、行政法规、规章以及其他有关诊疗规范的规定;(二)隐匿或者拒绝提供与纠纷有关的病历资料;(三)遗失、伪造、篡改或者违法销毁病历资料。"	完善医疗机构推定过错事由的规定
	增加医疗机构及其医务人员对患者个人信息的保密义务	第一千二百二十六条:"医疗机构及其医务人员应当对患者的隐私和个人信息保密。泄露患者的隐私和个人信息,或者未经患者同意公开其病历资料的,应当承担侵权责任。"	规定了泄露患者个人信息的侵权责任;有助于与总则编和人格权编的规定保持协调,强化对患者个人信息的保护
环境污染和生态破坏责任	将污染环境责任改称为环境污染和生态破坏责任	第一千二百二十九条:"因污染环境、破坏生态造成他人损害的,侵权人应当承担侵权责任。"	新增生态破坏责任这一新型侵权责任;明确了生态破坏责任的归责原则:无过错责任
	新增了故意违反国家规定损害生态环境时的惩罚性赔偿规则	第一千二百三十二条:"侵权人违反法律规定故意污染环境、破坏生态造成严重后果的,被侵权人有权请求相应的惩罚性赔偿。"	
	强调环境修复的责任形式	第一千二百三十四条:"违反国家规定造成生态环境损害,生态环境能够修复的,国家规定的机关或者法律规定的组织有权请求侵权人在合理期限内承担修复责任。侵权人在期限内未修复的,国家规定的机关或者法律规定的组织可以自行或者委托他人进行修复,所需费用由侵权人负担。"	规定造成环境污染和生态破坏需承担修复责任。
	明确生态破坏责任的其他规则	第一千二百三十条至第一千二百三十五条(略)	就生态破坏责任诉讼中的举证责任倒置、两个以上侵权人损害生态的责任分担、因第三人过错导致生态损害时侵权人不能免责,做出了规定;规定了机关或者组织请求侵权人赔偿损失的范围;规定了生态破坏责任的具体范围

（续表）

责任类型	变化	《民法典》相关规定	相关说明
高度危险责任	细化民用设施损害责任的免责事由	第一千二百三十七条："民用核设施或者运入运出核设施的核材料发生核事故造成他人损害的，民用核设施的营运单位应当承担侵权责任；但是，能够证明损害是因战争、武装冲突、暴乱等情形或者受害人故意造成的，不承担责任。"	
	规定高度危险物包括强腐蚀性物	第一千二百三十九条："占有或者使用易燃、易爆、剧毒、高放射性、强腐蚀性、高致病性等高度危险物造成他人损害的，占有人或者使用人应当承担侵权责任；但是，能够证明损害是因受害人故意或者不可抗力造成的，不承担责任。被侵权人对损害的发生有重大过失的，可以减轻占有人或者使用人的责任。"	完善了高度危险物致害责任的规则
	规定高度危险活动减轻责任仅限于重大过失	第一千二百四十条："从事高空、高压、地下挖掘活动或者使用高速轨道运输工具造成他人损害的，经营者应当承担侵权责任；但是，能够证明损害是因受害人故意或者不可抗力造成的，不承担责任。被侵权人对损害的发生有重大过失的，可以减轻经营者的责任。"	
	提高高度危险区域管理人管理义务的标准	第一千二百四十三条："未经许可进入高度危险活动区域或者高度危险物存放区域受到损害，管理人能够证明已经采取足够安全措施并尽到充分警示义务的，可以减轻或者不承担责任。"	完善了未经许可进入高度危险活动区域或者高度危险物存放区域的责任规则
	修改了高度危险责任最高赔偿限额的规则	第一千二百四十四条："承担高度危险责任，法律规定赔偿限额的，依照其规定，但是行为人有故意或者重大过失的除外。"	强调行为人具有故意或者重大过失不适用限额赔偿规则
饲养动物损害责任	可以实行有限的过失相抵规则	第一千二百四十六条："违反管理规定，未对动物采取安全措施造成他人损害的，动物饲养人或者管理人应当承担侵权责任；但是，能够证明损害是因被侵权人故意造成的，可以减轻责任。"	将《侵权责任法》第七十九条规定的不适用减轻或者免除责任的规定绝对责任，改为"但是，能够证明损害是因被侵权人故意造成的，可以减轻责任。"

（续表）

责任类型	变化	《民法典》相关规定	相关说明
建筑物和物件损害责任	修改建筑物倒塌损害责任的规则	第一千二百五十二条第一款："建筑物、构筑物或者其他设施倒塌、塌陷造成他人损害的,由建设单位与施工单位承担连带责任,但是建设单位与施工单位能够证明不存在质量缺陷的除外。建设单位、施工单位赔偿后,有其他责任人的,有权向其他责任人追偿。"	进一步明确导致工作物倒塌、塌陷的责任人的范围；完善了工作物倒塌时的责任规则
	修改高空抛掷物坠落物损害责任规则	第一千二百五十四条："禁止从建筑物中抛掷物品。从建筑物中抛掷物品或者从建筑物上坠落的物品造成他人损害的,由侵权人依法承担侵权责任；经调查难以确定具体侵权人的,除能够证明自己不是侵权人的外,由可能加害的建筑物使用人给予补偿。可能加害的建筑物使用人补偿后,有权向侵权人追偿。物业服务企业等建筑物管理人应当采取必要的安全保障措施防止前款规定情形的发生；未采取必要的安全保障措施的,应当依法承担未履行安全保障义务的侵权责任。发生本条第一款规定的情形的,公安等机关应当依法及时调查,查清责任人。"	完善了高空抛物坠物致害责任制度,强化对人们"头顶上安全"的保护
	对堆放物损害责任增加滚落、滑落为致害行为的规定	第一千二百五十五条："堆放物倒塌、滚落或者滑落造成他人损害,堆放人不能证明自己没有过错的,应当承担侵权责任。"	与《侵权责任法》第八十八条相比,增加了堆放物致害的两种情形,即堆放物滚落或滑落,完善了堆放物致害责任的规则
	明确妨碍交通物的责任主体是公共道路管理人	第一千二百五十六条："在公共道路上堆放、倾倒、遗撒妨碍通行的物品造成他人损害的,由行为人承担侵权责任。公共道路管理人不能证明已经尽到清理、防护、警示等义务的,应当承担相应的责任。"	完善了公共道路上堆放、倾倒、遗撒妨碍通行的物品造成他人损害的责任规则
	增加对林木损害、果实坠落等为致害行为的规定	第一千二百五十七条："因林木折断、倾倒或者果实坠落等造成他人损害,林木的所有人或者管理人不能证明自己没有过错的,应当承担侵权责任。"	与《侵权责任法》第九十条相比,增加了林木倾倒和果实坠落两种情形,完善了林木致害责任规则

（续表）

责任类型	变化	《民法典》相关规定	相关说明
	明确规定对地下工作物损害责任由施工人承担举证责任	第一千二百五十八条第一款："在公共场所或者道路上挖掘、修缮安装地下设施等造成他人损害，施工人不能证明已经设置明显标志和采取安全措施的，应当承担侵权责任。"	完善了地面施工致害责任的举证责任规则

第二节　侵权法经济学分析在中国的发展

　　法经济学作为一门经济学与法学交叉学科，在 20 世纪五六十年代兴起后，迅速在经济学与法学的理论界和实践中产生了巨大影响，在 20 世纪 80 年代末 90 年代初，随着新制度经济学和新政治经济学在国内的兴盛，法经济学在国内迅速传播。侵权法是法经济学中集结最丰硕成果的领域之一，国内学者也对其格外关注，出现了大量关注中国本土问题、富有创见的理论成果，研究领域也几乎囊括侵权制度的各个领域；在理论研究快速发展的同时，法经济学的影响力也逐渐扩大到侵权法的立法和司法领域。

一、侵权法经济学分析的本土化

1. 先行者的研究成果

　　自 20 世纪 90 年代开始，侵权法的法经济理论开始进入中国，随着这种新理论与新方法逐渐被国内学者所接受，越来越多的学者投入该领域的研究中。具体来说，主要经历了从最初对国外学者理论著作的翻译与介绍①，到运用相关理论与方法对中国现行侵权制度进行分析；从定性的规范性分析到定量的实证研究的逐步深入的发展历程。从现存文献看，相关研究大致可分为两类：第一类，更多关注侵权制度本身的研究。理论研究主要包括：石春玲（1999）借用期权定价理论对机会成本的计算进行了创新，提出计算受害人的机会成本时应扣除加害行为给受害人创造的机会成本；王成（2002）、黄文平和王则柯（2004）、吴景丽（2006）等分别提供了侵权损害赔偿和侵权行为的经济学分析；冯志军和李军（2008）、陈屹立和张帆（2009）、胡伟强（2010）等分别提供了有关侵权归责原则、惩罚性赔偿和公平责任的法经济学研究；周林彬和毛杰（2006）则在回答了"中国侵权法为何要进

---

① 主要对国外一些有关侵权法的法经济学经典著作的翻译，如，张军译的《法和经济学》、蒋兆康译的《法律的经济分析》、翟继光译的《事故法的经济分析》、王强和杨媛译的《侵权法的经济结构》等。

行经济分析"的基础上,概括性回答了"如何进行侵权法的经济分析"等问题。尤其在2009年,《侵权责任法》出台前夕,国内掀起了对侵权行为、侵权责任、侵权损害赔偿等问题的研究热潮,涌现出一批高质量的研究文献,并开始与国际接轨。第二类,对本土特殊侵权行为的研究。随着研究的深入,尤其是2003年《道路交通安全法》出台、2008年"三鹿奶粉事件"爆发等重大事件后,中国学者开始关注特殊侵权行为、侵权相关制度及中国现实问题。例如,邓峰(2004)、余晓莉和魏建(2006)、闫俊和李海明(2015)等对交通侵权责任、《道路交通安全法》效率等问题开展分析;史晋川等(2014,2015)、吴晓露(2009)及郑国辉(2005)等分别对产品责任、产品缺陷界定、召回制度等开展研究;张璐和周晓唯(2011)、龚强等(2013,2015)关注了食品安全激励与安全监管等问题;陈屹立(2007)、李树和陈刚(2013)等研究了环境侵权责任、环境管制与生产率增长的相关性;黄立君和陈焕远(2012)等对博弈视角下的煤与气矿业权重置、利益冲突与解决方案进行了研究;以及史晋川等(1996,2000,2005)持续对计算机软件侵权赔偿机制开展研究等。同时,侵权领域的实证研究也开始不断涌现,出现了刘呈庆等(2009)、詹映(2020)以及韦祎和韦倩(2022)等关注乳品安全、知识产权侵权等问题的高质量研究成果。

2. 在中国立法领域的应用

波斯纳认为:法律的功用在于以整个宏观社会作为考察背景,将一切现有的社会资源作最优化配置,尽可能地降低交易成本。① 因而,"效益"应是各国立法的基本价值目标之一,推进中国的市场经济法律体系建设应更多更好地运用经济学原理和方法去研究法律问题,在侵权法领域尤其应该更好地发挥法经济学分析在提高资源配置效率、降低交易成本上的功能。事实上,21世纪以来,随着侵权法法经济学理论不断被认可和推广,其在中国侵权制度的立法及相关法律条文的修订中,都或多或少得到了体现。

第一,在《侵权责任法》的制订、《侵权责任法》向《民法典》的整合过程中都体现了立法的"效益"原则。例如,2009年制定《侵权责任法》时,就考虑到未来有制定《民法典》的可能,故在制订过程中采纳了《民法通则》将侵权责任从债法中分离出来单独规定的做法,虽然将《侵权责任法》单独规定为一部法律,但也将其视为《民法典》的一个独立组成部分,从而在2014年启动《民法典》编纂后,只需将其与若干司法解释整合成第七编——侵权责任编,纳入《民法典》即可,大大减少了《民法典》的立法成本,提高了立法效率。

第二,在侵权责任相关条款的修订上,也充分考虑了"效益"因素。例如,从表8-2可见,《民法典》第一千一百六十五条第一款修改了《侵权责任法》的第六条第一款,写进了"损害"内容,并确定其为侵权责任构成的要件;这样的修改强调承担侵权责任,必须有实际的损害,不仅顺应了绝大多数学者和司法工作者的观点,在法学上实现侵权责任法向债法的回归,而且也符合法经济学分析认为的侵权存在的前提。又如,在责任条款设置与责任分担上,也充分考虑到了侵权法经济学分析推崇的"最小防范成本原则"——对于意外

---

① 〔美〕理查德·A. 波斯纳:《法律的经济分析》(下)[M],蒋兆康译,北京:中国大百科全书出版社,1997:384。

或事故的防范,应该由防范成本相对较小的一方采取相应措施。对于实践中大量存在的体育运动伤害引起的纠纷,理论界争议大,法官的认识也不一致,为此,《民法典》第一千一百七十六条第一款增加了"自甘冒险"作为侵权责任的免责事由。显然,假设当事人应在了解运动风险的情况下参与特定运动项目,那么自己才是运动风险成本最低的防范者,除非能证明对方有意隐瞒风险或有其他的故意。再如,《民法典》第一千二百四十六条规定:"违反管理规定,未对动物采取安全措施造成他人损害的,动物饲养人或者管理人应当承担侵权责任;但是,能够证明损害是因被侵权人故意造成的,可以减轻责任。"与《侵权责任法》第七十九条[①]相比,增加了"能够证明损害是因被侵权人故意造成的,可以减轻责任",即将原文中的绝对责任条款的性质改为有条件的过失相抵规则。显然,在正常情况下,动物饲养人或管理人是最了解动物习性的人,自然也是防范动物致人损害的成本最小者,可以通过为动物佩戴束链来防范风险,但如果被侵害人有意挑衅或是擅自解开束链,就超出了前者是最低成本防范的范围,由后者承担相应责任将更符合效率原则。

3. 在中国司法实践中的应用

波斯纳曾说:"对法经济学而言,任何法律,只要涉及资源使用——而事实上恰恰如此——无不打上经济合理性的烙印,……判决时,你也正在对资源使用的各种可能进行明确或不明确的比较和选择。无疑,判决必须依最有效率地利用资源这一原则进行。"[②]立法机关确定了相应的法律规范之后,司法实践中如何正确理解法律精神、准确适用法律并且提高办案效率,在法院判决对资源配置和使用效益影响日益提升的情势下,变得极为重要。很多时候,如何有效率地执行现有法律,可能是比有效立法更让人头疼的问题。21 世纪以来,中国加强了对一线和未来司法从业者的"效益"理论引导,例如,在法学院开设法经济学教程、为一线司法人员提供法经济学培训等。汉德公式、最小成本防范原则等侵权法的法经济学理论与分析工具在司法实践中的接受度和使用率也逐步提高。例如,汉德公式是美国法学界判断过失侵权的重要分析方法[③],近年来,中国的一些法官也开始在司法实务中遵循汉德公式的原理来审判案件,特别是在一些安全保障义务适用和有关产品缺陷的案件判决中,都可以看到汉德公式的理念,如"2017 年符艳清与广东顺德华巢家具有限公司、浙江天猫网络有限公司网络购物合同纠纷案"等。

---

① 《侵权责任法》第七十九条:"违反管理规定,未对动物采取安全措施造成他人损害的,动物饲养人或者管理人应当承担侵权责任。"

② 〔美〕理查德·A. 波斯纳:《法律的经济分析》(上)[M],蒋兆康译,北京:中国大百科全书出版社,1997:15。

③ 如上一章所介绍,汉德公式不仅在英美法系国家的司法判决中占据了重要地位,例如美国《侵权法重述三》对汉德公式进行了详细的陈述,而且在美国各个法院的《陪审团指引汇编》中,汉德公式已经逐渐成为过失分析的重要思想,特别是在产品设计责任领域,各州法院都实现了对汉德公式的广泛运用。参见蔡岩恒:《汉德公式在侵权法中的适用》[D],吉林大学硕士学位论文,2017;吴志强:《我国医疗过失认定标准的应然修订》[D],吉林大学硕士学位论文,2015。

二、侵权法经济学分析对中国法治建设的启示

既然"普通法发展的原则之一就是效益确定判例的标准"①,那么现代侵权法朝着法律效益化方向迈进也是不可逆转的潮流。中国应该从立法角度入手,以效率最大化原则为指导,进一步改进与完善现行的侵权责任制度。

首先,在坚守"正义""公平"这些法治建设追求的传统目标的同时,要有"效率"的理念;尤其随着市场经济的发展,法律扮演了前所未有的重要角色,越来越多地影响了市场经济的生产、分配等过程,因此就更不能忽视法治的"效率"问题。

其次,进一步梳理现行的侵权法律制度。

第一,重新确立"过错"的衡量标准。"过错"是侵权法的重要概念之一,因为大陆法系国家通常是通过"过错"来定义侵权行为的。施害人主观上是否有过错,是决定损害应该由哪一方当事人承担的关键。然而,中国现行的侵权法及相应的法学研究,除了对"过错"提供一个抽象概念,并没有提出具有可操作性的衡量标准。而侵权法的法经济学研究却早已运用经波斯纳修正后的汉德公式成功解决了行为人有无主观过错的衡量问题。虽然在现实中要准确测定预防某种事故的边际成本和边际收益有一定难度,但至少提供了一种解决问题的思路。

第二,各种责任归责原则适用范围的界定问题。《民法典》虽然确立了过错责任、过错推定责任、严格责任(或称无过错责任)与公平原则等四种侵权责任,但它们的适用边界却总是模糊不清。过错责任、过错推定责任与无过错责任的区别何在?严格责任的适用范围如何?公平原则出现在侵权责任中是否恰当?这些问题都可以借助侵权法的法经济学理论尝试探讨与分析。例如,也许可以通过构建一个由考特和尤伦建立的简单经济学模型来解决过错责任和无过错责任的区分问题,也可以根据前一章的责任规则模型来确定不同意外事故下归责原则的选择问题。相应地,有关侵权行为的立法,应本着同样的目标,在对各种责任原则的适用范围做出概括性规定的基础上,进行具体的列举,使其更加系统化、明晰化。

第三,有关公平原则。如果本着侵权法只不过是一种激励方式、其立法目标是追求社会福利最大化的观点,那么公平原则可能就不应该出现在侵权法中。因为适用公平原则就意味着,一方当事人常常会因为与具体"侵权"事实无关的因素(如拥有或驾驶机动车)被视为相对于其他当事人(如行人)的强者,而被迫承担本不该由他负责的弱者损失的责任。这种做法会稀释甚至否定侵权法在预防意外事故上的激励功能。事实上,在本次《民法典》的编纂中,立法者已经认识到《侵权责任法》第二十四条规定的公平责任存在着上述问题,故将其修改为《民法典》的第一千一百八十六条,将原来的"根据实际情况,由双方分

---

① 〔英〕丹宁勋爵:《法律的未来》[M],刘庸安、张文镇译,北京:法律出版社,1999:126。

担损失"修改为"依照法律的规定由双方分担损失",由此来限制公平责任的适用。但这个限制在现实中却很难落地,有时在司法实践中若确实需要适用公平责任,本条的限制可能反而会导致法官更加束手无策。

第四,有关赔偿标准问题。赔偿标准设立是否合理,对侵权法能否发挥其功能有决定性的意义。虽然随着《民法典》的实施和若干司法解释的出台,我国法律在侵权损害赔偿的责任主体、类型、构成及计算方式方面有了很大进展,但仍需进一步的细化和补充才能更好地指导司法实践和约束法官的自由裁量权。[1]

第五,有关侵权的精神损害赔偿还是一个比较新的课题。虽然《民法典》在借鉴与吸收最高人民法院《关于确定民事侵权精神损害赔偿责任若干问题的解释》的基础上,明确只有自然人方可享有精神损害赔偿请求权和增设了侵害人格物的精神损害赔偿,并在原来《民法通则》第一百二十条和《侵权责任法》第二十二条的基础上,进一步明确了精神损害赔偿的适用范围,但依旧缺乏可操作性[2],精神损害赔偿在司法实践中仍然得不到有效应用。此外,惩罚性损害赔偿这个全世界任何一个侵权法都不能回避的问题,同样需要借鉴侵权法的法经济学理论来进一步深入解决,尤其需要具有可操作性的精神损害赔偿、惩罚性损害赔偿的具体计算方法。

第六,虽然从《侵权责任法》到《民法典》,中国的侵权法体系正逐渐走向成熟,但立法总会有遗漏,而且随着社会向前发展,新的问题总是难免会出现,因而有必要从法经济学的角度来指导中国未来的侵权制度建设。当然,法经济学在方法论上也有自身的局限性,同样有待于进一步完善。正如科斯所说:"在法律和经济学这一新的领域里,人们将面临艰巨的任务。经济制度和法律的关系极为复杂。法律的变化对经济制度的运行和经济政策的具体表现可能产生的许多效应,我们还一无所知。——在我们面前,是那遥远、艰难而又值得试探的旅途。"[3]

最后,树立司法经济原则,在坚守司法公正的基础上,依托侵权法的法经济学理论与方法,创新判案方法,简化司法程序,降低司法成本。在侵权法领域,如何借助定量分析减少诸如"重大过失""情节严重""适当补偿"等概念的模糊性,提高估计双方损失和成本的准确性,可能是最重要的。

---

[1] 例如,从表8-3可见,《民法典》第一千一百八十五条:"故意侵害他人知识产权,情节严重的,被侵权人有权请求相应的惩罚性赔偿"是新增的规则,旨在强化对知识产权的保护,提高侵权成本,遏制侵权行为。该条款在惩罚性赔偿的适用前提及数量上,分别是用"情节严重"和"相应的"表述来设定,至于何为"情节严重"以及何为"相应的"却需要法官结合侵权的方式、侵权的时间、侵权的次数、损害后果的严重性、社会影响等因素予以认定。这一方面有很大的不确定性,不利于激励效应的发挥;另一方面也容易出现法官自由裁量权的误用或滥用。

[2] 尽管中国学者对这样的精神赔偿解释多持赞扬态度,但该解释未能真正提供精神赔偿的确切标准,因为"严重后果""人格尊严"等概念在实践中仍然很难定义和操作。

[3] R. H. Coase: *The Firm, the Market, and the Law*, IL: The University of Chicago Press, 1988: 30.

第三节 一般侵权问题

本节借助"高空落石案",分别从法学和法经济学角度探讨这种在生活中常见的、受侵权责任归责原则规制的一般侵权问题;同时,也以此案为抓手,简单梳理调节这一侵权行为的相关侵权法律制度的演变逻辑。

专栏 8-1

重庆烟灰缸案

案情:2000 年 5 月 11 日,郝跃在重庆市渝中区学田湾正街被一个从高楼上掉落的 3 斤重的烟灰缸砸成重伤,后经法医鉴定为八级伤残。2001 年 8 月 10 日,郝跃一家将可能丢烟灰缸的学田湾正街 65 号、67 号临街的 24 家住户及开发商告上了渝中区法院,要求众被告共同承担医疗费等共 33 万余元。

一审:2001 年 12 月 19 日,渝中区法院审理认为,除了搬离的两名住户,上述住户均不能排除有扔烟灰缸的可能性。根据过错推定原则,由这 22 个住户分担赔偿责任。

二审:一审判决后,22 名被告不服上诉。2002 年 6 月 3 日,重庆市第一中级人民法院维持原判。

执行:从法院判决至 2014 年,仅三人履行了判决,郝家总共获得的赔偿不足 2 万元。

资料来源:作者根据公开资料整理。

一、法学对此类问题的处理

法学对此类侵权案件的处理一般是从侵权行为的四个构成要件着手的:第一,行为的违法性;第二,有损害事实的存在;第三,违法行为与损害事实间存在因果关系;第四,行为人主观上有过错。[①]

郝跃被高楼住户抛下的烟灰缸击伤完全满足侵权行为的四个构成要件,从法理上看,如果能确定具体责任人(从高处抛下烟灰缸的人),就属于一般侵权行为,如果不能,则属于特殊侵权。但此案的关键在于,究竟应由谁来承担责任?因为只有确实承担损害赔偿的责任人,郝跃才能获得赔偿(补偿他因此次意外伤害而不得不支付的医疗费用、误工费用等);也只有让责任人承担其侵权行为给他人造成损害的责任,才能内部化其行为成本,

---

① 要构成一般侵权损害赔偿责任,这四个要件缺一不可。构成特殊侵权损害赔偿责任时,在无过错责任原则情况下,可以不具备过错的要件;在过错推定原则情况下,仍然要具备四个要件,但过错要件是推定的,不需要被侵权人举证证明。

使侵权法发挥激励作用,减少事故的发生。现实中,高空抛物坠物被形象地称为"悬在城市空中的痛",不仅常见,而且可能产生致人重伤甚至是死亡的严重后果。事实证明,这是一个无法依赖道德谴责而必须由法律规制的问题。

但高空抛物坠物的问题在于通常找不到责任人,即当事人和公安机关都无法确定谁才是真正的肇事者。让受害人郝跃无辜受伤而无法得到赔偿,显然是不公正的;让学田湾正街65号、67号临街的22家住户共同承担责任,在法理上也说不通,因为只有一个肇事者扔了烟灰缸,而不是所有住户一起扔,共同危险说不能成立。但郝跃受伤显然与高楼住户的抛物行为有明显、直接的因果关系。此时,法律就不得不寻求某个平衡点来合理分配伤害所造成的损失。

第一,从法理上看,法学理论界对高空抛物坠物的侵权责任认定一直是有争议的,主要有以下三种观点:首先是根据"共同危险行为说""同情弱者说""推定过错说""损失分担说""预防损害说""保护公共安全说"等,认定一定范围内的可能致损人为责任主体;其次是与以上学说相悖,反对将一定范围内的可能致损人定为责任主体;最后是"区分说",认为应将高层建筑物分为供不特定人进出使用的高层建筑物和供特定人进出使用的高层建筑物,发生坠落物侵权时要针对两种情况做不同处理,唯有供特定人或多数人进出使用的高层建筑物侵权才适用集体归责原则。

第二,从司法实践看,中国直到2009年《侵权责任法》中第八十七条①的出台,才填补了有关高空抛物坠物致人损害的法律空白,结束了法院在处理此类侵权案件时无法可依的困境。但由于第八十七条的出台过于仓促且条文表述有些模糊不清,法院在援引该法条的过程中不断受到质疑;因而在司法实践中经常出现不完全适用该法条,或法官援引该法条后处理结果不理想的情况(参见表8-6和表8-7);受害人所能获得的赔偿也经常出现判决不足,执行不到位等问题。从表8-6可见,一审判决后,上诉率高达52.24%,这是因为被判决承担赔偿责任的主体往往感到不公平;但二审维护原判率却高达82.86%,大部分还是维持原判。另外,从表8-7所示的此类案件的裁定结果看,撤回起诉的比例超过90%,撤回上诉的理由主要包括达成庭外和解及无正当理由未按时到庭参加诉讼,可见,案件当事人及法院往往对此类案件也倍感头疼,采取诉讼外方式解决损害弥补问题的做法不在少数。②

---

① 《侵权责任法》第八十七条:"从建筑物中抛掷物品或者从建筑物上坠落的物品造成他人损害,难以确定具体侵权人的,除能够证明自己不是侵权人的外,由可能加害的建筑物使用人给予补偿。"
② 表8-6和表8-7的数据来源于"中国裁判文书网"中自《侵权责任法》生效后的2010年7月1日—2019年12月31日间(《民法典》出台前),案件名称为"不明抛掷物、坠落物",案由为"不明抛掷物、坠落物损害责任纠纷"的306篇文书。其中,判决书128篇、裁定书140篇、调解书32篇、其他(不公开)文书6篇。除去没有援引《侵权责任法》第八十七条规定的案件(约一半的案件没有援引该条法条判决),最终得到判决67件、裁决66件。经整理后的样本案例中,一审案件共计98件(实际上为119件),其中判决书46件(实际上为67件),裁定书52件。二审案件共计35件,其中判决21件,裁定14件,上诉率高达到52.24%;二审实质上维持原判的案件(包括二审判决及裁定)为29件,占比82.86%。(姚慧:《高空抛物坠物加害人不明的损害补偿责任》[D],山西大学硕士学位论文,2020。)

表 8-6 《侵权责任法》生效后的"不明抛掷物坠落物"案件判决（2010 年 7 月 1 日—2019 年 12 月 31 日）

程序阶段	判决结果	数量				合计
		财产损失案件		人身损害案件		
一审程序	承担全部损失	9(12)	57.14%	17(24)	52.17%	26(36)
	承担部分损失	2(5)	23.81%	13(19)	41.30%	15(24)
	驳回	2(4)	19.05%	3	6.53%	5(7)
	合计	13(21)	100%	33(46)	100%	46(67)
二审程序	驳回起诉,维持原判	7		10		17
	部分改判	1		3		4
	撤销原判	0		0		0
	合计	8		13		21

注：括号内数字为包含上诉案件的一审判决数量。

表 8-7 《侵权责任法》生效后"不明抛掷物坠落物"案件的裁定结果
（2010 年 7 月 1 日—2019 年 12 月 31 日）

程序阶段	裁定结果		数量	比例
一审程序	撤回起诉		48	92.31%
	驳回起诉		4	7.69%
	合计		52	100%
二审程序	维持原判	驳回上诉	0	0
		撤回上诉	12	85.71%
	撤销原判,发回重审		2	14.29%
	合计		14	100%

为了加强对人们"头顶上安全"的保护，弥补《侵权责任法》第八十七条的不足，2019 年 10 月 21 日，最高人民法院颁布了《关于依法妥善审理高空抛物、坠物案件的意见》，采用民事责任、刑事责任综合运用的方式解决此类问题。2021 年生效的《民法典》在采纳和吸收上述司法解释的政策取向基础上，通过第一千二百五十四条对高空抛物坠物致害责任进行较大幅度的修改，进一步完善了高空抛物坠物致人损害的责任制度。相较于《侵权责任法》第八十七条，《民法典》相关规定的主要变化包括：第一，明确宣示对高空抛物行为的否定性立场，该条第一款规定"禁止从建筑物中抛掷物品"。第二，强调物业服务企业等建筑物管理人的安全保障义务，其第二款规定"物业服务企业等建筑物管理人应当采取必要的安全保障措施防止前款规定情形的发生；未采取必要的安全保障措施的，应当依法承担未履行安全保障义务的侵权责任。"第三，增加规定可能加害的建筑物使用人补偿后的追偿权，其第一款规定"经调查难以确定具体侵权人的，除能够证明自己不是侵权人的外，由可能加害的建筑物使用人给予补偿。可能加害的建筑物使用人补偿后，有权向侵权人追偿。"第四，强调有关机关应当依法及时调查高空抛物坠物事件，其第三款规定"发生本条第一款规定的情形的，公安等机关应当依法及时调查，查清责任人。"

二、法经济学对此类问题的处理

从法经济学角度来看，郝跃在重庆市渝中区学田湾正街行走时，无法预料会有烟灰缸从天而降；郝跃也不可能头戴钢盔，身披盔甲走在路上。换言之，郝跃要避免突如其来的高空坠物的预防成本 B_d 非常高，且 $B_d > PL$（事故的预期损失）。因而，郝跃在这个案件中肯定是没有过错的。

与行人高昂的预防成本相比，楼上住户的注意成本 B_p 要低得多，事实上，他们只要走下楼（或乘电梯）就能轻易地处理掉这些东西，即 $B_p \to 0$，因而，必然有 $B_p < PL$。因此，基于最小成本防范原则，理论上应由学田湾正街 65 号、67 号临街的 22 家住户中某个有过错的住户承担损害赔偿责任。

但如何找到这个有过错的住户呢？这是经济学和法学面临的共同问题。在经济学的分析中，假设这是一个交易成本为零的世界，即不需要支付信息搜寻成本就能轻易在 22 家住户中找到抛出烟灰缸的人，并令其承担侵权责任，那么此时的权利安排当然是最完美的。然而，现实中交易成本的存在会令这种寻找行为需要支付大量的信息搜寻成本和管理成本，甚至是不可能找到的。因而，令所有住户一起承担赔偿责任，虽然结果可能不是最优的——对特定侵害人激励不足，但至少可以发挥侵权法在减少意外事故发生上的激励功能，弥补无辜的受害者，也会节约相关的信息搜寻成本，对社会而言，不失为一个有效率的判决。

从这个意义上说，《民法典》第一千二百五十四条对高空抛物行为的禁令是有效率的，排除了《侵权责任法》第八十七条在法律援引上的不适从。同时，强调物业服务企业等建筑物管理人的安全保障义务也符合最小防范成本原则，因为物业服务企业可能会通过增设摄像头、加强宣传等方式，以较低的成本防范高空抛物坠物事件的发生。此外，要求有关机关依法及时调查高空抛物坠物事件，尽可能找到真正的侵害人并由其承担责任，也能使侵权责任真正发挥防范意外事故的激励功能。例如，据媒体报道，2018 年 3 月在广东东莞发生的"天降被咬过的苹果砸伤婴儿"的事件中，公安机关就是通过对该被咬过的苹果进行 DNA 鉴定与调查走访等方式，很快查明施害人是住在同一单元 24 楼的一名 11 岁女孩，从而避免让"可能加害的建筑物使用人"负责。

第四节　受特别规制的侵权问题

机动车作为交通工具已密切融入人们的日常生活，但在为人们提供便利的同时，也同样导致了道路交通事故的发生不可避免。20 世纪末，交通事故发生率居高不下，造成了大量人员伤亡和巨额直接财产损失，急需一套科学、合理的道路交通事故责任认定制度来解决事故责任认定、事故纠纷处理的问题以维护各方合法权益，进而减少交通事故发生和直接财产损失。

1999年《沈阳市行人与机动车道路交通事故处理办法》(以下简称《处理办法》)一经实施,就引发了国内学术界和各大媒体如火如荼的大论战。此后《道路交通安全法》的颁布与实施,尤其是该法正式实施后第8日出现的"刘寰撞死曹志秀案",即"新交法实施第一案"更将这场长达数年的论战推至巅峰。一方坚持认为"生命权高于通行权""效率应让道于公平",更有甚者认为,《处理办法》不仅违法,也违宪。另一方则称《处理办法》的实施显然是有效率的。据有关部门统计,该办法实施后,当地主要街道的交通事故发生率同比下降了22.2%,直接经济损失减少36.6%;车辆通行速度提高了一倍,行人过马路走人行道的比例高达99%。尤其部分学者认为,在"新交法实施第一案"发生及审理过程中,被告刘寰在基本无过错的情况下,却要承担高达10万元的侵权损害赔偿显然是不合理、不公平的。那么,侵权法的法经济学理论又如何看待这两种看似都有道理又完全相反的观点呢?

专栏 8-2

新交法实施第一案

案情:2004年5月9日20时55分左右,在北京原宣武区南二环主路菜户营桥东侧,行人曹志秀由北向南步行进入二环主路横穿道路时,恰有刘寰驾驶"奥拓"牌汽车由东向西在主路最内侧行驶。刘寰发现曹志秀后,在采取制动措施过程中,汽车前部与曹志秀身体接触,造成曹志秀当场死亡,汽车受损。调查表明,二环路主线是封闭式的机动车专用车道,当刘寰发现曹志秀横穿马路时,"踩刹车已经来不及了"。而且,事实上,如果刘寰当时猛踩刹车,将有追尾危险,且一旦发生追尾,刘寰也有生命危险。北京市交管部门认定这起事故为:行人曹志秀违法横穿机动车道,但司机刘寰也未及时采取必要安全措施,故由双方负同等责任。

事故发生后,死者家属向北京市原宣武区人民法院提起诉讼。2004年9月29日,北京市原宣武区人民法院对这起案件做出一审判决:行人违章和司机刘寰采取措施不当是导致这起事故的两个主要原因,判处刘寰赔偿死者家属156 900元。

一审宣判后,刘寰不服提出上诉。2004年12月5日,北京市第一中级人民法院做出终审宣判:刘寰承担赔偿责任的50%,一次性赔偿10 088元。同时,刘寰反诉请求死者家属赔偿其修车费得到法院支持,获赔修车费664元。

资料来源:作者根据公开资料整理。

相关背景 1

"撞了白撞"

1999年8月30日,沈阳发布《沈阳市行人与机动车道路交通事故处理办法》,同年9月10日实施。该《处理办法》及之后引起的其他城市效仿与争议被简称为"撞了白撞"。

以下是交通事故侵权责任相关的六个条款:

第八条 行人通过有人行信号控制或没有人行信号控制,但有路口交通信号控制的人行横道时,须遵守信号的规定,因行人违反信号规定与机动车发生交通事故,机动车方无违章行为的,行人负全部责任。

第九条 在设有交通隔离设施和施划人行横道线的路段上,行人因跨越隔离设施或不走人行横道,与机动车发生交通事故而机动车无违章行为的,行人负全部责任。

第十条 行人横过没有施划人行横道线的路段时,须注意避让车辆,不准在车辆临近时突然横穿,违者发生事故,行人负主要责任。

第十一条 行人走路须在人行道内行走,没有人行道的须靠路边行走。行人在机动车道内行走,与机动车发生交通事故,机动车方无违章行为的,行人负全部责任。

第十二条 在封闭式机动车专用道或专供机动车通行的立交桥、高架桥、平台桥等通路上,行人与机动车发生交通事故,机动车方无违章行为的,行人负全部责任。着标志服装的道路维护和清扫人员在正常作业时,发生交通事故的除外。

第十三条 行人在机动车道内有招停出租车、追留等妨碍机动车通行的行为,发生交通事故,机动车方无违章行为的,行人负全部责任。

该《处理办法》加快了交通事故的处理进程,受到了交警部门的欢迎,上海、济南、乌鲁木齐、郑州等十几个城市也相继颁布类似规定。上海市更将由违章行人或非机动车使用人对其违章行为引发交通事故承担全部责任的情况扩至18种(简称"18条")。但西安、南昌、北京、广州等城市拒绝仿效。

相关背景 2
《中华人民共和国道路交通安全法》

2003 年 10 月 28 日颁布、2004 年 5 月 1 日起正式施行的《中华人民共和国道路交通安全法》并未认可《处理办法》的相关规定,反而在第七十六条对交通事故中受伤害的行人给予特殊保护。该条第二款规定:"机动车与非机动车驾驶人、行人之间发生交通事故的,由机动车一方承担责任;但是,有证据证明非机动车驾驶人、行人违反道路交通安全法律法规,机动车驾驶人已经采取必要处置措施的,减轻机动车一方的责任。交通事故的损失是由非机动车驾驶人、行人故意造成的,机动车一方不承担责任。"该款首先明确规定机动车方在与非机动车驾驶员、行人发生交通事故时必须承担责任,而因行人和非机动车驾驶员违章引发的事故,机动车方的责任只是可以得到"减轻"而非免除。换言之,即使是完全因行人违章发生的交通事故,机动车方也要承担一部分责任。

《道路交通安全法》自 2004 年生效后经历了三次修订,分别是 2007 年 12 月 29 日的第一次修订、2011 年 4 月 22 日的第二次修订和 2021 年 4 月 29 日的第三次修订。涉及交通侵权归责的主要是 2007 年的第一次修订,也就是将第七十六条第二款修改为"机动车与非机动车驾驶人、行人之间发生交通事故,非机动车驾驶人、行人没有过错的,由机动车一方承担赔偿责任;有证据证明非机动车驾驶人、行人有过错的,根据过错程度适当减轻机动车一方的赔偿责任;机动车一方没有过错的,承担不超过百分之十的赔偿责任"。与修订前相比:第一,机动车一方承担全部责任的前提是非机动车驾驶人、行人没有过错;第二,进一步明确规定,当事故是由非机动车驾驶人、行人的过错导致且机动车一方没有过错时,机动车一方只需要承担不超过百分之十的赔偿责任。新交法出台后不久,广东、江苏、北京等地针对新交法的第七十六制定了实施细则。广东省规定:行人负主要或同等责任的,机动车赔偿责任可能会减轻30%—50%;江苏省则按行人所负责任大小,规定了机动车不同的赔偿比例;北京规定行人负主要责任的,机动车将按国家规定的最低比例来赔偿。

一、交通事故责任模型

可以构造一个双方事故模型来解释交通事故侵权中的机动车驾驶人与行人间的责任承担问题,其中机动车驾驶人和行人的注意水平是交通事故风险的决定因素。首先提出以下假设:

(一)双方当事人为机动车驾驶人 A 与行人 B,交通事故的发生只与双方当事人的注意水平有关;

(二)ω_i = 机动车驾驶人 A 的单位注意成本,ω_v = 行人 B 的单位注意成本;且 ω_i 和 ω_v 为常数;

(三)x_i = 机动车驾驶人 A 的注意水平,x_v = 行人 B 的注意水平;

(四)G = 意外事故损失的货币价值;

(五)$p(x_i,x_v)$ = 在给定 x_i 和 x_v 条件下的意外事故发生率,并有 $p(x_i,x_v) \geq 0$;那么,事故预期损失为 $p(x_i,x_v)G$。

社会目标是使总事故成本最小,因而,意外事故的总成本为:

$$SC(x_i,x_v) = \omega_i x_i + \omega_v x_v + p(x_i,x_v)G$$

根据第七章侵权责任经济模型的分析可得,必然存在一组最优注意水平 (x_i^*,x_v^*) 使 $SC(x_i,x_v)$ 取到最小值 $SC(x_i^*,x_v^*)$,即当注意的边际成本等于边际收益时,社会成本最小。因而,问题变为,责任如何在两个当事人间合理分配,才能使双方当事人都有进行有效预防的激励。

交通事故中,不同的归责责任原则将对双方当事人的行为提供不同的激励。首先,机动车驾驶人 A 与行人 B 都试图使用同一时空,而这种时空资源的使用显然是排他的,因而,交通事故责任是一个在 A 与 B 之间分配时空资源的规则。其次,每起交通事故的发生率都是 A 与 B 注意水平的函数。最后,尽管双方都了解车祸的发生原因及不幸后果,但都希望对方能投入更多注意而自己可以偷懒,而且双方都是在不了解对方如何行动的情况下做出自己的行为决策。因此,可以用博弈论来研究不同交通事故归责原则对机动车驾驶人 A 与行人 B 行为的影响。因而假定：

（一）有两个参与人，机动车驾驶人 A 与行人 B；

（二）每个参与人的行动都有两种策略，{没有达到社会最优的注意，达到社会最优的注意}，即机动车驾驶人 A 的两种策略为 $\{x_i<x_i^*, x_i=x_i^*\}$，行人 B 的两种策略为 $\{x_v<x_v^*, x_v=x_v^*\}$；

（三）每种可能的策略组合下，双方的收益取决于各自的策略选择和法律对损害责任的分配。

进一步假设，当双方参与人都采取最优注意时，交通事故的发生率为 $p(x_i^*, x_v^*)$，$0<p(x_i^*, x_v^*)<1$；且只要有一方没有采取最优注意，车祸就会发生，即 $p(x_i, x_v)=p(x_i^*, x_v)=p(x_i, x_v^*)>p(x_i^*, x_v^*)$。同时，假设双方都是风险中性。那么，在不同的归责责任原则下，机动车驾驶人 A 与行人 B 的策略选择分别如下所述：

1. 无责任原则

先考虑行人 B 的策略。如果机动车驾驶人 A 选择 $x_i<x_i^*$，交通事故一定会发生，此时，如果行人 B 选择 $x_v<x_v^*$，预期成本为 $\omega_v x_v+p(x_i, x_v)G$；相反，如果行人 B 选择 $x_v=x_v^*$，预期成本则为 $\omega_v x_v^*+p(x_i, x_v^*)G$。由于 $\omega_v x_v+p(x_i, x_v)G<\omega_v x_v^*+p(x_i, x_v^*)G$，那么，当 A 选择 $x_i<x_i^*$ 时，B 的最优策略是 $x_v<x_v^*$。换言之，在 A 没有采取最优注意水平却不用承担责任的情况下，B 也不会选择采取最优策略，即不会在注意水平上做无谓投资。

如果机动车驾驶人 A 选择 $x_i=x_i^*$，当 B 选择 $x_v<x_v^*$ 时，交通事故一定会发生，由于损失要由 B 自己承担，因而，B 的预期成本为 $\omega_v x_v+p(x_i^*, x_v)G$；相反，如果 B 选择 $x_v=x_v^*$，由于双方都采取了最优的注意，B 的预期成本为 $\omega_v x_v^*+p(x_i^*, x_v^*)G$，又因为有 $\omega_v x_v^*+p(x_i^*, x_v^*)G<\omega_v x_v+p(x_i^*, x_v)G$ 成立，因而，当 A 选择最优注意 $x_i=x_i^*$ 时，B 也会选择最优注意 $x_v=x_v^*$。

因此，从上述分析可以得到，行人 B 的最优策略依赖于机动车驾驶人 A 的选择，当 A 选择 $x_i<x_i^*$ 时，B 的最优策略是 $x_v<x_v^*$；而当 A 选择 $x_i=x_i^*$ 时，B 的选择是 $x_v=x_v^*$。

那 A 的最优选择呢？从图 8-1 的博弈矩阵可以看到，如果交通事故发生后 A 不用承担责任，那么 A 的最优选择总是 $x_i<x_i^*$，无论 B 是否选择最优注意。即 $x_i<x_i^*$ 是 A 的严格优势策略，而 B 也会根据 A 的选择而选择 $x_v<x_v^*$。

机动车驾驶人A

行人 B		$x_i < x_i^*$	$x_i = x_i^*$
	$x_v<x_v^*$	$\omega_v x_v + p(x_i, x_v)G, \omega_i x_i$	$\omega_v x_v + p(x_i^*, x_v)G, \omega_i x_i^*$
	$x_v=x_v^*$	$\omega_v x_v^* + p(x_i, x_v^*)G, \omega_i x_i$	$\omega_v x_v^* + p(x_i^*, x_v^*)G, \omega_i x_i^*$

图 8-1　无责任原则下的博弈矩阵

因而，在无责任原则下，由于机动车驾驶人 A 既可以享受交通的快捷，又不用承担行为的全部成本，A 没有投入注意的激励。又由于假设只要有一方没有采取最优注意，交通事故就会发生,那么行人 B 也不会做无谓的注意投资。所以,无责任原则不能给双方当事人提供有效的注意激励,交通事故将频繁发生。

2. 严格责任原则

另一个极端假设是只要有交通事故发生,机动车驾驶人 A 就承担全部责任,而不论其是否已经采取了最优注意。其他条件均与前种情况相同。

在这个新的博弈中,首先分析行人 B 的策略:由于无论是否发生交通事故,B 都不用承担责任,因而,类似对无责任原则的分析,$x_v<x_v^*$ 是 B 的严格优势策略,B 没有任何投资注意的激励。

机动车驾驶人 A 能预期在这种情况下 B 一定会选择 $x_v<x_v^*$,因而,A 也一定会选择 $x_i<x_i^*$,因为无论其是否进行注意投资,交通事故总会发生,总要承担赔偿责任,那还不如节约注意成本,这种原则下的博弈矩阵如图 8-2 所示。

机动车驾驶人A

行人B	$x_i<x_i^*$	$x_i=x_i^*$
$x_v<x_v^*$	$\omega_v x_v,\ \omega_i x_i+p(x_i,x_v)G$	$\omega_v x_v,\ \omega_i x_i^*+p(x_i^*,x_v)G$
$x_v=x_v^*$	$\omega_v x_v^*,\ \omega_i x_i+p(x_i,x_v^*)G$	$\omega_v x_v^*,\ \omega_i x_i^*+p(x_i^*,x_v^*)G$

图 8-2 严格责任原则下的博弈矩阵

由此可见,严格责任原则与无责任原则具有一样的缺陷,也就是将损害赔偿的全部责任都加在一方当事人身上,而另一方却不用承担因自己的过失导致的事故责任,这自然不能激励当事人在注意上进行足够的投资以避免交通事故的发生。因而,在交通事故侵权中,这种单边防范机制彻底宣告失败,下面进一步分析双边防范机制能否起到有效的激励作用。

3. 共同过失抗辩的过错责任原则

考虑共同过失抗辩的过错责任原则,即有过失的机动车驾驶人 A 可以通过证明行人 B 采取了低于法定注意标准而避免责任。换言之,在这种归责责任原则下,需要对行人 B 采取的注意水平给定一个法定标准($\bar{x}_v$),即:

① 机动车驾驶人 A 有过失($x_i<x_i^*$),且行人 B 无过失($x_v=x_v^*$)时,B 才能获得损害赔偿,对应于图 8-3 中的 Ⅱ 象限。

② 机动车驾驶人 A 无过失($x_i=x_i^*$),且行人 B 有过失($x_v<x_v^*$)时,A 不用承担责任,对应于图 8-3 中的 Ⅲ、Ⅳ 象限。

因而,共同过失抗辩的过错责任原则下,有如图 8-4 所示的博弈矩阵。$x_v=x_v^*$ 是 B 的严格优势策略,而 A 不存在严格优势策略,其策略选择取决于 B 的策略。当 B 选择 $x_v<x_v^*$ 时,A 选择 $x_i<x_i^*$;当 B 选择 $x_v=x_v^*$ 时,A 也会采取最优的注意 $x_i=x_i^*$。由于在这个博弈中,$x_v=x_v^*$ 是 B 的严格优势策略,因而,A 能预期 B 一定会做此选择,故也会选择 $x_i=x_i^*$。此时的博弈均衡解为($x_v=x_v^*$, $x_i=x_i^*$),双方参与人都会采取最优的注意水平。换言之,当

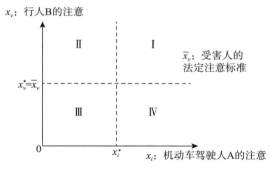

图 8-3　过错责任规则的责任分区

且仅当行人 B 的法定注意标准 $\bar{x}_v = x_i^*$ 时,适用共同过失抗辩的过错责任原则能对双方当事人都产生有效率的激励。

机动车驾驶人A

		$x_i < x_i^*$	$x_i = x_i^*$
行人 B	$x_v < x_v^*$	$\omega_v x_v + p(x_i, x_v) G, \omega_i x_i$	$\omega_v x_v + p(x_i^*, x_v) G, \omega_i x_i^*$
	$x_v = x_v^*$	$\omega_v x_v^*, \omega_i x_i + p(x_i, x_v^*) G$	$\omega_v x_v^* + p(x_i^*, x_v^*) G, \omega_i x_i^*$

图 8-4　共同过失抗辩的过错责任原则下的博弈矩阵

4. 相对过失抗辩的过错责任原则

在相对过失抗辩的过错责任原则下,当机动车驾驶人 A 和行人 B 都有过失时,将按一定比例分配事故成本。因而:

① 机动车驾驶人 A 有过失($x_i < x_i^*$);且行人 B 无过失($x_v = x_v^*$)时,A 承担全部责任,对应于图 8-3 的 Ⅱ 象限。

② 机动车驾驶人 A 无过失($x_i = x_i^*$),且行人 B 有过失($x_v < x_v^*$)时,B 承担全部责任,对应于图 8-3 的 Ⅳ 象限。

③ 机动车驾驶人 A 有过失($x_i < x_i^*$),且行人 B 也有过失($x_v < x_v^*$)时,按比例分担事故成本,即图 8-3 中的 Ⅲ 象限为 A 和 B 的共同责任区。

通过类似共同过失抗辩的过错责任原则下双方参与人行为选择的分析可以证明,相对过失抗辩的过错责任原则下的博弈均衡也是($x_v = x_v^*, x_i = x_i^*$),即当且仅当机动车驾驶人 A 和行人 B 的法定注意标准 $\bar{x}_i = x_i^*, \bar{x}_v = x_v^*$ 时,才能为潜在施害人和受害人提供有效的防范激励。

5. 共同过失抗辩的严格责任原则

根据共同过失抗辩的严格责任原则,只要行人 B 无过失,无论机动车驾驶人 A 采取什么样的注意水平,都要承担交通事故的损害成本,即:

① 行人 B 无过失($x_v = x_v^*$)时,机动车驾驶人 A 就要承担责任,对应图 8-3 的 Ⅱ 象限。

② 行人 B 有过失（$x_v < x_v^*$）时，B 承担责任，对应图 8-3 中的 Ⅲ、Ⅳ 象限。

因而，共同过失抗辩的严格责任原则下的激励效应能通过图 8-5 所示的博弈矩阵来体现。分析 B 的策略选择可知，由于 B 要对自己的过失承担责任，自然会采取最优注意水平，$x_v = x_v^*$ 就成为他的严格优势策略。A 的行为取决于 B 的策略选择，但因为 A 总能预期 B 一定会选择严格优势策略 $x_v = x_v^*$，因而，A 也会选择采取最优注意水平的 $x_i = x_i^*$。因此，这个博弈的均衡解为（$x_v = x_v^*$，$x_i = x_i^*$）。因而，共同过失抗辩的严格责任原则也同样能在交通事故侵权中，通过给双方当事人提供有效激励来引导其采取最优的注意水平。

	机动车驾驶人A	
	$x_i < x_i^*$	$x_i = x_i^*$
行人B $x_v < x_v^*$	$\omega_v x_v + p(x_i, x_v) G, \omega_i x_i$	$\omega_v x_v + p(x_i^*, x_v) G, \omega_i x_i^*$
行人B $x_v = x_v^*$	$\omega_v x_v^*, \omega_i x_i + p(x_i, x_v^*) G$	$\omega_v x_v^*, \omega_i x_i^* + p(x_i^*, x_v^*) G$

图 8-5　共同过失抗辩的严格责任原则下的博弈矩阵

6. 相对过失抗辩的严格责任原则

相对过失抗辩的严格责任原则与前者的不同之处仅在于，如果行人 B 的注意水平 x_v 低于合理的注意水平 $\tilde{x}_v$，那么，B 要分担损失的一部分 λ，其中 $0 < \lambda < 1$，且 $\lambda = \lambda(x_v)$，$\lambda'(x_v) < 0$，即：

① 行人 B 无过失（$x_v = x_v^*$）时，机动车驾驶人 A 就要承担全部责任，对应于图 8-3 的 Ⅰ、Ⅱ 象限。

② 行人 B 有过失（$x_v < x_v^*$）时，无论 A 是否有过失，都要分担部分责任，图 8-3 中的 Ⅲ、Ⅳ 象限为 A 和 B 共同的责任区。

因而，如果随着 $x_v \to \bar{x}_v$，有 $\lambda \to 0$ 成立，如果 $\tilde{x}_v = x_v^*$，那么，通过类似于分析共同过失抗辩的严格责任原则对双方当事人行为影响的分析同样可以证明，相对过失抗辩的严格责任原则下的博弈均衡也是（$x_v = x_v^*$，$x_i = x_i^*$），即当设定的行人 B 的法定注意标准 $\bar{x}_v = x_v^*$ 时，同样能为双方参与人提供有效率的防范激励。

二、案例分析

在以上模型基础上，对《处理办法》和《道路交通安全法》进行分析。

1. 对《处理办法》的分析

从总体上看，《处理办法》确立的是交通事故侵权的过错责任原则，即当侵害人机动车驾驶人 A 无过失而受害人行人 B 有过失时，A 无责任，所有损失由 B 承担。通过前面的模型分析可知，这种责任原则是有效率的，能为双方当事人提供适当的激励，引导他们采取最优的注意行为。因而,《处理办法》实施后,交通事故发生率和直接经济损失同步下降,道路通畅性增加,并不是偶然现象,而是有效率的制度安排发挥作用的结果。从这个意义上说,"撞了白撞"并不"违法"或"违宪",也不是漠视生命权,而是就特定时空下的道路使用权在机动车驾驶人与行人之间的重新界定,至少是一种卡尔多—希克斯改进,是有效率的。

理论上被证明有效率的《处理办法》,在现实中并不意味着"撞了白撞"在任何时空中都正确。但这并非出于道德家们所倡导的"公平",而是因为现有的理论分析难免有局限性,不能与现实完全拟合,所以完美的理论推导可能在现实中并不适用。以《处理办法》为例,虽然交通侵权责任的博弈模型已证明这个法规是有效率的,但是由于在建模过程中抽象掉了许多现实中可能至关重要的东西,法规的实施效果就会受到影响。因而,仍有必要对《处理办法》的第八至十三条做进一步分析:

① 根据第八条,机动车驾驶人 A 和行人 B 的法定注意标准均为"遵守信号规定",很明显有 $\bar{x}_i = x_i^*$，$\bar{x}_v = x_v^*$ 成立。由于信号控制下的道路通行权使用是排他的,即如果有事故发生,必然是一方遵守而另一方违反,那么,当 $x_i = \bar{x}_i = x_i^*$ 而 $x_v < \bar{x}_v = x_v^*$ 时,要求行人 B 承担责任是有效率的。

② 根据第九条和第十二条,行人 B 的法定注意标准 $\bar{x}_v = $ "不得进入已被隔离或被封闭的机动车道",且有 $\bar{x}_v = x_v^*$，很明显,这种情况下,如果有交通事故发生,机动车驾驶人 A 是无过错的,而 B 采取的注意水平 x_v 必然低于 $\bar{x}_v$，因而,根据上文的博弈模型,这两个条款也是有效率的。

③ 但第十条、第十一条和第十三条则有待商榷。因为在没有隔离或封闭的机动车道上,机动车驾驶人 A 与行人 B 的道路通行权界定需要视具体情况而定,不能简单将事故发生时的道路使用权界定给某一方;换言之,法定注意标准 $\bar{x}_i$ 和 $\bar{x}_v$ 的确定并不是绝对的,尤其在中国当前人口众多、道路拥挤的情况下,如果简单地将法定注意标准确定为任何情况下行人都完全不能占用机动车道,势必导致行人的严防超界成本过高,即 $\bar{x}_v > x_v^*$，而导致无效率。

2. 对《道路交通安全法》第七十六条第二款的分析

首先,2007 年修订前的《道路交通安全法》第七十六条第二款很明显将机动车驾驶人与行人(或非机动车驾驶人)间的交通事故责任规定为严格责任。进一步分析可知:

① 根据"机动车与非机动车驾驶人、行人之间发生交通事故的,由机动车一方承担责任"的规定,只要有交通事故发生,均由机动车驾驶人 A 承担责任,因而,这是一种严格责任。根据严格责任的博弈矩阵,这种单边防范机制并不能提供有效激励,故是无效率的。

② 进一步根据"但是,有证据证明非机动车驾驶人、行人违反交通安全法律法规,机动车驾驶人已经采取必要处置措施的,减轻机动车一方的责任"的规定,实际上确立的是一种相对过失抗辩的严格责任原则,而根据前面的博弈矩阵可知,当且仅当 $x_v \to \bar{x}_v$ 时,有 $\lambda \to$

0 成立，且 $\tilde{x}_v = x_v^*$，该原则方能提供有效激励，而第七十六条第二款有效率的前提 $x_v \to \bar{x}_v$ 在现实中恰恰是难以实现的，因而，这个所谓体现"人本主义""正义化身"的条款反而是缺乏效率的；尤其在司法实践中，法官往往同情受害者（行人），而让 λ 更多地趋向于 0，就像在"新交法实施第一案"的判决中，行人曹志秀横穿封闭式机动车专用道，在明明行人有过错、机动车驾驶人刘寰几乎无过错的情况下（刘寰发现后已经及时采取了制动措施防范），法庭仍做出了 $1-\lambda$ 高达 50% 的赔偿，这对机动车驾驶人刘寰是显失公平的，判决结果自然也脱离了效率和法律理性。

另外，分析 2007 年 12 月 29 日修订后的《道路交通安全法》第七十六条第二款可知：

① 修订后的第七十六条第二款大幅降低了机动车一方的责任，明确规定只有在非机动车辆、行人一方无过错时，机动车一方才对事故损失承担责任。简单的严格责任原则转变为共同过失抗辩的严格责任原则，加强了对非机动车辆及行人的约束，要求其承担相应的注意成本，由原来的单边预防变为双边预防，从而能给双方当事人提供适当的注意激励，符合双边事故中最优责任归责原则的效率特征。

② 大大降低了"有证据证明非机动车驾驶人、行人有过错，机动车一方无过错"的交通事故中，机动车一方的责任——"承担不超过百分之十的赔偿责任"，这也就意味着，交通事故是由行人过错而非机动车一方行为引起时，有 $0 < 1-\lambda \leq 10\%$，这使得行人的注意激励不会因为事故损失由机车驾驶人过度承担而被大量稀释，因而就能起到主要的激励作用，也是有效率的。

③ 百分之十的限制还能有效防范交通侵权案件中法官自由裁量权的滥用，促进司法公正。

因而，经过 2007 年的修订，《道路交通安全法》对机动车与非机动车、行人间的责任认定不仅由原来的严格责任原则改变为过错推定原则，而且在责任的分配上也做了一定的量化规定，既能给双方当事人提供有效率的注意投入激励，也符合社会需求，因而《民法典》继续沿用了该规定。

综上所述，结合"新交法实施第一案"，对比《处理办法》和《道路交通安全法》中有关交通侵权责任归责原则的变化，不仅如耶林所言："使人负损害赔偿责任的，不是因为有损害，而是因为有过失，其道理就如同使蜡烛燃烧的不是光而是氧一般浅显明白。"而这一个浅显的道理赋予社会的却恰恰是一个重要的规则确定意识：究竟用何种方法或标准来确定每一个社会规则。同时，也生动地体现了法经济学的思想在侵权法司法实践中的运用及中国在侵权立法领域的进步。

本章总结

1. 中国的侵权制度经历了古代侵权制度、近代侵权制度和现代侵权制度三个发展阶段，于 2009 年正式出台了《侵权责任法》，2020 年进一步将其整合入《民法典》。

2. 自20世纪90年代开始,侵权法的法经济理论开始进入中国,发展至今其研究领域几乎囊括了侵权制度的各个领域,在中国侵权法的立法和司法中也发挥了一定作用。

3. 中国的侵权法体系从《民法通则》和侵权相关的各种单行法,到《侵权责任法》,再到《民法典》的演进过程中,典型侵权行为和特殊侵权行为的归责责任原则发生了一定的变化,受到了侵权法法经济学理论与分析工具的影响。

思 考 题

1. 请简要阐述《民法典》对《侵权责任法》做了哪些修订,及《民法典》在侵权领域的可能不足之处。
2. 比较分析中国现行侵权制度中的四种归责责任原则的适用范围。
3. 从法经济学的角度看,侵权法中的公平责任原则存在的意义何在?
4. 请尝试用侵权法的法经济学理论分析一个侵权的案例。

阅 读 文 献

1. R. H. Coase: *The Firm, the Market and the Law*, IL: The University of Chicago Press, 1988.
2. 陈屹立:《环境侵权损害赔偿的经济分析》[J],《现代经济探讨》,2007年,第5期:第56—59页。
3. 陈屹立、张帆:《惩罚性赔偿的法经济学分析》[J],《经济体制改革》,2009年,第2期:第167—171页。
4. 邓峰:《到底是哪儿不对劲?——对〈道路交通安全法〉第76条的法律经济学分析》,载王利明主编:《判解研究》(第5辑)[M],北京:人民法院出版社,2004:91—106。
5. 冯志军、李军:《侵权归责原则的法经济学分析导论》[J],《山西财经大学学报》,2008年,第6期:第7—14页。
6. 龚强、雷丽衡和袁燕:《政策性负担、规制俘获与食品安全》[J],《经济研究》,2015年,第8期:第4—15页。
7. 龚强、张一林和余建宇:《激励、信息与食品安全规制》[J],《经济研究》,2013年,第3期:第135—147页。
8. 胡伟强:《高空抛物损害事故的法经济学分析——兼论〈侵权责任法〉第87条》,《制度经济学研究》,2011年,第1期:第194—206页。
9. 胡伟强:《〈侵权责任法〉中公平责任的适用——一个法经济学的解释》[J],《清华法学》,2010年,第5期:第94—105页。
10. 黄立君、陈焕远:《博弈视角下的煤与气矿业权重置、利益冲突与解决办法——最佳侵权赔偿和补贴额的确定》[J],《制度经济学研究》,2012年,第3期:第74—88页。

11. 黄文平、王则柯:《逆向选择的几何解释》[J],《经济评论》,2004年,第1期:第39—41、47页。

12. 李婧:《侵权法的经济学分析》[M],北京:知识产权出版社,2016。

13. 李树、陈刚:《环境管制与生产率增长——以APPCL2000的修订为例》[J],《经济研究》,2013年,第1期:第17—31页。

14. 〔美〕理查德·A.波斯纳:《法律的经济分析》(上、下)[M],蒋兆康译,北京:中国大百科全书出版社,1997。

15. 刘呈庆、孙曰瑶、龙文军等:《竞争、管理与规制:乳制品企业三聚氰胺污染影响因素的实证分析》[J],《管理世界》,2009年,第12期:第67—78页。

16. 石春玲:《期权定价思想与人身伤害赔偿》[J],《法学》,1999年,第9期:第26—28页。

17. 史晋川:《计算机软件盗窃案中厂商收益损失确定的经济学分析》[J],《经济研究》,1996年,第11期:第74—80页。

18. 史晋川、刘晓东:《软件市场结构与知识产权最优保护》[J],《制度经济学研究》,2005年,第3期:第66—84页。

19. 史晋川、汪淼军:《计算机软件侵权的最优赔偿原则研究》[J],《经济研究》,2000年,第8期:第56—64页。

20. 史晋川、汪晓辉和吴晓露:《产品侵权下的法律制度与声誉成本权衡——一个微观模型补充》[J],《经济研究》,2015年,第9期:第156—169页。

21. 史晋川、汪晓辉和吴晓露:《缺陷监管下的最低质量标准与食品安全——基于垂直差异理论的分析》[J],《社会科学战线》,2014年,第11期:第43—56页。

22. 王成:《侵权损害赔偿的经济分析》[M],北京:中国人民大学出版社,2002。

23. 韦祎、韦倩:《知识产权法院与专利质量:一个实证研究》[J],《制度经济学研究》,2022年,第3期:第124—148页。

24. 吴景丽:《侵权法归责原则的经济学分析》[D],北京交通大学博士学位论文,2006。

25. 吴晓露:《多重均衡的刀刃解:产品责任制度的法经济学分析》[D],浙江大学博士学位论文,2009。

26. 闫俊、李海明:《法经济学视角下的道路交通事故侵权归责博弈分析》[J],《特区经济》,2015年,第4期:第115—117页。

27. 杨立新:《侵权责任法》[M],北京:法律出版社,2011。

28. 余晓莉、魏建:《机动车与行人间交通事故责任的最优配置——与新〈道路交通安全法〉第76条的归责原则比较》[J],《制度经济学研究》,2006年,第4期:第61—72页。

29. 詹映:《我国知识产权侵权损害赔偿司法现状再调查与再思考——基于我国11984件知识产权侵权司法判例的深度分析》[J],《法律科学(西北政法大学学报)》,2020年,第

1 期:第 191—200 页。

30. 张璐、周晓唯:《逆向选择与道德风险条件下的最优激励契约模型研究——关于食品行业的监管问题》[J],《制度经济学研究》,2011 年,第 4 期:第 115—129 页。

31. 郑国辉:《汽车缺陷产品实施召回制度的经济学分析》[J],《中国工程机械学报》,2005 年,第 2 期:第 233—236 页。

32. 周林彬、毛杰:《论侵权法的经济分析》[J],《法制与社会发展》,2006 年,第 1 期:第 98—108 页。

第三篇

企业组织与市场管制的法律

第九章　公司法的经济学分析
第十章　公司法经济分析专题
第十一章　管制法的经济学分析
第十二章　管制法经济分析专题

第九章
公司法的经济学分析

> 理论和实证的研究都提出了这样的问题:政府管制究竟在多大程度上能够达成既定的目标,而正是为了这些目标才颁布管制措施的。
>
> ——斯蒂芬·布雷耶、保罗·麦卡沃伊

◆ **本章概要**

风险客观地存在于现实生活中的各个方面。如何有效地防范风险和应对损失一直是人类社会发展中的重要问题。从本质上来说,风险是一种损失的发生具有不确定性的状态。本章将先从法学角度讨论公司法的功能、规范和利益关系,接着从经济学角度分析公司法的本质、结构和内容等,最后对公司法的经济学分析与法学分析进行比较。

◆ **学习目标**

1. 理解法学和经济学意义上的公司法本质。
2. 了解公司法的经济结构。
3. 了解有限责任制度与法人人格独立制度。
4. 理解公司法经济学分析与法学分析的异同。

公司的出现不仅为社会的发展提供了比蒸汽机更有意义的"发动机",而且为法学和经济学的交叉领域提供了一个全新的研究对象。从经济学角度分析公司法对于深刻认识其精神、把握其适用具有重要作用。本章内容着重于从经济学理论角度分析公司法的本质、法律规则的产生和演化。为此,本章首先介绍了法学对公司法的基本分析;其次运用经济学理论考察公司的本质及公司法重要规则的产生和发展;最后,对比了公司法的法学分析和经济学分析的主要差异。

第一节 公司法的功能和规范:法学视角

从法学角度来看,公司法的作用主要是通过各种法律规范为公司法涉及的利益主体提供保护。为此,本节将在介绍公司法的本质和功能的基础上,分析公司法规范的内涵和相关利益关系。

一、公司法的功能

从法学角度来看,关于公司法的本质有契约理论、机构理论和法律框架理论。[①] 法律上将公司视为契约是源自罗马法的传统观点,并被许多著名法典所采纳。之后由于一人公司的出现并被法律所承认,公司法的契约理论被机构理论所替代。机构理论认为公司本质上是机构。公司法的法律框架理论被称为"公司法的现代概念",该理论认为,公司法是一种组织公司的技术,一种公司的"支撑框架",公司法规定涵盖了公司的结构、运作、投资、决策程序、出售、合并、重组和清算等环节。总之,契约理论实际上认为,公司法人是个人的集合和契约,公司法的功能不是创制公司而是承认和保护组成公司的个人利益和意思自治。机构理论强调立法创制公司组织的作用,认为公司是法定的组织,公司法是为公司提供法律的权威。法律框架理论与前两个理论相比,将考虑的视角从公司内部转向了公司利益相关者,在公司法的功能方面注重对不同利益相关者利益的平衡和保护,将公司法变成组织公司的技术,公司法提供的即"公司的法律框架"。

二、公司法规范的内涵[②]

从公司法规范的内容及对其内在联系的分析可见,全部公司法规范的内涵,大体可概括为"三个阶段的规范"和"两大系统的规范"。

所谓"三个阶段的规范"是指与公司在设立、运作、清算三个不同阶段相对应的公司设立规范、公司运作规范和公司清算规范。公司的变更实质上是公司的设立和解散重合之后的简化。

其一,公司设立规范。从发起设立公司到公司的成立是公司的设立阶段,这一阶段受公司法规范的主体主要是公司的发起人。规范的核心内容是关于公司设立的规范,包括发起人订立章程、出资以及筹建公司等行为,这不仅关系发起人及其相互之间的利益问题、公司设立的质量问题,还涉及在公司设立过程中其他有关主体利益保护的问题。公司法对发起人行为的规范,构成了这一阶段相关立法的主要内容,并为处理因与发起人行为相关的纠纷提供了基本的法律依据。

其二,公司运作规范。从公司成立到公司解散是公司的存续阶段。在这一阶段,公司已成立并具有独立的法律主体资格。公司法主要规范公司、股东、公司组织机构以及其他相关主体的行为,其目的是保障公司取得良好的经营效益,保护有关主体的合法权益。一般情况下,这一阶段的活动围绕着公司组织机构的行为展开,并以公司的经营活动为基本

---

① 参见王红一:《公司法功能与结构法社会学分析——公司立法问题研究》[M],北京:北京大学出版社,2002。
② 本部分参见沈贵明:《公司法学》(第二版)[M],北京:法律出版社,2003。

内容,由此形成公司事务的各种关系。

其三,公司清算规范。从公司解散到公司注销消灭,是公司的清算阶段。这一阶段是公司清理资产、了解债权债务关系、分配剩余财产并使公司归于消灭的过程。虽然在这一阶段,公司的法律主体资格并未消灭,但是,其存续的目的是进行清算,所以除确属必须外,不得进行经营活动。因此,这一阶段的清算事务由公司清算人执行,而不能再由公司董事会与经理等执行机构执行。

所谓"两大系统的规范",是指主体规范系统和资产规范系统。主体规范是公司法对在公司设立、运作和清算过程中的主体及其行为的规范,主要是对发起人及其行为、公司组织机构及相关主体的行为和清算人及其行为的规范。资产规范是公司法对公司在设立、运作、清算等过程中有关资产关系的规范。在公司设立中的资产规范主要表现为公司法对发起人的出资规范;在公司运作中的资产规范主要表现为对公司资产管理、处分、财务会计以及利润分配的规范;在公司清算中的资产规范主要表现为对公司资产清理、处分和分配等方面的规范。

三、公司法的利益关系[①]

公司法通过重新界定权利与义务,调整公司与社会公众、公司与发起人、大股东与小股东、公司股东与债权人、公司与职工以及股东与公司管理层之间的行为与关系,对公司法中的各种利益主体提供法律保护,核心是建立起一整套新的利益制衡机制,平衡公司法所调整的各种利益相关主体之间的利害关系,制止某些主体以牺牲其他主体的利益为代价而实现不正当利益行为的发生,确保公司组织的稳定、健康和持续发展。

1. 公司发起人与公司

公司发起人是公司最初的投资人,发起人发起和设立公司所从事的活动、所缔结的合约或所支付费用的承担问题是平衡发起人和公司利益的关键。为防止公司或发起人的利益受到损害,公司法就公司发起人在发起和设立公司时所承担的义务、公司发起人在公司设立之前所签订的合约等都做了详细的规定。根据现代公司法,公司发起人在发起和设立公司时所承担的义务有两种:发起人对他们所发起和设立的公司承担受托人义务;发起人就其发起和设立公司的行为承担制定法上的义务。

2. 公司股东与公司债权人

公司法人人格独立与股东有限责任是公司法人制度的两大基本原则。公司是一种独立的法人组织,股东对公司债务承担有限责任,即股东以其投资额为限承担责任,公司以其全部财产承担公司债务,这就是公司法人人格独立原则。当公司因为某种原因而陷入

---

① 本部分参见张民安:《公司法上的利益平衡》[M],北京:北京大学出版社,2003年。

破产时,公司股东原则上不就公司的债务承担个人责任。但如果股东滥用公司法人人格独立和股东有限责任,就会严重损害公司债权人乃至社会公共利益。因此,如果公司法人人格独立的认可会导致某些不公平的现象发生,诸如欺诈债权人、规避制定法所规定的义务或者损害公共利益时,则公司的法人人格独立就会被否认,即揭开公司的面纱。由此,公司法在公司股东与债权人之间建立了权利平衡机制。另外,为保护公司债权人的利益,现代公司法还对公司债权人提供了三种基本性的保护方法:公司事务公开原则之遵守,公司资本维护原则之贯彻以及公司清算规则之执行。

3. 公司股东与管理人员

考虑到所有权与控制权的分离,为保障公司董事及管理人员能忠实、勤勉地为公司和公司成员服务,传统公司法对公司董事、管理人员规定了大量的责任和义务,例如在美国公司法中,董事与管理人员的义务一般指以下三种责任:注意责任、忠诚责任与信托责任。注意责任是指董事和管理人员必须诚实信用地履行其职责,表现出一般审慎者处于相似位置时,在类似情况下所表现出的勤勉、注意和技能。注意责任要求董事和管理人员勤勤恳恳地为公司以及公司的股东服务。而忠诚责任则要求董事对公司、股东忠心耿耿。信托责任是指为了他人的利益,董事和管理人员必须将自己的利益放在第二位。为适应经济发展的要求,现代公司法打破陈规,不仅使董事会享有不受限制的公司事务的管理权,而且还享有不受司法审查的公司事务代理权。另外,公司董事也能够通过各种手段使股东选择董事职务的权力落空。为此,各国公司法也相应地强化了股东的地位,赋予了他们优先购股权、财产出售的批准权、异议权和要求公司购回股份权。而且最重要的是,很多国家的公司法给予股东,尤其是中小股东诉讼提起权,并就此做了详细规定。

4. 公司股东与社会公众

公司尤其是大型股份有限公司,作为社会经济生活中的重要力量,其决议和行为对于社会公众的影响是广泛的。由此,公司法学者展开了对公司承担的社会责任的讨论,讨论在两个层次上展开:一是公司管理机关在做出重要决议时是否应当明确地考虑到社会利益,也就是说,他们在为公司成员实现利润最大化的同时,是否应接受政府和社会的干预与监督;二是是否有必要在公司的管理机关中增加政府、劳动者、债权人的代表人,以使公司的管理机关所代表的利益有所扩张。争论仍然没有结束,这反映了学者们想通过公司法协调公司与社会公众利益的想法。

5. 公司大股东与小股东

公司由两大类型的股东所组成,其中拥有51%以上表决权的股东为大股东,拥有49%以下表决权的股东为小股东。公司法的基本规则是大股东规则,即投票的简单多数就可以控制公司董事会的组成,并足以在公司的各种会议上做出有利于大股东的决议。因此各国公司法专门就小股东的法律保护做了相应的规定。

第二节　公司法的结构与内容设计：经济学视角

一般而言，经济学对法律的分析主要有两种方法：一是将法律视为外生变量，考察法律对经济行为的影响；二是运用经济学考察法律规则的产生、演化和发展。公司法的经济分析主要源自企业理论的发展和契约方法的引入，其运用契约理论考察公司的本质及相关法律规则的产生和发展。

一、公司法的契约分析

要对公司法的本质进行分析，首先应从经济上考察公司的本质，因为公司的本质是进行公司法理论研究的基础。

1. 公司的契约本质

经济学领域最早正式提出"公司契约论"观点的是迈克尔·詹森与威廉·麦克林，他们指出："私营公司或企业，……只是合同关系的一种联结，……组织的资产和流动资金通常可以不经其他缔约方同意而售出，而在这些资产和流动资金上面，存在着可分割的剩余索取权。"[①]公司契约理论一般应包括交易成本理论、激励理论和不完全契约理论。激励理论是建立在委托代理理论（完全契约理论）基础之上的。因此，本书将契约理论分为交易成本理论、委托代理理论和不完全契约理论三个分支。各个流派都遵循着一个基本的规定，即公司是一组契约。这组契约包括同股东签订的公司章程和股东协议，同原材料或服务的卖方签订的供应合同，同向公司提供劳动力的个人签订的雇佣合同，同债券持有人、银行及其他资本供应方签订的借贷合同以及同公司产品的购买方签订的销售合同等。这些合同既可以是文字的和口头上的，也可以通过明示或默示的方式来完成。

其一，交易成本理论。交易成本理论源于科斯，中国经济学家张五常将科斯的中心思想概括为：交易成本的差别导致公司取代市场。市场交易包括工业品和消费品的交易，而公司交易包括生产要素的交易。张五常认为要素市场与产品市场不总是可区分的，因此，公司替代市场更正确的表达方式应是一种契约替代另外一种契约。美国经济学家奥利弗·威廉姆森系统地提出了交易成本理论的分析框架。他指出，资产专用性、不确定性和交易频率是描述交易的三个维度。每一种交易都是一种契约，根据不同契约带来的交易成本匹配不同的治理机构。资产专用性、不确定性和交易频率的不同组合，形成四种有效的治理机制，即契约的市场治理、契约的三方治理（又称调解治理结构）、契约的双方治理以及契约的统一治理。契约越是不完全，就越应该匹配具有更低激励强度、更多行

---

① 〔美〕詹森、麦克林：《企业理论：经理行为、代理成本和所有权结构》，载唐纳德·A. 威特曼：《法律经济学文献精选》[M]，北京：法律出版社，2006：251。

政控制、更多官僚主义特征的治理结构。

其二，委托代理理论。委托代理理论是契约理论的另一分支，该理论认为通过契约，一个人或一些人（委托人）授权给另一个人（代理人）为委托人的利益从事某项活动，由于委托人和代理人之间利益不一致、信息不对称，从而导致代理成本的产生。出于研究方法考虑，该理论又可分为开创者为阿尔钦、德姆塞茨、詹森和麦克林的代理成本理论（又被称为实证代理理论）和开创者是威尔逊、斯彭斯、罗斯和哈特的委托人—代理人理论。委托人—代理人理论，主要运用数理模型研究委托人在不完全信息条件下如何设计一种激励约束机制，以激励代理人选择对委托人最有利的方法；实证代理理论，主要运用实证方法从分析股东、债权人和经营者之间的关系研究现代公司运营问题。

其三，不完全契约理论。不完全契约理论的代表人物哈特和穆尔等人，认为由于交易成本的存在，特别是相关变量的第三方（尤其是法院）不可证实性，合同是不完全的，即不可能在初始合同中对所有的或然事件及其对策做出详尽可行的规定。他们将在初始合同未规定的所有情况之下的决策权定义为"剩余控制权"，并指出剩余控制权天然地归非人力资本所有者所有。剩余控制权能刺激当事人的专用性投资。为鼓励专用性投资，应在事前分配物质资产所有权。然而，在一方获得所有权而增强了事前专用性投资的积极性的同时却打击了另一方的专用性投资的积极性，因此，他们主张拥有重要投资或重要人力资本的一方应该拥有物质资产的所有权①。

这三个分支研究的重点集中于公司契约的不同方面，各理论之间不存在孰优孰劣的问题，更不存在相互取代的关系，而是相互补充的关系。其中，委托代理理论和不完全契约理论主要讨论签约前的激励问题，而交易成本理论主要研究契约的实施问题（后端问题）。

2. 公司法的契约本质

公司契约理论被公司法学者成功导入公司法的研究，其中尤以美国公司法顶尖学者伊斯特布鲁克和费希尔为代表，他们认为公司法应该是开放式的标准合同，并指出公司法发挥着公司合同模本机制和漏洞补充机制的作用。②

第一，就公司合同模本机制而言，公司法发挥着标准合同的作用。因为订立合同的成本很高，即便当事人能够订立完备的合同，但付出高额成本订立发生概率很小的条款很不经济。公司法这一标准合同范本浓缩着公司参与方不间断试错和纠错而累积的经验，即通过法院对成千上万案件的审理，将公司可能面临的问题及其解决途径转化成公共产品，向公司参与各方提供。这样，公司法提供的一整套规则，如投票规则、派生诉讼持股数量最低限度规则、会议议事规则等，供公司各方选用，有效地降低了协商成本，使他们能够将协商的焦点集中于特定的事项。不过因为作为标准合同的公司法并不具有强制约束力，所以合同当事人可以排除对标准合同的适用，通过个性化签约来实现各自的利益。

---

① 参见 Oliver Hart, John Moore: Property Rights and the Nature of the Firm, Vol. 98, *Journal of Political Economy*, 1990: 1119—1158。
② 参见〔美〕弗兰克·伊斯特布鲁克，丹尼尔·费希尔：《公司法的经济结构》[M]，张建伟、罗培新译，北京：北京大学出版社，2005。

第二,就漏洞补充机制而言,公司法发挥着对公司运作的拾遗补阙功能。因为组织公司的过程是非常复杂的,公司组建后的运行也是一项繁杂的系统工程,即便是合同各方在签约前考虑得尽可能周全,事实上,也不可能使各方事前订立的合同涵盖全面。此外,公司事务牵涉面广泛,外部环境变动频繁,加之当事人认知能力的局限等因素,实际中也很难预料未来发生的所有情况。所以,在订立合同的过程中,当事人很有可能遗漏一些意想不到的条款。这进一步增加了事前全面签约的难度,所以在当事人不能或不便及时通过合意签订合同的情况下,公司法提供了一套缺省性规范,以便公司各方在未通过自由签约、未形成合意,却又需要立即解决一些突发问题时,能适用公司法提供的相关规范提高效率。这样公司法就较好地发挥了拾遗补阙功能,填补了公司参与方的合意空白。因而,公司法提供了一种开放式的标准合同,它补充而不是替代了当事方的协商。

二、公司法的结构

既然公司法的本质也是契约,那么其应该完全体现当事人意思自治还是体现政府的管制色彩呢?事实上,衡量一部法律中自治的空间有多大,需要考察任意性规范或者意思自治在该法中表现为多大的范围,也就是要看公司法的结构。公司法中公司自治的理念也要依托于大量的任意性规范来落实。从一定意义上说,任意性规范越多,意思自治的范围就越大,公司自治的空间就越广。

1. 法律规范的分类

美国学者爱森伯格将公司法规范分为赋权型、补充型(又称缺省型)和强制型三种[①];加拿大学者柴芬斯将公司法规范分为"许可适用"("可以")的规范、"推定适用"("可以放弃")的规范和"强制适用"("必须"和"必须不")的规范[②]。以上两种划分方法大体相同。本章主要按照爱森伯格对公司法规范的划分方法进行分析。强制型规范是指在任何情况下当事人都不可排除适用的规范;缺省型规范(推定适用规范)是指当事人只要不排除适用就发挥效力的规范;赋权型规范(许可适用规范)是指只有在当事人选择适用时才发挥效力的规范。强制型规范与赋权型规范是相互对应的。而作为两者调和物的缺省型规范与其说体现为一种缺省性的强制型规范还不如说是一种变相的赋权型规范。因此,许多国内学者只把公司法规范分为两类:强制型规范与任意型规范,其中任意型规范包括了赋权型规范与缺省型规范。[③]

公司法中的政府管制主要表现为公司法中不能由当事人自由选择或排除适用的强制型规范的大量存在。因此,确定公司法的结构是以强行法为主还是以任意法为主,应该从分析强制型规范和任意型规范的成本和收益出发,然后通过成本收益的权衡来确定公司

---

① 参见〔美〕梅尔文·爱森伯格:《公司法的结构》,载吴敬琏:《比较》[M],北京:中信出版社,2004:第14辑。
② 参见〔加〕布莱恩·R.柴芬斯:《公司法:理论、结构和运作》[M],林华伟、魏旻译,北京:法律出版社,2001。
③ 参见汤欣:《论公司法的性格——强行法抑或任意法》[J],《中国法学》,2001年,第1期:第109—125页。

法的规则哪些应该是强制的以及哪些应该是任意的。

2. 法律规范的成本与收益

强制型规范完全排除了当事人自治,任意型规范则赋予了当事人很大的自主权。所以从允许公司自治的角度来看,强制型规范与任意型规范是相对的。因此,对这两种法律规范的成本—收益分析,可以简化为对一种规范的成本—收益分析。

其一,强制型规范的成本:

效率损失的成本。第一,知识是分散的[1],立法者不可能比当事人更了解他们自身利益的信息,表现在公司法上,就是公司之间的差异很大,公司参与各方偏好的变化也日益频繁,而强制型规范是建立在具有普遍约束力的基础之上的,不允许各方根据自身的需要进行调整,因此难以满足公司各方根据自身需要获得有效率的结果。[2] 第二,强制型规范具有被动反应性,缺乏灵活性,从而阻碍了当事人在面临情况时及时捕捉新机遇,设计出符合各方特殊需求的、能增加共同福利的机制安排。

规避法律的成本。尽管强制型规范具有强制约束力,但依然无法"堵死"规避法律约束的各种途径。从制度变迁理论可知,当人们为获得一个有效率的交易而不得不避开一项正式制度时,所要花费的成本是这一制度的交易成本之一。当公司参与者面临新的获利机会时,经常要通过重新构建交易或安排来克服强制型规范的影响,并为了以合乎法律的形式安排事务而支付交易成本,这时,公司法的强制型规范的存在将产生大量的规避法律成本,而这种成本本身是一种无谓损失,而且一旦出现法律的失范还会损害法律的威严。[3]

法律改革的成本。如果强制适用规范阻碍了许多有效率的交易,或致使公司参与者在进行合法合理的商业交易时产生大量的费用,理想的状况是立刻进行调整以克服那些困难。但是,即使我们不考虑立法过程中利益集团的寻租等对立法者的影响,实际的立法周期也很长,导致法律改革迟缓,往往使一些问题久拖不决。这对许多注重争端解决时效的公司来说,可能会造成很大的损失。"如果担心因存在强制适用规范而产生的费用和在任何形式的详细修改发生之前可能会有相当的延误,一个解决方法可能是使相当部分的规范变为推定适用"。[4]

专栏 9-1

布莱恩·R. 柴芬斯简介

布莱恩·R. 柴芬斯教授1998年起任职于英国剑桥大学法学院,在公司法、公司治理、法与经济学等方面的研究颇有建树。在国际知名刊物和社会科学研究网(Social Science

---

[1] 参见〔英〕弗里德里希·奥古斯特·冯·哈耶克:《致命的自负》[M],冯克利等译,北京:中国社会科学出版社,2000。
[2] 参见〔加〕布莱恩·R. 柴芬斯:《公司法:理论、结构与运作》[M],林华伟、魏旻译,北京:法律出版社,2001。
[3] 参见徐菁:《论公司法的边界》[D],对外经济贸易大学博士学位论文,2005。
[4] 参见〔加〕布莱恩·R. 柴芬斯:《公司法:理论、结构与运作》[M],林华伟、魏旻译,北京:法律出版社,2001。

Research Network,SSRN)发表文章数十篇,其专著《公司法:理论、结构与运作》于2001年翻译成中文在中国出版发行。

柴芬斯于1978年至1984年在加拿大维多利亚大学获得了文学和法学学士学位,1985年至1986年在英国剑桥大学获得法学硕士学位。1986年至1997年就职于加拿大不列颠哥伦比亚大学法学院(1986—1991年任助理教授;1991—1997年任副教授;1997年任教授)。

柴芬斯于1998年转到剑桥大学,成为S.J Berwin公司法教授。同年,他当选为剑桥大学三一学院研究员。2014—2018年,柴芬斯担任凯恩斯金融经济学研究员;2018—2019年,担任剑桥大学法学院主席。

柴芬斯曾担任多项客座学术职务,包括哈佛大学法学院客座教授(2002年)和哈佛大学商学院美国商业史客座教授(2014年)以及哥伦比亚大学法学院客座教授(2016年)。

资料来源:作者根据公开资料整理。

其二,强制型规范的收益:

体现公平与正义的目标。强制型规范期望达成的目标体现了公平和正义,而这一目标又与市场组织内部层级自律等非强制型规范要达成的目标存在显著差异,这时就要通过强制型规范的介入来纠正目标的偏离。强制型规范具有较强的约束力这一特征是缺省型规范与赋权型规范所无法企及的。

减少外部性。外部性指人们的行为有一部分的利益不能归自己享受,或一部分成本不必由自己负担,前者称外部效益,后者称外部成本。当交易有外部成本时,当事人并未承担交易的全部成本,法律管制的方式是将外部成本内部化;当交易有外部效益时,法律介入(广义的管制)的方式也是将外部效益内部化。当各方以一种给其他人带来不利的副作用的方式处理他们的事务时,推定适用规范很可能无法为受到损害的人提供保护。原因在于如果适用的法律不符合其利益,那些从事前述行为的人很可能选择排除适用。支持市场机制发挥主导作用的美国学者罗曼诺,也承认当出现外部性时有必要通过强制型规范对公司加以约束,因为外部性如果得不到及时有效的纠正,就会影响资源的有效配置。①

3. 已有的理论讨论

公司法应该是强制型规范多一些还是任意型规范多一些呢?对此有以下几种理论观点:

强行性学说。这种学说认为,历史上的公司法常常包含着大量的强制型规范,这是

---

① 但罗曼诺认为公司法的强制型规范应主要体现在联邦立法层面,因为联邦立法的政治程序会全面考虑股东的收益与成本,对于州公司法还是应该以非强制型规范为主,通过立法竞争实现各方利益的最大化。参见 Roberta Romano: Answering the Wrong Questions: The Tenuous Case for Mandatory Corporate Law, Vol. 89, *Columbia Law Review*, 1989: 1599-1617。

由当时的特许设立制度决定的,后来公司设立经历了核准主义、准则主义和严格准则主义的变迁,其中准则主义者主张,正是因为合同无法保障公司各方当事人之间的平等且无法保障社会公益,才需要公司来填补并确保公平和公益,因此公司法原则上是强制型的。①

合同理论。在合同理论看来,公司既然是许多自愿缔结合约的当事人(股东、债权人、董事、经理、供应商、客户)之间的协议,那么就应该尊崇合同自治的基本原则。不仅包括订立合同的自由,还应该包括合同内容的自由、合同履行方式的自由。因为只有订立合同的当事人才明白各自的利益所在,才可能找到最有利于自己的方式实现合同,保护自己的利益。国家不可能比订立合同的当事人更明白当事人自身的利益所在,因此,通过公司法律规范很难寻求以合适的方式对公司相关各方的利益进行恰当的保护,所以,对由合同集合而成的公司无须通过法律规范进行调整,即便需要,公司法也应该是赋权型的公司法,即公司法原则上应当是任意法。②

综合观点。相对于以上两种观点,更多学者的观点是比较折中的,认为公司法应该既包括强制型规范,也包括任意型规范,但对于该如何对规范进行划分在理论上还没有达成一致。

① 一部分合同主义者以公司成立时间为标尺,划分了两个阶段。在合同订立前也就是公司成立前,他们可以容忍以强制方式对各方当事人进行事前的约束,保证签约的公正。例如,有必要通过强制型规范确保各方的合理知情权,可以采取的此类强制型规范有许多种,如公司设立的法定主义、必要的强制信息披露等。但一旦合同订立,公司设立完成后,就不应该通过强制型规范继续对公司加以干预,因为此时非强制型规范可以发挥更好的规范作用,而且为公司设立的不得不采取的强制型规范,可能还会扭曲当事人的利益,这就需要通过非强制型规范在事后进行纠正。

② 爱森伯格根据公司组织类型来划分强制型规范与非强制型规范的界线,即对公众公司应该主要适用强制型规范,而对非公众公司应该主要适用非强制型规范。爱森伯格还提出应根据公司规则主旨的③三个角度对公司法规范结构进行深一步的细分:他根据公司组织特点把公司分为封闭公司、公众公司与即将上市的公司,并根据公司规则主旨把公司规则分为结构规则、分配规则和受托人规则。其中结构规则是指决策权在公司不同部门和不同代理人之间如何分配的规则、在不同条件下如何行使决策权的规则、在公司不同部门与代理人之间如何分配控制权的规则,以及公司部门与代理人行为有关的信息流

---

① 该理论的支持者认为,经济学上"合同"概念的外延远较法学上强调法律认可的责任与义务的"合同"广,经济学界和法学界在"隐含合同"概念上的差异更加明显,且公司结构和买卖结构毕竟大不相同,把分散的投资者和发行人之间的关系或者股东和公司管理层的关系称为"合同"殊为不当。参见,如:Victor Brudney: Corporate Governance, Agency Costs, and the Rhetoric of Contract, Vol. 85, *Columbia Law Review*, 1985:1403、1410-1411。
② 参见〔美〕理查德·A.波斯纳:《法律的经济分析》(下)[M],蒋兆康译,北京:中国大百科全书出版社,1997。
③ 参见〔美〕梅尔文·爱森伯格:《公司法的结构》,载吴敬琏:《比较》[M],北京:中信出版社,2004:第14辑。

动的规则;分配规则是指决定资产及其收益在股东之间的分配的规则;受托人规则是指决定经理人及控股股东责任的规则。具体划分的结构如表9-1所示。

表9-1 公司法规范结构

	结构规则	分配规则	受托人规则
公众公司	强制型	赋权型或缺省型	强制型
封闭公司	赋权型或缺省型	赋权型或缺省型	强制型

③ 根据公司内部组织关系加以划分。传统公司法都认为出于对股东的保护,对董事与经理人的义务应适用以受托人责任为核心的一整套强制型规范。对其他利益相关人的保护可以适用非强制型规范。对此标准,许多合同主义人士也表示了赞同。但他们支持的理由并不是从受托人责任的角度出发,而是认为,在公司里,股东是剩余请求权人,而经理人是剩余控制权人,即便通过市场机制,股东利益仍然得不到充分保护,所以需要借助于强制型规范,而雇员、债权人通过市场机制已经获得了确定的收益,因此没有必要通过强制型规范加以保护。

专栏 9-2

梅尔文·爱森伯格简介

梅尔文·爱森伯格1966年加入美国加利福尼亚大学伯克利分校法学院,现为该学院法学荣休教授。

爱森伯格曾经是美国法学会"公司治理原则"项目(American Law Institute's Principles of Corporate Governance)的主报告人。担任《代理法重述(第三版)》顾问,以及《利益偿还法重述(第三版)》顾问,同时也是美国律师协会(American Bar Association)公司法委员会(ABA's Committee on Corporate Laws)顾问。爱森伯格曾是哈佛大学客座教授,获得过"古根海姆学者"(Guggenheim Fellow)、富布莱特资深学者奖(Fulbright Senior Scholar)和美国国家基金会最高奖(Distinguished Teaching Scholar Award)。1984年,其应邀到密歇根大学法学院作"库利讲座"(Cooley Lectures),并曾在美国、德国、英国、意大利、加拿大、新西兰和日本等国知名大学做报告。1998年获米兰大学名誉法学博士学位。

爱森伯格在公司法领域享有盛誉。爱森伯格教授著有《普通法的本质》(*The Nature of the Common Law*)(1991年)和《公司法的结构》(*The Structure of the Corporation*)(1997年),并出版了《公司法与合同法》的案例选编。

资料来源:作者根据公开资料整理。

④ 有学者将公司法的规则分为两类:普通规则与基本规则,前者指有关公司的组织、权力分配和运作及公司资产和利润分配等具体制度的规则,后者指涉及有关公司内部关

系(主要包括管理层和公司股东、大股东和小股东之间的关系)的基本性质的规则。在此基础上,其分别区分了有限责任公司和股份公司。其中,股份公司又细分为初次公开发行前和上市后存续期间两个时期的公司。学者们对这些不同种类、不同时期的公司涉及的公司法规则的强制力度进行分析。① 对有限责任公司的公司法而言,原则上普通规则可以是任意型的,而基本规则应为强制型,不得由当事人自由变更。股份公司的公司法中,基本规则和有关权力分配的普通规则适用于管理层与股东之间利益冲突最为激烈的领域,原则上它们应该是强制的,有关利润分配的普通规则则允许有一定的灵活性。

4. 强制型规范的适用

以上讨论更多地考虑了规则的公平性,即把股东作为主要关注点,实际上,外部性问题,即债权人利益保护也是适用强制型规范的主要原因,所以应该从公平性与外部性两个方面界定强制型规范的适用范围。

判断哪种规则应该采用强制型规范,就应该考虑如果没有该项规则是否会出现明显不公平或者外部性(给第三人造成损害)。产生的不公平主要源于两个原因:信息与能力。自治是指公司参与各方都能理性地依相关信息缔结符合双方利益的契约。因此,这里首先要求契约双方都能掌握与契约有关的信息(或者说信息对称),如果一方掌握的信息明显优于另一方(即信息不对称),那么签约对于处于信息劣势的一方是明显不公平的,例如由于管理者直接对公司进行经营管理,因此其对公司的事务所掌握的信息显然比投资者多。其次是契约双方的能力问题,即契约一方因客观原因无力保护自身利益的时候。客观原因的标准限制了因主观原因而提出的强制型规范的适用可能,如股东因自己的疏忽而放弃保护自身权益的情况。以股东投票表决为例,公司事项往往依赖于股东投票表决机制的制定和实施。一方面,在资本多数决策情况下,股东表决容易演化成为大股东专制,小股东没有能力保护自身的利益;另一方面,由于管理层掌握了向股东大会提案的主要渠道和安排议程的权力,股东的投票自由实际上受到很大的限制。公司管理者常用的手段是推迟董事会召开,或将董事会召开的时间改在很多股东无法到来的日期,等等。在这种情况下投票时,中小股东往往有两种可能的选择:第一是弃权;第二是在没有对有关事项进行详细调查的情况下(信息不对称)就投票,从而使有利于管理者的提议获得通过。解决这一问题的方法就是将相关规则制定成不可改变的法律,即强制型规范,从而在一定程度上保护中小股东的利益。②

判断规则是否因为具有外部性而采用强制型规范的关键在于确认谁是契约双方,谁是第三方。公司契约的第三方可能包括公司的债权人、交易对手、潜在投资者、员工等。法律通过强制型规范的规定可以避免契约双方隐藏信息,或者做出不利于第三方的协议。例如对法定资本制度、股票回购的规定,以此来减少股东或管理者利用有限责任进行一些冒险性经营活动的决策等。

---

① 参见〔加〕布莱恩·R. 柴芬斯:《公司法:理论、结构和运作》[M],林华伟、魏旻译,北京:法律出版社,2001。
② 参见汤欣:《论公司法的性格——强行法抑或任意法》[J],《中国法学》,2001年,第1期:第109—125页。

出于公平的原因,对于适用强制型规范的标准,笔者更倾向于爱森伯格的观点,即是否适用强制型规范依公司类型和规则类型而定。有限责任公司的股东数目较少,往往是由其中一名股东作为公司的管理者,因此,所有权与控制权分离的程度相对较低,所以较易就公司的大多数事项达成自愿的协议。因此,结构规则和分配规则可以以强制型为原则、任意型为例外,但因为不是所有的股东都参与公司的经营管理,所以赋权型规则应以强制型规范为主。而股份公司,尤其是上市公司往往规模较大,股东分散且数量众多,为了使形成决策和实施决策的过程更有效率,公司的职权通常委托给董事会和经理,两权分离较为严重。在这种情况下,股东很难就公司组织和运作的细节与管理层通过协商达成一致、缔结严格意义上的合同,对公司起规范作用的实际上是法律和公司的内部决策机制,如章程及章程细则、股东大会决议、董事会决议、经理的指令等。因此,股份公司核心的受托责任和结构规则应当是强制的,不能由管理层自由决定或者更改。原因不在于立法者或法官一定比管理层更高明,而是因为在"代理人"与委托人或被代理人的利益有冲突时,不能允许前者拥有决定或实质性改变"游戏规则"的力量。①

三、权力配置的经济分析

随着第二次产业革命的发展,所有者与经营者统一的古典资本主义公司被所有者与经营者相分离的现代公司所取代,所有者和经营者之间的委托代理关系成为公司中最重要的合同关系。怎样降低代理成本、最大化委托人利益也就成为理论研究的焦点。公司法对公司权力配置就是要达到降低代理成本的目的。

公司内的权力配置涉及三个权力主体,即股东、董事会和经理层。股东是剩余索取者(所有者),拥有"每股一票的"的投票权,通过投票选择"董事会",再由后者选择经理。美国学者法马和詹森专门研究了公司内部的权力配置问题,他们认为公司决策(控制)权可分为"决策管理权"和"决策控制权"。"决策管理"包括最初决策方案提议和决策方案被批准后的执行决策,而"决策控制"则包括决策方案的审批和对决策方案执行的监督。他们把公司的权力配置看成契约控制权的授权过程:作为所有者的股东,除了保留诸如通过投票选择董事与审计员、兼并和发行新股等剩余控制权,将本应由他们拥有的企业控制权的绝大部分授予了董事会,而董事会则保留了"决策控制权"(剩余控制权),将"决策管理权"(特定控制权)授予了总经理。这种授权的必要性在于,决策分工和专业化知识提高了现代公司的经营效率。

然而以上的简单论述难以让我们全面理解公司法对公司内部的权力配置,我们还要回答以下问题:第一,股东为什么拥有剩余索取权?第二,公司的融资结构与控制权有什么关系?第三,经理为什么拥有部分剩余索取权?

---

① 参见汤欣:《论公司法的性格——强行法抑或任意法》[J],《中国法学》,2001年,第1期:第109—125页。

1. 股东拥有剩余索取权

剩余索取权是相对于契约收益而言的,即指公司收入在扣除所有的固定契约支付后对其利润的要求权。

我们可以通过梳理现代企业理论得到股东为什么拥有剩余索取权的答案。早在科斯的《企业的性质》一文中,虽然没有明确提出"资本"与企业的关系,但把"雇主与雇员"比喻为"主人与仆人",以揭示出物质资本所有权在企业中的决定作用。阿尔钦与德姆塞茨在《生产、信息费用与经济组织》一文中主要分析了公司内部的激励问题,他们认为公司的生产在本质上是一种协作生产。协作生产的困境在于相互合作的成员的边际产出无法直接或者分别观察,协作生产的产品是团队的边际产品而不是成员个人的边际产品;由于观察边际产出的成本不为零,所以每个成员都有将自己偷懒的成本转嫁给他人的偷懒和搭便车动机。因而,在团队生产中需要一个监督者。只有物质资本所有者能充当这个监督者,或者说,应该赋予公司监督者物质资本所有权。所以这一理论又被称为公司的"产权理论"。

威廉姆森也强调了公司中资本家对工人形成"权威关系",虽然他未加论证,但在他的模型中,资本家作为雇主已经包含在其前提中。他还按照效率原则论证了资本雇佣劳动的模式是最有效率的。所以,交易成本理论是把"资本"所有者拥有和控制公司作为理论前提和逻辑起点的。委托代理理论是建立在资本所有权与控制权"两权分离"基础之上的。物质资本所有者是所谓委托人,是公司天然的所有者。尽管事实上的资本所有权已不完整,但委托代理理论仍然建立在"股东至上主义",即资本所有权逻辑之上。

格罗斯曼和哈特发展了威廉姆森的理论,从区分特定控制权和剩余控制权入手,把未被合同明确规定的权力称为"剩余控制权",并且明确指出剩余控制权天然地归非人力资产所有者所有,因为"在合同不完全时,所有权是权力的来源",而且"对物质资产的控制权能够导致对人力资产的控制,雇员将倾向于按照他的老板的利益行动"。① 因此,股东才是根本和最终的风险承担者,也只有他们才有足够的激励选择优秀的经理、解雇平庸的经理及监督经理的表现。由此,可以发现剩余索取权的安排主要源于解决公司的激励问题。

2. 公司的融资结构与控制权的关系

由于债权人要承担本息到期无法收回或不能全部收回的风险,因此债权人应与股东一样拥有监督权,并在非常情况下拥有控制权,特别是在破产清算时,因为此时股东的收益已固定为零,在边际上已不承担风险,缺乏适当的激励,而债权人拥有实际上的剩余索取权,要为新的决策承担风险,因而也有积极性做出好的决策。

因此,从这一点上来看,融资结构不单是一个融资契约的选择问题,更重要的是资金背后产权主体相互依存、相互作用,共同构成了制衡的权力配置问题。作为一种治理结

---

① 参见 Oliver Hart, John Moore: Property Rights and the Nature of the Firm, Vol. 98, *Journal of Political Economy*, 1990: 1119-1158。

构,债权融资的治理效应体现在以下方面:第一,债务是一种担保机制,能促使经营者努力工作,减少个人享受,并对投资决策更加负责,从而降低融资的代理成本;第二,负债增多能有效约束经理人行为,减少其随心所欲支配的现金,进而压缩经理人从事低效投资的选择空间,引导其进行理性投资;第三,当公司违反债务契约或资不抵债时,债权人可以利用破产机制全面约束公司经营行为,并相机取得公司控制权而接管公司,自然会对公司股东和经营者的根本利益产生强烈冲击,所以债权人对经营者的控制更残酷,也更有效;第四,银行的监督和严厉的债务条款可以减少债权人的监督工作,使监督更加有效。

3. 经理要拥有一定的剩余索取权

标准委托代理理论的两个重要命题就是:第一,在任何满足代理人参与约束及激励约束,使委托人效用最大化的激励合约中,代理人都必须承受部分风险;第二,如果代理人是一个风险中性者,那么就可以通过使代理人承受完全风险的办法来达到最优结果。

具体而言,经理人作为公司的经营成员,他对公司的日常经营决策拥有"自然"的控制,从而在给定经理行动难以监督和不能写入合同时,他必须有剩余分享权(承担一定的风险)以促使其努力工作。特别是为了促使经理提高公司的长期生产能力,而不仅仅是提高总销售收入和短期利润,经理的报酬应当与公司股票价格密切相关。最好让作为公司内部人的经理持有一定的股份,成为内部股东,这样可以使经理的利益与外部股东的利益更好地统一起来。即拥有剩余索取权和承担风险的人应当拥有控制权;或者说,拥有控制权的人应当承担风险。剩余索取权是使拥有控制权的人采取恰当行动的激励机制。尤其是如果剩余索取权与控制权(投票权)不对应的话,"廉价投票权"会使不称职的经理更有可能控制公司。当然,现实中,剩余索取权和控制权完全对应是不太可能的,否则就不存在代理问题。

四、有限责任制度的经济分析

公司是一种独立的法人组织,股东对公司债务承担有限责任,即股东以其投资额为限承担责任,公司则以其全部财产承担公司债务。对于有限责任制度存在的合理性,法学界是从权利义务对等的角度进行分析的。其中,汉密尔顿认为,有限责任制度的确使原本应由出资人承担的风险被债权人承受了,但它以出资人放弃出资的财产权利为前提。公司在取得了独立的财产权利以后,具备了相应的责任能力或者义务承受能力,公司独立的财产使得债权人在与公司交易时,可以获得合理的担保预期,因为公司财产的独立性使得它的责任能力具备了相应的物质基础。有法学家从保障交易安全的角度,认为有限责任制度在股东与公司之间、股东与债权人之间设置了两道屏障:一是股东凭借出资获得了股权和承担有限责任,而公司则同时获得独立的财产和责任。这就切断了公司责任与股东责任之间的连带关系,降低了股东投资的风险。凭借独立财产,公司奠定了对外责任的担保基础,债权人也具备了预测投资风险的前提和参照。二是作为有限责任的对价,股东人格与公司人格相互分离,这对债权人产生合理预期有较大的限制作用,从而使出资人的财产可以免受债权人的无限制追索。[①]

经济学是从制度本身的成本—收益角度来论证有限责任制度存在的合理性的。伊斯特布鲁克和费希尔认为有限责任之所以会成为公司合同交易规则的模本，并不是法律创造的，而是在经济发展中市场主体的自然选择。在经济学意义上，有限责任制度是公司所有权与控制权分离的内生要求。具体可归纳为以下两个方面：

第一，有限责任有利于公司吸引投资者投资，扩大公司规模。有限责任制度的最大优点在于它能将投资者的责任限制在其投资范围内，给投资者进行投资提供了一种确定的预期，即投资者能够预先知道其投资的最大风险仅限于其投资的损失，这就给予了投资者一种保障，从而能够有效地刺激其投资，进而有利于公司大规模吸收社会资金，筹集到巨额资本，拥有众多股东，建立两权分离的现代化公司。

第二，有限责任有利于降低两权分离的监督成本。第一，有限责任通过减少股东所承担的风险，降低了股东对管理人的过度监督，提高专业化管理的效率。投资于公司的股东为了保护自己的利益，往往会紧密地监督代理人，他们要承担的风险越大，就会越重视监督。过度监督对提高管理效率、增进公司收益弊大于利。而在有限责任的情况下，风险的事先确定性和有限性减少了股东对管理者过度监督的需求。在客观上这种做法将导致一个独立的管理阶层的出现，而独立的管理阶层的出现又必然会使公司的管理越来越科学。第二，有限责任降低了股东之间相互监督的成本，鼓励了股份自由转让。无限责任要求股东或合伙人对公司债务负无限连带清偿责任，这对于富有实力的股东还可能造成不公平。因为股东的财产越多，其他股东的资产被用以支付判决赔偿的可能性越小。这会鼓励现有股东耗费成本去监督其他股东，以保证他们不会转移或以低于实际价值的价格变卖财产。而有限责任使股东身份与其他股东的财产之间变得毫不相干，从而不仅避免了成本浪费，而且还为股份自由转让提供了可能。[②]

有限责任制度在便利投资、促进现代公司形成的同时，也带来了一定的副作用。由于有限责任使股东仅以出资额对公司的经营活动所发生的债务承担有限责任，从而鼓励了股东的道德风险行为，给公司的债权人带来了负外部性。在以纯股权进行经营时，所有的利润和损失都直接由股东自己承担。而当公司的资金来源部分是股权、部分是借款时，有限责任制度使债权人承担了股东原始投资以外的风险。因此，在有限责任制度下，股东更愿意以一种更具风险的方式管理公司的资产，从而降低了公司对债权的偿还可能。

从经济学的观点来看，理性的债权人将正确地预期到股东的行为，为保护他们的债权不受损失或能在收益中尽量获取一定份额，其会向经理或股东提出一系列的要求或增加举债融资的约束条件。正如波斯纳所言："有限责任并不是一种消除公司失败风险的手段，它只是将风险从个人投资者转移到公司自愿或非自愿的债权人身上，是他们承担了公

[①] 参见夏雅丽：《有限责任制度的法经济学分析》[J]，《西安电子科技大学学报（社会科学版）》，2004年，第1期：第74—79页。

[②] 参见〔美〕弗兰克·伊斯特布鲁克，丹尼尔·费希尔：《公司法的经济结构》[M]，张建伟、罗培新译，北京：北京大学出版社，2005。

司违约的风险。而债权人承担这种风险是必须得到报偿的。"①债务融资比例的上升就将导致借债成本——利率的上升,这种债权的代理成本将由股东来承担。这种成本的内部化可以限制股东的机会主义行为。随着债务融资比例的上升,应由股东承担的债务的代理成本将增大。因此,可以预期,债权人和股东之间的代理成本因有限责任而提高,并且随着公司的债务增长而提高。

五、公司资本制度改变的经济分析

1. 公司资本的含义及类型

公司资本是指公司设立时作为独立的法人应具有的最低限度的自有资产。公司资本与公司资产不同,前者属于公司法中的概念,是一种静态的要求,不能随意更改;而后者是会计学中的概念,是指公司拥有的或能控制的以货币计量的各种资产的总和,是一种动态的概念,随公司经营状况的变化而不断变化。

为保证公司资本的静态稳定性,传统意义上的公司资本有三个原则:资本确定原则、资本维持原则和资本不变原则。资本确定原则是指公司在成立时必须在公司章程中确定公司资本的总额,不论采取发起设立还是募集设立,都需全部认足或募足;资本维持原则是指公司在成立后的经营过程当中,应该维持不低于其公司资本的资产;资本不变原则是指公司的资本总额一经确定就不能随意变更。

追溯到法人制度的形成,公司的资本制度存在三种形式,即原始的法定资本制、与法定资本制相对应的授权资本制和集合了两者之优点的认可资本制。

法定资本制是公司法人制度刚被发明时遵循的一种制度。严格的法定资本制是指完全符合公司资本三原则的制度,其内容主要包括:①公司成立时公司章程必须明确符合法定最低注册资本的资本金额;②公司成立之初全体股东必须足额缴纳公司的注册资本;③公司在经营过程中要维持公司资产高于公司的注册资本金;④公司的注册资本增加或减少要经过法定程序,包括公司内部的决定程序和行政机关的许可或登记手续才能生效。严格的法定资本制对于资金的要求过于苛刻,已经不能适应要求资金高效运转的现代化经济体系,因此产生了许多应变的资本制模式,其产生的内在动因都是基于效率与公平之间的博弈,其中授权资本制就是一个明显的更加重视资金运用效率的现代化资本制度。

授权资本制是与法定资本制完全对立的一种模式。授权资本制对于资本三原则没有严格要求,不要求发起人全部缴足公司章程中明确规定的公司注册资本,只需缴付其中的一部分,其余未缴足部分根据公司需要,随时发行新股募集。授权资本制的理念是"放松不必要的资本管制,尽可能为资本的效率化形成和运作提供最大的灵活空间",目前美国、英国实行的就是授权资本制,日本、韩国及欧盟国家等也逐渐向授权资本制靠拢,可以说

---

① 〔美〕理查德·A. 波斯纳:《法律的经济分析》(下)[M],蒋兆康译,北京:中国大百科全书出版社,1997:516。

授权资本制是世界公司资本制度发展的大趋势。

认可资本制也叫折中资本制,集合了法定资本制和授权资本制的优点,是指公司设立之初要在公司章程中明确公司的注册资本,并缴付一定比例的资本,而其余部分则采取授权资本制的方式,由董事会在经营过程中根据实际的情况决定何时缴足。但是这种给予董事会的自由并非授权资本制中不受任何限制的自由,认可资本制要求董事会必须在一定的时限内缴足剩余的注册资本,可以说认可资本制集合了法定资本制与授权资本制的优势。欧盟的一些国家已经由法定资本制向认可资本制转变,其资金运用的自由度大大提高。

在现存的两种法系中,大陆法系规定的资本制度严格遵守了公司资本制度的三原则。与之不同的是,英美法系中公司资本制度的原则并没有要求公司成立时就全部缴足公司章程中规定的公司资本总额,股东只需缴足法定的资本最低限额即可,其余部分根据公司的实际经营情况在适当的时间缴足。

2. 我国公司资本制度规定的变化及发展趋势

1993 年《公司法》确立了法定资本制后,我国公司资本制度历经 2005 年、2013 年、2018 年和 2021 年修改草案等几次大的修订,从严格法定资本制向授权资本制推进。

1993 年《公司法》对公司资本制度的规定是实行严格的法定资本制。例如第二十三条规定:"有限责任公司的注册资本为在公司登记机关登记的全体股东实缴的出资额。有限责任公司的注册资本不得少于下列最低限额:(一)以生产经营为主的公司人民币五十万元;(二)以商品批发为主的公司人民币五十万元;(三)以商业零售为主的公司人民币三十万元;(四)科技开发、咨询、服务性公司人民币十万元。特定行业的有限责任公司注册资本最低限额需高于前款所定限额的,由法律、行政法规另行规定。"第二十四条规定:"股东可以用货币出资,也可以用实物、工业产权、非专利技术、土地使用权作价出资。"第二十五条规定:"股东应当足额缴纳公司章程中规定的各自所认缴的出资额。"第七十八条规定:"股份有限公司的注册资本为在公司登记机关登记的实收股本总额,股份有限公司注册资本的最低限额为人民币一千万元,股份有限公司注册资本最低限额需高于上述所定限额的,由法律、行政法规另行规定。"我国 1993 年《公司法》规定的法定资本制有着较高的注册资本金要求及较窄范围的实物出资许可,用以保证公司出资的资本真实。这种法定资本制的设立初衷是保护债权人的利益,但由于公司的注册资本只是在公司设立的时间点确立,在公司的运营过程当中,公司的总资产随着经营情况的变化而不断变化,所以公司的注册资本已经不能起到保护债权人的效果。除此之外,法定资本制还存在着一些其他缺陷。

随着市场经济的发展,严格的法定资本制给公司的设立和运营特别是筹资、融资设置了巨大的障碍,不再能够满足实践需要。2005 年,《公司法》经修改开始实行较为宽松的公司资本制,即股东只需认足注册资本并完成至少 20% 的首期出资,公司即可设立,对于其余注册资本,股东在两年内缴足即可(投资公司在五年内缴足,一人有限责任公司需在公司设立时一次缴足),并且出资方式也不再严格限制,只要货币出资金额占注册资本的比例达到30%,其余部分均能够以可估价的非货币财产出资。当然,2005年《公司法》修改后施行的公司资本制在本质上仍然是一种以资本三原则为理论基础的法定资本制。

2013年我国对公司资本制进行了重要修订,确立了认缴的注册资本制,向授权资本制迈进了一大步。其中2013年进行的主要修改完全放开了对于注册资本的种种限制,对之前的法定资本制进行了颠覆性改革。这次改革主要涉及三方面的内容:第一,将有限责任公司与发起设立股份有限公司的资本缴纳由有限制的认缴制改为完全认缴制。在一次性认缴完注册资本后,股东(发起人)对于认缴资本的缴纳期限、缴纳方式可在公司章程中做自主约定,法律完全不加干涉。第二,一概废除法定最低资本额的限制性规定,公司设立的门槛被取消,一元钱设立公司从理论走向现实。第三,随着由有限制的认缴制转为完全认缴制,相应的验资程序也被取消。2018年专门针对《公司法》第一百四十二条股份回购规则,增加了回购股份的适用情形。

2021年,新的《公司法》修订草案经第十三届全国人大常委会第三十二次会议审议,已向社会公开征求意见。修订草案对公司资本制度做了相应修改:①在股份有限公司中引入授权资本制,即股份有限公司设立时只需发行部分股份,公司章程或者股东会可以做出授权,由董事会根据公司运营的实际需要决定发行剩余股份。②为适应不同投资者的投资需求,对已有较多实践的类别股做出规定,包括优先股和劣后股、特殊表决权股、转让受限股;允许公司根据章程择一采用面额股或者无面额股;按照反洗钱有关要求,并根据我国股票发行的实际,取消无记名股。③增加简易减资制度,即公司按照规定弥补亏损后仍有亏损的,可以进行简易减资,但不得向股东进行分配。

纵观我国公司资本制度的改革历程可以发现,《公司法》对公司资本制度的修订适应了经济发展的需求,促进了我国市场经济的发展。我国公司资本制度的改革和变迁之本质就是一个政府管制(干预)范围逐步缩小、公司自治空间逐步扩大的过程。

3. 我国公司法资本制度演变的经济分析

公司资本制度的改变,即有关注册资本的规定会涉及债权人的利益与公司内部股东平衡问题,也就是债权人的利益保护和股东的创业成本,下面我们将针对法定资本制和授权资本制有关债权人保护和股东创业成本问题进行分析①。

① 债权人面对的风险

人们假设交易信息费用为零,实际上我们知道,现实交易中信息的获得是需要成本的。芝加哥大学经济系教授乔治·斯蒂格勒放弃了完备信息的暗含假设,提出了信息不充分、信息有价值、信息的获取有成本的假设,使信息成为现代经济分析的一个重要考虑变量,这一贡献也成为其获得诺贝尔经济学奖的重要原因之一。

股东为了获得债权人的贷款会主动披露自身的信息,其披露的目的一方面是债权人

---

① 以下分析重点借鉴了两篇文章:《我国公司资本制度及其变化的经济分析》[EB/OL], http://article.chinalawinfo.com/ArticleHtml/Article_57461.shtml,2023年11月14日访问;魏建、褚红丽:《股东创业成本最小化与债权人利益的虚假保护——公司资本制度的法经济学分析》[J],《思想战线》,2007年,第33期:第52—58页。

在市场中基本上属于固定利益获得者,收取固定的利息费用,因而股东为了获取贷款便会主动披露自身的相关信息,这也促进了借贷市场的发展,但是另一方面股东为了追求利益最大化,也会去掩饰甚至提供虚假的自身信息,导致债权人获得的信息具有不确定性,从而不愿意借出款项,渐渐导致市场凋零。

股东为了获得高额的回报还有可能违反债权合约的约定而用借来的款项进行具有较高风险的投资,从而获得高额回报。在这一过程中债权人承担了巨大的风险却只能享受相对较小的回报,一旦项目成功,股东则可以享受高额的回报。

法定资本制可以对股东的出资状况进行如实披露。在资本制度成立之初,许多学者认为在法定资本制下,股东需要对公示的公司资本出资到位,因而在不完全的市场上,法定资本具有值得信赖的公信力,可以在一定程度上减少债权人的信息不对称,增加债权人对市场的信心,因而减少了债权人和股东之间的监督费用和信息交易费用。那么法定资本制究竟是否可以起到这样的作用,下面我们用经济学的方法对其加以分析。

② 债权人的保护

我们首先分析债权人的保护与公司的资本制度是否相关。我们的讨论建立在一种完美市场的假设下,即假设公司的投资者只有股东和债权人且所有股东和债权人对公司的各项权利和义务均相等(债权同质,即不存在抵押等优先债权的情况);外界环境对公司的运作无干扰;股东和债权人都追求自身利益的最大化;当公司的清算价值小于债权人的本金和利息总和时(资不抵债),债权人即申请破产;公司申请破产时的资产仅用于支付债权人及股东,没有职工的薪资福利及拖欠国家税款的情况,且破产清算等中介费用暂且不计;而且根据法律规定,公司破产时应该先偿还债权人的债务。在上述假设的条件下,债权人的债权有两种实现形式:一是所投资公司正常经营,债权人拿回了本金及利息 C;二是债权人所投资的公司资不抵债申请了破产,债权人只能按比例得到公司的清算价值 LA。所以债权人实现的价值 D 是:

$$D = \begin{cases} C, & LA > C \\ LA, & LA < C \end{cases}$$

设公司破产进行清算的概率为 P,债权人对公司和股东进行监控的成本为 S,则债权人的预期收益 Ic 是

$$Ic = C \times (1 - P) + LA \times P - S$$

传统观念认为公司进行破产清算的概率与债权人的监督成本 S 和公司的注册资本 Kr 有关,因为债权人付出的监督成本越大,公司的各项运作风险就越小,公司趋向于稳定发展,破产的风险 P 就越小;而注册资本金越大,公司实力越强,P 也就越小。因此,破产风险 P 是关于债权人的监督成本 S 和公司注册资本 Kr 的函数,记为 $P(S, Kr)$。当注册资本 Kr 一定时,债权人付出的监督成本越大,公司破产风险越小,且随着债权人监督成本的增加,公司破产风险降低的幅度会减小。想要债权人的收益最大化,则存在一个最优的监督成本,推导如下:

$$\frac{\partial Ic}{\partial S} = 0$$

$$-C \cdot \frac{\partial P}{\partial S} + LA \cdot \frac{\partial P}{\partial S} - 1 = 0$$

$$\frac{\partial P}{\partial S} = \frac{1}{LA - C}$$

设上式的解为 S^*,债权人的最优监督成本 S^* 位于图 9-1 所示位置,其中 α 为切线与 X 轴的夹角,切线的斜率即 $1/(LA-C)$。当 $LA-C$ 越大时,α 越接近 180 度,切线越平坦,债权人的最优监督成本 S^* 右移,即当 LA 越大(债权人的债务越大)或者 C 越小(公司的资产状况越好)时,债权人愿意付出的监督成本越多,公司破产的风险越小。

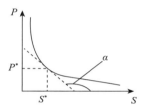

图 9-1　债权人的最优监督成本与破产风险

因此,债权人对公司的最优监督成本与公司的注册资本 Kr 并没有紧密的关系,无论公司的注册资本为多少,债权人都会根据自身的债权情况与公司当前的资产情况决定投入多少监督成本用以保护自己并获得最大的利益。此外,公司的清算价值是公司在经营了一段时间后资不抵债时的价值,与公司现阶段的经营状况及发展前景无关,而公司的实缴注册资本只是公司成立之初的资产价值,二者之间并没有直接的相关性。然而,庞大的注册资本却给了债权人假象:即使公司已经濒临破产但依然可以拥有显示出充足实力的注册资本,这就是注册资本对债权人的虚假保护性。由上述分析我们可以得出结论,注册资本不能反映公司的偿债能力,所以不能作为债权人监督成本的直接参考变量。

许多学者都认为有效降低债权人的监督成本和完善责任追究机制是保护债权人最有效的方式。债权人衡量是否对一家公司进行债权投资的关键,首先要考虑到公司和股东的动态信息是否能及时、完整和准确地传达给债权人,这反映了债权人监督成本的高低;其次要考虑到当所投资公司损害债权人的利益时,是否存在有效的责任追究机制以保障债权人的合法利益。债权人需要进行监督了解的内容包括公司的财务状况、前景和发展战略、公司的治理以及其他债权人的情况等,用以随时衡量自己债权的实现能力;责任追究制度包括公司是否具有面纱性(实践中很难认定),公司是否与其他债权人恶意损害自己的债权及可否追究股东的个人连带责任(需股东在债权的实现过程中存在损害债权人利益的行为)。所以说,对债权人的保护是一个动态的过程,需要债权人定期对公司的各种行为进行审核才能达到保证自身利益的效果,采取最严格的公司法定资本制度并不能保障债权人的利益。

③ 股东创业成本最小化

我们依然用 Kr 表示公司的注册资本，股东投入公司的相对成本用 Cs 表示，包括为支持公司的运营、发展或扩大规模而投入的现金、资产、技术、专业知识等各种形式的资源。因为当公司的注册资本较低时，公司缺乏自有资本来支持其运营和扩张，股东需要提高其相对成本来维持公司的正常运作或推动其发展。此外，低注册资本也可能意味着公司在面临风险或挑战时财务稳健性较低，这可能导致股东需要承担更高的风险，进而增加他们的相对成本。所以，当采用一种较为宽松的资本制度时，公司的注册成本 Kr 越低，则股东投入的相对成本 Cs 越高，即 Cs 可以表示为 Kr 的函数 $Cs(Kr)$，且 $Cs(Kr)$ 关于 Kr 的导数小于 0。我们还知道公司的破产风险 $P(Kr)$ 与注册资本 Kr 呈反向变动关系，有 $dP(Kr)/dKr$。

我们假设股东获得的息税前利润为 E，依旧用 C 来表示债权人的应收本金及利息之和，税率为 T，则股东的收益为 $(1-T)(E-C)$。当 $E>C$ 时，股东的本金及收益均为正，总和为 $(1-T)(E-C)+Cs(Kr)$；当 $C-Cs(Kr)\leq E\leq C$ 时，股东的本金及收益总和仍为 $(1-T)(E-C)+Cs(Kr)$，但此时收益 $(1-T)(E-C)$ 为负，投入资本 $Cs(Kr)$ 会逐年受到侵蚀；当累计亏损使 $Cs(Kr)+E<C$（资不抵债）时，公司的股东权益为 0。所以公司股东最后所得的预期收益 Sh 可以表示为：

$$Sh = \begin{cases} (1-T)(E-C)+Cs(K_r), & Cs(Kr)+E \geq C \\ 0, & Cs(Kr)+E < C \end{cases}$$

所以股东的预期收益 $Is=[(1-T)(E-C)+Cs(Kr)](1-P)$。可以看出，非破产情况下的股东所得 $(1-T)(E-C)+Cs(Kr)$ 与注册资本金 Kr 的关系为 $d[(1-T)(E-C)+Cs(Kr)]d(Kr)=dCs(Kr)d(Kr)<0$。所以非破产情况下的股东所得与注册资本金呈反方向变化，因而较高的注册资本金不利于公司的设立，降低了股东的投资意愿。由此可见，在最大程度上降低创业成本、维护股东利益最大化才是注册资本的作用。

4. 我国公司资本制度的演变

各种制度的立法规定究其根源就是一场公平与效益的博弈，民法侧重于公平，而商法则偏重于效益，经济制度的运行更毫无疑问的具有效益优先兼顾公平的原则，这就给公司资本制的选择提供了明确的指引。

经过长期的实践和探索，各国公司的资本制度已经确立了三种不同的形式，即法定资本制、授权资本制和认可资本制。三种资本制对于公司设立时的资本缴纳的方式、时间及资本的形式都有不同的规定。大陆法系国家大多采用法定资本制，严格按照资本确定、资本维持和资本不变的资本三原则对公司的资本制度进行规定。但法定资本制在公司成立之初便要求公司全额缴纳注册资本金，公司的设立需要发起人拥有足够的资金实力，因此可以说法定资本制的设立没有给社会财富资源的创造渠道开通有利的条件，没有为市场资源配置提供最大的自由度。

我国第一部《公司法》颁布于 1993 年，之后分别于 1999 年、2004 年、2005 年、2013 年、

2018 年和 2023 年进行修改,但是关于公司资本制度的较大变化出现在 2005 年和 2013 年的修订中。我国 1993 年《公司法》中规定的公司资本制度是十分严苛的法定资本制,其设立的初衷是放弃市场公司设立的自由度以保护债权人的利益,这也和当时计划经济的背景相呼应。

有学者认为,股东设立公司而放弃了对自己财产的直接支配权,债权人承担较大风险且放弃了对投资者的直接追索权并不是一种不公平,而恰恰是通过这种完美的法人制度使股东和债权人的利益得到了相对平衡,因为在此过程中股东以相对低的风险获得了债权人的资金以进行投资,而债权人直接与法人进行交易则节省了大量的交易成本。为了把债权人的风险降到最低,债权人有权根据需要采取债权人监督、债务合约及破产保护等措施,使得股东与债权人的风险与利益达到平衡,从而促使债务投资出现。而法定资本制不但没有促进股东和债权人之间达到的这种平衡,反而由于资本制度对债权人的虚假保护性破坏了这种平衡,是一种不合理的公司资本制度。由于法定资本制既无益于债权人利益的保护,又增大了公司设立的难度,不利于一国经济的发展,因而许多国家已经放弃了这种公司资本制度。授权资本制是与法定资本制完全对立的一种资本制,不要求在公司章程中明确注册资本,只要实际缴付一部分即可,其余部分由董事会根据公司的经营需要自行决定何时缴足。那么,公司的注册资本对股东就更加没有任何约束力了。

基于上述原因,大陆法系的许多国家都在克服法定资本制的缺点,在借鉴授权资本制的优点基础上采取了认可资本制。1993 年、2005 年和 2013 年我国对公司法和公司的资本制度进行了进一步修订,2013 年的修改规定,除法律、行政法规以及国务院决定对有限责任公司或者股份有限公司的注册资本最低限额另有规定外,取消有限责任公司最低注册资本 3 万元、一人有限责任公司最低注册资本 10 万元、股份有限公司最低注册资本 500 万元的限制。这意味着,公司设立向所有的市场主体放开,注册资本不因公司形式的不同而有不同的要求,公司股东(发起人)可以不受注册资本多少的影响,自主决定设立有限责任公司或者股份有限公司,大大降低了公司设立的门槛,放宽了准入机制,有利于提高市场经济的自由度和活跃度。新《公司法》在资本制度上与世界趋势接轨,改善了市场准入机制,使得实体经济和资本市场制度更加完善。但是诸如人力资本等可以作价的非货币资产并没有在其中被许可作为非货币资产进行出资。借鉴西方的立法经验,关于这方面的价值评估和出资制度还可以进一步考虑和完善。

第三节 公司法的经济学分析评析

经济学与法学作为两门不同的学科,在总的研究方法和研究目的上存在着很大的差异,这包括对效率和公平的不同关注程度、分析方法的个人主义等,应该说不同学科的研究范式都有其合理的一面。这里我们将研究集中于公司法的经济学分析与法学分析的具体差异上。另外,值得指出的是,经济学对公司的契约分析方法在大大扩展传统法学领域公司法研究的分析思路的同时,也引来了许多学者的争议。

一、公司法经济学分析与法学分析之比较

公司法的法学分析和经济学分析的具体差异主要表现在对公司主体性和公司法结构的认识两个方面。

1. 对公司的产生及其主体性解说的差异

对公司的产生及其主体性的认识是公司法理论研究的逻辑起点。正是对公司的产生及其主体性解说的差异决定了法学与经济学在公司法研究上的分歧。

传统公司法所依赖的公司本质论主要可以概括为三类主张:法人拟制说、法人实在说以及法人否认说[①]。第一类法人拟制说的代表人物是萨维尼,他的观点体现了法人拟制说的基本主张。他认为,只有具备自由意识的自然人才能成为法律的主体,要将自然人以外的事务认同为权利义务主体,只有依赖法律将其拟制为自然人。即法人仅在观念上具有人格,并不是社会现实中的实体,法人在性质上为法律所拟制之人。[②] 第二类法人实在说则认为团体是一种事实性存在,具备成为权利主体的条件,即法人是客观存在的团体性独立实体,这种事实性存在是法人被赋予法律人格的基础和决定性因素。该学说有"有机体说"和"组织体说"之分。"有机体说"的代表学者基尔克认为,具有特殊的社团形式结构的法人,是一种具备不可混淆的、集体的自我意识能力的活生生的社会组织,构成了法律赋予团体法律人格的实体基础。法国的米休德(Michoud)、萨莱耶斯(Saleilles)等持"组织体说"的学者认为,团体人格不是拟制的结果,法律规定团体人格,是因为社会现实存在具有像自然人一样坚固而独立的实体——共同体或团体,适合于成为权利主体,即法人具有区别于其成员的团体利益,具有表达和实现自己意志和利益的组织机构。这就是说,法人的实体基础是实在而有独立结构的、适合于承担权利和义务的组织体。与上述二说承认法人具有法律人格不同,第三类法人否认说主张法人仅是假设的主体。法人否认说认为,法律上只有自然人具有人格,法人是多数个人与财产的集合,除个人与财产外,别无他物,所谓的法人或为财产,或为自然人。其可分为"目的财产说""受益者主体说"和"管理人主体说"。"目的财产说"的代表人物阿洛伊斯·冯·布林茨(Alois von Brinz)认为,法人本身不具有独立的人格,而是为了一定的目的而存在的财产,即"目的财产"。耶林等提出"受益者主体说",认为享受法人实际利益的多数自然人为事实上的权利主体。这些受益个人仅系基于实用的理由,以思考的方式,被当成一个整体。爱德华·霍尔德(Edward Holder)等则倡导"管理人主体说",认为实际管理财产的自然人,如依章程为管理而任命

[①] 参见蔡立东:《公司本质论纲——公司法理论体系逻辑起点解读》[J],《法制与社会发展》,2004年,第1期:第55—70页。
[②] 参见王利明、郭明瑞、方流芳:《民法新论》[M],北京:中国政法大学出版社,1988。

的董事会才是财产的主体,法人不过是为管理者存在的财产而已。

虽然上述法学理论对于公司的产生及其主体地位的认识有一定的差异,但法学学者在一定程度上都接受一个结论:公司是国家制定法的产物,应该具有一定的主体地位。其一,国家利用公司法使公司得以产生,这一点可以从各国立法实践中得到验证,即不论在大陆法系国家,还是在英美法系国家,公司在法律上的概念都可以总括为,公司是依照各国的公司法所组成并登记的以营利为目的的社团法人。总之,任何公司必须依照该国的公司法设立并登记,因此,首先,只能设立该国公司法所准许的公司;其次,有关公司的一切事项均须遵守公司法的规定;最后,公司依法登记后始为成立。其二,国家通过公司法赋予公司权利能力,并利用股东有限责任限定了公司的权利范围。这在相当意义上确定了公司的主体性,只有确定了公司的主体资格,才能论及其应该享有的权利和承担的义务。①

经济学界并不认同公司是法律的产物这一观点。科斯认为,公司的存在是一系列的要素所有者间的短期契约被一个长期契约——公司与生产要素所有者的契约替代了,从而节约了费用,即"公司的显著特征就是作为价格机制的替代物"。② 张五常发展了一个对公司契约本质的更进一步解释。张五常认为,公司并非替代市场,而是用要素市场替代产品市场,或说是用一种合约替代了另一种合约。③ 基于科斯和张五常的基本思想,杨小凯和黄有光则建立了一个关于公司的一般均衡契约模型。模型指出,公司的本质就在于它是一种对较难定价的生产要素进行间接定价的有效"装置"。④ 以上观点都说明,经济学认为公司的产生是市场的自主选择,而非产生于公司法。公司法只不过被作为节约交易成本的开放式标准合约加以考虑。

关于公司的主体性,公司契约理论认为公司并不作为一种实体而存在,而是要素所有者自愿达成的一系列合同,从而否认公司具有主体性。正如詹森与麦克林所指出的,"将公司看作是个人之间的一系列合同关系的联结,也有助于说明公司的人格化是非常有误导性的……"⑤。

2. 对公司法结构解说的差异

公司法的结构,即管制与公司自治的关系一直是公司法理论争执最大的问题。对此,法学与经济学界是基于不同的研究视角进行解说的,从而必然也会得出不同的结论。

依照法人拟制说的观点,既然公司是法律拟制的法人,那么法律理所当然就应该对公司组织与行为进行某种形式、某种限度的干预。换言之,公司的生命既然是法律赋予的,法律当然可以对公司进行一定的管束。法人否认说主张,既然公司仅仅是自然人与自然

---

① 参见罗培新:《公司法的合同解释》[M],北京:北京大学出版社,2004:39。
② 〔美〕罗纳德·哈里·科斯:《论生产的制度结构》[M],盛洪、陈郁译校,上海:上海三联书店,1994:4。
③ 参见张维迎:《企业理论与中国企业改革》[M],北京:北京大学出版社,1999:35。
④ 同上。
⑤ 〔美〕詹森、麦克林:《企业理论:经理行为、代理成本和所有权结构》,载唐纳德·A.威特曼:《法律经济学文献精选》[M],北京:法律出版社,2006:251。

人所拥有物的集合,即便这些集合以不同于以往的新的组织形式得以体现,但仍然属于传统私人自治的范畴,所以,国家没有必要对此进行干预。而法人实在说是站在法人客观存在的现实基础上,反对国家对法人的过度干预。上述理论和主张,至今对许多立法或司法实践具有非常重要且持久的影响力,特别是法人拟制说。受法人拟制说影响的国家的公司法,不仅干预一些公司法人的行为,而且还干预公司法人内部的组织权力分配。如有不少持法人拟制说的学者认为,公司法中董事长的权限和经理的权限都是法律所规定的。因为股东不可能开会决定将董事会的权限缩小,同样,董事会可以聘任经理,但经理的权限是法律所规定的。所以与其说董事权力是股东赋予的,倒不如说是法律赋予的。[①] 现代法学从公法与私法的角度出发,论证了公司法在本质上属于私法范畴,因此应当尊重当事人的意思自治。总的来说,法学界倾向于认为公司法创造了公司,这本身就为公司法辖制公司提供了正当性的基础。

经济学的公司契约理论则认为,公司的本质是契约,公司法只是开放式的标准契约而已。契约的内核就是契约自由,反对管制。契约的自由性在公司法中的体现就是当事人意思自治,即参与公司的有关各方在塑造他们之间的合约安排时应当是完全自由或者原则上是自由的。国家提供的公司法条款在本质上应当提供一套非强制性的"模本",为有关各方的缔约过程提供便利,而各缔约方仍有权自由决定采纳或者不采纳这种模范条款。可见,经济学认为,公司并不产生于公司法,更不应受公司法的管制。

二、公司法经济学分析的意义与面临的批评

经济学对公司及公司法的契约分析方法为传统法学理论研究注入了新的思维,吸引了很多法学学者的关注;与此同时,契约的分析方法也引来不同学科学者的批评。

1. 公司法经济学分析之于法学研究的意义

首先,经济学通过对公司契约本质的认识,更好地与公司法学提出的私法意思自治理念相协调,为公司自治提供了很好的理论基础。既然公司的本质是契约,而契约的核心就是自由,那么就要求签约自由、履约自由等。由此,在理论上推动了公司的自由设立和公司治理制度选择的自主性。

其次,经济学的契约研究方法开辟了公司组织运行研究的新领域。对公司组织运行的研究,必须更多借助经济学分析,否则法学研究得出的公司规范,不是容易偏离正确航道,就是只能停留在抽象的原则层面。法律的经济学分析与传统法学思维不同。经济学运用了大量数学方法、边际分析方法、均衡分析方法、具体的成本—收益比较方法等对公司的组织运营进行了论证和研究。另外,经济学更关注存在于公司内的利益冲突及由此产生的代理成本,使得公司治理制度的设计更具有理论依据。

最后,公司的契约本质有助于解释公司内部各利益主体的关系。无论是法人实在说

---

① 参见徐菁:《论公司法的边界》[D],对外经济贸易大学博士学位论文,2005。

还是法人拟制说抑或法人否认说均存在共同的问题,这些理论仅仅能够对公司的外部关系做出解释,却不能对公司内部股东与股东之间、股东与董事之间以及公司与董事之间的某些关系做出解释。而这些问题却能够通过公司契约理论得到解决。因为依照公司契约理论的观点,公司是一组契约,其中就包括股东之间所缔结的契约,因此,他们的权利、义务和责任在很大程度上取决于他们之间所缔结的契约。

2. 公司法经济学分析面临的批评

经济学对公司及公司法的契约分析方法虽然取得了突出的成绩,但也遭到了来自经济学、法学和社会学学者们的批评。

① 来自经济学界的批评。肖卫平指出把公司本质理解为只是一种契约的认识存在逻辑解释的局限性。[①] 公司契约理论只关注交易成本,而忽略了生产成本,但生产费用却是市场和公司产生的最初原因,由此其提出,契约理论的创始者科斯误解了公司取代的对象:公司取代的真正对象其实不是市场而是单干经济。因此,公司本质上是一种包含有要素市场交易合约的特殊团队生产。尼古莱·福斯等指出公司契约理论最关注的是公司的各种"规制",而不是其"生产"特性。公司契约理论忽视了对公司生产领域的关注和分析,导致了公司(以及其他经济组织)的决策机制、销售机制等不再以生产成本来区分异同,而仅仅以交易成本来区分。[②] 由于缺乏对公司生产领域的研究,公司契约理论很难深入全面地解释公司运营过程中的许多重要现象。德姆塞茨承认,公司作为一种实体,履行着许多不能为"降低成本"所解释的功能,例如公司是巨大的生产知识的储备器。林金忠认为科斯之后的公司理论似乎都有一种倾向,即竭力将公司内部关系与外部市场关系加以泛化和同质化,亦即笼统地把它们都说成是交易关系或契约关系。[③]

② 来自法学界的批评。法学学者将公司的主体性即公司法人人格独立作为公司法的两大基本原则之一,而经济学对公司的契约研究视角则将公司看作一组契约,否认了公司的实体性。法学学者认为,契约研究方法使经济学对公司的研究具有清晰的分析方法与理论框架,但是其局限性也十分明显。因为只有作为一个独立的实体,公司才能以自己的名义享有权利,同时承担法律义务。而传统的契约理论在解释公司合同的成立、履行、修改等方面的问题时,已经显得捉襟见肘,市场的缺陷更使得公司合同理论面临着重重困境。因此,有法学学者指出,公司作为一种实体仍然是存在的,以契约性否认公司的组织性,就如同以"社会契约论"否认国家的存在一样荒谬。所以有学者进一步认为,公司只是一组合约的联结的理论,对法学领域的贡献"更大的意义在于提供了一种新的思维训练,没有构成根本的冲击"。[④]

③ 来自社会学界的批评。社会学学者的批评主要是针对交易成本理论的。汪和建认

[①] 参见肖卫平:《"企业契约论"的局限性》[J],《经济学家》,2005年,第1期:第79—83页。
[②] 参见姚小涛、席酉民和张静:《企业契约理论的局限性与企业边界的重新界定》[J],《南开管理评论》,2002年,第5期:第36—38页。
[③] 参见林金忠:《否定企业的企业理论:"企业契约论"批判》[J],《经济学家》,2003年,第5期:第91—97页。
[④] 罗培新:《公司法的合同解释》[M],北京:北京大学出版社,2004:7。

为交易成本理论存在着目的论和反历史主义的根本错误。[①] 他认为,固然难以否认公司具有节约交易成本的功能,但是,以其功能来说明其产生原因,在方法论上犯了不合逻辑的目的论错误(目的论错误是指以某一事物的功能或结果来说明引起这一事物发生的原因)。而交易成本理论确实难以摆脱这样的责难。交易成本理论的另一个错误是它的反历史主义理论倾向。公司的确具有某种替代市场的功能,但公司和市场各自的功能并不能完全替代,而且从历史上看,公司并非在替代市场的过程中产生的。按照历史的逻辑,生产源于交换,而公司的出现是对更复杂生产和交换关系的组织上的创新。公司作为一种组织形式,是在特定经济社会条件下发展起来的,既非单纯源于替代市场,也非仅仅为了降低交易成本,而是历史进程中各种社会经济因素相互作用的结果。

本章总结

1. 从法学角度来看,关于公司法的本质有契约理论、机构理论和法律框架理论;从经济学角度来看,公司法是节约交易成本的开放式标准合约。

2. 公司法规范可分为赋权型、补充型和强制型三种。

3. 强制型规范的成本有三个:效率损失的成本、规避法律的成本和法律改革的成本。

4. 债权融资的治理效应体现在:第一,债务是一种担保机制;第二,负债增多能有效约束经理人行为;第三,债权人对经营者的控制更残酷,也更有效;第四,银行的监督和严厉的债务条款可以减少债权人的监督工作,使监督更加有效。

5. 公司的资本制度存在三种形式:法定资本制、授权资本制和认可资本制。授权资本制是一个更加重视资金运用效率的现代化资本制度,也是世界公司资本制度发展的大趋势。

6. 公司法的法学分析和经济学分析的具体差异主要表现在对公司主体性和公司法结构的认识两个方面。

思 考 题

1. 从经济学角度解释为什么剩余索取权配置给股东。
2. 如何理解"公司的本质是契约"?
3. 从政治经济学角度解释公司立法的主要观点是什么?
4. 公司法的法学分析与经济学分析的主要差异体现在几个方面?
5. 公司法强制型规则的成本是什么?

[①] 参见汪和建:《企业的起源和转化:一个社会学框架》[J],《南京大学学报(哲学人文社科版)》,1999年,第2期:第167—178页。

阅读文献

1. 张维迎:《企业理论与中国企业改革》[M],北京:北京大学出版社,1999。
2. 〔美〕理查德·A.波斯纳:《法律的经济分析》(上、下)[M],蒋兆康译,北京:中国大百科全书出版社,1997。
3. 史晋川、栾天虹:《法律环境、金融体制和公司治理比较研究理论评述》[J],《中国经济问题》,2003年,第1期:第33—41页。
4. 夏雅丽,《有限责任制度的法经济学分析》[J],《西安电子科技大学学报(社会科学版)》,2004年,第3期:第74—79页。
5. 〔加〕布莱恩·R.柴芬斯:《公司法:理论、结构与运作》[M],林华伟、魏旻译,北京:法律出版社,2001。
6. 〔美〕弗兰克·伊斯特布鲁克,丹尼尔·费希尔:《公司法的经济结构》[M],张建伟、罗培新译,北京:北京大学出版社,2005。
7. 薛波:《改革开放40年我国公司资本制度立法的嬗变与启示》[J],《人文杂志》,2019年,第3期:第30—39页。

第十章
公司法经济分析专题

> 公司的行为及对其进行管辖的法律可以通过经济术语进行描述和分析,这种描述和分析有助于深入了解涉及公司事务和商业内部运作的有关论题。
>
> ——布莱恩·R. 柴芬斯

◆ **本章概要**

本章内容以分析大陆法系与英美法系公司法的差异为出发点,以新《公司法》的修订为线索,阐述了转型经济背景下我国公司治理机制的变迁过程和首部《公司法》(1993 年)的颁布和修订。在专题分析中,我们借助七个具体案例来考察我国公司法四个方面的法律实践问题,希望能引发读者对公司法相关案例的思考。

◆ **学习目标**

1. 掌握法人人格否认制度的适用要件。
2. 了解大陆法系与英美法系公司法的差异。
3. 了解中小股东法律保护的理论基础根据。
4. 理解公司合并中的债权人保护问题。

本章内容主要涉及我国公司法在法律实践中的具体问题。为此,我们以分析大陆法系与英美法系公司法的差异为研究出发点,以新《公司法》的修订为线索,阐述了转型经济背景下我国公司治理机制的变迁过程和首部《公司法》(1993 年)的颁布和修订。在专题分析中,我们通过七个具体案例来考察我国当前法律环境和社会背景下的四个特殊公司法问题,包括"股东代表诉讼问题""累积投票制问题""法人人格否认问题"以及"公司合并和公司分立后的债权人利益保护问题"的专题讨论。通过附有具体案例的专题讨论,我们希望能在微观层面上引导读者对公司法实践问题展开思考。

第一节 转型经济中的中国公司法

对于经济转型国家而言,简单移植发达国家的公司法是无济于事的。正确的做法是在深入分析两大法系公司法的具体差异基础上,结合转型背景讨论公司法的修订。

一、大陆法系与普通法系公司法的差异

我国在传统上属于大陆法系国家,公司法的整体格调也与大陆法系公司法接近,当然,我国公司法中有些规定,例如股份有限公司的分类也吸收了英美法系公司制度的做法。那么,大陆法系与英美法系公司法的主要差异是什么呢?

1. 公司法中公司类型的差异①

大陆法系公司立法通常将公司分为无限公司、两合公司、股份两合公司、股份有限公司和有限责任公司。无限公司是股东对公司债务承担连带清偿责任的公司。两合公司是由无限责任股东与有限责任股东共同组成的公司,其中无限责任股东对公司的债务承担连带清偿责任,有限责任股东以其出资额为限对公司债务承担责任。股份两合公司是由无限责任股东与仅就所认购的股份对公司承担有限责任的股东组成的公司。股份两合公司是由两合公司发展起来的,它与两合公司的主要区别是:股份两合公司将公司资本均等分为股份。股份有限公司是依法定程序设立并向公众发行股票的有限公司。有限责任公司是指股东人数较少、不公开发行股票并由股东负有限责任的公司。

由于不成文法传统,英美法系国家的公司立法并不像大陆法系国家那样对公司的类型做严格系统的分类规定,这使得英美法系国家公司的基本分类很不统一,公司体系的差别也很大。例如在英国,按设立公司的法律依据不同,可分为注册公司与非注册公司。非注册公司是指依据特许制度或特别法令建立的公司。注册公司是指按照《英国公司法》登记成立的公司,是现今英国最重要的公司。按照公司是否上市,可分为上市公司与非上市公司。在现代英国公司法中,主要是按股东的财产责任不同,将注册公司分为无限责任公司、保证有限公司和股份有限公司。无限责任公司股东的财产责任与其在公司中享有的权益成比例。保证有限公司股东的财产责任以其保证在公司歇业时承担的资产数额为上限,而且股东的这种保证必须经过公断。股份有限公司资本分为等额股份,股东以其所持股份为限对公司承担责任,公司以其全部资产对公司的债务承担责任。在美国,只有法人企业才是公司,其分类很简单,只有封闭性公司与开放性公司。

2. 管制与自治的关系

英美法系与大陆法系的一个重要区别就体现在法律中政府对市场的干预不同,大陆法系国家政府干预的力度较大,这与历史传统有关。② 1688 年英国在"光荣革命"后,逐渐建立起君主立宪制,国家权力由君主转移到议会。1783 年美国在"独立战争"后,实现了国家的独立,确立了比较民主的近现代政治体制。在英美民族独特的政治传统下,英美民族的普通法在发展过程中较少受到当时的政府干预,是在与国家对立的过程中发展起来的。

---

① 参见沈贵明:《公司法学》[M],北京:法律出版社,2003。
② 参见 Rafael La Porta et al.: The Quality of Government, Vol. 15, *Journal of Law, Economics and Organization*, 1999: 222-279。

反观大陆法系,政府在其法律形成过程中起到了重要作用(法国的拿破仑和德国的俾斯麦重写了商法),国家对法律和市场的干预较强。

两大法系这一重要的差异同样表现在公司法上。英美法系国家,尤其是英美两国更强调公司自治,相对更借助于市场体系和诉讼制度实现对公司内部管理人员的制衡和监督。因此,公司法中的许多条文具有灵活性,灵活地赋予股东广泛的选择权来选取适合的成文法规范。以美国特拉华州公司法为代表的美国公司法,其强制型规范更少,就是在股东与经理层之间的受托人规则也相对宽松很多。相反,在大陆法系国家,公司法的强制型法律规范不仅日益细致,且比英美法系国家要多很多。① 例如代表国家德国,不仅对设立公司规定了详细的法定资本要求,而且通过法律要求董事执行决策而非做出决策。如果把德国模式看成一种公司法规范的代表,那么,特拉华州模式则走到了另一个极端,它要求控制权由股东和董事共有,一旦股东同意,可以将股东的优先认购权由强制型规范放宽为选择型规范。②

3. 董事会的结构差异

以德国为代表的大陆法系与以英美为代表的英美法系的公司法在公司董事会的结构设置上也存在很大的差异。英美法系国家的董事会制度为单层制,而大陆法系的德国、日本等采用的是双层董事会制。单层制与双层制的区别主要在于监督职能与执行职能的关系。当执行职能是董事会的主要职能时,单层制董事会就会出现,参见图10-1;当董事会主要执行监督职能时,就往往是双层制,参见图10-2和图10-3。由董事会制度的差异可以发现,大陆法系和英美法系公司法对董事会赋予的职能存在很大差异。因为大陆法系

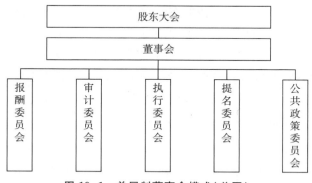

图 10-1　单层制董事会模式(美国)

资料来源:李维安等:《公司治理》[M],天津:南开大学出版社,2001:74。

---

① 参见 William L. Cary: Federalism and Corporate Law: Reflections upon Delaware, Vol. 83, *Yale Law Journal*, 1974: 663-705; Joel Seligman: A Brief History of Delaware's General Corporation Law of 1899, Vol. 1, *Delaware Journal of Corporate Law*, 1976: 249-269。

② 参见 John C. Coffee Jr.: The Mandatory/Enabling Balance in Corporate Law: An Essay on the Judicial Role, Vol. 89, *Columbia Law Review*, 1989: 1618-1691。

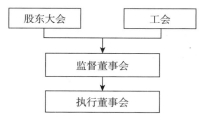

图 10-2　双层制董事会模式(德国)

资料来源:李维安等:《公司治理》[M],天津:南开大学出版社,2001:73。

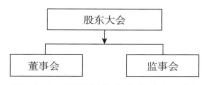

图 10-3　双层制董事会模式(日本)

资料来源:李维安等:《公司治理》[M],天津:南开大学出版社,2001:73。

在立法上讲求权力制约的平衡及法律规范的细致、机构的对称,所以才会在公司治理结构的基本框架结构中安排双层制的董事会作为执行机关。在美国,通过加强董事会的独立性,董事会能够对公司管理层履行监督职责。董事会还下设各种委员会,其中执行委员会负责执行董事会的决议及公司一般业务的决策,执行委员会通常由内部董事组成。董事会还设有全部或主要由独立董事组成的审计委员会、提名委员会、报酬委员会等负责履行监督职责。

我国《公司法》采用的是大陆法系双层制董事会模式,即在股东大会下设立董事会和监事会,分别行使决策权和监督权。2023 年 8 月,中国证监会正式公布《上市公司独立董事管理办法》,要求"上市公司独立董事占董事会成员的比例不得低于三分之一,且至少包括一名会计专业人士"。

二、中国公司治理机制的变迁与 1993 年《公司法》

根据世界银行斯道延·坦尼夫、张春霖和路·白瑞福特所做的有关中国公司治理的研究,可以把中国公司治理机制的演进分为三阶段:1949—1978 年的计划经济阶段;1979—1992 年重新引入物质刺激阶段以及 1993 年至今的公司形式重新出现阶段。①

在计划经济下,国有企业"实际上只是一个进行成本核算的基层生产单位而不具有公司所必须具备的各种特征"。② 从公司内部治理机制看,党委在公司经营过程中发挥了核心作用。

---

① 参见斯道延·坦尼夫、张春霖和路·白瑞福特:《建立现代市场制度:中国的公司治理与企业改革》,《经济社会体制比较》,2002 年,第 4 期:第 14—17 页。
② 吴敬琏:《现代公司与企业改革》[M],天津:天津人民出版社,1994:134—135。

从 1979 年到 1992 年，中国通过恢复公司的留利能力、承包责任制和利改税等措施，把市场经营的成功与公司的报酬联系起来，即增加了对国有企业的物质激励，从而中国政府在没有对国有企业所有制结构做重大变动的情况下引入了激励措施。这一阶段的改革无疑赋予了公司更大的自主权，同时赋予了公司厂长/经理更大的经营管理权。但是这一阶段对公司治理机制的改革是相对初级的。① 第一，这一阶段的改革并没有触及所有制层次，是在维持国家对公司所有的前提下，对公司与经理下放了一部分权力；第二，因为没有触及所有制改革，所以下放的权力局限于公司经营权层面，因此，改进是局部的；第三，在赋予公司与经理更大的经营自主权的过程中，无论公司还是经理，其角色的转变都是被动的；第四，公司治理机制改革的核心问题是所有权与经营权的分离。从改革举措具体实施的结果看，由于在赋予公司及经理更多自主权的同时，政府依然无法解决对公司及经理实施有效监督的问题，因此，在此过程中产生了高额的代理成本。

1993 年以来公司治理机制最大的变化是国有企业转换经营机制，建立现代企业制度。两项要素就显得极为重要：资本金向国有企业的排他性注入和保证这一目标达成的法律制度安排。1993 年 12 月颁布的《公司法》，就为现代企业制度的概念提供了法律支撑。新的法律提供了将不同类型所有制企业改制为有限责任或股份有限公司的规则及其具体的治理结构，还有关于股票转让和买卖的规则，以及合并、破产和清算的程序。地方政府把有限责任的特征视为一个可以使他们避免不断为国有企业债务提供担保的机会。政府通过诸如国有股的控制地位、不允许国有股流通，以及把旧的机构塑造为公司形式等手段来冲淡意识形态方面的担忧。运用公司化，政府不仅可以实现所有权的多元化，而且可以把它作为在混合经济当中国有部门相对于其他部门发挥主导作用的机制。

公司化为国有企业改革带来了诸多裨益②：第一，可以使公司成为独立的经济实体，使政府对公司的微观干预失去经济依据和法律依据，实现公司的自主经营；第二，可以明确各家公司的法人资产，为实现公司的自负盈亏和可能的破产提供可能性；第三，可以保障在国家权益不受侵犯的条件下，经理人能自主经营，发挥企业家在公司管理中的独特作用；第四，公司化有利于解决国有企业改革的其他难点，如债转股、社会保障等棘手问题；第五，公司化为公司所有权的多元化准备了条件。③

但是，随着国有企业改革的深入，经营层的自主权不断扩大，内部人控制成为中国转型经济时期公司治理的主要特征。公司经理们努力保持对公司的控制权以获取个人利益，包括在职消费、获取其他与投资和扩张有关的租金以及转移国有资产等。

---

① 参见徐菁：《论公司法的边界》[D]，对外经济贸易大学博士学位论文，2005。
② 同上。
③ 参见吴敬琏、钱颖一：《关于公司化》，载吴敬琏、周小川等：《公司治理结构债务重组和破产程序：重温 1994 年京伦会议》[M]，北京：中央编译出版社，1999：12—13。

三、中国公司法的问题及修改

1. 公司法的问题

由于公司法是在中国经济转型的大背景下颁布的,承载着国有企业改革的重要任务,所以公司法可能存在着一些固有局限,主要表现为:

其一,公司立法与国有企业改革立法混同进行,公司法的许多规定与国际惯例不一致。例如,1999 年《公司法》第四条第三款规定,公司中的国有资产所有权属于国家。这一规定固然有利于保护国有资产,但从根本上扭曲了公司治理结构,在实施过程中出现了许多不应有的混乱。此外,1999 年《公司法》第六十五条规定,国有独资公司的公司章程由国家授权投资的机构或者国家授权的部门依照本法制定,或者由董事会制订,报国家授权投资的机构或者国家授权的部门批准;1999 年《公司法》第六十六条规定,国有独资公司不设股东会,由国家授权投资的机构或者国家授权的部门,授权公司董事会行使股东会的部分职权,决定公司的重大事项,但公司的合并、分立、解散、增减资本和发行公司债券,必须由国家授权投资的机构或者国家授权的部门决定。这样的规定几乎是把公司作为政府的附属部门来对待,公司作为独立市场主体的地位根本没有得以体现。

其二,公司缺乏自治。作为公司自治纲领性文件的公司章程本应是公司自治的权利,但实际成了应付主管部门的官样文章。因为公司法中多为"必须""应当""不得""严禁"的强制性规定,因此就造成了很多公司的章程都千篇一律。相关主管部门对公司章程本身也做了强制性规定,如公司法规定了有限公司章程 11 项绝对必须记载事项和股份有限公司章程 13 项绝对必须记载事项,使得公司章程这一最能体现公司自治的公司规则极为僵化,股东难以通过自由设定规则实现公司自治。公司章程在内容安排上呈现出混乱且泛形式化严重的问题,主要表现在照搬公司法的强制规定来充当公司章程的内容。例如很多公司章程中有关股权转让的规定都是照搬公司法"发起人持有的本公司股份,自公司成立之日起一年内不得转让。公司发行股份前已发行的股份,自公司股票在证券交易所上市交易之日起一年内不得转让"。

2. 公司法的修改

为了克服这些局限,《中华人民共和国公司法》历经了六次修改,分别是 1999 年、2004 年、2005 年、2013 年、2018 年和 2023 年。其中,最重大、最实质的修改是 2005 年、2013 年、2018 年和 2023 年的修订。最新一次修订已由中华人民共和国第十四届全国人民代表大会常务委员会第七次会议于 2023 年 12 月 29 日公布,自 2024 年 7 月 1 日起施行。

针对公司缺乏自治问题,《公司法》历次修订中做过多次尝试,给予公司更大的自治权力。2005 年,《公司法》在修订中对公司章程中要求的法定记载事项减少,股东的权利和义务、股东转让出资的条件和公司的解散事由与清算办法都不再作为公司章程中的法定记载事项。同时,修订后的公司法在一定程度上允许公司章程排除公司法的适用。例如修订的公司法频繁出现"公司章程另有规定的除外""公司章程另有规定或者全体股东另有约定的除外""除本法有规定的外,由公司章程规定"等形式的任意型规范。2013年,《公司法》在修正中取消了对公司注册资本最低限额、公司注册资本实缴、公司货币出资的比例限制以及公司登记提交验资证明的要求,公司营业执照不再记载"实收资本"事项,给予公司更多的自治权限。2018年,《公司法》在修正中增加公司股份回购的情形,相比于此前的草案,删除了"法律、行政法规规定的其他情形"的兜底条款,同时适当简化股份回购的决策程序,简化了公司因将股份用于员工持股计划或者股权激励、用于转换上市公司发行的可转换为股票的公司债券以及上市公司为避免公司遭受重大损害、维护公司价值及股东权益所必需而收购本公司股份的决策程序。这样从多个角度扩大了公司股份回购制度的适用范围,赋予了股份有限公司更大的自主权。2023年,《公司法》在修订中进一步删除了"一人有限责任公司的特别规定""国有独资公司的特别规定"等专项规定,同时放宽了公司设立的法定条件和董事会人数限制,并且删除"经理的法定职权,具体职权由公司章程规定或董事会授权",以及删除"有限责任公司股东对外转让股权时其他股东的同意权规则",进一步给了公司更大的自治权力,从而有利于促进完善公司治理、推动资本市场稳定健康发展。

针对国有资本和治理问题,《公司法》在修订中也做了大量改进。2005年,《公司法》在修订中增设了"国有独资公司的特别规定",规定"董事会成员由国有资产监督管理机构委派;但是,董事会成员中的职工代表由公司职工代表大会选举产生。董事会设董事长一人,可以设副董事长。董事长、副董事长由国有资产监督管理机构从董事会成员中指定",从而向现代公司治理结构发展。2023年,《公司法》的修订在现行公司法关于国有独资公司专节的基础上,增设"国家出资公司组织结构的特别规定"专章,规定"国有独资公司在董事会中设置由董事组成的审计委员会行使本法规定的监事会职权的,不设监事会或者监事",明确国有独资公司可以采用单层制的公司治理架构,优化公司治理框架。

第二节 中小股东权益保护问题

股东是公司的投资者,保护其在公司中的合法权益至关重要,而中小股东作为公司股东的重要组成部分,由于本身的天然劣势,其权益极易被公司的大股东和经营管理者侵害。因此,我们需要构筑中小股东的权利保护体制,建立一种平衡和协调公司股东、董事、监事和经理之间权利义务的机制,从而达到保护中小股东利益的目的。

本节内容先从经济学角度分析保护中小股东权益的必要性,再就公司法中股东代表诉讼和累积投票两个具体的制度讨论中小股东权益保护问题。

一、中小股东权益保护的经济学分析

中小股东向公司投资后,一般拥有一些基本的权利,例如股东有权针对公司重要事务

进行表决,选举董事,有权获取公司某些信息,有权获得年末分红等。虽然这些自益权或共益权按照法律在形式上是平等的,但实际上中小股东却常常处于弱势地位,下面我们就试着站在经济学的角度,分析对中小股东权益保护的必要性及可行性。

首先,在股权分散的情况下,一个小股东就公司的重大事宜做出投票决定,需要付出相当的成本去获得必要的信息、对信息进行加工并做出决策。但是,往往其为此付出的成本要比因投票而获得的收益更大,因此一个理智的股东会对积极行使投票权持冷漠的态度。另外,因为"搭便车"问题,在存在众多分散、独立股东的情况下,对公司管理者的监督在相当程度上具有"公共品"特征。因此,有必要建立有效的股东权益保护机制,这样不仅可以保证股东的各项权利得以实现,而且还能平衡各股东的利益,并以此来实现对公平、正义价值的追求。

其次,中小股东保护是公司治理的核心问题之一,也是公司治理所要达成的基本目标,它源于代理问题,核心内容是防止内部人对外部投资者的掠夺,换句话说就是防止大股东和管理者从追求自身利益最大化的角度,漠视中小股东的权益。从股权制衡的角度看,虽然单个、分散的中小股东所拥有的股权很小,不可能均衡大股东间的股权,但是作为一个整体,中小股东的股权集合完全可以等同为一个大股东,其集合的股权可以有效地均衡大股东间的股权。无论是否存在占有明显股权优势的控股股东,中小股东集合的股权都可以左右公司控制权的转移,从而形成大股东间的股权制衡,对制约大股东等"内部人"掠夺有着积极的作用。比如公司法中累积投票制度的价值在于使中小股东有机会选出代表自己利益的董事或监事入主管理层,制衡控股股东及其可能操纵的董事会与监事会,防止其实施侵害中小股东利益的行为,扩大中小股东的话语权,增强中小股东表决权的含金量,弱化控制股东的话语权。

最后,契约理论认为,外部投资者一般能够认知到被内部人侵权的风险,并能惩罚那些没有按契约进行信息披露的公司及没有严格按契约来对待投资者的公司。比如公司法中的股东代表诉讼制度可以使中小股东在公司权益受到侵害但又怠于起诉的情况下,以自己的名义提起诉讼,保护公司及自己的合法利益。所以法律保护对于中小股东的意义在于,它使内部人或控股股东掠夺行为的转移成本提高,从而使内部人的侵害手段失效。这也说明了保护中小股东权益具有可行性。

二、股东代表诉讼制度

股东代表诉讼又称股东派生诉讼,是经由英美法系中长期的司法实践和深入的理论研讨发展起来的,指当公司的董事、监事、高级管理人员等主体侵害了公司权益,而公司怠于追究其责任时,符合法定条件的股东可以自己的名义代表公司诉讼。2018 年《公司法》第一百五十二条首次以法律的形式正式确立了股东代表诉讼制度,成为弥补公司治理结构缺陷的必要手段和救济方法,是股东权益保护体系中的一个重要组成部分。

案例 10-1

瑞盛建宁公司案

瑞盛建宁公司于 2016 年 5 月 10 日成立，注册资本为 200 万元。自 2018 年 3 月 22 日起，股东变更为刘亚鹏（14%）和王凡（86%）。王凡为瑞盛建宁公司执行董事、经理（同时为法定代表人），袁凯为公司监事。

雪印公司成立于 2016 年 9 月 27 日，注册资本为 100 万元，法定代表人为郑洲，初始投资人为王未星（10%）、董青（90%）。2017 年 12 月 1 日，投资人由王未星、董青变更为郑洲（40%）和瑞盛建宁公司（60%）。2018 年 1 月 18 日，郑洲的持股比变更为 1%，瑞盛建宁公司的持股比变更为 99%。2018 年 9 月，王凡以瑞盛建宁公司的名义与郑洲及雪印公司签订《股权转让合同》，合同载明：现瑞盛建宁公司经股东会决议并依法履行全部通知义务后，决定将其所持有的雪印公司股权转让给郑洲；瑞盛建宁公司同意根据 2018 年 9 月 18 日雪印公司的净资产为标准，以人民币 26 万元的价格将股权转让给郑洲；在瑞盛建宁公司将雪印公司股权转让给郑洲或其指定人员名下后 180 日内，郑洲以其在瑞盛建宁公司的相应债权 26 万元抵扣给瑞盛建宁公司，以支付相应股权。2018 年 9 月 27 日，郑洲对雪印公司的持股比变更为 100%。

2019 年刘亚鹏以王凡利用职务便利非法转让瑞盛建宁公司对雪印公司股权为由向法院提出诉讼，请求：1.判令王某赔偿瑞盛建宁公司经济损失暂计 100 万元（以转让股权估值为准）并赔偿律师费 12 万元等。根据《中华人民共和国公司法》第一百五十一条的规定："董事、高级管理人员有本法第一百四十九条规定的情形的，有限责任公司的股东、股份有限公司连续一百八十日以上单独或者合计持有公司百分之一以上股份的股东，可以书面请求监事会或者不设监事会的有限责任公司的监事向人民法院提起诉讼；监事有本法第一百四十九条规定的情形的，前述股东可以书面请求董事会或者不设董事会的有限责任公司的执行董事向人民法院提起诉讼。监事会、不设监事会的有限责任公司的监事，或者董事会、执行董事收到前款规定的股东书面请求后拒绝提起诉讼，或者自收到请求之日起三十日内未提起诉讼，或者情况紧急、不立即提起诉讼将会使公司利益受到难以弥补的损害的，前款规定的股东有权为了公司的利益以自己的名义直接向人民法院提起诉讼。"

最终法院判定：刘亚鹏作为瑞盛建宁公司的股东，满足持股时间和持股数量条件，履行了请求监事履职的前置程序，符合股东代表诉讼的要件，有权代表公司提起诉讼。同时认定王凡未经过瑞盛建宁公司股东会决议，擅自以 26 万元的价格将雪印公司价值 60 万元的股权转让给郑洲，未尽到忠实义务和勤勉义务，损害了瑞盛建宁公司和其他股东的利益，判定王凡赔偿给公司造成的损失并支付相应的诉讼费用。

1. 案例分析

在公司治理中，由于中小股东很难真正参与到公司的经营管理决策，大股东与中小股东之间存在着严重的代理问题，大股东和实际控制人容易利用其对公司的控制权，损害公司的利益和其他股东的合法权益。本案是一个典型的公司代表诉讼案件,案例中刘亚鹏作为公司持股14%的股东,从未参与过公司的经营管理。而王凡作为控股股东,利用其职权便利严重损害了公司的利益和刘亚鹏的合法权益。由此可见,中小股东天然处于弱势地位,《中华人民共和国公司法》不断强化投资者保护也体现了我国司法对中小股东权益保护的重视。因此,关于中小股东权益保护的问题仍然值得研究和探讨。下面,我们就从法学和经济学两个角度来对此进行简要的分析。

2.法学分析

从法学角度来看,我们知道,中小股东的利益往往与公司利益的相关性更高。当公司利益被侵害时,往往中小股东受害最大,大股东或控股股东可以通过其他方式弥补自己的损失,甚至有时候公司利益受损就是大股东、控股股东行为的结果。所以,此时大股东并没有保护公司利益的积极性,股东代表诉讼可以保护中小股东的合法权益,使中小股东能拿起法律武器为公司维权,打击利用公司权力损害公司利益的各种行为。正如此案例中,瑞盛建宁公司的小股东刘亚鹏对其控股股东王凡提起诉讼,是为了维护公司的利益,排除经营干扰。

另外,根据法定代表人制度,只有法定代表人或其授权的代理人才能代表公司对侵权人提起诉讼,但是事实上,公司的董事或者大股东往往控制了公司的对内决策权和人事任免权,法定代表人的利益或权利与董事、监事、控股股东等有着不可分割的密切联系。当公司的董事、监事、控股股东等利用控制公司权力损害公司利益时,法定代表人的意志受制于董事或大股东,甚至法定代表人本身就是侵害公司利益的始作俑者,此时他们兼有原告与被告的双重角色,让他们代表公司提起几乎是针对自己的诉讼基本是不可能的。此时,允许中小股东提起代表诉讼,为公司利益而主张公司的权利,就解决了公司因为被控制而无法提起诉讼保护自身利益的悖论。这一角色下的中小股东,犹如维护公司利益的检察官,是维护与实现公司利益难以替代的监督者。

在瑞盛建宁公司案中,控股股东王凡滥用其职权,擅自以低于市场公允价值的价格将瑞盛建宁公司持有的优质股权转让给第三人,严重损害了公司的利益,实质上也间接地损害了其他小股东的利益。此时在控股股东侵害公司利益以及监事无法履行起诉职责的情况下,瑞盛建宁公司的小股东行使股东代表诉讼权,不仅有保护自己权益的作用,也捍卫了公司的利益。

3.经济学分析

资源是稀缺的,相对于个体的需求来说资源是有限的,一切经济社会活动都是为了追求效率,有效配置资源。因此站在经济学的角度来看,法律制度实质上也是一种经济制度,因此法律制度的设立与运用是在符合公平正义的原则下追求某种程度的效率。所以对股东代表诉讼制度进行经济学分析,就可以研究该制度的构建和应用是否能提高整个社会利用资源的效率以及是否更有利于实现股东权益之间的均衡。

在许多社会活动中,因为法律规定的权利无法在市场上交易,或者无法通过市场自愿交易而转换,所以法经济学的规范经济效率标准并非严格的帕累托最优,而是更为宽泛的卡尔多—希克斯效率。所谓卡尔多—希克斯效率是一种非自愿的财富转移的具体结果,指在社会的资源配置过程中,只要在资源重新配置时获得利益的人所增加的利益足以补偿(并不要求必须实际补偿)在同一资源重新配置过程中受到损失的人的利益,那么这种资源配置就是有效率的。

股东代表诉讼制度的设立与应用正是以此效率为标准的。现在我们试图从股东代表诉讼的有效利用程度与由此制度产生的最终保护程度出发,结合上述瑞盛建宁公司案,分析股东代表诉讼制度从经济学角度而言,所能达到的卡尔多—希克斯效率。在瑞盛建宁公司案中,控股股东王凡以瑞盛建宁公司的名义与郑洲签订股权转让合同,以不合理的对价转让瑞盛建宁公司所持有的雪印公司60%的股权,不符合公司长期健康发展的战略,严重损害了公司利益。在此背景下,小股东刘亚鹏在向监事袁凯提起请求其履行职务的书面申请未果后,以公司的名义对王凡提起诉讼。由此可见,小股东刘亚鹏具备提起代表诉讼的资格(持股时间与数量满足条件),提起代表诉讼遵循相关法律法规规定,严格遵从代表诉讼提起前置程序原则、善意公正原则等,这就表示代表诉讼得到了合理使用和有效利用。

此外,若当事人因对公司实施不正当行为而负有民事责任的惩罚,同时做出补救,这就表示代表诉讼得到有效保护。瑞盛建宁公司案中,法院最终认定小股东刘亚鹏提起的诉讼满足股东代表诉讼要件,王凡的行为确实侵害了其他股东的合法权益和损害了公司的利益,判定王凡赔偿其给公司造成的损失,并支付刘亚鹏提起诉讼的部分费用。刘亚鹏通过股东代表诉讼维护了公司和自己的权益,让损害公司利益的股东得到了相应的惩处。由此可见,若股东代表诉讼合理实施,诉讼结果得到应得补偿,整体福利增进,卡尔多—希克斯效率有效,那么法律的公平正义与经济学的理性效率均得以实现。

诺斯认为,设立法律制度的目的在于创造交易秩序和减少交易中的不确定性,从而降低交易成本。若在股东代表诉讼过程中,原告前期担保、收集信息、诉讼以及消耗公司自身资源所产生的交易成本小于代表诉讼为公司长期带来的利益,经过合理诉讼后,将惩罚有碍公司利益方的行为,最终公司治理结构得到改善,公司相关利益方的境况都会因此自然而然地获得补偿。因此,从交易成本的角度来看,股东代表诉讼也是有效的。

三、累积投票制

2002年颁布实施的《上市公司治理准则》首次在我国引入了关于董事选举的累积投票制度。《公司法》2013年修订版第一百零五条对累积投票制也做了专门规定:"股东大会选举董事、监事,可以依照公司章程的规定或者股东大会的决议,实行累积投票制。本法所称累积投票制,是指股东大会选举董事或者监事时,每一股份拥有与应选董事或者监事人数相同的表决权,股东拥有的表决权可以集中使用。"

1. 案例分析

作为一种公司治理机制，累积投票制度是否有效？能否真正起到保护中小股东利益的作用？下面我们就两个具体的案例进行简要的分析。

案例 10-2

曙光股份的控制权争夺案

辽宁曙光汽车集团股份有限公司（以下简称"曙光股份"），前身是 1951 年成立的东北后勤部汽车修配二厂，在抗美援朝时期是中国人民志愿军办事处汽车修配厂，提供特种车、卡车方面的汽配维修与生产支持服务，后来以制造和销售商用车整车、车桥及零部件为主营业务。2018 年 9 月 27 日，华泰汽车收购曙光股份 14.49% 的股份，从第三大股东成为第一大股东，直接持股 19.77%，张秀根和张宏亮父子成为实际控制人。但是不久之后曙光股份开始走下坡路，华泰汽车的持股在 2018 年年底全部被冻结了。在 2019 年至 2021 年间，换了四任董事长、四任总裁、三任财务总监等。

2021 年 9 月 24 日，曙光股份董事会通过《购买资产的关联交易议案》，以 1.323 亿元的价格向控股股东的关联方天津美亚新能源汽车有限公司收购资产，并在迅速签订协议后的第二天支付了 50% 的预付款 6 700 万元。这笔交易引起了中小股东的不满，认为花 1.323 亿元购买属于行业淘汰资产的两款车型并不合理。也正是因为这笔关联交易，在 2021 年年报披露的时候该公司被会计师事务所出具内控否定意见。随后，该公司股票交易被实施其他风险警示，从 2022 年 5 月 6 日起，股票简称由"曙光股份"变更为"ST 曙光"。

于是股东们要求召开股东大会，却遭到董事会的驳回。突破重重阻碍后，股东大会终于按时在 2022 年 5 月 5 日召开，有 1 351 名股东参加投票，通过了终止购买关联资产、采用累积投票制度罢免全部董事、选出 9 名新董事和监事等 22 项议案。但原董事会不认可此次股东大会的召开情况，拒不执行股东决议的内容，并向法院申请禁止实施股东决议和办理工商登记。法院在 2023 年 4 月 17 日作出终审判决，驳回要求撤销股东决议的起诉。

最终，曙光股份的前实际控制人、华泰汽车的张秀根，因涉嫌"非法转让、倒卖土地使用权罪"，于 2022 年 8 月被批捕。而华泰汽车的持股也被拍卖。股东大会召集人之一的贾木云，与其他股东在 2023 年 6 月成立北京维梓西咨询管理中心（有限合伙）参与了司法拍卖，买下了华泰汽车 14.49% 的股份。自此，上市公司的第一大股东已经变更为北京维梓西咨询。大股东推荐新一届董事会成员，并在 2023 年 8 月 29 日召开股东大会进行表决，获得股东大会投票通过。北京维梓西咨询成为新的控股股东，梁梓、权维夫妻成为公司实际控制人，而召集上次股东大会的贾木云成为新一届董事长。

案例 10-3

中炬高新案

中炬高新成立于 1993 年，注册资本为 7.85 亿元，1995 年 1 月份在上交所上市。公司目前核心业务为调味品及健康食品、园区综合开发。其中，公司调味品业务占主营业务的

95%以上,拥有"厨邦""美味鲜"两大品牌。

在2015年之前,火炬集团一直是中炬高新的第一大股东,中山火炬高技术产业开发区管理委员会为实际控制人。2015年起,"宝能系"实际控制人姚振华频频举牌中炬高新,并在当年10月取代火炬集团成为第一大股东。2018年,"宝能系"将持有的中炬高新24.92%股权转让给了由其控制的中山润田。自此,中山润田成为第一大股东。

自"宝能系"入主后,中炬高新的调味品业务近年来整体保持增长,但相比于头部的海天味业仍有差距,因此被投资者称为"酱油老二"。但火炬集团与"宝能系"在经营决策方面有分歧,时有摩擦。2019年,中山润田提出剥离地产业务的主张遭到了"火炬系"董事的反对。2020年9月,与火炬集团在同一实际控制人之下的工业联合突然"发难",翻出20年前的土地旧案,并向法院申请对中炬高新采取财产保全措施。"宝能系"也未善罢甘休。2021年7月26日,中炬高新抛出了新的定增计划,定增拟全由大股东一人承包。

然而,2021年下半年以来,姚振华的"宝能系"深陷流动性危机,不仅定增难以推进,所持的中炬高新还频频被动减持。火炬集团则趁势反击,连续增持中炬高新,并在2023年1月重返第一大股东之位。不过,中山润田仍拥有中炬高新董事会四席位置,而火炬集团仅有两席,中山润田仍为控股股东。于是,2023年7月,火炬集团绕开中炬高新董事会,通过监事会相关成员召开临时股东大会,采取了累积投票制,罢免了"宝能系"4名董事,对"宝能系"4名董事的同意罢免率(按股数)为95.0%—97.7%。并成功在"火炬系"提名的4名董事中选举了3名新董事,对选举"火炬系"提名的4名董事的同意票率为81.3%、80.8%、77.8%、47.2%。董事会实行了"大换血","宝能系"最终出局中炬高新董事会,姚振华也自此失去实际控制人地位。

近年来,在股权争夺阴影下的中炬高新基本面也不理想。2022年公司归母净利润为亏损5.92亿元,为上市27年以来的首次亏损。2023年前三季度,中炬高新归母净利润再度亏损12.72亿元。目前来看,中炬高新距离此前立下"实现健康食品产业年营业收入过百亿元,年产销量过百万吨"的双百目标还有很长的距离。

2. 法学分析

事实上,中国A股市场从2003年就开始推行累积投票制度。累积投票是什么意思?举例来说,某公司要选5名董事,公司股份共1 000股,股东共10人,其中1名大股东持有510股,即拥有公司51%的股份;其他9名股东共计持有490股,合计拥有公司49%的股份。若按直接投票制度,每一股有一个表决权,则控股51%的大股东就能够使自己推选的5名董事全部当选,其他股东毫无话语权。但若采取累积投票制度,表决权的总数就成为1 000×5 = 5 000票,控股股东总计拥有的票数为2 550票,其他9名股东合计拥有2 450票。股东可以集中投票给一个或几个董事候选人,并按所得同意票数多少的排序确定当选董事。只要中小股东的表决权超过了大股东表决权除以大股东拟选董事人数的值,中小股东就有可能保证己方至少有一名候选人入选。

从法学角度分析可知,在累积投票制度下,投票的过程其实也是各个股东之间的博弈过程。累积投票制度削弱了大股东对投票结果的控制力,而赋予了中小股东一定的决策权。这一方面可以防止大股东做出不利于中小股东或不利于公司的决策,另一方面也为中小股东提供了一个表达意志的渠道。累积投票制度在制度设计上比直接投票制度有更大优势,它通过票数的累积计算,扩大了股东表决权数量;通过限制表决权的反复使用,限制了大股东对董事监事选举的控制力,保护了中小投资者的投资热情,符合资本社会化原则。

在曙光股份的案例中,累积投票发挥了作用。董事会通过的购买淘汰车型的关联交易,遭到了中小股东的联手反对,最终采用累积投票制度罢免全部董事,并终止了这笔购买关联资产的交易。在中炬高新的案例中,同样通过累积投票制度,帮助火炬集团成功罢免"宝能系"的4名董事,实现董事会"大换血"。

3. 经济学分析

在公司的经营管理中,大股东受资本多数决原则的庇护,能够成功地推选自己支持的人进入董事会。而中小股东常常受到大股东欺压,在面对大股东胡作非为时,苦于没有自己的利益代言人。累积投票制度最重要的制度价值就在于保护中小股东的利益,中小股东要想保护自己的利益,选出代表自己利益的代言人进入董事会参与公司经营决策无疑是一个很好的途径,同时累积投票制度所发出的增进中小股东福利的信号有助于公司吸引潜在投资者。

此外,累积投票制度能提高董事会的工作效率,降低公司的决策风险。董事会作为公司的业务执行机关和决策机关,在公司治理中处于中心地位,因此董事会的工作效率极大地影响着公司的业绩。通过累积投票制度选出中小股东的代言人进入董事会,给董事会注入了新鲜血液,大股东和小股东的利益代言人在一起各抒己见,能够发挥集体智慧的力量。中小股东的代言人进入董事会,使董事会的决策过程中有了另外一种声音,有助于其他董事谨慎地对待决策方案,这对降低公司的决策风险也颇有助益。

正如此次曙光股份中小股东争夺控制权,中小股东运用累积投票制度罢免全部董事,选出9名新董事和监事,并且由股东大会召集人之一的贾木云,与其他股东成立北京维梓西咨询管理中心,通过司法拍卖买下华泰汽车的股份后,成为曙光股份第一大股东。这体现了中小股东的意愿和资本的力量,有利于提升公司治理能力,增强投资者对公司未来发展的信心。

基于"道德"的考虑,有不少学者表现出对累积投票这一公司表决权规则很高的热情,认为它将有效改变我国公司治理中"一股独大"、控股股东操纵公司的现象,但是站在经济学的视角考察之,累积投票制度扭曲了股东剩余索取权和投票权重相匹配的原则,可能引发不必要的代理成本。例如,假设某公司有A、B两位股东,A股东持股30%,B股东持股70%;现有3位待选董事,在累积投票制度下,选举一次完成,得票最多者成为董事。这里假设公司一共有100份股票,那么A拥有90张票,B拥有210张票,如果A将90张票都集中使用,投自己为董事,那么B不可能将210票分为三个人,使得这三个人票数都比90张票多,最多91、91、28。因此A一定可以选出一个董事。由此导致的后果是,累积投票制度在赋予小股东"盈余"权益的时候将剥夺大股东与其身份相匹配的激励,原本出于自身利益最大化的考量而对公司全心全意的大股东可能会出现不同程度的懈怠,因为勤勉的大股东需要将通过边际努力获得的边际收益部分地配置给小股东。而大股东的懈怠和偷懒对公司全体股东的福利而言无疑是一种折损。如中炬高新案里所表现出来的,当董事会洗牌、"火炬系"获得公司控制权后,中炬高新仍因股权争夺出现上市以来首次亏损。

第三节 公司法人人格否认问题

公司制度的确立及其经济法律功能促进了经济的快速发展,公司法人制度发挥了中流砥柱作用,成为支撑现代市场经济的重要法律制度。其三大支柱理论分别是:公司与股东财产相分离、公司人格独立和股东承担有限责任。然而,公司法人制度在实践中却表现为一把双刃剑,随着社会经济的发展,逐渐暴露出各种问题或缺陷。我国在20世纪80年代建立现代法人制度,滥用法人人格的行为不久便随之出现,且有愈演愈烈的态势。这些滥用公司法人人格的行为已严重破坏了我国公司法人制度,主要表现在如下几个方面:虚假出资、抽逃出资、脱壳经营、公司与股东人格混同、母公司对子公司过度操纵以及恶意破产等。

针对这些问题,我国《公司法》于2005年第三次修订时引入了公司股东滥用权利逃避债务要承担连带责任的制度。按照规定,股东需要遵守法律、行政法规以及公司各项章程,依法行使股东权利,不得滥用公司法人独立地位和股东有限责任侵害债权人的利益,倘若对债权人利益构成严重侵害,则需要对债务承担连带责任。自此,我国从立法层面确立了公司法人人格否认制度。公司法人人格否认制度的确立无疑是一项伟大的制度创新,从设立之初就被作为保护公司债权人的重要手段。

一、公司法人人格否认的含义及经济学分析

公司法人人格是指公司享有独立于公司股东、出资人及债权人的独立人格,股东或出资人仅以出资为限对公司债务承担有限责任,公司以其全部财产对公司的债务承担责任。实质上,公司法人人格使公司具备了以自己的名义独立享受权利和承担义务的一种资格。具体而言,公司能够独立支配其财产而不受股东或者出资人的限制。虽然公司财产是由公司的股东出资构成,但股东一旦将此财产交由公司就再也无权直接处置这些财产,仅能换取公司股权,股东或者出资人也只以其出资额对公司债务承担责任。即使公司在经营中资不抵债申请破产,公司的债权人也不能向公司的股东追索债务。

有限责任降低了股东的投资风险,但也一定程度上增加了债权人的风险。较之无限责任的商业组织,有限责任下的法人独立人格切断了债权人向股东的追索权,债权人仅能

以公司财产为限要求其偿还债务,这就可能带来公司破产时清算资产难以弥补债权人亏损的风险。对此,债权人往往在交易之初就会审慎地就有限责任公司的资信进行调查,以减少信息不对称,这能够有效降低有限责任下债权人利益受损的风险。同时由于有限责任公司有法定的公开事项,比如注册资本、公司的经营范围以及公司股东等,债权人对相关信息的获取较之其他形式的商业组织更为容易,这也在一定程度上降低了交易成本。需要注意的是,这些因素并不能从根本上杜绝商业风险,原因在于:在公司法人制度中潜藏着一种"道德危险因素",即公司股东倾向于将经营风险所产生的成本转移给债权人。在道德风险、机会主义和经济人理性追求收益最大化的作用下,有限责任原则容易被滥用,最终会影响到社会的公共利益。为了平衡公司法人制度中股东与债权人之间的利益关系,需要以法律形式对此进行规制,"公司法人人格否认"这项制度便应运而生。

公司法人人格否认制度,又被称为"刺破公司面纱制度"或是"揭开公司面纱制度",是指在具体的法律关系中,对于已具有独立法人资格的公司,如果股东出于不正当的目的滥用公司法人人格,并对公司债权人的合法利益和社会公共利益造成了损害,法院可以基于公平正义的价值理念否认该公司法人的独立人格,并要求其股东直接对公司的债务承担连带责任的一种法律制度。从法理上来看,法人人格否认制度是特定情形下对公司股东有限责任的修正和维护,在平衡公司、股东与债权人风险与权力方面实现了"矫正的公平"。

二、适用条件

2018年《公司法》第二十条对公司股东有具体规定:不得滥用公司法人独立地位和股东有限责任损害公司债权人的利益。……公司股东滥用公司法人独立地位和股东有限责任,逃避债务,严重损害公司债权人利益的,应当对公司债务承担连带责任。第六十三条特别规定:"一人有限责任公司的股东不能证明公司财产独立于股东自己的财产的,应当对公司债务承担连带责任。"这些规定能够通过否定公司人格独立性来防范有限责任对债权人或者利益相关者的不公平损害。那么何时适用法人人格否认,其适用条件是什么呢?下面将为大家介绍四个适用要件。

1. 前提要件

公司通过登记与注册等法定程序设立,并取得独立的法人人格,是适用公司法人人格否认制度的前提条件。如果公司没有依法设立、未取得合法独立人格,它就不能行使法人的权利,其行为和后果将被视为无效,也就不存在债权人要求股东就公司实体行为或债务直接承担责任。在这种情况下,行为人应按公司设立不成功的相关法律规定承担相应的民事责任,而不能进行公司法人人格否认。如果公司形式上已经设立,但不符合根据法律规定的实质要件,如实际出资总额低于法定注册资本最低限额,那么股东必须承担相应的法律责任,如限期进行资本差额填补。在这种情况下,公司是具有法人人格的,可以进行人格的个案否认。需要注意的是，公司法人人格否认制度不是对法人人格独立原则的否定，而恰恰是对法人人格独立原则的恪守。

2. 主体要件

滥用公司法人独立地位和股东有限责任的股东是适用公司法人人格否认制度的主体要件。有条件滥用公司法人人格的股东主要集中在占有公司多数股份、对公司拥有实质控制能力并实际参与公司经营管理、能对公司的主要决策活动施加影响的股东上，其身份主要为公司的董事、经理等高级管理人员。但对于身为公司股东的董事、经理等高级管理人员，如果其没有以股东身份滥用法人人格，或者董事、经理等高级管理人员虽有滥用行为但并非公司股东的情况，则不能适用公司法人人格否认原则。

3. 行为要件

存在股东滥用公司人格或有限责任追求不法目的的行为是适用公司法人人格否认制度的行为要件。这些行为包括但不局限于以下两种情况：一是股东利用公司独立人格规避合同义务或是法律责任。例如，拥有实质控制权的大股东将公司的营业收入全部转移到个人名下，负债仍由公司承担；为了逃避债务，股东恶意抽逃出资、转移资产使得公司破产，再另外成立一家类似的公司；在公司经营恶化的情况下，股东将股权转让给没有履行能力的他人，试图逃脱法律责任。二是公司与股东人格混同，公司独立人格本质上已经丧失。例如，公司与股东之间的财产混同，股东可以随意处置公司的资产；公司与股东之间的业务混同，与第三方交易有时以公司的名义，有时以股东的名义，导致业务无法区分；公司与股东之间的人事混同，两者的组织机构、管理或者业务人员相互交叉，甚至雇员完全一致。

4. 结果要件

公司股东滥用公司法人人格的行为必须给债权人或社会造成实际损害，且股东滥用法人人格的行为与债权人利益受损的事实之间必须存在因果关系，这是适用公司法人人格否认制度的结果要件。通常情况下，如果公司股东的行为虽然有悖于公司法人人格独立原则，但没有造成任何债权人利益的损害；或者虽然滥用公司法人人格的行为与债权人的损失有因果关系，但债权人没有举证或无法举证；又或公司股东的滥用行为与债权人的损失有因果关系，且债权人提出了诉讼申请，但公司有能力弥补债权人的损失，则不能适用公司法人人格否认制度。

分析了《公司法》中的法人人格否认制度后，来看一个发生在2015年的相关案例。

案例 10-4

庆阳江嘉公司原法定代表人与李某某商品房预售合同纠纷案

2015年7月，甘肃省李某某因商品房预售合同纠纷将庆阳江嘉房地产开发有限公司（以下简称"庆阳江嘉公司"）诉至甘肃省庆阳市西峰区人民法院。原告李某某诉称，被告庆阳江嘉公司与原告订立购房合同，约定原告购买一套拟建住宅并预支付10万元首付款,住宅约定 2011 年年底交付。但被告庆阳江嘉公司从未取得土地使用权和任何建设手续,也不具备开发房地产的经济能力。原告请求庆阳江嘉公司退还已付购房款及利息。在诉讼过程中,"原法定代表人"鞠某为了逃避债务,将股权转让给了杨某某并办理了股权转让及法定代表人变更登记。原告认为,根据《中华人民共和国公司法》第二十条第三款:"公司股东滥用公司法人独立地位和股东有限责任,逃避债务,严重损害公司债权人利益的,应当对公司债务承担连带责任"的规定,鞠某和杨某某应对债务负连带清偿责任。对此,法院在一审中支持了原告关于鞠某和杨某某连带责任的诉求。鞠某不服一审判决,提起上诉。同年 12 月,庆阳市中级人民法院二审驳回上诉,维持原判。

资料来源:《李博瑞与庆阳江嘉房地产开发有限公司、鞠敏、杨建军商品房预售合同纠纷一审民事判决书》[EB/OL],https://wenshu.court.gov.cn/website/wenshu/181107ANFZ0BXSK4/index.html?docId = p58Y +/H8HaXeLicBU77h5Kk0/7smpNqZwGrmHTVzz7j4RmgzIt6usvUKq3u + IEo4x0gSvD4wNmZ96SkfFRQOVRwia9wShLANykSnRc3PcWfrbtPFCWDsplggOf626J3C,2023 年 11 月 3 日访问。

本案中法院认定鞠某作为庆阳江嘉公司原法定代表人,在公司面临债务纠纷的情况下,将自己的股权全部转让给没有履行能力的杨某某,试图通过股权转让的方式来逃脱法律责任,这势必损害了债权人的利益。显然,公司法人人格否认制度所需要的前提要件、主体要件、行为要件和结果要件均已经成立。因此,法院否定了庆阳江嘉公司的独立法人人格,判令原股东鞠某和现股东杨某某对公司债务承担连带责任。

公司法人人格否认制度的基本经济学思想是:不可避免的交易成本必然会对产权的分配和经济生产的效率产生影响,而经济学的基本价值取向之一是追求帕累托最优和社会福利最大化。因此,在一定条件下,合理的制度安排应该能够减少交易成本所产生的不利影响,有助于实现这个经济学的基本价值取向,否则这种制度安排就是有问题的。遵循这个思路,可以检验公司法人人格否认制度是否能够改进公司的经营效率。

为方便起见,假定股东为控股股东或是实际控制公司的股东,其剩余索取权的价值为 E,公司总资产为 S,负债为 D。倘若股东恪守公司独立人格,那么股东剩余索取权的价值 $E = S - D$,E 的变化与 S 的变化是正相关的,此时股东利益与公司的资产相互保持一致。这也意味着,为了提升剩余索取权的价值,股东会努力提升公司的经营效率和业绩水平。在这个安排下,股东与债权人和公司能够产生激励相容机制,从而实现公司价值的提升,社会福利的增加。

但是如果股东滥用公司的独立人格,那么债权人优先于股东的清偿顺位就不复存在,本应用于优先偿还债务的资产就会变成股东的私人财产,此时,股东剩余索取权的价值 $E = D$。这意味着,股东财富的增加其实是建立在债务融资的基础上,而与公司价值的增加没有关系。因此,股东滥用公司独立人格的行为只会带来对债权人利益的攫取,并不能实现公司价值的提升,更不可能增加社会的福利。

股东对债权人利益的攫取行为也构成追究股东侵权责任的根源性基础。若拥有控制权的一方没有激励来提升公司的业绩,同时享受有限责任制度的保护,那么道德风险就会被无限放大。为了矫正此类道德风险、保护债权人利益及社会公共利益,公司法人人格否认制度的产生实属必然。

三、一人公司法人人格否认

一人公司是指一人有限责任公司。2005年修订的《公司法》第五十八条第二款规定:"本法所称一人有限责任公司,是指只有一个自然人股东或者一个法人股东的有限责任公司。"一人公司在法律上具有独立的人格,有独立于股东个人的财产,股东以其出资为限对公司的债务承担责任。

所谓一人公司法人人格,是指一人公司具有独立的主体地位,享有独立的法律人格,从而使得一人公司可以独立承担责任,使股东可以在其出资范围内承担有限责任。一人公司具有法人地位,主要是由其拥有独立财产、独立意思和独立承担责任这三方面的因素决定的。具体而言,独立财产是指一人公司拥有完全独立于其股东的财产,而且一人公司对其财产拥有独立的支配权,这是一人公司成为法人的前提条件;独立意思是通过公司的内部机关决议形成的,股东虽是唯一的,但公司的意思是独立的;独立承担责任,是指公司应以自己拥有的全部财产对其债务独立承担责任,公司股东一般情况下只以出资额为限对公司负责,且不承担超出其出资义务的任何财产责任,公司与其股东在承担的责任上是彼此独立的。

一人公司与股东之间是紧密联系的,股东是公司的唯一出资人,公司的财产是股东投入的。但是,一旦股东将自己拥有所有权的财产投入公司里,该部分财产便从股东手中独立出来,股东便丧失了对其投入公司中财产的所有权,与之对应的是,公司拥有了法人财产权。一人公司具有独立的人格,能以自己的名义独立地处分财产,独立地进行商事活动,并对自己的行为用公司自己的财产独立地承担民事责任。

案例 10-5

永兴花园饭店与北京佳宁娜公司、佳宁娜深圳公司租赁合同纠纷案

2015年,北京永兴花园饭店(以下简称"永兴花园饭店")因房屋租赁合同纠纷将北京佳宁娜酒店管理有限公司(以下简称"北京佳宁娜公司")和佳宁娜(深圳)投资有限公司(以下简称"佳宁娜深圳公司")诉讼至北京市海淀区人民法院。永兴花园饭店诉称,其与北京佳宁娜公司、佳宁娜深圳公司于2008年签订了房屋租赁合同,租期顺延至2017年5月。2014年7月,北京佳宁娜公司因经营不善提前解除了合同并退租,但至今北京佳宁娜公司仍欠租金1 002 985.98元以及占用费200 280元。由于北京佳宁娜公司系佳宁娜深圳公司投资设立的一人有限责任公司,佳宁娜深圳公司应当对北京佳宁娜公司的债务承担连带责任。法院一审判决,佳宁娜深圳公司作为北京佳宁娜公司的唯一股东,不能举证证明北京佳宁娜公司的财产独立于佳宁娜深圳公司的财产,因此需要对债务承担连带责任。佳宁娜深圳公司不服一审判决,提起上诉。二审期间,佳宁娜深圳公司向北京市第一中级

人民法院提供了北京中瑞诚会计师事务所出具的财务独立性的审计报告,但该审计并非在法院组织下进行,且事务所亦不对审计材料的真实性负责,因此法院二审中未采信该报告,仍判决佳宁娜深圳公司承担连带责任。

资料来源:《北京佳宁娜酒店管理有限公司等与北京永兴花园饭店租赁合同纠纷二审民事判决书》[EB/OL], https://wenshu.court.gov.cn/website/wenshu/181107ANFZ0BXSK4/index.html?docId=YOsPjbH46Z+bFz5GOUSwtnvLfJCUnXJP+khzy4P5rIzHp8bHPPgq+/UKq3o+IEo4x0gSvD4wNmZ96SkfFRQOVRwia9wShLANykSnRc3PcWe5xW/zMUJgTIbUcq1tuJ0i,2023 年 11 月 3 日访问。

在该案件中,北京佳宁娜公司是佳宁娜深圳公司投资设立的一人有限责任公司。法院认为,根据 2018 年《公司法》第六十三条规定,一人有限责任公司的法人人格独立应采取举证责任倒置规则,而佳宁娜深圳公司不能提供出可信的证据来证明其财产独立于北京佳宁娜公司,应该否认其独立法人人格,因此在一审和二审中均判决佳宁娜深圳公司需要对北京佳宁娜公司的债务承担连带责任。

一人公司与普通有限责任公司最大的不同就是它只有一个股东,该股东可以完全地掌控公司,传统公司的管理机制对他缺乏有效的制约。唯一的股东可任意支配公司,因而有可能侵蚀公司财产,出现股东滥用公司法人人格及有限责任损害公司债权人合法利益和社会公共利益的现象。例如,唯一股东可通过各种渠道将公司资产转移到私人名下,使公司空壳运转,而在承担责任时又借公司法人人格独立和有限责任来逃避债务,造成公司债权人或社会公众承担不公平的风险。

一人公司更容易滥用公司法人人格的根源在于,有限责任制度下唯一的股东缺乏有效的规制来约束其不道德行为,从而增加了道德风险,并导致社会成本的增加。这就需要更为严格的制度要求。事实上,公司法人人格否认制度的法理基础就是在公司利益、股东利益和债权人利益之间寻找一个平衡点。公司法人人格的否认,并不全面否定公司存在,而是在认定它作为法人存在的同时,针对特定情形,为了维护正义而否定其法人人格,从而避免法人人格被非法利用。因此,法人人格否认的引入至少在法人制度、有限责任及其利益相关者之间构建了一个救济保护的系统,从而寻求社会利益的最大化。

第四节 公司合并、分立中的债权人保护

公司在经营过程中会因为经营、法律等方面的需要,出现合并、分立等变更公司形式的行为,公司的主体会发生变更。其中最重要的问题是原公司的债权、债务应该如何承继和处置。针对公司的合并,2023 年《公司法》第二百二十一条规定:"公司合并时,合并各方的债权、债务,应当由合并后存续的公司或者新设的公司承继。"针对公司的分立,第二百二十三条规定:"公司分立前的债务由分立后的公司承担连带责任。但是,公司在分立前与债权人就债务清偿达成的书面协议另有约定的除外。"在现实的司法实践中,股东滥

用公司的独立人格,借助于公司合并、分立,将风险转嫁给债权人的情形时有发生。那么《公司法》是如何细化规定来保障债权人的利益呢?

一、公司合并中的债权人利益保护

公司合并是指两个或两个以上的公司依照法定条件和程序,通过订立合并协议,共同组成一个公司的法律行为。2023年《公司法》第二百一十八条规定:"公司合并可以采取吸收合并或者新设合并。一个公司吸收其他公司为吸收合并,被吸收的公司解散。两个以上公司合并设立一个新的公司为新设合并,合并各方解散。"公司合并是公司实现规模经济、提高市场占有率、实现多元化经营、分散投资风险、构建核心竞争力的重要方式。

公司合并涉及双方公司、股东以及债权人等相关者的利益,其程序通常包括:(一)董事会制订具体的合并方案;(二)双方就公司合并的有关事宜签订书面协议,协议内容载明法律法规事项以及双方约定事项等;(三)双方编制资产负债表和财产清单,需清楚反映公司的资产、负债以及财产状况,不得隐瞒公司的债权和债务;(四)公司股东大会形成合并决议,其中有限责任公司需经代表三分之二以上表决权的股东通过,股份有限公司需经出席会议的股东所持表决权的三分之二以上通过,国有独资公司则由国有资产监督管理机构决定;(五)公司签订合并协议;(六)公司向债权人通知和公告;(七)合并后,解散公司应到工商机关办理注销登记手续,存续公司应到登记机关办理变更登记手续,新设立公司应到登记机关办理设立登记手续。公司合并只有在登记后,才能得到法律上的承认。

由于公司合并会导致民事主体的变化、财产与债务的转移,对于公司债权人的利益可能产生不利的影响,因此《公司法》将债权人保护作为规制公司合并的重要内容。2023年《公司法》第二百二十条第二款规定:"公司应当自作出合并决议之日起十日内通知债权人,并于三十日内在报纸上或者国家企业信用信息公示系统公告。债权人自接到通知之日起三十日内,未接到通知的自公告之日起四十五日内,可以要求公司清偿债务或者提供相应的担保。"通过期限内通知和公告,《公司法》在一定程度上明确了债权人在公司合并中的知悉权,旨在保护债权人的利益不受损害,或者在遭受损害时能够及时做出防范措施。对于债务的未来履约主体,2023年《公司法》第二百二十一条进一步明确规定,公司的债务由合并后存续的公司或者新设的公司承继。

下面我们以买卖合同纠纷案为例,讨论司法实践中公司合并后的债权人利益保护问题。

案例 10-6

常州艾邦机械科技有限公司与长江高科电缆有限公司买卖合同纠纷案

2011年3月3日,常州艾邦机械科技有限公司(以下简称"艾邦机械公司")与原宜昌耐斯特机械制造有限公司(以下简称"原耐斯特公司")签订设备购销合同一份,约定原耐斯特公司向艾邦机械公司购买铝连续挤压生产线3台(套),设备款共计3 120 000元整。合同签订后,3月23日,原耐斯特公司向艾邦机械公司预付了600 000元。4月23日,艾邦机械公司按照合同约定向原耐斯特公司提供并安装了生产线3台(套)。原耐斯特公司又分别于11月30日和第二年5月12日支付了600 000元和300 000元。2012年5月29日,经工商部门核准,原耐斯特公司由长江高科电缆有限公司(以下简称"长江高科公司")吸收合并,同日办理了工商注销登记手续。双方签订的《吸收合并协议》中约定,原耐斯特公司的所有财产及权利义务都由长江高科公司无条件承受,所有债务都由长江高科承担,并向艾邦机械公司发来告知函。但之后,长江高科公司仅于2012年9月30日支付了100 000元,仍欠设备款1 520 000元。2013年11月25日,艾邦机械公司将长江高科公司诉至宜昌市夷陵区人民法院,要求长江高科公司清偿设备款并支付逾期付款利息。

  法院审理认为:长江高科公司吸收原耐斯特公司而继续存在,公司名称不变,而原耐斯特公司解散,属于吸收合并。根据2015年《公司法》第一百七十四条:"公司合并时,合并各方的债权、债务,应当由合并后存续的公司或者新设的公司承继"的规定,长江高科公司需要支付剩余欠款。最终法院判决如下:被告长江高科公司在判决发生法律效力后十日内向原告支付所欠设备安装款1 520 000元以及逾期付款利息233 890.59元。本案受理费10 239元由被告承担。原告和被告均未提起上诉。

  资料来源:《艾邦机械公司与长江高科公司买卖合同纠纷执行裁定书》[EB/OL], https://wenshu.court.gov.cn/website/wenshu/181107ANFZ0BXSK4/index.html? docId = BhS21xK8lCUBA76svcbMebOe2CxIyp8g/ISiSm0sxl4sHaDXtijUr2I3IS1ZgB82ziVMkVpydoNIAqnl4fqepD9cPCXdLQBILI1tP33vtmtRUfAEmFCuT5n62IJF+Qtk,2023年11月3日访问。

  本案涉及一起公司吸收合并前所负的债务纠纷问题。被吸收合并前,原耐斯特公司欠原告设备款1 520 000元。在吸收合并过程中,原耐斯特公司办理了工商注销登记手续,将公司资产合并转入了长江高科公司,解散登记和变更登记手续都办理完毕,因此公司合并应得到法律上的承认。按照2023年《公司法》第二百二十一条规定,原公司被合并后,其所负债务应由吸收的公司承担偿还责任,因此原耐斯特公司所负债务应由长江高科公司承担偿还责任,并且双方的合并协议也规定了长江高科公司无条件承担原耐斯特公司的债务。鉴于此,法院判决被告长江高科公司需要对债务承担偿还责任。

二、公司分立中的债权人利益保护

  公司分立是指公司因生产经营或管理上的需要,依据法律或合同的规定,将公司依法变更为两个或两个以上公司的法律行为。公司分立可以分为存续分立和解散分立,存续分立是指公司分立后继续存在并设立一个以上的新公司,解散分立是指公司分立后解散并设立两个以上的新公司。公司分立是公司法上的重要制度,是公司实现资产重组、调整组织结构、实现经营专业化、降低投资风险、提高盈利能力的重要经营手段之一。

公司分立涉及公司财产、股东权益以及债权人利益等的分割,其程序通常包括:(一)董事会制订公司分立方案;(二)股东会对分立方案进行决议,特别是对公司债务分担协议进行决议,其中有限责任公司需经代表三分之二以上表决权的股东通过,股份有限公司需经出席会议的股东所持表决权的三分之二以上通过;(三)公司签订分立协议;(四)董事会编制资产负债表及财产清单,对财产进行分割;(五)公司向债权人通知和公告;(六)公司进行资本分割和财产转移;(七)新设立公司应到登记机关办理设立登记手续,存续分立的存续公司应到登记机关办理变更登记手续,解散分立的解散公司应到工商机关办理注销登记手续。与公司合并相似,公司分立只有在登记后,才能得到法律上的承认。

由于公司分立也会导致民事主体的变化、公司财产和债务的转移,因此也可能对债权人的利益产生不利的影响。对此,2023年《公司法》第二百二十二条第二款规定:公司应当自作出分立决议之日起十日内通知债权人,并于三十日内在报纸上或者国家企业信用信息公示系统公告。这在一定程度上保护了债权人的知情权。对于债务的承继问题,2023年《公司法》第二百二十三条规定:"公司分立前的债务由分立后的公司承担连带责任。但是,公司在分立前与债权人就债务清偿达成的书面协议另有约定的除外。"与公司合并相似,《公司法》对债权人的保护也是从知情权和债务继承两个方面进行的。

下面我们以一施工合同纠纷案为例,来说明公司分立后公司的债权人利益在法律上是如何进行保护的。

案例 10-7

鹏鹞公司与西宁市排水公司、污水处理公司、开发公司施工合同纠纷案

2009年2月28日,原西宁市排水公司(以下简称"原排水公司")与江苏鹏鹞环境工程承包有限公司(后变更登记为鹏鹞环保股份有限公司,以下简称"鹏鹞公司")签订《西宁市第三污水处理厂工程总承包合同》,约定鹏鹞公司负责西宁市第三污水处理厂红线内的施工工作,合同总价为159 621 361.00元(最终核定价格为179 207 807.42元),约定在两年质量保修期满后,原排水公司需支付相关款项。2010年9月,工程完工。原排水公司陆续支付工程进度款94 931 825元,垫付施工电费732 174.25元。2010年9月28日,西宁市第三污水处理厂开始试运行,然后于2011年1月13日进入商业运行。2014年9月16日,原排水公司组织工程竣工验收,污水处理构筑物达到验收条件验收合格,但由于办公楼未通过节能专项验收,该项目一直未完成全部内容的竣工验收。2014年10月17日,经西宁市国资委批复同意,原排水公司分立为西宁市排水公司(以下简称"排水公司")、污水处理有限公司(以下简称"污水处理公司")和排水开发建设有限公司(以下简称"开发公司")。因项目尾款一直未结清,2015年,鹏鹞公司将排水公司、污水处理公司和开发公司诉讼至法院,要求三家公司支付尾款与利息。排水公司辩称因工程未经过竣工验收,无法支付工程款。污水处理公司和开发公司则辩称两公司是新设立的带有公共职能的企业法人,从原排水公司分立出来的不是资产,而是职能,因此不应承担连带责任。

法院经审理后认为,该项目工程竣工并已交付使用,在交付使用四年后进行竣工验收时未发现存在工程质量问题,因此按照原约定内容,应支付剩余工程款。污水处理公司和开发公司在名义上是为了职能划分而新设立出来的,但实际上还是由原排水公司分立而来的,因此按照当时的《公司法》第一百七十六条"公司分立前的债务由分立后的公司承担连带责任"的规定,排水公司、污水处理公司和开发公司应该对原排水公司的债务承担连带责任。判决如下:排水公司、污水处理公司和开发公司在判决生效后 10 日内连带支付鹏鹞公司工程欠款 36 071 192.15 元及其利息;本案受理费 245 804 元,由排水公司、污水处理公司和开发公司共同承担。

资料来源:《鹏鹞环保股份有限公司与西宁市排水公司、西宁市污水处理有限公司等建设工程施工合同纠纷二审民事判决书》[EB/OL],https://wenshu.court.gov.cn/website/wenshu/181107ANFZ0BXSK4/index.html?docId = 42kjtsityBl + GVH9RLAGufMzq4qMx + cPee7Uia + BKk + aoNKnI9fYMvUKq3u + IEo4x0gSvD4wNmZ96SkfFRQOVRwia9wShLANykSnRc3PcWcZnYMCXSIk7dGAevcZbW0/,2023 年 11 月 3 日访问。

在本案中,鹏鹞公司主张的工程款源自其与原排水公司在 2009 年 2 月 28 日签订的项目合同,该项目已于 2010 年 9 月施工完成并交付使用,仍有欠款未结清。而原排水公司于 2014 年 10 月 17 日经西宁市国资委批复同意,分立成为排水公司、污水处理公司和开发公司。因此,工程款产生在原排水公司分立前,属于分立前存在的债务。尽管污水处理公司和开发公司辩称这仅是职能拆分,但从西宁市国资委批文以及工商登记手续可以看到,这符合法律意义上的公司分立。此外,在分立时原排水公司也未与债权人鹏鹞公司就该债务达成其他的清偿协议,没有对债务承担进行约定。在没有特别约定的情况下,为了保护债权人的利益,那么分立前的债务应该由分立后的公司承担连带责任,排水公司、污水处理公司和开发公司都需要连带支付欠款。

1. 公司分立的法律效果:债务的承继?——法学分析

公司分立时引起的最主要的法律效果就是公司债权、债务的承继。2023 年《公司法》第二百二十三条规定:"公司分立前的债务由分立后的公司承担连带责任。但是,公司在分立前与债权人就债务清偿达成的书面协议另有约定的除外。"从中可以看出,基本原则是分立前的债务由分立后的公司承担连带责任,但在分立前如果公司与债权人就债务清偿达成的书面协议与上述规定不同,应按照该协议处理分立前的债务。关于分立后公司的债务分担比例,通常来说,分立后的存续公司或新设公司会根据其接受资产的比例而规定其内部债务承担比例,也会有其他的债务分割计划。但是此种内部债务承担比例除非得到债权人同意,否则并不能有效,更不能摆脱连带责任的束缚。

在该案例中,原排水公司分立为排水公司、污水处理公司和开发公司,尽管新设立的污水处理公司和开发公司强调自身只是将公司职能从原排水公司中分离出来,没有资产的分离,排水公司仍然存在且有支付工程款项的义务与能力,但是原排水公司在分立前并未与债权人鹏鹞公司达成债务清偿协议,更未得到鹏鹞公司的同意。因此,这只是一种内部约定,对污水处理公司和开发公司的债务连带责任不具有对抗效力。

虽然《公司法》关于公司分立中的债务连带责任规定能够很好地保护债权人,但在连带责任的范围和有效期限方面仍然不是很明确,这一定程度上限制了连带责任的效力。例如,公司分立后的新设公司或承继公司因要对债权人负担连带责任可能会阻碍分立的经济动机,使得公司在准备分立时存在很大的顾虑。为了公司分立的顺利进行,促进专业化分工,在连带责任范围上,我国《公司法》有必要在财产数量和时间上做出一定的限制。例如,日本《商法》规定了连带责任的范围,当该公司是分立公司或新设公司时,限定为分立日当时所持有的财产份额;当是承继公司时,则限定为所承继的财产份额。参考这些规定,分立当事公司连带责任的财产范围可以限定为分立公司和新设公司为分立时所持有的财产份额,承继公司则限定为所受承继的财产份额。这样既可保障债权人的权益,又不削弱公司的分立动机,同时减轻分立后当事公司的负担。

在连带责任承担的期限上,德国《公司改组法》第一百三十三条规定,即使是在分立、转让合同中被分配债务的承继公司,在分立后五年内达到清偿期并依据债权人请求诉讼时,也应对该债务负担责任。若连带责任承担的期限过短,实践中可能会存在分立当时未到期的债务,到期时已经过了连带责任承担的期限的情况。因此,在连带责任承担的期限上,德国的立法比较合理,值得我国借鉴。

2. 公司分立对债权人的影响——经济学分析

公司分立带来的直接影响是公司的偿债能力和信用发生变化,增加了债权人债权实现的不确定性。在上述案例中,原排水公司分立后,新设立的污水处理公司和开发公司承担了原排水公司有关污水处理、运营等方面的工作职能,而排水公司继续承担其他职能。显然,分立后排水公司的经营范围发生了重大变更,这势必会影响排水公司未来的盈利水平乃至偿债能力。即便新设立的污水处理公司和开发公司没有获取原排水公司的资产,排水公司的未来经营也会受到很大的影响。当债权人鹏鹉公司向分立后的公司主张债权时,仍然可能会面临资不抵债的风险。

经济学分析中一个较为重要的问题是风险和收益问题。高风险意味着要有高回报,债权人将资金借给公司时,债权实现的极大不确定性必将要求更高的回报率。这样势必会增加分立前公司的外部融资成本,降低公司的运营效率,不利于公司通过分立进行专业化的经营,进而影响盈利能力。那么如何在公司分立过程中,降低债权人面临的不确定性,确保债权人利益的实现,使得公司不敢通过公司分立的方式逃避债务,损害债权人的利益,同时对需要专业化经营的公司来说,降低分立前的融资成本?

一个可行的思路是通过降低债权人的投资风险来达到以上目的。我国 2023 年《公司法》第二百二十二条第二款规定:"公司应当自作出分立决议之日起十日内通知债权人,并于三十日内在报纸上或者国家企业信用信息公示系统公告。"《公司法》第二百二十三条规定:"公司分立前的债务由分立后的公司承担连带责任。但是,公司在分立前与债权人就债务清偿达成的书面协议另有约定的除外。"此外,《合同法》第九十条第二款规定:"当事人订立合同后分立的,除债权人和债务人另有约定的以外,由分立的法人或者其他组织对合同的权利和义务享有连带债权,承担连带债务。"《最高人民法院关于审理与企业改制相关的民事纠纷案件若干问题的规定》第十二条也规定:"债权人向分立后的企业主张债权,企业分立时对原企业的债务承担有约定,并经债权人认可的,按照当事人的约定处理;企业分立时对原企业债务承担没有约定或者约定不明,或者虽然有约定但债权人不予认可的,分立后的企业应当承担连带责任。"第十三条规定:"分立的企业在承担连带责任后,各分立的企业间对原企业债务承担有约定的,按照约定处理;没有约定或者约定不明的,根据企业分立时的资产比例分担。"我国法律的上述规定,无形中增加了公司逃避债务的成本,使得债权人的利益得到了一定程度的保障。例如前文案例中,法院最终判决由原排水公司分立后的三家公司对原排水公司欠鹏鹉公司的工程款承担连带责任。但就目前发生的案例来看,这些保护一般都在事后,即一般都是债务人违约后,由债权人通过法律诉讼主张债权。法律如何在事前起到有效的保护作用或者说遏制作用呢?

对此,1993年《公司法》中的一些规定值得借鉴。1993年《公司法》第一百八十五条规定:"公司应当自作出分立决议之日起十日内通知债权人,并于三十日内在报纸上至少公告三次。债权人自接到通知书之日起三十日内,未接到通知书的自第一次公告之日起九十日内,有权要求公司清偿债务或者提供相应的担保。不清偿债务或者不提供相应的担保的,公司不得分立。"2005年修订后,《公司法》将公司分立公告的次数缩减为一次,并且删去了不清偿债务或者不提供担保公司就不得分立的规定。《公司法》是依据提高公司分立的效率、降低分立成本、兼顾各方利益、采用适度保护的原则做出修改的。但是,《公司法》简化分立程序的同时,也简化了债权人保护的法律规范。当前,很多公司通过分立来逃避债务的事实表明,《公司法》应当加强在公司分立过程中对债权人利益的保护,细化规范,赋予债权人在公司分立过程中的知情权、异议权及权利损害的救济请求权。这样才能使得在公司分立中,债权人的利益得到有效保护,优质的公司也能降低融资成本,通过分立进行专业化经营,提高盈利能力。

本章总结

1. 大陆法系与普通法系公司法的主要差异在于公司类型、管制与自治的关系以及董事会的结构。

2. 中国公司治理机制的演进分为三阶段:1949—1978年的计划经济阶段;1979—1992年重新引入物质刺激阶段以及1993年至今的公司形式重新出现阶段。

3. 公司法提供给中小股东权益保护的两种具体制度分别是股东代表诉讼制度和累积投票制度。

4. 法人人格否认制度的适用要件包括前提要件、主体要件、行为要件和结果要件。

5. 公司合并时，合并各方的债权、债务，应当由合并后存续的公司或者新设的公司承继；公司分立前的债务由分立后的公司承担连带责任。

思 考 题

1. 公司章程的性质是什么？
2. 法人人格否认制度是如何完善有限责任制度的？
3. 结合相应的案例，指出《中华人民共和国公司法》2005 年修订版的主要问题所在。
4. 谈谈独立董事在公司治理中的作用。
5. 大陆法系与英美法系公司法在董事会制度上的差异是什么？

阅读文献

1. 张民安:《公司法上的利益平衡》[M]，北京:北京大学出版社,2003。
2. 罗培新:《公司法的合同解释》[M]，北京:北京大学出版社,2004。
3. 王红一:《公司法功能与结构法社会学分析——公司立法问题研究》[M]，北京:北京大学出版社,2002。
4. 喻猛国:《独立董事制度缺陷分析》[J]，《经济理论与经济管理》,2001 年,第 9 期:第 48—50 页。
5. 朱慈蕴:《论公司法人格否认法理的适用要件》[J]，《中国法学》,1998 年,第 5 期:第 73—81 页。
6. 卢政宜:《论认缴制下的公司债权人保护》[D]，吉林大学博士学位论文,2020。
7. 〔美〕G. J. 施蒂格勒:《产业组织和政府管制》[M]，潘振民译，上海:上海三联书店,1989。

第十一章
管制法的经济学分析

由政府实行的管制必须解释为对财产法、民法、契约法等普通法的一种补充。

——〔美〕丹尼尔·F.史普博

◆ 本章概要

法学和经济学对管制具有相近而略有不同的定义。管制法是调整政府管制关系以及在此基础上产生的监督政府管制关系的法律规范和原则的总称,包括了与经济性管制相关的法律、与社会性管制相关的法律和反垄断法。从法学角度看,管制法是被作为建立在行政法一般理论基础上的一个部门法的分支来进行研究的,因而,管制法与传统行政法密切相关,两者既有相通的共性,又有鲜明的个性。而从经济学角度看,管制源于市场失灵;同时,由于管制的需求和供给的特点决定了管制的供求均衡难以实现,不均衡成为一种常态。对政府管制进行成本—收益比较分析,则有利于权衡政府管制的利弊得失,从而为政府管制提供理论依据。从现实来看,管制与法律的密切联系决定了管制的建立与发展是一种互动过程。

◆ 学习目标

1. 掌握管制及管制法的定义,了解管制法的体系。
2. 了解管制法与传统行政法的联系与区别。
3. 理解管制与市场失灵的关系,掌握管制的供求分析和成本—收益分析。
4. 理解管制与法律的互动关系。

有效的管制体制对一个国家经济社会的健康发展,无疑是非常必要的,尤其是对中国这样的大国来说更是如此。随着中国从计划经济体制向市场经济体制转型,对各行各业管制改革的力度越来越大,但中国到底要建立一个什么样的管制体制似乎尚无定论。管制体制的建立与完善有赖于一系列管制法律法规的出台和完善。本章在阐述管制法体系的基础上,从法学与经济学角度对其进行分析。

第一节 管制的法律体系

管制,即政府管制,是由英语"Regulation"翻译而来的,意为政府运用法律法规、制度等手段对经济和社会加以控制和限制,"Regulation"在日语中被译作规制,在中国除了管制,还有监管、管理、规制等各种译法。管制涉及社会、政治、经济、法律等活动的各个方面,是一项十分复杂的活动。研究管制的专家学者,由于其学术背景和研究兴趣的不同,所关注问题的侧重面不同,因而给出的管制的定义也不尽相同。到目前为止,可以说"一个具备普遍意义的可有效运用的政府管制定义仍未出现"[1]。即使在经济学研究领域,至今也没有一个统一的、被人们公认的管制定义。本节从管制的法学定义和经济学定义出发,阐述管制法的概念及管制法体系。

一、管制的法学定义

政府管制不仅是政府经济管理活动,而且是政府法律活动,因而,政府管制必然涉及法律问题。从历史上看,政府管制是行政法学研究的重要领域。美国最早对行政法的研究起源于对独立管制机构的研究,因而,美国传统上曾经从独立管制机构角度对行政法下定义,认为行政法是规范和控制独立管制机构行为和权利的法;美国最权威的法学词典,即《布莱克法学词典》对行政法的解释亦属此类。[2] 但是,在政府管制不断发展和改革、经济学对政府管制开展大量研究并取得丰硕研究成果的同时,却鲜见法学界对政府管制有系统而深入的研究。

经济学对管制的定义,虽然在经济学研究上具有重要意义,但既不可能反映政府管制具有的与一般行政管理相同的法律上的共性,也无法从法律上揭示政府管制的特征,从而无法为人们从法律的角度了解和认识政府管制制度提供足够的帮助。

有学者在参照管制的经济学定义的基础上,从法律角度对政府管制下了一个定义:所谓政府管制,就是管制性行政主体根据法律法规的授权,为追求经济效益和社会效益的帕累托最优及维护社会公平和正义,对经济及其外部性领域和一些特定的非经济领域采取的调节、监管和干预等行政行为。[3] 显然,这一定义表明,政府管制是政府管理或行政管理的一类活动,但它又具有一般行政管理所不具有的管制性质,因而是一种特殊的行政行为。

作为行政管理的一类活动,政府管制具有一般行政管理所具有的共同特征:(1)主体都属于行政系统的机关或机构;(2)对象都属于立法、司法之外的行政事项;(3)目的都是

---

[1] 〔美〕丹尼尔·F.史普博:《管制与市场》[M],余晖等译,上海:上海三联书店、上海人民出版社,1999:28。
[2] 胡建淼:《比较行政法——20国行政法评述》[M],北京:法律出版社,1998:116—117。
[3] 茅铭晨:《传统行政法与政府管制法的关系》[J],《西南政法大学学报》,2005年,第4期:第10—18页。

达成政府管理的某种目标;(4)行政性质都属于行政法上的"行政行为";(5)要求都应当依法进行,并受到法律的监督。政府管制与一般行政管理的共性,使得法学界有理由把政府管制法作为建立在行政法一般理论基础上的一个部门法的分支来进行研究。

然而,政府管制毕竟不同于一般的行政管理。美国人用"Administration"表示行政,而用"Regulation"表示管制,本身说明两者具有不同的含义。英文的"Administration"一词有"管理""支配""执行"和"实施"的含义,它反映的是公共行政的国家支配力和相对于立法的执行性;而"Regulation"的主要含义是"调整"和"调节",因而政府管制可以被认为是从属于行政管理的一种特殊活动。与一般行政管理相比,政府管制所具有的特殊性体现在以下几个方面:

第一,主体的特殊性。政府管制的主体是负有管制使命的管制性行政主体,经济学界一般称之为"管制机构"。在美国,管制性行政主体一般是由相关领域专家组成的核心领导机构,其产生要根据某一管制法的规定,由总统提名,经议会同意后任命。管制性行政主体有固定任期,非因法定事由不得免责,是集行政与准立法、准司法于一体的"独立管理机构"。这些机构实行委员会制,不对任何行政部门或上级机构负责,由法律授权其对有关经济和社会领域实施监督、调节和管制,是联邦行政机构中具有特殊地位的专业组织。而一般行政管理的主体是普通行政主体,在我国包括各级政府、政府职能部门以及法律法规授权其从事某种一般行政管理活动的授权性组织。

第二,权力来源的特殊性。一般行政管理的权力大多来源于宪法和组织法的"一般授权",或者可以被认为是普通行政主体的"固有职权"。而管制权力则往往来源于特定法律法规的授权,或者来源于权力机关或上级行政机关专门决议的授权。这种授权在行政法学中被称为"特别授权",而根据"特别授权"获得的权力则被称为"授予职权"。不过,由于体制不同,管制性行政主体权力的来源在不同的国家具有不同的表现形式。例如,在美国,独立管制机构是根据特定的法律直接设立的,其职权通常也由该法律直接授予,因此,管制性行政主体及其权力往往是按同一法律同时产生的。美国的联邦贸易委员会(Federal Trade Commission,FTC)就是伴随《联邦贸易委员会法》(1914年)的通过而授权建立的。而在中国,由于管制性行政主体多为"综合性管制机构",因而其管制权力往往是"自然而然"的,即使有些管制权力是通过"特别授权"授予的,通常也是在其原来的一般行政管理权力之外增加的,因此,管制性行政主体及其权力并非同时产生的,而是先有主体后有管制权力。

第三,权限的特殊性。管制性行政主体是集立法、执法、司法于一身的行政机关(机构)或授权性组织,具有很强的权威性。在美国,管制机构由国会授权,同时拥有半立法、半行政、半司法的"三位一体"权利,被称为第四权,它可以设立标准、设定权利义务甚至创制法律。而绝大多数地方政府及其职能部门没有准立法权,即使具有一定级别的普通行政机关有权进行准立法,也只能是"执行性立法""补充性立法"和"试验性立法",具有强烈的相对于立法机关的从属性和执行性,与管制性行政主体的创制性立法具有明显的区别。管制性行政主体享有的创制性立法权,固然与其级别有关,但更主要的还是其使命使然。

第四，对象、内容和目的的特殊性。一般行政管理的管理对象是一般国家行政事务与公共事务，如国防、外交、财政、税收、科教文卫、国家信息与情报、基础设施等，目的是实现对国家事务和社会事务的管理以及为社会提供公共服务；而政府管制的对象主要集中在经济活动及其所涉及的"垄断""外部性""信息不对称"等市场失灵领域，包括反垄断管制、经济性管制和社会性管制，其目的是实现经济效率和社会效率的帕累托最优，维护社会公平与公正。

第五，原则、手段和方法的特殊性。一般行政管理以合法性和合理性为基本原则，采取征收、审批、确认、监督、处罚、强制、给付、奖励、裁决、合同、指导等手段进行；而政府管制除了需要遵守合法性和合理性的一般原则，还有其特殊的一些具体原则。如反垄断管制应当坚持充分竞争原则、市场机制优先原则；经济性管制应当坚持自然垄断性与适度竞争相协调原则、经济效益与社会效益兼顾原则；社会性管制应当坚持以人为本原则、权益补救原则等。在手段方面，管制手段总体上比一般行政管理手段更为狭窄，具有较强的"刚性"。为了达成管制目标，政府管制会运用一些特殊的管制方法，比如，反垄断管制通过采取禁止垄断协议、禁止滥用市场支配地位、控制经营者过度集中、禁止行政性垄断等方法达成管制目标；经济性管制通过采取控制市场的进入与退出，实行价格管制、质量管制等达成其管制目标；社会性管制则通过采取设定社会基准法、倾斜立法等方法达成管制目标。

二、管制的经济学定义

在《新帕尔格雷夫经济学大辞典》中，管制被定义为："政府为控制企业的价格、销售和生产决策而采取的各种行动，以努力制止不充分重视'社会利益'的私人决策。"日本经济学家植草益认为："通常意义上的规制，是依据一定的规则对构成特定社会的个人和构成特定经济的经济主体的活动进行限制的行为。"[1] 美国经济学家卡恩则指出，作为一种基本的制度安排，政府管制是对该种产业的结构及其经济绩效的主要方面直接的政府规定，比如进入控制、价格决定、服务条件及质量规定，以及在合理条件下，服务所有客户时应尽义务的规定。[2] 美国经济学家史普博认为："管制是由行政机构制定并执行的直接干预市场配置机制或间接改变企业和消费者的供需决策的一般规则或特殊行为。"[3]斯蒂格勒在1971年提出：作为一种法规(Rule)，管制是产业所需要的，是为实现产业的利益而设计并实施的。中国学者余晖给出了一个我们较为容易理解的定义："管制是指政府的许多机构，以治理市场失灵为己任，以法律为依据，以大量颁布法律、法规、规章、命令及裁决为手

---

[1] [日]植草益：《微观规制经济学》[M]，朱绍文、胡欣欣译，北京：中国发展出版社，1992：1。
[2] Alfred E. Kahn：*The Economics of Regulation：Principles and Institutions*，Cambridge，MA：MIT Press，1988.
[3] [美]丹尼尔·F. 史普博：《管制与市场》[M]，余晖等译，上海：上海三联书店、上海人民出版社，1999：45。

段,对微观经济主体(主要是企业)的不完全公正的市场交易行为进行直接的控制或干预。"①王俊豪也认为:"政府管制是具有法律地位的、相对独立的政府管制(机构),依照一定的法规对被管制者(主要是企业)所采取的一系列行政管理与监督行为。"②

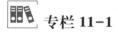

专栏 11-1

诺贝尔奖得主乔治·斯蒂格勒

乔治·斯蒂格勒(George Stigler,1911—1991年),美国经济学家,曾任哥伦比亚大学教授,芝加哥大学华尔格林美国机构杰出服务经济学教授,芝加哥大学经济与国家研究中心主任。由于在产业组织和政府管制方面的开创性研究,斯蒂格勒荣获1982年诺贝尔经济学奖。瑞典皇家科学院在授奖公报中这样概括他的主要贡献:通过长期、广泛的实证研究,斯蒂格勒为市场运行的研究和产业结构的分析做出了重大贡献。作为这一研究的一部分,他对经济法规如何影响市场做了探索。他对产生经济法规的诸力量的分析,已经开辟一个经济研究的全新领域。斯蒂格勒的成就使他成为市场和产业结构应用研究领域(产业组织)的学术带头人。他独特的研究成果,还使他被公认为"信息经济学"和"管制经济学"的创始人,以及边缘学科——法律和经济学的先驱之一。斯蒂格勒的成就主要凝聚在他的有关论文中,其中最有名的有《规模经济》《论寡占》《信息经济学》《管制者能管制什么》和《经济管制论》等。

资料来源:作者根据公开资料整理。

尽管经济学家们对管制的定义众说纷纭,但管制毫无疑问是一种政府对微观经济领域的干预行为。因此,从经济学角度,本书倾向于将管制定义为:政府对微观经济活动进行的各种干预。具体来说,管制的主体是通过立法或其他形式被授予管制权的政府行政机关,通常被称为"管制者";管制的客体是市场的各种经济主体(主要是企业),通常被称为"被管制者"或"受管制者";管制的主要依据和手段是各种法律、法规或制度等,它们明确规定被管制者某个方面的决策被限制、如何被限制,以及被管制者若违反规定将受到什么样的行政或经济制裁,甚至是刑事制裁。

在对管制进行定义的基础上,学者们还按照不同的方法对管制给出了不同的分类,其中植草益将管制划分为直接管制和间接管制。③

直接管制是指具有政府直接干预性质的管制,即政府通过批准、认可等制度,对公共事业中的进入、退出、价格、投资等所进行的制约和干预,以及在防止公害、保护环境、保证健康和安全、取缔毒品等方面进行的管制,因而,直接管制的特点是,依据由政府认可和许

---

① 余晖:《中国的政府管制制度》[J],《改革》,1998年,第3期:第93—103页。
② 王俊豪:《政府管制经济学导论——基本理论及其在政府管制实践中的应用》[M],北京:商务印书馆,2001:3。
③ 〔日〕植草益:《微观规制经济学》[M],朱绍文、胡欣欣等译,北京:中国发展出版社,1992:281。

可的法律手段直接介入经济主体决策,并属于事前规制。

间接管制是使用不直接介入经济主体的决策而仅仅制约阻碍市场机制发挥作用的方式,以形成和维护市场竞争秩序为目的的管制。间接管制主要是对不公平竞争的规制,即通过反垄断法、民法、商法等来制约垄断等不公平竞争行为。间接管制是一种事后规制,在西方是由司法部门来实施的,一般不纳入政府管制范围。所以,前文所述的广义的政府管制包括了直接管制和间接管制,而狭义的政府管制仅指直接管制。

在直接管制中,按照管制对象的不同,还可以将其划分为经济性管制和社会性管制。

经济性管制(Economic Regulation)是指在自然垄断和存在信息偏差的领域,主要为防止资源配置低效和保证利用者的公平利用,政府机关使用法律权限,通过许可和认可等手段,对企业的进入和退出、价格、服务的数量和质量、投资、财务会计等有关行为加以规制。经济性管制的主要领域是自然垄断和信息不对称。针对特定的行为,传统的管制以及后来的放松管制主要与经济性管制有关,因此经济性管制又被称为旧式(Old-Style)管制。

经济性管制的主要形式有进入管制、价格管制、投资管制等。进入管制是指在具有自然垄断性质的产业中,从提高生产效率的角度出发,允许特定一家或少数几家企业加入某一行业,而限制其他企业加入;或从防止过度竞争的角度出发,由管制机构视供求的平衡状况来限制新企业的加入。具体执行中,政府可以通过发放许可证来实现进入管制。价格管制主要是指在自然垄断产业中,管制者从资源有效配置和服务公平供给的观点出发,以限制垄断企业确定垄断价格为目的,对价格(收费)水平和价格体系进行的管制。实际中,为保证资源有效配置和服务公平供给,政府在竞争性产业中也进行某些价格管制。投资管制是指政府为防止因投资过度或过少而造成的价格波动,对各产业所进行的投资规模和投资结构的管制,尤其在竞争产业中,投资管制可以防止因投资过度而发生的过度竞争。

社会性管制(Social Regulation)是指以保障劳动者和消费者的安全、健康、卫生以及保护环境、防止灾害为目的,对物品和服务的质量以及伴随着提供它们而产生的各种活动制定一定的标准或禁止、限制特定行为的规制。社会性管制是政府在产品和服务的安全性与质量、卖方所提供信息的可信度、生产经营活动对人类和自然环境的影响等方面所作的努力。社会性管制出现较晚,且范围较广,是政府管制领域扩展的结果。社会性管制的主要领域是负外部性、非价值物品等,不仅针对企业行为,也针对经济或社会绩效。因而,社会性管制被称为新式(New-Style)管制。

植草益认为社会性管制的目标大体上可以分为三类:第一,保证健康、卫生(由药物法、医疗法等产生的管制);第二,保证安全(由安全生产法、消费者保护法、公路交通法、建筑法、消防法等产生的管制);第三,防止公害、保护环境(由突发事件应对法、大气污染防治法、噪声污染防治法、自然环境保护法等产生的管制)。因此,社会性管制的具体形式主要有产品质量管制、工作场地安全卫生管制、环境污染管制以及合约条款管制等。产品质量管制,又称产品或服务的质量标准管制,指的是既要防止那些不存在激励竞争的垄断产业所提供物品和服务的质量下降,又要防止竞争产业提供低劣的物品和服务。政府往往通过制定标准,如质量标准、服务标准、技术标准等来进行管制。工作场地安全卫生管制既包括了雇员限于作业环境必须满足劳动供给方面的某些综合性特征(如保姆体检),也包括了雇主受限于某些特殊契约必须满足对雇员健康和安全规制的要求(如化工厂的防护设施)。环境污染管制是一种可能增进交易机会的管制方式,因为它在原先产权不明确的地方创造了可交换的产权(通过污染排放许可进行排污权交易)。合约条款管制通过降低形成合约的成本和提供违约补救条款的办法,可增进交易订约的机会。

为实现社会性管制,政府在禁止特定行为和进行营业活动限制的同时,也根据资格制度、审查检验制度以及标准认证制度等进行补充限制。禁止特定行为,是指直接禁止应取缔的行为或对社会不良的行为。对营业活动的限制,主要是指通过批准、认可制度对提供公共性物品和准公共性物品、非价值物品的生产者进行营业活动的限制。资格制度是指从事健康、安全、环境等方面的业务,要由国家对生产者的专门知识、经验、技能等进行认定、证明的制度。审查检验制度是指为确保产品的安全性、机械设备的安全运转和操作等,规定生产者有各种检查义务的制度。标准认证制度是指从确保产品的安全性及设备操作、管理的安全性的观点出发,对相关结构、强度、爆炸性、可燃性等规定安全标准。

根据以上分析,可以用图11-1来表示管制的分类:

政府管制 { 直接管制 { 经济性管制:进入管制、退出管制、价格管制、投资管制等 / 社会性管制:产品质量管制、工作场地安全卫生管制、环境污染管制等 } / 间接管制:反垄断管制以及合约条款管制等 }

图 11-1 管制的经济学分类

尽管理论上可以按图11-1对管制进行明确分类,但在实际的政府管制中,有时要将直接管制与间接管制、经济性管制与社会性管制严格分开是困难的。

三、管制法及其体系

管制法,即政府管制法,是政府管制的依据。如果规范地表述,那么政府管制法应该是调整政府管制关系以及在此基础上产生的监督政府管制关系的法律规范和原则的总称。该定义包含了两层含义。[①]

第一,管制法是涉及政府管制领域的一类法律规范和原则的总称。法学理论一般认为近代法域分为公法域和私法域,此为"二元法律结构说";也有学者认为在公法域和私法域之外还存在着公法、私法融合形成的第三法域——社会法域,此为"三元法律结构说"。管制法的领域虽小于"法域",但横跨三大法域。管制法既涉及保护国家利益和公共利益的公法域;也涉及保护私人利益的私法域,如企业的市场地位及彼此之间的竞争关系;还涉及有关环境、健康、安全、劳动和社会保障、消费关系的社会法域。

---

① 以下内容主要参考茅铭晨:《传统行政法与政府管制法的关系》[J],《西南政法大学学报》,2005年,第4期:第10—18页。

第二,管制法的调整对象有两类:一类是政府管制关系,即管制性行政主体在行使管制职权时与管制相对方及利害关系人之间发生的社会关系以及管制性行政主体的内部关系,该关系受到政府管制法的调整,即上升为政府管制法律关系;另一类是建立在政府管制关系之上的监督政府管制关系,即有权的监督主体在对政府管制机构及其管制行为的监督过程中,与被监督的政府管制机构之间发生的关系,该关系受到政府管制法的调整,即上升为监督政府管制法律关系。

因此,所有涉及管制的相关法律法规都可以纳入管制的法律体系。如果将管制的经济学分类与管制的法律相结合,那么一个比较完整的管制法体系应该包括涉及经济性管制的法律、社会性管制的法律和反垄断法(或反托拉斯法)。

第二节　管制法的法学分析

由于管制法是调整政府管制关系以及在此基础上产生的监督政府管制关系的法律规范和原则的总称,而且历史上对行政法的研究起源于对独立管制机构的研究,因此,管制法与传统行政法密切相关,两者既有相通的共性,又有鲜明的个性。本节从法律关系"三要素",即主体、内容、客体三个方面,通过对管制法与传统行政法的比较分析来阐述管制法的法学内涵与特征。[①]

一、主体比较

传统行政法的主体只要具备行政主体资格即可,即行政机关或者法律法规授权的组织。行政法学中所讲的行政机关包括各级政府、县级以上政府职能部门和政府派出机关,其中在中央一级,还包括国务院直属机构、部委管理的国家局。法律法规授权的组织指依照具体法律法规授权而行使特定行政职能的非国家机关组织。它们不同于行政机关,不具有国家机关的地位。只有在行使法律法规所授职权时,它们才享有国家权力和承担行政法律责任;在非行使法律法规所授职权时,它们只是一般的民事主体,享有民事权利和承担民事义务。它们所行使的是特定行政职权而非一般行政职权。所谓特定职权,即限于相应法律、法规明确规定的某项具体职权或具体事项。法律、法规授权的组织主要有事业组织、社会团体、基层群众性自治组织和企业组织等。

管制法的主体是指政府管制法律关系的参与者,也就是在政府管制法律关系中权利的享有者和义务的承担者,主要包括管制性行政主体和管制相对方,特殊情形下也包括管制利害关系人。

[①] 本节主要参考茅铭晨:《传统行政法与政府管制法的关系》[J],《西南政法大学学报》,2005 年,第 4 期:第 10—18 页。

1. 管制性行政主体

所谓管制性行政主体,是指依法享有管制职权,能以自己的名义行使管制权,并能独立承担因此而产生的相应法律责任的组织。根据权力来源和组织性质的不同,可以把目前中国的管制性行政主体分为两大类。

第一类是职权性管制主体,就是直接依据宪法和组织法设立,并能够以自己的名义行使管制职权和独立承担由此而产生的相应法律责任的政府管制机构。这类管制主体原则上无须法律、行政法规的专门授权就具有该事项管理权限范围内的管制职权,具体包括具有管制职能的国务院部委(如国家发展和改革委员会、生态环境部、国家卫生健康委员会等)、国务院直属特设机构(国有资产监督管理委员会)、国务院直属机构(如国家市场监督管理总局、国家金融监督管理总局、中国证券监督管理委员会、国家广播电视总局、国家知识产权局等)和国务院部委管理的国家局(如国家粮食和物资储备局、国家数据局、国家烟草专卖局、国家能源局、国家矿山安全监察局、国家药品监督管理局、国家中医药管理局、中国民用航空总局、国家外汇管理局等)。

第二类是授权性管制主体,是指其组织性质原本不属于行政组织,或者其组织性质原本虽属于行政组织但不具有管制主体资格,经法律、行政法规的专门、明确授权而获得行使某项管制职权的主体资格的组织。在中国,授权性管制主体主要表现为两种形式:被授权的国务院直属事业单位和被授权的中央管制机构的派出机构。国务院直属事业单位原本不属于行政组织,只是为了适应一定领域政府管制需要而由法律、行政法规或国务院有关规定直接设立并授予其享有行使该领域管制的职权,如中国证券监督管理委员会、中国保险监督管理委员会、中国银行业监督管理委员会等。这类管制机构直接依法设立,管制权限清晰,法律地位明确,管制职能比较专门化,并且不受部门的控制,独立性较强,更接近于美国的独立管制机构。中央管制机构的派出机构一般不具有管制性行政主体的资格。但是,如果出于某种特殊的管制需要,法律、行政法规可以授权派出机构以自己的名义实施管制行为。

2. 管制相对方

所谓管制相对方,是指在政府管制中与管制性行政主体相对应、处于被管制和被支配地位的组织和个人。公民、法人和其他组织都可以成为一般行政法律关系中的行政相对方,而只有在被纳入管制的领域内活动的公民、法人和其他组织,才可以成为管制的相对方。相对而言,个人在一般行政管理中作为行政管理相对方是常见的,但在政府管制中,管制相对方主要是社会组织,尤其是企业,例如垄断企业、自然垄断企业、金融企业、污染企业、缺陷产品企业、缺乏必要劳动安全条件的企业、食品或药品企业等。在某些情况下,个人也可以成为管制相对方,例如制造污染的个人、违反安全管制的个人等。

3. 管制利害关系人

传统行政法理论认为,行政法律关系主体仅由行政主体和相对方两方面构成,不承认利害关系人在行政法律关系中的主体地位。但是,现代行政法理念已经越来越关心利害关系人的权利保护。

在美国,个人或组织的实质利益只要受到政府行为的不利影响,且这种影响不是过分间接,就允许受害人参加听证等行政程序。例如,在美国的管制中,因为州际商务委员会(Interstate Commerce Commission of USA, ICC)对不同运输方式的管制往往涉及利害关系人(如公路货运、水运的承运商)的权利,所以ICC总是试图公平地对不同运输方式的承运商利益进行协调。

我国的一些法律、法规和司法解释也对利害关系人的权利保护做了具体的规定,从而确立了利害关系人参与行政程序和行政救济权利的法律地位。例如,2004年7月1日起施行的《中华人民共和国行政许可法》第三十六条和第四十七条赋予了利害关系人参与行政程序以及行使陈述、申辩和听证的权利,承认其具有行政法律关系一方主体的资格。这是我国首次从法律的高度具体而明确地实践了利害关系人权利保护原则。

在政府管制实践中,利害关系人的权利保护更需要引起足够的重视。因为无论是资源开发利用、公共资源配置、特定公用事业准入,还是排污许可、卫生许可、安全许可等政府管制,都可能产生管制相对方取得权利而使利害关系人受到不利影响的情况。所以,将管制利害关系人作为政府管制法律关系一方的主体,符合公平、公正、合理、民主等法治原则。

二、内容比较

法律关系的内容主要是指法律关系主体双方的权利和义务。与一般行政法律关系的内容相比,政府管制法律关系的内容具有特殊的表现形式。例如,政府管制机构享有制定管制标准的立法权力、对政府管制领域发生的争端进行裁决的权力、对垄断企业做出处理决定的权力、许可市场进入和退出的权力等;政府管制相对方承担不得以垄断为目的进行串谋和合并的义务、强制性信息公开的义务、执行强制性价格管制的义务、执行强制性安全规范和质量标准的义务等。

三、客体比较

法律关系的客体是法律关系主体双方权利和义务指向的对象,包括物质财富、精神财富和行为。与一般行政法律关系客体相比,政府管制法律关系的客体也具有特殊的表现形式。在物质财富方面,表现为政府管制相对方的市场占有率和价格等;在精神财富方面,表现为政府管制相对方的精神利益,例如发明、专利等智力成果,因环境污染、道路交通事故、工作场所不安全、产品缺陷、医药事故等引起的精神损害等;在行为方面,表现为政府管制相对方的垄断行为、进入或退出行为、提价或限价行为,以及涉及健康、安全、卫生的行为等。

从以上比较可以看出,政府管制法律关系与行政法律关系具有许多共同或从属的方面,行政法的一般理论和制度对政府管制法具有指导甚至直接适用的作用;同时,政府管制法又具有许多自身的特点,这些特点仅靠行政法的一般理论和制度无法解决。为此,要把政府管制法作为建立在行政法一般理论基础上的一个部门法的分支来进行研究,并且不断地发展政府管制法这一行政学分支学科。

第三节 管制法的经济学分析

对管制法的经济学分析可以从管制的原因、管制均衡与管制效果三方面来展开,因此本节分为市场失灵与政府管制、管制的供求分析和管制的成本—收益分析三个方面。

一、市场失灵与政府管制

在完全竞争市场中,市场机制能够有效地配置资源,使经济恰好处于其生产可能性边界上,实现社会福利最大化。然而,完全竞争市场需要一系列理想化的假定条件,这些条件大部分在现实世界中是难以满足的。现实的市场大部分是不完全的,市场失灵是一种普遍现象,它为政府管制以及管制法的出台提供了依据。下面从垄断、外部性、信息不对称三方面来阐述政府管制的理由。

1. 垄断与管制

严格地说,垄断是指一家厂商控制一个行业的全部销售量,即只存在唯一卖者的市场结构。但是,如果按照这一定义,在西方国家很难找到一个垄断组织,从而在理论上垄断干扰市场机制的说法也就很难成立。因此,西方经济学在提供微观经济政策建议时,不得不给垄断下一个比较笼统的定义,即垄断是一家或几家企业控制一个行业的全部或大部分供给的情况。

按照广义的垄断定义,现实经济生活中,垄断现象比比皆是。虽然某些垄断有利于获取规模经济效益或者有利于科学研究和技术创新,但是,在没有政府管制的情况下,垄断企业总可以凭借自身的垄断势力制定垄断高价,损害消费者利益,获取高额的垄断利润。因而通常人们认为,垄断会妨碍正常的市场秩序,造成收入分配不公,导致产业结构倾斜,形成市场进入壁垒,阻碍经济的正常发展。古典经济学家亚当·斯密曾提出著名的垄断弊害论,认为垄断会使产量减少、资源浪费、效率降低,并指出垄断价格是在一切场合都能达到的最高价格。现代经济学和寻租理论有关垄断损失的研究支持了这一观点。在没有政府管制的情况下,哈伯格三角形表明了垄断的净福利损失,见图11-2。

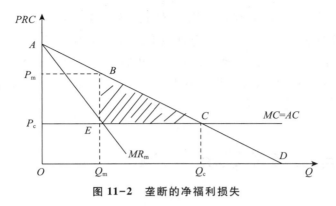

图 11-2　垄断的净福利损失

垄断的效率损失来自垄断厂商利润最大化的企图。在完全竞争市场中,任何一家厂商都只是一个价格接受者,无法影响市场价格。它面临的需求曲线是一条水平线,如图 11-2 中从 P_c 出发的 MC 曲线,因此,厂商按照利润最大化的条件($P=MC$)所决定的产量为 Q_c,经济利润为零,全社会的福利可以用消费者剩余来表示,相当于三角形 AP_cC 的面积。但是,垄断厂商所面临的需求曲线是一条向右下方倾斜的线,如图中的 D 曲线,相应的边际收益曲线为 MR_m,因此,它按照利润最大化条件($MR=MC$)所决定的产量和价格分别为 Q_m 和 P_m。显然,$Q_m<Q_c$,$P_m>P_c$,也就是说,与完全竞争相比,垄断厂商减少了产量,提高了价格。同时,由于假定平均成本等于边际成本($AC=MC$),因此,垄断厂商的定价高于边际成本,即 $P_m>MC$,从而垄断厂商能够获得相当于四边形 P_mP_cEB 的垄断利润,但消费者剩余减少为三角形 AP_mB 的面积。这不仅表明垄断使消费者的部分剩余转到厂商手中,成为厂商的垄断利润,从而导致社会财富的分配不公;而且消费者减少的剩余大于垄断厂商获得的利润,因此,存在一个相当于三角形 BEC 面积(哈伯格三角形)的社会福利因为垄断而白白损失了,这就是垄断的净福利损失。

垄断造成的低效率和分配不公为政府管制提供了理由。最显而易见的管制方法就是强行限制垄断厂商制定一个低于垄断价格 P_m 的管制价格。在图 11-2 中,假定管制价格低于 P_m,那么,垄断厂商就会相应地提高产量,并将一部分垄断利润转移给消费者,消费者剩余增加了,社会净福利损失也会减少,因此,价格管制既可以改善资源配置效率,又可以提高全社会的公平感。特别地,当管制价格等于 P_c 时,就可以消除垄断所产生的低效率和分配不公,实现资源的有效配置。

2. 外部性与管制

外部性问题由马歇尔在其 1890 年出版的《经济学原理》中首先提出,后来,庇古在其 1920 年出版的《福利经济学》中对之加以充实和完善,最终形成外部性理论。

外部性是指一定经济行为对外部的影响造成了私人成本和社会成本、私人收益和社会收益相偏离的现象,如穆勒提到的"灯塔"、庇古所举的火车火花、米德所指的养蜂业等。根据偏离的方向不同,外部性可以分为正外部性和负外部性。正外部性是指一种经济行为给外部造成的积极影响,使他人成本减少,收益增加。负外部性则是一种经济行为给外部造成的消极影响,导致他人成本增加,收益减少。

外部性问题比比皆是。负外部性的例子有工厂排放污水、废气和产生噪声,汽车排放废气、制造噪声、抢占人行道,行人乱丢垃圾、随地吐痰,家庭产生的噪声或音乐妨碍他人休息,公共场合高谈阔论,暴发传染性疾病等。正外部性的例子有文明礼貌活动,注射疫苗,兴建孤儿院、养老院等福利事业,整洁的住宅和美丽的花园等。而电信、电力、自来水、公共交通等公用事业往往既有正外部性又有负外部性。

当不存在负外部性时,私人成本就是生产或消费一单位产品所发生的全部成本,即私人成本等于社会成本;当存在负外部性时,社会成本不仅包括私人成本,还包括人们的生产或消费行为对外部影响而产生的外部成本,即:

$$社会成本(SC) - 私人成本(PC) = 外部成本(EC)$$
$$边际社会成本(MSC) - 边际私人成本(MPC) = 边际外部成本(MEC)$$

我们考虑一个在竞争性市场中出售其产品的厂商。该厂商排放污染物破坏邻近地区的空气质量。这时负外部性就体现在恶劣的空气质量可能使当地居民的健康受到损害上,从而导致额外的医疗成本和时间的机会成本。厂商在做决策时,不会主动考虑这些外部成本,它只依据其私人成本决定最优产量,这个最优产量将高于考虑外部成本后决定的社会最优产量,从而因过量生产导致低效率,如图 11-3 所示。

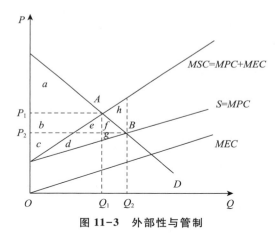

图 11-3 外部性与管制

在图 11-3 中,D 为市场需求曲线,S 为产业的供给曲线,也即所有厂商的边际私人成本曲线 MPC;MEC 是与产出相关的边际外部成本曲线,它由每个人在每种产出水平下所承受的边际外部成本相加得到;MSC 为边际社会成本曲线,它代表所有厂商边际私人成本和边际外部成本的总和,即 $MSC = MPC + MEC$。由于市场需求曲线反映了消费者的边际收益,当存在外部性时,有效的社会产出应由市场需求曲线与边际社会成本曲线的交点 A 给出,此时产量为 Q_1,价格为 P_1,全社会的经济剩余为消费者剩余(a)加生产者剩余($b+c$)。然而,追求利润最大化的厂商不会主动考虑外部成本,而是按照边际私人成本决策,其最优产量由市场需求曲线 D 和产业供给曲线 S 的交点 B 给出,产量和价格分别为 Q_2 和 P_2。显然,与社会最优产量相比,私人最优产量太高了。而此时,全社会的经济剩余为:

消费者剩余$(a+b+e+f)$ + 生产者剩余$(c+d+g)$ - 外部成本$(d+e+g+f+h)$
$$=a+b+c-h$$

显然,私人最优产量Q_2时的全社会经济剩余$(a+b+c-h)$小于社会最优产量Q_1时的全社会经济剩余$(a+b+c)$,因此,竞争性产量Q_2是低效率的,存在无谓损失h,这是过高的产量也即过度消耗资源所导致的,它反映了外部性造成的低效率的社会成本。

外部性导致短期低效率,也导致长期低效率。在竞争性产业中,每当产品的价格高于生产的平均成本时,利润的存在就会使新厂商进入该产业;而每当价格低于平均成本时,亏损就会使原厂商退出该产业。在长期均衡状态下,价格等于长期平均成本最低水平。当存在负外部性时,平均私人成本低于平均社会成本,这样按效率要求某些本该退出产业的厂商会留在产业内。

为了纠正负外部性带来的低效率,各国政府采取了各种管制措施,如制定排污标准、确定排污费以及实施可转让排污许可证等。其基本思想是设法使外部成本内部化,使厂商的边际生产成本移动到曲线MSC的位置。这样,产业的竞争性产出就将达到产业的社会有效产出点(Q_1,P_1),低效率的社会成本就消失了。

当然,当政府管制迫使产业的竞争性产出达到产业的有效产出水平Q_1时,产品的价格将从P_2上升到P_1,产量将从Q_2减少到Q_1。这意味着消费者不得不承受一定的高价低产,即一部分原本能够得到满足的消费者现在得不到满足了;与此同时,消费者剩余减少了,生产者剩余也发生了变化,但是,生产者受到的影响明显小于消费者剩余的变化,这是因为厂商以提价降产的方式将控制污染的成本转嫁到了消费者身上。也就是说,降低污染的环境管制政策使整个社会受益,而管制产业的成本主要由消费者来承担。

3. 信息不对称与管制

传统经济学理论假设市场完全竞争,从而实现帕累托最优。但现实中由于无法满足完全竞争的条件,不能达到帕累托最优,从而导致市场失灵,其中一个原因就是信息不完全和信息不对称。信息不完全是指任何人在任何情况下不可能拥有决策所需的全部信息。信息不完全的一个重要体现是信息不对称。所谓信息不对称是指有关交易的信息在交易者之间的分布是不对称的,即一方比另一方拥有更多的相关信息,这导致一方处于信息的优势方,而另一方处于信息的劣势方。事实上,在产品市场和要素市场,处处存在着信息不对称情况。

信息不对称问题广泛而普遍存在的原因是多方面的,其中最主要的原因有:①社会分工和劳动分工造成不同市场交易者所拥有的知识的不对称性。正所谓"隔行如隔山",随着社会分工的发展,不同企业组织在知识结构上的差异呈现出扩大的趋势。同时,随着劳动分工的发展,专业化使个体之间的知识结构差异也进一步扩大。由于企业和个人知识范围的局限性,他们较全面了解自身业务范围知识的同时,往往对其他业务领域知识缺乏了解。②信息的搜寻成本。为了获得信息,必然要花费一定的时间、精力甚至直接的货币成本,因此信息收集是有成本的,消费者不得不权衡收集信息的成本和收益,一旦收集信息的边际成本超过边际收益,就会停止信息收集。而一旦主动放弃信息收集,那么消费者只能在信息不充分的前提下做出决策。③拥有信息优势的交易者对信息的垄断。在市场交易活动中,交易双方是根据自己所掌握的信息制定决策的,而决策的正确性相当程度上取决于所依据的信息数量与质量,因此,拥有信息优势的交易者为了在交易活动中取得主动权,往往会产生垄断某些真实信息的动机,甚至故意发布虚假信息,误导交易对方,以实现自身利益最大化。

信息不对称可能产生逆向选择和道德风险问题。逆向选择发生在交易之前,是指那些最有可能造成不利后果的交易对象,往往最积极寻找交易并有可能被选中,而那些相对较好的交易对象却退出了市场。例如,在旧车市场上,信息不对称有可能导致低质量的车辆进入市场而相对高质量的车辆退出市场。道德风险是一种事后行为,指交易达成后,交易的一方(通常为拥有信息优势的一方)倾向于从事交易另一方并不希望发生的高风险活动,从而可能给交易的另一方带来巨大的损失。例如在保险市场上,一些人购买某些保险之后,就会产生一种依赖心理或疏忽大意,降低他们防范风险的程度,从而会提高风险实际发生的概率,使交易对方受损。

由信息不对称引发的逆向选择和道德风险都会严重影响公平交易,造成市场低效率。因此,为了减少逆向选择和道德风险,就要从根本上缓解交易双方的信息不对称问题。而缓解信息不对称的途径有二:一是利用市场机制本身缓解信息不对称问题;二是通过政府管制缓解信息不对称问题。

利用市场机制本身缓解信息不对称问题的基本思路是,在交易者之间加强信息沟通。信息传递和信息甄别就是实现信息沟通的基本途径;而广告、产品"三包"、信誉等就是实现信息沟通的基本方式。信息传递是指信息优势方主动向市场发送信息的行为;信息甄别则是信息劣势方主动发现或诱使信息优势方暴露信息的行为。广告是传递信息最为普遍的方式,可以分为告知性广告和说服性广告,传递信息的广告实际是后者。产品"三包"是指包修、包换和包退,是优质产品的所有者向市场传递信息的一种重要手段。信誉是长期中传递信息最有效的方式,可以分为企业信誉和产品信誉,一旦形成便成为企业的无形资产,企业可以在信誉建立后制定较高的产品价格,获取一定的额外利润,称为"信誉租金"。

然而,在利用市场机制缓解信息不对称时也会出现市场失灵,主要表现为:①虚假广告的大量存在使消费者对广告信息产生怀疑,从而降低了广告传递优质产品信息的功能;②对产品担保的承诺与实施之间的差异弱化了产品担保在信息传递中的作用;③假冒产品造成信誉传递机制不能正常运作。这些市场失灵为实行政府管制提供了客观必要性。

政府管制具有权威性和强制性。因为政府可以运用其公共权力,通过对广告、产品质量的管制,整治虚假广告,打击假冒伪劣产品,强制生产经营者落实产品担保承诺。政府也可以采取行政法规手段,强制生产经营者向市场提供真实的、比较全面的信息,以缓解交易双方的信息不对称问题。政府还可以通过产品质量检查、市场调查等方式收集有关信息。

与外部性管制类似,政府针对信息不对称的管制也会造成厂商生产产品的成本上升,而这些增加的成本同样会以产品价格提高和产量减少的方式转嫁给消费者。当然,不同的管制方式对产品成本的影响程度有很大不同。如产品安全与健康管制和职业安全与健康管制都是针对不完全信息的管制,但两者的福利效果并不相同。产品安全与健康管制是针对消费者与厂商之间的信息不对称造成的消费者难以做出效用最大化的选择而设置的,管制的受益者是消费者群体,而管制成本的承担者也是消费者,因此,消费者最终能否从管制中受益取决于管制的效率。而职业安全与健康管制是针对工人与厂商之间在职业风险方面的不完全信息给工人带来的额外成本而设置的,管制的基本思想是设法使外部成本内部化,从而改善工人的福利状况,管制的受益者是工人,而管制的成本承担者是受管制产业的产品的消费者。

从以上关于市场失灵与政府管制的福利效果分析可以清楚地看到,管制政策既有有利的一面,也有不利的一面。在纠正一种市场失灵时,管制本身可能带来新问题,因此,当政府出台管制法律实施管制时,应对管制可能产生的负面影响做出充分的估计,在权衡利弊的基础上,尽可能选择高效率的管制政策以降低管制成本,增加社会净福利。

二、管制的供求分析

供求分析是对管制进行经济学分析的基本方法。供求均衡似乎应该是管制的一个理想目标,然而在现实中,管制的需求受多种因素影响而处于不断变化之中,管制的供给则具有相对稳定性,这就决定了管制的供求均衡难以实现,不均衡成为一种常态。管制的次优目标就是尽可能减少管制的供求不均衡程度,使之趋向于均衡。

1. 管制的需求

管制的需求是政府创制管制法的理论依据。我们可以从宏观和微观两个层面来分析政府管制需求及其产生。

从宏观层面上分析,政府管制需求主要源于自然垄断、外部性、信息不完全和信息不对称等。根据本章上一节的分析,由于垄断导致低效率和分配不公,对自然垄断产业实施以追求社会整体经济效率、实现社会福利最大化为导向的政府管制成为必要。管制的目的在于抑制企业制定垄断价格,维护社会分配效率;防止破坏性竞争,保证社会生产效率和供应稳定;以及制约垄断企业的不正当行为等。同样,外部性和信息不对称的低效率和普遍存在,也需要政府管制,以矫正市场失灵,提高资源配置效率。

从微观(企业)或中观(产业)层面上分析,斯蒂格勒认为,管制是产业自己争取来的,管制的设计和实施主要是为被管制产业的利益服务的。在斯蒂格勒看来,一个产业至少可以通过四种政策途径来谋求利益:一是谋求直接的货币补贴。如美国国内航空业在1968年曾得到15亿美元的"航空邮件"的补贴;我国的央企每年也能得到数额巨大的货币补贴①。二是谋求控制新竞争者进入的政策。企业固然可以采取许多策略以阻止新进入者,但是一纸营业许可证往往要比其他策略有效得多。三是谋求那些影响它的替代物或补充物的干预。如航空业积极支持补贴机场建设。四是谋求固定价格。在单家企业可以不断地扩大规模而不会导致规模不经济时,价格控制本质上是为了获取高于竞争时的回报率。正因为企业能从政府管制中获益,所以它们往往会要求政府对其所在产业进行管制。但是实际中,政府管制对受管制产业而言并非完全是利益,而是存在着双重性。一方面管制为受管制产业带来一定的利益,另一方面也可能对受管制产业形成种种约束,限制企业的决策空间,甚至会对企业的利益造成损害,尤其是从长期看,可能不利于产业发展。为此,企业对政府管制的需求不仅取决于政府管制所带来的相关利益和各种损失的对比,而且受选择性影响,即选择那些只为企业带来实际利益的政府管制,特别是限制新的竞争者进入产业的进入壁垒政策。

2. 管制的供给

一般认为,政府管制是一种特殊的公共产品,这主要表现在:①一般的公共产品是有形的,如公园、道路、桥梁、灯塔等;而政府管制是无形的,主要表现为法律法规、规章等,而且在管制实施过程中,具有一定的灵活性和主观任意性。②一般公共产品的提供主体可能具有多元性,既可能由政府提供,也可能由私人赞助提供,还可能通过特许投标方式由私人竞争来提供;而政府管制的供给具有垄断性,只能由政府独家供应。③一般的公共产品为消费者提供基本相同的利益;但政府管制要受到价值观、意识形态、政治制度等多种因素的影响,具有一定的地域专用性,即在一国被认为是成功的政府管制,在另一国未必合适。一项管制对于不同的利益集团可能具有不同(甚至相反)的使用价值和价值。因此,相比于一般公共产品的供给,政府管制的供给具有复杂性。政府管制的供给主要取决于政府对提供新的管制政策的认识和条件。

具体来讲,一项管制的供给可能源于以下三个方面:①某一重大的突发事件,如1998年东南亚金融危机之后,许多国家领导人认识到加强金融管制的重要性,从而出台了相应的金融管制的法律法规;2012—2013年,随着雾霾在我国中东部地区大面积爆发,政府连续出台了《环境空气质量标准》和《大气污染防治行动计划》。②长期的积累,如因产品质量差而导致的人员伤亡、财产损失等事故积累到一定程度后,政府就会认识到加强产品质量管制的需要并采取措施。③一般情况下,管制供给来源于对管制供给的理性认识和分析,如对自然垄断产业的价格管制与进入管制,主要基于对自然垄断的低效率的经济理论分析和实证研究。

政府对某一项管制供给的认识会经历一个由浅入深的过程,只有当政府对管制供给的认识达到一定深度时,才会产生提供管制供给的动机。但是,政府最后能否提供某项管

---

① 《地方国企央企占政府各类补贴六成:土政策需清理》[EB/OL],http://ccnews.people.com.cn/n/2014/1120/c141677-26058569.html,2023年11月3日访问。

制供给,还要取决于政府提供该项管制供给的现实条件。例如,从国际经验看,许多经济发达国家在电信业管制体制改革之前,首先颁布电信法作为管制体制改革的纲领性文件,为管制体制改革和新体制运行奠定法律基础。而中国从20世纪80年代就开始电信业改革,到1994年中国联通公司的成立标志着中国电信业改革进入实质性改革阶段,之后又经历了多轮改革,但是至今中国还没有一部经过全国人大通过、完整综合的电信法。同样,世界上已经有130多个国家和地区建立有反垄断法[1],中国早在20世纪80年代末就开始酝酿反垄断法,而且随着中国市场经济体制改革的深入,垄断及其利益集团越来越显现弊端,但是,中国直到2007年8月30日才颁布《中华人民共和国反垄断法》,并于2008年8月1日起施行。

管制供给的内容主要包括管制立法和管制执法。管制立法就是政府颁布某项管制法规,它是政府管制执法的基础和依据;而管制执法就是管制机构依据管制法对受管制部门进行的监督与控制,它是政府管制立法的落实与保证。

3. 管制的均衡模型

政府管制的俘虏理论的代表斯蒂格勒在其经典论文《经济管制论》中提出了两个基本假设:第一,政府的基本资源是权力,各利益集团能够说服政府运用其权力为本集团服务;第二,管制者是理性的,会选择使其效用最大化的行为。[2] 在上述基本假设基础上得到的理论假说是,政府管制是为适应利益集团最大化其收益需要的产物。一个特定的利益集团能够通过说服政府实施有利于自己的管制政策而把社会其他成员的福利转移到自己手中。

1976年佩尔兹曼发表论文《走向更一般的管制理论》,在斯蒂格勒理论的基础上进一步将利益集团简化为企业和消费者,将管制者简化为立法者,而且利益集团和管制者都是经济人,以追求自身利益最大化为目标,其中企业追求利润最大化,消费者追求消费者剩余最大化,管制者的利益最大化行为是寻求最广泛的政治支持,进一步体现为追求选票数量最大化;利益集团以提供他们对管制者的政治支持作为获取有利于他们自己的管制立法的交换条件。[3] 在这样的假定下,佩尔兹曼建立了一个管制的政治均衡模型,来描述管制均衡的实现,即管制者如何通过调节利益集团之间的价值转移来达成自己选票数量最大化的目标,见图11-4。

在图11-4中,纵轴代表利润,横轴代表价格,分别表示企业和消费者的偏好。AB 曲线表示企业的利润是价格变化的函数。V 曲线是管制者的选票数量的无差异曲线,表明管

---

[1] 《反垄断法律制度》[EB/OL], http://chinawto.mofcom.gov.cn/article/ap/p/202202/20220203282136.shtml, 2023年11月3日访问。

[2] George J. Stigler: The Theory of Economic Regulation, Vol. 2, *The Bell Journal of Economics and Management Science*, 1971: 3-21.

[3] 参见 Sam Peltzman: Toward a More General Theory of Regulation, Vol. 19, *Journal of Law and Economics*, 1976: 211-240.

制者在企业与消费者之间寻求价值转移,$V_1>V_2$。在 A 点上,企业的利润为零,意味着是完全竞争产业;在 B 点上,企业的利润达到最大,意味着是完全垄断产业。如果管制价格选择在 A 点或 D 点上,那么都达不到一种政治均衡,除非企业或消费者的利益可以被完全忽视。因此,一个规范的政治均衡由 E 点给出。E 点是管制者无差异曲线和 AB 曲线的切点,在该点上,管制者的边际政治替代率等于 AB 曲线的斜率。E 点对应的价格 P 为管制的最优价格,很明显,P 介于利润为零时的完全竞争价格 A 和利润为最大时的完全垄断价格 D 之间。这表明某产业在不受管制条件下实现的均衡价格接近于最优管制价格时,管制不会发生;最有可能管制的产业是接近完全竞争和接近完全垄断的产业,因为从 A 点或 B 点向 E 点移动,对管制者来说,能产生更大的政治价值。这就是现实中对农业和公用事业的管制要比对钢铁、汽车、服装等产业的管制多的原因。

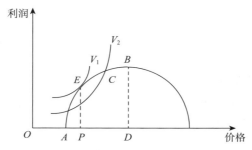

图 11-4　管制均衡:佩尔兹曼模型

佩尔兹曼管制均衡模型侧重于从管制者角度考察管制均衡的实现,却忽视了利益集团之间的力量对比。管制政策虽然会在某一时期倾向于某一利益集团,但它不可能永远向某一利益集团倾斜,因为各利益集团之间是相互竞争的。因此,在佩尔兹曼之后,贝克尔构建了一个新的模型,在利益集团相互竞争的条件下给出的政治均衡结果表明,管制倾向于增加更有影响力的利益集团的福利。①

无论是佩尔兹曼模型还是贝克尔模型都是建立在所谓的代议制基础之上,因此,王俊豪(2001)认为这些管制均衡模型都不符合中国国情,必须从新的角度来分析中国政府管制的供求均衡问题,为此,他仿照一般产品市场的供求均衡模型,构建了一个所谓的政府管制的供求均衡模型②,见图 11-5。

在图 11-5 中,纵轴为政府管制的成本 C,横轴为政府管制的数量 Q,可以解释为管制法的数量与执法的工作量等。D 为政府管制需求曲线,由于在这里管制需求只受管制成本的弱约束,该曲线随着管制数量的增加而以递增的幅度上升;S 为政府管制供给曲线,它受管制成本的直接约束,管制的供给量将随着管制成本的增加而递减。管制的需求曲线 D

---

①　参见 Gary S. Becker: A Theory of Competition Among Pressure Groups for Political Influnce, Vol. 98, *The Quarterly Journal of Economics*, 1983:371—400。
②　王俊豪:《政府管制经济学导论——基本理论及其在政府管制实践中的应用》[M],北京:商务印书馆,2001:4—17。

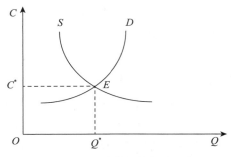

图 11--5 政府管制的供求均衡

与供给曲线 S 在 E 点达到均衡,表明政府面对管制需求,在可承受的管制成本为 C^* 时提供数量 Q^* 的管制供给。而在 E 点的下方,管制供给大于管制需求,意味着管制过剩,需要放松管制,甚至取消部分管制,以实现供求均衡;在 E 点的上方,管制需求大于管制供给,说明政府未能满足部分管制需求,这就要求政府对未满足的需求进行具体分析,并积极创造条件,提供相应的管制,从而使管制供求趋于均衡。

与一般产品市场上市场机制会同时作用于供求双方而自动实现供求均衡不同,在政府管制市场上,由于管制成本对管制需求的调节作用较弱,管制供求均衡主要通过政府单方面调节管制供给才能实现,这就表明政府在实现管制均衡中具有主动地位并发挥核心作用。

三、管制的成本—收益分析

政府管制是有成本的,同时管制也为社会带来一定的收益。管制成本可以理解为因管制而付出的所有代价;管制收益则可以表示为因管制而获得的社会福利增长。对政府管制进行成本—收益比较分析,有利于权衡政府管制的利弊得失,从而为政府管制提供理论依据。

1. 管制的成本

政府管制过程包括了政府管制立法、政府管制执法、法规的修改与调整、放松或解除政府管制等环节,在政府管制的每一个环节都会产生相应的成本,有时还会因管制成本太大而不得不延迟甚至停止某一领域的政府管制。

管制立法是一种十分严肃的管制活动,需要进行广泛的调查研究工作,征求各种利益集团的意见,然后起草某项政府管制法规,再以座谈会、论证会、听证会等多种形式征求公众的意见,作为修改草案的依据。如果一项管制法规未能使各利益集团达成较为一致的意见,法规就可能被延迟。因此,管制立法的成本相当高,不仅发生在政府身上,而且发生在利益集团身上,即一些利益集团为促使政府颁布对其有利的法规,而另一些利益集团为阻止政府颁布对其不利的法规,都会对立法者进行游说甚至行贿而导致成本支出。

管制执法成本（或称运行成本）在管制总成本中所占的比重最大。一般来说，一项法规的有效期越长，该法规的实施成本就越高。管制的执法成本直观地表现为政府管制机构所产生的日常成本费用和政府管制机构的职员人数。以美国最重要的 11 个联邦政府管制机构[①]为例，1991 年所发生的管制运行成本是 122.46 亿美元，比 1970 年的 14.09 亿美元增长 769.13%。同期，专职职员由 1970 年的 73 375 人增加到 113 311 人，增长 54.43%。如果加上美国 50 个州的政府管制机构的运行成本，那么，所有政府管制机构的运行成本将高得惊人。为什么会产生如此巨大的政府管制运行成本？一种基本的解释是，管制机构与被管制企业的目标高度不一致，前者强调社会分配效率，以实现社会经济福利最大化；后者偏重于生产效率，追求自身利润最大化。这种目标差异必然导致两者之间的矛盾及其行为差异。管制机构为提高管制效率，必须尽可能掌握被管制企业的成本、利润、质量等信息；而被管制企业为获取更多利润，却会尽可能想办法隐瞒信息或虚报信息，也就是说，它们之间存在严重的信息不对称问题，这种信息不对称必然从管制机构与被管制企业两方面增加管制成本。

管制法规的修改和调整通常涉及有关利益集团的利益重新分配，一些利益集团可能要维护既得利益，而另一些利益集团要求瓜分一定的利益，政府就要从公正的立场协调各利益集团的关系，因此，与管制立法一样，管制法规的修改和调整也会产生相当高的管制成本。

建立在管制立法基础上的管制者和被管制者的关系，类似于企业间的合同关系。放松或解除管制固然能减少管制运行成本，但可能会因违反原有"合同条款"而发生成本，如违规成本、重新安排职员的成本或对失业者的补偿成本、某些利益集团的抵制成本等。

通过对政府管制成本的分析，可以将管制成本分为两大类：一类是由政府承担的成本，主要表现为政府管制机构的各种成本费用，较容易估量；另一类是主要由被管制企业承担的成本，用于向管制立法者和执法者游说甚至寻租，这类成本往往会被忽视，也较难估量。

2. 管制的收益

目前衡量管制收益的方法主要有三种：

第一种是消费者剩余的总增加量。许多经济学文献都这样衡量，但由于部分消费者剩余的增加源于垄断者利润的减少，因此消费者剩余的增加并不能完全代表政府管制净收益的增加。

第二种是消费者剩余和生产者剩余的总增加量。这是从福利经济学角度来衡量的。但由于消费者剩余和生产者剩余都只是一种心理上的主观感受，并不是消费者和生产者实际收入的增加，因此现实生活中难以测度其数值。

---

① 这 11 个联邦政府管制机构为联邦通讯委员会、联邦能源管制委员会、州际商务委员会、联邦贸易委员会、证券交易委员会、联邦航空管理局、联邦高速公路管理局、联邦铁路管理局、食品与药品管理局、职业安全与健康管理局和原子能管制委员会。

第三种是在第二种方法理论基础上的具体量化操作,以实行管制后消费者减少的支出额和生产者因效率提高而增加的收益额之和来衡量管制的收益,其中,消费者减少的支出额等于不存在管制条件下的垄断价格和实行管制后的价格之差再乘以所有消费者购买某种被管制的产品或服务的数量;而实行管制后,生产者因效率提高而增加的收益额既可以按整个被管制产业效率提高后成本下降、收益增加的总量来测度,也可以对被管制企业逐一计量,然后加总以测度。王俊豪认为,这种方法的最大优点是简单可行,并且以英国政府对公用事业管制改革前后的数据对比进行了说明。①

3. 管制的成本—收益比较

管制的成本—收益分析并不能简单地用边际收益等于边际成本原则来决定最佳政府管制,因为政府管制是一种特殊的公共产品,对特定领域的政府管制不具有像实物产品那样的可分性,因而难以计算政府管制的边际成本和边际收益。对管制的成本—收益的比较分析是从管制的总收益与总成本角度进行的。

植草益(1992)认为,如果管制引起的成本负担比不实行管制时垄断价格下的生产者剩余和资源配置效率损失之和(即管制收益)小,则实行政府管制是有意义的。反之,政府管制是没有必要的。

斯蒂格勒是从福利经济学角度来进行管制的成本—收益分析的,他认为,如果管制的成本小于消费者剩余增量和生产者剩余增量之和,则管制增加了社会福利,因而政府管制是必要的,反之政府管制是没有必要的。

王俊豪(2001)认为,由于消费者剩余和生产者剩余只是人们在心理上的感觉,很难进行定量计算,所以上述两位学者的观点在现实中是难以操作的。他认为,可以通过预计实行某项政府管制后,消费者减少的支出额和生产者因效率提高而增加的收益额之和来计算政府管制收益,而以政府管制立法成本和运行成本等的预计加总数来计算管制成本,然后,通过对比政府管制收益与成本,以决定对特定领域是否值得采取某项政府管制,如果收益大于成本,管制就是必要的;否则,就没有必要。

管制的成本—收益分析进一步表明,即使客观上存在某种政府管制需求,但如果为满足这种需求而付出的政府管制成本太高,也不值得采取这种政府管制。为此,现实中政府管制均衡未必是一种理想状态。同时,随着被管制对象(如某一特定产业)的技术经济性特征和其他因素的不断变化,与此相关的政府管制需求和供给也会发生相应的变化,从而引起政府管制收益与成本对比关系的变化。因此,如果能够从动态上对政府管制的成本和收益进行比较分析,那么更有利于政府正确地决定对某一特定领域是放松管制还是加强管制。

---

① 王俊豪:《政府管制经济学导论——基本理论及其在政府管制实践中的应用》[M],北京:商务印书馆,2001:25—27。

第四节　管制的法学与经济学分析评析

管制与法律的密切联系决定了管制的建立与发展是一个管制与法律的互动过程,由此得到三个命题:第一,对管制的研究是法学与经济学的交叉地带;第二,管制与法律的互动关系决定了管制的法经济学研究的逻辑起点和基本路径;第三,管制的法学与经济学研究将对中国管制法律体系的构建产生重要影响。

一、管制:法学与经济学研究的交叉地带

从管制的法学和经济学定义中可以发现,管制应该是市场经济的产物,是市场经济背景下政府对市场主体自由决策的强制性限制,而且管制行为以国家强制力为后盾,由政府机构依照一定的法律、法规进行。从这个意义上可以说法律规则是政府管制权产生的依据,也就是说,政府管制权的范围及权力行使程序以及由此产生的管制主体与被管制主体之间的关系受到相关法律法规的调整和规范。因此,管制本身既包括管制政策,又包括为实施管制而制定的法律和法规。① 也正因为如此,管制本身就是经济学与法学研究的交叉地带。

尽管受学科领域的局限,经济学者没有直接研究管制所带来的法律结构变化,但他们主要从成本—收益分析角度对管制所进行的研究已经表明,他们不仅注意到了传统法律救济手段的弊端,而且将某些场合中管制的产生看作是对这一弊端防范的一个结果。而将管制者与立法机构和司法机构并列作为立法者及执法者的研究角度,就更加清楚地表明,经济学者已经将管制的法律看作是现代市场经济法律制度体系的组成部分。因此,管制并不是如同大多数法学学者通常所理解的那样是一个纯经济学概念,而确确实实是一个涉及经济学和法学的交叉领域。不仅如此,经济学界在研究中对管制法律的涉足,还反映出管制与法律之间的互动关系。正如科斯所言:法律体系如何影响经济体系的运行? 不同国家在不同时点采用不同的法律体系会产生哪些不同影响? 如果同一国家采用不同的法律体系,影响又会有什么不同? 采用不同类型的管制,会产生什么不同的结果?②

---

① 徐晓松:《管制与法律的互动:经济法理论研究的起点和路径》[J],《政法论坛》,2006 年,第 3 期:第 29—38 页。

② 〔美〕加里·贝克尔、罗纳德·科斯、默顿·米勒、理查德·爱波斯坦等:《圆桌会议:展望法和经济学的未来》,载吴敬琏主编:《比较(第 19 辑)》[M],北京:中信出版社,2005:76。转引自徐晓松:《管制与法律的互动:经济法理论研究的起点和路径》[J],《政法论坛》,2006 年,第 3 期:第 29—38 页。

二、管制法经济学研究的逻辑起点和基本路径

对管制法存在乃至其体系框架建立最具有决定性意义的应当是一国干预所采用的基本方式或手段。换言之,国家干预所采取的基本方式及其所形成的管制关系,直接构成了管制法规范的存在形式和基础,因此,在法学领域,所谓政府管制实际上被看作国家干预的具体方式,它是管制法律关系产生的根源。按照研究的逻辑顺序,所有对管制法律的理论研究,即包括法学界和经济学界对管制法的理论研究,不仅应当以国家干预的基本方式或手段为逻辑起点,而且还应当沿着法律与管制之间的互动关系展开。

具体来说,从法律角度研究,要先考虑管制及其变化对法律体系及其运转的影响,然后要研究法律在构建管制秩序过程中所发生的变化以及这种变化对管制的影响。从经济角度研究,应当先考虑管制产生的原因,之后要进一步研究管制的形式、内容及管制的效果问题。

三、管制法经济学研究可能产生的影响

管制与法律的互动关系,不仅决定了管制法经济学研究的逻辑起点和基本路径,而且决定了法学界和经济学界对管制的研究必须考虑管制对法律关系和法律结构的影响,以及法律在为管制提供秩序保障过程中本身的变革。这一研究至少将在以下三个方面拓宽管制法理论研究的视野:一是国家适度干预的法律边界;二是管制法的内在结构;三是中国管制法体系框架。

由于市场失灵和政府失灵的存在,国家干预度是经济学界和法学界所共同关注的。而由于政府管制所具有的特点,对国家干预度的研究主要集中在对政府管制程度的研究上。管制的首要含义就是该不该管,即管制的边界的确定。由于管制原因的存在决定了管制的范围,管制范围的确定又影响着管制的政策,最后管制政策的实施才决定了管制的立法,因此,管制的立法政策选择在很大程度上取决于对管制政策的研究,而管制政策的研究又取决于对管制原因的解释。经济学界对管制原因的研究已经不满足于市场失灵及相应的以"公共利益"为目标的管制理论,而是深入到更加具体的领域。事实证明,经济学界对市场经济的具体领域或产业管制的研究成果,对政府管制及其立法改革实践有着重要影响。

近十几年,管制法中部分单行法领域有较快发展,比如数据隐私权管制、数字平台反垄断、宏观审慎政策等,但是,管制法各领域之间关系的研究进展不大。主要原因在于被传统法律结构的逻辑体系所束缚,无法找到管制法自身的逻辑结构。管制法的经济学研究可以转换目前对管制的经济学和法学研究思路,开拓两方面的研究视野,在许多以政府管制为基础产生的法律法规中,厘清管制法的内在结构。

对新的法律现象而言,体系框架的建立标志着对其内在规律性的揭示达到了一个较高的水平。毫无疑问,所有从政府管制及其具体法律角度展开的基础性研究最终都将对管制法理论体系框架的构建产生影响,从而有利于整个体系框架的构建。第一,从管制法角度展开的研究将使学界重新审视既有法律体系框架,从而深化对管制法存在状态的总体认识;第二,从管制法角度展开的研究,还将有助于中国转型时期管制法体系及管制制度体系的探索。

本章总结

1. 从法学角度看,所谓政府管制,就是管制性行政主体根据法律法规的授权,为追求经济效益和社会效益的帕累托最优及维护社会公平和正义,对经济及其外部性领域和一些特定的非经济领域采取的调节、监管和干预等行政行为。从经济学角度看,政府管制的定义是,政府为了努力制止不充分重视"社会利益"的私人决策,控制企业的价格、销售和生产决策的各种行动。

2. 政府管制法应该是调整政府管制关系以及在此基础上产生的监督政府管制关系的法律规范和原则的总称。它与传统行政法密切相关,两者既有相通的共性,又有鲜明的个性。

3. 从经济学角度看,市场失灵是政府管制产生的根源,因而垄断、外部性、信息不对称等都是政府管制的依据。

4. 在现实中,管制的需求受多种因素影响而处于不断变化之中,管制的供给则具有相对稳定性,这就决定了管制的供求均衡难以实现,不均衡成为一种常态。管制的次优目标就是尽可能减少管制的供求不均衡程度。

5. 政府管制是有成本的,同时管制也为社会带来一定的收益。对政府管制进行成本—收益比较分析,有利于权衡政府管制的利弊得失,从而为政府管制提供理论依据。

6. 管制与法律的密切联系决定了管制的建立与发展是一个管制与法律的互动过程,由此也决定了对管制的研究是法学与经济学的交叉地带。

思 考 题

1. 管制的法学定义与经济学定义有何异同?
2. 管制法包括了哪几类法律法规?
3. 管制法与一般的行政法有何异同?
4. 从经济学角度分析,为什么需要管制或管制法?
5. 你能从管制的供求分析和成本—收益分析中理解管制失灵的含义吗?
6. 你如何理解"管制与法律的密切联系决定了管制的建立与发展是一个管制与法律的互动过程"这句话?

阅读文献

1. Gary S. Becker: A Theory of Competition Among Pressure Groups for Political Influnce, Vol. 98, *The Quarterly Journal of Economics*, 1983: 371-400.
2. 〔美〕G. J. 施蒂格勒:《产业组织和政府管制》[M],潘振民译,上海:上海人民出版社、上海三联书店,1996。
3. 〔美〕G. J. 施蒂格勒:《产业组织和政府管制》[M],潘振民译,上海:上海三联书店,1989。
4. 〔美〕W. 基普·维斯库斯等:《反垄断与管制经济学(原书第3版)》[M],陈甫军等译,北京:机械工业出版社,2004。
5. 包锡妹:《反垄断法的经济分析》[M],北京:中国社会科学出版社,2003。
6. 马昕、李泓泽等:《管制经济学》[M],北京:高等教育出版社,2004。
7. 茅铭晨:《传统行政法与政府管制法的关系》[M],《西南政法大学学报》,2005年,第4期:第10—18页。
8. 〔美〕丹尼尔·F. 史普博:《管制与市场》[M],余晖等译,上海:上海三联书店、上海人民出版社,1999。
9. 〔日〕植草益:《微观管制经济学》[M],朱绍文、胡欣欣等译,北京:中国发展出版社,1992。
10. 王传辉:《反垄断的经济学分析》[M],北京:中国人民大学出版社,2004。
11. 王俊豪:《政府管制经济学导论——基本理论及其在政府管制实践中的应用》[M],北京:商务印书馆,2001。
12. 〔美〕小贾尔斯·伯吉斯:《管制和反垄断经济学》[M],冯金华译,上海:上海财经大学出版社,2003。
13. 徐晓松:《管制与法律的互动:经济法理论研究的起点和路径》[J],《政法论坛》,2006年,第3期:第29—38页。
14. 余晖:《美国:政府管制的法律体系》[J],《中国工业经济研究》,1994年,第12期:第62—69页。
15. 余晖:《中国的政府管制制度》[J],《改革》,1998年,第3期:第93—103页。

第十二章
管制法经济分析专题

> 无数关于管制的立法所能证明的只是人们希望管制,而并不能为事实上的管制提供确切的证据。
>
> ——G. J. 斯蒂格勒

◆ 本章概要

管制是市场经济高度发展的产物,而立法是一国管制体系建立的基础。总体来说,中国的管制立法是相对滞后的,即使是较早开始的社会性管制,也由于其源于计划经济体制的高度集中管理而与发达国家仍然有一定的差距。由于管制法的体系非常庞大,无法针对每一种管制法一一进行经济学分析,因此,本章在阐述中国转型时期管制立法及现状的基础上,从经济性管制、社会性管制和反垄断三个方面,选取生动的案例,结合具体的管制内容来进行管制法经济学的专题分析。

◆ 学习目标

1. 了解中国转型时期管制立法现状。
2. 学会对具体管制案例进行法经济学分析。

由于管制法的体系非常庞大,无法针对每一种管制法一一进行经济学分析,因此,本章分为四节,首先从总体上阐述中国转型时期管制法的建设及现状,然后从经济性管制、社会性管制和反垄断三个方面,通过生动的案例,结合具体的管制内容来进行管制法经济学的专题分析。

第一节 中国转型时期的管制立法

管制是市场经济高度发展的产物,而中国从 1978 年才开始进行从计划经济体制到市场经济体制的渐进式改革,因此,不同于发达国家,中国的管制改革是一个取消与计划经济对应的旧管制、建立与市场经济对应的新管制的过程,这一改革有赖于政府管制框架的建立与完善,尤其是管制的法律体系的建设与完善。

一、经济性管制的立法

经济性管制(Economic Regulation)主要是政府对那些具有固定网络系统的自然垄断产业的管制。具体来说,网络型产业是指需要基础设施网络来向用户传输物品或服务的产业,包括电信、电力、燃气、自来水、铁路、航空等行业。网络型产业的特点是产业中存在自然垄断环节,一般来说,基础设施网络具有自然垄断特性,产业上游或下游利用基础设施网络开展的业务具有潜在竞争特性。大多数发达国家都设立了独立的规制机构,依据相应的管制立法,对这些行业实施管制。所谓独立规制,是指规制机构既与被规制企业、消费者等利益相关者保持一定的距离,又与政府行政部门保持一定的距离;通俗地表达,就是政企分离和政监分离。

独立规制是一种相对较好的制度安排,其最本质的特点是割断规制机构与行政部门的联系。但设立独立规制机构的前提条件之一是法律基础。只有通过法律授权,独立规制机构才能真正独立于行政部门,才能获得必要的权力和资源。前提条件之二是建立必要的监督和制衡机制。规制机构独立于政府后,如果没有强大的监督和制衡机制,不仅不能解决"规制俘虏"问题,还可能成为腐败的温床。前提条件之三是特殊的人事制度。要放松计划经济体制对政府垄断经营企业的管制,而对于作为市场竞争主体的自然垄断企业,要强化以市场经济规律为前提的政府管制。

从计划经济体制向市场经济体制转型,决定了中国对自然垄断产业的管制改革必然是一个放松管制与强化管制并存的过程,即一方面通过改革原有政府垄断经营的管制体制,实行政企分离,使自然垄断产业的经营企业成为真正的竞争主体,并在此基础上开放自然垄断产业市场,允许国内外新企业进入,形成与市场经济相适应的竞争体制;另一方面,在放松管制、打破垄断、引入竞争的基础上,基于自然垄断的经济特性,建立起与市场经济相对应的管制体制。而其中最为重要的是政府管制体制的法律框架,这是政府管制的基本准则。

发达国家的管制体制改革多以立法为先导,即先立法,再按照相关法律进行管制体制改革,从而使得管制体制改革具有明确的法律依据和实施思路。但从中国40多年的经济管理体制改革实践看,似乎有一种先改革后立法的传统,即往往是经过一段时间的改革,根据改革中取得的经验教训再制定相应的法规。《中华人民共和国反不正当竞争法》等法规就是在这样的背景下出台的。这种立法思路虽然有针对性的优点,但却是以较大的改革成本为代价的。因为从开始改革到颁布法规,其间由于缺乏改革的法律依据和实施程序,很可能会产生不少混乱现象,同时也为投机者提供了"钻空子"的机会。例如,电信产业的改革始于20世纪80年代末,但是,至今中国尚未颁布一部《电信法》,立法的滞后性在很大程度上影响了电信业改革的成效。在互联网数据中心和云计算市场,电信运营商具有云网融合的天然优势,却从未成为此种新型基础设施的主导者;在大数据、人工智能这些赋能技术市场,电信三大运营商基本上依赖供应商赋能;在网络安全的战略性市场,运营商也没有发挥出作为国家基础设施的作用；在工业互联网市场，运营商也未探索出可行的商业模式；在互联网应用及服务市场，运营商虽然有不少产品布局，但所创造的消费者价值非常有限。

虽然我国自然垄断产业，包括电信、电力、航空、铁路和城市公用事业等管制改革已经在进行，但是，与此不相适应的是，我国在这些产业方面的相关管制立法是明显滞后的。立法的滞后不仅影响现已设立的一些监管机构的职能发挥，而且不利于中国自然垄断产业的改革与发展。为此，根据中国经济性管制法律建设方面所存在的问题，借鉴经济发达国家的经验，要提高管制改革的效率，中国自然垄断产业政府管制体制改革应该采取"以立法为先导"的原则，根据各个自然垄断产业的技术经济特征、政府管制体制改革的目标等因素，由全国人大颁布相应的法规。法规要对规制机构的权力、资源、责任、程序、重要原则做出明确规定。同时，在立法的基础上，在行政框架内建立相对独立的规制机构，实现政策、规制相对分离。这是中国政治体制特点的要求，同时也有利于行政部门进行产业协调。

二、社会性管制的立法

从20世纪70年代以来，放松经济性管制、加强竞争成为席卷全球的一场法律经济政策的深刻变革，与此同时，以环境保护、职业健康、消费安全等为主要内容的社会性管制得到明显加强。以美国为例，如果说1938年美国制定的《食品、药品和化妆品法》是社会性管制的一种偶然初试，那么到了20世纪70年代前后，这种社会性管制呈现出蓬勃状态。其间，美国出台了水污染控制、空气清洁、食品安全、交通安全、职业安全与健康、汽车尾气排放、资源保护与回收等方面的众多社会性管制法律。

与发达国家不同，相比于经济性管制立法，中国对社会性管制的法治建设起步较早，如在大气污染、水污染、固体废物污染和噪声污染等环境污染管制方面，在中华人民共和国建立后不久，就相继颁布了有关法规；在广告、名牌产品、食品和药品质量管制方面，中国也在20世纪80年代以来相继制定并修订了大量的法规。但是，无论与经济发达国家相比，还是与中国社会性管制的法律制度建设的现实需要相衡量，中国在社会性管制方面尚未形成比较完善的法律体系，与社会性管制本身的广泛性、深入性不相适应。

三、反垄断法的立法进程

所谓反垄断，是指在垄断行业取消政府管制，引入竞争，并主要依靠反垄断法来控制企业的垄断行为，除了对垄断行业的放松管制，还包括通过制定和执行反垄断法或反托拉斯法，对不公平竞争导致的垄断进行管制。这是世界各国政府对垄断最为强烈的反应。

在市场经济国家，反垄断法有"经济宪法"之称。全世界总共已有130多个国家和地区颁布了反垄断法，发达国家，包括美、日、英、法等国早已颁布并实施反垄断法。以美国为例,从 1890 年到 1950 年,国会通过了一系列法案反对垄断,其中,最主要的是《谢尔曼法》(1890 年)、《克莱顿法》(1914 年)和《联邦贸易委员会法》(1914 年)。依据这些反垄断法案,美国法官作出了大量的反垄断裁决,有效地保护和促进了市场竞争。

中国早在 20 世纪 80 年代末就开始酝酿《反垄断法》。1987 年 8 月,国务院法制局成立了反垄断法起草小组,《反垄断法》开始酝酿起草。1988 年,《反对垄断和不正当竞争暂行条例草案》出台。1994 年,中共中央批准的《第八届人大常委会立法规划》确定制定《反垄断法》,并授权国家经贸委和国家工商局共同起草。1994 年 5 月,《反垄断法》起草领导小组和起草工作小组正式成立。1997 年 7 月,形成《反垄断法(草案大纲)》第一稿。1998 年 11 月,形成《反垄断法(草案大纲)》第二稿。1998 年以来,我国反垄断立法受到越来越多的关注。1998 年 11 月和 1999 年 12 月,起草工作小组与经济合作与发展组织(OECD)合作,共同举办了两次反垄断立法国际研讨会。在会上,国内外反垄断法方面的专家、学者、政府官员,围绕中国反垄断立法展开了讨论。起草小组根据大家的意见和建议,对《反垄断法(草案大纲)》进行了反复修改。2006 年 6 月 7 日,起草小组又对《反垄断法(草案大纲)》进行了修改,形成了第一次《反垄断法》征求意见稿,分送有关部门征求意见;6 月 24 日,《反垄断法(草案)》正式提交第十届全国人大常委会第二十二次会议审议。2007 年 8 月 30 日,第十届全国人大常委会第二十九次会议表决通过了《中华人民共和国反垄断法》,该法自 2008 年 8 月 1 日起施行。

自 2008 年《反垄断法》实施至 2018 年,我国反垄断执法由商务部(反垄断局)、国家发改委(价格监督检查与反垄断局)、国家工商行政管理总局(反垄断与反不正当竞争执法局)承担,分别负责经营者集中反垄断执法、价格监督检查与反垄断执法、反垄断执法职责。2018 年国务院机构改革,组建国家市场监督管理总局,设置反垄断局专门负责反垄断执法。2010 年 12 月 31 日,国家工商行政管理总局发布了《工商行政管理机关禁止垄断协议行为的规定》《工商行政管理机关禁止滥用市场支配地位行为的规定》《工商行政管理机关制止滥用行政权力排除、限制竞争行为的规定》三个《反垄断法》配套实体规章。2012 年 5 月,最高人民法院出台《关于审理因垄断行为引发的民事纠纷案件应用法律若干问题的规定》,该规定自 2012 年 6 月 1 日起施行。2020 年 10 月,为进一步完善反垄断法律制度体系,规范经营者集中反垄断审查工作,国家市场监督管理总局制定了《经营者集中审查暂行规定》,自 2020 年 12 月 1 日施行。2021 年 2 月 7 日,为预防和制止平台经济领域垄断行为,引导平台经济领域经营者依法合规经营,促进线上经济持续健康发展,国务院反垄断委员会制定《关于平台经济领域的反垄断指南》,即日生效。2021 年 11 月 18 日,国家反垄断局正式挂牌,体现了我国反垄断体系机制的进一步完善,将充实反垄断监管力量,切实规范市场竞争行为,促进建设强大的国内市场。2022 年 6 月 24 日,中华人民共和国第十三届全国人民代表大会常务委员会第三十五次会议通过了《全国人民代表大会常务委员会关于修改〈中华人民共和国反垄断法〉的决定》。修改后的《中华人民共和国反垄断法》自 2022 年 8 月 1 日起施行。

西方发达国家的垄断是市场经济发展到一定高度后的产物。垄断是源自市场竞争但反过来又阻碍市场竞争的力量,是各经济主体为追求垄断利润而凭借市场力量形成的。因而,在实施反垄断过程中,发达国家侧重于对垄断的判定或明确垄断行为及其后果。从20世纪70年代各国放松管制的实践看,对通信、运输、金融和能源等行业的竞争秩序维护,也主要是依据反垄断法并借助法院判例来实现的。因此,在中国经济转型的特定背景下,《反垄断法》的出台不仅会促进电信、电力、航空、铁路和城市公用事业等自然垄断产业的改革,而且必将推动中国行政体制改革。

第二节　经济性管制分析

经济性管制是指在自然垄断和存在信息偏差的领域,主要为防止发生资源配置低效,保证利用者的公平,政府机关用法律权限,通过许可和认可等手段,对企业的进入和退出、商品价格、服务的数量和质量、投资、财务会计等有关行为加以规制。本节对经济性管制的主要形式——进入管制和价格管制——进行经济学分析。

案例 12-1

从一家独大走向三寡头并存——中国电信业的管制改革进程

长期以来,中国的电信产业一直是由邮电部垄断经营的。邮电部既是电信政策的制定者,又是电信业务的直接经营者,因此,这是一种典型的政企合一的管理体制。20世纪80年代末,随着改革开放和现代化建设的不断深入,通信供需矛盾日益突出,电信基础设施的落后成为阻碍我国电信业发展的最大瓶颈。为此,党中央、国务院先后采取了一系列政策措施,相继出台了收取电话初装费、减免关税和加速折旧等扶持政策。

1988年6月,国务院领导提出通信发展要坚持"统筹规划、条块结合、分层负责、联合建设"的方针,形成了全社会支持通信发展的合力;同年11月,国务院确定邮电体制改革"三步走"的方向:第一步是对邮电物资等管理机构完全实行政企分开;第二步是逐步实现邮政、电信专业分别核算,转移职能;第三步是条件成熟时,从上至下实现邮政、电信分营和政企分开。1993年8月,国家放开经营部分电信业务,向社会放开经营无线寻呼、800兆赫集群电话、450兆赫无线移动通信、国内VSAT通信、电话信息服务、计算机信息服务、电子信箱、电子数据交换、可视图文等业务。

1994年1月,经国家经贸委批准,吉通公司成立,被授权建设、运营和管理国家公用经济信息网(即"金桥工程"),与中国电信的CHINANET展开竞争;同年7月,中国联通成立。作为中国第二家经营电信基本业务和增值业务的全国性大型电信企业,邮电部独家垄断国内电信市场的局面开始改变。双垄断寡头的竞争使基本电信服务市场效率得到一定程度的改进,尤其是在中国联通大举进入的移动通信市场,邮电部门大幅降低了入网费和通话资费，老百姓开始从电信竞争中尝到了甜头。但直到1997年，中国联通的资产还不及中国电信的1/260，其营业额也不到中国电信的1/112。总体上说，当时中国电信市场的有效竞争局面并没有完全形成。

1995年4月，电信总局以"中国邮电电信总局"的名义进行企业法人登记，其原有的政府职能转移至邮电部内其他司局，逐步实现了政企职责分开。1997年1月，邮电部做出在全国实施邮电分营的决策，并决定在试点基础上，于1998年在全国推行邮电分营。

1998年3月，国家在邮电部和电子部的基础上组建信息产业部。1999年2月，信息产业部决定对中国电信进行拆分重组，将中国电信的寻呼、卫星和移动业务剥离出去，中国电信被拆分成中国电信、中国移动和中国卫星通信公司3家企业，寻呼业务并入中国联通。1999年4月，中国网络通信有限公司成立。2000年9月，国务院批转信息产业部关于地方电信管理机构组建方案，到12月底，全国31个省（自治区、直辖市）通信管理局全部组建完毕。2000年12月，铁道通信信息有限责任公司成立。至此，中国电信市场七雄争霸格局初步形成。

2001年11月，我国正式加入WTO。为增强我国电信业的竞争实力，更好地应对"入世"所带来的挑战，当月，国务院批准新一轮电信体制改革方案，再一次对我国电信业进行重新布局，决定将中国电信再次分拆，把北方十个省的电信公司和中国吉通划归中国网通。2002年5月，新组建的中国电信集团公司、中国网络通信集团公司正式揭牌成立，标志着新一轮的改革重组画上了阶段性的句号。由此，我国电信领域形成了以中国电信、中国网通、中国移动、中国联通、中国铁通和中国卫通为主体的"5+1"格局。在各项业务市场上，尤其是国际国内长途、本地、移动、数据、专线及IP电话等业务市场上，都已各有两家以上旗鼓相当的骨干电信运营企业在相互竞争。

2008年5月24日，工业和信息化部、国家发改委以及财政部联合发文《关于深化电信体制改革的通告》，开启中国电信业新一轮重组方案，此后，中国电信业形成了新移动、新电信和新联通的三寡头垄断格局。

2019年6月，工信部正式发放5G牌照，除了原有的三大运营商，中国广电也同时拿到5G牌照，成为第四大运营商，未来可能打破电信运营服务三足鼎立的竞争格局。

以2020年的营业收入计，三大电信运营商处于寡头垄断的竞争格局，中国移动、中国电信和中国联通的市场份额占比分别为52.54%、26.67%和20.78%。

资料来源：作者根据公开资料整理。

一、进入管制分析

对电信、电力、自来水等自然垄断产业的进入管制需要解决两个问题：一是要对新企业的进入实行严格控制，以避免重复建设和过度竞争；二是进入管制并不等于不容许新企业进入，而是要通过新企业的适度进入，发挥竞争机制的积极作用。进入管制主要涉及可竞争市场理论、原有企业阻碍新进入企业的行为分析及政府对原有企业与新企业的不对称管制。

1. 可竞争市场理论

可竞争市场理论(Theory of Contestable Markets)认为,只要政府放松进入管制,新企业进入市场的潜在竞争威胁自然会迫使产业内的原有垄断企业提高效率。

可竞争市场理论有一系列严格的假设条件:①企业进入和退出市场完全自由,潜在进入者在生产技术、产品质量、成本等方面不存在劣势;②潜在进入者能够根据现有企业的价格水平评价进入市场的营利性;③潜在进入者能够采取"打了就跑"的策略,即他们具有快进快出市场的能力,而且撤出时并不存在沉没成本,即无进入与退出障碍。

可竞争市场理论的主要内容包括以下两点:一是在可竞争市场中不存在超额利润,因为任何超额利润的存在都会吸引潜在进入者以同样的价格甚至更低的价格与垄断企业竞争,为此垄断企业只能制定超额利润为零的"可维持性价格";二是可竞争市场上不存在任何形式的生产低效率和管理上的X低效率(X-inefficiency),因为生产和管理上的低效率会吸引效率较高的潜在竞争者进入市场。

学者们对可竞争市场理论存在着很大的争议。肯定方认为,可竞争市场理论为探索许多产业组织和政府管制问题提供了一种分析工具,它考虑决定市场的外部因素,突出了沉没成本的重要性,并强调了潜在竞争对促进产业效率的积极作用。但批评方认为,现实中真正符合可竞争市场理论假设条件的产业并不多,这体现在以下两方面:第一,可竞争市场理论对新企业进入产业后所采取的行为及其后果的一些假设不符合实际,特别是,它假定在产业内现有企业做出降价反应前,新企业能够独立建立自己的业务,能够以更低的价格与原有企业竞争,并顺利夺取它所需要的业务量;第二,新企业"打了就跑"而没有沉没成本的假设不切合实际,现实中,电信、电力、煤气、自来水等自然垄断产业的沉没成本往往很大,新企业要建立自己的经营规模往往需要花费较长的时间,而在此时间内,原有企业完全可能做出降价反应。

在对可竞争市场理论提出异议的同时,一些学者还对该理论的实施进行了广泛讨论。其中,对新企业进入市场后可能采取的"撇脂"战略,讨论较多。所谓"撇脂"战略(Cream Skimming),又称"挑奶皮",原意是挑出牛奶温热后富有脂肪而美味的部分,这里是指在允许内部交叉补贴的产业中,如果放松进入管制,将诱使新企业仅进入那些收益较高的地区或服务项目。由于新企业的进入策略所依据的是补贴后扭曲的价格,所以,这种进入很可能违背了竞争机制所追求的经济效率。

2. 原有企业阻碍新企业进入的行为分析

产业内原有企业为保持其在市场上的垄断地位,会本能地设置一系列战略性进入障碍。从潜在竞争企业的角度分析,它的进入市场决策是建立在进入后能够取得利润的信念基础上的,只有当进入市场的预期收益超过预期成本时,新企业才会进入市场。因此,市场上的原有企业为了阻碍潜在竞争者的进入,就会想方设法动摇潜在竞争者能取得利润的信念。

作为一种重要的进入障碍战略,原有企业会努力使潜在竞争者相信,它将对新企业进入市场做出强烈的反应(如大幅度地压低价格等),从而动摇新企业获取利润的信念并使其放弃进入决策。一般认为,掠夺性定价战略的威胁是不容易被人相信的,因为这种战略有可能导致两败俱伤。所以,除了价格战略,原有企业还可能采取许多非价格战略以阻碍潜在竞争者进入市场,如原有企业通过事先收买专利,致使潜在竞争者难以取得有竞争力的技术,从而抑制其进入市场;也可能通过广告、产品差异和产品品牌等方面的战略来阻碍潜在竞争者进入市场。

原有企业可能采取的各种阻碍新企业进入的战略行为说明,政府管制者应该采取适当政策措施,消除市场上原有企业设置的各种进入壁垒,以帮助新企业进入市场参与竞争。这也说明仅有市场可竞争性是不够的,还需要政府制定促进竞争的管制政策。

3. 政府对原有企业与新企业的不对称管制

由于自然垄断产业需要巨额投资,资产专用性强,消费者人多面广,其基本业务具有物理网络性,因此,通常的情况是,新企业进入自然垄断产业之初需要筹措大量资本,逐渐建立和扩展其业务网络,但他们往往缺乏经济规模和生产经营管理经验,而原有企业已经建立起庞大的基本业务网络,拥有相当大的经济规模,积累了相当丰富的管理经验。因此,新企业与原有企业之间的竞争是一种不对称竞争。与不对称竞争相对应,政府应该对原有企业与新企业实行不对称管制,即对新企业给予一定的政策优惠,扶植其尽快成长,与原有企业展开势均力敌的对称竞争,以实现公平、有效竞争。

事实上,对自然垄断产业内原有企业与新企业实行不对称管制,是各国政府在进入管制实践中所遵循的基本原则。如英国政府在电信产业管制体制改革中所采取的"双寡头垄断政策"及其相应的政策措施就体现了这一原则。20世纪80年代,英国政府要在有线通信网络业务领域培育一家竞争企业——莫克瑞通信公司(Mercury Communications),与原有的英国电信公司形成"双寡头垄断"格局。为尽快形成有效竞争格局,英国政府要求英国电信公司向新企业以较低的成本价格提供市内电话通信网络服务,以帮助新公司抵消在长途电话经营中缺乏规模经济的劣势;同时,允许新企业采取"撇脂"战略,即选择通信业务量最大的线路和地区作为其经营范围,以较低成本取得较高的利润。

不对称管制的主要内容有:①在具有网络性的自然垄断产业,为避免重复建设和帮助新企业尽快建立起规模相当的业务网络,政府可以对原有企业实行强制性联网;②为了弥补新企业在经营规模上的劣势,政府可以要求新企业只按边际成本收费,不用承担固定资产投资费用;③政府还可以规定,短期内新企业可以不承担普遍服务义务,而采取"撇脂"战略;④政府可以允许新企业采取比原有企业更灵活的价格政策(如差别定价),利用价格优势争取消费者。

不对称管制有利于培养竞争力量,实行有效竞争,但有悖于公平竞争,因而只能是一种短期现象。当新企业经过一个发展期具备一定的竞争实力后,就应该取消不对称管制,实行中性管制,以实现公平竞争。

中国电信业的进入管制应该是一个放松管制与强化管制并行的过程。一方面,电信市场逐步放开,新的运营者不断加入;另一方面,政府采用不对称管制、联网管制等管制方式提高新进入者的竞争能力,初步形成了多元化的竞争局面。例如,在中国联通等新进入者进入之初,我们也看到中国电信对新进入者进行种种阻挠,以致直到1997年,中国联通的资产还不及中国电信的1/260,其营业额也不到中国电信的1/112,影响了中国电信市场的有效竞争的进度和强度。

二、价格水平管制分析

价格管制是政府管制的核心内容。价格管制可以从价格水平管制和价格结构管制两方面来加以分析。对于价格水平管制,我们将从管制的目标、管制模型及比较来分析其合理性。价格结构管制的中心任务则是要监督企业如何把许多共同成本合理地分摊到各种产品或服务之中,从而由不同类型的消费者来承担。

1. 价格水平管制的目标

受政府管制的产业部门的价格一般被称为收费(Rate)。收费水准(Rate Level)根据正常成本加合理报酬得出的总成本计算。在提供单一服务的产业,价格水平指的是每一单位服务的收费多少;在提供多种服务的产业,则指的是这些服务的综合成本水平。

在提供单一服务的产业,收费体系(Rate Structure)指的是把费用结构(固定费与可变费之比率)和需求结构(家庭用、业务用、产业用以及少量需求和大量需求等不同种类的需求,高峰负荷和非高峰负荷等不同负荷的需求)考虑进去的各种收费的组合。而在提供多种服务的产业,收费体系指的是把每种服务的收费水准的构成以及上述费用结构和需求结构都考虑进去的收费组合。

收费(包括收费水准和收费体系)的决定程序是首先要由受管制的企业向主管当局提出批准收费(包括新服务收费和旧服务收费的修订)的申请,然后当局对企业的费用条件和需求条件等进行分析,算出合理的成本和合理的报酬,最后批准当局认为是公平合理的收费水准的申请。

自然垄断产业价格管制的三维目标是:①促进社会分配效率。在不受外部约束的条件下,自然垄断企业作为价格的制定者而不是接受者,很容易通过制定较高价格和较低产量来损害消费者剩余,并导致净效率损失。政府对自然垄断产业进行价格管制是为了保护消费者,促进社会分配效率。②刺激生产效率。由于受管制产业几乎不存在竞争或竞争很弱,政府必须在制定管制政策和措施时,刺激企业优化生产要素组合,充分利用规模经济,不断进行技术革新和管理创新,努力提高生产效率。③维护企业发展潜力。自然垄断产业都具有投资额大、投资回报期长的特点,而且随着国民经济的发展,对自然垄断产业的需求具有一种加速增长的趋势。为适应大规模、不断增长的需求,就需要自然垄断产业的经营企业不断进行大规模投资,以提高市场供给能力。因此,政府在制定自然垄断产业的管制价格时,必须考虑使企业具有自我积累、不断进行大规模投资的能力。①

2. 价格水平管制的模型

世界上存在两种最具典型意义并有较大差别的价格水平管制模型,即美国的投资回报率价格管制模型和英国的最高限价管制模型。

美国对自然垄断产业实行投资回报率价格管制具有悠久的历史。实践中,通常是受管制企业首先向管制者提出提高投资回报率的申请,管制者经过一段时间的考察,根据影响投资回报率的因素的变化情况,对企业提出的投资回报率水平做出必要调整,最后确定企业的投资回报率,作为企业在某一特定时期内定价的依据。

如果企业只供应一种产品或服务,则投资回报率价格管制模型为:

$$R(pq) = C + S(RB) \tag{12-1}$$

如果企业供应多种产品或服务,则投资回报率价格管制模型为:

$$R(\sum_{i=1}^{n} p_i q_i) = C + S(RB) \tag{12-2}$$

上面两式中,R 为企业收入函数,它决定于产品价格(p)和数量(q);C 为成本费用,如燃料成本、工资、税收和折旧等;S 为政府规定的投资回报率;RB 为投资回报率基数(Rate Base),即企业的资本投资总额。

在企业只供应一种产品或服务的情况下,管制价格 $p = R/q$;而在企业供应多种产品或服务的情况下,R/q 只是所有产品或服务的综合价格,每种具体产品或服务的价格还要通过价格结构管制才能确定。

美国的价格管制模型通过对投资回报率的直接控制而间接管制价格,有利于鼓励企业投资。该模型的缺陷在于:①企业在一定时期按投资回报率定价,几乎不存在政府管制对提高效率的刺激机制;②产生阿弗奇-约翰逊效应(Averch-Johnson Effect),即当企业为了获取特定的投资回报率时,会倾向于过度投资,从而降低资本使用的效率;③企业与政府协商的管制产品价格和企业对管制产业的投资额难以确定。

英国的最高限价管制模型可以简单地表述如下:

$$P_{t+1} = P_t(1 + RPI - X) \tag{12-3}$$

在式(12-3)中,RPI 表示零售价格指数,即通货膨胀率,X 是由管制者确定的在一定时期内企业生产效率的增长率,企业产品的下期管制价格 P_{t+1} 取决于本期管制价格 P_t 及价格调整幅度($RPI-X$)。如果 RPI 小于 X,则 $RPI-X$ 是负数,意味着企业必须降价,降价幅度为 $RPI-X$ 的绝对值;如果 RPI 大于 X,则 $RPI-X$ 是正数,意味着企业可以提价,提价的最高幅度为 $RPI-X$ 的值。

英国的最高限价管制模型的特点是政府对企业价格的直接管制,并且在管制价格的同时给企业以利润最大化的自由。由于采取零售价格指数和企业生产效率挂钩的办法,

---

① 王俊豪:《政府管制经济学导论——基本理论及其在政府管制实践中的应用》[M],北京:商务印书馆,2001:98—100。

而零售价格指数对企业来说是外生变量,企业要取得较多利润,只有努力提高生产效率,使生产效率的实际增长率超过管制者规定的增长率(X),这就会刺激企业通过技术创新和挖掘生产潜能提高生产效率。

随着电信市场逐步放开,新的运营者不断加入,中国政府放松了对电信产业的价格管制,例如2019年,三大运营商均推出下调流量价格等提速降费新举措。但是,中国电信产品或服务至今仍主要采取"成本加成定价"的定价方法,即以实际成本为基础,加上一定利润而形成定价。这种价格形成机制不仅不能刺激企业努力降低成本、通过提高效率而取得更多的利润,而且与发达国家相比,目前中国的电信收费价格都比较高,损害了广大消费者的福利。电信业应该以经济原理为基础,借鉴发达国家的经验,建立起高效的价格管制体制。

三、价格结构管制分析

大多数自然垄断产业都向不同消费者提供不同的产品和服务,但在产品和服务的生产供应过程中,许多成本却是共同的,称为共同成本(Common Cost),其需求也具有总需求的性质。价格结构管制的中心理论是监管企业如何把许多共同成本合理地分摊到各种产品或服务之中,从而由不同类型的消费者需求来承担。

我们可以按照不同标准对自然垄断产业的总需求进行细分,形成不同的需求结构。例如,在自来水和煤气供应等产业中,可以按照消费者类型划分为居民用户、生产性企业用户、服务性企业用户、行政事业机关等单位用户,等等。在电力产业,可以按照季节、月份、星期、日期,甚至时区划分高峰需求和非高峰需求。在煤气产业,可以按照使用设备将需求划分为厨房用、供应热水用、暖气用。此外,还可以按照电表、煤气表、自来水表的大小划分为大量需求、中量需求和少量需求。

与需求结构相对应,政府对居民用户往往实施较低的管制价格,而对生产性企业,特别是服务性企业制定较高的管制价格;对高峰需求制定较高的管制价格,而对非高峰需求制定较低的管制价格;对有大量需求的用户以较低的价格提供产品或服务,而对有少量需求的用户则收取较高的价格。但在实践中,经济上合理的价格不一定是价格管制中所采取的价格,因为政府管制者不得不考虑自然垄断产业的公益性。

我们也可以按照方法的不同确定线性定价与非线性定价。线性定价(Liner Pricing)指定额收费和同一从量收费。定额收费是指无论消费量大小,都按固定的标准收费。如宽带网的包月费,每月缴纳一定金额,就可以天天上网。定额收费的优点是简便,缺点是会造成过度消费,浪费现象严重。同一从量收费是指无论消费量大小,都按同一单位价格收费,如按电力的千瓦时(度)、用水的一立方米、管道煤气的一立方米等收费。实际中,对于电力、自来水、管道煤气等自然垄断产业,无论是生产阶段还是输送阶段的单位成本,有大量需求的用户都比少量需求的用户低得多,而同一从量收费没有将单价与消费量挂钩,这对有大量需求的用户来说是不公平的。另外,由于使用时间、使用设备等方面的差异也会影响生产供应成本,因此,同一从量收费也有其缺陷。

非线性定价(Nonlinear Pricing)是指企业根据用户的需求量、使用时间、利用机器(如计量表)以及提供服务所需设备的状况等不同,定出各种各样的价格体系。例如:(1)递减、递增收费;(2)分阶段递减从量收费;(3)划区递减从量收费;(4)递增从量收费;(5)二部收费;(6)三部收费;(7)复合二部收费;(8)递减复合二部收费;(9)递增复合二部收费;(10)高峰负荷收费;等等。其中两种最主要的非线性定价是两部定价和高峰负荷定价。

两部定价所形成的价格结构由两部分组成:一是与消费量无关的"基本费",二是根据消费量收取的从量费。由于自然垄断产业的成本递减性,如果按边际成本定价,企业就会亏损。为了使自然垄断企业盈亏平衡,可以设计一种价格管制机制,使边际成本定价方式下形成的企业亏损由消费者承担。如果把亏损额视为固定费用,用年固定费用总额(K)除以用户总数(N),其结果就是每一用户平均承担的年基本费(K/N)。由于消费者一般按月支付费用,用年基本费除以全年月份数 12 就是月基本费,记为 $T = K/12N$。若某一消费者的月消费量为 Q,则该消费者的月使用费为:$M = T + P_m Q$,其中,P_m 为根据边际成本定价原则所确定的价格。

两部定价既可以按照边际成本定价收取变动费用,又可以通过基本费补偿固定费用,从而使企业达到收支平衡,符合"收支平衡下经济福利最大化原则"。而且从社会分配效率的角度看,两部定价虽然次于按边际成本定价,但优于按平均成本定价。但由于固定费太高,从而基本费太高,有可能排挤低收入和少量需求的用户(他们会觉得不公平而不使用该产品或服务)。实际中有两种改进方法:一是基本费的确定不以收回固定费用总额为目标,而只以收回"用户成本"为目标;二是对一定需求量以下的用户采用同一从量收费,而对一定需求量以上的用户则采用两部收费,即采用选择费用办法。

高峰负荷定价特别适合于需求波动大的自然垄断产业,如电力产业。电力需求在一年、一季、一月甚至一日中都有明显的差异。通常电力需求在 18 时—21 时达到高峰,而在凌晨 4 时达到低谷;周末的电力需求可能只有工作日的 50%;夏季的电力需求明显高于其他季节。

电力供应具有两个特点:一是不能储存,从而电力供应的最大容量取决于用电高峰的需求量;二是不同类型的电厂,其成本特征也不相同。一般来说,水力发电的运行成本很低,而且无污染,但固定成本很高,且受到水力资源状况的限制;核能发电的运行成本低,但固定成本高,适宜连续供电;火力发电固定成本较低,但运行成本较高,适宜间歇性发电,尤其在水力资源缺乏的时期和地区。因此,整个电力系统需要由不同类型的电厂进行优化组合。

高峰负荷定价的原理是,对高峰需求制定高价,以抑制消费;对非高峰需求制定低价,以鼓励消费。目标是缩小高峰需求与非高峰需求的差异,提高负荷率,从而提高设备的利用率,降低生产成本,并减少固定资产投资需求,实现社会资源的优化配置。

第三节 社会性管制分析

社会性管制是以保障劳动者和消费者的安全与健康、保护环境、防止灾害为目的,对产品和服务的质量以及伴随着它们的提供而产生的各种活动进行的管制。20 世纪 70 年代之后,我国对社会性管制的需求不断增长的原因在于:一是微观经济主体的行为导致的外部性问题越来越严重;二是经济发展与收入水平的不断提高使得人们对生活质量的要求越来越高。本节从环境管制、产品质量管制、工作场所安全与健康管制三方面考察社会性管制。

一、环境管制

案例 12-2

松花江水污染事件

2005 年 11 月 13 日,位于吉林省吉林市的中国石油天然气股份有限公司吉林石化分公司双苯厂的苯胺车间发生剧烈爆炸,共造成 8 人死亡,近 60 人受伤。爆炸厂区位于松花江上游最主要的支流第二松花江江北,距离江面仅数百米之遥,造成约 100 吨苯类物质流入松花江,造成了江水严重污染,黑龙江省会城市哈尔滨被迫停水一周,沿岸数百万居民的生活受到影响。

12 月 1 日,在国家环保总局召开的全国环境污染事故应急电视电话会议上,国家环保总局副局长说,在松花江污染事故中,由于吉林省环保局信息传递不力,导致国家环保总局错过了将此次污染事故控制在萌芽状态的机会。

12 月 3 日,中共中央办公厅国务院办公厅发出通报,指出这起重大水环境污染事件发生后,国家环保总局作为国家环境保护行政主管部门,对事件重视不够,对可能产生的严重后果估计不足,对这起事件造成的损失负有责任。为此,党中央、国务院批准解振华同志向党中央、国务院申请辞去国家环保总局局长职务的请求。

根据《中华人民共和国环境保护法》等,环保部门可对造成重大水污染事故的单位处以最高 100 万元的罚款。2007 年 1 月,国家环保总局向中国石油天然气股份有限公司吉林石化分公司下发了《松花江水污染事故行政处罚决定书》,决定对该公司处以 100 万元的罚款。

然而,据有关专家估计,要恢复松花江生态,即使投入 100 亿元都不够。仅污染事件发生后,由于停水而给哈尔滨造成的直接经济损失就达 15 亿元。污染事件使黑龙江省 52 万渔民全部受到了冲击,对该省渔业造成至少 18 亿元的经济损失,因为污染造成的负面影响是长期的。

资料来源:作者根据公开资料整理。

随着社会经济的发展,环境污染问题日益严重。根据经济合作与发展组织所提出的"环境污染"概念,环境污染是指被人们利用的物质或者能量直接或间接地进入环境对自然造成的有害影响,包括危及人类健康、危害生命资源和生态系统,以及损害或妨害环境的其他行为。

通常环境污染也被称为公害。如在日本1967年通过的《公害对策基本法》第二条规定:"本法所称的'公害',是指由于工业或人类其他活动所造成的相当范围的大气污染、水质污染、土壤污染、噪声、振动、地面沉降以及恶臭,导致危害人体健康或生活环境的现象。"在我国现行环境立法中,虽然使用过"环境污染和其他公害"的表述,但是只做了例举,而没有给出严格的定义。

简单地讲,环境污染是指人类直接或间接地向环境排放超过其自净能力的各种物质或能量。环境污染降低了环境质量,对人类的生存与发展、生态系统和财产等造成多种不利影响。环境污染常常使人中毒,或者感到厌烦、注意力不集中、容易疲劳和激动、工作效率降低、患病率提高等。从环境造成的经济损失看,根据2015年的数据,我国每年水污染对工业、农业、市政工业和人体健康等方面造成的经济损失约为2 400亿元;2016年我国与PM2.5相关的健康经济损失相当于当年GDP的5.2%。[①]

从经济学角度看,环境污染是一种典型的负外部性行为。排污者所造成的社会成本往往高于私人成本,导致很大的外部成本。需要政府加强对环境污染的管制,以保护人类生存和发展所需要的环境。

由于现实中存在着各种各样的环境污染,其中大气污染、水污染、固体废物污染和环境噪声污染是最基本的环境污染类型,因此我们将从大气污染的管制、水污染的管制、固体废物污染的管制和环境噪声污染的管制四方面来探讨环境管制问题。

1. 政府对大气污染的管制

大气是人类及其他生物赖以生存和发展的环境要素,是生命存在的必要条件。大气污染是指由于人类活动或自然过程使得某些物质进入大气,导致其化学、物理、生物或者放射性等方面特性的改变,造成大气质量恶化,从而危害人体健康和财产安全,以及破坏自然生态系统等的现象。大气污染是一种流动性污染,具有扩散速度快、传播范围广、持续时间长、损害大等特点。例如,雾霾就是高密度人口的经济社会活动排放的大量细颗粒物超过大气循环能力和承载度,导致颗粒物浓度持续累积而形成的一种灾害性天气现象。由于大气的流动性,极易出现大范围的雾霾天气。2013年以来,我国四分之一国土曾出现雾霾,受影响人口约6亿,2013年1月的4次雾霾甚至笼罩至30个省(自治区、直辖市)。

由于世界各国和地区的工业化程度以及能源结构不同,其排放的大气污染物的种类存在着较大差异,从而使大气污染表现为不同的类型。目前主要的大气污染类型有煤烟

---

① 新浪网:《专家:我国每年水污染造成经济损失2400亿》[EB/OL],https://news.sina.cn/gn/2015-03-04/detail-icczmvun6442013.d.html,2023年11月3日访问;澎湃新闻:《柳叶刀丨人口老龄化与全球大气污染健康经济损失》[EB/OL],https://www.thepaper.cn/newsDetail_forward_13291917,2023年11月3日访问。

型大气污染、石油型大气污染、混合型大气污染和特殊型大气污染等。大气污染会对环境、人体健康和动植物等造成多种危害。大气污染对自然环境的危害主要表现为全球变暖和臭氧层变薄,前者导致更多的台风、飓风等自然灾害,后者则会增强太阳紫外线辐射。大气污染也直接危害人体健康,引起呼吸道疾病,如气管炎、哮喘、肺气肿及肺癌等。大气污染还危害动植物的生存,使动植物种类和数量大大减少。

由于大气污染会给人类带来巨大的危害,各国政府都十分重视对大气污染的管制。美国在大气污染管制方面颁布了一系列法律,如1963年的《清洁空气法案》,1965年的《机动车空气污染管理法》,1967年的《空气质量法》,1974年的《能源供应与环境协调法》,1966年、1970年、1977年、1990年的《清洁空气修正法案》。这些法律对大气污染管制的基本内容包括:①通过规定特定区域的空气污染最高允许水平,并确定与此允许水平相一致的排放水平,以实现对空气质量的管制;②通过制定国家标准对某些污染物的排放实行管制。

我国政府也十分重视对大气污染的管制。改革开放以后,随着工业化进程的加快和经济的高速发展,为加强对大气污染的管制,中国政府于1987年9月颁布了第一部对大气污染实行管制的专门法律——《中华人民共和国大气污染防治法》。1991年5月,经国务院批准,国家环境保护局还公布了《大气污染防治法实施细则》。1995年8月,根据中国大气污染的特点,对《大气污染防治法》进行了第一次修正。由于中国大气污染未能得到有效控制,还有局部恶化的趋势,2000年4月29日,由中华人民共和国第九届全国人大常委会第十五次会议通过了经再次修订的《大气污染防治法》,它成为中国面向21世纪的一部对大气污染实行有效管制的专门法律。2015年8月29日,第十二届全国人大常委会第十六次会议对《大气污染防治法》进行了第二次修订。2018年10月26日,第十三届全国人大常委会第六次会议对《大气污染防治法》进行了第二次修正。对大气污染管制的主要法律制度有:① 大气污染物排放标准管制制度;②大气环境影响评价制度;③大气污染物排污许可证制度;④大气污染事故报告处理制度;⑤大气污染物排污收费制度。此外,该法律还对限期治理制度、现场检验制度、大气污染监测制度等也做了相应的规定。

2. 政府对水污染的管制

水是人类生存和发展必不可少的环境要素,通常把海洋、江河、湖泊、运河、渠道、水库等地表水和地下水总体称为水体。所谓水污染,就是指水体因某种物质介入,而导致其化学、物理、生物或者放射性等方面特性的改变,从而影响水的有效利用,危害人体健康或者破坏生态环境,造成水质恶化的现象。

水体污染源主要有两类:一是点源,主要指工业污染源和生活污染源,如工业废水、矿山废水和城市生活污水;二是面源,主要指农村污水、农田排水、降雨淋洗大气中的污染物以及堆积在大地上的垃圾经降雨淋洗流入水体的污染物等,另外还有岩石的风化和水解。

根据生态环境部公布的历年《中国生态环境状况公报》,我国水污染治理的效果明显,全国主要江河有90%左右的水质断面达到1—3类水质,劣5类水质断面占0.4%,全国地表水和地下水的水质在近年来持续向好。

各国政府都制定有水污染管制的法律法规。如日本的《水污染防治法》、荷兰的《地表水污染法》等。特别是美国,曾先后颁布《联邦水污染控制法》(1972年)、《清洁水法》(1977年)和《水质法》(1987年)等,不断扩大联邦政府对水污染的管制范围。

1984年5月,全国人大常委会通过《中华人民共和国水污染防治法》,这是我国第一部为专门防治陆地水污染而制定的法律。1989年颁布了相应的《水污染防治法实施细则》,并先后颁布了一系列配套法规。1996年5月对《水污染防治法》进行第一次修正,2000年3月,批准了新的《水污染防治法实施细则》。2008年2月对《水污染防治法》进行修订;2017年6月进行第二次修正。经过多年的法治建设,中国水污染管制从小范围扩大到大范围、从被动性防范走向主动监督管理、从先污染后治理逐步过渡到建设与控污同时进行,从而形成了比较系统且全面的水污染防治法规体系。对水污染管制的主要法律制度包括:①水污染物排放标准管制制度;②水污染影响评价制度和"三同时"制度;③水污染排放问题控制和核定制度;④水污染事故报告处理制度;⑤水污染物排污收费制度。

3. 政府对固体废物污染的管制

固体废物是指在生产建设、日常生活和其他活动中产生的污染环境的固态、半固态废弃物质。固体废物污染是指因不适当地排放、收集、贮存、运输、利用和处置各种固体废物而污染环境、损害人体健康的现象。固体废物污染的危害主要表现在:①占用土地、污染土壤;②污染水体;③污染大气;④直接危害人体健康。

随着社会经济发展以及人口增加和人民生活水平的提高,固体废物的产生量也日益增加。虽然固体废物不是一种环境要素,而是一种潜在污染物,但是针对其可能产生的危害,世界各国都制定有相应的管制法律法规。例如,美国在1965年就颁布了《固体废物处置法》,后来又进行了多次修改。英国、日本、瑞典、荷兰等许多国家都制定有相关的法律。甚至为了管制危险物的越境转移,国际社会于1989年通过了《控制危险废物越境转移及其处置巴塞尔公约》,中国在1991年也加入了该公约。

但是,中国对固体废物污染管制的专门立法起步较晚,直到1995年10月,才颁布了专门的《中华人民共和国固体废物污染环境防治法》,此后,经过2004年12月和2020年4月两次修订;2013年6月、2015年4月和2016年11月三次修正。该法的重点是对工业固体废物、城市生活垃圾和危险废物污染环境的防治和管制。对固体废物污染环境管制的主要法律制度有:①固体废物环境影响评价和"三同时"制度;②固体废物申报登记制度;③固体废物转移管制制度;④危险废物经营许可证制度;⑤危险废物污染事故报告处理制度。

4. 政府对环境噪声污染的管制

环境噪声主要是指在工业生产、建筑施工、交通运输和社会生活中所产生的干扰周围工作和生活环境的声音。环境噪声污染则是指所产生的环境噪声超过国家规定的环境噪声排放标准,并干扰他人正常生活、工作和学习的现象。与其他环境污染相比,环境噪声污染具有两大特点:局部性和暂时性。此外环境噪声污染的大小不仅取决于环境噪声本身的强度,而且还与人的生理因素有关。

环境噪声污染的危害是多方面的,主要表现在:影响听力,导致听力下降;影响人的神经系统和心血管系统,导致头痛、多梦、嗜睡、心慌、记忆力减退和全身乏力等一系列临床症状;影响人们的休息,使人感到烦恼,降低工作效率,打断思维的整体性,使人精神涣散,注意力不能集中,以致造成工伤事故。

随着工业生产、交通运输、城市建设的迅速发展及城市生活的多样化,我国正面临着环境噪声污染的严重挑战,它在一定程度上影响了人们的健康和经济的发展,为此需要政府对环境噪声污染加强有效的管制。

世界上许多国家都制定了控制环境噪声污染的法规,甚至设立有专门的机构,负责全面的噪声调查以及对公众健康和福利影响的研究。我国在1996年10月制定了《中华人民共和国环境噪声污染防治法》,并于2018年12月和2021年12月进行了两次修正。目前对环境噪声污染管制的主要法律制度有:①环境噪声标准管制制度;②环境噪声影响评价制度和"三同时"制度;③环境噪声污染限期治理制度;④环境噪声排放申报登记制度;⑤环境噪声超标排污收费制度。

二、产品质量管制

案例 12-3

生产、销售腊肉过程中喷洒敌敌畏

2019年至2021年6月,被告张某玉、张某在浙江省东阳市某菜市场销售腊肉,为灭虫而使用农药敌敌畏喷洒腊肉,共计销售喷洒敌敌畏的腊肉制品70斤,销售金额共计2 600元。经浙江省金华市食品药品检验检测研究院检验,从扣押的腌肉样品中检测出敌敌畏,含量为0.48 mg/kg。

浙江省东阳市人民检察院以生产、销售有毒、有害食品罪对被告张某玉、张某提起公诉。浙江省东阳市人民法院经审理认为,被告张某玉、张某在生产、销售的食品中掺入有毒、有害的非食品原料,其行为已构成生产、销售有毒、有害食品罪。二被告具有坦白情节,认罪认罚。据此,以生产、销售有毒、有害食品罪判处被告张某玉有期徒刑七个月,并处罚金人民币三千元;以生产、销售有毒、有害食品罪判处被告张某有期徒刑六个月,并处罚金人民币三千元。

一些不良商贩为防止腌制的腊肉生虫,会在腊肉上喷洒敌敌畏等农药。敌敌畏是《食品中可能违法添加的非食用物质和易滥用的食品添加剂品种名单》明确禁止添加到食品

中的物质,属于"有毒、有害的非食品原料",在生产、销售的腊肉上喷洒敌敌畏,应当以生产、销售有毒、有害食品罪定罪处罚。司法机关在办案过程中充分运用公开听证、法庭教育、媒体宣传等多种形式,向广大消费者宣传食品安全常识,警示大众在农贸市场选购腌肉制品时选择拥有可追溯食品供应链的产品,做自身健康安全的第一责任人。

资料来源:《危害食品安全犯罪典型案例》[EB/OL],https://www.spp.gov.cn/xwfbh/wsfbt/202311/t20231128_634976.shtml#2,2023 年 11 月 3 日访问。

传统经济学理论假设市场完全竞争,从而实现帕累托最优。但现实由于无法满足完全竞争的条件,不能达到帕累托最优,从而导致市场失灵。其中一个原因就是信息不完全和信息不对称。信息不对称可能产生逆向选择和道德风险问题,具体表现为以次充好,欺骗消费者;做虚假广告,蒙蔽消费者;甚至知法犯法,坑害消费者。除山西朔州假酒案外,还有安徽阜阳农村市场的"无营养"劣质婴儿奶粉、河南的毒大米、广东的瘦肉精、南京冠生园的"陈馅月饼"、三鹿集团的"三聚氰胺"奶粉等案件。这些伪劣产品严重威胁着人们的生命安全与健康,使得政府与公众越来越重视对产品质量的管制。

产品质量是产品的安全性、有效性、耐用性、可靠性、准确性、美观性、易操作和维修性以及其他价值的特性的组合。对于不同的产品,衡量其质量的特征重要性权数也是不相同的,如对于药品来说,安全性和有效性最为重要;对于服装来说,美观性就会上升到主导地位;而对于仪器仪表来说,可靠性和准确性才是关键。对于蔬菜、粮食和多数日用品,消费者通过感觉器官就能大致了解产品的质量,但是对于电器、仪表等产品,消费者只有在使用之后才可能了解其质量水平。

生产者与消费者之间对产品真实质量的信息不对称,最终可能导致出现劣质产品驱逐优质产品的现象。当然,优质产品的生产者可以通过广告宣传、创建名牌等方式建立起企业和产品的信誉,通过提供产品"三包"服务等市场机制向广大消费者传递信息。但由于虚假广告、假冒伪劣产品的存在以及一些企业不能履行"三包"的承诺等原因,依靠市场机制缓解信息不对称时也会出现市场失灵,这就要求政府通过对广告、名牌产品和产品"三包"等售后服务的管制,来弥补这种市场失灵。因为政府管制具有权威性和强制性,所以政府可以运用其公共权力,以法律为基本准则,运用行政手段对产品质量实行有效管制,促使企业提高产品质量。

由于在产品生产经营者与消费者之间的信息不对称中,企业处于信息优势方,消费者处于信息劣势方,相应地,政府应该实行不对称管制,即政府主要以企业及其产品为管制对象,通过整治虚假广告、打击假冒伪劣产品、强制生产经营者落实产品担保承诺等管制措施,来保护处于信息劣势方的消费者权益。例如,美国商务部在 1979 年公布的《统一产品责任示范法》,对产品制造者和销售者的责任、消费者向产品生产经营者的索赔、政府管制机关的职责、仲裁规则等都做了较为详细的规定。在此基础上,1982 年,美国颁布了更具法律效力的《产品责任法》。此外,美国还对一些直接关系消费者安全的产品专门制定了法律,如《食品安全法》《防毒包装法》《联邦危险品法》等。日本在产品质量管制方面也建立比较健全的法律体系,主要法律包括《食品卫生法》《药事法》《药品副作用被害救济金法》《毒品及剧烈物品取缔法》《煤气事业法》《玩具安全对策法》等。

从主观分析,中国一些企业存在片面追求短期经济效益的倾向,忽视技术创新和新产品开发,甚至在产品生产中偷工减料、以次充好,生产假冒伪劣产品。这不仅影响了中国产品的质量和竞争力,而且损害了消费者权益。作为对产品质量问题所做出的积极反应,中国在1993年2月颁布《中华人民共和国产品质量法》,并于2000年7月、2009年8月和2018年12月进行了三次修正,每次修正都对该法做了较大的调整,持续增加了该法对产品质量的管制力度及可操作性。

《中华人民共和国产品质量法》在第七条中明确指出,各级人民政府应当把提高产品质量纳入国民经济和社会发展规划,加强对产品质量工作的统筹规划和组织领导,引导、督促生产者、销售者加强产品质量管理,提高产品质量,组织各有关部门依法采取措施,制止产品生产、销售中违反本法规定的行为,保障本法的施行。

与经济发达国家相比,中国在产品质量管制的法律体系建设方面还有一定的差距,如中国对一些直接关系到消费者安全和健康的产品尚未颁布专门的法规,有关产品质量管制的整个法律体系尚未建立起来。从现阶段来看,随着经济社会发展和居民消费结构升级,我国居民对于产品质量安全的要求越来越迫切,相应地,对产品质量安全存在着较大的政府管制及立法需求。

三、工作场所安全与健康管制

案例 12-4

连年不断的矿难

根据相关学者整理的数据,从死亡人数上看,2004—2008年,中国的煤矿事故死亡人数超过美国100倍;按每百万吨煤的死亡人数来计算死亡率,1988—2002年,中国的煤矿事故死亡率不仅远高于美国、日本和德国等发达国家,而且数十倍于非洲和印度等发展中国家。2021年,中国共发生矿山事故356起,死亡503人,其中91起为煤矿矿难,造成178人死亡。

矿难事故频繁发生的一个主要原因是,全国能源供应紧张,而随着石油价格不断飙升,对煤的需求亦水涨船高,价格成倍增长。我国石油资源贫乏,但煤资源相当丰富。为了弥补石油的不足,唯有加大力度开采煤矿。在开采煤矿的人当中,有相当一部分是农民工,很多都没有受过培训,即使有培训也未必充足,在这种情况下进入高危的环境工作,就很容易造成意外,追逐利润也就变成了"催命符"。

另外,为了获取最大的经济效益,企业往往超能力生产,忽略矿井的安全,甚至在已经出现安全隐患时,为了增加产量,不让工人停工,并且强调不下井工作的矿工,全部要进行处罚,拒绝工作的甚至要停职停工,最终往往导致惨祸的发生。另一些不良矿主在事故发生后,为了逃避责任,经常隐瞒事故,或者尽量少报遇难人数,致使遇难人员得不到及时的抢险救援,事故损失扩大。

除了以上直接原因,煤矿企业安全工作不落实,安全规程和规章制度形同虚设,也是造成矿难频发的主要和首要原因之一。

为减少各类事故,遏制煤矿重特大事故的发生,2024年5月1日起施行的《煤矿安全生产条例》(以下简称《条例》)总结了煤矿安全生产经验,在细化并落实煤矿企业的安全生产主体责任的同时,完善了多元共治的煤矿安全生产治理格局,明确了监管监察部门职责,对安全风险治理体制机制、治理程序、责任追究等方面加以建构。比如,《条例》第五章严格设定了相关主体的法律责任,加重了对煤矿企业及其主要负责人的行政处罚,同时强化了行政处罚的双罚制度,既处罚企业,又处罚企业相关责任人。除提高了罚款金额外,同时也增加了职业禁入等规定。又如,《条例》第七十二条对煤矿安全生产领域中介服务机构中涉及重大、特别重大煤矿生产安全事故负有责任的主要负责人,设置终身职业禁入。

资料来源:聂辉华、蒋敏杰:《政企合谋与矿难:来自中国省级面板数据的证据》[J],《经济研究》,2011年,第6期:第146—156页。

随着恶性生产事故的增多,我国政府对工作场所的安全与健康管制越来越重视。1998年以前,都是各部门内设司局负责抓安全生产,国家劳动部或劳动人事部负责全国安全生产的综合监管和监察。1998年的政府机构改革撤销了一批行业主管部门,安全生产综合监督管理改由国家经贸委负责。其间,我国组建了国家安全生产监督管理局(委管局),与国家煤矿安全监察局实行"一个机构 两块牌子"。同时,一系列法律法规相继出台,如《矿山安全法》《职业病范围和职业病患者处理办法的规定》《尘肺病防治条例》等。其中《中华人民共和国安全生产法》是最重要的一部法律。该法律于2002年6月29日第九届全国人大常委会第二十八次会议通过,自2002年11月1日起正式施行。2003年3月,十届全国人大一次会议决定国家安全生产监督管理局由委管局改为国家直属机构,拥有了单独发布部门规章和法令的权力,主要负责工作场所安全的标准制定及行政监督管理,以及信息发布等工作。2011年12月,《中华人民共和国职业病防治法》进行第一次修正。2009年8月、2014年8月和2021年6月对《中华人民共和国安全生产法》进行了三次修正。2018年3月,国务院组建应急管理部,承担原国家安全生产监督管理总局的职责,负责安全生产综合监督管理和工矿商贸行业安全生产监督管理等。2018年7月,国家卫生健康委员会及其内设的职业健康司,负责拟订职业卫生相关政策、标准并组织实施,开展重点职业病监测、专项调查、职业健康风险评估和职业人群健康管理工作,协调开展职业病防治工作。

1. 工资差异化理论与风险信息

工人在找工作时,不仅会考虑该工作的工资水平,还会考虑工作场所的舒适状况。当两份工作的工资水平相同时,工人肯定偏好更轻松、安全、舒适的工作;相反,如果要承受一份相对危险的工作,那么工人所要求的工资水平也会较高,因此,工人寻求工作时应该会综合考虑工作的工资水平和安全舒适状况。而工作的工资水平和工作场所的安全与健康条件由工人与企业双方谈判来决定。一般来说,风险不同的工作岗位具有不同的均衡工资,即工作场所越危险,均衡工资水平越高。然而,要实现这一点是有条件的:其一,工人对他所处的工作场所的风险有充分的了解;其二,工人偏好安全和健康的工作场所。

现实中,工人大多偏好安全和健康的工作场所,但是,他们对其所面临的工作场所的安全与健康风险并不十分了解,甚至由于自身原因或他人误导,错误地将高风险岗位当作低风险岗位,其结果是,工资的差异化激励无法实现,工作场所的安全和健康也就无法改善。

当然,对于不同特征的风险,工人的识别程度也会不同。总体而言,涉及工作场所安全的风险较易识别,而涉及工作场所健康的风险则识别起来比较困难,因为安全风险通常当场表现出来,而健康风险比较隐蔽,其后果可能要 10 年、20 年甚至更长时间才会表现出来,如肺硅沉着症、癌症等疾病。

2. 风险信息披露机制

由于风险信息的不充分,工资差异化机制的运行就不能达到最佳状态,从而出现市场失灵。因此,政府有必要强制要求企业对工作场所的风险进行信息披露,尤其是健康风险信息。

美国的"化学品标签"管制就是一个典型的例子。这项管制由卡特政府提出,并最终由里根政府签署付诸实施,其主要内容是,要求企业在化学品上粘贴有关风险警告的标签并且必须对工人进行相关的培训。

2018 年新组建的应急管理部,承担原国家安全生产监督管理总局的职责,其主要职责包括了建立安全生产类灾情报告系统并统一发布灾情。有重大安全事故发生时,该部都会及时发布信息,提醒相关监督人员及相应行业的员工注意。每月底都会总结事故原因,寻求对策,并进行危险警告发布。同时,强制相关企业通过告示等方式进行危险警告提示,如在一些危险品的外包装上必须粘贴相关警示标识,运输危险品的车辆必须通过审核,在运输时也必须在车头明示自己运输的是危险物品。

3. 工作场所安全与健康的标准管制

虽然政府可以通过强制要求企业披露自己工作场所的危险状况来使工人尽可能掌握相关安全与健康信息,但是,有些风险具有不同的性质,例如工作场所粉尘浓度问题。过高的粉尘浓度会刺激工人的呼吸系统,引发呼吸系统疾病,而工人每天都在这个环境中工作。这时仅靠信息披露管制是不够的,还必须督促企业改善工作环境,降低车间粉尘浓度以保护工人的健康。为此,需要管制机构制定工作场所的安全与健康标准,如车间粉尘浓度标准,并要求企业车间的粉尘浓度不得超过某个限值,否则将受处罚。

对工作场所安全与健康实行标准管制的标准可以分为两类:第一,技术标准,指对工作场所应具备的安全防护装置、采用的技术做出具体规定;第二,绩效标准,即只规定企业应达成的管制目标,对企业如何达成目标则不做具体规定,以便发挥企业的创造力,降低管制成本。

第四节　反垄断法的经济学分析

反垄断是由反垄断机构和法院通过执行反垄断法而采取的旨在鼓励竞争的行动。反垄断法是对垄断进行管制的法律制度。反垄断法于1890年诞生于美国,其标志是当年通过的《谢尔曼法》。截至2022年2月,世界上已经有130多个国家和地区建立了自己的反垄断法。从各个国家反垄断法的立法、司法实践来看,反垄断法的实施范围主要包括了对垄断状态的管制、禁止限制竞争的横向协议和纵向协议、防止经济力量过度集中、禁止滥用市场优势等。本节将从以上四个方面对反垄断管制进行经济学分析。

案例 12-5

阿里巴巴集团垄断案

2020年12月,国家市场监督管理总局依据《反垄断法》对阿里巴巴集团控股有限公司(以下简称"阿里巴巴集团")在中国境内网络零售平台服务市场滥用市场支配地位行为立案调查。经国家市场监督管理总局专案组调查,阿里巴巴集团长期占有较高市场份额,且具有很高的市场认可度和消费者黏性,平台内经营者迁移成本较高,在中国境内网络零售平台服务市场具有支配地位。自2015年以来,阿里巴巴集团为限制其他竞争性平台发展,维持、巩固自身市场地位,滥用其在中国境内网络零售平台服务市场的支配地位,对平台内商家提出"二选一"要求,禁止平台内商家在其他竞争性平台开店或参加促销活动,限定平台内经营者只能与阿里巴巴集团进行交易,并借助市场力量、平台规则和数据、算法等技术手段,采取多种奖惩措施保障"二选一"要求执行,维持、增强自身市场力量,获取不正当竞争优势。

"二选一"指的是电商平台基于技术或规模优势,强令商家与其签订"独家合作协议",保证产品只通过该平台销售。长期以来,"二选一"的矛盾主要集中在阿里巴巴集团、京东和拼多多。2019年10月10日,阿里巴巴集团公关委员会主席、阿里巴巴合伙人王帅在微博上发文称,"二选一"本来就是正常的市场行为,也是良币驱逐劣币。平台为组织大促活动必须投入大量资源和成本,也有充分的理由要求商家品牌在货品、价格等方面具有对等力度,以充分保障消费者利益。平台不是土豪,成本也不是大风刮来的,大促活动的各项资源天然稀缺,只能向最有诚意、最积极参与大促活动的品牌商家倾斜,这是最朴素的商业规则。2019年10月22日,拼多多联合创始人达达在乌镇举行的"世界互联网大会"上表达了对阿里巴巴集团的"指控":"'二选一'的过程,就是处于市场支配地位的大平台,要求商家在稍大一些的平台和稍小一些的平台之间'站队',看上去的互惠互益实际上已经是不对等的商业契约。"

国家市场监督管理总局的调查表明,阿里巴巴集团实施"二选一"行为排除、限制了中国境内网络零售平台服务市场的竞争,妨碍了商品服务和资源要素自由流通,影响了平台经济规范有序创新健康发展,侵害了平台内商家的合法权益,损害了消费者利益,削弱了平台经营者的创新动力和发展活力,构成《反垄断法》第二十二条第一款第(四)项禁止"没有正当理由,限定交易相对人只能与其进行交易"的滥用市场支配地位行为。2021年4月6日,国家市场监督管理总局按照《中华人民共和国行政处罚法》的规定,向当事人送达了《行政处罚告知书》,告知其涉嫌违反《反垄断法》的事实、拟做出的行政处罚决定、理由和依据,以及其依法享有陈述、申辩和要求举行听证的权利。

根据《反垄断法》第四十七条、第四十九条规定,综合考虑阿里巴巴集团违法行为的性质、程度和持续时间等因素,2021年4月10日,国家市场监督管理总局依法做出行政处罚决定,责令阿里巴巴集团停止违法行为,并处以其2019年中国境内销售额4 557.12亿元4%的罚款,计182.28亿元。同时,按照《行政处罚法》坚持处罚与教育相结合的原则,向阿里巴巴集团发出《行政指导书》,要求其围绕全面规范自身竞争行为、严格落实平台企业主体责任、加强内控合规管理、维护公平竞争促进创新发展、保护平台内商家和消费者合法权益等方面进行全面整改,并连续三年向国家市场监督管理总局提交自查合规报告。

资料来源:《市场监管总局依法对阿里巴巴集团控股有限公司在中国境内网络零售平台服务市场实施"二选一"垄断行为作出行政处罚》[EB/OL], http://www.xinhuanet.com/politics/2021 - 04/10/c_1127314195.htm,2023年11月10日访问。

一、对垄断状态管制的经济学分析

从世界各国反垄断法的理论研究和立法、司法实践中可以看到,目前对垄断的法律界定标准主要采取两种方法:结构主义和行为主义。结构主义是指以市场份额来判断一个特定的市场是否达到了垄断状态。它将企业在市场上拥有市场份额的多少作为推定企业是否存在垄断力的重要依据,即企业的市场份额越高,推定的垄断力越大。因此,结构主义方法能够及时调整市场结构,确保公平、有效的竞争。行为主义就是以竞争者的垄断行为作为法律调整的对象。它认为企业在市场中占有一定的市场份额并不构成违法,只有当具有一定优势地位的企业在市场竞争中的某些行为对其他企业(主要是中小企业)的市场行为的自由活动产生了不利影响时,才是违法的,需要政府出面干预以制止其行为。因此,行为主义并不针对企业规模的大小,而是动态地指向那些有害于竞争秩序的行为,诸如,企业间旨在限制竞争的横向协议和纵向协议、固定价格、分割市场、滥用市场优势地位、价格歧视以及导致垄断的过度合并等。行为主义方法在一定程度上能够保护企业的规模经济。

根据对垄断的法律界定标准,相应地可以将垄断划分为结构性垄断和行为性垄断。结构性垄断是指某一经济组织达到了一定的规模,占有了特定市场中一定的市场份额,或者说在市场中具有一定的控制地位。行为性垄断则是指企业在市场中实施了法律所不允许的垄断行为。

所谓垄断状态(Monopolistic Situations)就是指特定市场中因某些企业占据市场支配地位而影响、阻碍市场的公平有效竞争的状态。反垄断法对垄断状态的管制主要是对垄断企业的结构进行调整,因此,对反垄断状态予以禁止的反垄断法属于纯粹的结构主义方法。

垄断状态主要表现为一种市场结构的不合理,而一家企业在特定市场中占有多大比例的市场份额或多强程度的控制地位才会导致不合理的垄断状态从而遭到政府法律的禁止,各国的立法、司法实践都有所不同。

美国法院确定了一个标准:只要企业的市场份额超过70%,该企业就会被法院判定具有垄断性的市场支配力;如果企业的市场份额小于50%,就不具有这种支配力;在企业的市场份额居于50%—70%之间的情况下,除市场份额外,还必须提供其他更多的证据。[①]据此,1945年美国法院判定美国铝业公司违反了《谢尔曼法》第二条的规定,因为该公司占有90%的铝铸块的市场份额。法院认为:如果一家企业控制了如此大的市场份额,它必然会凭借自己的特殊地位以一个垄断者的身份进行活动。然而,20世纪60年代末以来,美国对大型企业的反垄断指控尽管与市场份额有关,但其强调的是不法行为,而不是市场份额。例如1969年1月美国司法部反托拉斯局根据《谢尔曼法》第二条对美国国际商业机器公司(IBM)提起诉讼,虽然该案中IBM只占通用数字计算机产量的67%,但由于该公司为了设置进入市场的障碍,就设备的各种部件进行了不同的定价和交易活动,从而被指控垄断了美国通用数字计算机系统的市场。

2022年6月24日,第十三届全国人大常委会第三十五次会议通过《关于修改〈中华人民共和国反垄断法〉的决定》,修订后的《中华人民共和国反垄断法》第三章第二十三条和第二十四条分别对经营者具有市场支配地位的情形进行了认定和推定,其中推定经营者具有市场支配地位的主要情形为:"(一)一个经营者在相关市场的市场份额达到二分之一的;(二)两个经营者在相关市场的市场份额合计达到三分之二的;(三)三个经营者在相关市场的市场份额合计达到四分之三的。"由于我国从计划经济体制向市场经济体制转型过程中许多行业存在凭借行政特许实现的行政垄断,《中华人民共和国反垄断法》第五章是专门关于"滥用行政权力排除、限制竞争"的,其中的第三十九条规定:"行政机关和法律、法规授权的具有管理公共事务职能的组织不得滥用行政权力,限定或者变相限定单位或者个人经营、购买、使用其指定的经营者提供的商品。"第四十条规定:"行政机关和法律、法规授权的具有管理公共事务职能的组织不得滥用行政权力,通过与经营者签订合作协议、备忘录等方式,妨碍其他经营者进入相关市场或者对其他经营者实行不平等待遇,排除、限制竞争。"第四十一条则对行政机关和法律、法规授权的具有管理公共事务职能的组织滥用行政权力实施的妨碍商品在地区之间自由流通的行为做出了认定。

---

① 包锡妹:《反垄断法的经济分析》[M],北京:中国社会科学出版社,2003:147。

二、对横向协议和纵向协议管制的经济学分析

在反垄断法中,卡特尔专指企业为垄断市场而在一定的时期内就产量、价格和市场划分等所达成的正式或非正式的协议,它包括横向协议和纵向协议。

横向协议,又称横向卡特尔,是指在法律上相互独立的企业为了达到控制市场、增加利润的共同目的,相互间在特定的市场中达成限制竞争的协议,或进行的某种协调。现实中,横向协议可分为两种类型:一种是有明确文字协议的;另一种是无文字但有口头协定的。根据横向协议的内容不同,又可将其分为价格卡特尔、条件卡特尔、生产数量限制卡特尔和销售卡特尔等。其中,价格卡特尔是最常见也是危害性最大的卡特尔形式。企业间建立价格卡特尔的目的很明确,就是使各成员通过协调定价,或在经济不景气时共同稳定价格,以确保和取得较高或较稳定的利润。

纵向协议,又称纵向卡特尔,是指处于不同生产经营环节、不同市场阶段的企业之间通过协议或其他共谋行为所实施的旨在限制其他竞争者的竞争行为的一种协议。这些企业间不存在竞争关系,但存在买卖关系。它们达成协议的目的是限制另一方当事人的竞争自由。纵向协议包含有排他性交易和限制竞争的因素。所谓排他性交易,就是预先占有市场,排斥外界的竞争,以限制商品流通渠道,并使协议当事人获得较为有利的交易条件。所谓限制竞争,主要表现为维持转售价格的协议,即制造商与贸易商之间达成的至少限制一方(大多为购买方)在与第三方的合同中自由地确定价格和商业条件的协议。

横向协议和纵向协议尽管在某些方面有所差异,但它们的共同之处在于:第一,两者都是由两家或两家以上企业联合实施的行为,单家企业所实施的诸如拒绝交易、掠夺性定价等市场支配地位的滥用行为,不属于横向协议和纵向协议的范围;第二,两者都是以企业间的共谋为产生前提的,所谓共谋是指由两人或两人以上所签订的旨在损害他人合法权益以获取自身利益的行为。正因为横向协议和纵向协议有以上共同之处,所以它们都会对市场经济秩序造成破坏和阻碍,具体体现在四个方面:一是它们都会破坏市场机制的发挥,造成社会资源的浪费;二是它们都限制了经营者之间的公平竞争,破坏了市场的竞争秩序;三是它们都会通过限制竞争来削弱企业自身的发展能力,并导致整个社会生产力的滞后;四是它们都损害了广大消费者的利益。

由于横向协议和纵向协议对市场经济的消极、破坏作用是显而易见的,因此,在各国的反垄断立法中,一般都对其加以管制。不同的是,纵向协议对市场的危害不是太激烈和直接,为此有些国家采取了比较宽容和温和的态度;而横向协议限制了企业的生产能力,严重破坏了市场竞争,因此各国的反垄断法对其加以严厉禁止。

美国的《谢尔曼法》第一条规定:"任何限制州际的或国际的贸易和商业往来的契约,以托拉斯形式或其他形式的联合或共谋,都宣布为非法。"第二条规定:"任何人垄断或企图垄断,或与他人联合或共谋,以垄断任何环节的州际的或国际的贸易或商业往来,都将

构成重罪。"① 由此可见,所谓的契约、联合或共谋,不仅包括横向卡特尔,也包括纵向的限制竞争的行为及其他一些合作形式,立法的目的就是要管制一切可能出现的限制竞争的联合、共谋、契约形式以及除此以外的其他合作形式。

2022年修正并实施的《中华人民共和国反垄断法》的第二章就是关于"垄断协议"的,其中的第十六条表明"本法所称垄断协议,是指排除、限制竞争的协议,决定或者其他协同行为。"第十七条、第十八条和第二十一条分别对具有竞争关系的经营者之间、经营者与交易相对人之间、行业协会内的经营者之间达成的垄断协议做出了定义和禁止规定。

三、对过度集中管制的经济学分析

从经济学的角度上讲,经济力量过度集中是指在经济生活中存在具有市场支配力和控制力的企业和企业集团,这些企业作为市场的主要供给者,已经处于规模不经济的状态,这种大企业既无法降低所在产业的长期平均成本,也有潜在能力滥用市场支配地位,不利于提高资源的配置效率。经济力集中可以分为一般集中和市场集中两种情况。一般集中是指整个国民经济和某个产业部门中居领先地位的少数企业经济力集中的情况,它表示一国的经济支配力的集中和分配程度。市场集中则是指特定的市场和产业中居领先地位的少数企业支配力集中的情况,它反映的是特定市场的竞争和垄断程度。一般集中与市场集中之间存在着密切的联系。在经济生活中,适度的集中有利于发挥规模经济的作用,有利于国民经济的发展;但过度集中则会产生垄断,从而限制竞争。所以,各国反垄断法都从企业集团和市场结构两方面对过度集中进行严格的管制,具体体现在各国反垄断法对企业合并的规定中。

合并是产生市场集中的一个重要途径。所谓企业合并,是指两家或两家以上独立的企业通过取得财产或股份,合并为一家企业的法律行为。从法律形式看,企业合并以参与合并的企业的法律人格发生变化为标准,因而可以将企业合并分为吸收合并和新设合并两种。吸收合并就是通常所说的企业兼并,它是指在两家或两家以上的企业合并中,其中一家企业因吸收(兼并)了其他企业而成为存续企业的合并形式。在吸收合并中,存续企业保留了自己的名称,并有权获得被吸收企业的资产和债权、债务,而被吸收的企业不复存在。新设合并,是指两家或两家以上的企业合并后同时消灭并组成一家新的企业,新设企业接管了原来企业的全部资产和债权、债务。在美国的公司法中,还有第三种形式,即购买控股权益,也就是一家企业取得了另一家企业一定的股份,并对其施加支配影响,达到通常被称为控股的合并形式。

从经济形式看,以参与者所采取的企业合并行为能否达到一定经济目的并改变一定经济结构为标准,可以将企业合并分为横向合并、纵向合并和混合合并三种类型。横向合

---

① 〔美〕保罗·萨缪尔森、威廉·诺德豪斯:《经济学(第十七版)》[M],萧琛等译,北京:人民邮电出版社,2004:286。

并,即水平兼并(Horizontal Merger),是指在同一相关市场中处于同一层次的企业之间进行的合并,合并后相关市场产生了一个更大的企业实体。横向合并的主要经济目的是消除竞争,增加合并企业的市场份额。纵向合并,即垂直兼并(Vertical Merger),是指同一相关市场中不同层次的企业之间的合并。纵向合并的目的是保证供应和销路,从而不受竞争威胁。混合合并,又称一体化兼并(Conglomerate Merger),是指包括了横向合并和纵向合并的一种跨产品、跨行业的综合性的企业合并。混合合并的目的是拓展产品经营范围、扩大市场份额或纯粹扩大经营种类。

企业合并有其经济必然性和原始动机。可以说,企业合并是企业对利润最大化的内在要求和外在竞争压力的结果。因为企业是"经济人",所以利润的稳定和最大化是其行为的基本准则。合并可以使企业扩大生产规模、增加产量、节约交易成本、降低生产成本,最终达到利润稳定和最大化的目的。因此,企业合并首先源于其自身对利润最大化的追求。此外,竞争的结果是优胜劣汰。企业要想在竞争中取胜,一是靠企业自身的积累和实力,二是靠企业的外部扩张,即兼并。因此,企业合并也是企业在外部竞争压力下快速发展的重要途径。

事实上,不管是横向合并、纵向合并还是混合合并,都可以使企业扩大生产经营规模,调整经营范围,在一定意义上实现规模经济。而在规模经济下,企业的资源可以得到合理的配置,企业就能在市场竞争中获得生存与发展。从宏观层面讲,企业合并能够实现国民经济的部门结构和产业结构的调整,实现社会资源的合理配置。

然而,企业合并也会导致生产和资本的集中,形成垄断,限制竞争。尤其以横向合并的弊端最为显著,因为它排除了相关企业之间原来存在的竞争,提高了市场集中度。纵向合并与混合合并虽然不像横向合并那样直接、快速地导致市场集中度的提高,但是,如果合并主体在某一个经济层次上占有较大的市场优势,同样会导致市场集中度的提高,从而限制竞争。对整个社会来说,企业合并可能造成经济效率的降低,社会资源的浪费,消费者利益的受损。因此,对于企业合并不能听之任之,必须加以管制。

2022 年修正并实施的《中华人民共和国反垄断法》的第四章就是关于"经营者集中"的,其中的第三十四条规定:"经营者集中具有或者可能具有排除、限制竞争效果的,国务院反垄断执法机构应当作出禁止经营者集中的决定。但是,经营者能够证明该集中对竞争产生的有利影响明显大于不利影响,或者符合社会公共利益的,国务院反垄断执法机构可以作出对经营者集中不予禁止的决定。"相比于 2008 年《反垄断法》,2022 年《反垄断法》还增加了第三十七条:"国务院反垄断执法机构应当健全经营者集中分类分级审查制度,依法加强对涉及国计民生等重要领域的经营者集中的审查,提高审查质量和效率。"

四、对滥用市场优势管制的经济学分析

各国对市场优势确切含义的认识并不完全一致。日本《禁止私人垄断及确保公正交易法》第二条第七款规定市场优势的条件必须是:(一)企业在市场中占有一定的市场份

额。确定市场份额的标准是该企业的产品销售量在全国市场的年销售量中所占的比例。日本规定，在一年内，一个事业人(指从事商业、工业、金融业及其他事业者)的市场占有率超过1/2，或者两个事业人的市场占有率之和超过3/4，即构成经济优势。(二)给其他事业人新经营属于该事业领域的事业带来显著困难。(三)给市场造成其他不利因素的。德国的《反对限制竞争法》第十九条规定的市场优势为：(一)市场中没有竞争者，或者竞争者很少；(二)相对于其他竞争者而言，该企业拥有一个突出的市场地位。这个突出的市场地位，应考虑企业在市场中的占有率、企业的财务能力、采购或销售市场的难易情况、与其他企业的财产关系、其他企业进入该市场在法律或事实上的限制、企业的事实情况或潜在竞争情况、由其他商品或服务替代供给或需求的能力、其交易相对人与其他企业进行交易的可能性，等等。

  从上述规定可见，所谓市场优势，就是指企业在市场中占有了一定的市场份额，形成了优势地位，而这种优势地位足以控制、操纵市场，削弱乃至排挤竞争。此处的市场优势不是一般意义上的强弱或大小，而是一种法律意义上的能控制、操纵市场的能力，因此，市场优势又称经济优势，或垄断力(Monopoly Power)。相应地，所谓市场优势滥用，是指市场中处于支配地位的经营者，凭借自己的优势对其他竞争者，特别是中小企业所采取的排挤和限制行为。

  一般情况下，各国的立法、司法实践不把优势地位列入违法的范围，但对于企业滥用市场优势的行为，各国反垄断法都是严厉禁止的。市场优势的滥用有三层含义：一是在市场中实施了不公平竞争行为的企业首先必须是具有市场优势地位的企业；二是处于市场优势地位的企业对其他企业实施了不公平的竞争行为，即滥用其市场优势；三是滥用市场优势的行为造成了一定的市场后果，如损害了其他经营者的利益、侵害了消费者的利益、破坏了市场的竞争秩序等。

  现实中，市场优势滥用具有多种多样的表现形式，美国的法律一般都对其做了具体的规定，如美国在《克莱顿法》中规定了属于市场优势滥用的情况有：(一)价格歧视，即出售同一产品给不同消费者或买主收取不同的价格，而不是根据生产和经营该产品的成本制订统一价格；(二)独家交易，即只准经销一家产品，而不得经销其他同行竞争者的产品；(三)搭配销售，即卖方在推销某种产品时，强行搭配另一种买方不需要和不情愿接受的产品；(四)限定销售区域；(五)企业董事交叉任职，即同一人同时兼任两家或两家以上企业的董事，从而使有关企业能够串通一气，达到减少或消灭竞争的目的等。

  2022年修正并实施的《中华人民共和国反垄断法》的第三章就是关于"滥用市场支配地位"的，其中的第二十二条对于禁止滥用市场支配地位的行为做出了明确规定："(一)以不公平的高价销售商品或者以不公平的低价购买商品；(二)没有正当理由，以低于成本的价格销售商品；(三)没有正当理由，拒绝与交易相对人进行交易；(四)没有正当理由，限定交易相对人只能与其进行交易或者只能与其指定的经营者进行交易；(五)没有正当理由搭售商品，或者在交易时附加其他不合理的交易条件；(六)没有正当理由，对条件相同的交易相对人在交易价格等交易条件上实行差别待遇;(七)国务院反垄断执法机构认定的其他滥用市场支配地位的行为。"相比于 2008 年《反垄断法》,2022 年《反垄断法》增加一款:"具有市场支配地位的经营者不得利用数据和算法、技术以及平台规则等从事前款规定的滥用市场支配地位的行为。"

本章总结

1. 管制是市场经济高度发展的产物,而立法是一国规制体系建立的基础。总体来说,中国的管制立法是相对滞后的,即使是较早开始的社会性管制,也由于其源于计划经济体制的高度集中管理而与发达国家存在很大的差距。

2. 经济性管制是指在自然垄断和存在信息偏差的领域,主要为防止发生资源配置低效,保证利用者的公平,政府机关用法律权限,通过许可和认可等手段,对企业的进入和退出、商品价格、服务的数量和质量、投资、财务会计等有关行为加以规制;主要形式包括进入管制和价格管制。

3. 社会性管制是以保障劳动者和消费者的安全与健康、保护环境、防止灾害为目的,对产品和服务的质量以及伴随着它们的提供而产生的各种活动进行的管制。社会性管制主要包括环境管制、产品质量管制、工作场所安全与健康管制。

4. 反垄断是由反垄断机构和法院通过执行反垄断法而采取的旨在鼓励竞争的行动。反垄断法是对垄断进行管制的法律制度。从各个国家反垄断法的立法、司法实践来看,反垄断法的实施范围主要包括了对垄断状态的管制、禁止限制竞争的横向协议和纵向协议、防止经济力量过度集中、禁止滥用市场优势等。

思 考 题

1. 中国转型时期的管制立法有何特点?
2. 试比较垄断行业的边际成本定价、平均成本定价、两部定价和垄断定价。
3. 试比较美国的投资回报率价格管制模型和英国的最高限价管制模型。
4. 试比较计划经济下的进入管制与市场经济下的进入管制。
5. 举例说明一项社会性管制,分析其管制效果及原因。
6. 从结构主义和行为主义出发,反垄断的侧重点有什么不同?
7. 传统反垄断规则及其分析工具在界定数字平台相关商品市场、认定市场支配地位以及审查经营者集中时面临着哪些挑战?

阅读文献

1. 〔美〕G. J. 施蒂格勒:《产业组织和政府管制》[M],潘振民译,上海:上海人民出版社、上海三联书店,1996。
2. 〔美〕W. 吉帕·维斯库斯等:《反垄断与管制经济学》[M],陈甬军等译,北京:机械工业出版社,2004。
3. 〔美〕奥利弗·E. 威廉姆森:《反托拉斯经济学——兼并、协约和策略行为》[M],张群群、黄涛译,北京:经济科学出版社,1999。
4. 〔美〕保罗·萨缪尔森、威廉.诺德豪斯:《经济学(第十七版)》[M],萧琛等译,北京:人民邮电出版社,2004。
5. 〔美〕丹尼尔·F. 史普博:《管制与市场》[M],余晖等译,上海:上海三联书店、上海人民出版社,1999。
6. 〔日〕植草益:《微观规制经济学》[M],朱绍文、胡欣欣等译,北京:中国发展出版社,1992。
7. 包锡妹:《反垄断法的经济分析》[M],北京:中国社会科学出版社,2003。
8. 马昕、李泓泽等:《管制经济学》[M],北京:高等教育出版社,2004。
9. 王传辉:《反垄断的经济学分析》[M],北京:中国人民大学出版社,2004。
10. 曾坚:《反不正当竞争法:案例评析》[M],北京:汉语大词典出版社,2003。

第四篇

刑 法

第十三章　刑法的经济学分析
第十四章　刑法经济分析专题

第十三章
刑法的经济学分析

> 除其他因素外,最优的执法水平取决于逮捕和定罪的成本、惩罚的性质(比如,采用罚款还是监禁),以及犯罪嫌疑人对法律执行强度变化的反应。
>
> ——〔美〕加里·贝克尔

◆ **本章概要**

犯罪与惩罚不仅是刑法学的研究对象,同时也是法律经济分析的重要组成部分。传统的犯罪与刑法学侧重以犯罪的构成为基础,认定某一特定行为是否构成犯罪以及该行为应当接受何种程度的刑罚;犯罪与惩罚的经济学理论则从不确定条件下的理性选择框架出发,研究犯罪行为及犯罪率变化背后的影响因素,并从资源优化配置角度讨论最优犯罪惩罚的公共资源配置和刑事政策制定问题。

◆ **学习目标**

1. 掌握英美刑法的渊源、犯罪构成要素、刑罚的本质及种类。
2. 了解犯罪经济学的基本理论及主要代表人物。
3. 理解理性犯罪决策模型的基本逻辑内核。
4. 了解资源优化配置视角下的犯罪治理和刑事威慑等问题。

刑法是人类历史上最悠久的法律之一,它与人们的日常生活密切相关。从法学角度考察刑法,一般着重从刑法的渊源——刑法的表现形式着手,之后再重点解析刑法的两大构成要件——犯罪与刑罚。从经济学的理性选择框架入手对刑法进行分析,则主要考察犯罪的原因,以及刑罚设定对犯罪治理及社会福利影响背后的经济学逻辑。从思想渊源来看,犯罪与刑罚的经济学分析思想,可以追溯到 18 世纪意大利的"刑法之父"贝卡里亚及英国的"功利主义之父"边沁。然而,就现代经济学框架在刑事与惩罚分析方面的应用而言,美国经济学家加里·贝克尔于 1968 年发表的开创性论文《犯罪与惩罚的经济学分析》(Crime and Punishment: An Economic Approach)是这个领域的开山之作。后续,经过埃里奇、沙维尔和莱维特等人的不断拓展,现今犯罪与惩罚的经济学分析已经成为理解犯罪现象与犯罪治理公共政策最重要的分析框架之一;与此同时,犯罪与惩罚经济学研究领域的这些主题也已经成为现代法经济学、公共经济学和劳动经济学的重要构成部分。

本章的展开结构如下：第一节分别从英美刑法的渊源、犯罪的构成要素、刑罚的本质及种类三个角度，简要介绍刑事犯罪的法学理论概貌；第二节会给出一个简单的理性犯罪决策模型，并在此基础上拓展讨论犯罪与刑罚经济学分析的基本框架；第三节简要介绍犯罪与刑罚经济学研究方面的相关实证研究证据；第四节是一个简单的总结和评论。

第一节　刑法的法学分析

刑法学理论体系十分丰富，为了能够在较短的篇幅内对英美刑法学理论做一个概括性论述，本节以英美刑法的渊源即英美刑法的表现形式为切入点，围绕英美刑法中的两大核心问题——犯罪构成理论和刑罚理论而展开，为后续章节刑法的经济学分析建立一定的基础并形成对比。

一、英美刑法的渊源

英国法是英美法系各国法律的源头，英国刑法更是英美法系刑法中的典范。在英国刑法发展史上，"诺曼征服"具有重大意义。在此之前，英国刑法是分散的、带有浓烈的习惯法色彩，而且刑罚也十分严厉。诺曼人征服英国之后，英国刑法发生了重大变化：首先，制定法在刑法的发展中起着较为重要的作用，普通法中多数犯罪的惩罚是由制定法来规定的；其次，教会法对刑法的原则、制度、规范产生重大影响，突出表现在僧侣特权和庇护所制度上；最后，刑罚的严厉程度较之前有所降低。1215年的《大宪章》在英国乃至整个世界刑法发展史上都占据了重要的地位。《大宪章》的第二十条和第三十九条确定了对后世产生重大影响的一些刑法思想，诸如罪刑法定、罪刑相适应、刑罚人道主义等。英国刑法的新近发展主要体现在刑事成文法的制定上。20世纪以来，英国先后制定了《杀人罪法》（Homicide Act，1957年）、《盗窃罪法》（Theft Act，1968年），修改了《刑事司法法》（Criminal Justice Act）、《刑罚法》（Criminal Law）等。①

美国独立时采纳了当时有效的英国普通法，最为流行的是布莱克斯通的《英国法释义》，其第四卷主要是关于英国普通法中的刑法。在独立发展的历史进程中，美国法院进一步改进和发展了普通法中有关刑法的内容。虽然美国刑法在历史上主要来自英国的普通法，但现在却以刑事立法（制定法）为基础，且日益向编纂法典的方向发展。

英国刑法的渊源主要有普通法和制定法，其中最重要的渊源是普通法，它最大的特点就是"遵循先例"。英国刑法的渊源最早就是基于司法判决和先例而形成的早期习惯。普通法为英国刑法提供了一般性原则并界定了一系列罪名的概念。刑事责任理论、犯罪的

---

① 参见夏菲：《英美法系刑法的形成——以英国封建时期刑法的内涵与特征为视角》[J]，《政治与法律》，2006年，第2期：第142—147页。

形态、主犯与从犯等内容都是由普通法发展而来的;刑法术语"意图""疏忽大意""煽动""共谋""预备"至今尚无成文法规定,完全以普通法为依据;此外,普通法还界定了"谋杀""误杀""抢劫""夜盗"等罪名的概念。英国刑法的第二种重要渊源是制定法,也称成文法,就是由立法机关将普通法的原则用条文加以规定的法律。英国议会从 1215 年颁布《大宪章》(Great Charter)之后,陆续制定了各种法令,如 1352 年的《叛逆罪法》(Statute of Treasons)、1494 年的《夜间偷猎罪法》(Night Poaching Act)、1721 年的《海盗罪法》(Piracy Act)等。18 世纪后开始颁布了一些关于刑事审判方面的法令,如 1806 年的《证人法》(Witnesses Act)、1865 年的《刑事诉讼法令》(Criminal Procedure Act)、1911 年的《伪证罪法》(Perjury Act)、1968 年的《盗窃罪法》、1971 年的《劫持法》(Hijacking Act)、1981 年的《伪造文书罪和伪造货币罪法》(Forgery and Counterfeiting Act)、1982 年的《航空安全法》(Aviation Security Act)等。

美国刑法的渊源主要有宪法、普通法和制定法。美国刑法的基础是美国宪法,包括组成权利法案的前十条修正案。宪法及其修正案首先规定了被告享有无罪推定的权利,第五修正案规定了"一事不二罚"原则,第六修正案规定了"公开、迅速审判"原则,第八修正案规定了禁止"残酷和异常的惩罚"原则。美国刑法的普通法渊源一方面是指英国普通法时期所存在的法律,另一方面是指源自司法发展过程中的法律。现在美国没有一个州再准许法官通过普通法判定新的犯罪,普通法在美国刑法中的作用主要体现在:第一,法官根据普通法来确定犯罪的构成要素;第二,普通法是解释刑法原则的重要依据。美国刑法的制定法较英国制定法的不同之处在于,英国制定法在全国是统一的(除了苏格兰),而在联邦制的美国,既有联邦刑法,也有各州独立的刑法。1962 年美国法学会发布了《模范刑法典》(Model Penal Code),它被 2/3 以上的州采纳为本州现代刑法典或者在此基础上进行相应的修订。①

二、犯罪的构成要素

英美刑法中并没有大陆法系刑法中的"犯罪构成"概念,而是使用"犯罪要素"这个术语来阐述犯罪成立的构成条件。在英美刑法中,犯罪构成分为实质要素与形式要素。实质要素包括犯罪行为、犯意及因果关系,一行为若同时具备了刑事条款中规定的行为、意图及因果关系等要素,便被推定为犯罪。形式要素则从可以免除刑事责任的若干合法理由(例如未成年、精神病、错误、醉态、胁迫、紧急避险、正当防卫等)角度提供无罪化的过滤机能。英美法系犯罪成立的双层次体系使犯罪成立须经过两次认定过程方可完成。下文重点阐述犯罪构成的实质要素。②

犯罪行为是构成犯罪的核心因素。危害行为,即犯罪的外部因素,是指除被告主观因

---

① 参见波尔·H. 罗宾逊:《美国刑法的结构概要》[J],《政法论坛》,2004 年,第 5 期:第 72—75 页。
② 参见陈兴良:《犯罪构成的体系性思考》[J],《法制与社会发展》,2000 年,第 3 期:第 46—66 页。

素以外的一切犯罪条件。英美法系学者对犯罪行为的具体理解比较复杂,但较为统一的认识如下:犯罪行为是行为人在自由意志支配下的行为,如果行为人的身体举动是在无意识的情况下做出的反应,就不能被认为是刑法上的行为。犯罪行为与犯意密不可分,行为人的行为必须是在一定的犯意支配下进行的。犯罪行为必须是客观存在的,是能够被证实的,而非仅仅是观念上的行为。英美刑法都将特定的"持有""身份"或"状态"视为犯罪行为。美国规定了大量的持有型犯罪,例如非法持有毒品、武器等罪名;英国刑法将在特定场合(如在公路上)的醉酒行为(醉酒是一种状态)视为犯罪。

犯意是指在被指控的犯罪的定义中有明示或默示规定所要求的那种心理状态。"没有犯罪意图的行为不能构成犯罪"是英美刑法的一条原则,它充分体现了犯罪意图在犯罪构成中的重要地位。根据传统英美刑法理论,我们将犯意归纳为四项不同内容,即"意图""明知""轻率"及"疏忽"。意图,是指行为人预见可能发生某种结果,并希望这种结果发生的一种心理状态;明知,根据《布莱克法律词典》的定义,是指认识到某些事实或者某些事情的真相,即行为人行动时明知他的行为就是法律规定为犯罪的行为或者明知存在着法律规定为犯罪的情节;轻率,是指行为人轻率地对待法律规定为犯罪的结果或情节,没有考虑到或者没有充分考虑到其行为的危险性;疏忽,是指行为人疏忽地对待法律规定为犯罪的结果或情节,当行为时他没有察觉到可能发生此种结果或者存在此种情节的实质性的无可辩解的危险。①

因果关系是行为人之行为(作为或不作为)与行为结果之间的因果关系。研究因果关系是正确而公正地解决刑事责任问题的基础。因果关系有两种不同情形:第一,行为是危害的事实原因;第二,行为是危害的近因(或是法律原因)。事实原因在英美刑法中有两种检验标准,一种是"要不是"或称"如果没有"规则;另一种是实质作用标准或称"实质作用原因"。前者在理论上称为条件说,即如果没有被告的行为A就没有受害人的受害结果B。这种方法最显著的缺点是"即使行为不发生,结果无论如何都会发生,那么行为就不是结果的事实原因。"这种逻辑思维有时会否定行为与结果之间的因果关系。为此,英美刑法引入了"实质作用原因",即如果有行为A就有结果B,那么A就是B的实质原因。这种方法避免了"要不是"规则的缺陷,但是它可能使某些本应追究刑事责任的行为被排斥在刑法以外。为弥补事实原因的缺陷,"近因说"被引入了英美刑法的理论与实践之中。"近因说"认为,如果结果的发生不是太离谱或者太意外以至于与行为人的责任或行为的严重性无关,那么行为就是危害结果的近因。它较好地避免了事实原因说的不足,更合理地解决了事实因果关系中的原因认定难题。

从上文的分析可知,犯罪行为、犯意以及因果关系是英美刑法犯罪的构成要素,只有符合法定的行为、犯意及因果关系的行为才构成犯罪。但是,在严格责任下,某些缺乏犯罪心态的行为也要被追究刑事责任。在严格责任出现之前,犯意一直是刑事责任构成的必备要件之一。但这种情况在19世纪末发生了改变,英美刑法在侵犯公共福利的犯罪中

---

① 参见李洁、李立丰:《美国刑法中主观罪过表现形式初探》[J],《法学评论》,2005年,第1期:第97—101页。

引入了严格责任,即对于某些犯罪,犯意不是犯罪构成的必要条件,而证明的责任归于被告。严格责任作为英美刑法的特有制度之一,主要运用于公共福利犯罪与道德犯罪中,其宗旨在于加强对与公共利益密切的社会关系的保护。

三、刑罚的本质及种类

英美刑法十分重视对刑罚理论的研究,刑罚的本质、刑罚种类都是英美刑法学家一直十分关注的问题。我们首先来讨论刑罚的本质问题。

英美刑法学界对刑罚本质的认识大致可以分为三个流派:刑罚报应论、刑罚目的论和刑罚折中论。

第一,刑罚报应论认为,刑罚没有特别希望达到的目的,刑罚的意义在于惩罚犯罪行为和犯罪人,从而实现正义的理念。其理论根基源自德国哲学家康德的法哲学,并被英国学者伯特兰·罗素、美国学者约翰·罗尔斯系统理论化。刑罚报应论认为,刑罚不能作为谋求其他功利目的的手段,刑罚存在的唯一合理理由就是实现法的公正,从而实现社会的公正。刑罚报应论的优点在于以正义、公平作为刑罚权存在的法理依据,在实践中强调了刑法的罪责相符原则,并最大限度地防止了刑罚的滥用。刑罚报应论的缺点主要在于完全否定了刑罚的社会功利性,极大限制了刑罚功利功能的发挥。

第二,刑罚目的论是以功利主义和预防思想为基础的,它主张刑罚的意义在于通过对犯罪人的惩罚来预防犯罪,保卫社会。英国法学家边沁是该学说的代表人物。边沁将其"最大幸福理论"运用于刑法理论中,提出"避苦就乐"原则,认为刑罚从本质上就是以痛苦来抑制人们获取非法幸福的欲念,最终达到阻止罪犯再次侵害公民(特殊预防)并告诫其他人不能重蹈覆辙(一般预防)的目的。刑罚目的论是针对刑罚报应论的不足而提出的,它将经济学原理引入了刑罚领域,把刑罚效益作为首要考虑的因素,是方法论上的一大创新。此外,刑罚目的论创立了完整的威慑理论,将刑罚的目的确立为预防和减少犯罪。但该理论过分强调刑罚的功利性,容易导致刑罚的滥用和刑罚的过度严厉。刑罚报应论与目的论都有一定的合理性但同时都有其自身难以克服的问题,于是以英国著名法学家 H. L. A. 哈特(H. L. A. Hart)教授为代表的学者提出了刑罚折中论。

第三,刑罚折中论认为刑罚的本质应该是二元的,既有报应的一面,又有功利的一面。该理论认为刑罚是由于犯罪而判决处罚,将刑罚的原因归于报应主义;同时又承认刑罚的目的是预防犯罪。刑罚折中论兼顾了刑罚本质的报应因素,又主张刑罚本质上是追求社会福利的因素,具有很大的合理性。但报应与预防两者在刑罚本质中的地位如何,孰轻孰重,还有待进一步讨论。[①]

英美刑法中,刑罚的种类主要包括死刑、徒刑、财产刑和资格刑。

第一,死刑。死刑是以剥夺犯罪人生命为内容的刑罚,也是最严厉的刑罚。死刑是起

[①] 参见高铭暄主编:《刑法专论(上编)》[M],北京:高等教育出版社,2002:494—524。

源最早的刑种,在古代刑罚中,死刑带有强烈的残酷性、随意性和威慑性;启蒙思想之后,在死刑的立法和司法方面都注意限制其滥用;当前,限制死刑已成为世界性趋势。澳大利亚及新西兰对所有犯罪都废除了死刑,英国、加拿大对普通犯罪废除了死刑,即便在保留死刑的国家(如美国、印度)对死刑都有着严格的限制与规定:死刑的适用仅限于法律明文规定的严重犯罪;死刑适用在诉讼程序中必须做到公平、公正、公开;死刑的执行方式必须是人道的,禁止残酷的死刑执行方式。

第二,徒刑。徒刑是通过羁押来剥夺犯罪人自由的刑罚,包括有期徒刑与无期徒刑。法院判处徒刑期限的长短取决于犯罪的严重程度,期限从数月到终身监禁不等。徒刑的主要执行机构是监狱。徒刑被认为是最严重的惩罚之一,徒刑具有剥夺犯罪人在羁押期间再次犯罪的机会、改造犯罪人、威慑及预防犯罪的功能;徒刑最大的弊端在于其执行成本太高,监狱的日常维护、看管人员的费用支出等每年消耗大量的公共开支,导致英美国家谨慎对待徒刑。

第三,财产刑。财产刑主要包括罚金、没收财产及赔偿。罚金是判处犯罪人向国家交纳一定数额金钱的刑罚。罚金因其广泛的适用范围、简单明了的处罚方法,成为现代英美国家最普遍的处罚方法。但对于不同收入人群犯同样罪行时,法院是否应该课处相同的罚金这个问题,一直存在很大的争议,从而反映了罚金在刑罚指导及示范功能上的不足。没收财产是指将犯罪人在犯罪活动中所得财产归公国家的一种刑罚,目的在于剥夺非法的犯罪收益。赔偿是指犯罪人对因其犯罪行为所造成的受害人财产、身体、精神伤害而向受害人支付一定金钱的刑罚。

第四,资格刑。资格刑常见的有剥夺犯罪人的政治权利、禁止犯罪人从事特定的职业或公职、禁止犯罪人出入特定场所、禁止犯罪人持有武器(适用于公民可依法持有武器的国家)及驱逐出境等。

第二节　犯罪的经济学分析

本节首先简要讨论在犯罪现象的根源及刑罚犯罪治理逻辑方面,传统观点和经济理论的一些简要差别,进而介绍一个简单的理性犯罪决策模型,并在此基础上讨论基准模型的扩展,加入劳动力市场状况、非理性因素等,最后分析犯罪惩罚与治理公共政策方面的启发。

一、刑罚的必要性与目标

不论是对犯罪根源的阐述还是犯罪治理逻辑的诠释,犯罪与惩罚的经济学理论与传统犯罪学、犯罪社会学的看法都存在差别。

1. 传统观点

从犯罪现象的根源解释来看,传统犯罪学、犯罪社会学理论倾向于将犯罪视为一种反常的社会行为,主张其根源在于异常的个体特征,或强调异化的社会环境对个体行为的影响。相应地,刑罚作为一种调节这种紧张关系的法律工具,主要是从道德报复、社会改造等方面,对犯罪分子进行报复惩罚和重新塑造。例如,在古典犯罪学中,意大利犯罪学家龙勃罗梭的犯罪原型理论认为犯罪分子存在和平常人不同的"返祖"外形特征,有些外形预示着暴力倾向,而有些外形则偏向于实施偷盗等。略有不同的是,在经典犯罪社会学的观点中,犯罪被视为一种社会环境变化塑造的行为失范或偏离正常轨道。比如,经济社会变迁过程中,传统社会的控制纽带被减弱,社会异质性增强导致的紧张感上升,以及相对剥夺感和犯罪亚文化的集聚,都将导致失范行为激增。刑罚的目标方面,犯罪学和犯罪社会学研究更多关注的是犯罪分子类型的识别以及社会改造。刑法的必要性及刑法与民法的差别方面,已有法学界的观点主要认为:①犯罪行为一般是故意过错,而一些民法过失则是意外所致;②犯罪的定罪标准更加严格;③犯罪往往不仅侵害了私人利益,通常也让公共利益受到损害;④原告是政府而不是个人;⑤犯罪人一旦被定罪,将受到惩罚。

2. 犯罪经济学的观点

和犯罪学及犯罪社会学的看法不同,源于加里·贝克尔经典论文《犯罪与惩罚的经济学分析》的犯罪经济学,试图沿着贝卡里亚和边沁以来的功利主义分析进路,理解并解释犯罪现象。在这种理性选择的分析思路下,犯罪一定程度上是理性犯罪分子权衡犯罪潜在收益和成本之后的产物。所以,从犯罪根源来看,犯罪经济学家认为,犯罪的增加无非是激励约束的变化导致更多潜在犯罪分子进入非法活动市场,或者在非法活动中配置更多时间。相应地,在犯罪治理方面,功利主义传统的犯罪经济学理论强调犯罪治理的公共资源优化配置问题,即如何通过犯罪治理公共项目支出配置,实现满足社会福利最大化条件的犯罪治理。侵权法的治理思路是将侵权产生的损害价值内部化,与侵权法不同,犯罪与惩罚的经济理论认为,刑罚的必要性或者说首要价值在于威慑潜在的犯罪分子以及保障权利免受伤害,因为犯罪损害可能难以确切度量,且完美的赔偿事实上可能不可行。

二、理性犯罪决策模型

不考虑精神道德约束等复杂因素的影响,我们考察一个代表性行为个体参与非法活动的激励约束及决策问题。假定个体 i 通过实施非法侵占活动 x,获取一定的非法收益 $G(x)$,但同时以外生概率 p 面临惩罚 $F(x)$。简单起见,假定非法活动收益 $G(x)$ 是非法活动 x 严重程度的增函数,但是存在正常的收益递减或非递增情况,即 $G'(x)>0$,而 $G''(x)<0$;和通常的法律实践相一致,惩罚严厉程度将是非法活动 x 严重程度的增函数,并存在惩罚累进特征,随着犯罪严重程度提升,惩罚的严厉程度将以更大幅度增加,即 $F'(x)>0$,且 $F''(x)>0$。于是,代表性行为个体 i 的"理性"犯罪决策可以转化为一个不确定条件下的预期收益最大化问题。

接下来,我们用简单的图示解析代表性行为个体 i 的预期收益最大化问题。如图 13-1 所示,我们将非法活动的严重程度置于横轴,相应的纵轴为犯罪的潜在收益与预期惩罚。简单起见,我们把犯罪的潜在收益 $G(x)$ 进一步简化为一个线性函数,这意味着犯罪的潜在边际收益 $G'(x)$ 为常数。惩罚方面,由于存在惩罚结果的不确定性,预期惩罚 $pF(x)$ 将低于实际惩罚 $F(x)$,所以预期惩罚曲线将位于确定性惩罚 $F(x)$ 曲线下方。值得注意的是,这时候代表性行为个体 i 的预期收益最大化问题,将分别存在角点解和内点解两种情况。角点解的情况是,非法活动的预期惩罚 $pF(x)$ 始终高于犯罪的潜在收益 $G(x)$,非法活动无利可图,如图 13-1(a) 所示。这时候,代表性行为个体 i 将选择不参与非法活动,满足行为人预期收益最大化的最优非法活动规模将为零($x^* = 0$)。事实上,以上角点解情形和我们的一般观察保持一致,即进入非法活动市场的仅仅是社会中的一部分个体。代表性行为个体 i 预期收益最大化求解的第二种情形是内点解,如图 13-1(b) 所示。图中,非法活动的预期惩罚成本 $pF(x)$ 在严厉程度为 x_1 和 x_2 之间的区域将低于非法活动的潜在收益 $G(x)$,于是代表性行为个体将选择从事非法活动。进而,按照预期收益最大化原则,不难发现行为个体 i 将选取潜在收益曲线 $G(x)$ 与预期惩罚成本曲线 $pF(x)$ 之间距离最大的非法活动水平,即 x^*。

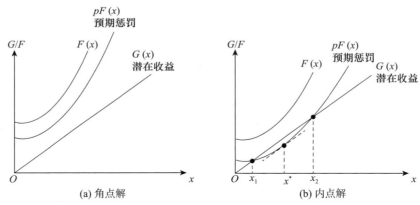

图 13-1 最优非法活动水平的角点解和内点解

我们还可以通过简单的数学表达式将以上代表性行为个体在最优非法活动水平选择中的权衡取舍(Trade-off)做进一步的刻画呈现。简单起见,代表性行为个体 i 的非法活动选择可以表示为如下无约束的最优化问题:

$$\text{Max } ER$$

$$ER = G(x) - pF(x)$$

考虑内点解的情形,则行为个体 i 预期收益最大化问题对应的最优化一阶条件可以表达为:

$$G'(x) = pF'(x)$$

值得注意的是,上式的左边是新增加一个单位非法活动或非法活动严重程度上升一个单位的潜在边际收益 $G'(x)$，而右边则是非法活动的边际惩罚成本 $pF'(x)$。所以，以上最优化条件意味着，为实现代表性行为个体 i 的预期收益最大化，应当做到最后一个单位非法活动 x^* 的边际预期收益与边际惩罚成本相等。以上最优化过程也意味着，随着非法活动规模或严厉程度的增加，代表性行为个体 i 一方面获得正的预期潜在收益，但是潜在收益的增加呈递减趋势；与此同时，非法活动增加提高了犯罪分子被惩罚的预期成本，且预期边际成本递增，所以代表性行为个体 i 将在这二者之间做出权衡。具体地，在图 13-1 (b) 中，当非法活动规模或严重程度低于 x^* 时，即在 x_1 到 x^* 之间的区间里，非法活动的边际潜在收益大于边际预期惩罚成本，这将激励犯罪分子增加非法活动规模或严厉程度；而当非法活动在 x^* 到 x_2 之间时，非法活动的潜在边际收益将低于预期边际惩罚成本，犯罪分子将降低非法活动规模或严厉程度。

专栏 13-1

加里·贝克尔简介

加里·贝克尔（1930—2014 年），1955 年获得美国芝加哥大学经济学博士学位，1970 年开始在芝加哥大学执教，担任经济学与社会学教授之职。贝克尔是犯罪经济学理论的重要奠基者之一，他认为"经济分析是一种统一的方法，适用于解释全部人类行为"，一种行之有效的犯罪行为理论只是经济学常用的选择理论的扩张，并探讨了应对违法行为的最优公共决策与私人决策。贝克尔于 1967 年获美国经济学会著名的约翰·贝茨·克拉克奖，1992 年获得诺贝尔经济学奖，主要代表著作有《口味的经济学分析》《人类行为的经济分析》《生活中的经济学》《家庭论》等。

资料来源：作者根据公开资料整理。

三、基准犯罪决策模型的扩展

以上非法活动的理性决策模型，大致就是犯罪与惩罚经济学分析的微观行为方面的基准设定。考虑到现实中的犯罪惩罚问题远比理性决策模型复杂，以下分别从个体非法活动决策到宏观犯罪现象、犯罪—劳动时间配置以及理性能力减弱三个方面，对基准模型在解释实际犯罪问题中的扩展和应用略加讨论。

1. 从个体非法活动决策到宏观犯罪现象

为了研究从抽象的个体非法活动决策到宏观犯罪现象的过渡，现代犯罪经济学理论通常有如下做法。不考虑犯罪市场的不完全竞争、网络结构、外部性等复杂情况，如果将整个社会所有个体从事的非法活动按照严重程度从低到高排序，并将其置于图 13-1 的横轴，那么越接近原点的那些个体，非法活动严重程度越低；相反，越远离原点的个体，所参与的非法活动严重程度越高。相应地，纵轴是不同犯罪严重程度对应的潜在收益和预期惩罚成本,非法活动预期收益和惩罚成本曲线的设定与基准模型保持一致。这时候,如果非法活动的潜在收益 $G(x)$ 始终低于非法活动的预期惩罚 $pF(x)$,即如同图 13-1(a)角点解的情况时,所有社会个体都不参与非法活动,社会层面加总的犯罪率为零。类似地,内点解的情况是,非法活动的潜在收益 $G(x)$ 曲线部分高于非法活动的预期惩罚,于是,犯罪严重程度介于 x_1 和 x_2 之间的犯罪分子都选择进入非法市场,最终宏观加总的犯罪率是介于 x_1 和 x_2 之间的所有个体的犯罪水平的累积综合。

2. 犯罪—劳动时间配置模型

在贝克尔于 1968 年提出的理性犯罪决策基准模型基础之上,Ehrlich(1973)用一个不确定条件下的犯罪—劳动时间配置模型,讨论了劳动力市场状况对犯罪参与的影响,进一步丰富了犯罪问题分析的理论架构。以下简单介绍犯罪—劳动时间配置模型的基本建模思路。①

一个简化版本的犯罪—劳动时间配置模型可以设定如下。初始财富为 A 的代表性行为个体 i 在合法市场和非法市场上分别配置 h_l 和 h_i 的劳动时间,$w(h_l)$ 和 $r(h_i)$ 分别代表在合法市场和非法市场获得的预期收入。另外假设 c 表示总消费,L 为闲暇,T 为行为人的时间禀赋。于是,不考虑惩罚的不确定性,代表性行为个体的预期效用 U 的最大化问题可以表示如下:

$$\text{Max } U(c, L)$$

约束条件为:$c = A + w(h_l) + r(h_i)$

$$L = T - h_l - h_i$$

不难发现,代表性行为个体 i 的等效用曲线($dU^* = 0$)的斜率,即闲暇和消费的边际替代率 MRS,可以表示为:

$$\text{MRS} = U_1(A + w(h_l) + r(h_i), T - h_l - h_i)/U_2(A + w(h_l) + r(h_i), T - h_l - h_i)$$

其中 U_1 和 U_2 分别为效用函数对两个内生变量 c 和 L 的一阶导数。所以,不难看出,以上代表性行为个体的预期效用最大化时间配置问题的解,将分别存在以下内点解和角点解的情况,如图 13-2 所示:

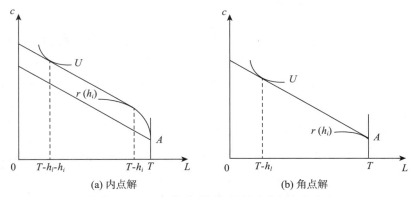

图 13-2 犯罪—劳动时间配置的内点解与角点解

---

① 更详细的犯罪—劳动时间配置模型的推导,请参考 Ehrlich(1973)。

和一般的劳动时间配置模型相似,行为人参与劳动供给的临界条件是合法市场工资率超过行为人的保留工资率(w_0)。类似的,代表性行为个体 i 进入非法市场的"门槛"工资条件则是,第一个单位的劳动时间在非法市场上获得的预期工资率将超过合法市场的工资率,即 $w'(h_i=0)>w'(h_l)$,在图 13-2(a)中,r 曲线靠近 T 端的斜率大于与 U 曲线相切的那条直线的斜率。内点解条件下,行为人按照 MRS $= w'(h_l) = r'(h_i)$ 确定最优的时间分配 h_l^* 和 h_i^*。角点解的情况如图 13-2(b)所示,代表性行为个体 i 在非法市场上第一个单位劳动时间所获得的预期工资率小于合法市场工资率,即 r 曲线靠近 T 端的斜率小于与 U 曲线相切的那条直线的斜率,此时 $w'(h_i=0)<w'(h_l)$,所以,行为个体 i 将选择不在非法市场上配置时间,而最优时间配置方案将由行为人等效用曲线的边际替代率和工资率相等决定,即 MRS $= w'(h_l)$。

最后,值得注意的是,现实中非法市场的劳动工资率实际上不可观测,但是,Ehrlich(1973)曾指出在侵财犯罪中,犯罪侵犯对象一般是高收入人群,而犯罪实施者则多是低收入群体。所以,劳动力市场中高收入群体工资可以视为非法市场工资收入的代理变量。这样一来,劳动力市场中工资收入差距扩大意味着合法市场工资收入下降,非法市场工资收入上升,这一方面将激励行为个体 i 在非法市场上配置更多劳动时间(替代效应),另一方面工资收入差距扩大也意味着更多个体将满足进入非法市场的"门槛工资"条件,犯罪市场参与规模扩大。二者共同作用使得犯罪供给增加,宏观犯罪率上升。最终,市场层面加总的刑事犯罪率将是非法市场临界工资率以下的每个个体非法劳动时间配置的累积加总。

3. 冲动、不耐心与理性能力减弱问题

不论是基准犯罪决策模型还是扩展的犯罪—劳动时间配置模型,犯罪活动在经济学分析框架中都被处理为与正常劳动供给无差别的"理性"稀缺时间资源的配置决策。对此,一个常见的批评就是,"理性"犯罪决策模型如何能用来解释"非理性"的犯罪行为。另外,通常观察还发现,犯罪群体在统计上往往呈现冲动、不耐心(Impatience)及理性能力减弱的特征,这些特征又如何与既有的基准理性选择分析框架相调适?以下分别从分析方法论和一个简单的包含贴现率差异的基准模型扩展思路,对以上两个问题做出简要的补充说明。

分析方法论方面,与既有主流经济学理性框架应用于分析市场中的厂商行为受到的批评类似,犯罪经济学的基准犯罪决策模型也经常被指责为和现实观察中的非理性犯罪行为不相匹配。对此,犯罪经济学家们给出的回应,大体上和 20 世纪五六十年代经济学家们对主流经济学方法论的辩护是一脉相承的。一方面,经济学家们指出犯罪理性决策模型实际上是对犯罪决策过程"仿佛"权衡的成本收益进行考量,犯罪分子"仿佛"是按照理性计算框架决定犯罪活动上的资源分配。另一方面,犯罪经济学的学者们还认为,理性犯罪决策模型的目的在于解释和预测市场和统计层面的犯罪活动变化,因而,从个体层面对这个模型的现实性进行指责并没有多大意义,相反正确的方法应该是从统计加总层面对不同因素对地区犯罪率的影响及预测进行实证检验,唯有如此才能对理性犯罪决策模型的合理性加以讨论辩驳。一定程度上正是由于这种方法论方面的关切和回应,实证研究在犯罪经济学诞生以来就得到经济学家们的重视和强调。

除了方法论层面上的经济学帝国主义式的主张,继贝克尔的开创性贡献之后,许多犯罪经济学学者们确实也从建模分析方法拓展方面对经典的理性犯罪决策模型进行拓展,尝试将现实中观察到的冲动、不耐心和理性能力减弱等"非理性"因素,纳入传统理性分析框架中。在这个研究拓展思路方面,Block 和 Heineke(1975)把犯罪活动的"精神道德成本"放到效用函数中对犯罪理性决策做了拓展,Sah 等(1990)的模型则考虑了折现率差异的影响,Glaeser 等(1996)的工作则将社会网络互动加入基准模型中。简单来说,后续这些拓展大体是将更多的影响因素加入基准模型中,从而导出更多可以在现实当中观察检验的假说,以此理解不同地区犯罪率的差异,并讨论相应的犯罪治理公共政策方面的含义和启发。

四、犯罪治理的公共政策

在犯罪决策理性选择模型的基础上,我们还需要从资源优化配置角度,对犯罪治理的公共政策做进一步的分析和讨论。

1. 刑罚威慑假说

从基准犯罪理性选择模型出发,不难看出不论是惩罚概率 p 提高,还是惩罚强度 F 提升,都将增加参与犯罪的预期惩罚成本,因而将激励犯罪分子减少在非法活动中的时间配置,或者选择不进入非法活动市场。宏观市场加总层面上,类似这种预期惩罚提高将降低犯罪率的想法,通常也被称为刑罚威慑假说。鉴于刑罚威慑犯罪在犯罪理性决策模型中的基础性作用,犯罪与惩罚的经济理论通常又被概括为犯罪威慑模型。

从犯罪治理角度看,既有研究不仅需要检查刑罚威慑假说的有效性,即犯罪分子或地区犯罪率是否对刑罚威慑提升有反应,而且更重要的是,需要从定量角度进一步确认刑罚威慑犯罪的弹性大小。简单来说,从一般的微观经济学基本理论出发,我们知道如果犯罪供给富有弹性,那么政策制定时通过适当提高预期惩罚水平就能够显著地减少犯罪数量。相反,如果犯罪供给缺乏弹性,犯罪治理就应当考虑理性犯罪模型所涵盖的其他收益类因素对犯罪治理的影响。另外,更具体地,惩罚概率的提升,一般需要诸如增加警察规模、增加司法方面的支出等措施;惩罚严厉程度的提升,则主要涉及监禁规模的扩大,两者都需要不菲的公共资源支出。因而,从社会福利最大化的角度来看,刑罚威慑假说对犯罪治理提出的第二个问题则是,惩罚威慑和监禁的相对有效性或弹性为多少,而从成本—收益角度应该怎样进行犯罪治理资源的优化配置。

2. 最优犯罪治理规模分析

刑罚威慑假说虽然为犯罪治理提供了理论支撑,但从功利主义思路延伸下来讨论犯罪治理的公共政策,还需要回答的是最优犯罪治理规模问题。在贝克尔的原始模型中,犯罪实际上被阐释为一种类似于"负外部性"的活动,它造成了社会稀缺资源被配置于非生产性活动中,而非法侵害活动的存在也使得更多资源被累积用于直接非生产性的侵害保护活动中,因而应当通过"税收"等手段减少这种负外部性活动。然而,由于犯罪治理同样需要耗费稀缺的公共资源,于是,从社会福利最大化的角度看,犯罪治理的最优规模应当是在边际上平衡最后一个单位犯罪率降低所带来的社会福利改进和为了减少该单位犯罪率所增加的治理成本支出。图13-3简单展示了最优犯罪治理规模确定中的成本—收益权衡问题。

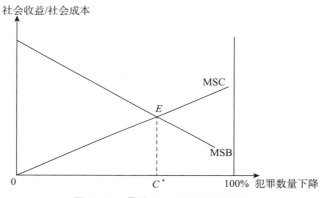

图 13-3　最优犯罪治理规模分析

如图13-3所示,犯罪治理的边际社会收益曲线为递减的 MSB 线,即随着犯罪治理数量增加,犯罪治理的社会边际收益呈现递减特征。这是因为在犯罪数量很低的时候犯罪率的再下降,对整个社会的收益而言,显然没有犯罪数量较高时犯罪率同样比例下降的收益高。犯罪治理的边际社会成本是 MSC 线。和一般观察保持一致,随着犯罪治理数量的不断增加,犯罪治理需要投入的资源将越来越多,即犯罪治理的边际社会成本趋于递增。因而,符合社会福利最大化的最优犯罪治理规模应当是 E 点,最优犯罪率为 C^*。在犯罪治理不到 C^* 的阶段时,多治理一个单位犯罪的边际社会收益要超过治理的边际社会成本,因而应当增加犯罪治理方面的支出。相反,在犯罪率较低或犯罪治理"过度"阶段,犯罪率下降所需要的边际成本支出将大大超过边际收益,因而这时候应当减少犯罪治理支出,从社会福利最大化角度"容忍"犯罪率的上升。

第三节　犯罪与惩罚的经验研究

前面一节介绍了犯罪与惩罚经济理论的基础框架,本节将进一步讨论犯罪经济学领域经验研究的基本情况。总的来看,相比于犯罪理论模型构建文献的相对集中,这个领域的经验研究非常丰富,研究主题跨度也非常宽广,从经典的刑罚威慑经验研究到毒品管制、手枪管制甚至堕胎合法化对犯罪率下降的影响等,不一而足。本节将首先介绍犯罪经济学实证研究的基准做法,进而简要阐述刑罚威慑及收入差距等对犯罪率影响的经验研究的进展情况。

一、犯罪与惩罚经验研究的基准设定

自贝克尔的《犯罪与惩罚的经济学分析》一文问世以来,经济学家们就纷纷从不同角度对贝克尔的理性犯罪决策模型及其延伸假说进行了各式各样的经验检验。值得注意的是,和传统犯罪学、犯罪社会学主要从社会异质性、控制纽带弱化、相对剥夺感上升等方面解析地区犯罪率背后的影响因素不同,犯罪经济学的经验研究主要立足于微观犯罪理性决策模型中的成本—收益分析框架,将地区犯罪率差异分解为刑罚威慑、经济社会因素和人口结构变量三个方面的影响。其中,刑罚威慑方面通常控制的变量包括犯罪被发现的概率、犯罪被逮捕的概率、逮捕后被审判的概率,以及以地区监禁规模、监禁时间或监禁概率为主要表征的惩罚严厉程度。地区经济社会因素的控制变量通常包括参与犯罪和非法活动的成本与收益,例如收入差距、劳动力市场的工资分布、低收入群体工资水平、失业率等。人口结构变量则主要关注年轻男性或特定高犯罪率的群体在总人口中的占比,经常使用的这类度量包括15—24岁年轻男性的人口比例、美国样本研究中黑人的比例、城市中单亲家庭的比例等。

数据使用方面,早期这个领域的经验研究大多基于美国的截面数据,进入20世纪90年代以来,基于面板数据和长时间跨度的时间序列数据的研究开始受到重视,这些年来发展中国家样本和国际比较方面的研究也慢慢开始崭露头角。分析策略方面,和传统犯罪学、犯罪社会学研究更多关注不同变量影响因子与地区犯罪率之间的相关关系不同,犯罪经济学领域的经验研究更多关注不同影响因子与犯罪率之间的因果关系检验,着重讨论犯罪供给方程回归中的各种潜在内生性问题,例如犯罪率的度量误差、遗漏变量、不可观测的异质性,以及变量之间的联立内生问题。分析技术方面,犯罪经济学实证研究文献使用的计量分析模型包括简单的多变量回归模型、联立方程模型、时间序列的 VAR 及误差修正模型等。犯罪经济学经验研究领域可以参考的几篇经典论文包括 Ehrlich(1996)、Levitt 和 Miles(2007)。

二、犯罪刑罚的经验研究

犯罪刑罚的经验研究是犯罪经济学经验研究领域最核心的研究主题。这一方面是由于在贝克尔的经典模型中,预期惩罚提升是影响犯罪决策的最基本因素,犯罪经济学分析框架甚至直接被标注为犯罪威慑模型,因而刑罚威慑效应大小估计和犯罪理性模型的有效性直接相关;另一方面,刑事惩罚又是现实中应用最为广泛的犯罪治理手段,因而,不论是从犯罪经济学基础理论内核验证还是犯罪治理资源配置有效性的考量来看,刑罚威慑效应的定量估计都具有极为重要的意义。然而,对刑罚威慑效应的准确估计往往会碰到困难。这里面出现的典型计量难题是刑事犯罪率和公共执法变量之间的联立内生问题,即虽然刑罚威慑可能影响犯罪,但是犯罪率高的地方,犯罪惩罚的边际产出也将较高,这将激励地方政府增加公共执法方面的支出,这种联立内生问题将导致执法支出对犯罪率的影响被低估。一定程度上,后续刑罚威慑经验研究方面的文献,大多聚焦于如何对以上内生性进行恰当的处理和讨论。

刑罚威慑经验研究领域的文献主要聚焦于以下几个方向上的研究:一是犯罪惩罚概率的威慑弹性估计;二是惩罚严厉程度的威慑弹性;三是惩罚威慑效应和能力剥夺效应的区分及估计。其中,犯罪惩罚概率方向上的研究主要考察犯罪被发现的概率、逮捕概率及审判概率等上升对地区犯罪率的影响,并且进一步关注与惩罚概率关联密切的警察规模提升、与警察相关的支出增加是否能够有效地减少犯罪。这方面的代表性研究包括早期的 Blumstein 等(1978),以及 20 世纪 90 年代以来以 Levitt 的研究为代表的一系列应用自然实验方法的实证研究。惩罚严厉程度方向上的实证研究,主要讨论监禁规模、判罚严厉程度的提升对一般犯罪率的影响,以及死刑惩罚对谋杀犯罪的影响。在具体判罚严厉程度对犯罪率的影响方面,已有文献围绕著名的"三振出局法"[①]生成的自然实验式的外生变化,展开一系列的实证研究讨论。而监禁规模、监禁条件以及监禁解除调整对犯罪率的影响,也有相应的宏观和微观计量文献,比较著名的包括 Levitt(1996)利用美国监禁拥挤诉讼数量作为工具变量的研究,以及 Drago(2007)利用意大利一项集体特赦法案的考察。死刑判罚威慑谋杀犯罪是刑罚威慑经验研究的一项重要内容,这方面针对早期 Ehrlich 的一系列研究和估计的讨论,至今仍旧在持续。最后,刑罚威慑实证研究中,与惩罚概率和惩罚严厉程度威慑犯罪研究密切相关的一个主题就是威慑效应和能力剥夺效应的区分,即犯罪率下降在多大程度上是预期惩罚增加的影响(威慑效应),而不是单纯监禁增加让犯罪分子无法参与犯罪活动的结果(能力剥夺效应)。

三、收入差距、劳动力市场状况对犯罪的影响

除了刑罚威慑方面的研究,犯罪经济学的经验研究中的经济社会变量,尤其是收入差距、劳动力市场状况对地区犯罪率的影响也是一个重要研究主题。这方面的研究主要沿着 Ehrlich(1973)的犯罪—劳动时间配置模型的讨论思路展开,考察参与非法活动的潜在收益和机会成本对宏观犯罪率的影响。具体研究问题方面,这个方向上的研究文献主要聚焦于讨论收入差距扩大、劳动力市场中低收入群体工资分布变化、失业率波动以及社会保障项目支出和运行效率等对地区犯罪率变化的解释力。

犯罪—劳动时间配置模型中,合法劳动市场工资下降和非法劳动市场工资上升,分别

---

① 三振出局法即 Three Strikes and You're Out Law,指受联邦刑事指控的被告,如果曾有三项定罪,其中有两次是"严重的毒品犯罪"或者是"暴力重罪",那么再犯携带武器所实施的重罪,就要提高处刑。除非被判处死刑,否则至少为 15 年监禁,最高为终身监禁。

对应了参与非法活动的机会成本下降和潜在收益上升,因而将激励更多潜在犯罪分子参与非法活动,或者在犯罪活动中配置更多时间,致使宏观犯罪率上升。从这个推理思路出发,考虑到侵财犯罪中大多数参与者都是低收入群体,高收入群体往往是犯罪侵害对象,因而经验研究重点考察收入差距扩大或者某部分低收入群体工资变化(主要是刚参加工作的工人或建筑业、制造业不熟练工人的工资等)对犯罪率的影响。失业率上升意味着犯罪分子在合法劳动市场的预期工资率下降,因而也激励他们更多在非法市场上配置劳动时间。这个领域的代表性实证研究包括 Grogger(1998)对年轻男性犯罪率高企的研究,Gould 等(2002)对失业率与犯罪关系的讨论。沿着收入差距、劳动力市场状况影响犯罪的分析思路,已有实证研究也关注社会福利项目的实施对犯罪率的影响。例如,福利补贴支出增加是否减少犯罪(Zhang,1997),福利项目在犯罪治理中的有效性取决于实施细节等。

第四节 刑法的经济学分析评析

自贝克尔 1968 年的开创性论文出现以来,通过将微观经济学的理性选择框架应用于犯罪问题分析,学者们已经发表了极为丰富的理论和实证研究文献。这些文献不仅为传统犯罪学、犯罪社会学的研究增添了理解犯罪现象的重要框架和观察视角,同时也为经典理性选择框架扩展应用分析"非市场"现象,开辟了一个较为独特的新领域和新场所。经过半个多世纪的积累和发展,现今犯罪与惩罚的经济理论已经成为理解犯罪现象的主流分析框架,为犯罪治理相关政策的制定提供了许多富有建设性的洞见和参考。和微观经济理论应用于解释法律现象类似,经典犯罪与惩罚的经济学理论,也试图通过不确定条件下的时间配置等微观个体决策分析工具,厘清犯罪分子决策"仿佛"面临的激励约束权衡问题,进而为犯罪治理的资源优化配置和政策组合提供恰当的逻辑基础,最终为理解犯罪现象增添一定的边际知识。总的来看,已有犯罪与惩罚经济学理论的实证研究已经较为令人信服地表明,犯罪理性选择框架中的刑罚威慑变量、犯罪潜在获益和机会成本是地区犯罪率变化的重要解释因素。

刑法经济分析理论自诞生之日起,就因其独特的分析视角、全新的分析方法迅速成为刑法学和经济学中引人关注的一项新兴理论。刑法经济分析理论既有其变革、创新的积极一面,亦存在一定的局限性。

首先,刑法经济分析理论开创了刑法分析方法的新局面。刑法经济分析理论引入了经济学的经典理论,以理性的经济人作为前提假设,综合运用微观经济学的供给—需求理论、成本—收益理论、均衡理论等,通过规范及实证方法来研究犯罪与刑罚等刑法现象。传统刑法理论强调的是刑法的阶级性及政治性,并以此作为刑法研究的起点而忽视了作为刑法重要研究对象——犯罪人的经济理性。经济理性是犯罪人重要的本质属性,刑法经济分析理论中的"犯罪决策"模型,以成本—收益理论为基础,生动地揭示了理性犯罪人的犯罪决策过程,很大程度上验证了犯罪活动的实践经验。此外,刑法经济分析理论改变了传统刑法分析方法只停留在是非价值判断或定性分析的局限性,引入了经济学中的定量分析,为最佳刑罚威慑效果理论奠定了方法论的基础。

其次,刑法经济分析理论在传统刑法理论中引入了效率的理念。传统刑法以犯罪的政治性、阶级性作为理论的分析起点,为了追求不切实际的绝对公平,往往投入了过多的人力、物力、财力等社会公共资源,而忽视了刑法的经济性与效率。社会一定时期的公共资源的总量是有限的,如果过多地将社会资源分配于刑法领域,将直接导致教育、交通、福利等社会公共开支的减少。刑法经济分析理论认为,效率也是一种公平,低效率的公平不是真正意义上的公平。刑法经济分析理论主张国家在分配刑罚资源时应当遵循效率原则,以刑罚的成本—收益分析为基础,以达成最佳刑罚威慑效果为目标,合理配置刑罚资源,从而提高刑法的经济效率并实现社会效益的最大化。[①]

最后,刑法经济分析理论开创了新型的刑事控制理论。传统的刑法理论中,基于彻底消除犯罪的目标,刑法表现为以消灭犯罪为目标的刑事控制理论,并为达成这一价值目标而不计成本,消耗大量社会资源。刑法经济分析理论认为一方面犯罪人的经济理性决定了彻底消灭犯罪是不现实的(无论刑罚如何严厉,只要预期的犯罪收益高于预期的犯罪成本,理性的犯罪人就将选择犯罪),另一方面刑罚资源的稀缺性也决定了国家应当以追求刑罚资源配置的最佳效率为目标而不是彻底消灭犯罪(消除一定范围内的犯罪是符合刑法经济性的,而一旦超过一定限度,刑罚资源投入的成本将远高于消除这部分犯罪所得的收益)。因此,刑法经济分析理论主张全新的刑事控制理论,即刑法追求的目标是把犯罪尽可能控制在社会可以容忍的限度内,实现最佳的刑罚效益,建立一个以效率为导向的新型刑事控制模型。[②]

刑法经济分析理论作为一种全新的刑法分析理论还存在一定的缺陷。刑法经济分析理论的前提假设是理性的经济人,该假设揭示了人的经济性却忽视了人的社会性。[③]诚然,经济理性是人的重要的本质属性,但除此之外,人是社会的产物,具有社会属性。刑法经济分析理论将经济理性作为人的唯一属性,以经济人追求利益最大化作为行动的唯一目标,忽视了经济因素以外其他因素对犯罪活动的影响,这种理论推导难免是片面、孤立的。犯罪活动是一个十分复杂的决策过程,既有追求经济效益的内在动机,还受到政治、宗教、社会、文化及犯罪人个体心理因素的重要影响,单单凭借以成本—收益为基础的"犯罪决策"模型无法全面解释纷繁复杂的犯罪现象。此外,刑罚资源的配置既要考虑资源配置的高效率,还要考虑国家在特定政治、社会、文化、宗教、伦理条件下,刑罚所具有的其他功能

---

① 参见詹坤木:《刑法经济分析方法思辨》[J],《现代法学》,2000 年,第 6 期:第 52—54 页。
② 参见卢建平、苗淼:《刑法资源的有效配置——刑罚的经济分析》[J],《法学研究》,1997 年,第 2 期:第 33—39 页。
③ 参见朱力宇:《论"经济人"假设在法学研究中的运用问题》[J],《法学家》,1997 年,第 6 期:第 19—24 页。

与特殊用途。

总之,刑法经济分析理论因其经济学的独特视角,开创了刑法分析的新思路,同时也因为经济学理论的某些假设而使该理论遭受争议。

本章总结

1. 在英美刑法中,犯罪构成分为实质要素与形式要素,实质要素包括犯罪行为、犯意及因果关系。

2. 英美刑法学界对刑罚本质的认识大致可以分为三个流派:刑罚报应论、刑罚目的论和刑罚折中论。英美刑法中,刑罚的种类主要包括死刑、徒刑、财产刑和资格刑。

3. 理性犯罪决策模型认为犯罪决策是一个不确定条件下的预期收益最大化问题,当犯罪潜在收益超过犯罪预期惩罚成本时,行为个体将选择进入犯罪市场。

4. 理性犯罪决策模型的扩展包括从个人非法活动决策到宏观犯罪现象,犯罪——劳动时间配置以及理性程度减弱三个方面作进一步的细化,此外还在有效配置犯罪治理资源的意义上估计刑罚威慑与犯罪数量的关系。

5. 犯罪可以视为一种负外部性行为,然而治理犯罪也耗费稀缺的公共资源,因而从社会福利最大化的角度来看,犯罪治理的最优水平应当平衡犯罪的边际社会成本和边际社会收益。

思 考 题

1. 简述英美刑法犯罪构成要素及刑罚的种类。
2. 阐述犯罪经济学理性犯罪决策模型的基本要点。
3. 阐述犯罪治理公共资源优化配置的基本逻辑。
4. 比较传统犯罪学、犯罪社会学与犯罪经济学在关于犯罪成因论述方面的异同。

阅读文献

1. Edward L. Glaeser, Bruce Sacerdote and Jose Scheinkman: Crime and Social Interactions, Vol. 111, *The Quarterly Journal of Economics*, 1996: 507-548.

2. Eric Gould, Bruce Weinberg and David Mustard: Crime Rates and Local Labor Market Opportunities in The United States: 1979-1997, Vol. 84, *The Review of Economics and Statistics*, 2002: 45-61.

3. Gary S. Becker: Crime and Punishment: An Economic Approach, Vol. 76, *Journal of*

Political Economy, 1968: 169-217.

4. Harold Zhang: Endogenous Borrowing Constraints with Incomplete Markets, Vol. 52, *Journal of Finance*, 1997: 2187-2209.

5. Isaac Ehrlich: Crime, Punishment, and the Market for Offenses, Vol. 10, *Journal of Economic Perspectives*, 1996: 43-67.

6. Isaac Ehrlich: Participation in Illegitimate Activities: A Theoretical and Empirical Investigation, Vol. 81, *Journal of Political Economy*, 1973: 521-565.

7. Jeff Grogger: Market Wages and Youth Crime, Vol.16, *Journal of Labor Economics*, 1998: 756-791.

8. M. K. Block, John Heineke: A Labor Theoretic Analysis of the Criminal Choice, Vol. 65, *The American Economic Review*, 1975: 314-325.

9. Mitchell Polinsky, Steven Shavell: The Economic Theory of Public Enforcement of Law, Vol. 38, *Journal of Economic Literature*, 2000: 45-76.

10. National Research Council, et al.: *Deterrence and Incapacitation: Estimating the Effects of Criminal Sanctions on Crime Rates*, Edited by Blumstein, Cohen and Nagin, Washington D.C.: National Academy of Sciences, 1978.

11. Pankaj Sah, Shaul Hestrin and Roger A. Nicoll: Properties of Excitatory Postsynaptic Currents Recorded in Vitro from Rat Hippocampal Interneurones, Vol. 430, *The Journal of Physiology*, 1990: 605-616.

12. Robert Drago: *Striking a Balance: Work, Family, Life*, PORTSMOUTH: DOLLARS & SENSE, 2007.

13. Steven D. Levitt, Thomas J. Miles: Chapter 7 Empirical Study of Criminal Punishment, Edited by Polinsky and Shavell, *Handbook of Law and Economics*, Amsterdam: Elsevier, 2007: 455-495.

14. Steven D. Levitt: The Effect of Prison Population Size on Crime Rates: Evidence from Prison Overcrowding Litigation, Vol. 111, *The Quarterly Journal of Economics*, 1996: 319-351.

15. 高铭暄:《刑法专论》(上编)[M],北京:高等教育出版社,2002。

16. 〔美〕理查德·A.波斯纳:《法律的经济分析》(上、下)[M],蒋兆康译,北京:中国大百科全书出版社,1997。

17. 〔美〕罗伯特·考特、托马斯·尤伦:《法和经济学(第六版)》,史晋川、董雪兵等译,上海:格致出版社、上海三联书店、上海人民出版社,2012。

18. 〔意〕贝卡里亚:《论犯罪与刑罚》[M],黄风译,北京:中国大百科全书出版社,1993。

19. 张远煌:《犯罪学原理》[M],北京:法律出版社,2001。

第十四章
刑法经济分析专题

> 刑罚的目的仅仅在于：阻止罪犯再重新侵害公民，并规诫其他人不要重蹈覆辙。
>
> ——〔意〕贝卡里亚

◆ 本章概要

本章内容主要涵盖我国的立法和司法实践中有关刑法的热点问题和新出现的现象。首先，我们以于欢故意伤害案为切入口，从法教义学和法经济学的角度对正当防卫制度的条文释义和正当防卫案件中的事实认定问题展开分析。接下来的专题分析就《中华人民共和国刑法修正案（十一）》下调刑事责任年龄的条款进行法教义学和法经济学分析，尝试在事实判断上厘清下调刑事责任年龄的利弊。第一节和第二节是刑法的经济学分析，第三节和第四节则探讨经济结构变迁对于刑事犯罪现象的影响。具体而言，中国社会近年来的精准扶贫政策和数字经济发展深刻影响了犯罪治理，一方面，精准扶贫大幅降低了贫困地区的犯罪率；另一方面，以移动支付为代表的数字经济发展也显著降低了资金类盗窃案的发生概率。两方面的事实强调了法经济学在方法论上的一个立场——先了解社会，再了解法律。

◆ 学习目标

1. 了解正当防卫和防卫过当的含义。
2. 当正当防卫案件事实不明时，应如何分配举证责任。
3. 刑事责任年龄起点设置的决定性因素。
4. 收入和就业对于犯罪行为的影响。

上一章简要介绍了犯罪与惩罚经济理论的概貌，本章的讨论将进一步立足于犯罪与惩罚的经济分析理论，对我国刑法实践中的热点问题和新现象展开分析。本章第一节和第二节针对刑法中的正当防卫条款和下调刑事责任年龄的修正条款进行法经济学分析，并尝试同时进行主流法学的教义学分析，以期通过两种分析框架的互相补充增进读者对于正当防卫和刑事责任年龄的理解。在第三节和第四节中，笔者基于对裁判文书等海量数据的统计推断,就精准扶贫对贫困地区犯罪率的影响,以及数字经济发展对资金类盗窃案发生概率的影响,做出严谨的事实判断,通过掌握法律和经济的典型事实依据,加深理解相关的犯罪经济学理论。

第一节 正当防卫的分析

案例 14-1

于欢故意伤害案

案情简介:

于欢之母在山东省冠县经营山东源大工贸有限公司(以下简称"源大公司"),于欢系该公司员工。

2014 年 7 月,于欢父母以高息向吴某、赵某借款 100 万元。至 2015 年 10 月,于欢之母共计还款 154 万元。2015 年 11 月 1 日,于欢父母以高息再次向吴某、赵某借款 35 万元,其中 25 万元通过签订房屋买卖合同,用于欢之父名下的一套住房作为抵押,双方约定如逾期还款,则将该住房过户给赵某。2015 年 11 月 2 日至 2016 年 1 月 6 日,于欢之母共计向赵某还款 29.8 万元。吴某、赵某认为该款属于偿还第一笔借款的利息,而于欢父母认为是用于偿还第二笔借款。吴某、赵某多次催促于欢父母继续还款或办理住房过户手续,但于欢父母未再还款,亦未办理住房过户。

2016 年 4 月 1 日,赵某与杜某等人将抵押住房的门锁更换并强行入住,并于 4 月 13 日将抵押住房内物品搬至源大公司门口。当晚,于欢之父与吴某达成口头协议,约定次日将住房过户给赵某,此后再付 30 万元,借款本金及利息即全部结清。

4 月 14 日,于欢父母未去办理住房过户手续。当日下午,赵某纠集数名人员到源大公司讨债,并与于欢之母发生争吵。其间,赵某离开。21 时 53 分,杜某等人进入该公司接待室讨债。杜某用污秽语言辱骂于欢之母、于欢及其家人,将烟头弹到于欢之母胸前衣服上,还裸露下体,侮辱于欢之母等人。后又脱下于欢的鞋让于欢之母闻。22 时 07 分,公司员工刘某打电话报警。民警到达后了解情况,并警告双方不能打架,然后带领辅警到院内寻找报警人,并给值班民警打电话通报警情。于欢和母亲欲随民警离开接待室,遭到杜某等人阻拦。杜某等人卡于欢项部,将于欢推拉至接待室东南角。于欢持刃长 15.3 厘米的单刃尖刀,警告杜某等人不要靠近。杜某出言挑衅并逼近于欢,于欢遂捅刺杜某腹部一刀,又捅刺围逼在其身边的程某胸部、严某腹部、郭某背部各一刀。22 时 26 分,辅警闻声返回接待室。经辅警连续责令,于欢交出尖刀。杜某等四人受伤后,分别被送至医院救治。次日早,杜某经抢救无效,因失血性休克死亡。严某、郭某的损伤均构成重伤二级,程某的损伤构成轻伤二级。

判决结果如下：

2017年2月17日，山东省聊城市中级人民法院一审判决，以故意伤害罪判处于欢无期徒刑，剥夺政治权利终身，并附带民事赔偿。原告和被告于欢均不服一审判决，分别提出上诉。

2017年5月27日，该案二审在山东省高级人民法院公开开庭。山东高院审理认为，于欢的行为具有防卫性质，但明显超过必要限度造成重大损害，故应认定属于防卫过当。

2017年6月23日，山东高院作出终审判决，维持一审判决附带民事部分；撤销一审判决刑事部分；判决于欢犯故意伤害罪，判处有期徒刑五年。

资料来源：《于欢故意伤害案——庭审成为"一堂生动的法治课"》，https://www.chinacourt.org/article/detail/2018/12/id/3611884.shtml，访问日期：2024年6月5日。

2018年1月5日，于欢故意伤害案入选2017年度人民法院十大刑事案件，有关于欢的行为是否属于正当防卫以及防卫过当，引发社会热议。

正当防卫制度在我国刑法中占据着十分重要的地位，它被立法机关赋予了鼓励公民与犯罪作斗争的功能。根据2020年修正版的《刑法》第二十条第一款，正当防卫的概念为："为了使国家、公共利益、本人或者他人的人身、财产和其他权利免受正在进行的不法侵害，而采取的制止不法侵害的行为，对不法侵害人造成损害的，属于正当防卫，不负刑事责任。"第二十条第二款规定了防卫过当的概念："正当防卫明显超过必要限度造成重大损害的，应当负刑事责任，但是应当减轻或者免除处罚。"第二十条第三款则规定了无过当防卫："对正在进行行凶、杀人、抢劫、强奸、绑架以及其他严重危及人身安全的暴力犯罪，采取防卫行为，造成不法侵害人伤亡的，不属于防卫过当，不负刑事责任。"尽管新版《刑法》未修改正当防卫制度，但是，对正当防卫与防卫过当的立法已经相当有利于防卫人。然而，我国司法实践对正当防卫的成立要件，基本上都是朝否定的方向去理解和判定，这使得正当防卫的成立空间相当有限，造成了正当防卫制度在立法与司法上的分化，因而该制度被法学界称为"僵尸条款"。以于欢案为例，多位著名法学家对有关正当防卫的判决进行了反思，并认为立法意图未得到司法实务的贯彻。[1] 接下来，我们就以于欢案为切入口，从法教义学和法经济学的角度对正当防卫制度展开分析。

一、正当防卫的法教义学分析：以于欢案为例

在于欢案中，被告于欢对受害人捅刀的行为是否构成正当防卫呢？从法教义学的角度看，根据一审判决认定的案件事实和判决提供的证言所补充的事实，从以下三个方面进

---

[1] 陈兴良：《正当防卫如何才能避免沦为僵尸条款——以于欢故意伤害案一审判决为例的刑法教义学分析》[J]，《法学家》，2017年，第5期：第89—104+178页；陈璇：《正当防卫、维稳优先与结果导向——以"于欢故意伤害案"为契机展开的法理思考》[J]，《法律科学（西北政法大学学报）》，2018年，第3期：第75—90页；劳东燕：《正当防卫的异化与刑法系统的功能》[J]，《法学家》，2018年，第5期：第76—90+193—194页。

行文义解释：

第一，于欢案是否存在不法侵害？

正当防卫是对不法侵害的反击行为，不法侵害是正当防卫的起因，如果没有不法侵害，当然就不存在对不法侵害的正当防卫。对于欢的行为是否构成正当防卫的判断，首先应考察在于欢案中是否存在不法侵害。

于欢案的起因是讨要非法债务，一般讨债当然不能被视为不法侵害，关键在于讨债人采取的手段是否属于不法侵害。根据法院的一审判决："虽然当时其人身自由权利受到限制，也遭到对方辱骂和侮辱，但对方均未有人使用工具，在派出所已经出警的情况下，被告于欢及其母亲的生命健康权利被侵犯的现实危险性较小，不存在防卫的紧迫性，所以于欢持尖刀捅刺受害人不存在正当防卫意义的不法侵害前提。"这一判决先否定了在本案中存在不法侵害，进而否定了于欢行为的防卫性质。与此同时，判决肯定了在讨债过程中存在人身侵害的现象，并认定人身侵害的现实危险性较小，不存在防卫的紧迫性。

根据案件事实，于欢案中明显的不法侵害是非法拘禁行为，但法院判决并没有将讨债人的扣押行为认定为非法拘禁，而是界定为限制人身自由权利的行为。根据我国《刑法》第二百三十八条的规定，非法拘禁是指非法拘禁他人或者以其他方法非法剥夺他人人身自由的行为。因此，非法拘禁罪的特征就是非法剥夺他人人身自由。那么，于欢案讨债人的行为是构成对于欢母子人身自由的限制还是剥夺？本案的讨债行为从案发当天下午4点开始一直延续到晚上10点，并且于欢母子被扣押在一个特定场所，不得外出，吃饭也有人跟着。晚上9点杜某等人来到现场以后，将于欢母子拘禁在接待室，并加以辱骂和殴打。我国《刑法》第二百三十八条第三款专门规定了索债型非法拘禁罪，指出："为索取债务非法扣押、拘禁他人的，依照前两款的规定处罚。"于欢案中讨债人的行为正是对债务人实施了扣押和拘禁行为。因此，于欢案讨债人的行为已经构成非法拘禁罪，这是一种典型的不法侵害。除了非法拘禁，杜某等人所实施的侮辱、殴打等不法行为，也具有明显的侵害性，侵害了于欢母子的人格尊严和人身安全等权益。

那么，对非法拘禁行为是否可以进行正当防卫呢？只要存在客观现实的不法侵害，为了避免这种侵害，公民都可以对不法侵害人实行防卫，没有忍受不法侵害的义务。除非侵害结果已经发生，不能通过防卫予以排除。非法拘禁具有对人身自由的侵害性，而且非法拘禁罪属于继续犯，对他人进行扣押以后，他人的人身自由被剥夺的整个期间都属于犯罪行为进行的时间，受害人完全可以通过防卫解除非法拘禁的状态。

缺乏紧迫性是于欢案一审判决否定防卫性质的一个主要理由。什么是紧迫性呢？防卫的紧迫性应定义为：不防卫无以排除侵犯。在于欢案中，非法拘禁持续时间长达数小时，在此期间不法侵害人持续地对于欢母子进行辱骂和殴打。特别是在民警来到现场以后，于欢要求出去，想要解除非法拘禁状态，但讨债人仍然对此加以阻止，甚至使用暴力阻止。在这种情况下，于欢使用从办公桌上拾起的水果刀捅刺杜某等讨债人，不能否定存在侵害的紧迫性。因此，在非法拘禁的不法侵害中，于欢为解除对自己的非法拘禁，对拘禁人采取了暴力防卫措施，应认定为具有防卫的性质。

第二,不法侵害是否正在进行?

只有对正在进行的不法侵害才能实行正当防卫,因此,不法侵害正在进行是正当防卫的时间要件。

因为非法拘禁罪具有继续犯的性质,因此,在非法拘禁持续期间,都可以认定为不法侵害正在进行,可以实行正当防卫。从于欢案的案情来看,从下午4点到晚上10点都处于非法拘禁行为持续的时间,这一事实没有疑问,问题是当民警来到拘禁现场时,是否消除了非法拘禁?法院在一审判决的理由中强调,在派出所已经出警的情况下,于欢以及母亲的生命健康权利被侵犯的现实危险性较小,不存在防卫的紧迫性。

然而,民警出警的实际效果如何呢?事实上,民警到场以后没有制止讨债人的不法侵害,而只是说:讨债可以,但是不能打人,说完就要离开。与此同时,当于欢母子欲随民警离开接待室时,杜某等讨债人暴力阻止于欢离开,并对于欢实施了勒脖子、推搡等强制行为,这些行为清楚地表明,于欢正处于不法侵害之中。

更何况,民警出警并没有解除于欢母子的非法拘禁状态。对于民警出警无果,一个符合常理的推断是,于欢对于公权力制止不法侵害失去希望,进而诱发以暴制暴的私力救济。因此,一方面,于欢正处于不法侵害的进行中,另一方面,出警没有制止不法侵害。这两方面的事实表明,于欢持刀捅刺讨债人的行为,符合正当防卫的时间要件。

此外,正当防卫的对象只能是不法侵害实施人。而于欢持刀捅刺的对象恰恰是杜某等直接实施非法拘禁等不法侵害行为的四位讨债人,因此于欢的反击符合防卫的对象条件。

第三,于欢是否防卫过当?

至此,于欢的行为属于正当防卫已经证成,进一步的问题是于欢是否防卫过当,这就涉及《刑法》第二十条第二款和第三款的规定,第二款规定了防卫过当,第三款又规定了无过当防卫。因此,该条第二款和第三款都以正当防卫的成立为前提,而第三款则是第二款的例外。第三款只有当不法侵害严重危害人身安全且具有暴力犯罪性质时才能适用。

严重危害人身安全的暴力犯罪应当要达到致人死亡或者致人重伤的程度,于欢案的情况还没有达到这一程度。讨债的目的是实现债权,尽管在讨债过程中存在拘禁、殴打和辱骂等不法侵害行为,但这些行为的目的只是实现债权,可以推断,于欢案中的讨债人并没有想要造成于欢母子人身伤亡的目的。因此,于欢的行为也不具备《刑法》第二十条第三款无过当防卫的适用条件。

那么,于欢造成死伤4人的防卫行为是否构成防卫过当呢?根据《刑法》第二十条第二款规定,防卫过当的特征是明显超过必要限度造成重大损害。根据《刑法》第二十条第三款的逆否命题:并非对正在进行行凶、杀人、抢劫、强奸、绑架以及其他严重危及人身安全的暴力犯罪,采取防卫行为,造成不法侵害人伤亡的,应负刑事责任,既然于欢的防卫造成了不法侵害人的伤亡,又不属于第三款的无过当防卫,因此就只能构成第二款的防卫过当。法学家陈兴良认为,于欢案的判决之所以偏颇,主要是因为运用了刑法解释学中反对解释的方法,也即依据的是第二十条第三款的逆否命题,但是,《刑法》第二十条第二款与第三款之间并不是 A 与非 A 的关系,因此,对第三款逆否命题的反对解释不足以限制第二款的内容。于欢的行为不属于第三款中的严重暴力犯罪,并不足以说明其行为就是防卫过当。

其理由在于:"在普通防卫的情况下,防卫人所遭遇的只是不危及人身安全的普通不法侵害,却可以采取危及不法侵害者的人身安全的防卫手段,且可以在造成他人死伤的情况下不负刑事责任,这有失法益的平衡。"根据这种观点,对于普通正当防卫而言,只要造成不法侵害人的伤亡结果就是防卫过当。显然,这种观点限缩了正当防卫的范围,扩大了防卫过当的范围。

但是,具体到于欢案中,依据案件事实和相关法律来衡量,二审判决认定于欢的反击行为"明显超过必要限度"并"造成重大损害",属于防卫过当,是合理合法的。① 针对杜某等人实施的不法侵害行为,于欢为使其母子的人身权利免受正在进行的不法侵害,当然可以采取制止不法侵害的防卫行为,但杜某等人的主观目的是索要债务,且其不法侵害手段并未使用器械工具,也没有对于欢母子实施致命性的暴力攻击行为。与杜某等人的侵害手段及程度相比,于欢直接使用刃长超过 15 厘米的单刃刀,捅刺杜某等人身体的要害部位,造成一死、二重伤、一轻伤的后果,其防卫行为与不法侵害行为在手段、强度和结果等方面并不符合比例原则。从行为相当性来看②,采用法教义学的历史解释,回到拟定刑法的那个时点上,当初刑法专家的脑海里对于正当防卫构建了怎样的一个标准情境呢?譬如,两人吵架,一人拿起木棍,猛打另外一人。被打的人,随手也拿起木棍回击来保护自己,这是标准的正当防卫。可是,如果被打的人拿起一把利刃反击,这时候就有可能超过正当防卫而变成防卫过当,因为木棍造成的伤害和利刃可能造成的伤害在程度上有明显的区别。在于欢案中,杜某等人对于欢的不法侵害始终未使用器械工具,而于欢直接以致命的长刀反击。那么,于欢以长刀反击不法侵害人是否为解除非法拘禁所必需呢? 于欢在试图离开拘禁场所时遭到不法侵害人的暴力阻止,于欢对此进行正当防卫,这种防卫的必要限度,应限制在解除拘禁所必需的限度之内,至少不应是在反击初始就使用致命武器并且连续捅刺数人。因此,在于欢案的情境中,于欢的行为更适用防卫过当。

二、正当防卫案件中的事实认定问题和社会规范问题

不少法学家就于欢案的判决提出了批评意见,认为司法界对于正当防卫的理解存在着多种错误观念,包括:(1)只能对暴力行为防卫,对非暴力侵害不能防卫;(2)只有暴力侵害发生的一刹那,才能实行防卫;(3)只要双方打斗就是互殴,就不是防卫;(4)只要发生死

---

① 《赵秉志:于欢案防卫过当法理问题简析》,最高人民法院微信公众号,2017 年 6 月 24 日,2024 年 5 月 8 日访问。
② 行为相当性是指防卫行为与侵害行为之间具有相当性,只要行为具有相当性,即使防卫行为所造成的结果偶尔大于被侵害的法益,也认为不属于防卫过当。

伤结果,就是防卫过当;(5)把"不法侵害"限定为无辜一方受到严重暴力攻击的情形[①];(6)把"不法侵害正在进行"的时间理解为时点而非过程;(7)对防卫必要限度的理解,只考虑已经造成的结果,对侵害者行为可能造成的损害,以及侵害者在被防卫过程中可能新增的侵害欠缺考虑。归纳而言,这些"错误观念"均属于基于事实的判断,也就是只有在案件事实足够详尽的前提下,才能做出这些判断。或者退一步讲,如果案情事实是模糊的,正确的观念也无所适用。以于欢案为例,在封闭空间中杀人,如果没有足够多的在场人员可以交叉印证,只要讨债人、于欢母子、民警的言行以及作案凶器的来源等任意一个关键事实存在模糊性,那么,于欢案的裁判就会陷入困境。然而,在一般的正当防卫案中,常常只有伤害者的口供而无旁证,比如在夏俊峰案(沈阳刺死城管案)中,沈阳中院一审认为:"虽然夏俊峰始终供述遭受害人殴打,但除其供述,并无其他证据予以证实,故不能认定夏的行为具有防卫性质",于是判决夏俊峰死刑立即执行。当正当防卫案件的证据链条不足时,如何进行司法裁判,特别在受害人死亡的案件中,被告提出正当防卫抗辩时,要如何举证才算证伪或证立呢?因此,正当防卫案件的事实认定是正当防卫裁判的一阶问题,而法律规范的解释是在解决好一阶问题基础上的二阶问题。

另外,主流的刑法教义学理论主要关注过去案件的利益衡平,而对判例的社会规范效应缺少考虑。建立在概念法学方法论上的传统刑法教义学,无论是作为刑法总论之核心的犯罪论,还是作为刑法各论之基础的解释论,关注的都是已经发生的个案在既有体系中的规范性分析和评价问题,并不关心其分析结论或判例在未来会产生怎样的社会效果。这样的法教义学理论强调确定性的价值,把法律体系的自洽性和稳定性作为主要诉求,希望对当下的判例或评析与过去保持一致性,来确保法律规范的稳定。[②] 法教义学很容易得出逻辑自洽的结论,但从公共政策的角度来看,这样的结论很可能没有达成社会福利最大化的目标。为实现合逻辑性与合目的性之间的统一,有必要构建一套综合考虑社会示范效益的理论,在处理过去和规范未来、在除弊和兴利之间,探寻最优的裁判方案。不仅要把预防类似犯罪的目的考虑到理论构建中,而且在个案的利益衡量和司法判决中,应剔除对于建立与表达规则没有影响的因素。

针对正当防卫案件中的事实认定和社会规范问题,法经济学可以提供合法、合理且具备操作性的裁判思路。

三、如何进行正当防卫的事实认定:举证责任分配的法经济学分析

证明责任是一种结果责任,是在案件事实模糊时的归责机制。如果穷尽证明手段,仍然难以查明正当防卫的相关事实,那么法院就必须基于不完美的证据作出裁判,在这种情

[①] 比如,在于欢案中把针对人身自由权利的侵害,以及对财产权利的不法侵害、对人身健康侵害程度不高的不法侵害排除在"不法侵害"的范围之外。

[②] 劳东燕:《正当防卫的异化与刑法系统的功能》[J],《法学家》,2018年,第5期:第76—90+193—194页。

形下,举证责任的分配成为决定是否存在正当防卫的关键。但是,在正当防卫的司法实践上,既有遵循"谁主张谁举证"原则,把证明正当防卫成立的责任分配给被告的做法,也有基于"疑点利益归于被告"原则,由原告承担事实不明时的不利后果,即把证伪正当防卫的责任分配给原告的做法。在法律文本和法教义学理论上,两种分配举证责任的做法都缺乏依据或支撑。①

根据法经济学的经典理论——汉德公式,只有当防范事故的成本(B)小于事故发生的概率(P)与损失(L)之乘积的时候,即 $B<PL$,疏于防范者才应承担侵权责任。其理由有二:一是对当事人而言,通过投入防范成本来避免事故发生更划算;二是通过惩罚疏于防范的当事人,引导类似情况下的行为选择,减少未来发生类似事故的概率,实现社会福利的最大化。

可见,汉德公式(包括其他的法经济学理论)着眼于两类问题的处理:一是"向后看",解决本次事故损失由谁担责的问题;二是"向前看",避免以后再发生类似事故。向前看的目标是兴利,向后看的目标是除弊,兴利比除弊更重要。因为"向后看"属于零和博弈,不管哪方承担损失都不影响社会福利,而"向前看"对责任的分配将影响人们在未来面临类似风险时的行为选择,从而影响未来的事故发生概率。可见,"向后看"决定了"向前看",处理当下也就是塑造未来。

当穷尽证明方法,案件事实仍然模糊时,分配举证责任就成为一种归责机制,相当于让承担举证责任的一方来承担事故的防范义务。根据汉德公式,此时同样要解决"向后看"和"向前看"的问题。"向后看"就是在被告担责(附带无罪判有罪的第 I 类错误风险)和原告担责(附带有罪判无罪的第 II 类错误风险)之间进行选择,通过比较双方的预期错案损失,在两类错误之间选择成本较低者,从而在不得已错判时保证成本最小化。"向前看"就是通过在原告和被告之间分配错误风险,引导人们未来的行为选择,包括:通过让证明成本较低的一方承担较大的证明责任,引导当事人在诉讼中积极举证以避免错判;通过让人们权衡不同纠纷的发生概率及个案成本,引导在面临类似纠纷时选择社会总成本更低的方案。

从法经济学的角度来看,当案件事实模糊时,作为归责机制的证明责任分配需要考虑三个因素,分别是证明成本、预期错案损失和未来类似案件的社会总成本,三者之和较低的一方应当承担证明责任,承受事实模糊时的不利后果。当然,这三个因素不容易进行精确客观的度量,因此,可以采取程序正义的做法,依据众谋佥同的共识来比较各种成本的序数。

1. 证明成本:以激励当事人证明事实真相为目标

证明责任制度应以发现真相为目标,通过行为责任分配规则鼓励揭示真相。根据汉德公式,要避免案件事实模糊的发生,就要让证明成本较低的一方来提供证据,由证明成本较低却不能完成证明的一方承担不利后果。之所以施加给证明成本低的一方以举证责

---

① 兰荣杰:《正当防卫证明问题的法律经济学分析》[J],《法制与社会发展》,2018 年,第 1 期:第 166—187 页。

任,不仅是为了最小化证明活动的社会成本,还因为成本低往往意味着更有证明优势(可资利用的证明工具更多,也更能承受证明的花费)。把证明优势和证明动力结合于一方主体,激励证明成本较低的一方尽力举证,可以使得事实在较大程度上得到证明。

证明成本的高低通常取决于三个因素:一是举证能力,越有能力提供证据的一方,承担证明责任的成本越低。二是举证方便性,离证据的距离越近,搜集证据越方便,举证的成本越低。三是待证事实属性,证明积极事实相对容易,只须有针对性地提供该事实存在或成立的证据即可;证明消极事实则成本较高,只有在排除所有可能性之后,才能证明该事实不存在或不成立。综合三个因素,如果要求举证能力低下、举证不方便的当事人承担证明责任,或者要求证明的消极事实较多,则可能导致当事人难以呈现较多的案情真相。

就正当防卫案件而言,在举证能力上,检察机关与被告之间的差距明显,检察机关掌握更具优势的人力、财力、物力(技术),由原告检察机关来承担证明责任更有助于发现真相。具体在于欢案中,检察机关以故意伤害罪起诉于欢,而没有认定防卫情节。检察机关对于刑事案件具有审查职责,应根据事实和法律认定于欢的行为是否具有正当防卫或者防卫过当的性质,如果认为于欢的行为属于正当防卫,可以决定不起诉;如果认为属于防卫过当,可以决定不起诉或起诉。但于欢案中的检察机关以普通犯罪起诉到法院,可以说,于欢案中的检察机关未能履行好保障犯罪嫌疑人合法权利的审查职责。

在举证方便性上,作为案件亲历者的被告应比公检机关更了解案情,更清楚证据的分布情况,因而更可能方便举证。因此,以发现事实真相为目的,举证方案应实现被告与检察机关之间的合作,结合被告掌握的信息和检察机关的证据搜集能力。

在事实属性上,由于积极事实具有较明确的针对性,证明积极事实的成本一般低于证明消极事实。证明消极事实的成本之所以较高,是因为不知要否定哪一个具体选项,所以只能在大范围内穷举排除。因此,当需要由主张消极事实的一方承担证明责任时,应同时要求相对方尽可能列举出需要否定的事实,以便有针对性地举证否定。

综合考虑三项证明成本因素,在正当防卫案件中,应由原告和被告分担证明责任,原告检察机关承担结果责任和主要的行为责任,被告承担次要的行为责任。对于被告拥有信息优势的事项,先由被告明确证明对象并提供证据分布信息,再启动原告行为责任。基于被告的证明成本优势,被告的次要行为责任应当包括两部分,一是形成争执点,二是协助控方举证。在正当防卫案件中,应首先要求被告提供必要信息证明正当防卫的存在确有合理的可能,然后才启动原告公诉方的证明责任。

2. 预期错案损失的最小化

当案件事实模糊时,会因出现错案而发生社会福利损失。从社会福利最大化的目标出发,法官应当选择最小化错案损失的方案。但是错案的损失类别多样,难以在同一量纲下度量,比如生命、名誉、公共安全等。在不同的错案损失之间,应如何确定损失的大小呢?首先,基于人的尊严的优先地位,当面临非此即彼的选择时,人身权利应优先于财产权利。其次,应优先保护边际效用损失较大的一方当事人,比如,同样是罚款100元,对于富翁的边际效用损失显然小于穷人,这样的情况下就应优先保护穷人。最后,不可补救损失应优先于可补救损失。不可补救损失一旦发生就不可挽回,相当于沉没成本,比如,人死不能复生;可补救损失则还有"后悔药"可吃,比如,还可以重审改判。当其他条件不变时,法官应优先避免不可补救的损失。

在受害人死亡的正当防卫案件中,应如何评估双方的预期错案损失呢?在此需要考虑两方面的因素:一是双方当事人的损失,用 L(Loss)表示;二是损失发生概率,用 P(Probability)表示。PL 表示预期错案损失。以 1 和 2 分别表示冤枉无辜者(第Ⅰ类错误)和错放真凶(第Ⅱ类错误)两种情况。若是第Ⅰ类错误,那么被告的损失($L1$)包括名誉、自由乃至生命;反之,若是第Ⅱ类错误,则主要损失是受害人的"二次伤害"($L2$),不仅无人对其死亡担责,还有额外的声誉损失。两类错误的轻重不难分辨:第Ⅰ类错误中被告的损失属于不可补救的自由乃至生命等重大人身利益,且边际损失特别大(从自由身到身陷囹圄甚至命赴黄泉),而第Ⅱ类错误中受害人的预期损失(不含已经沉没的死亡损失)属于可补救的名誉或精神等较轻微的人身利益损失,且边际损失较小,也即 $L1>L2$。因此,从当事人损失计,应当优先保护被告,避免第Ⅰ类错误。

基于排除合理怀疑的刑案定罪标准,第Ⅰ类错误(冤枉无辜者)和第Ⅱ类错误(错放真凶)的概率是不一样的。在个案证明中需要考查三种概率:一是法定证明标准即排除合理怀疑,用 P' 表示;二是证明终了时实际达到的确信程度,用 P'' 表示;三是错案概率 P,等于绝对真实(1)与实际达到的确信程度之差,即 $P=1-P''$。当 $P''>P'$ 时,被告将被定罪,一旦出错则意味着第Ⅰ类错误(冤枉无辜者),出错概率为 $P1$;反之,当 $0<P''<P'$ 时,原告的实际证据不足以达到法定证明标准,依法应判决被告无罪,一旦出错则为第Ⅱ类错误(错放真凶),出错概率为 $P2$,且出错概率 $P2$ 高于 $P1$。当 P'' 接近 0 时,被告的预期错案损失逐渐增大,直至超过受害人的预期错案损失,这种情况就应优先考虑无罪化处理;而当 P'' 接近 1 时,被告被冤枉的概率 P 接近 0,这种情况应优先考虑有罪化处理。

值得说明的是,一方面,由预期错案损失较大的一方承担证明责任,可倒逼其举证去避免事实模糊的结果;另一方面,当事实模糊时,法官应当优先保护错案成本较高的一方,两种主张似有矛盾。不过,两者的侧重点各有不同:前者关注搜集证据的激励问题,属于证明终了之前的行为责任;后者关注事实真伪不明时的不利后果承担问题,属于证明终了之后的结果责任。由于证明终了之前,双方都无法判断待证事实的最终状态,在不同的证据条件下,一个案件可能呈现有罪、无罪和真伪不明三种证明结果,都可能导致错案。只有在证明结果模糊时,当事双方预期错案损失的大小才有意义。比如,一旦法官确信在案证据能够证明被告有罪,无论被告的预期错案损失如何,都不能避免有罪结果。因此,在证明终了之前,由于被告的预期错案损失更大,因而有较高的激励积极举证,可要求预期错案损失较大的一方承担部分行为责任;之后当证明终了事实真伪还是不明时,再将不利后果归于预期错案损失较小的一方,因此,两种主张可以并存。

3. 建立社会规范：未来类似案件的社会成本

"向后看"决定了"向前看"，司法裁判不仅是对个案的处理，也会影响人们在未来面临类似纠纷时的行为选择。

当案件事实模糊时，法官需要在第Ⅰ类错误（冤枉无辜者）和第Ⅱ类错误（错放真凶）两种风险中进行选择，司法裁判应着眼于引导人们在未来类似案件中的行为选择，最小化社会成本。这就要求裁判时要综合考虑单个案件的社会成本和类似案件的发生概率，因为两者之积就是社会成本。

在受害人死亡的案件中，真相无非两种可能：一是被告行使无限防卫权杀人，二是故意杀人。如果法院选择宁可错放真凶也要认定正当防卫，固然会鼓励人们在遭遇不法侵害时积极自卫，但也不排除有人利用真伪不明的正当防卫来杀人。反之，如果法院选择宁可冤枉无辜者也要认定故意杀人，固然会避免让正当防卫成为故意杀人的掩护，但当人们在封闭空间遭到危及人身的攻击时，却可能不敢无所顾忌地防卫，易使行凶者得逞。简言之，"宁纵勿枉"容易被利用来"合法杀人"；"宁枉勿纵"容易造成被侵害人"更难自卫"。就个案成本而言，"合法杀人"一旦发生，一方面是无辜者死亡，另一方面是真凶逃脱惩罚；在"更难自卫"发生时，虽然无辜者会遭到人身伤害甚至生命丧失，但行凶者失去正当防卫这一"合法行凶"的保护伞，也很可能伏法。"合法杀人"状况中的无辜者死亡的损失应大于"更难自卫"状况中的人身伤害；"合法杀人"状况中真凶逃脱惩罚的损失应大于"更难自卫"状况中的行凶者很可能伏法。从个案的社会成本考虑，"宁纵勿枉"的社会损失显然比"宁枉勿纵"的社会损失更大，因此应当选择"宁枉勿纵"。

再从个案的发生概率考虑，坏人"合法杀人"的条件要比好人"更难自卫"高得多，需要一个容易被裁判者误解为实施行凶行为的受害人（比如，非法拘禁债务人的讨债人）；还要有一个杀人手段高超的坏人，在受害人脱逃、反抗或发出求救信号前迅速致命；还需要受害人自愿与坏人共处于一个没有证人证物的空间；相形之下，好人"更难自卫"的案件可能发生在任何普通人身上，只需要被不法侵害的人知道无旁证的正当防卫有可能被法院定罪判刑。因此，从个案的发生概率考虑，"宁纵勿枉"所引导的"合法杀人"个案，发生概率很小；而"宁枉勿纵"所引导的"更难自卫"个案，发生概率很大。

综合个案的社会成本和发生概率两方面因素，尽管"宁纵勿枉"的个案损失更大，但若将案发概率纳入考量，对于一个人口规模较大的社会而言，显然是"宁枉勿纵"的社会成本更高，所以，法院在面临事实模糊的正当防卫案件时，更应当选择"宁纵勿枉"，避免建立普通人欲自卫而不敢的社会规范，即便其机会成本是在一定概率上容忍"合法杀人"。

以法经济学中的"汉德公式"为分析工具，综合考虑控辩双方证明成本、预期错案损失及未来类似案件社会总成本的差异，以最小化社会成本为目标，最优证明方案是双方互补承担证明责任。即由原告检察机关承担结果责任和主要行为责任，被告承担次要行为责任，包括首先形成正当防卫争点并为原告提供举证协助。实施这一证明方案，即使因证明不能而导致错案,也能保证社会净损失最小,同时还能引导公众在未来面临类似案件时主动选择社会总成本最小的行为模式。从法经济学的角度来看,解决正当防卫案件的事实认定问题以及社会规范问题须考虑以下四项成本因素:证明成本、预期错案损失、未来类似案件的社会总成本和法院裁判成本。

第二节 下调刑事责任年龄的分析

案例 14-2

下调刑事责任年龄的背景

不满 14 周岁的未成年人实施恶性暴力行为的事件屡见报端。根据中国预防青少年犯罪研究会发布的数据可知,未成年人表现出不良行为的年龄平均仅为 12.2 岁[1],故意杀人、抢劫、故意伤害等犯罪体现出较为明显的低龄化特征。

2020 年 12 月 26 日全国人大常委会通过的《刑法修正案(十一)》在《中华人民共和国刑法》第十七条增加了"已满十二周岁不满十四周岁的人,犯故意杀人、故意伤害罪,致人死亡或者以特别残忍手段致人重伤造成严重残疾,情节恶劣,经最高人民检察院核准追诉的,应当负刑事责任"这一款规定。该款规定体现出刑法对 12—14 周岁未成年人恶性犯罪的惩治立场。从修法背景看,《刑法修正案(十一)》下调刑事责任年龄是在 2019 年大连 13 岁男童奸杀 10 岁女童案之后。根据立法者的解释,这项改动综合了未成年人违法犯罪的现实情况、未成年人身心发展的变化、司法刑事政策等情况。[2]

在《刑法修正案(十一)》新增"个别下调"的规定之后,2024 年 3 月 10 日,河北邯郸市发生一起 3 名未满 14 周岁未成年人故意杀人案件,[3]该案再度引发舆论热议。其中,代表性的质疑包括:本案中 3 名未成年嫌疑人的犯罪手段极其残忍,主观恶性极大,且明显具有控制和辨认能力,不应该因未成年就对其减轻处罚,反而应当严惩重判,年龄不能作为他们的"免死金牌"。在类似"邯郸 13 岁男孩被害案"等低龄未成年人恶性犯罪案件中,公众表达出对犯罪的未成年人强烈的报应心理,当刑法的修订未能满足这种报应需求时,舆情就在所难免。那么,如果发生年龄更小或者手段更残忍的未成年人犯罪案件,最低刑事责任年龄还要继续下调吗?刑法该如何应对呢?下面将从法教义学和法经济学两种角度,对下调刑事责任年龄的刑法修正展开分析。

---

① 邓君韬:《年龄与认知:"降低刑事责任年龄"引发的思考》[J],《中国政法大学学报》,2020 年,第 4 期:第 34 页。
② 王爱立:《中华人民共和国刑法释义》[M],北京:法律出版社,2021:27。
③ 《实探邯郸初中生遇害案现场,学校否认校园霸凌、家属不认可》[EB/OL],https://news.cctv.com/2024/03/19/ARTI8jlmXK8OcelqWzpTHExQ240319.shtml,2024 年 5 月 21 日访问。

一、最低刑事责任年龄制度的法教义学分析

1. 最低刑事责任年龄条款涉及的犯罪类型[①]

《刑法》第十七条第三款中"故意杀人、故意伤害罪"的表述,是指犯罪人所实行的行为,而非其所涉及的罪名。将其解释为犯罪行为,第一是排除了低龄未成年人因主观上不构成故意,行为人不符合故意杀人、故意伤害罪的的主体要件,导致无罪可定的情况。第二是对于低龄未成年人犯罪进行有选择性的惩罚。例如,行为人在抢劫的同时杀害被害人,根据《刑法》第十七条第三款的规定,应当认定为故意杀人罪,不认定为抢劫罪,不评价行为人的抢劫行为,符合该条立法的目的。只有当行为主体是已满14周岁不满16周岁的未成年人,才可评价行为人的抢劫行为。这意味着年龄可以影响刑事责任的承担与否以及罪名的选择。

转化型故意杀人罪和故意伤害罪也不应作为《刑法》第十七条第三款规定的行为。我国《刑法》将四个刑法条款中致人重伤、死亡的情形规定为转化型犯罪,包括非法拘禁使用暴力致人伤残、死亡;刑讯逼供致人伤残、死亡;虐待被监管人致人伤残、死亡;聚众斗殴致人伤残、死亡。如果低龄未成年人实行了非法拘禁行为和聚众斗殴行为,致人伤残、死亡,能否根据《刑法》第十七条第三款的规定对其定罪处罚呢?

"法律拟制说"的理论观点认为:"拟制条款是将各条款中的法定犯罪行为致人重伤、死亡的情形拟制为故意伤害、故意杀人罪。"[②]也就是行为人只要实施了非法拘禁、聚众斗殴等行为并使用暴力致人死亡的,即使不存在杀人或者伤人的故意,仍应当拟制为故意杀人、故意伤害罪。然而根据《刑法》第十七条第三款的表述,故意杀人、伤害行为在客观上就是致人死亡、重伤的严重行为,并且在行为时主体就有致人死亡或重伤的故意,这与非法拘禁、聚众斗殴致人死亡在主客观上的表现都不相同。

"注意规定说"的理论观点认为:"这四个条款是提示性规定,因此,只有当行为人的行为完全符合故意杀人、故意伤害罪的犯罪构成时,才能认定为故意杀人、故意伤害罪。"[③]然而,在聚众斗殴犯罪中,行为人对被害人死亡结果的主观认知是很难判断的,成年人在聚众斗殴时,或可在大概率上预见到死亡等严重后果,但低龄未成年人很可能受限于认知能力,无法预见到其行为的严重后果。因此,从"法律拟制说"或"注意规定说"出发,都无法将转化罪作为惩罚低龄未成年人的依据,转化型故意杀人、故意伤害罪的相关条款与《刑法》第十七条第三款的要求存在矛盾。根据《刑法》第十七条第三款的规定,应具体考量行为人对重伤、死亡结果的主观故意。

根据《刑法》第十七条第三款的文义解释,低龄未成年人实施了该款中规定的行为,造成被害人死亡或者重伤结果,达到了严重残疾的标准,才为《刑法》所处罚,这之中并没有

[①] 姬烁:《最低刑事责任年龄条款的法教义学解释》[J],《北京警察学院学报》,2022年,第5期:第33—38页。
[②] 龙洋:《论转化犯立法的理论根据》[J],《法律科学(西北政法大学学报)》,2009年,第4期:第130—136页。
[③] 利子平、詹红星:《"转化型故意杀人罪"立论之质疑》[J],《法学》,2006年,第5期:第110—116页。

明确排除犯罪未遂的情况。而在《刑法》第十七条第二款中,关于未成年人犯罪行为规定了故意杀人、故意伤害致人重伤或死亡的情形,法学界与司法实践均将其解释为既处罚未遂也处罚既遂。根据刑法体系解释的要求,《刑法》第十七条第三款作为相同体系地位的条款,也应既处罚未遂也处罚既遂。

2. 结果预见可能性的分析

承担刑事责任的基础是行为人具有辨认与控制能力。因此,刑事责任年龄起点设置的决定性因素是行为人是否具有辨认与控制能力,只有当行为人对其行为所表征出的刑法层面的意义、作用、性质、后果等具有认识,且能根据自由意志决定是否实施此行为时,才具有为此行为承担刑事责任的基础。根据全国人民代表大会常务委员会法制工作委员会整理编写的释义,我国《刑法》第十七条对刑事责任年龄的规定考虑了"人们控制、认识自己行为的能力,是受到年龄的限制的,只有在人达到一定年龄时,才能具备识别是非善恶,并在行动中具备自我控制能力"[①]。

辨认与控制能力是行为人承担刑事责任的基础,未成年人在生理上开始具备刑法所认可的辨认与控制能力之时,即应为未成年人可以承担刑事责任的年龄起点。只有具有辨认与控制能力的人,才可能在内在需求的驱使下,决定实施某种犯罪行为。对自由意志控制下的犯罪行为人实施刑事惩罚,才可能在一定程度上阻遏和威慑该行为人以及其他人实施类似的犯罪行为。对于不具有辨认与控制能力的未成年人,其行为的发生依赖于本能而非意志,因而也无法通过刑罚来引导此类未成年人的行为。因此,设置刑事责任年龄起点的关键问题是,未成年人在哪个时间节点开始有能力辨认与控制自己所实施的行为。当然,由于个体的生长发育水平具有差异性,未成年人实际的辨认与控制能力具有明显的差异性。在大陆法系国家,刑事责任年龄是根据本国大多数未成年人的整体发展水平而规定的。这是一种法律拟制,立法者不可能根据每一个未成年个体的生长发育及辨认与控制能力的实际情况来确定其刑事责任年龄起点,为了维护法秩序的统一性,对未成年人辨认与控制能力的认定标准应具有统一性。

随着社会经济发展水平的不断提高,未成年人的身体机能呈现出成熟更早的趋势。根据生物学的常识,脑细胞的发育程度取决于身体的发育程度,而决定行为认知能力和行为控制能力的是大脑,大脑的发育在 10 岁之前便已基本完成。[②] 随着身体机能的提早发展,未成年人在固定年龄段的心理发展水平也会随之提升,使其在更小的年龄具备基本的道德意识,同时,法治教育的普及与信息传播方式的便利,会强化未成年人对违法犯罪行为之违法性的认识。总之,我国当代未成年人的身体发育水平、心理成熟程度等呈现出比以往提前的态势,这意味着未成年人对自身行为的认识会比过去的同龄人更加理性。既然更小年龄的未成年人具备了判别行为是非对错的能力,那么对未成年人辨认与控制能

[①] 朗胜:《中华人民共和国刑法释义(第 4 版)》[M],北京:法律出版社,2009:第 19 页。
[②] 参见〔美〕查尔斯·莫里斯、阿尔伯特·梅斯托:《心理学导论》[M],张继明等译,北京:北京大学出版社,2007:332。

力的刑法认定也应作出相应调整。

刑法作为法律体系的一部分,为保持法律秩序的统一性,刑事责任年龄须参考其他重要部门法对未成年人行为能力的相关规定,拟制具有统一性的年龄标准。《民法典》第十九条将"限制民事行为能力人"的年龄起点规定为八周岁,规定"八周岁以上的未成年人……可以独立实施纯获利益的民事法律行为或者与其年龄、智力相适应的民事法律行为",比如,购买文具、接受馈赠等。未成年人犯罪几乎都是自然犯,自然犯是指就算不懂法,单凭常情常理和生活经验也能预见其行为的结果,了解其行为的社会危害性。因此,自然犯不仅触犯刑法规定,更突破了伦理与道德的底线。即使是未成年人,对于自然犯类型的犯罪行为(尤其是故意杀人、故意伤害等严重暴力犯罪行为)的认识程度或结果预见程度,不应低于对其可以独立实施的民事法律行为的认识程度或结果预见程度。因此,未成年人如果实施严重暴力犯罪行为等自然犯类型的犯罪行为,必然不是因为行为主体对这种犯罪行为不具有辨认与控制能力,而仅仅是因为对社会规则的漠视以及具有暴力倾向的人格特征。虽然民事行为能力与刑法意义上的辨认与控制能力并非含义等同的概念,但是刑法中的行为能力年龄,在逻辑上应该与民事行为能力的标准相统一。[①]

3. "情节恶劣"的释义

《刑法》第十七条第三款选择"情节恶劣"这一表述,然而,在具体适用中如何将"情节恶劣"整合到犯罪的构成要件中呢?《刑法》第十七条第三款确定了低龄未成年人犯罪的三种行为样态,即"故意杀人""故意伤害致人死亡"和"故意伤害以特别残忍手段致人重伤或造成严重残疾","情节恶劣"的认定可依据从宽松到严格的标准对这三种情况分别认定。

由于故意杀人罪造成了受害人死亡的后果,出现这样的情况证明该低龄未成年人主观上的犯罪恶意极大,对社会的危害程度严重,自然是可以被评价为"情节恶劣"的。也就是说,在故意杀人的情况下,其客观行为和结果或是主观要素都满足"情节恶劣"的评价,如果要出罪则需要证明行为人在犯罪构成的客观主观要件都不符合"情节恶劣"。

由于故意伤害致人死亡在法律规定的刑罚上与故意杀人罪并没有太多的区分,所以,"情节恶劣"在故意伤害致人死亡中的表现形式是指只要任意一方面存在"情节恶劣",其社会危害性达到了应受刑罚处罚的程度,就应当认定为犯罪,非如此解释不能满足与故意杀人罪的严重程度相当的要求。从教义学的角度来看,这要求在客观上与主观上对恶劣的情节进行归类。客观上,行为应当以残忍手段为限,残忍手段的含义包括使用的工具、伤害时的行为次数、伤害行为持续时间等。主观上,在要求低龄未成年人对于死亡结果具有预见可能性的前提下,对于相应的严重情节也具有预见可能性,行为人主观上的"情节恶劣"内容,可以是对受害人已经存在长时间的仇恨、对将要进行的严重犯罪存在长期预谋、对于犯罪存在强烈愿望,等等。

故意伤害以特别残忍手段致人重伤或造成严重残疾已经对于行为人的行为进行了一

[①] 高艳东:《未成年人责任年龄降低论:刑事责任能力两分说》[J],《西南政法大学学报》,2020年,第4期:第57页。

次评价,"特别残忍手段"是"情节恶劣"的客观表述。"情节恶劣"应当看作限于行为人的主观评价要素。为了主客观相统一,要以低龄未成年人的认识能力为基础判断其对恶劣结果的预见可能性,这要求:一方面,司法机关应尽职考察低龄未成年人的预见能力,识别低龄未成年人由于教育程度或社会认知程度所限,而无法预见行为后果的情况;另一方面,坚持宽严相济的政策,对于结果有预见可能性的低龄未成年人应施加恰当的刑罚,而这种对结果的预见可能性,主要是指行为人对结果的形式认识,并不要求对结果有具体认识。

《刑法》第十七条第三款的"情节恶劣"根据结果的严重程度分为了三个层级:第一个层级,行为人实施故意杀人的,已经自然地满足了"情节恶劣",因为杀人行为与故意因素已经足够表明行为人的恶劣程度;第二个层级,行为人实施故意伤害致人死亡的,这里的"情节恶劣"既包括客观行为上的"情节恶劣",也包括行为人主观上的"情节恶劣",只要有一个方面满足,就构成犯罪;第三个层级,行为人实施故意伤害以特别残忍手段致人重伤或造成严重残疾的,这里的"情节恶劣"是对行为人的主观评价要素。这三个层级通过对客观行为与主观评价的层层限制,使得这三个行为对于法益的侵害程度与对社会危害性相当,既能保护未成年人的合法权益,也能对实施严重犯罪的低龄未成年人施加刑罚规制。

4. 刑事责任年龄起点设置的功能

根据刑法理论,对犯罪人施加刑罚的目的主要有三种学说:绝对说、相对说和综合说。[①] 绝对说指报应刑论,相对说指预防刑论,综合说试图综合二者的优势。在未成年人犯罪研究领域,一般认为,对实施了罪错行为的未成年人施加刑罚主要是为了对未成年人进行教育,以使其回归正确的人生轨道,而不是为了让其承受犯罪行为的报应,也即刑法规定未成年人承担刑事责任,主要的目的是实现刑罚的预防功能。因此,对未成年人刑事责任年龄起点的设置,其目标是有效地教育未成年人,实现对未成年人犯罪的一般预防和特殊预防。[②]

刑事责任年龄起点设置有利于刑罚预防目的的实现。只有具有辨认与控制能力的未成年人才可能基于对刑罚的"忌惮",在自由意志的支配下,选择不作出刑法所禁止的行为。正因如此,刑法中针对其承担刑事责任的规定才能起到预防犯罪的功效。对罪错未成年人施加刑罚,实际是通过刑罚这种特殊的教育方式来达到预防未成年人再犯罪的目的。惩治与预防作为刑罚的一体两面,在未成年人犯罪领域所扮演的角色轻重并不等同。对罪错未成年人处以刑罚,形式上是惩治,实质上却是教育和预防。对于违反刑法规范的未成年人而言,对其进行不含惩戒的教育,通常难以起到惩前毖后的效果。因为犯罪的"快感"远大于教育的"痛感",例如,对于实施了盗窃行为的未成年人而言,道德说教或者普法教育为其带来的"痛感"远不及盗窃获利带来的"快感"。仅凭教育使该未成年人"金盆洗手"的可能性很小。但是,如果对该未成年人施加强制的刑罚,使其明确感受到违反刑法规范的"痛感",强化其对刑法有效性的认识,才会在其再次产生盗窃念头时起到遏止

---

① 参见王世洲:《现代刑罚目的理论与中国的选择》[J],《法学研究》,2003 年,第 3 期:第 107 页。
② 参见张明楷:《论预防刑的裁量》[J],《现代法学》,2015 年,第 1 期:第 102 页。

作用。对罪错未成年人处以刑罚惩戒,使未成年人认识到刑法规范的有效性,在自身接受刑罚处罚或者知晓其他未成年人因违反刑法而受到惩戒的事例中,强化惩戒违法行为的意识,强化法秩序的意识。因此,惩戒在很大程度上是实现教育目的的有效手段。

此外,降低刑事责任年龄起点有利于更有效地建立未成年人的法规范意识,实现对未成年人犯罪的预防。这是因为"到了成年早期,大脑的适应能力不如儿童时期。"[①]因此,在未成年人实施罪错行为的初期予以纠正,远比等未成年人成长到更大年龄之后再纠正更加有效,也可防微杜渐,降低对社会的危害性。而且,作为法律拟制的刑事责任年龄起点的设置,假定达到某个年龄点的人具有辨认与控制能力,使得达到该年龄的人都要当然地为不遵守刑法规范而承担责任,这也有助于维护民众对刑法有效性的信赖心理。

二、最低刑事责任年龄制度的法经济学分析

法经济学认为,法律的核心价值是效率,因此,在考虑法律资源的重新配置时,应当考虑重新配置能否带来卡尔多—希克斯改进,增加社会的总福利。以下拟对降低刑事责任年龄所带来的成本收益进行分析。

刑法中的任何犯罪理论都面临着两个基本问题:一是,什么行为将被认定为犯罪且具备可罚性;二是,惩罚的程度应当多大。在行为人的罪前考量中,只有当犯罪行为的预期收益大于预期成本时,犯罪行为才会发生,而预期成本就包括行为人被抓住并惩罚的可能性以及惩罚的强度两个方面。当其中某些方面变化时,惩罚犯罪的成本就会随之变动。例如,当某一行为的惩罚可能性提升、从不可罚变为可罚时,司法行政系统的运行成本也会相应提升,包括修改法律条文的成本,批准逮捕、审查起诉的成本以及相关人员财务配备的成本等;当惩罚强度提升时,执行方式的变化也会引起执行成本的变化,如变缓刑为实刑时监狱羁押成本的增加。根据法经济学理论,法律需将事故的损失、预防事故之成本的总和最小化。刑法的经济学分析也需有效界分并最小化"犯罪的社会危害性"以及"预防犯罪成本"的总和,以实现刑法的最优效率。

1. 降低刑事责任年龄的学说及理由

《刑法修正案(十一)》出台前,实施了恶性犯罪行为的不满14周岁的未成年人或被"一放了之",或进行"形式上的收容教养",14周岁刑事责任年龄的设置也沦为了"免死金牌"。这种情况在排除刑罚适用的同时又无法实现对未成年人的教育挽救,法律的权威性与公正性也因此遭受质疑。降低未成年人犯罪最低刑事责任年龄提升了部分未成年人犯罪行为的可罚性。但对于是否要降低刑事责任年龄,学界还存在一定的争议,主要包括以下三种学说。

首先,支持刑事责任年龄不变的理由可归纳为以下三点:第一,未成年人犯罪低龄化没有切实依据。支撑青少年犯罪低龄化这一论断的数据经不起推敲,近几十年来中国未

---

① 〔英〕理查德·沃特利:《犯罪心理学犯罪为何会发生》[M],马皑等译,北京:中国法制出版社,2019:97。

成年人犯罪总体是呈下降趋势的,未成年人严重的恶性犯罪仅是个别现象,媒体造势一定程度上误导了公众的判断。第二,降低刑事责任年龄也并不能有效遏制未成年人犯罪。刑罚威慑功效的前提应当是被威慑者具有对行为意义的认识能力,被威慑者相应能力越弱,刑罚的威慑功效越多余。第三,维持现行的刑事责任年龄是中国自古以来"矜老恤幼"理念的传承。

其次,支持降低刑事责任年龄的理由可归纳为以下三点:第一,未成年人严重犯罪现象频发,严峻的形势使得降低刑事责任年龄迫在眉睫。第二,未成年人获取信息的渠道与日俱增,心智成熟的年龄有所提前,其能够认知自身实施的危害行为所带来的后果。相当一部分未成年人在实施犯罪行为前有较清晰的预谋和策划,且犯罪手段趋向成人化与残忍化。第三,刑罚对受害人具有抚慰功能。未达刑事责任年龄未成年人实施了恶性犯罪后,因教育与收容教养措施的缺位,实际上也并不能被教育挽救,而是在教育后继续我行我素。这不仅难以抚慰无辜受害人及其亲属的心灵,也违背了社会普遍的公平正义观。降低刑事责任年龄不仅能弥补以上缺漏,也在客观上防止了公众的私力救济。

最后,支持弹性论的学者主要建议我国刑法引进英美法系国家的"恶意补足年龄"规则:处于一定年龄段内的行为人在法律上被推定为不具有刑事责任能力,若公诉机关有足够的证据能够证明其在实施行为时具有"恶意",且是非对错判断能力与达到刑事责任年龄者相当,则其不具有刑事责任能力的推定将被推翻,即认为其具有相应的刑事责任能力。他们对这一规则的本土化适用还进行了具体设计,主张在现行刑事责任年龄制度的基础上,将适用的年龄范围限定在12至14周岁,适用的罪名也仅限定在《刑法》第十七条第二款规定的八种特定犯罪。[①]

2. 降低刑事责任年龄的成本—收益分析

降低现有的刑事责任年龄,将部分低龄未成年人实施的恶劣犯罪行为列入可罚的范围可能将导致司法成本的增加与未成年人自我矫正机会的减少。司法成本的增加包括对该类行为的追诉及执行成本等。在追诉与审判层面,由于未成年人犯罪的特殊性,司法机关一般会设置专门针对未成年人的起诉与审判部门,处理未成年人案件的司法人员不仅需要扎实的法律专业素养,还需要具备较好的沟通能力和心理疏导能力。在刑罚执行层面,未成年人刑罚的执行应与成年人相分离:若被判处实刑需要收监执行的,则应设置专门监狱并配备专门的监管教育人员,监狱的运行成本因此提升。若为监外执行,即对被判处管制、宣告缓刑的未成年人,需要实施社区矫正的,根据《中华人民共和国社区矫正法》的要求,未成年人社区矫正对象的矫正措施应与成年人社区矫正对象的矫正措施相区分。矫正小组不仅要包括熟悉未成年人身心特点的专业人员,还要根据未成年人的犯罪原因和个人情况制定针对性的社区矫正措施,甚至必要时委托专业组织来执行专业的矫正项目,这些都意味着执行成本的增加。[②]

[①] 张颖鸿、李振林:《恶意补足年龄规则本土化适用论》[J],《中国青年研究》,2018年,第10期:第41—48页。
[②] 汪屹然:《降低未成年人刑事责任年龄的法律经济学分析》[J],《闽西职业技术学院学报》,2021年,第4期:第11—15页。

降低刑事责任年龄的成本还表现为给低龄未成年犯罪人带来负面影响,而这种负面影响主要体现在未成年人自我矫正机会的减少。其一,降低刑事责任年龄意味着低龄未成年人一旦实施了符合法律规定的犯罪行为,就将被刑法所规制,就会被贴上"犯罪人"的标签。"犯罪人"的标签不仅无益于未成年人感化教育,甚至会引发监狱内的"交叉感染",以至于促使未成年人形成反社会人格。其二,未成年人犯罪成因复杂,片面归因于刑事责任年龄失之偏颇。很多未成年人犯罪极端个案背后,都有社会结构的作用机制,如"邯郸13岁男孩被害案"中就存在留守儿童的社会结构问题。相关犯罪学研究也表明,未成年人的自我保护能力相对有限,走上犯罪道路的直接原因是家庭监护的缺位与学校管理的漏洞,更深层次的原因是保护未成年人的法律政策乃至社会环境的缺陷。①

值得指出的是,由于降低刑事责任年龄实际并未给低龄未成年人带来更多的刑罚(如图14-1所示),也即实际上,降低刑事责任年龄所增加的司法成本并不多,给低龄涉罪未成年人带来的负面影响也较小。在司法实践中,检察官和法官在处理未成年人犯罪的案件时,坚持"教育为主、惩罚为辅"的原则并实行"教育、感化、挽救"的方针,在保障受害人利益的基础上,采取相对不起诉和附条件不起诉等手段少捕慎诉,力争教育挽救涉罪未成年人。根据最高检的统计,从2018年1月到2022年9月,涉罪未成年人不捕率、不诉率分别为66.6%、57.6%,高出整体刑事犯罪24.8、32.4个百分点。② 这意味着降低刑事责任年龄的成本未必显著增加。

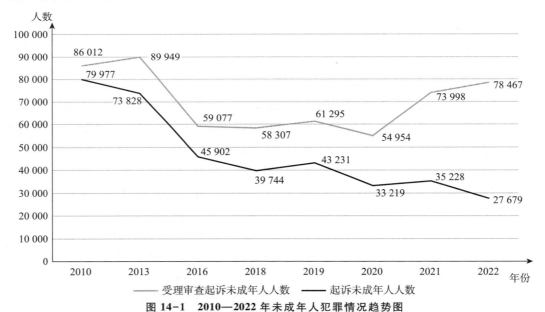

图14-1 2010—2022年未成年人犯罪情况趋势图

数据来源:最高人民检察院历年发布的《未成年人检察工作白皮书》。

---

① 肖建国:《"低龄作案者"刑事责任年龄的探究》[G],上海市法学会,《上海市法学会社会治理研究会文集》,2019:7。

② 《徐日丹:检察机关坚持教育为主、惩罚为辅 最大限度挽救涉罪未成年人》,最高人民检察院微信公众号,2022年10月28日,2024年5月20日访问。

降低刑事责任年龄主要会带来两方面收益：一是通过预防早期化来降低低龄未成年人犯罪的可能性，继而减少惩罚犯罪的支出；二是有效保护受害人的正当权利，维护社会的公平正义。近二十年来，我国刑法的修正表现出刑法处罚范围的扩张、处罚程度的从严等趋势，而这些态势与应对风险社会的到来而面临的立法挑战有关。完善社会福利、积极开展社区矫正等举措固然必要，但这些措施并不足以让实施了恶性犯罪的低龄未成年人意识到其行为的社会否定性与程度严重性，其再犯危险性仍然较高，难以起到特殊预防功能，同时也无法达到对一般未成年人的威慑与教育效果。从法经济学的角度来看，只有当犯罪行为的预期收益大于预期成本时，犯罪行为才会发生，而预期成本主要包括行为人被抓住并惩罚的可能性以及惩罚的强度两个方面。在惩罚可能性方面，在《刑法修正案（十一）》出台前，14周岁最低刑事责任年龄的设置使低龄未成年犯罪人免受刑罚处罚；在惩罚的强度方面，主要是责令家庭监管或进行矫治教育。然而，导致这部分未成年人实施犯罪的根源之一正是家庭教育监管的缺失，加之中国的未成年人矫治教育尚存在诸多缺陷，导致实际的惩罚强度严重不足。对低龄未成年犯罪人而言，犯罪行为能够带给他们足够的刺激感，且不必为此承担相应后果，实施犯罪行为的收益远大于预期成本。成本低于收益很可能是造成低龄未成年人恶性犯罪日趋严重的原因。

刑罚对受害人权利的保护，其收益主要体现在刑罚的抚慰功能上。虽然受害人及其亲属的身心伤害无法挽回，但通过对实施了恶劣犯罪行为的未成年人处以与其罪行相适应的刑罚，在报应的意义上也实现了对受害人及其亲属的抚慰功能。对社会公众而言，具有辨认与控制能力的未成年人，其恶性犯罪与成年人无异。如果这种犯罪行为没有相应的惩罚，不仅违背了社会普遍的正义感，也会让公众在一定程度上丧失对法律的信任。因此，降低刑事责任年龄可以有效保护受害人的正当权利，维护社会的公平正义。

综合降低刑事责任年龄的成本收益，一方面，由于降低刑事责任年龄并不给涉罪未成年人带来更多刑罚（如图14-1所示），其对于司法成本的增幅以及对于涉罪未成年人的负面影响相应减少；另一方面，刑法对未成年人的震慑效果依然显著，能够对低龄未成年人犯罪起到预防效果，进而也减少了事后惩罚犯罪的各项成本。与降低刑事责任年龄之前相比，成本未见明显增加，收益却有明显增加，增加了刑法的社会收益。降低刑事责任年龄既能通过刑罚来教化涉罪未成年人，又能通过预防犯罪来维护社会秩序，兼顾了社会利益和未成年人利益，提升了社会的法治水平。

此外，关于引进"恶意补足年龄"规则的弹性立法观点，在观念上当然符合刑罚威慑的基础，即让具有辨认和控制能力的未成年人承担法律责任。然而，这种规则在实践中却不容易操作，个案中进一步举证证明行为人的主观恶意，不仅会大幅增加证明成本，还需要在整体司法体系上投入成本。在英美法系国家，适用恶意补足年龄规则的基础是少年司法与刑事司法的二元司法体系，当少年司法放弃管辖未成年人罪错案件时，补足年龄之后的未成年人才由刑事司法来裁判。由于我国尚没有少年司法体系，要在低龄未成年人恶性犯罪的案件中，证明未成年人的主观恶意和心智成熟度，刑事司法体系还需要大幅度改革，实践上难言是最佳方案。从法经济学的角度来看，世界上大部分国家的法律都以年龄为主要指标来对未成年人采取差别待遇,其主要收益就是降低司法成本:因为生理年龄的信息容易界定,衡量辨认和控制能力的心智成熟度却极难界定,不仅难以找到一个确切的年龄界限,甚至还存在"生理发育"和"心理发育"两条轨迹不均衡发展的态势。[①] 法律采取生理年龄一刀切的次佳方案,当然与实际情况存在偏差,但这是从整体上权衡轻重得失后的结论,因为降低司法成本的收益大于错判心智不成熟的未成年人承担刑罚的成本。[②]

第三节 中国的精准扶贫和贫困县犯罪率问题[③]

案例 14-3

贫困与广西温江村"砍手党"

据报载:2006年某月,广东广西两地警方数百名警力联合行动包围了广西天等县上映乡温江村,展开了一场大规模搜捕,端掉了当年名噪一时的"砍手党"。温江村是只有三千多人的小山村,却有上百人流窜在全国,采用砍手、砍脚等手段进行抢劫。令人震惊的是,该村村民为使抢劫更高效,日常会进行大量的挥刀斩击成排木桩的模拟训练。警方这次行动逮捕了一百多名年轻人,其中罪大恶极的十余人最后被判处死刑,其余的罪犯刑期最低也在10年以上。

20世纪末到21世纪初,正是中国经济开始腾飞的起步时段。但由于温江村偏远而闭塞,改革的春风还没真正吹到这里。温江村离越南仅30公里,四面环山,贫瘠的土地使得粮食产量非常低,靠种地致富几乎不可能,但又没有什么别的资源,人均年收入只有400元左右,因此一直是贫困村。由于普遍比较贫穷,当地许多孩子都是仅读完小学或初中就辍学,大一点后再外出打工。有限的教育导致这些孩子在打工中也没有竞争力,在城市里也只能从事收入最低、没有尊严的工作,并经常被老板无故辞退。这些年轻人文化水平不高,加之心智还未完全成熟,又缺乏基本的法律意识和自律能力,自然极易受到诱惑并走向犯罪极端。

此次严打之后,警方和社会都以为从源头上消灭了这类恶性犯罪。然而,也因为贫困,当这个"快速致富方式"的信息流散到温江村隔壁的连江村时,村里的青壮年也很快系统性地学会了这个"致富技能",成了继温江村之后新的"砍手村"。在2011年的大抓捕中,连江村被捕的青壮年也同样过百。

此后,随着广西经济开始快速发展,国家政策不断深入,与越南的外贸业和旅游业迅

[①] 王永茜:《"散墨原理"与最低刑事责任年龄——以脑科学和发展心理学的最新发展为切入点》[J],《刑事法评论》,2022年,第1期:第377—401页。

[②] 熊秉元:《法理的基因》[M],北京:东方出版社,2021:3—34。

[③] 本节引用自:易梦洁、李嘉晟和申广军,《"精准扶贫能减少刑事犯罪吗?——来自裁判文书数据的经验证据"》[J],《经济学(季刊)》,2023年,第6期:第2332—2349页。

速发展,年轻人有了更多的工作和创业机会,经济的迅速改善使当地很快摆脱了贫困,这场系统性、大规模的犯罪才真正终结和落幕。正如孟子所说"仓廪实而知礼节,衣食足而知荣辱",因此,良好的百姓民生才是一个社会稳定的基石。

一、中国的扶贫政策发展历程

从1978年到2017年,我国农村贫困人口从7.7亿减少到3 046万,贫困发生率从97.5%下降到3.1%。1990年到2015年间,我国对世界减贫的贡献率超过70%。[①] 尤其是2015年,中共中央、国务院颁布了《关于打赢脱贫攻坚战的决定》,首次提出将"精准扶贫、精准脱贫"作为基本方略,提出扶贫工作由"大水漫灌"向"精准滴灌"转变,标志着我国全面打响了"精准扶贫"的脱贫攻坚战。我国于2020年宣布已经全面消除绝对贫困,实现了第一个百年奋斗目标。

精准扶贫的思想最早是在2013年11月习近平总书记到湖南湘西考察时提出的。随后几年,精准扶贫得到了广泛的社会关注,经历了顶层设计、建档立卡、建立系统性的精准扶贫工作安排和考核机制等阶段,精准扶贫的政策设计已经趋于完善。2015年年底,"精准"的扶贫政策开始落实到各个贫困县。到2020年,全国共派出25.5万个驻村工作队,累计选派290多万名县级以上党政机关和国有企事业单位干部到贫困村和软弱涣散村担任第一书记或驻村干部,落实"扶持对象精准、项目安排精准、资金使用精准、措施到户精准、因村派人精准、脱贫成效精准"的工作要求,彻底消除绝对贫困。我国于2014年确定了涵盖832个国家级贫困县的名单,该名单由国家扶贫开发工作重点县和连片地区特殊困难地区县两个名单合并产生。国家级贫困县是精准扶贫消除绝对贫困的主要目标县。

二、中国的刑事犯罪率

自1978年改革开放以来,尽管我国的犯罪率水平在全世界处于低位,但犯罪增长速度较快,年均增长率位居世界前列,甚至超过了印度、美国和日本等几个国家的犯罪年增长率。从总体上看,如图14-2所示,在1996—2020年期间,除了进行"严打"的年份能短暂降低收案增长率,我国刑事一审的年增长率均维持在较高水平。

而从县级层面看(见表14-1,其中实验组是实施了精准扶贫的贫困县,控制组是贫困县周边的非贫困县,全样本则是二者的加总),非贫困县的刑事罪犯总人数以及案件总数均显著高于贫困县,这可能和非贫困县的人口密度显著高于贫困县有关。事实上,贫困县的刑事罪犯总人数的年增长率和刑事案件数的年增长率都显著高于非贫困县。2015—2017年,贫困县的刑事犯罪人数增长率是18.6%,而非贫困县只有13.3%,可见贫困地区

---

① 数据来源于联合国2015年的《千年发展目标报告》,详见网址:http://politics.people.com.cn/ywkx/n/2015/1012/c363762-27687633.html。

的刑事犯罪增长过快的问题不容小视。非贫困地区的人均 GDP、人均财政预算收入以及人口密度均显著高于贫困县，表明非贫困县的经济发展条件更好。而贫困县的人均财政预算支出高于非贫困县，可能是针对贫困县的政府转移支付高于非贫困县。

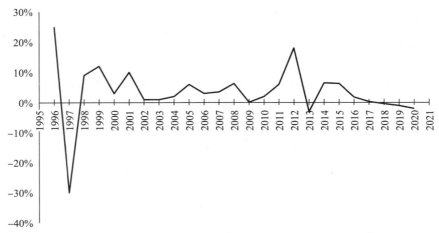

图 14-2　我国刑事一审案件结案增长率（1996—2020 年）[①]

注：数据来源于《中国法律年鉴》，因 2020 年发生新冠疫情暴发，数据存在较大异常，因此只统计到 2020 年。

表 14-1　贫困县刑事案件和经济发展指标概述

变量	观测值	样本区间	全样本		控制组		实验组	
			均值	标准差	均值	标准差	均值	标准差
县刑事罪犯总人数	7 448	2014—2017 年	285.695	298.587	354.886	340.589	172.530	156.932
县刑事案件总件数	7 448	2014—2017 年	218.107	225.321	270.962	255.516	131.660	122.440
罪犯人数的年增长率	5 483	2015—2017 年	0.154	0.618	0.133	0.567	0.186	0.690
案件数的年增长率	5 483	2015—2017 年	0.165	0.627	0.147	0.588	0.194	0.685
财产类罪犯人数年增长率	5 439	2015—2017 年	0.166	0.756	0.149	0.694	0.193	0.845
诈骗罪罪犯人数年增长率	4 656	2015—2017 年	0.514	1.790	0.548	1.746	0.449	1.872

---

① 指抢劫、抢夺、盗窃（包括入室盗窃和盗窃机动车）等三类多发性侵财案件。

(续表)

变量	观测值	样本区间	全样本		控制组		实验组	
			均值	标准差	均值	标准差	均值	标准差
"两抢一盗"①罪犯人数年增长率	5 376	2015—2017年	0.184	0.880	0.160	0.799	0.224	0.996
暴力类罪犯人数年增长率	5 354	2015—2017年	0.171	0.942	0.140	0.864	0.221	1.055
故意伤害罪罪犯人数年增长率	5 297	2015—2017年	0.163	0.944	0.134	0.864	0.210	1.064
寻衅滋事类罪犯人数年增长率	4 340	2015—2017年	0.590	2.128	0.582	2.067	0.606	2.244
人均GDP(元)	7 448	2014—2017年	39 118.960	31 537.800	49 333.540	35 000.720	22 412.720	12 968.180
人均财政预算收入(元)	7 448	2014—2017年	2 754.136	3 045.995	3 495.145	3 421.619	1 542.194	1 714.579
人口密度(百人/平方千米)	7 448	2014—2017年	3.120	2.849	3.888	3.000	1.863	2.035
人均财政预算支出(元)	7 448	2014—2017年	8 431.608	5 643.699	7 977.083	5 451.956	9 174.995	5 869.571

注：犯罪数据来源于中国裁判文书网，经济和人口变量来自EPS数据库和CEIC数据库的县域经济统计部分。

三、精准扶贫政策影响刑事犯罪的法经济学分析

从经济学的角度探究犯罪的原因可以从微观个体和宏观整体两个层面考虑。从微观层面看，正如贝克尔的犯罪—劳动时间配置模型指出，一个理性的行为人会权衡在合法市场上和非法市场上不同的预期收入，从而决定自己的行动。而从宏观层面看，影响犯罪的因素有很多。综合来看，国内外的文献指出经济发展水平、警察数量（执法力量水平）、犯罪的惩罚严厉程度、种族或文化等都会对社会的整体犯罪率产生影响。而像广西温江村和连江村的案例，最大的因素可能就是当地经济发展水平落后，村民受教育水平低，使其在合法的就业市场很难获得比较合理的报酬，因此只能在非法市场获得"收入"。中国的扶贫政策和其他经济政策的影响，使很多中国落后地区摆脱了贫困，从而降低了这些地区的刑事犯罪率。

以国家级贫困县作为实验组，实验组贫困人口更多、贫困程度更深，因此理论上2015

年年底开始的精准扶贫政策对贫困县的扶持更大。利用以上的数据和双重差分模型来估计精准扶贫对刑事犯罪的影响。在控制人均国内生产总值、人均财政预算收入、人均财政预算支出和人口密度系数等影响因素后,实证的结果表明精准扶贫显著降低了国家级贫困县的刑事犯罪增长率,且同时体现在抑制了罪犯人数的增长率和案件数的增长率上。平均来说,精准扶贫政策的实施导致贫困县刑事罪犯人数的年增长率显著降低了 0.11,相当于均值的 22.9%(国家级贫困县在 2015 年的刑事罪犯人数增长率均值为 0.48)。刑事案件数的年增长率显著减少了 0.125,相当于均值的 25.5%(国家级贫困县在 2015 年的刑事案件数增长率均值为 0.491)。[①]

总体上来说,精准扶贫使得刑事犯罪增长速度下降了 20%以上,可见其对犯罪增长的抑制效应是十分显著的。另外,从动态效应上看,精准扶贫政策对贫困县 2016 年的刑事犯罪增长尚未产生显著的抑制效果,但是对 2017 年的影响显著较大。说明精准扶贫对刑事犯罪增长的抑制效果需要一定的时间才能显现出来,待居民实现一定程度的减贫之后才能有所体现。

精准扶贫能够降低贫困县的刑事犯罪率背后的机制可能有如下两个方面:第一是收入效应,有效的扶贫政策会刺激经济增长,改善了农民收入,这种收入效应减少了犯罪的增长。第二是就业效应,精准扶贫可能通过改善贫困县的居民就业,导致从事犯罪的时间变少,从而降低犯罪增长。

第四节　数字经济时代的犯罪治理

案例 14-4

小偷少了,诈骗多了

随着科技的进步,支付方式也发生了巨大的变化。支付宝和微信支付等数字支付工具的出现,不仅为我们带来了交易成本的下降,更重要的是改变了我们的支付习惯,也影响了传统的犯罪模式。

首先,现在普通老百姓出门只需要一部手机就能完成和货币支付相关的交易,越来越多的人选择不携带现金。几乎所有的商家都提供手机支付服务,也降低了现金交易的频率,因此可偷盗对象的数量下降了。其次,由于移动支付都有较为严格的安全措施,即使手机被盗,小偷也很难破解支付密码从而进行非法交易。最后,随着手机行业竞争加剧,手机的价格已经下降,而且伴随人均收入的提高,手机也不再是相对昂贵的商品,手机盗窃的价值也下降了。

---

① 易梦洁、李嘉晟和申广军:《精准扶贫能减少刑事犯罪吗?——来自裁判文书数据的经验证据》[J],《经济学(季刊)》,2023 年,第 6 期:第 2332—2349 页。

然而,近年来,我国网络电信诈骗的人似乎越来越多了。据官方数据,1995 年公安机关仅立案了 6 万件的诈骗案,而到 2021 年,这一数字上升到 195 万件,成为社会治安中案发率最高的犯罪行为。2021 年,公安机关共破获电信网络诈骗案件 44.1 万余起,抓获违法犯罪嫌疑人 69 万余名。

盗窃是一种低门槛、低技术的常见犯罪形式,对广大人民群众的平安生活和财产安全造成了严重负面影响,甚至有可能演变成抢劫罪和故意杀人罪等更严重的犯罪。此外,受害者常常产生心理和生理创伤,影响家庭和睦,还容易滋生报复等心态,引发进一步的社会矛盾。对于盗窃罪的治理,一方面需要执法部门加大打击力度,另一方面也需要我们深入认识盗窃犯罪的发生环境,从而构建有效遏制盗窃犯罪发生的社会治理机制。

首先,近些年随着数字技术的大规模应用催生了很多新型商业模式,比如以支付宝和微信支付为代表的数字金融,极大地改变了居民的消费和支付习惯。传统上,居民的购物、餐饮和交通出行等日常交易行为都以现金为主。而现在,这些交易行为都可以在第三方支付平台上实现,居民就不必在日常生活中携带现金,也降低了居民在公开场合使用现金的暴露频率。与此同时,随着数字金融的发展,居民也无须在家中储存现金。这两个因素都增加了传统现金盗窃的作案难度。换句话说,移动支付能够降低资金类盗窃案发生的概率。

其次,犯罪人的风险态度也会影响其犯罪决策,通常风险偏好型的决策者更容易冒险参与犯罪,其中年轻人往往具有更强的风险偏好,这也是犯罪人中年轻人居多的重要原因。而从社会角度看,当社会有足够多的合法岗位时,参与非法活动的人员数量就会降低。研究发现,大多数犯罪并非由职业犯罪人做出,合法工作和犯罪之间的界限通常比较模糊,年轻人在合法与非法工作之间流动,当年轻人的收入不高、手中没有足够的现金用于消费时,盗窃犯罪发生的概率就相对增大,这种流动性约束造成的盗窃犯罪与所处的社会情境有重要关系。随着数字金融的发展,普惠金融覆盖面扩大,一些缺少稳定收入的人员可以通过如花呗、微粒贷、白条等渠道缓解短期的流动性约束,进而可能对盗窃犯罪率产生抑制作用。

最后,通常盗窃犯罪人的年纪较轻,受教育程度相对较低,在就业市场中属于低技能劳动者,就业的可选择范围也相对更小,往往在合法的就业市场中更容易受到排挤,这会降低犯罪人参与盗窃犯罪的机会成本。数字金融作为一种金融基础设施,释放了市场潜力,降低了融资成本和金融交易成本,为快递、外卖、直播、零工经济等新经济、新业态和新的就业机会的出现提供了重要保障。数字金融的发展减少了个体的创业难度,降低了市场进入门槛,增加了自主创业的可能性,更活跃的就业市场带来了更多的创业和就业机会,提升了犯罪的机会成本。因此,一个地区的就业率和劳动收入越高,合法工作的收益越大,而盗窃的机会成本越高,盗窃犯罪的预期净收益越低,年轻人就更不会铤而走险去从事犯罪活动。例如有一个案例是一名曾经的盗窃犯罪人依靠移动互联网转型创业,开始了合法工作:广西人周立齐(网名"窃·格瓦拉")曾因盗窃电瓶车被多次逮捕,四度被判刑入狱。2020年刑满释放后，他在抖音和快手上运营账号，组建团队拍摄短视频，已经拥有超过300万粉丝。①

刑法的经济学分析指出，一个理性的犯罪人是否实施犯罪行为，取决于一项犯罪的预期收益与犯罪预期成本的大小，如果实施犯罪获得的预期收益要大于犯罪的预期成本，该行为人就会实施犯罪。而从宏观角度看，很多学者认为一个地区的犯罪率水平，跟该地区的经济发展水平、收入不平等程度、人口结构、人口流动、教育水平、失业率、社会保障体系以及警察司法资源等因素都密切相关。

江鸿泽和梁平汉（2022）收集整理了最高人民法院中国裁判文书网2014至2019年期间全国各地法院公布的1 306 851份盗窃罪一审刑事判决书，发现2014至2019年盗窃罪的发生频率出现先上升后下降的趋势，2017年以后盗窃罪的案件数量和被告人数不断减少，如图14-3所示。盗窃罪被告人的平均年龄为35.226岁（其中，年龄频数分布的众数为28岁，被告人的数量随年龄呈倒U形分布）。

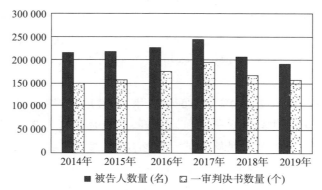

图14-3　2014—2019年盗窃罪一审判决书数量和被告人数量变化趋势

该文以"北京大学数字普惠金融指数"来衡量数字金融的发展水平，并控制人均GDP（经济因素）、人均财政支出（作为政法支出规模的代理变量）、人口密度（控制犯罪行为便利性）、存贷款总额占GDP的比重（度量金融发展程度）、人均移动电话数与人均互联网用户数（度量互联网普及程度）、高等教育在校学生数（度量地区受教育程度）、登记失业率、第二产业人数占比和各城市的人均视频监控中标金额存量对数值（度量视频监控分布）等与经济犯罪相关的变量，指出数字金融发展水平的提高会显著减少当地盗窃犯罪率，从平均数角度看，数字普惠金融指数每增加1个标准差，每十万人中盗窃罪的被告人数减少0.579个标准差。同时，与中老年人相比，数字金融的发展对于青年人的合法工作收益改善作用更大，对青年人的盗窃犯罪影响也更大。其中的机制可能是数字金融通过降低犯罪人的预期收益并提高其机会成本而减少盗窃犯罪。另外，数字金融发展可以通过抑制盗窃犯罪带来可观的社会收益（比如减少心理健康损失、降低医疗保健支出等）。

---

① 《窃·格瓦拉，不当"打工人"之后》[EB/OL]，https://www.lifeweek.com.cn/article/123044，2023年11月3日访问。

总之,数字经济对于高质量发展的影响并不仅仅通过传统的消费、投资、创新、创业等渠道提升了支付的便利性,提升了居民消费,促进了包容性增长,还有着犯罪治理功能,可以产生重要的潜在社会收益。因此,在评估数字经济发展的作用时,不仅要看到其经济影响,还要关注其社会影响。监管和执法部门要重新认识数字经济时代犯罪特征、分布和趋势的变化,积极适应数字经济的发展,有针对性地不断创新犯罪治理手段和工具。

本章总结

1. 不法侵害是正当防卫的起因,只有对正在进行的不法侵害才能实行正当防卫;并非对正在进行严重危及人身安全的暴力犯罪采取防卫行为,造成不法侵害人伤亡的,应负刑事责任。

2. 对于事实模糊的案件,作为归责机制的证明责任分配需要考虑三方面因素,分别是证明成本、预期错案损失和未来类似案件的社会总成本,三者之和较低的一方应当承担证明责任,承受事实模糊时的不利后果。

3. 降低刑事责任年龄,一方面可能导致司法成本的增加与未成年人自我矫正机会的减少,另一方面可能降低低龄未成年人犯罪的概率,减少惩罚犯罪的公共支出,并保护受害人的正当权利。

4. 法律以年龄为主要指标对未成年人采取差别待遇,其主要收益是降低司法成本;采取生理年龄一刀切的次佳方案,或许可能错判心智不成熟的未成年人承担刑罚,但从整体上权衡利弊,降低司法成本的收益应大于错判的成本。

5. 精准扶贫降低刑事犯罪率的作用机制主要有两个方面:收入效应,通过改善收入减少犯罪;就业效应,通过改善就业减少犯罪时间。

6. 移动支付能够降低资金类盗窃案发生的概率。

思 考 题

1. 正当防卫和防卫过当的含义是什么?
2. 在正当防卫案件事实不明的条件下,如何利用汉德公式分配举证责任?
3. "向后看"和"向前看"的含义是什么?两者的关系为何?
4. 刑事责任年龄起点设置的决定性因素是什么?
5. 如何解释大部分国家的法律以年龄为指标对未成年人采取差别待遇?
6. 扶贫政策影响刑事犯罪的原因是什么?
7. 我国盗窃罪的案件数量为什么在2017年后持续减少?

阅读文献

1. 陈兴良:《正当防卫如何才能避免沦为僵尸条款——以于欢故意伤害案一审判决为例的刑法教义学分析》[J],《法学家》,2017年,第5期:第89—104+178页。

2. 陈璇:《正当防卫、维稳优先与结果导向——以"于欢故意伤害案"为契机展开的法理思考》[J],《法律科学(西北政法大学学报)》,2018年,第3期:第75—90页。

3. 江鸿泽、梁平汉:《数字金融发展与犯罪治理》[J],《数量经济技术经济研究》,2022年,第10期:第68—88页。

4. 劳东燕:《正当防卫的异化与刑法系统的功能》[J],《法学家》,2018年,第5期:第76—90+193—194页。

5. 兰荣杰:《正当防卫证明问题的法律经济学分析》[J],《法制与社会发展》,2018年,第1期:第166—187页。

6. 王爱立:《中华人民共和国刑法释义》[M],北京:法律出版社,2021。

7. 汪屹然:《降低未成年人刑事责任年龄的法律经济学分析》[J],《闽西职业技术学院学报》,2021年,第4期:第11—15页。

8. 熊秉元:《法理的基因》[M],北京:东方出版社,2021:3—34。

9. 易梦洁、李嘉晟和申广军:《精准扶贫能减少刑事犯罪吗?——来自裁判文书数据的经验证据》[J],《经济学(季刊)》,2023年,第6期:第2332—2349页。

10. 张明楷:《论预防刑的裁量》[J],《现代法学》,2015年,第1期:第102页。

第五篇

法律程序

第十五章　程序法的经济学分析
第十六章　程序法经济分析专题

第十五章
程序法的经济学分析

刑律不善不足以害良民,刑事诉讼律不备,即良民亦罹其害。

——沈家本

◆ **本章概要**

在法学家看来,程序与实体相对应,而在经济学家看来,程序本质上是配置资源(权利)的一种规则。公正的程序是促进现代化社会变革的基本杠杆之一,在市场经济秩序的确立过程中扮演着极其重要的角色。本章将首先从法学角度阐述法律程序的概念、功能和特性,接着从资源配置的角度分析程序的经济功能,并在此基础上介绍经济学分析在关于证据法的研究中的应用,最后我们将比较法学和经济学关于程序研究的异同。

◆ **学习目标**

1. 了解程序正义的含义。
2. 从经济学的角度理解程序的资源配置功能。
3. 理解乐观模型对和解与诉讼选择的理论分析。
4. 理解民事诉讼和刑事诉讼差异的经济学原理。
5. 了解行政处罚中"民间证据"的有效性。

法律程序(Legal Process)是指国家对于形成各种法律决定的程序在专门法律中做出的规范和限定。法律程序一般包括下列环节:程序的开启,程序主体的行为,法律决定的做出、审查和生效,程序主体的终结等。① 国家对这种法律实施过程加以规范并形成制度,就有了与实体法对应的程序法。程序法是"使法律权利得以强制执行的程序形式,而不同于授予和规定权利的法律(实体法);它是法院通过程序进行诉讼活动的法律;它是机器,而不是产品。"②

从法律史的视角来看,法律程序存在于所有建立法律制度的社会中,甚至在实体法尚

---

① 参见陈瑞华:《程序正义理论》[M],北京:中国法制出版社,2010:1—4。
② 参见《布莱克法律词典》(第 11 版)中的"Procedural Law"词条。

未完备的社会中,就已经存在保证法律决定按一定规范形成的制度。比如,英国普通法早期的"诉讼方式"(Forms of Action)制度,以及罗马法中的"诉权"(Actio)制度。法律程序是实体法产生和发展的源泉之一。①

与实体法相对应,程序法设定了一种程序性的法律关系,是一种规范化的法律实施过程,其基本内容是程序性权利、义务和法律责任。根据所要产生的实体法决定的不同,法律程序包括立法程序、司法程序、执行程序、行政程序等。

在诸多法律程序中,国家司法机关为解决已发生的权利纠纷而制定司法裁判的程序,可以称为司法程序。与其他纠纷解决方式相比,司法程序最典型的特征在于三方构造形态,即双方当事人当面进行理性的对抗式辩论,代表国家的第三方裁判在听取和采纳双方证据、主张的基础上作出独立的裁判结论,权威性地最终解决各式纠纷。裁判者所做的裁判结论,是经过"事实裁断"和"法律适用"的司法程序两阶段后,以实体法为依据的决定。另外,程序通常没有预设的真理标准。程序通过促进意见沟通、加强理性思考、扩大选择范围、排除外部干扰来保证决定的成立和正确性。② 对于社会和政治的现代化来说,合理的程序制度具有非同寻常的积极意义。本章首先回顾法学研究视角下的程序问题,接下来的两节侧重从法经济学的角度对法律程序的几个相关问题进行分析,最后一节将对程序的法学和经济学研究进行多方面的比较。

第一节 法律程序的法学分析

关于法律程序的法学研究通常集中在对程序法与实体法的比较研究上。此外,在全面推进国家各方面工作法治化的实践中,进一步完善司法和执法程序是建设中国特色社会主义法治体系的重要工作,因此从法理学的角度探讨法律程序的意义和功能是非常有必要的。在这里,首先需要了解"程序正义"这一观念及其起源、发展和重要理论,其次还有必要进一步阐释现代法律程序的基本特性与功能。

一、法律程序的法学理论

评价法律程序的正当性有两大标准:功利性标准和正义性标准。法律程序的功利性,体现在能够形成符合正义、秩序、安全、效率等价值的外在结果;法律程序的正义性,体现在法律决定的全过程符合一些公开的内在标准。法律程序内在高品质的价值被称为程序正义(Procedural Justice)。程序正义的观念,在13世纪的英国普通法中已经出现,并在美

---

① 谷口安平称程序法为"实体法之母"。参见〔日〕谷口安平:《程序的正义诉讼》[M],王亚新、刘荣军译,北京:中国政法大学出版社,1996:10。

② 参见季卫东:《法律程序的意义——对中国法制建设的另一种思考》[J],《中国社会科学》,1993年,第1期:第89页。

国得到空前的发展。程序正义观念的表述在英国是"自然正义"(Natural Justice),在美国是"正当法律程序"(Due Process of Law)。

自然正义作为英国法治的基本程序原则有两个基本要求:第一,任何人均不得担任自己案件的法官;第二,法官在进行裁判时应听取双方的陈述(可简称为"两造听证")。这两项要求是法官解决纠纷时所要遵循的最低限度程序正义标准,其中第一项要求法官在审判中不得偏私,法官不能与当事人存在利益关系,也不能对案件事实形成预决性认识;第二项要求法官必须给予所有与案件结局有利害关系的人以充分陈述意见的机会,并平等对待各方意见和证据。如果法官违反其中一项要求,裁判就会失去法律效力。

英国普通法的程序正义观念在美国得到继承和发展。美国宪法第五修正案和第十四修正案规定:未经正当法律程序,不得剥夺任何人的生命、自由或财产,不得拒绝给予在其管辖下之任何人以同等之法律保护。① "正当法律程序"是美国宪法修正案所确立的一项极为重要的法律制度,就正当法律程序条款适用的理论与实践来看,其实质上是对政府的活动施加了两方面的限制,即"实体性正当程序"(Substantive Due Process)和"程序性正当程序"(Procedural Due Process)。②

按照被频繁引用的美国联邦最高法院的解释,实体性正当程序可定义为"公民的生命、自由或财产不受任意剥夺的宪法保障",它是对政府部门立法权力的一种限制,即要求任何一项涉及剥夺公民生命、自由或财产的法律不得是不合理的、任意的或反复无常的,而应当符合公平、正义、理性等基本理念,并且要不违背政府立法的合理目的;程序性正当程序则涉及法律实施的方法和过程,它要求解决纠纷和争议的程序必须是公正的,即在任何人的生命、自由或财产被剥夺之前,必须有获得法庭审判和辩护的机会,其必须能够获知控诉的性质和理由,并且对案件的裁判必须由一个中立和合格的法庭按照公正的程序进行,等等。③

正当法律程序体现了正义的基本要求,而程序性正当程序所体现的价值就是程序正义。但对于程序正义的认识,包括正当法律程序的内容和含义,法学界至今仍有多派学说。1971年,约翰·罗尔斯在《正义论》中提出"纯粹程序正义"(Pure Procedural Justice)。④ 其问题意识是如何通过设计社会的基本结构,来合理分配基本权利和义务,并调节社会和经济的不平等及人们对不平等性的期望。按照纯粹程序正义的观念设计社会结构,可以解决该问题。纯粹程序正义的含义是:不存在任何有关结果正当性的独立标准,但是存在有关形成结果的程序正当性的独立标准,因此只要这种正当程序得到遵守和执行,由它产生的任何结果就是正当的。基于纯粹程序正义的观念,分配的正义性取决于分配体系在产生

---

① 参见《美国宪法及其修正案》[M],朱曾汶译,北京:商务印书馆,2014:15、18。
② 参见王锡锌:《正当法律程序与"最低限度的公正"——基于行政程序角度之考察》[J],《法学评论》,2002年,第2期:第23—29页。
③ 参见陈瑞华:《正当法律程序与美国刑事被告人的权利保障》[J],《检察理论研究》,1994年,第3期:第66—71页。
④ 参见〔美〕约翰·罗尔斯:《正义论(修订版)》[M],何怀宏等译,北京:中国社会科学出版社,2009:67—69。

和运作程序上的正义性。

20世纪70年代左右,在法理学领域内,法学学者为了构建"正当法律程序"和"自然正义"的思想基础,提出一系列关于法律程序正当性和公正性的理论。这些理论都认为法律程序具有独立于裁判结果的内在价值,这些价值包括人的自然权利、社会契约论基础上的民意价值、自由主义价值、人是目的而非手段的道德原则等。[①] 这些法律程序理论与罗尔斯在《正义论》中的观点有相似的结论:只有遵行正当和公正的法律程序,法律结果才是正当和公正的。

二、现代法律程序的基本特性与功能[②]

公正的程序是促进现代化社会变革的基本杠杆之一。在现代社会中,法律程序有四个基本特性和功能:对恣意的限制、理性选择的保证、"作茧自缚"的效应和反思性整合。正是因为有了这四个基本特性和功能,法律程序在西方国家市场经济秩序的确立过程中扮演了极其重要的角色,其四个基本特性和功能的解释可以归纳如下:

1. 对恣意的限制

实体法起源于实践中解决纠纷的需要。但是在没有约束的情况下,审判者不可避免会有恣意的倾向。为了尽可能地避免这种情况,制度上通常有两种限制措施:一种是审级制度,在审判者之上设立审判者,以资补救;另一种是分权制度,使制定法律的机构与适用法律的机构相互分离。此外,还有让审判者受自己过去决定的拘束、让当事人有为自己服务的法律专家等制度。所有这些制度的操作都需要程序。随着社会的进步,程序也变得日益精致和严密。

虽然程序表现为规范认定和事实认定的过程,但实际上它既不单纯取决于规范,也不单纯取决于事实。分化和独立是程序的灵魂。分化是指一定的结构或者功能在进化过程中演变成两个以上的组织或角色功能的过程。这些相互分别的过程各自具有特定的意义,因而要求独立地实现其价值,需要明确活动范围和权限的界分。通过排除各种偏见、不必要的社会影响和不着边际的连环关系的负担,使当事人获得平等对话的空间,这是现代程序建设的目标。

2. 理性选择的保证

程序的完备程度可以视为法治现代化的一个根本性指标。在抽象的规范与具体的案件之间所存在的鸿沟,是由有效的选择程序来填充弥合的。在现代社会中,法是可选择的,但不是无限制的。合理的程序排斥恣意却并不排斥选择,程序使法的变更合理化,使

---

① 参见 D. J. Galligan 主编的 *Due Process and Fair Procedures: A Study of Administrative Procedures* 以及 J. Roland Pennok 和 John W. Chapman 编辑的 *Due Process* 两书。

② 本小节内容主要参考季卫东:《法律程序的意义——对中国法制建设的另一种思考》[J],《中国社会科学》,1993年,第1期:第89页。

人的选择有序化。

具体来讲,法律程序通过四种途径来确保选择合乎理性。①程序的结构主要是按照职业分工的原理进行的,专业的训练和经验的积累使程序角色担当者的行为更具效率、更加合理化和规范化。②程序的执行一般是公开的,或者至少其过程和步骤属于共同知识,这使得决策过程中的错误更容易被发现继而得以纠正。③程序创造了一种根据证据资料进行自由对话的条件和氛围,这样可以使各种观点和方案得到充分考虑,实现优化选择。④通过预期结果的不确定性和实际结果的约束力这两种因素的共同作用,程序参加者的积极性容易被调动起来,基于利害考虑而产生的强烈参与动机将促进选择的合理化。

3. "作茧自缚"的效应

当法律程序开始运行之际,事实已经发生,结果却是不确定的,这就给国家留下了政策考虑的余地,也给案件当事人留下了重新认定已发生事实的空间。换言之,程序具有重新认定过去的可能性。然而随着程序的展开,人们的重新认定受到越来越多的限制。经过程序认定的事实关系和法律关系一一被贴上"封条",成为不可动摇的真正的过去,而起初预期的不确定性也逐步被吸收消化。程序的所有参加者都受自己的陈述与判断的约束,事后的抗辩和反悔一般都无济于事。

经过程序而做出的决策被赋予既定力,只有通过高阶审级的程序才有可能被修改。而且先例机制迫使决策机关在今后活动中保持立场的一贯性。法院的判决最典型地体现了由程序所带来的既定力和自缚性。因此,程序又可以看成过去与未来之间的纽带。

人们一旦参与到法律程序当中,除非程序的进行明显不公正,否则很难抗拒程序所带来的后果。程序的公正在相当程度上强化了法律的内在化、社会化效果,法治向日常生活的渗透基本是通过程序性的法律装置而实现的。

4. 反思性整合

程序是交涉过程的制度化。在程序运行的地方,法律的重点不是决定的内容、处理的结果,而是谁按照什么手续来做出决定的"问题的决定"。简单地说,程序的内容无非是决定的决定而已。按照德国社会学家卢曼的观点,这种反而求诸自身的结构具有反思性。在形式合理性与实质合理性之外,还存在反思合理性。反思合理性既依赖于"看不见的手"的机制,却又不归属于这种"自然的社会秩序",它追求一种"有管理的自治"。反思性具有程序指向,它倾向于利用程序规范来调整过程、组织关系以及分配权利。

程序对于议论、决定过程的反思性整合,一方面可以减少乃至消除形式法功能僵化的问题,另一方面也可以防止实体法过度开放的弊端。程序的反思机制实际上可以看成社会自我有序化过程的模拟,它应当是在尽量排除外部干扰的状况下进行的。程序的这种特点可以用来简化社会复杂性、在假设条件下模拟事实、测量法与社会的偏差值、调整法治的形式。

程序通过规则而明确,所以它是可以设计的;程序通过当事人的相互行为和关系而实现,所以它又是自然发生的。理论上很完美的制度并不一定可以付诸实施,而行之有效的制度却未必是事先设计好的。规范(设计)合理性与进化(历史)合理性的结合部恰好是程序的合理性。在这里,社会现实中的各种行为可能性相互影响,但是程序使社会的自发有序化机制得以定向运作。由此看来,目的化的制度设计在一定程度上也可以经由程序设计来实现。

第二节 法律程序的经济学分析

在经济学家看来,法律是一种特殊的产权配置方式。自从远古部落时代起,就存在着一些约束人们行为、解决纠纷的规定或准则,这可以看成是法律的起源。当人们的权利产生冲突以至无法通过私下的协商加以解决时,法律就开始发挥作用。因此,在经济学意义上,法律可以视为私人交易的一种替代权利配置模式。这里的关键问题是,在什么条件下法律对私人交易的替代才具有经济效率? 这就是接下来首先要回答的市场和法律的分界条件这一经典的问题,随后我们将以法经济学中的两个典型话题(即当事人对和解与诉讼的选择、刑事与民事诉讼在证据标准上的区别)为例来进行具体的应用分析。

一、资源的市场配置与法律配置

自从亚当·斯密在其著名的《国富论》中提出"看不见的手"命题以来,市场机制一直被古典经济学家和新古典经济学家们视为有效配置资源的最佳手段。[①] 市场机制的核心是价格,价格是供求均衡的反映,同时又反过来引导人们根据价格信号做出自己的供求决定。价格通过市场交易合约达成。

但是科斯在 1937 年发表的《企业的性质》一文中观察到现实中还广泛存在着市场以外的合约形式或资源配置方式,即企业。[②] 事实上科斯所指的"企业"是个很宽泛的概念,它不单单指法律意义上的企业,实际上还包括所有以指挥权代替市场交易的制度或组织形态。在企业形式的合约安排下,"企业家或代理人根据合约获得一组生产要素的有限使用权,他们指挥生产活动而不直接涉及每种活动的价格,并把生产出来的产品拿到市场上销售"。[③] 按照科斯的看法,企业之所以替代市场是因为它能够节约交易成本。科斯认为,市场机制下的交易成本在于使用价格机制的成本,但是他的解释并不完全。张五常在《企业的合约性质》一文中对市场价格机制的成本做了自己的阐释:

(一)同存在企业组织时相比,纯粹依赖市场机制就需要进行多得多的交易,每一笔交易又需要单独讨价还价以确定各自的价格。如果消费者要为每一份贡献或商品的每一

[①] 参见〔英〕亚当·斯密:《国民财富的性质和原因的研究》[M],郭大力、王亚南译,北京:商务印书馆,1972。
[②] 参见 Ronald H. Coase: The Nature of the Firm, Vol. 4, Economica, 1937: 386-405。
[③] Steven N. S. Cheung: The Contractual Nature of the Firm, Vol. 26, Journal of Law and Economics, 1983: 1-21;中文译文参见张五常:《经济解释——张五常经济论文选》[M],北京:商务印书馆,2000:351-379。

个组成部分付款,而不是为单一的成品付款,那么成本就会高得惊人。而在企业组织内,这一系列合约被一个合约替代了,从而使交易成本得以降低。

(二)了解产品信息需要耗费成本。当分开考虑一种产品的各个零件而不易识别其用途时,生产者与消费者之间为产品的每一零件协商价格,就要比为整个产品协商价格付出更高的成本。而对于价值不易识别的零件来说,在专业代理人和投入所有者之间达成价格协议所花费的成本,要少于在投入所有者和消费者之间或在专业代理人和消费者之间达成价格协议所花费的成本。在这里,专业代理人实际上就充当了企业家的角色。

(三)发现价格的第三种成本是度量成本。在每一笔交易中,都必须对商品的特征或特性进行度量。不管这种交易是在专业代理人与消费者之间、专业代理人与投入所有者之间,还是在投入所有者与消费者之间进行都是如此。如果投入所有者进行的交易活动经常变化,且这些活动不相同,或不能方便地事先规定所要进行的交易活动,那么,由专业代理人替代投入所有者来进行交易活动,这种度量方法的替代方案往往更为经济。

(四)在达成价格协议时,把各种贡献区分开也是需要耗费成本的。当投入所有者一起工作时,每个投入所有者的贡献有时不易界定清楚,每个人都可能要求多于自己贡献的报酬。张五常举了一个1949年以前中国内河纤夫拉纤的事例来说明这一问题。一大群纤夫与监工达成了一个合同,即由被雇用的监工来监督纤夫拉纤,甚至同意对不尽力的纤夫进行鞭打。之所以会有这样自愿的合约达成,要点在于度量每一个纤夫对船体移动所做出贡献的成本会非常高,以致通过雇用一个代理人——监工——来进行仲裁就显得必不可少。

在《社会成本问题》一文中,科斯进一步讨论了交易成本与产权配置的关系。[①] 不少学者对其原创性的思想进行了各自的归纳和解读,其中以斯蒂格勒版本的科斯定理最为著名。斯蒂格勒在《价格理论》中写道:"科斯定理表明……在完全竞争条件下,私人成本和社会成本是相等的。"[②]黄少安教授则创造性地将科斯定理表述为一个扩展的定理组:[③]

(一)第一定理:如果市场交易成本为零,不管权利的初始安排如何,当事人之间的谈判都会导致那些使财富最大化的安排;

(二)第二定理:当交易成本大于零时,不同的权利界定会带来不同效率的资源配置;

(三)第三定理:产权制度的供给是人们进行交易、优化资源配置的前提,不同的产权制度将产生不同的经济效率。

其中第一定理即斯蒂格勒概括的"狭义的科斯定理",而扩展的定理组中的第二定理和第三定理则可以被视作狭义的科斯定理的推论或引申。由于真实世界几乎不存在交易成本严格为零的情形,交易成本大于零才是对真实世界的合理刻画。因此,正如科斯自己所承认的那样,科斯定理并不是要把人们的思维局限在脱离现实的零交易成本世界,恰恰

---

① 参见 Ronald H. Coase: The Problem of Social Cost, Vol. 3, *Journal of Law and Economics*, 1960: 1-44。
② 参见 George J. Stigler: *The Theory of Price*(3rd ed.), New York: MacMillan, 1966: 113。
③ 参见黄少安:《产权经济学导论》[M],济南:山东人民出版社,1995。

相反,科斯定理的意义在于将正的交易成本引入关于制度的思考当中。[1]

上文已经提到,科斯定理的一个推论是:当交易成本大于零时,不同的权利界定会带来不同效率的资源配置。当权利冲突导致纠纷发生时,我们自然会想到当事人能否通过相互谈判来平息争端。但是,现实情形是私人解决只是纠纷解决方式的一种,大量的纠纷案例需要依靠警察和法院等公权力机构来裁定解决。在这里,选择私人(市场)解决还是法律(行政)手段解决的关键决定因素还是制度的实施成本。具体而言,当市场决定成本高于法律决定成本时,权利纠纷的解决就应由法律手段来执行。这样的解释当然没错,但是从经济学的角度来看,最根本的原因还是在于市场校正带有外部性,尤其是负外部性,这会导致侵犯权利的社会成本高于私人成本,因此法律才有了用武之地。波斯纳认为,法律制度(尤其是普通法)的终极目标还是在于通过资源的一定配置达到效率最大化。因此,资源配置的法律决定与市场决定存在着重要的相似之处,但也包括一些不可忽视的差异:[2]

(一)与市场一样,法律也等同于以机会成本为代价来引导人们促成资源配置的效率最大化。赔偿责任的作用并不是强制人们服从法律,而是强制违法者支付相当于违法机会成本的代价。如果这种代价低于他从违法行为中所取得的价值,那么他违法才能使效率最大化;如果这种代价高于他从违法行为中所取得的价值,效率原则就要求他不要违法。法律制度像市场一样使人们面临其行为的成本,但也将是否愿意遭受这些成本的决定权留给个人。

(二)法律程序像市场过程一样,它的施行主要有赖于追求自身利益最大化的个人而非利他者或者政府官员。行为的受害人可以通过聘请律师来维护自己的权利。这样,国家就可以节省保护公民合法权利的警力,也可以不再需要检察官来实施这些权利,更不需要其他官僚职员来操作这一制度。但是在不同的国家,法律制度的运行具有不同的特点,这里主要存在"审问制"(Inquisitional System)和"对抗制"(Adversarial Process)两种类型。按照日本法学家谷口安平的定义,"审问制"模式是指"在审判过程中,庭长不是以消极仲裁人的形式出现,而是主动对被告和证人进行讯问,指出证词矛盾的地方,征询鉴定人的意见,向双方或法庭成员展示有关文件和勘验报告"[3],而"对抗制"模式是指"双方当事者在一种高度制度化的辩论过程中通过证据和主张的正面对决,能够最大限度地提供关于纠纷事实的信息,从而使处于中立和消极地位的审判者有可能据此做出为社会和当事者都接受的决定来解决该纠纷"[4]。与普通法体系下的"对抗制"相比,大陆法体系下的"审问制"使法律实施的责任大量地从私人部门向公共部门转移。波斯纳所举的例子是:瑞典的法官—律师比率是美国加利福尼亚州的10倍之多。如果承认私人部门的效率要高于公共部门,那么审问制相比对抗制就会有效率损失。

---

[1] 参见 Ronald H. Coase: The Institutional Structure of Production, Vol. 82, *American Economic Review*, 1992:713-719.
[2] 参见〔美〕理查德·A. 波斯纳:《法律的经济分析》(第七版)[M],北京:法律出版社,2012:第十九章。
[3] 〔日〕谷口安平:《程序的正义与诉讼》[M],北京:中国政法大学出版社,2002:26。
[4] 王德志、徐进:《西方司法制度》[M],济南:山东大学出版社,1995:20。

专栏 15-1

日本法学家谷口安平

谷口安平，1934年生，日本著名民事诉讼法学者。曾先后任教于京都大学和东京大学，现为京都大学名誉教授。当代的程序价值理论大致可以分为两类：一类是程序工具主义理论，另一类是程序本位主义理论。谷口安平是倡导程序本位主义理论的法学家之一。谷口安平认为，无论从逻辑还是历史的角度来看，诉讼法都是先于实体法的。在远古社会并不存在用以衡量一个人犯罪与否的外在标准，对罪犯的审判都是通过某种形式来实现的，比如说"火审""水审"等，往往程序进行的过程也就是实体结果出现的过程。实体法的出现是随着国家的出现及暴力工具的设置才逐渐产生的，而此后出现的诉讼法只不过是原有的审判程序的成文化表现方式。谷口安平提出程序正义并不仅仅针对程序工具主义论者，更重要的是其在法律体系中具有天然的必要性，程序的正义与否对法律的实施效果有很大的影响力。

资料来源：作者根据公开资料整理。

（三）法律程序还在其非人格性（Impersonality）上类似于市场机制，即效率因素高于分配因素。法官的公正无私与市场机制的"看不见的手"有异曲同工之妙。法官取得报酬的方法和司法伦理规范保证法官与其审理的案件没有利害关系，法官只对判断案件的是非曲直负责，因此，败诉的当事人没有理由迁怒于法庭，这正如一个消费者不会因为无法搜寻到价格合适的商品而迁怒于销售。司法的非人格性通过在审判中考虑当事人行为而不考虑相对应得（Relative Deservedness）而进一步加强，比如，穷人不能将其贫困或富人受益于法官的阶层团结性的可能作为其免除责任的理由。分配因素虽然并不会因此而被全然忽视，但是相对于配置效率它将居于次要地位，对于普通法体系来说尤其如此。这同样类似于市场中的销售，主要追求效率最大化。对于效率因素高于分配因素，波斯纳的例证是法律往往拒绝把竞争看作一种侵权。①

（四）作为两种资源配置手段，在波斯纳看来，法律和市场的根本区别在于市场是一种用以评价各种竞争性资源使用方法的更有效的机制。在市场上，人们的偏好可以很好地通过支付意愿显示。但是在司法上却难以通过可靠的标准来确定相对偏好和价值。

二、纠纷解决的途径：和解还是诉讼

上述关于资源配置方式的选择原理的一个典型应用是关于诉讼还是和解的决定。②

---

① 波斯纳认为，财产权并非意味着你有权利免于与他人竞争。参见"Illinois Transportation Trade Association v. Dan Burgess"的判决书，https://caselaw.findlaw.com/us-7th-circuit/1750600.html，2023年11月10日访问。

② 参见理查德·A.波斯纳：《法律的经济分析》（第七版）[M]，蒋兆康译，北京：法律出版社，2012：第二十一章。

正如我们观察到的那样,现实中普遍存在着诉讼与和解这两种权利纠纷解决方式。从本质上来讲,诉讼是寻求法律手段来解决权利纠纷,而和解则是通过(市场)交易来决定争议权利的配置。

和解谈判要能够达成,所需满足的一个必要条件是:原告在和解协议中愿意接受的最低价格必须高于(或至少不低于)被告在履行损害赔偿责任时愿意支付的最高价格。当这一条件满足时,对双方当事人而言就存在一个价格谈判空间。但谈判空间的存在仅仅是和解协议得以达成的必要条件。对于双方当事人来说,每一方的策略空间中都有两种情况:选择和解还是诉诸法律。这样就构成了一个典型的静态博弈。而借助静态博弈框架能够使我们更清晰地揭示问题的本质。

现在不妨用 p 来表示原告(Plaintiff), d 来表示被告(Defendant), J 表示原告胜诉的情况下判决确定的赔偿数额。P_p 表示原告预期自己胜诉的概率, P_d 表示被告预期自己败诉的概率。C 和 S 分别是每一方当事人的诉讼与和解成本。波斯纳基于美国的经验,将 C 和 S 设定为对双方当事人都相等。① 为了使这一假设更加符合我国的一般情形,现在假设诉讼成本 C 只由败诉方承担,和解成本 S 则一般由原告承担。另外为简化起见,不妨假设当事人都是风险中性的。易见,原告接受和解协议的最低要价 X_p 满足:

$$P_p J - (1 - P_p)C = X_p - S \tag{15-1}$$

即最低要价在原告对诉讼或和解无差异时取得。对式(15-1)进行移项即可得到原告接受和解的最低要价表达式:

$$X_p = P_p J - (1 - P_p)C + S \tag{15-2}$$

类似地,被告接受和解协议的最高要价 X_d 满足:

$$P_d J + P_d C = X_d + S \tag{15-3}$$

即最高要价在被告对诉讼或和解无差异时取得。对式(15-3)进行移项即可得到被告接受和解的最高支付价格表达式:

$$X_d = P_d(J + C) - S \tag{15-4}$$

要使和解得以达成,正的谈判空间要求原告的最低要价至少不高于被告的最高支付价格:

$$X_p \leq X_d \Rightarrow P_p J - (1 - P_p)C + S \leq P_d(J + C) - S$$
$$\Rightarrow (P_p - P_d)J \leq (1 - P_p + P_d)C - 2S$$
$$\Rightarrow (P_p - P_d)(J + C) \leq C - 2S \tag{15-5}$$

通过分析和解式条件(15-5)可以发现:

(1) 由于 $0 \leq P_p \leq 1, 0 \leq P_d \leq 1$,因此 $0 \leq 1 - P_p + P_d \leq 1$。所以,式(15-5)中的倒数第二个不等式表明,恰如预期的那样,在其他条件不变的情况下,诉讼成本的提高以及和解成本的下降都将使和解更容易达成。

---

① 根据美国的法律制度,胜诉方的诉讼成本并不能由败诉方补偿。参见理查德·A. 波斯纳:《法律的经济分析》(第七版)[M],蒋兆康译,北京:法律出版社,2012:823。

(2) 式(15-5)中的最后一个不等式表明,当原告对诉讼前景更为乐观时(给定 P_d 的前提下,P_p 的值增大),原告更愿意将纠纷诉诸法律而拒绝接受和解条件;反之,当原告对诉讼前景更为悲观时(给定 P_d 的前提下,P_p 的值减小),原告更愿意接受和解条件而不是提起诉讼。对于被告的分析也有类似的结果:当被告对诉讼前景更加乐观时(给定 P_p 的前提下,P_d 的值减小),被告将更倾向于接受原告的诉讼而非和解;反之,当被告对诉讼前景更加悲观时(给定 P_p 的前提下,P_d 的值增大),被告更愿意与原告和解。总体上,当双方当事人中只要有一方以上对诉讼前景更加乐观时,诉讼的可能性就会上升,反之和解的可能性上升。总之,当原被告对诉讼前景都更加乐观时,(P_p-P_d) 的值增大,原被告均倾向诉讼。式(15-5)中,诉讼成本、和解成本和诉讼前景影响诉讼与和解行为的分析,得到了受控实验的佐证。①

当然,正如波斯纳指出的那样,如果放松关于诉讼成本固定和当事人风险中立的假设会使理论的预测复杂化。比如,较大的标的额会由于扩大可能结果的方差而提高诉讼的风险;而诉讼风险越大,厌恶风险的当事人就越要寻求和解。更重要的是,标的额的增加会诱使当事人投入更多的诉讼成本(比如聘请更好的律师、拉拢媒体记者、对法官行贿,等等)。此外,预期诉讼成本的增长一般要比预期和解成本的增长大得多:大案和解的成本并不比小案和解的成本高多少,但大案的诉讼成本却要比小案的诉讼成本高得多。所以,标的越大,和解的相对成本越低,和解就越有吸引力。②

三、民事诉讼与刑事诉讼的比较分析

在普通法体系下,民事诉讼与刑事诉讼的一个重要区别在于证据标准的差异。民事诉讼中所适用的证据标准是"证据优势标准"(The Preponderance-of-the-evidence Standard)。这一证据优势标准要求在民事诉讼中一方当事人所提供的证据比另一方当事人所提供的证据更具说服力或更加能够令人相信。具体地说,民事诉讼中的原告和被告双方,只要一方出示的证据能够使事实的发现者(法官、陪审团)相信,其主张比另一方当事人的主张更有力,便具有优势证据。法庭可据此判决,决定官司的输赢。而刑事案件则适用"排除合理怀疑标准"(The Proof-beyond-a-reasonable-doubt Standard)。这一标准要求检察官向事实的确认者(法官、陪审团)证明被指控者确实犯有被指控的罪行。具体地说,检察官的举证责任必须达到使法官和陪审团"排除合理怀疑"的举证程度。"排除合理怀疑"标准要求证据是确凿无疑的,能够达到消除所有可能的不确定性的程度。专栏15-2介绍了在美国司法史上具有里程碑意义的"米兰达案"。

---

① 参见 Linda R. Stanley, Don L. Coursey: Empirical Evidence on the Selection Hypothesis and the Decision to Litigate or Settle, Vol. 19, *Journal of Legal Studies*, 1990: 145–172。

② 对于诉讼的经济学分析模型还有外部性作用、信号甄别、信号筛选、有限理性模型等,相关介绍可参考宁静波:《诉讼还是和解:诉讼经济学研究述评》[J],《法律和社会科学》,2012年,第九卷:第241—257页。

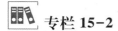

专栏 15-2

历史上的"米兰达案"

1963 年，一个 23 岁的无业青年米兰达涉嫌强奸和绑架妇女，被美国亚利桑那州警方逮捕。警官在审讯前没有告诉米兰达有权保持沉默并有权不自证其罪。米兰达在审讯中招供，并且在供词上签字画押。亚利桑那州法院考虑到米兰达一贫如洗，主审法官指定公共辩护律师莫尔为米兰达提供免费辩护。莫尔在出庭辩护时声称，警方违背美国宪法第五修正案以及最高法院关于为穷人提供免费律师的判例，在缺乏律师的场合审讯米兰达，因此，米兰达的所有供词属于被迫自证其罪（Self-Incrimination），其结论是供词应无效，不能作为庭审依据。亚利桑那州法院宣称，最高法院尽管有各州法院应为被控重罪的贫穷被告提供律师的规定，但并未具体规定在庭审前警方审讯时就必须提供律师，警方并未违规，因此米兰达的供词属合法证据，判决结果为陪审团判有罪，法官判处米兰达 20 年有期徒刑。米兰达和莫尔律师不服判决，最终将案件上诉至美国联邦最高法院。1966 年，美国联邦最高法院以 5:4 裁决亚利桑那州法院的审判无效。最高法院的理由是，宪法第五条修正案规定的公民权利，不仅适用于正式法庭审判，同样也适用于法庭之外的任何场合。米兰达的供词属"非自愿供词"，在审判中无效。首席大法官沃伦亲自执笔撰写最高法院的判决书，详细具体地规定了警务人员和执法官员在审讯犯罪嫌犯时必须向嫌犯及时宣读有关提醒和告诫事项——"你有权保持沉默；如果你开口，你所做的供述可能在法庭上作为对你不利的证据；你有权申请律师辩护；如果你没钱雇请律师，将为你指定"，这在后来成为著名的"米兰达告诫"。

资料来源：作者根据公开资料整理。

那么需要进一步追问的是：为什么在普通法尤其是美国法律中要对不同的案件所适用的证据标准做出不同的规定，并且在刑事案件中适用远较民事诉讼中优势证据更为严格的"排除合理怀疑"的证据标准呢？下面我们尝试从法学和法经济学的角度对这一问题分别做出解释。①

1. 法学角度的解释

从法学角度来看，法律追求的核心价值是公平、公正和正义，"法律面前人人平等"。民事诉讼中，从诉讼主体——原告和被告双方来看，大都是普通民众，或者说，法律诉讼主体双方的地位大致是平等的，不存在一方当事人较另一方当事人拥有更多优势的法律地位的情形。因此，民事诉讼中，具有平等地位的竞争主体只要一方当事人能够较另一方当事人出示更具有说服力的证据，作为"裁判"的法庭就可据此做出判决。

而在刑事案件审理中，起诉的一方是代表公权力的检察官，被起诉的一方则是普通民

---

① 参见史晋川：《法律经济学趣谈》[M]，南京：江苏人民出版社，2014:38—49。

众。尽管检察机关和检察官也受法律约束,但检察机关本身就是国家强制性权力的一个组成部分,因此,原告和被告双方的地位并不是完全平等的。从广义政府的角度——立法、行政、司法来看,刑事案件在很大程度是政府与老百姓打官司,政府(检察机关)提出起诉,政府(法院)审理判决,老百姓在司法过程中则处于相对弱势的地位。

如果在制度结构上须保证立法、行政、司法三种权力的相互独立和制衡,那么当检察官在刑事案件中负有举证责任时,立法者用更为严格的"排除合理怀疑"的证据标准,不失为一种平衡的方法。同时,由于检方的证据部分涉及被起诉方的供词,为了尽可能地保证证据的真实客观,用一套严格的审讯程序来保证被起诉方的权利,也有助于更好地实现法律的公平、公正和正义。

2. 经济学角度的解释

从经济学角度看,民事诉讼所涉及的大都是人们之间的利益,例如合同纠纷、财产侵权、遗产继承等。这些利益大部分是可以明确定义的经济利益,或者说,可用货币来直接衡量的。即使民事诉讼中部分利益不能直接用货币衡量,例如人身致残、名誉侵犯,但大都往往也能事后间接地转换为用货币来衡量。那么,为何在涉及用货币来衡量利益的民事诉讼中,使用优势证据标准就基本足够了呢?其原因主要有两点:第一,更为严格的证据标准会增加民事诉讼的成本(交易成本),降低民事诉讼的效率。更严格的证据标准意味着更高的诉讼成本,将导致取证成本高,取证过程复杂,审判难度增大,致使许多民事诉讼拖而不决。高额的诉讼成本使得一些当事人不愿意或无能力通过诉讼解决纠纷,法律"太昂贵了",这就将部分人排除在了法律保护之外。第二,尽管不采用更严格的证据标准会使法院判决的出错率大一些,但民事诉讼中纠错的成本较低,造成的社会福利损失相对不大。具体地说,民事诉讼中,法院倘若依据优势证据做出判决,一旦发生错判,所造成的后果并非不可挽回的,挽回(依照新的证据改判)的成本也相对不高,较少导致社会福利的净损失。而且,如果把错判分为主动错判(错判被告有罪或承担责任)和被动错判(错判被告无罪或没有责任),那么在民事诉讼中两种错判的成本是大致相等的。

但是刑事案件与民事诉讼有着明显的不同,尽管部分刑事案件也会涉及人们的经济利益,例如刑事案件附带民事赔偿的诉讼,然而,由于刑事案件的判决主要涉及当事人的刑事责任,判决内容事关当事人的人身自由和生命(10年徒刑即剥夺10年自由,无期徒刑即剥夺终身自由,死刑即剥夺生命权利),一旦刑事案件发生错判,尤其是主动错判,其后果比民事诉讼的错判要远远严重得多!刑事案件错判,无论事后是否被纠正,所造成的后果几乎是不可挽回的或者完全是不可挽回的,试图挽回的努力成本将是巨大的,因而会造成社会福利的净损失。首先,人们几乎无法用别的方式(包括货币)来对失去自由或失去生命的当事人进行公平的补偿,所谓"公平"在此指使他能恢复到与判决前相同处境的"无差异"状态。其次,不同于民事诉讼,刑事案件中一方所受到的损失(惩罚)并不等同于另一方的收益,由此会导致社会福利的净损失。最后,刑事案件唯一可能的收益是威慑效应,只有通过更严格的证据标准使得确定罪行的过程更准确,减小刑罚的随机性,法律的威慑效应才会越显著。

尽管按照法律规定在刑事案件中采用"排除合理怀疑"这样一种非常严格的证据标准，有可能在司法实践中会使得证据取得和事实认定更具难度，案件的审理更加耗时、费力，但是权衡利弊，对刑事案件采用更严格的证据标准，加以用"米兰达告诫"及有关法律来严格规范取证程序，是完全必要的。

第三节 证据法的经济学分析

波斯纳认为，所谓证据法是"确定向必须解决事实争议的法庭提供何种信息以及如何提供信息的一整套规则"。① 事实发现是法律适用的基础，事实认定实行证据裁判主义，因而证据法在法律体系中有不可忽略的地位和独特的性质。② 准确解决此类问题对于法律制度的经济效率而言有相当重要的意义。对此，波斯纳提出了两个模型来分析这个问题。③

一、搜寻模型

证据搜寻过程是一个经济决策过程。在诉讼环境中，证据的搜寻表现为证据的收集、过滤（Sifting）、引导（Marshaling）、提出以及权衡的过程，这一过程产生特定的收益并消耗相应的成本。一方面，假设当证据为裁判者所用时案件得到正确判决的概率为 $p(x)$，$0 \leq p \leq 1$，它是证据数量 x 的一个非负函数，且满足 $p'(x)>0, p''(x) \leq 0$，即证据有效发挥作用的概率 p 随着证据数量的增加而增加，但是收益率递减。如果争议标的金额为 s，那么证据搜寻的收益就是 $p(x)s$。另一方面，存在搜索成本 $c(x)$，它同样是证据数量 x 的一个非负函数，且满足 $c'(x)>0, c''(x) \geq 0$，即证据搜索成本随着证据数量的增加而增加，且边际成本递增。

在此，有必要对概率函数 $p(x)$ 和搜寻成本函数 $c(x)$ 的二阶性质做一些解释。马丁·韦茨曼（Martin Weitzman）的最优搜寻模型有助于说明这一问题。④ 首先，假设有 n 种可能的证据来源，并且这些来源是相互独立的。对于每一个证据来源而言，存在一个有价

---

① Richard A. Posner: An Economic Approach to the Law of Evidence, Vol. 51, *Stanford Law Review*, 1999: 1477-1546；中文翻译参见[美]理查德·A. 波斯纳，《证据法的经济分析》[M]，徐昕、徐昀译，北京：中国法制出版社，2004。

② 徐昕：《代译序：事实发现的效率维度——波斯纳〈证据法的经济分析〉解读》，载[美]理查德·A. 波斯纳：《证据法的经济分析》[M]，徐昕、徐昀译，北京：中国法制出版社，2004。

③ Richard A. Posner: An Economic Approach to the Law of Evidence, Vol. 51, *Stanford Law Review*, 1999: 1477-1546；中文翻译参见[美]理查德·A. 波斯纳，《证据法的经济分析》[M]，徐昕、徐昀译，北京：中国法制出版社，2004。

④ Martin L. Weitzman: Optimal Search for the Best Alternative, Vol. 47, *Econometrica*, 1979: 641-654；关于这一文章的简化版转述参见 Richard A. Posner: An Economic Approach to the Law of Evidence, Vol. 51, *Stanford Law Review*, 1999: 1477-1546；中文翻译参见[美]理查德·A. 波斯纳，《证据法的经济分析》[M]，徐昕、徐昀译，北京：中国法制出版社，2004。

值证据的概率为 p，证据的价值为 V，搜索该来源以发现是否包含该证据的成本为 c，并且 p,V,c 均为已知。因此，对每一个证据来源进行搜寻的预期净收益就是 $pV-c$。如果我们在所有证据来源中试图搜寻最具证明力的证据（比如最优秀的证人或书面证据），而非试图简单地积累证据，那么就应该持续地进行搜寻直到找到这样的证据来源为止。此时，这一来源产出的证据所具有的价值 V^* 应该至少不小于所有尚未搜寻的证据来源的净价值，也即

$$V^* \geq (pV-c)/p = V - c/p \tag{15-6}$$

对于所有未搜寻的潜在证据来源来说，其净价值大于零，即 $V>c/p$。由于我们试图找到最有价值的证据，因此如果每一次成功的证据搜寻皆具有相同的证据价值，则应在第一次成功时就停下来。而在证据搜寻失败的情形下，接下来就应该进一步搜索具有最高概率 p、最低成本 c 或最高价值 V 的证据来源以满足不等式(15-6)的条件。在这一证据搜寻模式下，追加证据对案件结果的边际影响就会趋于下降。

但是，如果证据搜寻者不能预先确定什么证据最可能富有成果，那么他的搜寻程序就会类似于随机抽样。根据统计理论，随着样本规模的扩大，新增样本量对于证据正确性所贡献的边际价值将递减，因此搜寻的边际收益递减。与此同时，由于证据搜寻线索的逐步耗尽，容易搜寻的证据将越来越少，搜寻证据的边际成本将逐步攀升。由此可以得到证据搜寻的预期净收益函数：

$$G(x) = p(x)V - c(x) \tag{15-7}$$

根据 $p(x)$ 的凹性和 $c(x)$ 的凸性，易见 $G(x)$ 也是凹的，即 $G''(x)<0$。这样就可以求出最优证据搜寻数量：

$$x^* = \arg\max_x G(x) = \arg\max_x [p(x)V - c(x)] \tag{15-8}$$

求导后不难发现 x^* 当且仅当以下条件成立时取得：

$$p'(x^*)V - c'(x^*) = 0 \tag{15-9}$$

这一条件表明最优证据搜寻数量在边际收益等于边际成本时得到。通过图 15-1 我们可以更直观地看到这一关系。图 15-1 还表明，当标的金额从 V_1 上升到 V_2 时，最优证据数量也会增加。这是因为当标的金额上升后，在原有的证据数量处，证据搜寻的边际收益超过了边际成本，使得扩大证据搜寻量变得有利可图。

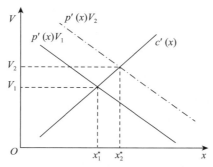

图 15-1　最优证据搜寻量的决定

为了说明证据对于整个法律制度的重要性,我们不妨试着通过法律惩罚的准确性与威慑力来进行分析。不难理解,惩罚的预期成本实际上就是一个人犯罪时的预期惩罚成本与他没有犯罪时的预期惩罚成本之差。如果 p_g 表示被告有罪时受到惩罚的概率,p_i 表示被告无罪时受到惩罚的概率,S 表示刑罚规模(可以理解为转换成货币后的金额),那么惩罚的预期成本 EC 就是

$$EC = (p_g - p_i)S \qquad (15-10)$$

从中很容易发现,如果惩罚的施加完全随机(在这种情况下惩罚独立于用于证明是否犯罪的证据),那么 $p_g = p_i$,于是实际上的预期惩罚成本为零。对于真正的犯罪行为,法院审判就起不到威慑作用。相反,对犯罪事实的判断越准确,即 p_g 越接近于 1 而 p_i 越接近于 0,犯罪的预期惩罚成本就越高,法律的威慑作用也就体现得越充分。

这里的分析表明了对证据搜寻进行投资的重要性,即如果没有证据就会因扭曲性的惩罚而使法律制度失去其应有的作用。比如说一个有犯罪记录的人,很可能此后会因任何一件犯罪指控而被判有罪,即使他并未实施这一犯罪。这一方面将减弱刑法防止有犯罪记录的人此后犯罪的威慑效果,另一方面也将促使其避开那些可能导致被捕或被错误检控的行为。因此,不确定性既有可能导致威慑过度也有可能导致威慑不足。就如波斯纳认识到的那样,"在证据的经济分析中,威慑扮演了一个主要的角色,因为它把对准确性(正是证明过程之核心)的关注与经济学家有关法律的观念——法律是一种为有效率的行为创造激励的制度——联系起来""既然在审判中准确的事实认定对于法律传递有效的激励之效率至关重要,因此裁判的准确性就不仅仅构成一种道德和政治价值,而且还是一种经济价值"。[①]

二、成本最小化模型

经济学中的"对偶理论"(Duality Theory)告诉我们,对于理性假设下的最优选择行为而言,效用(或利润)最大化模型与成本最小化模型本质上是等价的。这提示我们可以从成本最小化的角度来另行探讨证据搜寻问题。

现在假设错判概率为 $p(x)$,证据搜寻成本为 $c(x)$。它们都是证据数量 x 的函数。其中 $p'(x)<0, p''(x) \geq 0$,即错判概率是证据搜寻量的减函数,并且随着证据搜寻量的扩大 p 的减小越来越慢;$c'(x)>0, c''(x) \geq 0$,即搜寻成本则是证据搜寻量的增函数,并且边际成本随着搜寻量的扩大而递增。这是符合直觉的,并且与上一小节韦茨曼的最优搜寻模型也是一致的。假设争议标的规模为 S,如前文那样,我们不妨认为 S 是转换成货币单位的金额数。对于一个社会而言,证据搜寻虽然能够降低错判概率、提高司法准确性和公正程度,但是由于证据的搜寻也同样需要耗费大量成本,因此最佳的证据从理论上讲一定是使

---

① Richard A. Posner: An Economic Approach to the Law of Evidence, Vol. 51, *Stanford Law Review*, 1999: 1477-1546; 中文翻译参见〔美〕理查德·A. 波斯纳,《证据法的经济分析》[M],徐昕、徐昀译,北京:中国法制出版社,2004。

得总成本最小的数量。证据搜寻过程的总成本 C 可以写为：

$$C = p(x)S + c(x) \tag{15-11}$$

对其求一阶导数并使之等于零就可以得到：

$$C'(x) = 0 \Rightarrow -p'(x)S = c'(x) \tag{15-12}$$

根据 $p(x)$ 和 $c(x)$ 的二阶性质，$C''(x) = p''(x)S + c''(x) \geq 0$，即总成本 C 对证据搜寻量 x 是凸的，所以式（15-12）就决定了最优证据搜寻量 x^*：

$$x^* = \arg\max_x C'(x) = \arg\max_x [p'(x)S + c'(x)] \tag{15-13}$$

在 x^* 这一点上，由额外一单位证据的搜寻所带来的预期错判成本 $p(x^*)S$ 的减少恰好为它的搜寻成本 $c(x^*)$ 的增加所抵消。如果 $x<x^*$，那么证据搜寻数量就应该继续扩大，以利用错判成本的节约所带来的效益；如果 $x>x^*$，那么证据搜寻数量就应该有所减少，因为此时相对过高的证据边际搜寻成本使得搜寻行为变得不经济。只需把图15-1中的 $p'(x)V_1$ 和 $p'(x)V_2$ 改写成 $-p'(x)S_1$ 和 $-p'(x)S_2$，就可以进行类似的比较静态分析。其结论也是类似的，即标的额的增加使最优证据搜寻量也增加。

第四节 程序法的经济分析评价

回顾上文的分析可以发现，在法学和经济学的视角下，程序作为一种制度形态对于纠纷的解决乃至社会价值或效率的实现都具有重要的意义。但是这两种研究范式本身却存在十分明显的差异。概括起来讲，最主要的差异是研究的立足点与研究方法的差异，但是我们不能而且难以就此做出不同方法之间孰优孰劣的判断，应该说不同学科的研究范式都有其合理的一面。在这里特别需要指出的是，现代经济学分析方法在传统法学领域中的应用可以说是大大拓展了原有的分析思路和研究范围，但是现代经济学的分析方法是建立在一套严格的假设基础之上的，因此在应用到具体问题的时候需要格外谨慎。这也是目前的法经济学研究受争议比较多的地方。本节的第二部分将就法经济学的可能改进方向进行一些讨论。

一、法学研究与经济学研究：立足点与方法的差异

从法学的角度看，程序主要体现为按照一定的顺序、方式和步骤做出法律决定的过程。其普遍形态是：按照某种标准和条件整理争论点，公平地听取各方意见，在使当事人可以理解或认可的情况下做出决定。正如本章第一节所强调的，程序不能简单地还原为决定过程，因为程序还包含着决定成立的前提，存在着左右当事人在程序完成之后的行为态度的契机，并且保留着客观评价决定过程的可能性。另外，程序并没有预设的真理标准，程序通过促进意见疏通、引导理性思考、扩大选择范围、排除外部干扰来保证决定的成

立和正确性。① 可见程序在整个法律制度中具有特殊的地位和意义,法学研究更多的是围绕程序的整体功能本身展开。第一节中有关"实体性正当过程"与"程序性正当过程"的讨论实际上进一步反映出法学界对法律程序本身整体合理性和价值意义的关注。

在我国法学界,法律程序的整体意义对于法学家来说又是格外重要的。20世纪80年代以来的法治建设过程中,中国法学家长期侧重于令行禁止、定分止争的实体合法性,这种情况在最近十几年有所转变。2012年以来,中国的法律程序建设取得明显进展,刑事诉讼法、行政诉讼法、民事诉讼法和全国人民代表大会议事规则,均进行了较大幅度的增补修订;司法体制在立案、判案和执行上也实施了多项深化改革措施。但是理论研究仍然主要限于对整体程序框架的讨论。对于一个经济和社会都处于转型期的国家来说,在许多领域的法律程序建设依然是不完善的,因此对程序整体价值的讨论有助于加深和培养国人对程序的认识,逐渐提高程序自觉程度,塑造现代化的公民社会。但是毋庸讳言,随着社会的进步和法治的逐步改进,对于程序总体意义的简单讨论将不再适应迅速发展的客观现实。对于法律程序制定、应用和实际操作中具体问题的研究正变得越来越紧迫和具有现实意义。因此研究立足点和方法的转换就显得必不可少,而法经济学的研究则在这方面起到了十分重要的补充作用。

现代经济学的哲学基础是方法论个人主义(Methodological Individualism)。根据英国学者马尔科姆·卢瑟福的论述,方法论个人主义通常同下列归纳主义主张相联系,即所有社会科学理论都可以归结为人类个体行为理论;所有社会或集体现象,诸如制度(法律制度),都有待内生化,有待用人类个体行为来解释。进一步,它可以被概括成以下几个方面:第一,只有个人才有目标和利益;第二,社会系统及其变迁产生于个人的行为;第三,所有大规模的社会现象最终都应该根据只考虑个人(他们的气质、信念、资源以及相互关系)的理论加以解释。② 方法论个人主义的微观研究范式对于程序研究来说具有独特的价值。法律程序作为一种过程,其每一个环节势必牵涉多方面的利益相关者。程序的执行因此可以看作是一个多方博弈的过程。程序的设计实际上是一个博弈规则制定的过程,在一定的法律程序的目标(公平、公正以及效率)下,程序规则就应在原则上能够切实有效地有助于这些法律制度目标的达成。从方法论个人主义角度微观地研究程序相关问题,能够更好地揭示具体程序运行过程中的利益关联特征、推断理性主体的相应反应,从而避免程序设计中的系统性偏误。其推理过程所依赖的一个基本假设是理性假设,这也是法经济学研究中效率标准的出发点。

以波斯纳为代表的"新自由主义"法经济学者在进行包括程序法在内的法律的经济学分析时,自始至终都贯彻了一个核心标准,即"效率"准则。他们吸收了新古典经济学关于理性人的假设,通过细致分析体现出以价值最大化作为评价资源配置的效率标准的经济

---

① 参见季卫东:《法律程序的意义——对中国法制建设的另一种思考》[J],《中国社会科学》,1993年,第1期:第89页。
② 参见〔英〕马尔科姆·卢瑟福:《经济学中的制度》[M],陈建波、郁仲利译,北京:中国社会科学出版社,1999;转引自魏建、黄立君、李振宇:《法经济学:基础与比较》[M],北京:人民出版社,2004:226。

学逻辑。波斯纳认为,所有的法律活动和全部法律制度的最终目的就是最有效地利用资源和最大限度地增加社会财富——"诉讼判决的终极问题是,什么样的资源配置才能使效率最大化"①,而其中当然也包括程序法在内。

对于程序设计而言,首先需要一定的程序目标,只有目标明确了才能相应地进行制度设计以使程序规范尽可能地接近既定设计目标。前面已经提到,法经济学选择将"效率"作为研究的核心标准,但是判断效率高低还需要在不同的分析环境下对作为最大化目标的"价值"做出具体的解释,尤其是对"价值""效用"和"效率"三者的概念给出界定。

波斯纳指出,经济学上的价值是指某人为取得某物而自愿付出的成本(如货币、时间、财务等),即主观效用论中的价值。经济学中效用和价值的含义既有联系又有区别。一方面,效用是指预期的成本或收益的价值。但是,这涉及个人对风险所持的态度,在对待风险的不同态度下,相同的财富状况可以有完全不同的效用。譬如100%获得价值100万美元的确定性资产,与具有10%的概率获得1 000万美元的不确定性资产,两者的预期收益都是100万美元,但是风险规避者会选择前者,风险偏好者则会选择后者,而风险中性者对选择两者中的任何一种资产都是无差异的。另一方面,当人们的风险观不同时,价值和效用是有区别的。在宽泛的意义上,价值包括一个风险规避者衡量1美元比具有10%的概率获取未来10美元的更有价值的观念,而效用则意味着幸福。② 关于风险态度的设定可以引入程序研究中。在当事人具有明显不同的风险态度时,风险中性的简单假设就会有失偏颇。比如在本章第二节探讨和解和诉讼决定的问题时,我们为了简单起见而假设双方当事人都是风险中性的。但是在许多情况下,这一假设并不符合实际情况。比如在民事诉讼中,如果双方当事人的风险态度不一致,最后关于和解条件的结论就有可能需要进行修正。当原告比被告更厌恶风险时,相比双方当事人都是风险中性时的情形,此时和解条件更易达成,因为此时原告更愿意规避诉讼结果的不确定所带来的风险。反之,当被告比原告更厌恶风险时,相比双方当事人都是风险中性时的情形,此时和解条件更难达成,因为此时被告更愿意规避诉讼结果的不确定所带来的风险,接受原告的和解条件。这一例子表明,程序的经济分析中对当事人效用的合理设定相当重要,因为它很可能会影响到相应的结论。

经济学中的帕累托效率概念在波斯纳看来显得过于苛刻,在现实世界中的适用性很小,"因为大多数交易(如果不是一种单一交易,就是一系列可能的交易)都会对第三方产生影响"。③ 所以波斯纳转向了经济学中的补偿性效率概念,即卡尔多—希克斯效率标准:只要某一交易对第三方的总损失不超过交易的总收益,该交易就是有效率的。④ 用卡尔多—希克斯效率标准替代帕累托效率概念作为法经济学分析中的效率标准,大大拓展了经济分析的应用空间。虽然这一效率标准依赖人际效用可加性的严格假设,具有边沁功

---

① 参见〔美〕理查德·A. 波斯纳:《法律的经济分析》(第七版)[M],蒋兆康译,北京:法律出版社,2012:763。
② 参见魏建、黄立君、李振宇:《法经济学:基础与比较》[M],北京:人民出版社,2004:207。
③ 参见〔美〕理查德·A. 波斯纳:《法律的经济分析》(第七版)[M],蒋兆康译,北京:法律出版社,2012:16—17。
④ 参见魏建、黄立君、李振宇:《法经济学:基础与比较》[M],北京:人民出版社,2004:208。

利主义的形式,从而排除了其他形式社会偏好的存在(如罗尔斯社会福利函数形式),但是其简洁性给分析带来了便利,这一效率标准仍不失其价值。当然,在特定的分析环境中决定社会偏好的合成形式时需要格外谨慎,比如某些具有再分配性质的法律(如遗产税法)的目标就可能更偏向于社会收入的公平,此时罗尔斯社会福利函数就可能比边沁福利函数更适合作为研究法律制度的效率标准。

二、程序的法经济学研究:问题与发展趋势

程序过程虽然可以最终分解为个人行为,但程序过程并不是个人行为的简单加总。法经济学家康芒斯就曾批评过传统经济学所主张的个人优先于集体的观点,提出了"制度化的头脑"这一观念。他认为个人并不是自然状态中孤立的个人,而是社会的一员。每个人从婴儿时期就要开始学习和服从各种集体的行动规则,因而他长大时的头脑就是"制度化的头脑"。个人是制度的产物,是集体行动中的一员,他的活动必须受集体行动的支配。

程序作为一套法律决定的规则,它的制定和执行以及所产生的相应法律结果都或多或少地牵涉集体行动。第一,程序规则的决定是集体行动的结果,是各种利益集团(包括政党、协会、媒体等)互相制衡、互相讨论的结果,它是典型的政治博弈均衡。比如,在诉讼法案的草拟、修订、决议和通过的过程中,单单依靠个人的力量很难左右程序性的法律法规的制定,甚至会因为协议成本过高而使得决议根本无法达成。这时候,理性人的理性选择结果就是通过组织行为或政府行为来促成最优结果的实现。[①] 第二,程序的执行也往往会涉及集体行动。这里的要点不仅在于程序过程中的当事人有可能是集体形态,更重要的是其博弈规则具有集体行动的特征,如投票、多数决定、一致同意等。公共选择理论的发展使得在集体行动理论研究领域中出现了大量优秀的成果,但遗憾的是,这些成果(主要是研究方法)至今还没有被系统地吸收到关于法律程序的经济学研究中来。

事实上,关于法经济学研究的这一缺陷在西方法经济学制度分析学派针对波斯纳等学者的效率观的批评意见中也有所体现。比如制度分析学派的代表人物施密德和塞缪尔斯都不同意波斯纳等人的主流法律效率观,认为效率并非与利益分配无关,市场对冲突的影响也并非中性的。他们认为,仅仅在产权和效率的表层联系上兜圈子,很容易陷入循环论证的结局。因此他们都主张通过揭示法律和经济的演进过程的规律,去帮助人们选择人与人之间的协调规则——法律制度。比如施密德把法律制度看作协调冲突和人们偏好的规则集合,它决定一个人或集团的选择集,并对经济绩效产生影响。无疑,这跟康芒斯主张通过法律在冲突中建立秩序、强调法律对社会经济发展的决定性作用的观点是相通的。而塞缪尔斯则将法律和经济过程看成一个统一的体系,即法律是经济的函数,经济也是法律的函数,重在分析二者之间的互动关系及演进趋势。[②] 由此可见,借助制度变迁和

---

① 参见[美]詹姆斯·M. 布坎南、戈登·塔洛克:《同意的计算——立宪民主的逻辑基础》[M],陈光金译,北京:中国社会科学出版社,2000:52—62。
② 参见魏建、黄立君、李振宇:《法经济学:基础与比较》[M],北京:人民出版社,2004:202—203。

集体行动理论,有可能使当前关于程序的法经济学研究在方法上、理论视野上和解释力上得到进一步的拓展和深化。近年来,得益于经济学实证研究中的"可信度"革命,比如工具变量、双重差分以及自然实验方法的应用,利用观察性数据也可以识别因果关系,法学实证研究在刑事程序和民事程序领域的文献也得到扩充。以起诉合理标准(Plausibility Standard)为例,美国联邦民事诉讼规则(Federal Rules of Civil Procedure)提出了适用于所有民事案件的起诉合理标准,该标准要求原告起诉应提出具体事实以说明救济主张的合理性,使得起诉门槛明显提高,而且该标准被下级法院大量引用。对于起诉合理标准,实证研究只做事实判断,即比较引用了起诉合理标准的法院是否比没有引用该标准的法院较多地驳回了起诉。摩尔发现,该起诉标准确实引发了起诉驳回的显著增加。[①] 但是,盖尔巴赫指出,起诉标准的变化可能改变诉讼行为,既然被告有更多的理由提出驳回动议,原告就很可能更少起诉而更多和解,由于诉讼选择这一遗漏变量所带来的内生性偏差,就算获得驳回和诉讼的数据,也很难推断司法行为的改变。未来,随着司法公开的深入推进和实证方法的引进消化,法学领域中的应然性讨论将更多地被设计成实然性的经验研究,两者将互补性地促进法学知识的持续增长。

本章总结

1. 评价法律程序的正当性有两大标准:功利性标准和正义性标准。法律程序的功利性,体现在能够形成符合正义、秩序、安全、效率等价值的外在结果;法律程序的正义性,体现在法律决定的全过程符合一些公开的内在标准。法律程序内在高品质的价值被称为程序正义。法律程序有四个基本特性和功能,包括对恣意的限制、理性选择的保证、"作茧自缚"的效应和反思性整合。

2. 法律制度(尤其是普通法)的终极目标还是在于通过资源的一定配置达到效率最大化,因此,资源配置的法律决定与市场决定存在着重要的相似之处。

3. 从本质上来讲,诉讼是寻求法律手段来解决权利纠纷,而和解则是通过(市场)交易来决定争议权利的配置。和解谈判要能够达成所需满足的一个必要条件是:原告在和解协议中愿意接受的最低价格必须高于(或至少不低于)被告在履行损害赔偿责任时愿意支付的最高价格。

4. 民事诉讼中纠错的成本较低,造成的社会福利损失相对不大;而刑事案件发生错判时,其后果比民事诉讼的错判严重得多,无论事后是否被纠正,所造成的后果几乎是不可挽回的或者完全是不可挽回的。因此在普通法体系下,"优势证据标准"适用于民事诉讼案件,而更严格的"排除合理怀疑标准"则适用于刑事诉讼案件。

5. 投资证据的搜寻对法律制度而言具有重要作用,如果证据不足就可能就会因为扭

---

① 参见 Patricia Hatamyar Moore: An Updated Quantitative Study of Iqbal's Impact on 12(b)(6) Motions, Vol. 46, *University of Richmond Law Review*, 2012: 603-657。

曲性的惩罚而使法律制度失去其应有的作用。扭曲性的惩罚首先会损害法律的正确性，进而有可能导致威慑过度或威慑不足。

思考题

1. 关于法律程序的法学研究和经济学研究有哪些区别？最主要的区别在哪里？
2. 如何从资源配置的角度看待法律程序的作用？
3. 从乐观模型来看，采用诉讼或和解的方式来解决纠纷的条件是什么？
4. 你认为从经济学的角度来看，刑事诉讼和民事诉讼证据标准差异的原因在哪里？
5. 请从法经济学的角度分析证据在法律制度中的作用和地位体现在哪里？

阅读文献

1. Richard A. Posner: An Economic Approach to the Law of Evidence, Vol. 51, *Stanford Law Review*, 1999: 1477-1546；中文翻译参见〔美〕理查德·A. 波斯纳，《证据法的经济分析》[M]，徐昕、徐昀译，北京：中国法制出版社，2004。

2. Ronald H. Coase: The Nature of the Firm, Vol. 4, *Economica*, 1937: 386-405.

3. Ronald H. Coase: The Problem of Social Cost, Vol. 3, *Journal of Law and Economics*, 1960: 1-44.

4. Steven N. S. Cheung: The Contractual Nature of the Firm, Vol. 26, *Journal of Law and Economics*, 1983: 1-21；中文翻译参见张五常：《经济解释——张五常经济论文选》[M]，北京：商务印书馆，2000：351—379。

5. 陈瑞华：《程序正义理论》[M]，北京：中国法制出版社，2010。

6. 黄少安：《产权经济学导论》[M]，济南：山东人民出版社，1995。

7. 季卫东：《法律程序的意义——对中国法制建设的另一种思考》[J]，《中国社会科学》，1993年，第1期：第89页。

8. 〔美〕理查德·A. 波斯纳：《法律的经济分析（第七版）》[M]，北京：法律出版社，2012。

9. 史晋川：《法律经济学趣谈》[M]，南京：江苏人民出版社，2014年，第38—49页。

10. 王锡锌：《正当法律程序与"最低限度的公正"——基于行政程序角度之考察》[J]，《法学评论》，2002年，第2期：第23—29页。

11. 魏建、黄立君、李振宇：《法经济学：基础与比较》[M]，北京：人民出版社，2004。

12. 徐昕：《代译序：事实发现的效率维度——波斯纳〈证据法的经济分析〉解读》，载〔美〕理查德·A. 波斯纳：《证据法的经济分析》[M]，徐昕、徐昀译，北京：中国法制出版社，2004。

第十六章
程序法经济分析专题

> 权利法案的大多数规定都是程序性条款。这一事实绝不是无意义的。正是程序决定了法治与恣意的人治之间的基本区别。
>
> ——威廉·道格拉斯

◆ 本章概要

本章内容主要涉及我国法律实践中有关程序法的具体问题。我们将先通过对比东西方法律程序上的差异来指出我国传统法律程序的缺陷,并阐述在社会转型过程中程序建设的特殊问题和意义。接下来的专题分析将借助具体的案例来考察我国当前法律环境和社会背景下的几个特殊的程序话题,它们分别是"诉讼社会""审前程序""庭审程序""刑事非法证据的排除""行政处罚中'民间证据'的有效性"和"刑事附带民事诉讼"。

◆ 学习目标

1. 了解传统上东西方法律程序的差异。
2. 通过"浙江叔侄奸杀冤案"理解刑事非法证据排除的重要性。
3. 学会从效率的角度分析刑事附带民事诉讼程序的意义。
4. 学会从成本最小化的角度解释最优证据搜寻量的决定。

本章内容主要涉及我国法律实践中有关程序法的具体问题。首先,我们将通过对比东西方法律程序上的差异来指出我国传统法律程序的内在缺陷,并阐述在社会转型过程中程序建设的特殊问题和意义。接下来的专题分析将借助具体政策和案例来考察我国当前法律环境和社会背景下的司法程序主题,按照程序的不同阶段,它们分别是"诉讼社会""审前程序""庭审程序"以及"证据问题"四个专题研究,另外再加上刑事附带民事诉讼的问题。通过这五个附有具体案例的专题研究,我们希望能在更加微观、更加具体的层面上引导读者从经济学的视角思考程序建设中的具体问题。

第一节　转型时期的程序法[①]

合理的现代化程序建设对于正处在转型过程中的我国法律和经济社会的运行机制至关重要。作为保障现代社会公民权利和实现社会价值的杠杆，良好的程序环境对于推动社会的成功转型和建立文明和谐的秩序将具有非常积极的推动作用，但是我国程序建设的现状却在一定程度上落后于社会发展的步伐。其中既有历史传统的原因，也有转型时期的特殊因素。分析并深入理解这些因素有助于我们更好地探求程序建设的有效途径。

一、东西方国家程序的差异

程序的实质是管理和决定的非人情化，其一切设置都是为了限制恣意、专断和裁量。限制恣意的方式主要有两种：一为审级制，一为分权制。传统上中国更侧重于前一种方式，通过位阶关系来监督和矫正基层的决定。东西方程序的根本差异体现在对具体案件依法进行决定的场合，以及解释法律和认定事实的方式上。

概括地说，西方审判制度的原理是通过援引法律，对法律的文字含义和立法精神进行严密的解释说明，并提出证据，对证据的信凭性、取证方式和因果关系进行仔细的审查考虑，来防止专断，保证审判的客观性与公正性。为了有效地达成这一目标，主要采取在公开法庭进行对抗性辩论的方式和方法。因为当事人双方的胜诉动机促使他们仔细寻找和考虑一切有利于自己的证据、法律规定及其解释方式，并竭力发现相反观点的漏洞和问题，从而可以使处理某一案件的各种选择都能得到充分展现和权衡。当然，由于当事人对法律含义和证据价值缺乏足够的认识，他们的议论未必能击中要害，为此就需要聘请律师加以帮助，使法律职业者再产生分化。

传统上，中国审判制度的原理与此不同。司法与行政合一的体制决定了人们持有视审判为行政的一个环节的观念，审判程序是按行政原理设计的。也就是说，审判的程序性限制以官僚机构内部监管的形式出现，程序的遵守不是由于当事人能够对违法的过程提出效力瑕疵的异议，而是通过上司对违法官僚的惩戒处分来保障，人民仅仅止于接受其反射性的利益。当事人在诉讼中的活动主要是形成供状（陈述情节）和招状（表示认罪）。但招供的过程实际上并不是事实认定的过程，而只是通过结论必须由被告自己承认这一制度设定来防止专断。证据是在促使被告认罪这一意义上使用的。因此，司法官不必受复杂的证据法的限制，当事人对法律的援引和解释也没有发言权。法律适用完全系司法官的一念之间，不必经过法庭争辩，从而律师也就没有设置的必要。司法官在审判中几乎

[①] 这一部分的内容主要来自：季卫东：《法律程序的意义》[J]，《比较法研究》，1993年，第1期：第83—103页。

完全处于支配地位,恣意的防止除依靠判决必须以获得被告认罪书为前提这一限制措施之外,还依靠量刑的机械化、法律的细则化、当事人的翻案权和上级机关的复审权等措施。

近年来,中国的程序建设的确有了长足的进步。但是,程序的制度化进展仍不能令人满意。法律条文往往忽视程序要件的规定,因而缺乏操作性,给恣意留下了藏垢之所。在实践中,不按程序办事已成恶习,更成为专制与腐败的一大病灶。尽管合理的现代程序制度目前已经初具规模,但是传统的残余和影响仍然屡见不鲜。例如,法律的细则化以及存在副法体系的特点不仅得以保留,而且还有扩大的趋势。传统中国程序上的缺陷依然存在,并已经成为法制和社会进步的重大障碍。

二、转型时期法治的非程序化倾向与程序建设

在法律程序走向现代化的过程中,除传统程序的副作用之外,持续的社会变动也起到了一定的妨害作用。因为变动使得法与社会的关系难以协调,这时的法律处理常常不得不牺牲对法律的形式合理性和严格的程序要件的追求,以便找出历史的突破口。社会变动所引起的结构上的对立、价值上的矛盾反映到个人行为上,就是客观性纠纷,也就是指如果社会结构上的对立不消解就无法彻底解决的纠纷。对这类纠纷很难做出黑白分明的法律判断。

现代诉讼程序的一个要点在于,法律职业者的任务是处理主观性纠纷,即与社会背景相对分割开来认知的、个别的、表层的纠纷,而对客观性纠纷一般不加考虑。审判着眼于行为,而不是行为背后的价值体系。法院受分权主义的消极受理原则的束缚,不能依据职权去发掘潜在案件而给予积极的救济。因此在许多场合,社会变动的实践迫使严格的诉讼程序撤退,转而采用较有弹性的方式来处理纠纷。在其他决策过程中,社会发展的不平衡、变革期的动态也往往成为违反程序的一种常见理由。但是,在社会变动时期采取比较有弹性的方式来处理问题、做出决定,并不意味着可以不按程序办事,也不意味着可以无视程序的内在要求。

第一,任何重大的社会变动几乎都是采取一破一立的方式进行的。"破"是否定,是通过破坏或变更一定的行为模式或行为期待所引起的变化。"立"是计划,是通过制定和实施左右社会活动方向的规范和制度所引起的变化。在国家主导的社会变动的场合,第二种变化形式更加重要,因为它是建设性的,是制度化指向的。国家总是通过法律手段来推行变革。这时法律本身也会相应地产生两种变化。一种是在社会变动过程中按照刺激—反应方式进行的自我调整。另一种是独立于社会变动的按照规范逻辑方式进行的自我形成性的变化。法律的功能主要是组织社会变革和使变革成果安定化。社会变革成果的安定化在很大程度上取决于法的安定性,而法的安定性又与法的自律性密切相关。可以说,法律系统的自治性越强,其安定性也就越高。

这些目的的实现,需要借助于一些有过滤效果的中介装置。从各国现代化变革的实践来看,主要有三种隔离措施。第一,准法律秩序的形式,例如中国的基层社会治理体系、调解制度、乡镇法律服务处、司法助理员系统等。但是中国存在准法律秩序在纠纷解决的供给中占比过高从而侵蚀了法律系统的问题。第二,一般条款,例如《民法典》总则编中的公平和诚实信用原则等。但是中国存在一般条款的运用缺乏法理限制的问题。第三,程序,它通过对社会事实进行固定化处理,一方面,可以给予那些不能为既有法律所涵盖的少数人一个表达利益诉求的合法渠道,另一方面,可以通过给少数人利益提供一个普遍化、上升为社会制度的机制,使得法律系统能够通过自发的持续改进来适应社会结构的变迁。由此可见,在社会变动期间,程序是必不可少的,而且程序也是正确运用准法律秩序和一般条款的保证。

第二,国家主导的有目的的社会变革是一个极其复杂的系统工程,不可能一蹴而就。而各项改革措施之间的功能关联性非常强,如果没有其他制度条件的配合,一项改革措施往往不能见效。改革能否成功关键在于是否正确地选择突破口,是否适当地决定应当采取的改革措施的顺序和日程。为此首先需要能够缩减社会复杂性并使改革设想转换成容易操作的形态的某种方法。在许多场合,程序能满足这一需要。例如,在社会主义各国的改革中,破产处理程序曾经被用来观测、实验和模拟企业管理体制改革的效果。在破产处理程序中,经营失败所引起的各种权利要求和利害关系都充分暴露出来。而且,通过企业管理班子的改组、亏损责任的追究、破产连锁反应的抑制等一系列操作,在一定程度上可以把经济体制的各种问题转换成破产程序中的技术性问题。可以说,导入破产制度的实际意义主要不在于改变企业的经营行为,而在于缩减社会的复杂性。

社会现实是多方面的,而改革措施的决定往往是基于单方面的目的。因此,任何特定的法律决定都不得不伴随着一些出乎意料的效果。为了使社会变革更加顺利地进行,既需要单方面的状况设定、特定的行为分工、容易判断的选择对象,但同时又不得不对应于社会功能的多方面性。面对法律效果和法律事实的不确定性,程序以其不确定信息的输入和确定结果的输出、以其角色分工体系和权力分化的决策,适合于在多方面不确定的条件下进行单方面确定的选择,并使这种选择可以比较周全地考虑到各种可能性。

第三,大变动带来的价值冲突需要适当处理,新的制度为社会所接受和承认需要经过正统化的过程。在吸收不满、消化矛盾的旧有机制瓦解之后,需要一种新的因势利导的机制。改革的风险性使得决策者也需要一种免责或分散归责的保护措施。这都可以归结到程序问题上去。当制度建设已经成为社会发展的首要任务之后,更需要大力强调程序的意义。

第四,在缺乏程序要件的状况下做决定,极易出现机械化和恣意化这两种极端倾向,不容易妥当处理,为此需要有事后的补救措施。而如果当事人可以任意申告翻案、上级机关可以随时越俎代庖,那么就使决定状况变得极其不安定,法律关系也很难确定,这在很大程度上是由程序缺陷造成的。

总之,如果程序不能保证合理的自主选择,就会妨碍社会进步。如果程序不能吸收不满,就会危及统治秩序的正统性。公正而合理的程序建设,对处于经济、制度和社会转型期的中国来说,已经成为一个非常紧迫的任务。

第二节 诉讼社会问题[①]

在当代中国社会转型的背景下,纠纷数量激增、种类日趋复杂,在司法领域特别是民事司法领域出现"诉讼社会"现象。尤其是2006年《诉讼费用交纳办法》出台以及2015年民事诉讼立案登记制确立后,普通民事纠纷当事人发起诉讼的成本显著降低,多类案件数量激增,使得地方法院"案多人少"的矛盾十分突出。对于诉讼的供求矛盾,习近平总书记明确指出:我国国情决定了我们不能成为"诉讼大国"。我国有14亿人口,大大小小的事都要打官司,那必然不堪重负!……坚持和发展新时代"枫桥经验",完善社会矛盾纠纷多元预防调处化解综合机制。[②] 如何看待诉讼过量的问题,如何处理诉讼的供需矛盾,为什么多元化纠纷解决机制是有效的,对于这些问题,本节内容将从法经济学的角度展开分析。

诉讼社会的概念表征一个社会呈现涉法纠纷急剧增长、诉讼案件层出不穷的态势。如果一个社会每年有10%的人口涉诉,则该社会即可被认定为诉讼社会。诉讼量的攀升给法院造成巨大压力,以北上广深杭的法院为例,2020年人均办案数量达年均307—535件,一线办案人员日均至少审理1案。[③]

我国是否存在过度诉讼?诉讼量是否达到最优?回答这些问题需要讨论合乎个人激励的诉讼水平和社会最优的诉讼水平所存在的不一致性。一方面,社会与个人起诉成本间的差异会导致对社会而言过量的诉讼。当原告发起诉讼时,他仅需承担自己的成本,而无需考虑被告和社会的成本。因此,即使在诉讼总成本不符合社会需要时,原告仍可能发起诉讼。另一方面,社会与个人诉讼利益间的差异会导致对社会而言过少的诉讼。这是因为原告不会将个人利益与诉讼的社会利益联系起来考虑诉讼,比如对施害者行为的威

[①] 这部分内容主要来自:〔美〕理查德·A. 波斯纳:《法律的经济分析》(第七版)[M],蒋兆康译,北京:法律出版社,2012:859—862;〔美〕斯蒂文·沙维尔:《法律经济分析的基础理论》[M],赵海怡等译,北京:中国人民大学出版社,2013:355—361。

[②] 习近平:《坚定不移走中国特色社会主义法治道路,为全面建设社会主义现代化国家提供有力法治保障》[J],《求是》,2021年,第5期:第13页。

[③] 数据来源如下:《北京市高级人民法院2020年工作报告》[EB/OL],https://www.bjcourt.gov.cn/article/newsDetail.htm?NId=175002668&channel=100001012,2023年11月21日访问。《在服务发展大局上有更大作为 市人大代表分组审议法院检察院工作报告》[EB/OL],https://www.shanghai.gov.cn/nw4411/20210127/857f2c6694464243bfc23d031faa6aaf.html,2023年11月21日访问。《广州市中级人民法院2021年工作报告》[EB/OL],http://www.gzcourt.gov.cn/fybg/2021/02/20100543518.html,2023年11月21日访问。《深圳市中级人民法院工作报告2015—2020》[EB/OL],https://www.szcourt.gov.cn/article/30293103,2023年11月21日访问。《杭州市中级人民法院工作报告》[EB/OL],https://www.hangzhou.gov.cn/art/2022/4/8/art_1229623042_59053485.html,2023年11月21日访问。

慑效应等，原告只考虑个人胜诉后的获利，而一般来讲，原告诉讼的个人获益就是被告的转移支付。

考虑一个意外事故发生的模型，其中施害者可通过提高注意义务来降低意外发生的风险，社会福利目标是社会总成本最小化，包括防范措施的成本、意外发生后的成本及诉讼成本。所以，社会最优的诉讼数量是使社会总成本最小化的数量。但是，符合当事人私人利益的诉讼数量可能大于或小于社会最优的诉讼数量。

假设法律采取严格责任制，以下是一个诉讼应该被发起却不会发起的例子：假设受害者在意外中遭受的损失为 1 000 元，但是施害者投入 10 元就能将意外的概率从 10% 降到 1%，受害者起诉的成本是 3 000 元，施害者辩护的成本为 2 000 元。在这个例子中，受害者不会发起诉讼，因为诉讼成本是 3 000 元，诉讼收益是 1 000 元；同时，施害者不用承担责任，因此就无须提高注意义务来降低风险，社会总成本是 10%×1 000 = 100 元。如果受害者发起诉讼，施害者将花费 10 元把风险降低到 1%，社会总成本是 10+1%×(1 000+3 000+2 000) = 70 元。比较两者，对于社会而言，诉讼是值得的。但是，受害者不会考虑诉讼带来的威慑效应，因此不会诉讼。在过失责任制的情形下，过量诉讼的问题不如在严格责任制下那么严重。原因是，过失责任制增加了证明过失行为存在的成本，所以即使存在伤害性，结果也不容易引发诉讼。

即使存在能够矫正诉讼量的政策，也很难实现诉讼量在个人激励和社会最优之间的一致，因为政策的合宜性取决于对诉讼威慑效应及其他社会收益的评估，而这个问题是极其复杂的。

那么如何处理诉讼的供需矛盾？为什么多元化纠纷解决机制是有效的？从经济学的角度来看，在竞争市场中，价格机制是调节商品供给需求的有效机制。对于诉讼，尽管诉讼服务的需求增长很快，但价格机制并未应用于缓和诉讼需求和引导诉讼供给。对诉讼需求的高增长，司法系统的反应是增加法官和司法助理人员数量，这一反应或许可以在长期平衡供需，但在短期内仍然无法缓解供需矛盾。增加法官的数量和提高其水平，能够提升法律救济的质量，从而引发更多的诉讼需求。与为缓解道路拥挤而多修路的做法类似，新修道路会诱发更多的自驾车出行需求。这两个例子说明了一条法则，即如果增加供给所采用的方法是降低给定质量的相应价格，那么该方法同时会增加需求。

图 16-1 描述了私人市场中非预期性需求增长所产生的影响。在短期内，如果供给不变，那么需求的增长（从 D_1 到 D_2）就会引起价格的明显上涨（从 P_0 到 P_1）。但就长期而言，一旦生产者能扩大其生产能力而满足新的需求（这就是长期供给曲线 S_2 低于短期供给曲线 S_1 的原因），价格就会从 P_1 降到 P_2，均衡的诉讼量从 Q_1 增加到 Q_2。但由于生产者从其他产业竞相购买他们所需的投入会引起这些投入的价格上涨，所以产品价格不可能降至 P_0。换言之，供给的长期弹性并不是无限的，因为某些生产要素相对于需求是天然稀缺的。

如果把图 16-1 描述的模型置换成诉讼问题，那就意味着提高广义的诉讼费用会令诉讼价格上涨,即可在短期内实现供需平衡。但是,2015 年起实施的民事诉讼立案登记制事实上降低了广义的诉讼成本。

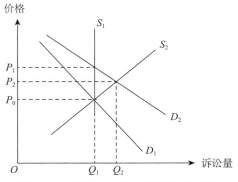

图 16—1　诉讼的供给曲线和需求曲线

就长期而言,如果诉讼服务供给的长期弹性是无限的,那么只增加法官和其他司法人员数量而不提高司法服务的价格以对需求增长做出反应是适当的。如果一个产业是由许多规模相当的企业所组成的,那么创设类似的新企业就可能满足人们对该产业产品需求的新增长,产业的长期平均成本不会有多少提高。司法系统中每一名法官像是一家小企业,所以新增的司法系统服务需求可以通过增加法官数量而不增加成本而得以满足。但增加法官数量的做法也有一定的缺陷,即由法官单独审理适用简易程序的案件占比不高,而对于非由法官单独决定的案件,新增法官将使得司法判决的交易成本也同时增加,因为地位相同的人之间通过谈判而做出决策将产生交易成本。因此,新增法官在提高诉讼服务供给的同时,也可能降低诉讼服务的效率。

此外,法官数量的增加往往低于案件数量的增加。司法辅助人员(书记员、执行员、司法警察、实习生、行政人员等)增加的速度会高于法官。近年来,以调解、和解等非诉机制来解决的民事案件数量大幅上升①,可能的原因是司法辅助人员和法官供给的交叉弹性在非诉机制中远高于审判机制。法官不能委托司法辅助人员主持一项审判,但能够委托他们进行和解调解。所以,增加司法辅助人员数量使相当比例的案件可通过多元化的非诉机制得到处理,这一因素使得在法官增量不如案件增量的前提下,仍然可能实现诉讼的供需平衡。

从法经济学的角度来看,实现诉讼供需平衡的另一方式是提高诉讼费,比如施行固定的诉讼费。因为固定的诉讼费会对诉讼起到一种比例递减税的作用。比如,如果固定诉讼费为 1 000 元,对一个标的额为 1 000 元的案件而言,诉讼费构成了 100% 的税收;而对于标的额是 10 万的案件而言,诉讼费只构成了 1% 的税收。如果按照诉讼的法律制度成本(不仅包括直接成本,而且包括引起其他案件的成本)来确定诉讼费,那么诉讼人(败诉

---

① 参见左卫民:《通过诉前调解控制"诉讼爆炸"——区域经验的实证研究》[J],《清华法学》,2020 年,第 4 期:第 89—106 页。

者承担诉讼费)就会面临应用司法制度的全部社会成本。当然,提高诉讼费可能因有利于富人而遭到批评,但即使标的额与诉讼人财富是正相关关系,这种批评仍然是片面的。因为案件的标的额越大,当事人在诉讼上的花费就越多,诉讼花费越多就越能降低因错判而产生的成本,所以,即使对于穷人,将高质量的司法资源与大案件匹配,较低质量的司法资源与小案件匹配,在降低错判成本的意义上,也更有利于法律成本的最小化和社会福利的最大化。从价格歧视理论的角度来看,即使较高的诉讼费可能使得诉讼当事人难以负荷,但只要当事人能够承担非诉机制的费用,廉价的非诉机制还是能够提供一定水准的法律服务。

各种类型的调解(Mediation)是非诉机制的主要形态。调解是指利用中立者帮助双方达成协议。然而,调解人没有权力执行这个协议,那么一个问题就是调解如何使和解变得更加可能。回答此问题需要先考虑妨碍和解的四个障碍。

第一,出于策略的原因,双方可能不愿在和解谈判中表明自己的意图,这使每一方决定另一方的优势并估计实际的和解范围都更加困难。

第二,每一方都不愿提出和解,以免这会成为示弱的信号,并导致对方在和解条件中变得强硬。

第三,如果双方使用标准的谈判逐步法,那么每一方都会从他期望的结果开始,逐渐降低解纷要求直到双方趋同,每一方都不愿意降低一点点期望,因为这又是示弱信号。另一方将认为,由于我的对手在 X 点开始,但迅速移动到了 $X-1$,接着是 $X-2$,我将要继续坚持,看看他还能让步多少。显然,如果双方都这样考虑,那么趋同就不可能实现。

第四,律师有自身利益,这些利益可能驱使律师朝着与被代理人期望目标的相反方向行动。一个律师,特别是大企业的律师,可能比被代理人更希望和解,因为律师往往厌恶风险,任何一次败诉都会损害律师的声誉。但当事人可能想通过建立胜诉的声誉而增加将来对手的风险和费用。

调解如何——处理这些妨碍和解的障碍呢?

首先,由于调解人可以单独面见双方,而他与双方的讨论是保密的,在他面前双方也会比互相见面时更直率,这使他能对双方各自的事实优势和弱点形成更加准确的印象,也能以可靠的方式来表达这种印象。但为了在此方面成功,调解人必须不仅成为双方信息沟通的渠道,而且应避免双方的直接交流。

其次,由于调解人能够提出和解建议,所以任何一方都不需要知道对其做出的和解建议是由另一方还是调解人做出的。因此,双方都不需要被确定为第一个提出和解的一方,也就不会产生示弱的信号。于是,相对于双方直接向另一方建议,双方将会有更大的激励来向调解人提议,并秘密传达给另一方。

再次,双方可能对调解人提出他们期望的解纷结果,并努力展示自己的优势。但是,调解人不必将期望结果传达给另一方。通过在提议传达给另一方之前,降低每一方的首次提议,调解能够缩短谈判逐步法的过程,拒绝让步不会成为双方示强的激励。

最后,通过将客户纳入调解会议,调解人能够缓解代理成本问题。这里有两个调解的实证研究结果:案件标的额越大,调解越不可能成功;调解持续时间越长,成功的可能性越大。

第三节 审前程序问题[①]

随着司法体制改革的深入推进,我国诉讼程序在借鉴域外程序法的同时,一直在创新探索符合中国国情的程序。在民事诉讼方面,2013年3月起,我国地方法院开始了诉前行为保全制度的探索,随着我国数字经济的快速发展,网络侵权使得司法裁判的时效性愈发重要,本节将从法经济学的角度阐释诉前禁令的实施条件。在刑事诉讼程序方面,《关于适用认罪认罚从宽制度的指导意见》在2019年10月公开发布,我国宽严相济的刑事政策制度化为认罪认罚制度,通过实体上的从宽和程序上的从简促使被告认罪认罚,在全国检法系统中广泛实施,本节将从法经济学的角度阐释该制度的产生原因和实施影响。

案例 16-1

"诉前禁令"揭穿恶意投诉

"李鬼诉李逵式"的恶意投诉是指投诉人通过故意虚假陈述、伪造凭证和恶意抢注商标等方法,对合法商家发起恶意投诉,造成正当合法经营的商品下架乃至商家被迫关店。2019年9月16日,浙江省杭州市余杭区人民法院对因恶意投诉引发的纠纷做出了全国首个禁止恶意权利人投诉的诉前禁令。

徐某,山东人,在淘宝上经营着一家7年"老店",主要销售阿胶糕的包装盒。从2017年开始,徐某的店铺陆续接到来自田某、刘某以及一家文化企业的投诉,称其店铺礼品盒上的标签设计侵犯了他人的著作权,且都是他家店内的爆款商品。接到徐某的求助后,阿里平台治理小二发现三名投诉人存在关联性,且与徐某的店铺存在竞争关系,他们所提交的著作权登记证书、作品公开发表记录和授权证明等材料大多是经过伪造、变造的虚假材料。经过与相关部门的沟通,初步判断三名投诉人涉嫌恶意投诉。在阿里法务的建议下,徐某提出诉前行为保全的申请。9月16日,余杭区法院做出裁定,要求三名被告立即停止针对徐某淘宝店内商品发起的侵权投诉行为,保全期限至2020年2月29日止。

近年来,由于商业竞争激烈,恶意投诉事件频发。一旦遭到投诉,有的商家可能就要

[①] 这部分内容主要来自:〔美〕理查德·A. 波斯纳:《法律的经济分析》(第七版)[M],蒋兆康译,北京:法律出版社,2012:819—821,835—837;陈卫东:《认罪认罚从宽制度研究》[J],《中国法学》,2016年,第2期:第48—64页。

受到处罚,虽然被处罚的商家事后可以拿出证据申诉,最后证明自己的清白,撤销处罚,但反复下架上架、删除恢复,会将此前积累的评价和销售记录一扫而空,给商家声誉带来严重损害。

尽管《电子商务法》已经针对恶意投诉人建立了责任机制,但其落实和产生实效还需要人民法院在司法实践中充分发挥司法智慧,确立适应互联网特点的裁判规则。余杭区法院做出的首个诉前禁令就很好地填补了司法政策层面的空白,及时为商家和平台止损,同时也有助于减少"李鬼诉李逵式"的恶意投诉的发生,维护正常的市场经营秩序。

资料来源:根据《人民法院报》及中国法院网公开资料整理。

法院常常被要求基于比可得到更不完全的信息做出判决,而如果法院延期判决,就可以拥有更完善的信息。在决定应该准许还是应该拒绝发布诉前禁令(Preliminary Injunction)时,其权衡的公式是:当且仅当 $P(H_p) > (1-P)H_d$ 时,才应当发布诉前禁令,其中,P 是原告在依据是非曲直进行全面审理中胜诉的概率(由此,$1-P$ 就是被告胜诉的概率),H_p 是原告在诉前禁令没得到发布以维持未决审理现状的情况下将遭受的无可补偿的损害,而 H_d 是被告在诉前禁令得到发布的情况下将遭受的无可补偿的损害。

因为法官正在要求依据不完全的信息做出诉前禁令的裁定,这种裁定的错判风险是很高的。但法官可以通过比较当事人(双方不平衡的)加权错判成本而使预期错判成本最小化。假设原告在完全审理后有 60% 的可能性使主张的权利得到认可,那么,拒绝其诉前禁令请求的错判风险就只有 40%。但我们还可以进一步做出这样的假设:如果拒绝诉前禁令的请求,原告所遭受的无可补偿的损害将是 50 元;而如果准许发布诉前禁令,被告所遭受的无可补偿的损害将是 100 元。在这种情况下,被告的预期错判成本就比原告的高(40 元对 30 元),据此就应该拒绝诉前禁令。

在全国首个禁止恶意权利人投诉的诉前禁令中,技术手段发挥了关键作用。是否属于恶意投诉,特别是针对网上销售产品的情况可以用大数据来辨别。在签发诉前禁令的本案中,接到权利人求助后,阿里平台很快就发现这几位投诉人之间存在关联性,且其与权利人经营的店铺存在竞争关系,而他们所提交的相关材料大多是伪造、变造的。经过与相关部门沟通,初步判断这是一个恶意投诉团伙,并向法院及时反映了这一情况。在法经济学的理论视角上,大数据辨别降低了 P 的估计偏差和估计误差,通过精确估计当事人的实体合法性,实现了预期错判成本的最小化。

案例 16-2

适用认罪认罚从宽制度的典型案例

2020 年 5 月底,江苏如皋市某金店价值 200 余万元的黄金饰品被盗。后公安机关经过侦查,抓获犯罪嫌疑人李某某。到案后,李某某一直"零口供",案件侦办陷入僵局。之后,如皋市人民检察院提前介入,了解相关情况后,建议公安机关反复播放认罪认罚法治宣传片。在数次观看宣传片后，李某某主动要求约见检察官，如实交代犯罪事实，并带领侦查人员来到被盗黄金的埋藏点。这是2021年10月28日江苏省检察院通报全省检察机关深化适用认罪认罚从宽制度的典型案例之一。

"在李某某一案的办理中，我们在提前介入后了解李某某被抓前刚有了孩子，就建议公安机关向李某某播放认罪认罚法治宣传片，让他了解同样的罪名、同样的情节认罪与不认罪都将面临什么刑罚，从根本上让其了解法律规定。"李某某在反复观看宣传片后，心理防线崩溃，主动交代犯罪事实，最终挽回了受害人的损失，其也因自愿认罪认罚获得从宽处理。

江苏检察机关在不断拓展认罪认罚从宽制度宣传覆盖面的同时，还通过证据开示、精准量刑促使犯罪嫌疑人自愿认罪悔罪，对同类案件量刑偏离值较高的及时预警，提高量刑精准度。同时，江苏检察机关在办理重大、疑难复杂案件中，注重发挥认罪认罚从宽制度优势，体现认罪与不认罪的差别，鼓励犯罪嫌疑人如实交代、主动检举揭发，有效精准打击犯罪。江苏检察机关还就速裁适用、简化庭审等程序衔接问题与法院强化协商，在庭审中探索建立"认罪优先"讯问和举证质证模式，即对认罪认罚的，尽可能简化程序；对不认罪的，单独讯问、详细举证、重点质证。

资料来源：《江苏：持续提升认罪认罚从宽制度适用质效》[EB/OL]，https://www.spp.gov.cn/zdgz/202110/t20211030_534021.shtml，2023年11月21日访问。

认罪是指"被告对被指控的基本犯罪事实无异议，并自愿认罪"。根据法律的语境解读，"认罪"包含刑法中规定的"坦白"与"自首"，而"如实供述自己的罪行"是构成自首与坦白的基本条件之一。认罚在实体法上是指犯罪嫌疑人、被告在认罪的基础上自愿接受所认之罪带来的刑罚后果。认罚在程序上包含对诉讼程序简化的认可，即放弃其在普通程序中所具有的部分法定诉讼权利，同意通过适用克减部分如法庭调查与辩论等诉讼环节的诉讼权利来对自己定罪量刑。认罚还包含犯罪后嫌疑人的退赃退赔。只有与检察机关达成了有效的认罪协议，并满足了上述三项条件才能被认定为认罚。

认罪认罚制度与辩诉交易制度（Plea Bargaining）有相似之处，我国的认罪认罚从宽制度借鉴了辩诉交易制度的某些合理因素，但二者也有不同。第一，美国的辩诉交易制度适用案件范围非常广泛，且所交易的内容既包括罪名也包括罪数。而在我国的认罪认罚从宽制度中，控辩双方的协商只能是在检察机关指控犯罪嫌疑人、被告有罪的前提下，控辩双方就犯罪嫌疑人积极认罪而获得的可能优惠达成协议，禁止交易罪名、罪数。第二，美国的辩诉交易很多是在案件事实有争议或者证据有疑问的情形下，换取被告的轻罪轻罚认可。而我国的认罪认罚从宽制度必须在案件事实清楚、证据确实充分的条件下进行，不允许司法机关借认罪认罚之名，让犯罪嫌疑人、被告承受事实不清证据不足情形下的罪与罚，以此减轻检察机关的证明责任。

认罪认罚从宽制度更接近于服罪（Plea Guilty）而非辩诉交易，而根据波斯纳对辩诉交易的分析,服罪应更优于辩诉交易。如果禁止辩诉交易,刑事被告整体的处境会得到改善,检察官的处境也将得到改善。假设禁止辩诉交易,但被告服罪而不是进行庭审,而且他一旦服罪即可减轻处罚,那么,大多数有罪被告都会服罪,从而检察官既可以节约审判成本又可以节约辩诉交易成本。如果大多数被告在事实上都是有罪的,其最终节约的成本很容易超过在允许辩诉交易的制度下少数进行辩诉交易的案件的附加审判成本。通过以宽大处理交换服罪,提出了要么接受要么拒绝的要约,从而规范了契约流程,提高了效率。

与辩诉交易相似,认罪认罚从宽的发生原因是用认罪认罚从宽的方法解决刑事争端要比诉讼节省成本。因此,认罪认罚从宽的发生率取决于认罪认罚从宽程序和诉讼普通程序的相对成本、诉讼结果的不确定性程度等。如果没有认罪认罚从宽制度,并且刑事案件中诉讼需求的增长远高于供给,那么一旦刑事审判供不应求,一线法官的境况将更加恶化。由于诉讼普通程序的成本比认罪认罚程序的成本高,犯罪活动的法律费用就会有所增长。尽管平均刑罚并不会由于其是符合认罪认罚从宽还是审判施加而受影响,但由于审判的刑罚要比认罪认罚从宽的刑罚更容易造成无罪开释或极为严厉的刑罚,所以其科刑的变化幅度就会扩大,从而对预期处罚成本产生附加的风险。

与辩诉交易相似,认罪认罚从宽制度也可能受到两方面的批判:其一,认为它否定了被告的审判程序保护权;其二,认为它将减少科刑。从经济学的角度来看,这两种批判都没有说服力。如果刑事案件的双方当事人不能从和解中取得比诉讼更多的收益,那么其中的一方当事人就会将其权利诉诸法庭;由此可以推断,刑事被告放弃其在审判时拥有的程序保护权是得到补偿的(此处把刑事案件中的辩诉交易类比为民事案件中的和解谈判)。而且,假定起诉预算是固定的,那么如果实施认罪认罚从宽制度,平均刑期就可能比不实施认罪认罚从宽制度时重,因为检察官可以用认罪认罚从宽所节约的成本投入其他被告拒不认罪的案件。

第四节 庭审程序问题[①]

随着司法体制改革的深入推进,我国诉讼程序在借鉴域外程序法的同时,一直在创新探索符合中国国情的程序。在刑事司法中,庭审虚化是长期存在的突出问题,庭审实质化是将审判模式从审问制转为对抗制,保证庭审在查明事实、认定证据、保护诉权、公正裁判中发挥决定性作用,本节将分析对抗制审判的经济影响、法官特征和证据搜寻特征。随着《人民陪审员法》在2018年4月通过并施行,我国人民陪审制度进一步规范化,但司法实践中的陪审职权虚化仍然很普遍,本节还将从法经济学的角度探讨陪审员制度的功能定位。

---

① 这部分内容主要来自:〔美〕理查德·A. 波斯纳:《法律的经济分析》(第七版)[M],蒋兆康译,北京:法律出版社,2012:764—765,863—865,883—885。

案例 16-3

2015年3月30日,四川省成都市温江区人民法院敲响了探索庭审实质化改革的第一槌,开始了以审判为中心的刑事诉讼制度改革:庭前会议不走过场,在法庭调查前先启动非法证据排除程序,办案民警到庭作证接受交叉询问,控辩双方平等对抗,法官当庭宣判并详述判决理由。

庭审实质化改革的实践

庭前会议"不走过场"

"在3月15日,由承办法官主持召集公诉人、被告人、辩护人参加的庭前会议,明确了案件的争议焦点……"在庭审开始时,审判长当庭宣布了庭前会议报告。从报告中不难听出,这次庭前会议"没走过场"。在以往的案件审理中,相当一部分案件并没有召开庭前会议,一旦庭审中出现申请新的证人到庭作证等新情况,法庭不得不频繁休庭。这不仅造成庭审效率低下,也不利于查清案情。有的案件虽然召开了庭前会议,但纯属"走过场",涉及的问题在庭审中仍然需要再次处理。而此次余某贩卖毒品案开庭审理前,合议庭指派专人召开会议,明确了案件焦点,交换了证据目录,提交了申请出庭的证人名单,提交了非法证据排除申请,在此基础上形成庭前会议报告,并在法庭调查前增设庭前准备和庭前会议报告程序。庭前会议"不走过场"为正式开庭扫清了障碍,为"对抗式"庭审变得有效提供了保障。

质证前先启动排除非法证据程序

针对辩护人提出的非法证据排除申请,法庭在庭审中结合案件的实际情况,当庭启动了非法证据调查程序,并对该组证据的合法性进行当庭调查和辩论。通过办案民警出庭作证、接受控辩双方交叉询问等形式,法庭在查明事实的基础上合议后当庭宣布合议结果,确保法庭调查、辩论的证据效力。

办案民警出庭作证

在庭审中,被告人余某称遭疲劳审讯,三名民警先后出庭作证,接受控辩双方交叉询问。"查获的冰毒为什么没有现场称重?""有没有对被告人实施疲劳审讯?""审讯期间被告人有没有休息?"……控辩双方对出庭作证的民警进行了交叉询问,民警逐一详细予以回答。庭审中,法官减少了主动发问,引导控辩双方针对案件焦点问题充分对抗,保障了被告人的合法权利,实现了诉辩意见发表在法庭上。

当庭合议,当庭详述判决理由

对于非法证据排除问题,审判长当庭宣读了合议结果:"被告人被抓获后,侦查人员及时对其进行讯问是合法的。在对被告人讯问期间也保证了其必要的休息时间,并且讯问笔录、辨认笔录均由其本人签字确认,无刑讯逼供以及不文明审讯的情形。因此,认定被告人在侦查阶段所作有罪供述取得程序和方式合法,上述证据可以在法庭审理中出示并质证。"被告人发表最后陈述意见。合议庭休庭十五分钟之后,审判长当庭宣判:"被告人因违反国家对毒品的管制秩序,明知是毒品而多次予以贩卖,情节严重,其行为已构成贩卖毒品罪……"对于判决理由,审判长逐一详述。

资料来源:根据《人民法院报》和成都法院网公开资料整理。

由于历史及文化传统等因素,我国历来强调惩罚犯罪、有罪必罚和实体真实,往往忽视被告人的权利保障,轻视程序自身独立的价值。2018年修订后的《刑事诉讼法》在强调惩罚犯罪的同时,强化了刑事诉讼过程中对公民权利的保障,包括保障犯罪嫌疑人、被告人的合法权利。

在"审问制"模式下,庭审有时往往只强调实体正确即可。过去,有些法庭可能更重视庭前和庭后,而相对忽略庭审过程,刑事诉讼在诉讼环节上以侦查活动为中心,在审理方式上以庭外阅卷为中心,在证据出示上以书面言词为中心,这种现象造成部分案件庭审形式化。刑事审判庭审实质化改革,确立了以审判为中心的"对抗式"模式,将案件事实的认定、证据材料的认定、控辩意见的发表,以及审判理由的形成都交由庭审,使庭审更加充实、实在。在强调惩罚犯罪的同时,也强调了被告人权利的保障,在注重实体真实的同时,也强调了程序合法的重要性。以下将从法经济学的角度,通过与审问制模式的比较分析,阐释对抗制模式的经济影响、法官特征和证据搜寻特征。

在审问制(Inquisitional System)模式中,由法官搜集证据和提出问题,而律师只起到次要作用。审问制的主要经济意义在于减少了用于对抗制程序(Adversarial Process)的资源量。如果用于对抗程序的资源相互抵消而并没有增加司法判决的准确性,则审问制可能通过节约社会总成本而提高社会总福利。但是,审问制会使得法律实施的责任(比如证据搜寻的责任)从私营部门向公共部门转移,如果私营部门的经济效率高于公共部门,那么审问制可能会降低社会总福利。

在审问制司法机构中的法官往往是职业法官,而对抗制司法机构中的法官多首先从事其他法律职业,比如律师、检察官或法律教学工作,而后才成为法官。职业法官的升职标准很难客观量化,相比于创造力、想象力或创新精神,是否遵守规则更容易得到客观确认,这一升职标准使得职业法官队伍较难吸引高素质的申请人,同时,法官行为和审问制的运作也依赖于详细的法典。职业法官在方法上是保守的,不仅因为法典约束了自由裁量权,而且因为其升职取决于是否令上级满意,而思想大胆往往不会带来益处。因此,审问制下职业法官的产出往往显示出低差异性,具有较统一的职业素养,但不具有创造力。对抗制司法机构中的法官不属于公务员系统,不需要取悦上级,司法(代理)成本也会更高,但是,这样的非职业法官可能能提供更符合经济规律的判决框架。对抗制司法机构中的法官往往比职业法官更博学,有较低的政治从属性,因而经常对财产权和商业社会的其他特征更认同。对于一个需要高效法律规则的社会而言,以对抗制为特征的普通法裁判通过更分散、更具竞争性的结构,更快、更全面地满足社会需求。

对抗制与审问制的另一重要差别是由证据搜寻者的不同而引发的最优搜寻数量和种

类的不同。审问制比对抗制将更多的证据搜寻责任赋予法官,由于专业训练、人才选拔和搜寻经验的影响,法官很可能是非常有效率的搜寻者。当然,由于查明法律事实并不是评价法官优劣的标准,所以法官也未必会尽力搜寻证据。证据搜寻的数量取决于法官和司法辅助人员的数量,但是,所有工作人员的数量很可能并不是为了达成社会最优证据搜寻量的目标而配备的。

在对抗制审判中,证据的搜寻由对立双方的律师分别进行。因为出庭律师直接或间接地基于审判过程中的成功而得到报酬,他们具有发现对其当事人有利的证据和发现对方证据重大缺陷的强烈动机,而且如果标的额很大,律师将从其被代理人处得到为取得证据所需的充分资源。所以,对抗制审判在动机和资源上都比较有助于一方当事人进行最优的证据搜寻。客观上合法性较高的一方,通常能够以比对方更低的成本获得有利证据,所以,证据搜寻的竞争性制度(对抗制)会降低错判概率。如果一方应该能够以低成本获得有利证据,却未能提交这样的证据,则裁判者可推断该方其实没有这样的证据,因而该败诉。

搜寻的范围不仅取决于标的额,还取决于最后一份证据对判决结果的可能影响。这表明,在其他条件相同的情况下,案件双方的胜率越接近,取得的证据会越多;而如果案件是一边倒的,则即使新增证据,也可能因不会对结果产生影响而不值得提交。不过,案件双方的胜率很接近固然会引发双方对于证据的激烈竞争,然而,双方新提供的证据却可能对判决结果不具有影响。比如,双方当事人同时以某成本提出两个不同的证据使得有利于自己的判决结果的可能性提高 1%,那么 2 倍该成本的证据增量不会改变预期结果。因此,双方限制证据的协议通常会被引入执行。

证据搜寻过程的竞争性特点,以及向一群未参加证据搜集的陪审员或法官提交结果,还会引发对抗制的修辞性特点,因为修辞技巧可以在案情的不确定性中增加信任。可信性的重要性和律师增强其证人可信性的激励可以解释对抗制对交叉询问和反驳的重视。

对抗制涉及两个或更多的证据搜寻者(双方的律师),因此与把法官作为证据搜寻者的审问制相比,对抗制的证据搜寻效率可能较低。而且因为搜寻证据的个人收益可能会超过或达不到社会收益,从社会的角度看,对抗制的证据搜寻私有化可能会导致过多或过少的证据,而审问制的法官可以搜寻直至达到边际成本等于边际收益的最优证据水平。当然,对抗制的法官可以通过限制证据搜寻的数量、缩短审前证据开示、设定一个较早的开庭日期和限制审判的长度、援引不同证据规则排除证据等方式来调节证据搜寻的水平。

案例 16-4

人民陪审员参审典型案例:刘某某诈骗案

【基本信息】法院:北京市第一中级人民法院;案由:诈骗罪;合议庭模式:3 名法官+4 名人民陪审员。

【基本案情】2009年至2013年间,被告人刘某某虚构经营周转以及投资、买卖房产的事实,伪造房产交易合同,以高息为诱饵,骗取被害人丁某义、张某欢、赵某香、宋某勤共计人民币1 400余万元。2016年7月21日,被告人刘某某与被害人发生争执后,双方自愿前往派出所处理,后刘某某被采取强制措施。到案后,刘某某如实供述了犯罪事实,但在侦查后期直至庭审中,翻供拒不承认犯罪事实。

【裁判结果】北京市第一中级人民法院经审理后判决:一、被告人刘某某犯诈骗罪,判处无期徒刑,剥夺政治权利终身,并处没收个人全部财产。二、责令被告人刘某某退赔违法所得人民币1 435.85万元,发还被害人丁某义人民币837.35万元,发还被害人张某欢、赵某香人民币465.5万元,发还被害人宋某勤人民币133万元。

资料来源:根据北京法院网的公开资料整理。

由于该案被告人可能会被判处无期徒刑,社会影响重大,属于《人民陪审员法》规定的七人合议庭案件范围,北京市第一中级人民法院依据该法第十六条之规定,随机抽取了四名人民陪审员,与三名法官组成七人合议庭审理此案。本案中被告人刘某某通过伪造合同方式虚构经营周转以及投资、买卖房产的事实,伪造房产交易合同,以高息为诱饵,骗取被害人钱款1 400余万元,同时,刘某某的账户有1 000余万元的对外转账汇款,被告人自称是用于配资炒股,但这些款项的去向和用途无客观证据予以印证。在第一次合议中,有炒股经验的人民陪审员提出:"炒股应该打到股票账户,为什么会转给个人账户?"法官也认为钱款去向的问题属于认定本案事实的重要环节,能够起到推定被告人是否具有非法占有目的的重要作用。人民陪审员还发表意见认为,虽然被告人已经承认是炒股,但还是要调取客观证据予以印证,这对于案件的追赃也有意义。最终,人民陪审员与法官共同认为证明赃款去向和用途的证据不足,在事实认定上还需要补充相关证据,于是,合议庭共同提出了补充侦查的方向和具体内容。之后,承办法官调取了被告人账户明细,根据交易对手信息通知公安机关调取了接收钱款账户的交易明细以及个人的基本情况。在第二次合议中,人民陪审员根据补充侦查的证据情况,综合全案证据,再次发表对于事实认定方面的意见,与法官共同对钱款去向问题做出认定,一致认为根据调取证据能够看出,接收款项的账户确实在大量进行股票交易,能够印证被告人炒股的说法。被告人并未将钱款用于正常经营或投资而是将大量资金转账给他人以偿还债务或炒作股票,在未足额偿还被害人本金的情况下,还将部分钱款汇至国外支付其子的留学费用。同时,合议庭结合被告人炒股出现亏损后,伪造房产交易合同继续诱骗被害人支付资金的事实,最终认定被告人具有非法占有目的,其行为构成诈骗罪。

在此类经济犯罪案件中,认定被告人非法占有的主观目的一直是司法实践中的难题,特别是本案被告人以投资或借款名义实施诈骗行为。本案中的七人合议庭,既充分发挥了人民陪审员不同职业背景所具有的不同经验的优势,又将社会普遍的认知情况和思维方式纳入司法裁判中,帮助法官从裁判惯性中抽离出来,客观全面地思考案件,裁判结果也更加体现民意,更加符合社会公众的朴素价值观。

从法经济学的角度来看,由于陪审员参审案件的成本要比非陪审员案件高,应考虑陪审员参审成本的增加是否能为事实调查错误的减少所抵消。而且由不同经历和不同观点的人们来一起评议案件会抵消职业法官的裁判专长,陪审团在查明事实和适用法律上替代了职业法官,因而有必要权衡成本和收益,以设计一种经济上最佳的陪审团制度。扩大陪审团会由于增加经历的多样性以及与查明事实过程有关能力的多样性而降低错误成本——例如,陪审团中可增加一个能集中大家评议而又富有洞察力和擅长发言的陪审员,并且扩大陪审团的规模(假设选择是随意或几乎随意的)会降低极端结果的风险。但同时,这种做法增加了薪金、审理评议时间、意见不一致和再审的概率,所以也就增加了陪审团的直接成本。

与无陪审员的裁判相比,陪审员参审所要求的多数原则需要更高的成本。而规定一致同意规则所花的成本要比简单多数规则更高。通过商议而得出一项一致同意的陪审团裁决需要较长的时间——有必要在更多的人之间达成协议,从而会增加产生悬而未决陪审团的可能性。但由于要求每个陪审员都信服为某些人所赞成的结论的正确性,所以评议的质量就可能得到提高,从而也就降低了错判成本。

用征募的方法任用陪审员的效率是非常低的。它会使人们对陪审员的社会成本估计不足,从而造成对陪审团的使用过度。但如果不使用强制手段,我们就很难得到具有不同经历的陪审团成员。如果我们规定的酬金仅仅只能满足陪审团职位的数额,那么就会产生一个主要由低收入人员组成的陪审团。如果我们规定的酬金足以吸引高收入的人们,那么就会造成人们对陪审团职位的过度需求。如果法院用一些合理的标准——教育程度、职业及其他因素——来配给这种过度的需求,那么陪审团就会失去其样本随机性,而这种样本随机性因素是做出正确事实判断的积极因素。

第五节　证据规则的经济学分析

证据制度作为衔接实体法与程序法的桥梁,直接体现着程序的公正性,并在很大程度上决定着实体权利的实际享有。在审判制度改革逐步深入的大背景下,证据制度引起了我国法学界和司法实践部门的广泛关注。建立科学、公正、合理的证据制度,特别是刑事证据制度,已经成为我国法治建设的一项十分重要的任务。

在"佘祥林杀妻案"中,一个无辜的被告因被冤枉而身陷囹圄长达11年之久,11年的牢狱生活给其身心带来了严重的摧残,国家赔款恐怕也难以弥补其身心伤害。为什么在我国法制和社会发展的过程中会出现如此重大的司法事故?本节将从排除刑事非法证据的规则出发展开分析,探讨该案发生的根本原因何在。

由于行政程序的特殊性,与行政处罚相关的证据制度不同于民事和刑事证据制度。其中当事人身份特征的特殊性尤其值得注意。在我国当前的司法实践中,由于立法上的滞后性,行政处罚中的"民间证据"得不到应有的地位,从经济学的角度来看,这与行政处罚的效率原则是相悖的,本节还将对此观点展开论证。

案例 16-5

佘祥林杀妻案

1994年年初,湖北省京山县雁门口镇人佘祥林的妻子张在玉突然失踪。4月28日,佘祥林因涉嫌故意杀人罪被湖北省京山县人民检察院批准逮捕。佘祥林及其家人反复提及的一个细节是,当他们追问派出所凭什么认定腐烂的女尸就是失踪已久的张在玉时,警察的回答是:"这个不由你说了算,政府肯定没有错。"10月13日,荆州地区中级人民法院一审判处佘祥林死刑,佘祥林提出上诉。在写给湖北省高级人民法院的一份申诉材料中,佘祥林写道:"此后残忍地体罚毒打了10天10夜,(我)精神麻木,当时只要能让我休息一下,无论什么要求都会答应。"于是,在办案民警的"提示下",佘祥林开始一个一个细节地交代自己的"犯罪经过",直至完成"1990年7月,佘祥林在高关水库治安队工作期间,与未婚女青年陈某长期保持不正当两性关系……趁张不备用石头猛击张的头、面部至张不再动弹,将张拖到堰塘东北角,沉入水中"的全部供述。

湖北省高级人民法院1995年1月6日做出裁定,以事实不清、证据不足发回重审。1995年5月4日,佘锁林因为弟弟冤案上访,被拘留41天。1996年2月7日,京山县人民检察院补充侦查后将此案送荆州地区检察分院起诉,后再次退查。1997年11月23日,京山县检察院将此案呈送荆门市人民检察院起诉。同年12月15日,荆门市人民检察院审查后认为佘祥林的行为不足以对其判处无期徒刑以上刑罚,将该案移交京山县人民检察院起诉。1998年3月31日,京山县人民检察院将此案起诉至京山县人民法院。6月15日,京山县人民法院以故意杀人罪判处佘祥林有期徒刑15年,剥夺政治权利5年,佘祥林不服提出上诉。9月22日,荆门市中级人民法院裁定驳回上诉,维持原判之后,佘祥林被投入沙洋监狱服刑。

2005年3月28日中午,佘祥林的哥哥佘锁林接到好几个电话,都说张在玉回来了。为了核实消息,他拨通了张在玉哥哥的电话,当真真切切地得到证实时,佘锁林立刻想到了还在狱中的弟弟,于是,他马上报了警。3月30日下午,京山县人民法院决定对佘祥林变更强制措施,当事人的出狱手续正在办理中。4月1日,在临时法庭上,京山县人民法院法警宣读撤销1998年京山县人民法院下达的判决和荆门市中级人民法院下达的终审裁定。上午7时,入狱11年之久的佘祥林在法警的搀扶下,步履蹒跚地迈出了湖北省京山县沙洋监狱的大门。4月13日,湖北省京山县人民法院重审佘祥林冤案。上午10点20分,审判长宣读判决书:原审被告人佘祥林无罪,并提示根据《中华人民共和国国家赔偿法》的有关规定,原审被告人在本判决生效后可依法申请国家赔偿。5月11日,佘祥林提出申请国家赔偿金437万元。8月31日下午1时,佘祥林及其代理律师与当地政府部门签订协议:荆门市中级人民法院支付佘祥林256 994.47元赔偿金,当地政府支付佘祥林家庭生活困难补助金20万元。佘祥林对赔偿表示满意,但他同时告诉记者,自己还没有得到伤残补偿,因自己入狱导致母亲含冤逝世也没有得到赔偿,遭受非法关押的哥哥佘锁林、开具"良心证明"导致被非法关押的聂麦清等人也没有得到任何赔偿。他将为这些亲人和受害者继续索赔。谈到自己的将来,佘祥林称,先要治病——从监狱出来后眼睛出现眼底神经性萎缩、双腿有严重风湿病。

资料来源:根据法扬律师事务所和中国法院网的公开资料整理。

非法证据排除规则作为刑事证据制度的重要内容,是指在刑事诉讼中,对于不符合证据的形式、证据的关联性、采证程序的证据资料,否定其证据资格的规则。在现代社会,追惩犯罪并非终极目的。随着对正当程序和人权保障的追求,越来越多的国家强调在追惩犯罪时,应尊重公民依法所享有的基本权利和自由,对国家权力进行必要的限制。因此,在刑事证据立法中,确立了非法证据排除规则。

所谓"非法证据",顾名思义,即不合法的证据,理论界有广义和狭义之分。广义的非法证据是指所有违背了有关法律对证据予以规范的证据。《诉讼法大辞典》就把"非法证据"解释为"不符合法定来源和形式的或者违反诉讼程序取得的证据资料"。其范围包括获得证据的手段、证据的内容、表现形式及收集主体等因素不合法的证据。而狭义的非法证据即"非法取得的证据",指司法人员违反法律规定的程序和方式取得的证据。当然取得手段和方式不合法的证据根据排除规则适用对象的不同又可以分为非法取得的自白;非法搜查、扣押的证据;使用秘密侦查手段而非法取得的证据;其他违背程序规则的非法证据。鉴于理论界对非法取得的自白即非任意性自白的排除明确为"自白的任意性规则",而且把它和非法证据排除规则并列于证据的可采性规则之中,因此这里所谈及的非法证据仅指非法搜查、扣押取得的证据。

那么,问题是为什么要在刑事诉讼中特别强调非法证据的排除呢?事实上仍然可以从法学和经济学的角度来尝试对此做出回答。

从法学角度来看,作为一种程序法,证据法是旨在规范证据资格、证据收集和审查程序以及司法证明活动的法律规则体系,与程序的独立价值相适应。证据法的独立价值在于:其本身必须具有内在的优秀品质和公正标准,在诉讼中应充分发挥其"公平竞赛"的规范作用。这就要求证据不仅应具备客观性和关联性,更要具备法律严格限定的资格和条件。因此,立法对非法证据的取舍,本质上体现了实体公正和程序公正的价值冲突。一般主张程序正义优先的国家和地区均对非法证据的效力做出否定性评价,例如"排除说"从维护被告人合法权益的角度出发,认为非法证据应当一律排除。相反,着重追求实体正义的国家基于对案件客观真实的"顽强追求",往往对非法证据的采信做出相对宽松的规定,例如"全盘采用说"认为个别案件中的非法证据可能是唯一定案的依据,主张只要对"还原"案件事实有所帮助,无论获取手段如何一律采用。随着法制的发展,特别是两大法系的融合,绝对的"采用说"和完全的"否定说"已很难觅寻,代之以具有折中色彩的"衡量采证说"和"排除例外说"。①

我国关于非法证据的法律现状如何呢？《中华人民共和国刑事诉讼法》第一百二十八条至一百四十五条对搜查扣押实物证据的具体程序做出了规定。按照这些规定，侦查人员在进行搜查时，必须向被搜查人出示搜查证（第一百三十八条）；搜查时应当有被搜查人或其他见证人在场，搜查妇女身体应当由女工作人员进行（第一百三十二条）；搜查、扣押要制作搜查笔录和扣押清单（第一百四十条和第一百四十二条）；不得扣押与案件无关的物品、文件（第一百四十一条）；扣押犯罪嫌疑人的邮件、电报的应当经公安机关或人民检察院批准（第一百四十三条）。第五十六条对于非法证据有明确规定，即采用刑讯逼供等非法方法收集的犯罪嫌疑人、被告人供述和采用暴力、威胁等非法方法收集的证人证言、被害人陈述，应当予以排除。收集物证、书证不符合法定程序，可能严重影响司法公正的，应当予以补正或者作出合理解释；不能补正或者作出合理解释的，对该证据应当予以排除。在侦查、审查起诉、审判时发现有应当排除的证据的，应当依法予以排除，不得作为起诉意见、起诉决定和判决的依据。此外，2017年6月，最高人民法院、最高人民检察院、公安部、国家安全部和司法部颁行了《关于办理刑事案件严格排除非法证据若干问题的规定》，该规定通过排除非法证据的详细规定，为准确惩罚犯罪和保障人权提供了切实的制度保障。

就非法证据而言，因为其取得途径或方式是违法的，常常以牺牲权利为代价，所以如果从程序道德的目标出发，以权利保障为价值取向，那么其逻辑结果是对这些证据的舍弃。然而，非法取得的证据的客观性以及与案件事实的关联性并不一定由于收集取得的方式不合法而丧失，而且往往对证明案件事实具有重要的作用，对之采信会有助于查清犯罪事实，有效控制犯罪。因此，对于非法证据的取舍陷入一种两难的境地，从而引发了刑事诉讼法律价值的权衡问题。

这个权衡问题恰恰可以借助经济学的方法来进行分析。从经济学的角度来看，刑事诉讼案件判决结果与真实情形（假设存在的情况下）的差距是一个不确定事件，具有随机性，可以看作服从一定概率分布的随机变量。为了讨论的方便起见，假想有这么一个案例：原告 A 控告被告 B 对其造成了严重的人身伤害，而被告 B 却认为 A 也对其造成了伤害。对当事人以外的第三人来说，真实的情形可以用 B 对 A 造成的净伤害程度（B 对 A 的伤害程度减去 A 对 B 的伤害程度）x 来表示，可见 x 可正可负，是一个随机变量。在"B 没有伤害 A"的原假设（Null Hypothesis）成立的情况下，随机变量 x 具有概率密度 $f(x|H_0)$；这里的条件变量 H_0 就是原假设。同样，在"B 伤害了 A"的备择假设（Alternative Hypothesis）成立的情况下，x 也是一个随机变量，它的概率密度为 $f(x|H_1)$，这里的条件变量 H_1 就是备择假设。在现实中，一般情况下我们无法确知真实情形，只有通过调查取证才能最大可能地使判决结果接近事实，因此存在犯错的可能性。根据统计学中的奈曼—皮尔逊

---

① 参见《从"佘祥林杀妻案"看刑事非法证据的排除》[EB/OL]，https://news.sina.com.cn/o/2006-01-24/08328065124s.shtml，2023 年 11 月 13 日访问。

(Neyman-Pearson)定理,在真实情况并不确知的情况下,判决存在两类错误:第Ⅰ类错误和第Ⅱ类错误。就这里的讨论环境而言,第Ⅰ类错误是指在原假设 H_0 成立的情况下,错判成 H_1 的情形;第Ⅱ类错误是指在备择假设 H_1 成立的情况下,错判成 H_0 的情形。

根据奈曼—皮尔逊定理,由于真实情况未知,所以两类错误不可避免。要减少其中一类错误的概率,通常只能通过增加另一类错误的概率的方法做到;要使两类错误的概率同时减少,只能增加样本量,但在实际中往往不可行。在两种假设的概率密度分布不变的情况下,两类错误概率的关系是此消彼长的。这提示我们在现实中要提高刑事诉讼判决的正确概率,通常需要权衡两类错判的概率和成本,做出最优折中。

就刑事判决来说,两种类型的犯错成本具有不同的性质和大小。上一章已经指出,刑事案件的判决主要涉及当事人的刑事责任,被判决有罪的罪犯(不一定真正犯过罪)一般都需要被剥夺人身自由甚至生命权利。相比民事诉讼中的经济赔偿,这是更为高昂的代价。因此,一旦第Ⅰ类错误发生,即"无罪判有罪",事后纠正的成本就会非常高,甚至因无法挽回而接近无穷大(如"佘祥林案"中的错判导致佘祥林11年的冤狱生活,身心健康受到严重摧残)。即使刑事制裁采取罚金的形式,"已决被告所承受的全部成本也不会在社会簿记的其他地方以收益的形式出现",所以,"给一个无辜者定罪的社会净成本可能会超过制裁对他造成的成本"①,因而这是一种社会净损失。而当第Ⅱ类错误发生时,即"有罪判无罪",对犯罪人个人来说,他无须付出自由、权利和生命的代价,对其本人当然是好事,但是也有可能因此而增加了其继续为非作歹的动机。所以,波斯纳认为,"开释一个有罪者的社会净成本是有限的,而这一限度就是由于减少惩罚犯罪活动的概率而造成的社会总成本的增量",且"因此可以缩减监禁成本"。②

虽然如此,要在一般意义上比较这两种错判情形的成本是非常困难的,也是没有必要的。但在某些特殊情形下,我们仍然可以做出大致的判断。西方国家的民众普遍认为人的自由和平等的权利高于其他一切权利。在这样的价值观下,相对第Ⅱ类错误来说,犯第Ⅰ类错误的成本就显得非常之大,一旦犯错就会引起全社会的公愤,被认为是对人权的最大侵犯和亵渎。为了尽可能避免这样的错误,美国刑事诉讼法律中的"排除合理怀疑"原则就是一种相应的制度保证。此外非法证据的排除也是必然要求,比如美国宪法第四修正案就明文规定:"人民保护自己的人身、住宅、文件及财产,不受任何无理搜查和扣押的权利不受侵犯;除非是由于某种正常理由,并且要有宣誓或誓言的支持并明确描述要搜查的地点和要扣留的人或物,否则均不得签发搜查证。"

尽管在不同国家的不同法律制度下,对不同类型非法证据所采取的认定态度、排除方式和排除强度并不相同,但在非法言辞证据的排除上一般都比较彻底,这是因为言辞证据具有易变性,其内容受调取手段影响极大。贝卡里亚就曾指出:"在痉挛和痛苦中讲真话并不那么自由,就像从前不依靠作弊而避免烈火与沸水的结局并不那么容易一样……痛

---

① 参见理查德·A. 波斯纳:《法律的经济分析》(下)[M],蒋兆康译,北京:中国大百科全书出版社,1997:721。
② 同上书,第 722 页。

苦的影响可以增加到这种地步：它占据了人的整个感觉，给受折磨者留下的唯一自由只是选择眼前摆脱惩罚最短的捷径，这时候，犯人的这种回答是自然的……罪犯与无辜者的任何差别，都被意图查明这种差别的同一方式所消灭了。"① 这实际上是说，在某些特定目的下，非法言辞证据的取得过程中很可能会改变证据的可信度，因此对它的使用有可能增加犯错的概率，影响到司法的准确性和公正性。这里犯错的概率既有可能是第 Ⅰ 类错误，也有可能是第 Ⅱ 类错误，但从经验来看，犯第 Ⅰ 类错误的可能性更大，比如佘祥林在长时间的刑讯逼供下所做出的不符合事实的供词。此外，由于第 Ⅰ 类判决错误的社会成本很可能比第 Ⅱ 类更高，所以非法证据的排除可以看作是和权利维护及程序公正的诉求一脉相承的。

"佘祥林杀妻案"最终因佘祥林的妻子"死"后出现才得以真相大白，佘祥林在沉冤 11 载后才得以重获自由，该案的教训是沉痛的，值得我们深思。一个错案至少会产生两个恶果：一是使无罪的人受到追究，二是使有罪的人得不到惩罚。另外，错案还会使人们对司法机关缺乏信任感，使宪法的尊严荡然无存。而造成冤案的罪魁祸首是错误的司法理念和不健全的司法体制。

案例 16-6

拍摄违章能否作为处罚依据？

2004 年 3 月 5 日，广州市民赖先生收到广州市公安局交警支队机动大队开具的一份《公安交通管理行政处罚决定书》，称赖先生在 2003 年 12 月 13 日上午 10 时 05 分驾驶一辆小车在由南往北经广州大道中路段时违反交通标线，因而依据《广州市道路交通管理处罚规定》要处以 100 元的罚款。而对方出示的证据就是"拍违"市民提供的赖先生所驾车辆的违章照片。

赖先生于次日交纳了罚金，但是认为该处罚不合法，随后又向广州市公安局提请行政复议，称公安机关有偿置换违章照片并作为行政处罚证据的做法超越职权，没有法定依据，也违反了行政处罚的法定程序，请求审查并撤销广州市公安局 2003 年 7 月发出的《关于奖励市民拍摄交通违章的通告》，同时撤销对其发出的《公安交通管理行政处罚决定书》，并退还 100 元罚金。

收到赖先生行政复议的申请后，广州市交警支队机动大队对赖先生进行了询问笔录，反映赖先生对车压线一事没有异议。4 月 22 日，赖先生收到一份复议，称"《关于奖励市民拍摄交通违章的通告》符合法律法规规定"，赖先生"违反交通标线的行为事实清楚，证据充分"，但是对赖先生进行处罚的"适用依据不正确"，因而撤销对赖先生作出的《公安交通管理行政处罚决定书》。

但是，赖先生仍然认为这份复议决定书中称他违章行为"事实清楚，证据充分"与事实

---

① 参见《从"佘祥林杀妻案"看刑事非法证据的排除》[EB/OL]，https://news.sina.com.cn/o/2006-01-24/08328065124s.shtml，2023 年 11 月 13 日访问。

不符,还是依据《行政诉讼法》相关规定向越秀区人民法院提起诉讼,要求取消处罚并撤销奖励市民"拍违"的通告。

7月20日,越秀区法院对该案做出一审判决,认为广州市公安局2003年7月发出的《关于奖励市民拍摄交通违章的通告》"属没有强制力的行政指导行为""不属于人民法院行政诉讼的受案范围",所以不对其进行审查。同时认为仅凭市民"拍违"照片和事后补充的询问笔录就认定赖先生违章"依据不足,本应撤销"。但是,由于公安局已经在行政复议书中主动撤销了对赖先生的处罚,遂驳回了赖先生的诉讼请求。

赖先生对一审判决表示不服,认为一审法院没有对照片的合法性进行审查,违反了相关法律规定,造成对案件事实认定不清的后果,遂向广州市中院提出上诉,要求以主要证据不足为由撤销公安局做出的行政复议,并重新做出复议。二审法院根据赖先生在3月10日承认有压线一事,查明违章部分事实正确,予以确认。所以,赖先生"所提异议不成立"。但法院认为,在证明赖先生驾车违章一事上,广州市公安局采用的两个主要证据都有问题。一是,对赖先生本人的询问笔录是在处罚行为做出之后才收集到的材料,不能作为证明该处罚合法的证据,"复议机关将该材料采纳为证据是不恰当的"。二是市民拍摄到的赖先生涉嫌驾车违章的照片。对于该照片,法院认为:"调查取证是行政执法机关行驶行政处罚权的组成部分,依照《中华人民共和国行政处罚法》第十八条第一款的规定,不能委托公民行使。"因此,本案中市民拍摄到的照片"只能作为上诉人涉嫌违法的线索,而不能直接作为公安机关交通管理部门行政处罚的证据"。

因此,法院认为广州市公安局"所采纳的两个证据都不能作为认定原行政处罚合法的根据,其在复议决定中认定原处罚决定事实清楚、证据充分是不当的"。但是,"该瑕疵并不影响复议决定的合法性",所以,赖先生要求撤销原复议决定的理由不成立,维持原审法院"驳回其诉讼请求"的处理。①

资料来源:《不满"奖励拍摄违章"市民状告公安局》,https://www.chinacourt.org/article/detail/2004/07/id/125115.shtml,2023年11月21日访问。

上述案例中,公安机关采取的特殊行为方式和由此形成的不同寻常的官民角色关系,以及它们所体现出来的行政改革方向,同样值得探讨。在本案的行政处罚中,"拍违"的市民并非以所谓"行政相对人"的角色出现,而是反过来站在公安机关一边协助它"对付"另外一部分违章的市民。这种不以传统面目出现的官民关系尽管属于制度改革、方法创新的新生事物,适应现代公共行政发展的方向,但许多时候却由于人们对新生事物抱有的习惯性怀疑、否定态度,而受到非议和责难。所谓"市民做回市民,警察做回警察""执法归执法,挣钱归挣钱"便是持否定意见者的代表性意见。对此,我们可以从经济学和法学的角

---

① 《"向法规叫板":市民拍违章照片不能作处罚证据》[EB/OL],https://news.sohu.com/20041203/n223303300.shtml,2023年11月13日访问。

度为这种官民角色关系做一番辩护,有必要把民间证据的利弊分析清楚。①

第一,从行政机关一方来看,其实施的是旨在调动公民积极性的行政奖励。在本案中,公安机关对公民赖先生等交通违章者实施的是行政处罚,对另一类公民即"拍违"者实施的则是另一种行为——行政奖励。行政奖励是行政主体依照法定程序和条件,对为国家和社会做出重大贡献的单位和个人,给予物质或精神鼓励的具体行政行为。本案中公安机关对"拍违"市民所给予的物质奖励,属于行政管理方法的创新。从经济学的角度我们可以将之视为一种理性主体的交易行为。在这桩交易中,作为"买主"的公安机关获得了查处交通违章的重要线索,节省了大量的人财物开支,大幅提高了行政效率;作为"卖方"的市民获得一定的物质回报;其他普通公众则得到了更加良好的通行环境和更有保障的交通安全;即便是对被拍者而言,这种"交易"纵然会使违章者更可能受到应有的惩处,却并不至于使守法者遭遇不当的错罚,也并不冤枉。也就是说,它降低了第 II 类错误概率,却不会提高第 I 类错误概率,从而在总体上减少了法律的错误成本。这样的"交易"有人得益却无人受损,实现了帕累托改进,值得一试。

第二,从法学角度来看,社会公众一方履行的是旨在协助行政机关执法的公民义务。基于行政优先的行政法理和法律的规定,公民负有协助行政执法的义务。过去常将这种义务的承担者局限于行政机关向其发出要求的特定对象,实际上不特定的多数人也有可能成为此种义务的承担者。在交通违章行为高频出现难以查究、人民群众反映强烈的情况下,公安机关鼓励市民"拍违"的通告,当可视为向不特定人提出的协助执行公务的一般要求,市民对此便负有协助义务。当然,市民履行协助执法义务的方式与程度有一个较大的弹性空间可供伸缩,否则便有可能成为行政机关推诿自身职责、将执法工作转移到市民头上的借口。客观条件与主观态度决定了不同市民履行协助执法义务时在方式和程度上的差别,以拍摄违章协助交通执法而言,摄像器材与摄影技术的限制便对许多市民构成了限制,但我们并不能据此便否认他们对这一义务的履行。因此,公民履行协助执法义务的最低程度是消极的履行方式,即对公安机关的此项工作不加妨碍、不施破坏即可;其更为积极的履行方式才是拍摄违章、提供线索,二者均是其履行义务的方式。而公安机关对履行此项义务中的更积极者、更出色者,给予物质上的表彰,自属理所当然。

第三,从违章者一方来看,其接受的只不过是本来就依法应得的行政处罚。也就是说,本案中公安机关所尝试的新的行政手段,以及由此形成的新的官民关系也并未使违章者遭受更加不利的对待。诚然,监控交通违章行为是公安机关的一项重要职责,而交管部门鼓励市民拍摄违章,将违章行为置于公众的监控之下,看起来使得违章者陷于更加不利的境地,这里似乎有滥用行政职权之嫌,而权力控制和禁止权力滥用恰是依法行政原则的根本要求,这也是本案中公安机关的行为颇受诟病之处。公安机关的行为实际上无可厚非。一则公安机关动员社会力量的目的旨在制裁市民的违法行为而非合法行为,在目的

---

① 《行政机关借助市民力量取证,证据是否有效——"广州市民被拍违章状告公安局"案评析》[EB/OL],https://china.findlaw.cn/info/xzss/ssal/ssay/383575.html,2023 年 11 月 13 日访问。

上具有正当性。违章的市民因此遭受处罚的可能性虽然加大了，但他们所遭受的处罚却不是额外增加的，而是本来就依法应得的，也就是说第Ⅱ类错误成本减小了。二则市民与违章行为斗争的过程同样受制于法律的严格约束，若市民以此为由侵犯他人的合法权益，同样应该受到追究。三则市民提供的线索也须经过行政机关依法甄选方能形成证据并接受非法证据排除规则的检验，公安机关并不能因证据线索是由市民提供的而降低其要求，从而使违章者遭受不利。

第四，从行政处罚的采证规则来看，它同样要求证据的合法性。前文已探讨过刑事诉讼中的非法证据排除原则，本质上它是为了实现程序公正，同时也必然有助于实体公正的实现。这一论证逻辑也适用于行政处罚。这是因为行政机关具有证明行政相对人实施了违法行为的责任，一般情况下不需要行政相对人证明其未实施违法行为。另外，行政处罚是一种剥夺行政相对人权利或增加其义务的行为，是一种制裁措施，所以同刑事诉讼一样，应当采用较严格的证明标准，否则就容易导致对相对人合法权益的侵犯。但是行政处罚中非法证据排除标准与"民间证据"的采纳并不矛盾，相反，是可以很好地统一的。

具体来讲，行政处罚程序中应当排除的非法证据包括：第一，严重违反法定取证程序收集的证据。如《行政处罚法》第五十五条的规定，行政机关在调查或者进行检查时，应当主动向当事人或者有关人员出示证件。第二，不合法主体收集和提供的证据。如不具有鉴定资格的主体做出的鉴定结论等。第三，以偷拍、偷录、窃听等手段获取侵害他人合法权益的证据材料。这涉及通过秘密手段取证的问题，在行政实践中，行政机关大量采用秘密手段调查违法案件，并采用秘密手段收集证据，如工商、技术监督部门隐瞒身份拍摄有关行政相对人违法的证据等。为了打击违法行为，应当赋予行政机关一定的秘密取证的权力，因此不能全面否定行政机关秘密收集的证据，行政机关秘密收集的证据如果不侵害行政相对人的合法权益，应当用于证实案件事实。第四，以利诱、欺诈、胁迫、暴力等不法手段获取的证据材料。第五，不具备合法性的其他证据材料。① 上述情形可以概括为程序违法、主体违法、手段违法和侵害法益等。就本节案例中的违章照片而言，它的取得在程序上并没有违反"证据在先、处理在后"的原则，也无其他违法情形；在主体上，诚如上文所言，取证过程始终操之于公安机关之手，其权力从未假手于人；在手段上，无论是"拍违"者拍摄赖某交通违章的过程，还是公安机关向"拍违"者收集照片的过程，均无利诱、欺诈、胁迫、违反善良风俗等情节；而取证的过程也并未侵犯赖先生的生命健康、隐私名誉等合法权益。因此，对本案中公安机关所采证据材料的效力，应当可以得出肯定的结论。② 而这对今后相似案件的处理以至于相关立法的改进也有积极的参考意义。

---

① 参见徐继敏：《试论行政处罚证据制度》[J]，《中国法学》，2003 年，第 2 期：第 32—38 页。
② 《行政机关借助市民力量取证，证据是否有效——"广州市民被拍违章状告公安局"案评析》[EB/OL]，https://china.findlaw.cn/info/xzss/ssal/ssay/383575.html，2023 年 11 月 13 日访问。

第六节　刑事附带民事诉讼的问题

我国《刑法》所规定的犯罪尽管性质不同,但大多数犯罪行为常常使国家、集体财产受到侵犯,使公民遭受物质损失,附带民事诉讼的案件在刑事案件中的比例较大,并且近几年来数量不断增加,而且在司法实践中还存在轻视民事诉讼的现象,影响诉讼活动的进行。因此,本小节欲就学术和司法实践所关注的刑事附带民事诉讼问题进行一些讨论。

案例 16-7

失火毁林植树偿罪案

2002 年 9 月 24 日,在四川省、泸州市、古蔺县三级检察院民事行政检察干警和有关执法部门的督促下,四川省"4·6"森林失火案犯罪嫌疑人古蔺县石宝镇芦荫村村民黎伯伦亲手栽种第一批杉树的工作顺利完成。

2002 年 4 月 6 日,黎伯伦携带镰刀、火柴到自家责任田内铲除杂草,并将铲除的杂草堆放在责任田中,用火柴点燃焚烧,此时恰遇大风,由此引发重大森林火灾。案发后,经现场勘查及林业技术测定,烧毁林地 457.7 亩,烧毁成材林木 20 970 株、幼树 778 株,造成经济损失 41.06 万元。其中烧毁芦荫村一组集体森林 426.7 亩,造成直接经济损失 36.08 万元。古蔺县检察院及时介入该案侦查取证,认为被告人黎伯伦因失火行为造成集体森林重大损失,并对当地生态环境资源造成严重破坏。

四川省古蔺县人民法院于 2002 年 8 月 1 日作出刑事附带民事判决:判决被告人黎伯伦犯失火罪,判处有期徒刑 1 年,缓刑 2 年;判令被告人黎伯伦自 2002 年 10 月至 2007 年 8 月补种古蔺县石宝镇芦荫村被烧毁的林地 457.7 亩,林木 21 748 株。判决后,黎伯伦表示认罪服法不上诉。

9 月 12 日,古蔺县检察院干警会同镇有关部门,督促黎伯伦履行判决所确定的民事义务。在执法部门的督促下,黎伯伦积极主动履行法院的判决,说服家人出资雇人帮助打窝植树,当场栽下了第一棵杉树苗。在现场,黎伯伦以自己失火犯罪的亲身经历对广大村民现身说法,表示了自己的悔罪之心,希望通过植树弥补给国家、集体造成的重大损失。本案民事判决部分得到执行,在当地村民中起到了教育震慑的作用。

资料来源:《从一宗失火毁林案看刑事附带民事公益诉讼案件的审判》[EB/OL], https://www.chinacourt.org/article/detail/2004/02/id/103100.shtml,2023 年 11 月 21 日访问。

刑事附带民事诉讼,是指司法机关在刑事诉讼过程中,在处理被告人刑事责任的同时,附带处理因被告人犯罪行为所造成的损害赔偿问题而进行的诉讼活动。附带民事诉讼在整个刑事诉讼过程中都可以提起。我国《刑事诉讼法》第一百零一条规定:"被害人由于被告人的犯罪行为而遭受物质损失的,在刑事诉讼过程中,有权提起附带民事诉讼。"第一百零四条规定:"附带民事诉讼应当同刑事案件一并审判,只有为了防止刑事案件审判的过分迟延,才可以在刑事案件审判后,由同一审判组织继续审理附带民事诉讼。"由此可见,我国的刑事犯罪引发的民事诉讼进行的前提是:第一,要在刑事诉讼启动后才能进行;第二,要与刑事审判一并进行,例外的才能在刑事审判后由同一审判组织继续审理。①

从我国的上述法律规定及有关司法解释和司法实践来看,我国的刑事附带民事诉讼制度的设计主要遵循了以下两种理念:

第一,公权与私权并存时,强调公权优于私权。当犯罪行为与民事侵权并存时,立法者认为犯罪本质是对社会关系的侵犯,即便是存在被害人的情形时,也认为是对整个社会的侵犯,而非简单地对个人的侵犯。因此,只有国家对该犯罪行为追究进入提起公诉阶段时,才允许私人就其民事赔偿部分提出请求,被害人首先要服从于国家追究犯罪的需要。我国诉讼法中有一条众所周知的原则"刑事先于民事",即当法官在审理民事案件中发现涉嫌刑事案件时,应当中止审理,将其移送到有权机关。这便是对公权优于私权理念的最好诠释。

第二,在公平与效率关系上,强调效率优先。在刑事诉讼过程中,立法者关注的是国家资源的大量投入,因此强调简化诉讼程序,节省人力、物力,强调及时有效地处理案件。所以可以看到,民事诉讼要在刑事诉讼启动后才能进行,并且刑事附带民事诉讼要求与刑事案件一并审理,即使为防止刑事案件的过分迟延,也要在刑事案件审判后,由同一审判组织继续审理附带民事诉讼。

必须承认的是,强调公权优先的确能在较大程度上维护社会利益,有利于打击犯罪。强调效率优先也有利于保证及时迅速地处理案件,节省国家资源。但是,这两个理念是否在附带民事诉讼中都应毫无区别地适用呢?如何从法经济学的角度看待这一问题呢?下面仍然从以上两个角度来分析。

1. 公权优先的再思考

"刑事优先民事"是世界上大多数国家刑事诉讼中的一个基本原则,先解决被告人的刑事责任,再解决其民事责任,是一种国际惯例。然而,公权所保护的社会利益并非总与被害人的利益相一致,对社会利益的过分关注,完全可能导致对被害人利益的忽视。对此学者龙宗智也曾指出:"在公诉案件中强调社会普遍利益的维护,强调公诉机关可以代表被害人的要求,却多少忽视了社会利益的多元化和矛盾性,忽视了被害人的独特要求。"②同时我们应该看到这一理念下设计的制度有一定的缺陷:在刑事追究迟迟不能发动、公权无法行使时,私权也无法请求救济,由此给被害人带来的是双重损失,即刑事追究与民事上赔偿的要求均无法实现,私人成本和社会成本均无法得到弥补。如犯罪嫌疑人潜逃、长期不能归案时,即使有充分的证据证明其有犯罪事实,但因刑事追究仍无法启动(我国在

---

① 《刑事附带民事诉讼构建的再思考》[EB/OL],https://china.findlaw.cn/bianhu/fanzui/fdmsss/43024.html,2023年11月13日访问。

② 参见龙宗智:《相对合理主义》[M],北京:中国政法大学出版社,1999:56,转引自《刑事附带民事诉讼构建的再思考》[EB/OL],https://china.findlaw.cn/bianhu/fanzui/fdmsss/43024.html,2023年11月13日访问。

刑事诉讼中尚无缺席审判制度），附带民事诉讼无从提起。而如果按独立的民事诉讼进行的话，该事实就可以认定，并在该犯罪嫌疑人有财产或是未成年人时，被害人可请求法院执行其财产或要求其监护人承担责任。但限于刑事优于民事，民事诉讼仅能"附带"于刑事诉讼而无法独立启动，其结果往往是被害人不能得到一定补偿，频频上访或迁怒于犯罪嫌疑人的家属，引发新的社会动荡。民事诉讼的帕累托改进空间在此类情况下被"刑事先于民事"的规定抹杀了。举个简单的例子，在本小节开头的案例中，如果刑事诉讼从提起公诉到最终判决的得出拖延的时间特别长（比如超过一两年），那么附带民事诉讼判决的执行至少也要在这段时间以后，这样一来，对自然生态和经济效益来说特别宝贵的植被种植期就被白白浪费了。这对整个社会来说是一种净损失。

在世界各国的立法中，法国对此问题有所关注。法国《刑事诉讼法典》第四条规定：受到损害的当事人可以选择在民事法院还是刑事法院提起民事诉讼，但是在刑事诉讼提起尚未判决前，在民事法院进行的民事诉讼应中止进行。法国学者阐述道："公诉尚未发动之前就已经在民事法院审判的民事诉讼具有绝对独立地位，这种民事诉讼与刑事诉讼并无关系，民事法院可以对民事诉讼立即进行审理裁判，而不需要等待提起公诉以对公诉做出判决，民事法官有进行评判的完全自由。此外，民事法官就民事诉讼所做的判决对刑事法官可能在其后的公诉做出的判决不产生任何影响，因为民事方面的既决事由对刑事方面不具有权威效力。"

2. 效率优先的再思考

由同一审判组织在刑事诉讼中附带审理案件，当然在最大程度上保证了效率，但是对于公正的保证是否有所欠缺呢？总的来说，刑事诉讼与民事诉讼都属于程序法，一般认为都是公法范畴，然而，两者的区别仍很大。前面的章节已经提到，刑事诉讼是国家对公民个人的诉讼，其具有典型的公法性质；民事诉讼是平等主体之间的诉讼，具有一定的私法性质。两者至少在以下几点上明显不同：第一，刑事诉讼的启动是国家基于公权而发动，具有强制性和地位的不平等性，民事诉讼的启动是公民个人的启动，具有较强的自愿性和平等性；第二，举证责任不同，刑事诉讼的举证责任在公诉方，被告人不负举证责任，而民事诉讼则是谁主张谁举证，在特殊情况下实行举证责任倒置和无过错原则；第三，证据标准适用不同，在刑事诉讼中，证据标准要求很高，英美法系是"排除合理怀疑"原则，大陆法系是"高度盖然性"原则，我国是"证据确实、充分"，而民事诉讼中的要求相对低得多，英美法系是"优势证据"原则，大陆法系是"盖然性"原则，我国在实践中也是以证明力较大取胜。正是由于上述两种诉讼形式存在重大差异，以一种诉讼涵盖另一种诉讼，牺牲的必然是公正。由同一审判组织在刑事诉讼中附带审理案件，难免使法官带有先入为主的观念，以审理刑事案件的思维和证据标准去审理民事案件，对被害人是一种极大的不公平。

在处理刑事诉讼及与其密切相关的民事诉讼的关系上，世界各国有三种立法规则：第一，作为一种原则，把它主要交由刑事诉讼程序附带予以解决，这是法国、德国类型的现代意义上的附带民事诉讼的解决方式（但法国在公诉未启动前可单独进行民事诉讼）。第二,允许在一定情况下,可以通过刑事诉讼程序附带予以解决而在其余情况下应通过民事诉讼程序或其他单独诉讼程序予以解决,这是英国的"混合式"解决方式。依英国1870年《没收法》规定,被害人有权提起因犯罪行为所造成的损害的赔偿之诉,诉讼方式有三种:一是被害人可向刑事损害赔偿委员会请求赔偿;二是被害人可对犯罪人提起民事诉讼;三是法律规定,法庭可以根据自己的职权或受害人的请求,在判刑时以"赔偿令"的形式责令犯罪人赔偿受害人的损失。前两种方式都是在刑事案件审理终结后才能提起诉讼。第三,把它完全交由民事诉讼程序来解决,这是美国和日本现行立法的解决方式。比如著名的辛普森一案中,虽在刑事审判中辛普森被无罪释放,但在接下来的民事审判中,他却被判处数百万美元的高额民事赔偿。

在我国,依据《刑事诉讼法》第一百零一条和第一百零四条的规定,解决刑事被告人的犯罪行为引起的损害赔偿上,主要是由刑事诉讼程序附带予以解决,这难免会出现如我们上述所说法官先入为主及两种诉讼方式的举证责任与证据标准不同产生冲突的问题,而刑事诉讼是在国家作为相对方情形下设计的,举证责任与证据标准都是采取有利于被告人的方式来设计的,以刑事诉讼方式来解决民事诉讼,不免给被害人带来消极影响。在民事诉讼中精神赔偿是予以认可的,但我们看到《最高人民法院关于适用〈中华人民共和国刑事诉讼法〉的解释》第一百三十八条第二款规定:"因受到犯罪侵犯,提起附带民事诉讼或者单独提起民事诉讼要求赔偿精神损失的,人民法院不予受理。"显然这是将附带民事诉讼区别于一般的民事诉讼。《最高人民法院关于适用〈中华人民共和国刑事诉讼法〉的解释》第一百四十七条规定:"附带民事诉讼应当在刑事案件立案后及时提起。提起附带民事诉讼应当提交附带民事起诉状。"

由此可以看到,公权与私权、公平与效率没有绝对的平衡,只能取决于主体的需要,对某一方侧重时对另一方兼顾。在刑事诉讼不断趋于对被告人进行保护的今天,附带民事诉讼中应强化对被害人的保护,这也符合社会利益、被告人利益以及被害人利益三者冲突平衡的需要。

本章总结

1. 合理的现代化程序建设对于正处在转型过程中的我国法律和经济社会的运行机制至关重要。作为保障现代社会公民权利和实现社会价值的杠杆,良好的程序环境对于推动社会的成功转型将起到非常积极的作用。

2. 增加司法辅助人员数量使相当比例的案件可通过多元化的非诉讼机制得到处理,这一因素使得在法官增量不如案件增量的前提下,仍然可能实现诉讼的供需平衡。

3. 依据不完全的信息做出诉前禁令的裁定,法官可以通过比较双方当事人不平衡的加权错判成本而使预期错判成本最小化。

4. 认罪认罚的发生原因是用认罪认罚从宽的方法解决刑事争端要比诉讼节省成本。

因此，认罪认罚从宽的发生率取决于认罪认罚从宽程序和诉讼普通程序的相对成本、诉讼结果的不确定性程度等。

5. 在对抗制审判中，证据的搜寻由对立双方的律师分别进行，合法性较高的一方通常能够以比对方更低的成本获得有利证据，所以，证据搜寻的竞争性制度（对抗制）会降低错判概率。

6. 由于行政程序的特殊性，与行政处罚相关的证据制度不同于民事和刑事证据制度。其中当事人身份特征的特殊性尤其值得注意。在我国当前的司法实践中，由于立法上的滞后性，行政处罚中的"民间证据"得不到应有的地位，这与行政处罚的效率原则是相悖的。

7. 刑事附带民事诉讼是由同一审判组织在刑事诉讼中附带审理民事案件，在一定程度上保证了效率，但是由于两种诉讼形式存在重大差异，以一种诉讼涵盖另一种诉讼，公正难以得到充分保证。

思考题

1. 在我国当前的转型过程中，程序建设的意义和方向何在？
2. 对于诉讼的供需矛盾，为什么多元化纠纷解决机制是有效的？
3. 发布诉前禁令的条件是什么？
4. 认罪认罚从宽的影响因素是什么？
5. 在对抗制审判中由谁负责证据搜寻？这会对证据搜寻产生什么影响？
6. 从经济学的角度看，刑事非法证据的排除对社会而言有何作用？其实施过程中是否存在两难问题？
7. 你认为在行政处罚中民间证据是否有效？理由是什么？
8. 刑事附带民事诉讼是否具有效率？它与一般的民事诉讼有什么区别？
9. 你能举出一个典型的案例来反映当前法律程序的缺陷，并用经济学原理加以分析吗？

阅读文献

1. 陈卫东：《认罪认罚从宽制度研究》[J]，《中国法学》，2016年，第2期：第48—64页。

2. 《从"佘祥林杀妻案"看刑事非法证据的排除》[EB/OL]，https://news.sina.com.cn/o/2006-01-24/08328065124s.shtml，2023年11月13日访问。

3. 季卫东：《法律程序的意义》[J]，《比较法研究》，1993年，第1期，第83—103页。

4. 〔美〕理查德·A. 波斯纳：《法律的经济分析》（第七版）[M]，蒋兆康译，北京：法律出版社，2012。

5.〔美〕斯蒂文·沙维尔:《法律经济分析的基础理论》[M],赵海怡等译,北京:中国人民大学出版社,2013。

6.徐继敏:《试论行政处罚证据制度》[J],《中国法学》,2003年,第2期:第32—38页。

7.《刑事附带民事诉讼构建的再思考》[EB/OL],https://china.findlaw.cn/bianhu/fanzui/fdmsss/43024.html,2023年11月13日访问。

8.张文显:《联动司法:诉讼社会境况下的司法模式》[J],《法律适用》,2011年,第1期:第2—6页。

后 记

呈现在诸位读者面前的这本《法经济学》(第三版)教材是国内较早尝试结合中国改革开放过程中的法治实践经验来介绍法经济学理论的教材之一。本教材中所涉及的法经济学理论及案例,早在1999年本人在浙江大学经济学院开设法经济学的博士生课程时就开始搜集和整理了。本教材第一版的编写始于2006年春,并于2007年10月在北京大学出版社出版,该版教材被列入了"十一五"普通高等教育本科国家级规划教材,并被全国多所高校的法经济学课程采用作为主讲教材。2014年10月,本教材第二版在北京大学出版社的支持下出版,该版教材被列入了北京大学出版社"21世纪经济与管理规划教材·经济学系列",并同样为全国各地高校的法经济学课程广泛采用。时隔近十年,中国的市场经济和法律环境已然发生了显著变化,在构建高水平社会主义市场经济体制的时代背景下,中国特色社会主义的法律体系得到了极大完善,以近年的立法为例,新制定了包括《民法典》在内的法律近70件,修改了包括《宪法》《反垄断法》在内的法律200余件,新制定的《网络安全法》《电子商务法》《数据安全法》《个人信息保护法》等法律及时填补了市场经济新兴领域的空白区和风险点。此外,近年来,国内外法经济学研究日新月异,国内的法经济学研究正在加快构建中国特色法经济学的学科体系,国外的法经济学研究则更多地采用了全球性的比较法学视野以及更科学的因果推断方法。为了更加适应中国特色社会主义的发展要求并紧跟国际学术前沿,我们深感有必要对《法经济学》教材进行再次修订,2021年4月,在北京大学出版社的支持下,编写组正式启动了本教材第三版的修订工作。

第三版《法经济学》教材的框架仍然包括十六章内容,第一至二章介绍了法经济学的学科演变和学科特征,第三至十六章分别对财产法、合同法、侵权法、公司法、管制法、刑法和程序法展开经济学分析及专题案例分析。与第二版相比,除了部分章节摘要、思考题和阅读文献的内容调整和文字表述的修改,本次修订的主要内容如下:

第一章和第二章,主要是增补了对法经济学发展脉络的回顾以及法经济学的研究方法,修订了法经济学的演变趋势。

第三章和第四章,主要是增补了《民法典》有关财产权的规定、对产权保护理论的文献回顾、我国经济发展历程中的财产法研究,以及网络数据、人工智能生成物、虚拟货币等新兴财产保护的司法案例分析,删除了第二版中的司法案例。

第五章和第六章,主要是增补了合同理论的文献回顾、《民法典》合同制度的新变化,以及代孕合同效力的司法案例分析。

第七章和第八章,主要是梳理了《民法典》侵权责任编对原《侵权责任法》的修改内容,增补了在侵权法经济学分析领域的最新本土化研究成果和最新司法案例分析。

第九章和第十章，主要是增补了2023年修订版《公司法》的新增和修改内容，以及最新的司法案例分析。

第十一章和第十二章，主要是更新了各类经济性、社会性的管制法律、法规和规章以及中国的反垄断法律法规、数字平台反垄断的美国法律体系，增补了最新的司法案例分析。

第十三章和第十四章，主要是增补了正当防卫、最低刑责年龄以及经济发展对犯罪治理的影响等本土化研究成果。

第十五章和第十六章，主要是修订了法律程序的法学理论、纠纷解决的途径、程序法经济学的研究发展趋势，增补了诉讼社会问题、审前程序问题和庭审程序问题的法经济学分析和相关的司法案例分析。

第三版教材的第一、二章由史晋川教授（浙江大学）和吴晓露研究员（浙江省社会科学院）合作编写，第三、四章由朱慧教授（浙江工商大学）编写，第五、六章由董雪兵教授（浙江大学）和朱慧教授合作编写，第七、八章由吴晓露研究员编写，第九、十章由栾天虹副教授（浙江工商大学）和刘萌博士（浙江工商大学）合作编写，第十一、十二章由李建琴教授（浙江大学）编写，第十三、十四章由陈春良博士（中央农村工作领导小组办公室）和汪晓辉博士（浙江财经大学）合作编写，第十五、十六章由王争教授（英国邓迪大学）和叶斌副教授（浙江科技大学）合作编写。

北京大学出版社的王晶和李沁珂编辑在本教材第三版的编辑和出版过程中，对编写者帮助甚大，在此表示衷心的感谢。当然，由于本教材编写者水平有限，书中难免有错漏之处，欢迎读者朋友不吝赐教。

史晋川

二〇二四年七月

于浙江大学紫金港校区

教辅申请说明

　　北京大学出版社本着"教材优先、学术为本"的出版宗旨，竭诚为广大高等院校师生服务。为更有针对性地提供服务，请您按照以下步骤通过**微信**提交教辅申请，我们会在1～2个工作日内将配套教辅资料发送到您的邮箱。

◎ 扫描下方二维码，或直接微信搜索公众号"北京大学经管书苑"，进行关注；

◎ 点击菜单栏"在线申请"—"教辅申请"，出现如右下界面：

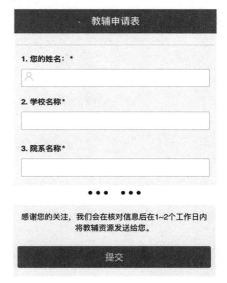

◎ 将表格上的信息填写准确、完整后，点击提交；

◎ 信息核对无误后，教辅资源会及时发送给您；如果填写有问题，工作人员会同您联系。

温馨提示：如果您不使用微信，则可以通过以下联系方式（任选其一），将您的姓名、院校、邮箱及教材使用信息反馈给我们，工作人员会同您进一步联系。

联系方式：

北京大学出版社经济与管理图书事业部

通信地址：北京市海淀区成府路 205 号，100871

电子邮箱：em@ pup.cn

电　　话：010-62767312

微　　信：北京大学经管书苑（pupembook）

网　　址：www.pup.cn